CB081052

A Tutela Internacional da Propriedade Intelectual

A Tutela Internacional da Propriedade Intelectual

2020 · 2ª edição revista e atualizada

Dário Moura Vicente
Professor Catedrático da Faculdade de Direito da Universidade de Lisboa

ALMEDINA

O DIREITO NA SOCIEDADE DA INFORMAÇÃO IV
MOVIMENTOS SOCIAIS, TECNOLOGIA E A ATUAÇÃO DO ESTADO
© Almedina, 2020

Autor: Dário Moura Vicente
Diagramação: Almedina
Design de Capa: FBA
ISBN: 978-85-8493-604-5

Dados Internacionais de Catalogação na Publicação (CIP)
(Câmara Brasileira do Livro, SP, Brasil)

Vicente, Dário Moura
A tutela internacional da propriedade
intelectual / Dário Moura Vicente. – 2. ed.
rev. e atual. – São Paulo : Almedina, 2020.

Bibliografia
ISBN 978-85-8493-604-5

1. Capital intelectual 2. Propriedade intelectual
3. Propriedade intelectual (Direito internacional)
4. Tutela internacional I. Título.

20-32550 CDU-347.77

Índices para catálogo sistemático:

1. Propriedade intelectual: Tutela internacional: Direito 347.77

Maria Alice Ferreira – Bibliotecária – CRB-8/7964

Este livro segue as regras do novo Acordo Ortográfico da Língua Portuguesa (1990).

Todos os direitos reservados. Nenhuma parte deste livro, protegido por copyright, pode ser reproduzida, armazenada ou transmitida de alguma forma ou por algum meio, seja eletrônico ou mecânico, inclusive fotocópia, gravação ou qualquer sistema de armazenagem de informações, sem a permissão expressa e por escrito da editora.

Fevereiro, 2020

Editora: Almedina Brasil
Rua José Maria Lisboa, 860, Conj. 131 e 132, Jardim Paulista | 01423-001 São Paulo | Brasil
editora@almedina.com.br
www.almedina.com.br

DO AUTOR

- *Da arbitragem comercial internacional. Direito aplicável ao mérito da causa*, Coimbra, Coimbra Editora, 1990.
- *Da responsabilidade pré-contratual em Direito Internacional Privado*, Coimbra, Almedina, 2001.
- *Direito Internacional Privado. Ensaios*, Coimbra, Almedina, vol. I, 2002; vol. II, 2005; vol. III, 2010; vol. IV, 2018.
- *Problemática internacional da sociedade da informação*, Coimbra, Almedina, 2005.
- *O Direito Comparado após a Reforma de Bolonha*, Lisboa, Coimbra Editora, 2009.
- *La propriété intellectuelle en droit international privé*, Leiden/Boston, Martinus Nijhoff Publishers, 2009.
- *Direito Comparado*, Coimbra, Almedina, vol. I, *Introdução. Sistemas jurídicos em geral*, 4.ª ed., 2018; vol. II, *Obrigações*, 2017.
- *Propriedade intelectual: Estudos vários*, Lisboa, AAFDL, 2018.

Ao Professsor Doutor José de Oliveira Ascensão

NOTA PRÉVIA

A primeira edição desta obra, publicada em 2008, foi elaborada tendo em vista a obtenção pelo autor do título de Agregado na Faculdade de Direito da Universidade de Lisboa, o qual lhe foi atribuído por unanimidade em provas públicas realizadas em 2009.

Uma versão em língua francesa, correspondente ao curso proferido na Academia da Haia de Direito Internacional, foi publicada nesse mesmo ano sob o título *La propriété intellectuelle en droit international privé*.

Decorrida uma década, o tema mantém-se atual e conheceu entretanto importantes desenvolvimentos, que em larga medida corroboram a tese fundamental exposta na versão primitiva da obra.

Esgotada há muito a primeira edição, entenderam o autor e a editora ser oportuna a publicação de uma segunda edição da obra, que visa dar conta desses desenvolvimentos e tornar a obra, em versão revista e atualizada, de novo acessível aos estudiosos da matéria, cujo universo não cessou de aumentar, em Portugal e noutros países de língua portuguesa.

Reiteram-se aqui os agradecimentos, já expressos no preâmbulo da primeira edição, à Faculdade de Direito da Universidade de Lisboa – cujo corpo docente o autor tem a honra de integrar há trinta anos – pela licença sabática concedida tendo em vista a preparação deste livro; à *Max-Planck-Gesellschaft*, pela bolsa de estudos atribuída para o mesmo efeito; e às bibliotecas da Academia da Haia de Direito Internacional, do Instituto Max-Planck para o Direito Estrangeiro e Internacional Privado (Hamburgo) e do Instituto Max-Planck para a Inovação e Concorrência (Munique), pelas facilidades de trabalho proporcionadas durante os estágios de investigação aí realizados.

Na preparação da presente edição, o autor beneficiou da circunstância de integrar, desde 2012, o Comité de Propriedade Intelectual e Direito Internacional

Privado da International Law Association e de ter participado, enquanto seu membro, na elaboração das *ILA Guidelines on Intellectual Property and Private International Law*. A todos os demais membros do Comité, e em particular ao seu presidente, Professor Doutor Toshiyuki Kono, e aos co-relatores, Professores Doutores Pedro de Miguel Asensio e Axel Metzger, aqui fica expresso o agradecimento devido pelo estimulante debate de ideias proporcionado pelos respetivos trabalhos.

Esta edição da obra vai dedicada ao jurista insigne a quem se deve a inspiração original para a sua elaboração: o Professor Doutor José de Oliveira Ascensão, cujo exemplo como universitário constitui para o autor destas linhas uma das suas mais firmes referências na vida académica, e não só.

Lisboa, outubro de 2019.

D.M.V.

PLANO DA OBRA

INTRODUÇÃO

§ 1.º A propriedade intelectual e os problemas que suscita a sua tutela internacional

I – Sobre a noção de propriedade intelectual

Vamos ocupar-nos no presente estudo dos problemas suscitados pela tutela internacional da propriedade intelectual. Importa, pois, antes de mais, precisar o sentido em que empregaremos aqui este conceito.

Em alguns sistemas jurídicos, a propriedade intelectual é entendida em sentido restrito, como sinónimo de direitos sobre obras literárias e artísticas. Não é, porém, nessa aceção que a tomaremos nesta obra. Vamos antes utilizar esse conceito em sentido amplo, compreendendo todos os direitos subjetivos oponíveis *erga omnes* sobre bens intelectuais.

Incluem-se, assim, na propriedade intelectual não apenas o direito de autor e os direitos conexos, mas também a chamada propriedade industrial, isto é, os direitos que incidem sobre sinais distintivos de comércio (por exemplo, as marcas, os nomes comerciais e as denominações de origem) e sobre criações intelectuais de aplicação industrial (nomeadamente as invenções e o *design*), bem como os direitos *sui generis* sobre outros bens incorpóreos (*v.g.* as topografias de produtos semicondutores, as bases de dados, os nomes de domínio, as variedades vegetais e os conhecimentos tradicionais).

Não se ignora que entre estas modalidades de propriedade intelectual existem, na generalidade dos sistemas jurídicos, diferenças de regime muito significativas. Estas dizem respeito, nomeadamente, à forma de aquisição do direito subjetivo (que nuns casos resulta da mera criação de um bem intelectual, noutros do seu registo e noutros ainda da concessão de uma patente); à sua duração (que varia entre os setenta anos *post mortem auctoris*, no caso do direito de autor, os vinte anos, no caso das patentes, e os dez anos renováveis, no das marcas); e às sanções aplicáveis à sua violação (sendo as penas criminais reservadas, em certos países, às violações de direitos de autor e conexos e à contrafação de marcas).

Reflete-se nessas diferenças de regime a própria diversidade dos bens protegidos: a forma de uma obra literária ou artística, no caso do direito de autor; um sinal distintivo de produtos ou serviços, no da marca; uma solução nova para um problema técnico, no da patente.

Crê-se, todavia, que no plano da sua tutela internacional há suficiente comunhão de problemas e soluções entre as referidas vertentes da propriedade intelectual para que se possam formular princípios comuns a seu respeito. Essa comunhão resulta, por um lado, da natureza incorpórea dos bens em causa e da ubiquidade das situações jurídicas a eles respeitantes, as quais suscitam problemas particulares, designadamente, no que respeita à determinação do Direito aplicável e do tribunal competente; e, por outro, dos valores que dominam o regime jurídico desta matéria, entre os quais sobressaem a livre circulação das ideias e do conhecimento através das fronteiras e a promoção da criatividade e da inovação.

No mesmo sentido depõe a convergência que nos últimos anos se tem verificado entre o Direito de Autor e o Direito da Propriedade Industrial, mercê, designadamente, do alargamento do primeiro a bens de índole essencialmente técnica, como os programas de computador (que nalguns sistemas jurídicos são também tutelados através de patentes), e da inclusão no escopo de proteção do segundo de certas categorias de criações estéticas, como o *design* (o qual goza em Portugal de proteção cumulativa pelo Direito de Autor).

Tão-pouco se desconhecem as objeções que têm sido dirigidas ao conceito de propriedade intelectual[1]. Dado que os bens intelectuais são insuscetíveis

[1] Cfr. José de Oliveira Ascensão, *A tipicidade dos direitos reais,* Lisboa, 1968, pp. 282 ss.; *idem, Direito Civil. Teoria Geral,* vol. I, *Introdução. As pessoas, Os bens,* Coimbra, 1997, pp. 324 s.; Carlos da Mota Pinto, *Teoria Geral do Direito Civil,* 4.ª ed. (por António Pinto Monteiro e Paulo Mota Pinto), Coimbra, 2005, p. 337; Denis Barbosa, *Tratado da Propriedade Intelectual,* tomo I, 2.ª ed., Rio de Janeiro, 2017, pp. 79 ss.; Luís Menezes Leitão, *Direito de Autor,* 2.ª ed., Coimbra, 2018, pp. 38 s.; e Manfred Rehbinder/Alexander Peukert, *Urheberrecht und verwandte Schutzrechte. Ein Studienbuch,* 17.ª ed., Munique, 2018, p. 11; e Pedro Sousa e Silva, *Direito Industrial,* 2.ª ed., Coimbra, 2019, pp. 17 ss.. Em sentido favorável ao conceito de propriedade intelectual, vejam-se, todavia: Georges Koumantos, «Reflections on the Concept of Intellectual Property», *in* Jan J. C. Kabel/ /Gerard J. H. M. Mom (orgs.), *Intellectual Property and Information Law. Essays in Honour of Herman Coehen Jehoram,* Haia/Londres/Boston, 1998, pp. 39 ss.; Ansgar Ohly, «Geistiges Eigentum?», *JZ,* 2003, pp. 545 ss.; Horst-Peter Götting, «Der Begriff des Geistigen Eigentums», *GRUR,* 2006, pp. 353 ss.; *idem, Gewerblicher Rechtsschutz. Patent-, Gebrauchsmuster-, Design- und Markenrecht. Ein Studienbuch,* 10.ª ed., Munique, 2014, pp. 1 ss.; Matthias Pierson/Thomas Ahrens/Karsten Fischer, *Recht des geistigen Eigentums. Patente, Marken, Urheberrecht, Design,* Munique, 2007, pp. 1 s.;

de posse, levantam-se, a respeito dos direitos sobre estes, problemas de índole muito diversa dos que são suscitados pela propriedade de coisas corpóreas; o que inviabiliza a aplicação direta aos primeiros do regime da segunda. Tal a razão por que, por exemplo, nas situações privadas internacionais a propriedade intelectual não se encontra submetida ao estatuto real.

A verdade, porém, é que aquela expressão entrou nos usos linguísticos e obteve acolhimento nos instrumentos jurídicos internacionais[2] e europeus[3] sobre a matéria. Não falta, aliás, nestes textos uma delimitação do conceito de propriedade intelectual em termos muito próximos dos que avançámos acima[4]. Pelo que, ao menos sob este prisma, se afigura legítimo o emprego daquele conceito em ordem a delimitar o objeto da exposição subsequente.

Em contrapartida, não integra a propriedade intelectual, na aceção em que aqui a tomamos, a repressão da concorrência desleal. Esta não visa, com efeito, a concessão de direitos subjetivos sobre a utilização de bens incorpóreos, como a propriedade intelectual, mas antes a proteção do interesse geral na lealdade de atuação dos concorrentes mediante a imposição de sanções àqueles que pratiquem atos de concorrência contrários aos usos honestos do comércio.

Louis Pahlow, «Grundlagen und Grundfragen des Geistigen Eigentums. Zur Einführung», *in* Louis Pahlow/Jens Eisfeld (orgs.), *Grundlagen und Grundfragen des Geistigen Eigentums*, Tubinga, 2008, pp. 1 ss.; e, em Portugal, Pires de Lima/Antunes Varela, *Código Civil anotado*, vol. III, 2.ª ed., Coimbra, 1984 (com a colaboração de Manuel Henrique Mesquita), anotação ao art. 1303.º; e Alexandre Dias Pereira, *Informática, Direito de Autor e Propriedade Tecnodigital*, Coimbra, 2001, pp. 113 ss.; e no Brasil, Newton Silveira, *Propriedade Intelectual*, 6.ª ed., São Paulo, 2018, pp. 12, 56 e 83. Sustenta que se trata antes de uma «quase-propriedade» Georg Bodenhausen, «Problèmes actuels du droit international de la propriété industrielle, littéraire et artistique», *Rec. cours*, t. 74 (1949), pp. 379 ss. (p. 384).

[2] Vejam-se, em especial, a Convenção que Institui a Organização Mundial da Propriedade Intelectual, de 1967, e o Acordo Sobre os Aspetos dos Direitos de Propriedade Intelectual Relacionados com o Comércio, de 1994 (doravante Acordo TRIPS), a que nos referiremos *ex professo* adiante, nos §§ 10.º/I e III e 11.º/VIII.

[3] Cfr. a Diretiva 2004/48/CE, de 29 de abril de 2004, relativa ao respeito dos direitos de propriedade intelectual, *in JOUE*, n.º L 195, de 2 de junho de 2004, pp. 16 ss., e, sobre esta, *infra* § 10.º/V, alínea *c)*.

[4] Haja vista à Declaração da Comissão Europeia 2005/295/CE, *in JOUE*, n.º L 94, de 13 de abril de 2005, pp. 37 ss., na qual se consideram abrangidos pelo âmbito de aplicação da Diretiva 2004/48/CE, pelo menos, o direito de autor, os direitos conexos ao direito de autor, o direito *sui generis* do criador de uma base de dados, os direitos do criador das topografias de um produto semicondutor, os direitos conferidos por marcas, os direitos conferidos por desenhos ou modelos, os direitos conferidos por patentes, incluindo os decorrentes de certificados complementares de proteção, indicações geográficas, os direitos conferidos por modelos de utilidade e os direitos conferidos pela proteção das variedades vegetais e designações comerciais, desde que sejam protegidas como direitos de propriedade exclusiva pela lei nacional em causa.

Assim sucede mesmo que se inclua no escopo deste instituto a proteção de interesses ligados ao aproveitamento económico de certos bens incorpóreos, como os segredos de negócios, pois aos titulares destes apenas é dado, nessa hipótese, reagirem contra aqueles que os hajam adquirido ou utilizado de forma contrária aos referidos usos[5]. O poder de exclusão de terceiros é pois, neste caso, muito mais limitado do que no dos direitos de propriedade industrial, visto que o titular do segredo não pode reagir contra todo aquele que o descubra e explore por meios lícitos. Assim continua a suceder mesmo nos sistemas jurídicos, como os dos Estados-Membros da União Europeia, que passaram recentemente a tutelar os segredos de negócios com autonomia relativamente ao regime da concorrência desleal[6].

As normas que disciplinam a concorrência desleal acham-se, todavia, funcionalmente conexas com as que tutelam a propriedade intelectual, na medida em que ambos os institutos visam estabelecer uma ordenação das relações de concorrência que tem por objetivo último o regular funcionamento do mercado[7]. Por outro lado, como se verá, deriva da repressão da concorrência desleal, em vários sistemas jurídicos, uma proteção complementar da propriedade industrial.

Acresce que o regime do *enforcement* dos segredos de negócios é hoje em diversos países, nomeadamente nos Estados Unidos da América e nos Estados-Membros da União Europeia, análogo ao dos direitos de propriedade industrial, o que lhe confere – como melhor se verá no lugar oportuno desta obra – uma natureza híbrida, muito próxima da do regime destes direitos.

Estas, em síntese, as razões por que incluiremos a concorrência desleal e os segredos de negócios no âmbito da presente investigação.

[5] Veja-se, neste sentido, o art. 39.º, n.º 1, do Acordo TRIPS, nos termos do qual os respetivos Estados membros se obrigam a proteger as informações não divulgadas ao abrigo das normas sobre a concorrência desleal e em conformidade com o disposto no n.º 2 desse preceito, o que exclui a existência de direitos de propriedade intelectual sobre essas informações.

[6] Haja vista à Diretiva (UE) 2016/943 do Parlamento Europeu e do Conselho, de 8 de junho de 2016, relativa à proteção de *know-how* e de informações comerciais confidenciais (segredos comerciais) contra a sua aquisição, utilização e divulgação ilegais, publicada no *JOUE*, n.º L 157, de 15 de junho de 2016, pp. 1 ss., transposta para a ordem jurídica portuguesa pelo D.L. n.º 110/2018, de 10 de dezembro. Voltaremos a este tema adiante, nos §§ 8.º/III e 13.º/II e III.

[7] Refletem essa conexão os arts. 1.º, n.º 2, e 10.º-*bis* da Convenção de Paris Para a Proteção da Propriedade Industrial, nos termos dos quais a proteção da propriedade industrial tem por objeto não apenas as patentes, marcas e outros direitos privativos, mas também a repressão da concorrência desleal, obrigando-se os Estados membros a assegurar aos nacionais da União por eles formada proteção efetiva contra a concorrência desleal. Esta orientação repercutiu-se no art. 1.º do Código da Propriedade Industrial português, que atribui à propriedade industrial a função de «garantir a lealdade da concorrência pela atribuição de direitos privativos sobre os diversos processos técnicos de produção e desenvolvimento da riqueza». Sobre o tema, veja-se ainda o que dizemos *infra*, no § 8.º/I.

II – Problemas que suscita a sua tutela internacional

a) Territorialidade e universalidade dos direitos sobre bens intelectuais. – Os bens que são objeto dos direitos acima referidos – por exemplo, uma obra literária, uma marca ou um invento –, dado que são criações do espírito humano, portanto *coisas incorpóreas* (*hoc sensu*, destituídas de existência física), são insuscetíveis de apropriação individual (embora as coisas corpóreas que constituem o respetivo suporte material, *v.g.* os exemplares de um livro, possam sê-lo)[8].

Podem esses bens, por conseguinte, ao invés das coisas corpóreas, ser utilizados simultaneamente por um número ilimitado de pessoas, sem que isso diminua o seu valor ou utilidade. Por isso se designam, na teoria económica, *bens públicos*[9].

A constituição a favor de determinadas pessoas de direitos exclusivos, ou monopólios, de utilização e aproveitamento económico desses bens – como é o caso dos direitos de autor e conexos e dos direitos de propriedade industrial[10] – suscita, por isso, problemas especiais: enquanto que no tocante às coisas corpóreas a respetiva apropriação física confere por si só ao possuidor o domínio sobre elas, em matéria de bens intelectuais é necessário, a fim de garantir a certo sujeito o seu gozo exclusivo, que a ordem jurídica proíba todos os demais de os utilizarem e explorarem sem o consentimento do respetivo titular, ainda que possuam as coisas corpóreas que constituem os suportes materiais desses bens.

Esta circunstância levanta, em situações internacionais, o problema de saber se e em que condições pode semelhante proibição ser feita valer perante uma ordem jurídica diferente daquela que a estabeleceu.

Ora, a constituição de exclusivos de utilização de bens intelectuais envolve a imposição de restrições à concorrência entre agentes económicos e à liberdade de acesso do público a esses bens, bem como, não raro, à própria criação de novos bens intelectuais a partir dos já existentes. Eis por que, normalmente, tais exclusivos apenas são concedidos pela ordem jurídica de cada país se e na medida em que isso se revele, na ótica dela, socialmente útil – *v.g.* porque essa é a forma mais adequada de estimular a criação intelectual ou a inovação, de

[8] Cfr. António Menezes Cordeiro, *Tratado de Direito Civil*, III, *Parte geral. Coisas*, 4.ª ed. (com a colaboração de A. Barreto Menezes Cordeiro), Coimbra, 2019, p. 167 s.

[9] Ver William M. Landes/Richard A. Posner, *The Economic Structure of Intellectual Property Law*, Cambridge, Massachussets/ Londres, 2003, pp. 14 e 19 ss. Sobre o conceito de bens públicos, consulte-se, na doutrina portuguesa, Fernando Araújo, *Introdução à Economia*, 3.ª ed., Coimbra, 2005, pp. 579 ss., com mais indicações bibliográficas.

[10] Cfr. José de Oliveira Ascensão, *Direito Comercial*, vol. II, *Direito Industrial*, Lisboa, 1994, pp. 404 ss.; *idem*, *Direito Civil. Teoria Geral*, vol. I, cit., p. 325.

promover a diferenciação dos bens e serviços disponíveis no mercado ou de assegurar o correto funcionamento deste.

Sucede que as conceções dominantes quanto ao objeto, âmbito e conteúdo desses exclusivos, aos limites e exceções a que os mesmos se subordinam e à definição dos respetivos titulares diferem fortemente de país para país – o que bem se compreende, dada a estreita conexão desta matéria com a ordem social e económica, as orientações filosóficas e as tradições culturais.

Cada Estado deve, por isso, ter a prerrogativa de definir se e em que termos tais exclusivos se constituem, exercem e extinguem no território sobre o qual detém poderes de soberania, assim como de determinar o seu conteúdo, objeto e limites e as sanções aplicáveis às respetivas violações. O âmbito espacial de eficácia desses exclusivos é, pois, em princípio, confinado ao território do Estado que os concede (ou, melhor, de acordo com cujo Direito os mesmos se constituíram). Esta uma das razões por que se afirma correntemente que os direitos de propriedade intelectual têm *caráter territorial* e devem ser regidos pela lei do país para cujo território se reclama a respetiva proteção: a *lex loci protectionis*.

Não existem, nesta ordem de ideias, direitos sobre criações intelectuais dotados de *eficácia universal*. A própria competência internacional dos tribunais de cada país para apreciarem a validade e a violação de direitos de propriedade intelectual sujeita-se a restrições ditadas pela ideia de territorialidade, traduzidas designadamente no reconhecimento de competência exclusiva aos tribunais do país de registo.

Contudo, a fim de que os direitos intelectuais possam desempenhar cabalmente as funções sociais que lhes competem, é imprescindível assegurar-lhes algum grau de *tutela internacional* – sobretudo numa época, como a presente, dita de «globalização» ou «mundialização» da economia, em que cada vez mais a utilização e a exploração económica das obras literárias e artísticas, das marcas, das patentes e de outros bens intelectuais se processam simultaneamente em vários países[11].

Esta tutela pode implicar uma certa *atenuação da territorialidade* dos direitos intelectuais, seja mediante o reconhecimento de efeitos além-fronteiras aos exclusivos concedidos em certo país, seja pela criação de direitos de propriedade intelectual de âmbito supranacional ou pela sujeição de certos aspetos do seu regime à lei do país de origem.

Por outro lado, uma proteção eficaz da propriedade intelectual no plano internacional pode reclamar a atribuição de competência, a fim de julgarem

[11] Ver sobre o tema Graham Dutfield/Uma Suthersanen, *Global Intellectual Property Law*, Cheltenham/Northampton, 2008.

os litígios relativos a direitos intelectuais e de lhes darem «aplicação efetiva», a tribunais de países distintos daquele que os concedeu, de modo a permitir-se que o titular desses direitos concentre os diferentes processos instaurados contra os respetivos infratores no tribunal do lugar do domicílio de um deles ou que o tribunal do lugar onde alegadamente foram praticados os atos em que se consubstancia a infração julgue também a questão incidental da validade desses direitos, ainda que esses lugares se situem fora do país concedente. A dita proteção pode outrossim justificar o reconhecimento além-fronteiras das decisões emanadas desses tribunais.

A integração dos mercados pode, além disso, exigir que se tomem em consideração num país, tendo em vista o esgotamento (ou «exaustão» como se diz no Brasil) nele dos direitos intelectuais, factos ocorridos noutro país, como a colocação em circulação dos produtos a que se referem esses direitos, sob pena de se consentir ao respetivo titular uma segmentação de mercados que compromete significativamente aquela integração. O esgotamento dir-se-á então internacional ou regional. Também por isso se atribui hoje à ideia de territorialidade uma *legitimidade declinante.*

Como e em que termos devem ser conferidas aos direitos de propriedade intelectual as referidas formas de tutela internacional e quais os limites a que se subordina a sua territorialidade – estas, em suma, as principais questões que nos propomos esclarecer neste trabalho.

b) Ubiquidade dos direitos sobre bens intelectuais. – Antes de prosseguirmos, importa ainda salientar uma outra ordem de problemas suscitados pela tutela além-fronteiras dos direitos sobre bens intelectuais. Enquanto que os direitos sobre coisas corpóreas se podem dizer «situados» num único lugar – o da localização física da coisa que têm por objeto – sendo, por conseguinte, relativamente simples, ainda que recaiam sobre coisas móveis, determinar onde ocorreu a respetiva violação e qual a lei que se lhes aplica, os direitos sobre os bens de aqui nos ocupamos, em virtude da sua natureza incorpórea, não têm necessariamente uma localização espacial única, antes se situam onde quer que lhes seja conferida proteção[12].

Tais direitos podem, por isso, ser infringidos ao mesmo tempo em múltiplos lugares. É o que sucede, *v.g.*, quando os exemplares de uma obra literária são reproduzidos e distribuídos sem autorização do autor em diversos países onde ela goze de proteção; ou quando uma obra cinematográfica é difundida via satélite, sem o consentimento do respetivo realizador, em vários países

[12] Neste sentido Wilhelm Wengler, «La situation des droits», *RCDIP*, 1957, pp. 185 ss. e 409 ss. (p. 194).

que reservam a este o direito exclusivo de a explorar comercialmente. Eis por que os bens intelectuais são também ditos *bens públicos globais*, ou *internacionais*[13].

Ora, esta ubiquidade dos direitos sobre tais bens significa que diferentes Estados e territórios podem apresentar-se *prima facie* como lugares da respetiva situação. O que implica o risco, por um lado, de uma multiplicação de leis aplicáveis e tribunais competentes e, por outro, de conflitos de deveres e decisões contraditórias. Também destoutro tema nos iremos, pois, ocupar no presente estudo.

III – Exemplificação

Consideremos, a fim de exemplificar os problemas atrás colocados, os seguintes casos, que serão retomados adiante:

a) *Caso John Huston*[14]. – Em 1950, o realizador de cinema norte-americano John Huston elabora para uma produtora cinematográfica estabelecida nos Estados Unidos o filme intitulado *Asphalt Jungle*. Por contrato, todos os direitos patrimoniais e morais do realizador são transferidos para a produtora, estipulando as partes que o Direito aplicável é o dos Estados Unidos. O filme, integralmente realizado a preto e branco, é primeiro exibido em salas de cinema dos Estados Unidos. Mais tarde, a cessionária dos direitos da referida produtora, *Turner Entertainment Co.*, pretende autorizar a difusão em França, no canal de televisão *La Cinq*, de uma versão colorida do mesmo filme. Os herdeiros do realizador opõem-se, alegando violação do direito à integridade da obra, e requerem perante tribunais franceses uma providência cautelar destinada a impedir a distribuição em França dessa versão. A requerida contrapõe que, ao abrigo do Direito dos Estados Unidos (que entende ser aplicável ao caso), os direitos morais do realizador lhe foram validamente cedidos e que, por conseguinte, a providência cautelar deve ser recusada. Os requerentes invocam que são imperativamente aplicáveis à distribuição em França de cópias do filme as disposições legais francesas que proíbem a cessão de direitos morais de autor e que conferem a este e aos seus sucessores o direito de se oporem a qualquer modificação não autorizada da obra literária ou artística. Deve a sua pretensão ser deferida?

[13] Cfr. Joseph E. Stiglitz, *Knowledge as a Global Public Good*, disponível em http://www.worldbank.org.

[14] Cfr. *Cour d'Appel de Paris*, acórdão de 6 de julho de 1989, *IIC*, 1991, pp. 121 ss., e *RIDA*, 1990, n.º 143, pp. 329 ss.; *Cour de Cassation*, 1.ª Câmara Civil, acórdão de 28 de maio de 1991, *RCDIP*, 1991, pp. 752 ss., e *GRUR Int.*, 1992, p. 304 ss.; *Cour d'Appel de Versailles*, acórdão de 19 de dezembro de 1994, *RIDA*, 1995, n.º 164, pp. 389 ss.

b) Caso Hotel Maritime[15]. – O proprietário de uma cadeia de hotéis sitos na Alemanha regista a seu favor a marca «Maritim», destinada a assinalá-los. Na Dinamarca, existe um hotel com a denominação «Maritime», que publicita em diversas línguas (incluindo o alemão) os seus serviços através do sítio Internet com o endereço «www.hotel-Maritime.dk», através do qual aceita também reservas de quartos. O proprietário desse hotel é ainda titular da marca «Hotel Maritime», registada a seu favor na Dinamarca. Em ação intentada perante os tribunais alemães, o titular da marca «Maritim» alega que a publicidade efetuada pelo hotel dinamarquês através do mencionado sítio Internet viola o seu direito à marca. Reclama, com esse fundamento, que o réu seja condenado a abster-se de utilizar a referida marca na Alemanha, inclusive através do sítio Internet de que é titular. O réu contesta que os tribunais alemães sejam internacionalmente competentes para julgar a causa e bem assim que esta possua com a Alemanha uma conexão bastante a fim de que as regras alemãs sobre o direito à marca possam ser aplicadas, visto que os serviços por si oferecidos não são prestados em território alemão. *Quid iuris*?

c) Caso GAT c. LuK[16]. – Uma sociedade com sede na Alemanha, que desenvolve a sua atividade no setor tecnológico da indústria automóvel, demanda perante um tribunal alemão uma sociedade concorrente, igualmente sedeada na Alemanha, que lhe imputara a contrafação de duas patentes francesas de que a segunda é titular, ao ter a primeira comercializado naquele país certo tipo de amortecedores para automóveis. A autora requer uma declaração pelo tribunal de que não cometeu qualquer contrafação, alegando para tanto que os amortecedores em causa não violam as patentes de que a ré é titular e que, de todo o modo, estas são inválidas. O tribunal considera-se internacionalmente competente para conhecer da ação, mas julga-a improcedente; e decide também que o invento em causa preenchia as condições de patenteabilidade. Em sede de recurso, a autora alega que este segundo ponto não podia ser decidido pelo tribunal alemão, mas tão-só pelos tribunais franceses, os quais dispõem, nos termos das regras de Direito Internacional Privado aplicáveis, de competência exclusiva para o efeito. A ré contrapõe que a competência exclusiva dos tribunais do país onde o depósito da patente foi efetuado apenas abrange as hipóteses em que a questão da invalidade da patente haja de ser decidida a título principal e em que, portanto, a decisão produza efeitos *erga omnes*; não as situações em que o

[15] Cfr. *Oberlandesgericht Hamburg*, sentença de 2 de maio de 2002, *MMR*, 2002, pp. 822 ss.; *Bundesgerichtshof*, sentença de 13 de outubro de 2004, *GRUR Int.*, 2005, pp. 433 ss.

[16] Cfr. Tribunal de Justiça das Comunidades Europeias, acórdão de 13 de julho de 2006, *CJTJ*, 2006-I, pp. 6509 ss.; *IPRax*, 2007, pp. 36 ss.

problema é suscitado a título incidental (como sucedera no caso dos autos), nas quais os efeitos da decisão se cingem às partes na instância. Quem tem razão?

d) Caso Pinckney c. Mediatech[17]. – O demandante, residente em França, era autor, compositor e intérprete de canções registadas em discos de vinil. Essas canções haviam sido reproduzidas pela demandada, sem autorização do autor, em CDs fabricados na Áustria, posteriormente comercializados através de sítios Internet. O demandante reclamou perante tribunal francês a indemnização do prejuízo sofrido em consequência da violação dos seus direitos autorais. A demandada excecionou a incompetência desse tribunal. Em primeira instância, a exceção foi julgada improcedente, com fundamento em que a circunstância de o demandante poder comprar os discos a partir do seu domicílio num sítio Internet seria suficiente para estabelecer um elo de ligação substancial entre os factos e o dano alegado, justificando-se assim a competência do tribunal. Em recurso desta decisão, o tribunal de apelação excluiu a competência do tribunal de primeira instância, considerando que o domicílio do requerido se situava na Áustria e o facto danoso não ocorrera em França. A *Cour de Cassation*, para a qual foi interposto novo recurso, reenviou a questão para o Tribunal de Justiça da União Europeia, perguntando se, no caso de alegada violação de direitos autorais através de conteúdos colocados *online*, basta, para fundar a competência do tribunal, que estes tenham estado acessíveis no respetivo território ou se é necessário outro elemento de conexão entre os factos da lide e o país onde a ação foi proposta.

e) Caso Picasso[18]. – Um historiador de arte, Christian Zervos, compilara e publicara desde 1932 um catálogo, conhecido como *Catálogo Zervos*, com cerca de dezasseis mil fotografias da obra de Pablo Picasso. Em 1979, os demandantes adquiriram os direitos autorais sobre esse catálogo. Em 1995, o primeiro demandado iniciou a publicação de uma obra intitulada *The Picasso Project*, na qual se reproduzem diversas fotografias das obras de Picasso, constantes do referido catálogo. Os demandantes acionaram-no em 1996 perante os tribunais franceses com fundamento na violação do seu direito de autor sobre o catálogo e obtiveram da *Cour d'Appel de Paris*, em 2001, uma sentença que proibiu os demandados de utilizarem as referidas fotografias, sob pena de lhes pagarem uma *astreinte* no valor de 10.000 francos por cada violação. Dez anos mais tarde, foram encontrados diversos exemplares de *The Picasso Project*

[17] Cfr. Tribunal de Justiça da União Europeia, acórdão de 3 de outubro de 2013, ECLI:EU:C:2013:635.

[18] Cfr. United States District Court Northern District of California San Jose Division, *De Fontbrune v. Wofsy et al.*, sentença de 12 de setembro de 2019 (disponível em https://www.courthousenews.com/wp-content/uploads/2019/09/Picasso-ruling.pdf).

à venda numa livraria francesa. Em 2011, os demandantes iniciaram nova ação judicial contra os demandados, com vista à liquidação da *astreinte*. Em 2012, um tribunal francês condenou-os, com fundamento na violação do direito de autor, a pagarem dois milhões de euros aos demandantes. Estes requereram em seguida o reconhecimento da sentença francesa na Califórnia, ao abrigo do *Uniform Foreign Country Money Judgments Recognition Act*. Os demandados opuseram-se ao pedido, alegando que o reconhecimento da sentença francesa seria repugnante face à política de favorecimento da liberdade de expressão e de promoção das artes consignada na Constituição norte-americana.

§ 2.º Atualidade e relevância do tema

I – A expansão da propriedade intelectual

O mundo contemporâneo carateriza-se por uma expansão sem precedentes da propriedade intelectual, de que as estatísticas disponíveis dão elucidativo testemunho[19].

Refletem-se nesse fenómeno a crescente importância da inovação tecnológica nas economias modernas e a enorme relevância que os bens intelectuais atualmente assumem na riqueza produzida por cada país[20] e nos próprios ativos das empresas[21].

[19] Assim, entre 2003 e 2017 o número de pedidos de patentes em todo o mundo subiu de 1,5 milhões para 3,17 milhões (dos quais 43,6% oriundos da China, 19,2% dos Estados Unidos e 10,1% do Japão); e o número total de marcas pedidas ascendeu (contabilizando-se as diferentes classes a que os pedidos se referem) a 12,3 milhões (das quais 46,3% na China, 5% nos Estados Unidos e 4,5% no Japão). Cfr. Organização Mundial da Propriedade Intelectual, *World Intellectual Property Indicators 2018*, Genebra, 2018.

[20] Os produtos e serviços *IPR-intensive* (ou seja, com uma forte incorporação de elementos imateriais) representaram na União Europeia, entre 2011 e 2013, 42% do produto interno bruto (i. é, 5,7 biliões de euros) e ocuparam 28% dos postos de trabalho: cfr. European Patent Office/European Union Intellectual Property Office, *Intellectual property rights intensive industries and economic performance in the European Union*, 2.ª ed., s.l., 2016. O valor acrescentado das indústrias ditas do *copyright* representava além disso, em 2013, segundo um estudo publicado pela Organização Mundial da Propriedade Intelectual, em média, 5,18% do PIB nacional, ascendendo esse valor a 11% nos Estados Unidos e a quase 10% na Coreia; essas indústrias contribuíam, além disso, em média, 5,32% para o volume total de emprego, sendo esse valor superior a 10% nas Filipinas e no México: cfr. *WIPO Studies on the Economic Contribution of the Copyright Industries. Overview*, Genebra, 2014. Vejam-se ainda, sobre o tema, Robert G. Picard/Timo E. Toivonen/Mikko Grönlund, *The Contribution of Copyright and Related Rights to the European Economy*, Turku, 2003, p. 123; e Shayerah Ilias/Ian F. Fergusson, *Intellectual Property Rights and International Trade*, Nova Iorque, 2008, pp. 13 ss.

[21] Nos Estados Unidos, três quartos do valor das empresas cotadas na bolsa provêm dos seus ativos intangíveis: *vide* Kenneth Cukier, «A market for ideas. A survey of patents and technology»,

Mas ele é igualmente fruto do constante alargamento dos bens suscetíveis de constituírem objeto de direitos intelectuais, da duração destes e das faculdades de utilização e exploração reservadas aos respetivos titulares, que se tem registado nas últimas décadas[22].

Com efeito, enquanto que inicialmente o Direito de Autor apenas protegia as obras literárias e artísticas, a partir dos anos 30 do século pregresso passaram a beneficiar também de tutela jusautoral, em alguns países europeus, por via dos chamados direitos conexos, as prestações dos artistas intérpretes e executantes, dos produtores de fonogramas e videogramas e dos radiodifusores, apesar de as mesmas não terem caráter criativo; e nos anos 90 essa tutela estendeu-se aos programas de computador. Paralelamente, no campo da Propriedade Industrial admitiu-se em alguns países a concessão de exclusivos sobre os denominados modelos de utilidade, o *design*, os métodos de negócios e até certas formas de vida, como as variedades vegetais e os micro-organismos. Além disso, criaram-se novos direitos, ditos *sui generis*, entre os quais se destaca o de proibir a extração ou a reutilização do conteúdo das bases de dados (i. é, a própria informação nelas contida), reconhecido na União Europeia aos respetivos fabricantes.

Por outro lado, ao passo que em Inglaterra e nos Estados Unidos o *copyright* sobre obras inéditas tinha originariamente uma duração de 14 anos (eventualmente renovável por período idêntico) e em França esse prazo se estendia, de acordo com as leis de 1791 e 1793, até 10 anos após a morte do criador da obra, hoje o direito de autor caduca, na maior parte dos países, 70 anos *post mortem auctoris* e, no caso de obras de que sejam titulares pessoas coletivas, 70 após a primeira publicação.

Além disso, enquanto que originariamente a tutela concedida no domínio das marcas se subordinava a um princípio de especialidade, por força do qual os seus titulares apenas eram protegidos contra a utilização não autorizada das mesmas por terceiros a fim de assinalar produtos idênticos ou afins, recentemente, por via da doutrina da «diluição da marca», consagrada nas leis de diversos países, os titulares de certas categorias de marcas passaram a poder excluir a sua utilização mesmo por não concorrentes e em produtos não afins.

The Economist, 22 de outubro de 2005, p. 1. No Reino Unido, estimou-se em 70% a proporção do valor das empresas correspondente a esses bens: cfr. Andrew Gowers, *Gowers Review of Intellectual Property*, Londres, 2006, pp. 25, 30 e 34.

[22] Cfr., sobre o ponto, William W. Fisher III, «Geistiges Eigentum – Ein ausufernder Rechtsbereich. Die Geschichte des Ideenschutzes in den Vereinigten Staaten», *in* Hannes Siegrist/David Sugarman (orgs.), *Eigentum im internationalen Vergleich. 18.-20. Jahrhundert*, Göttingen, 1999, pp. 265 ss.; e Peter Drahos, «The Universality of Intellectual Property Rights: Origins and Development», *in Intellectual Property and Human Rights*, Genebra, 1999, pp. 13 ss.; e Hugh Laddie, «The Insatiable Appetite for Intellectual Property Rights», *in* Robin Jacob (org.), *The Sir Hugh Laddie Lectures*, Cambridge, etc., 2019, pp. 1 ss.

II – A globalização dos mercados

A globalização dos mercados levada a cabo através dos processos contemporâneos de integração económica, que se mantém como uma força propulsora do desenvolvimento não obstante os revezes que conheceu na última década[23], contende fortemente com propriedade intelectual.

Com efeito, na ausência de qualquer tutela além-fronteiras dos direitos de propriedade intelectual – mais não seja, através da concessão do denominado *tratamento nacional* aos estrangeiros –, os seus titulares não poderão reagir contra a sua violação por entidades estabelecidas em países distintos daqueles que originariamente lhos atribuíram. A estas entidades será assim possível produzirem e exportarem mercadorias contrafeitas, tirando partido da liberalização das trocas internacionais, sem incorrerem nos custos inerentes a toda a criação intelectual. Daqui resulta uma vantagem ilegítima, que distorce a concorrência no mercado internacional, e um desincentivo à exportação de produtos autênticos.

No entanto, toda a atribuição de direitos de propriedade intelectual, na medida em que implica o reconhecimento aos seus titulares do poder de controlarem a produção e comercialização das mercadorias ou serviços a que esses direitos se referem, pode restringir a livre circulação dessas mercadorias e serviços através das fronteiras, limitando a integração económica e o acesso do público aos bens intelectuais. Donde a importância, num quadro de globalização da economia, da adoção de medidas tendentes a facilitar a livre circulação do conhecimento e da inovação, a que já se chamou, no contexto do mercado interno europeu, a *quinta liberdade*[24]. Entre essas medidas avultam o esgotamento internacional ou regional dos direitos intelectuais e a admissibilidade das chamadas importações paralelas, inerente a estes.

Por outro lado, o alargamento dos mercados em que podem ser comercializados os produtos protegidos por direitos intelectuais, que a globalização tornou possível, pode justificar, na medida em que aumenta o retorno do investimento realizado na produção desses bens, certas alterações ao regime da sua proteção, incluindo o encurtamento da duração dos exclusivos garantidos pelos direitos de propriedade intelectual, sem que seja rompido o equilíbrio originariamente estabelecido nesta matéria entre produtores e consumidores.

Estas algumas das razões por que, nas últimas décadas, a proteção internacional da propriedade intelectual se transformou num importante elemento da política

[23] Ver, sobre o tema, Dani Rodrik, *The Globalization Paradox*, Oxford, 2011; e Joseph E. Stglitz, *Globalization and Its Discontents Revisited: Anti-Globalization in the Era of Trump*, Nova Iorque, 2018.

[24] Cfr. a Comunicação da Comissão ao Parlamento Europeu, ao Conselho, ao Comité Económico e Social Europeu e ao Comité das Regiões intitulada *Um mercado único para a Europa do século XXI*, documento COM (724) final, de 20 de novembro de 2007.Ver também o livro verde intitulado *O Direito de Autor na Economia do Conhecimento*, documento COM (2008) 466/3, de 16 de julho de 2008.

comercial dos Estados. Demonstram-no os acordos internacionais a que nos referiremos adiante, através dos quais se integrou a disciplina jurídica desta matéria na regulamentação do comércio internacional.

III – A sociedade da informação

O tema em análise liga-se estreitamente, além disso, à chamada sociedade da informação[25]. Esta, na medida em que facilitou a abertura do mercado nacional a bens provindos do exterior, acentuou extraordinariamente a internacionalização da propriedade intelectual.

A tecnologia digital, associada à criação de redes mundiais de comunicações eletrónicas, tornou possível, na verdade, a desmaterialização dos suportes físicos das obras e prestações protegidas por direitos de propriedade intelectual e a sua circulação com grande facilidade através das fronteiras. Os bens intelectuais tornaram-se deste modo numa componente fundamental do comércio internacional.

Sucede, por outro lado, que hoje são quotidianamente reproduzidas, disponibilizadas ao público e distribuídas naquelas redes – *v.g.* através dos sistemas de partilha de ficheiros informáticos ditos «ponto a ponto» (*peer to peer*) – sem qualquer custo marginal, mas também sem qualquer perda de qualidade, muitos milhares de cópias de obras e prestações protegidas (nomeadamente fonogramas e videogramas), que assim ficam instantaneamente ao alcance dos utentes dessas redes em qualquer lugar do mundo a partir do qual exista acesso a estas. Em muitos casos, isso ocorre sem o consentimento dos titulares daqueles direitos e sem o pagamento aos mesmos de qualquer contrapartida económica[26]. A usurpação (ou «pirataria») de obras e prestações protegidas, nomeadamente quando praticada através de redes digitais, constitui por isso um problema candente nas sociedades contemporâneas. O Direito de Autor encontra-se, em razão destes desenvolvimentos, num momento crítico da sua evolução, que põe à prova a subsistência do modelo de proteção e remuneração dos titulares de direitos em que tradicionalmente assenta[27].

[25] Ver, sobre as implicações jurídicas desta no plano internacional, o nosso *Problemática internacional da sociedade da informação*, Coimbra, 2005, e a bibliografia aí citada. Consultem-se ainda, na literatura posterior, Pedro de Miguel Asensio, *Derecho Privado de Internet*, 5.ª ed., Madrid, 2015, especialmente pp. 596 ss. e 836 ss.; e Thomas Hoeren, *Internetrecht. Ein Grundriss*, 3.ª ed., Berlim/Boston, 2018, pp. 604 ss.

[26] Um estudo recente refere que o valor global dos filmes, músicas e *software* pirateados terá ascendido a 213 mil milhões de dólares em 2015 e poderá atingir 856 mil milhões em 2022: cfr. Frontier Economics (org.), *The Economic Impacts of Counterfeiting and Piracy*, s.l., 2017.

[27] Cfr., neste sentido, *Sterling on World Copyright Law*, por J. A. L. Sterling e Trevor Cook, 5.ª ed., Londres, 2018, p. 7.

Tornou-se assim necessário gizar mecanismos destinados a assegurar eficazmente a tutela internacional dos direitos de utilização e exploração de obras e prestações disponibilizadas em rede. É este o escopo precípuo dos tratados concluídos em 1996 sob a égide da Organização Mundial da Propriedade Intelectual (OMPI). No entanto, estes deixaram por regular os problemas suscitados pela diversidade das leis nacionais e pela pluralidade das jurisdições competentes. A União Europeia procurou atenuá-los através da harmonização de legislações; mas esta, como veremos, está longe de ter suprimido as divergências entre os sistemas jurídicos dos Estados-Membros.

Ora, a ubiquidade das redes eletrónicas de comunicação coloca inevitavelmente os atos de utilização de obras e prestações protegidas, bem como de sinais distintivos de comércio e outros bens intelectuais, através delas praticados, em contacto com uma multiplicidade de sistemas jurídicos nacionais. Os problemas da lei aplicável e do tribunal competente quanto aos litígios emergentes desses atos ganham assim particular acuidade[28].

IV – O desenvolvimento económico

A propriedade intelectual desempenha hoje um papel fundamental no desenvolvimento económico. Este depende em larga medida da investigação científica e da inovação tecnológica por ela potenciada; e para estas é indispensável o estímulo conferido pelos direitos de propriedade intelectual. Por isso se diz, com razão, que esses direitos são (pelo menos nos casos do direito de autor e das patentes de invenção) monopólios de utilização de bens incorpóreos que promovem a competição a um nível mais elevado: o da atividade inventiva e criadora[29].

São, é certo, muito significativas as assimetrias existentes neste domínio entre os países industrializados e os demais: em 2017, por exemplo, quase 85% dos pedidos de patentes formulados em todo o mundo foram depositados no Instituto Europeu de Patentes e nos organismos homólogos da China, dos Estados Unidos, do Japão e da República da Coreia[30].

Não falta, além disso, no pensamento económico contemporâneo, quem conteste a eficácia da propriedade intelectual como forma de estimular a

[28] Veja-se, para uma caracterização desses litígios, o estudo empírico levado a cabo sob a égide da Organização Mundial da Propriedade Intelectual, da autoria de Andrew F. Christie, *Private International Law Issues in Online Intellectual Property Infringement Disputes with Cross-Border Elements. An Analysis of National Approaches*, Genebra, 2015.

[29] Neste sentido, vejam-se Michael Lehmann, «Property and Intellectual Property – Property Rights as Restrictions on Competition in Furtherance of Competition», *IIC*, 1989, pp. 1 ss. (p. 12); e Paul Torremans, *Holyoak & Torremans Intellectual Property Law*, 4.ª ed., Oxford, 2005, p. 14.

[30] Cfr. *World Intellectual Property Indicators 2018*, cit., p. 26.

inovação e sublinhe o seu impacto negativo no desenvolvimento dos países menos avançados, preconizando uma revisão urgente do seu regime internacional[31].

Mas a propriedade intelectual não deixa de desempenhar papel de relevo no desenvolvimento económico desses países.

Por um lado, porque ele depende de transferências internacionais de tecnologia que os habilitem a explorar os seus recursos económicos; e estas pressupõem a consagração, nos sistemas jurídicos locais, de regimes e instituições de tutela da propriedade intelectual, bem como a abertura dos mesmos às empresas e aos cidadãos estrangeiros[32].

Por outro lado, porque o aproveitamento em benefício das populações desses países dos conhecimentos tradicionais, do folclore e dos recursos genéticos neles disponíveis requer o estabelecimento de regimes de propriedade intelectual que lhes confiram tutela não apenas na ordem interna, mas também além-fronteiras.

Finalmente, porque a erradicação das doenças endémicas, da fome e da subnutrição depende, além do mais, da investigação biotecnológica; e esta é fortemente incentivada pela concessão de patentes.

Consagra expressamente a funcionalização da propriedade industrial ao desenvolvimento tecnológico e económico a Constituição brasileira, cujo art. 5.º, inciso XXIX, dispõe:

> «[A] lei assegurará aos autores de inventos industriais privilégio temporário para sua utilização, bem como proteção às criações industriais, à propriedade das marcas, aos nomes de empresas e a outros signos distintivos, tendo em vista o interesse social e o desenvolvimento tecnológico e econômico do País.»

V – A proteção da saúde pública

Questão particularmente delicada é a da conciliação do reconhecimento internacional de direitos de propriedade intelectual com a proteção da saúde pública.

Como se sabe, para o tratamento de certas doenças particularmente graves, como o SIDA, são hoje imprescindíveis medicamentos protegidos internacionalmente por patentes. Ora, estas encarecem inevitavelmente tais medicamentos, tornando-os menos facilmente acessíveis às populações dos países menos avançados, onde algumas dessas doenças têm especial incidência; o

[31] Cfr., por exemplo, Dean Baker, Arjun Jayadev e Joseph E. Stiglitz, *Intellectual Property and Development. A Better Set of Approaches for the 21st Century*, s.l., 2017, pp. 70 s.

[32] Ver, sobre o tema, António Marques dos Santos, *Tranferência internacional de tecnologia, economia e direito. Alguns problemas gerais*, Lisboa, 1984, especialmente pp. 23 ss.

que tem levado vários deles a recusarem a concessão de patentes para o respetivo território ou a emitirem licenças obrigatórias relativamente a eles[33].

Bem elucidativa da tensão entre os valores em jogo nesta matéria é a decisão proferida em 2007 por um tribunal da União Indiana no caso *Novartis*[34]. A empresa farmacêutica com esta denominação, sedeada na Suíça e titular em diversos países da patente do medicamento *Glivec*, destinado ao tratamento do cancro, pretendeu patenteá-lo na Índia, onde várias empresas fabricavam legalmente medicamentos genéricos idênticos ao *Glivec*, que eram depois vendidos em países estrangeiros. A pretensão da *Novartis* foi rejeitada pelo *Patent Controller* indiano, com fundamento em que a secção 3 (d) do *Patent Act* deste país não permite patentear medicamentos que resultem apenas da descoberta de uma nova propriedade ou utilização possível de uma substância já conhecida e que não aumentem a sua eficácia. Em juízo, a *Novartis* alegou que a referida lei indiana, além de violar o princípio da igualdade consignado no art. 14 da Constituição indiana, era contrária ao Acordo TRIPS, anexo ao Acordo que instituiu a Organização Mundial de Comércio, celebrado em Marraquexe em 1994, de que a União Indiana é parte. Esta contrapôs que a solução consignada na lei em questão, além de compatível com a Constituição e as obrigações internacionais do país, corresponde ao dever constitucional do Estado indiano de assegurar bons cuidados de saúde aos seus cidadãos, a maioria dos quais vive abaixo do limiar da pobreza. O Tribunal de Madrasta, a que a causa foi submetida, declinou julgar a questão da compatibilidade da lei indiana com o referido Acordo, por entender que a mesma se inseria no âmbito do mecanismo de resolução de litígios nele previsto. Mas rejeitou expressamente que tivesse ocorrido na espécie qualquer violação da Constituição indiana. A disposição legal controvertida visaria fundamentalmente, segundo o tribunal, evitar o fenómeno denominado *evergreening* das patentes, i. é, a sua renovação por períodos de tempo sucessivos, mediante a solicitação pelo respetivo titular de novas patentes sobre atributos individuais do mesmo produto, impedindo desse modo a produção por terceiros de medicamentos genéricos nele baseados. Ter-se-ia ainda em vista através da mesma lei, de acordo com o tribunal indiano, facilitar o acesso dos cidadãos a medicamentos necessários à preservação da vida humana.

[33] Sobre o tema, vejam-se João Paulo Remédio Marques, *Medicamentos* versus *patentes. Estudos de propriedade industrial*, Coimbra, 2008; e Vítor Palmela Fidalgo, *As licenças compulsórias de direitos de propriedade industrial*, Coimbra, 2016.

[34] Cfr. High Court of Judicature at Madras, sentença de 6 de agosto de 2007, caso *Novartis et al. vs. Union of India et al.*, disponível em http://www.lawyerscollective.org. Sobre esta decisão, *vide* Shamnad Basheer/T. Prashant Reddy, *Section 3 (D) of the Indian Patents Act. Crude, Yet Constitutional*, s.d., disponível em http://ssrn.com.

Não obstante a relevância dos argumentos que podem aduzir-se a favor da tutela internacional da propriedade intelectual, a territorialidade desta conserva, como o evidencia este caso, uma extraordinária força – o que bem se compreende à luz dos interesses sociais implicados na matéria.

Estas preocupações viriam a ser refletidas na alteração introduzida no Acordo TRIPS mediante a inserção nele do atual art. 31.º-A, em vigor desde 23 de janeiro de 2017, o qual consente aos respetivos Estados Membros, em certas condições, a importação paralela de medicamentos produzidos ao abrigo de uma licença compulsória concedida noutro Estado Membro[35].

VI – O acesso à cultura e à informação

A mesma ordem de problemas se coloca a respeito da conciliação da tutela internacional da propriedade intelectual com o acesso à cultura e à informação.

Se é certo que o direito de autor atende ao interesse legítimo do autor em dispor de modo exclusivo da sua obra, em usá-la e fruí-la, colhendo os benefícios materiais da sua exploração, assim como em ver reconhecida a paternidade da obra e respeitada a sua genuinidade e integridade, não é menos verdade que o seu regime não pode descurar os interesses sociais que se prendem com a facilitação do acesso à cultura, os quais reclamam o reconhecimento de um certo grau de liberdade de utilização e exploração das obras intelectuais alheias; e outro tanto pode dizer-se do interesse em assegurar a liberdade de informação, requisito basilar das sociedades plurais, que exige um acesso tão livre quanto possível às obras intelectuais[36].

Ora, também esta conciliação de interesses, em que assenta todo o regime da propriedade intelectual, carece de ser acautelada no plano da sua tutela internacional. Reconheceu-o expressamente o Acordo TRIPS, que dispõe no art. 7:

> «A proteção e a aplicação efetiva dos direitos de propriedade intelectual devem contribuir para a promoção da inovação tecnológica e para a transferência e divulgação de tecnologia, em benefício mútuo dos geradores e utilizadores dos conhecimentos tecnológicos e de um modo conducente ao bem-estar social e económico, bem como para um equilíbrio entre direitos e obrigações.»

[35] Cfr. sobre o ponto, *infra*, § 11.º/XI, alínea *b)*.

[36] Ver sobre o tema, os nossos estudos «O equilíbrio de interesses no Direito de Autor», *in* AAVV, *Direito da Sociedade da Informação*, vol. IX, Coimbra, 2010, pp. 249 ss.; e «Portugal», *in* Reto Hilty/Sylvie Nérisson (orgs.), *Balancing Copyright – A Survey of National Approaches*, Berlim/Heidelberga, 2012, pp. 737 ss., bem como a bibliografia aí citada.

Este equilíbrio não passa decerto por uma reformulação do regime da propriedade intelectual existente, por alguns advogada[37], a qual teria custos incomensuráveis, mas antes, como se verá no lugar oportuno desta obra, pela consagração dos limites e das exceções aos direitos de exclusivo que se mostrem necessários a fim de atender aos referidos interesses.

VII – A produção normativa recente sobre o tema

A relevância económica e social do tema de aqui nos ocupamos não tem passado despercebida aos legisladores: as últimas duas décadas e meia foram marcadas por uma intensa produção normativa, tendo por objeto a tutela internacional da propriedade intelectual[38].

Entre os instrumentos internacionais que refletem essa produção normativa destacam-se os que visam estabelecer um *standard* mínimo de proteção dos bens intelectuais, de âmbito universal, e assegurar a aplicação efetiva em todos os seus Estados membros dos direitos de propriedade intelectual. Tal o objetivo fundamental do mencionado Acordo TRIPS.

Subsequentemente, foram concluídos em Genebra os referidos tratados da OMPI sobre direito de autor e sobre interpretações ou execuções e fonogramas, ambos de 1996. Estes tiveram em vista harmonizar as legislações nacionais no tocante à utilização de obras e prestações protegidas nas redes internacionais de comunicações eletrónicas, que haviam, entretanto, adquirido uma importância sem precedentes como meios de reprodução, comunicação ao público e distribuição de bens intelectuais através das fronteiras.

Mais recentemente, outros tratados procuraram reforçar a tutela internacional da propriedade intelectual, estabelecendo um regime jurídico comum e procedimentos uniformes para a concessão de direitos sobre bens intelectuais. Entre eles sobressaem a Convenção Sobre a Patente Europeia, revista em 2000, e o respetivo Protocolo de Londres, concluído no mesmo ano; o Tratado de Singapura Sobre Direito das Marcas, celebrado em 2006; o Tratado de Beijing Sobre Interpretações e Execuções Audiovisuais, celebrado em 2012; o Tratado de Marraquexe para facilitar o acesso a obras publicadas às pessoas cegas, com deficiência visual ou com outras dificuldades para aceder ao texto impresso, concluído em 2013; e o Ato de Genebra do Acordo de Lisboa Relativo à Proteção das Denominações de Origem e às Indicações Geográficas, de 2015.

[37] Ver, por exemplo, Amy Kapczynski, «The Access to Knowledge Mobilization and the New Politics of Intellectual Property», *Yale L. J.*, 2008, pp. 804 ss.

[38] Referiremos por ora apenas os instrumentos internacionais mais significativos, deixando o desenvolvimento desta matéria para os capítulos II e III.

Dificilmente, porém, se encontrará nestes instrumentos internacionais uma solução cabal dos problemas atrás enunciados, dado que não só são omissos quanto a vários deles como, além disso, frequentemente se limitam a instituir uma regulamentação mínima, que não suprime as divergências entre as legislações nacionais.

Não menos relevantes são, neste domínio, os atos normativos emanados da União Europeia. Em matéria de propriedade industrial, destacam-se os atos europeus que visam criar direitos de propriedade industrial unitários cujo âmbito espacial de eficácia se estende a toda a União. Neste sentido, foram adotados, entre 1993 e 2004, regulamentos sobre a marca comunitária, o regime comunitário de proteção das variedades vegetais, os desenhos ou modelos comunitários e o nome domínio de topo «.eu». Por via deles, surgiram os primeiros direitos supranacionais de propriedade industrial, entretanto reforçados, em 2012, pela patente europeia de efeito unitário (ainda não em vigor); e, em 2017, pela marca da União Europeia, que substituiu a marca comunitária.

No tocante aos direitos de autor e conexos, sobressaem as Diretivas que, entre 1991 e 2001, procuraram harmonizar diversos aspetos pontuais do seu regime substantivo: a proteção dos programas de computador, o aluguer e o comodato de originais e cópias de obras protegidas, a radiodifusão por satélite e a retransmissão por cabo, o prazo de duração dos direitos de autor e de certos direitos conexos e o direito de sequência. Em 2001, foi adotada a Diretiva sobre o direito de autor e os direitos conexos na sociedade de informação, que procurou dar execução, no âmbito da União Europeia, aos Tratados da OMPI de 1996; e em 2004, a Diretiva sobre o respeito (*enforcement*) dos direitos de propriedade intelectual, que transpôs para o Direito da União Europeia as correspondnetes regras do Acordo TRIPS. Em 2012, foi aprovada a Diretiva sobre as denominadas obras órfãs; em 2014, a Diretiva sobre a gestão coletiva de direitos; em 2017, a Diretiva sobre as utilizações de obras protegidas por pessoas cegas ou com outras dificuldades de acesso a textos impressos; e em 2019 a Diretiva relativa aos direitos de autor e conexos no mercado único digital, que, de acordo com o respetivo preâmbulo, visa adaptar o seu regime aos meios digital e transfronteiriço.

Sem criarem propriamente direitos autorais supranacionais, estes atos procuraram reduzir as diferenças que nesta matéria separam os sistemas jurídicos dos Estados-Membros da União. Não obstante isso, subsistem, como veremos, profundas divergências entre esses sistemas jurídicos no que respeita ao regime substantivo dos direitos de propriedade intelectual.

Compreende-se assim que outros atos normativos europeus publicados nos últimos anos se hajam ocupado da determinação do tribunal competente e da lei aplicável à propriedade intelectual e aos negócios jurídicos a ela respeitantes.

Estão neste caso: *a)* O Regulamento relativo à competência judiciária, ao reconhecimento e à execução de decisões em matéria civil e comercial («Bruxelas I*bis*»), que disciplina, além do mais, a competência exclusiva dos tribunais dos Estados-Membros em matéria de registo e validade de patentes, marcas, desenhos ou modelos e direitos análogos e o reconhecimento das sentenças deles emanadas; *b)* O Regulamento relativo à lei aplicável às obrigações contratuais («Roma I»), que contém disposições aplicáveis aos contratos de licença e de cessão de direitos de propriedade intelectual; e *c)* O Regulamento relativo à lei aplicável às obrigações extracontratuais («Roma II»), que consagra regras de conflitos sobre as obrigações extracontratuais decorrentes da concorrência desleal e da violação dos direitos de propriedade intelectual, que consolidam e clarificam o regime jurídico sobre esta matéria.

Vários diplomas legais nacionais têm também disciplinado *ex professo* os problemas suscitados pela determinação do tribunal competente e da lei aplicável, bem como pelo reconhecimento de sentenças estrangeiras, em matéria de propriedade intelectual: tal o caso, designadamente, das leis de Direito Internacional Privado suíça (de 1987), italiana (de 1995) e belga (de 2004). No entanto, além de fragmentários, os regimes instituídos por esses diplomas mostram-se frequentemente tributários de orientações divergentes, o que dificulta a resolução harmónica dos problemas que aqui temos em vista.

O tema desta monografia situa-se na interseção do Direito Internacional Privado e do Direito da Propriedade Intelectual. Durante décadas, estas disciplinas funcionaram completamente separadas, não obstante a publicação de estudos de relevo sobre problemas a elas comuns[39]. Nos últimos anos, porém, aumentou interesse recíproco por parte dos respetivos cultores[40].

[39] Entre os quais se destacam os trabalhos de Allois Troller, *Das internationale Privat- und Zivilprozessrecht im gewerblichen Rechtsschutz und Urheberrecht*, Basileia, 1952; e de Eugen Ulmer, *Die Immaterialgüterrechte im internationalen Privatrecht. Rechtsvergleichende Untersuchung mit Vorschlägen für die Vereinheitlichung in der Europäischen Wirtschaftsgemeinschaft*, Colónia/Berlim/Bona/Munique, 1975.

[40] Bem patente na atenção dada ao Direito Internacional Privado em obras de referência no domínio da propriedade intelectual: cfr. André Lucas/Henri-Jacques Lucas, *Traité de la propriété littéraire et artistique*, 3.ª ed., Paris, 2006 (que dedicam ao tema as pp. 783 a 1037), Haimo Schack, *Urheber- und Urhebervertragsrecht*, 4.ª ed., Tubinga, 2007 (onde o assunto é objeto das pp. 411 a 478), e Nicolas Binctin, *Droit de la propriété intellectuelle*, 5.ª ed., Paris, 2018 (que reserva a esta temática as pp. 644 a 666); assim como no relevo conferido à propriedade intelectual e aos bens imateriais em obras gerais de Direito Internacional Privado: *vide*, por exemplo, Kurt Siehr, *Internationales Privatrecht*, Heidelberga, 2001 (que consagra ao Direito dos Bens Imateriais as pp. 281 a 303), Alfonso-Luis Calvo Caravaca/Javier Carrascosa González, *Derecho Internacional Privado*, vol. II, 18.ª ed., Granada, 2018 (que se ocupam da mesma matéria nas pp. 1231 a 1261), e José Carlos Fernández Rozas/Sixto Sánchez Lorenzo, *Derecho Internacional Privado*, 10.ª ed., Madrid, 2018 (onde esta temática é objeto das pp. 765 a 785). Igualmente significativas são

Não surpreende, em razão do exposto, a atenção que o assunto tem ultimamente merecido por parte de diversas instituições científicas, no âmbito das quais foram encetados projetos de investigação e preparados instrumentos de *soft law* a ele respeitantes[41]. Entre estes destacam-se: *a)* A resolução sobre o tribunal competente e a lei aplicável em caso de violação de direitos de propriedade intelectual, adotada pela *Associação Internacional Para a Propriedade Intelectual* em 2003[42]; *b)* Os princípios relativos à determinação do tribunal competente, à lei aplicável e ao reconhecimento de sentenças estrangeiras em matéria de propriedade intelectual nos litígios transnacionais, publicados em 2008 pelo *American Law Institute* e destinados, na linha dos *restatements of the law* elaborados sob a égide da mesma instituição, a orientar a atividade dos tribunais neste domínio e a promover a uniformidade das respetivas decisões[43]; *c)* A proposta de *Princípios de Direito Internacional Privado Sobre Direitos de Propriedade Intelectual*

as recolhas de estudos de especialistas de ambos os ramos do Direito publicadas ao longo da última década e meia: cfr., por exemplo, Jürgen Basedow/Josef Drexl/Annette Kur/Axel Metzger (orgs.), *Intellectual Property in the Conflict of Laws*, Tubinga, 2005; Josef Drexl/Annete Kur (orgs.), *Intellectual Property and Private International Law. Heading for the Future*, Oxford/Portland, 2005; Arnaud Nuyts (org.), *International Litigation in Intellectual Property and Information Technology*, Austin, etc., 2008; Jürgen Basedow/Toshiyuki Kono/Axel Metzger (orgs.), *Intellectual Property in the Global Arena: Jurisdiction, Applicable Law, and the Recognition of Judgments in Europe, Japan and the US*, Tubinga, 2010; e Toshiyuki Kono (org.), *Intellectual Property and Private International Law: Comparative Perspectives*, Oxford/Portland, 2012.

41 Cfr., para uma visão de conjunto, Mireille van Eechoud, «Bridging the gap: Private international law principles for intellectual property law», *NIPR*, 2016, pp. 716 ss.

42 Cfr. Association Internationale Pour la Protection de la Propriété Intellectuelle, *Juridiction et loi applicable en cas de contrefaçon transfrontalière (actes de contrefaçon) des droits de propriété intellectuelle Résolution*, 2003, disponível em http://www.aippi.org.

43 Cfr. American Law Institute, *Intellectual Property. Principles Governing Jurisdiction, Choice of Law, and Judgments in Transnational Disputes. As Adopted and Promulgated by the American Law Institute at San Francisco, California May 14, 2007*, St. Paul, Minnesota, 2008. Sobre os trabalhos preparatórios deste texto, *vide* Rochelle C. Dreyfuss/Jane Ginsburg, «Principles Governing Jurisdiction, Choice of Law, and Judgments in Transnational Disputes. Aim, scope and approach of the American Law Institute project on intellectual property», *CRi*, 2003, pp. 33 ss.; Catherine Kessedjian, «Current International Developments in Choice of Law: An Analysis of the ALI Draft», in Jürgen Basedow/Josef Drexl/Annette Kur/Axel Metzger (orgs.), *Intellectual Property in the Conflict of Laws*, Tubinga, 2005, pp. 19 ss.; Rochelle C. Dreyfuss, «The ALI Principles on Transnational Intellectual Property Disputes: Why Invite Conflicts?», *Brook. J. Int'l L.*, 2005, pp. 819 ss.; François Dessemontet, «A European Point of View on the ALI Principles – Intellectual Property: Principles Governing Jurisdiction, Choice of Law, and Judgments in Transnational Disputes», *Brook. J. Int'l L.*, 2005, pp. 850 ss.; *idem*, «The ALI Principles: Intellectual Property in Transborder Litigation», *in* Jürgen Basedow, Toshiyuki Kono e Axel Metzger (orgs.), *Intellectual Property in the Global Arena: Jurisdiction, Applicable Law, and the Recognition of Judgments in Europe, Japan and the US*, Tubinga, 2010, pp. 31 ss.

(*«Principles of Private International Law on Intellectual Property Rights»*) elaborada no âmbito da Associação de Direito Internacional Privado da Coreia e do Japão[44]; *d)* Os *Princípios Sobre Conflitos de Leis em Matéria de Propriedade Intelectual* (*«Conflict of Laws in Intellectual Property»*), publicados em 2011 pelo *European Max-Planck Group on Conflict of Law in Intellectual Property* (*«CLIP Principles»*)[45]; e *e)* As *Diretrizes Sobre Propriedade Intelectual e Direito Internacional Privado* preparadas pelo Comité de Propriedade Intelectual e Direito Internacional Privado da *International Law Association* (*«ILA Guidelines on Intellectual Property and Private International Law»*)[46-47]. A estes instrumentos acresce ainda o *guia para juízes* sobre a matéria

[44] Cfr. «Commentary on Principles of Private International Law on Intellectual Property Rights (Joint Proposal Drafted by Members of the Private International Law Association of Korea and Japan)», *The Quarterly Review of Corporation Law and Society*, 2011, pp. 112 ss. (disponível em http://www.win-cls.sakura.ne.jp/pdf/28/08.pdf).

[45] Cfr. *Conflict of Laws in Intellectual Property. The CLIP Principles and Commentary*, Oxford, 2013 (também disponíveis em https://www.ip.mpg.de). Cfr., sobre esse texto e os respetivos trabalhos preparatórios, Annette Kur, «Applicable Law: An Alternative Proposal for International Regulation – The Max-Planck Project on International Jurisdiction and Choice of Law», *Brook. J. Int'l L.*, 2005, pp. 951 ss.; Asa Hellstadius/Wolf Meier-Ewert, «Jurisdiction and Choice of Law in Intellectual Property Matters – Perspectives for the Future (EU and Worldwide)», *IIC*, 2005, pp. 313 ss.; Dário Moura Vicente, «Principios Sobre Conflictos de Leyes en Materia de Propiedad Intelectual», *Cuadernos de Derecho Transnacional*, Madrid, vol. 3, n.º 1 (2011), pp. 5 ss.; e Pedro de Miguel Asensio, «CLIP», *in* Jürgen Basedow/Franco Ferrari/Pedro de Miguel Asensio/Giesela Rühl (orgs.), *Encyclopedia of Private International Law*, Cheltenham/Northampton, 2017, vol. 1, pp. 365 ss. O *European Max-Planck Group on Conflict of Law in Intellectual Property* publicou também em 2007 um importante conjunto de propostas sobre a revisão do Regulamento de Bruxelas I, no tocante à competência judiciária para as ações fundadas na violação de patentes, e sobre o Regulamento de Roma I, no que se refere à lei aplicável aos contratos que tenham por objeto a transmissão ou o licenciamento de direitos de propriedade intelectual: cfr. European Max-Planck Group for Conflict of Laws in Intellectual Property, «Exclusive Jurisdiction and Cross Border IP (Patent) Infringement. Suggestions for Amendment of the Brussels I Regulation», *EIPR*, 2007, pp. 193 ss.; *idem*, «Intellectual Property and the Reform of Private International Law – Sparks from a Difficult Relationship», *IPRax*, 2007, pp. 284 ss.

[46] Cujo anteprojeto foi publicado em 2018 pela International Law Association, como anexo ao *Fourth Committee Report* do Comité relativo a *Intellectual Property and Private International Law*, em http://www.ila-hq.org.

[47] Para uma comparação dos textos referidos, *vide* Édouard Treppoz, «Étude comparée des príncipes de l'American Law Institute et du Max Planck Institut sur le droit international privé et la propriété intellectuelle», *in* Cyril Nourissat/Édouard Treppoz (orgs.), *Droit international privé et propriété intellectuelle. Un nouveau cadre pour de nouvelles stratégies*, Rueil-Malmaison, 2010, pp. 271 ss. ; Paulius Jurcys, «International Jurisdiction in Intellectual Property Disputes. CLIP, ALI Principles and other Legislative Proposals in a Comparative Perspective», *JIPITEC*, 2012, pp. 174 ss.; e Rita Matulionytė, «IP and Applicable Law in Recent International Proposals: Report for the International Law Association», *JIPITEC*, 2012, pp. 263 ss.

em apreço publicado conjuntamente pela Organização Mundial da Propriedade Intelectual e pela Conferência da Haia de Direito Internacional Privado[48].

§ 3.º Plano da exposição

Em boa parte, os problemas acima colocados radicam na diversidade das conceções nacionais acerca da concessão de exclusivos de utilização ou aproveitamento económico de bens intelectuais, de concorrência desleal e de segredos de negócios. É, pois, dessa diversidade que antes de mais se procurará dar conta neste estudo (capítulo I).

Seguir-se-á a análise das iniciativas dirigidas à harmonização e à unificação internacionais do Direito da Propriedade Intelectual, através das quais se tem procurado superar as diferenças de regime existentes nesta matéria (capítulo II).

Como se verá, apesar dessas iniciativas, subsistem importantes divergências entre os sistemas jurídicos nacionais. O que nos levará a tratar subsequentemente do problema da determinação do Direito aplicável à propriedade intelectual, à concorrência desleal e aos segredos de negócios (capítulo III).

Frequentemente, esses problemas são suscitados perante os tribunais judiciais. Haverá por isso que examinar o tribunal competente e o regime do reconhecimento de decisões estrangeiras em matéria de propriedade intelectual, de concorrência desleal e de segredos de negócios (capítulo IV).

Não raro, é a instâncias extrajudiciais, *v.g.* tribunais arbitrais, que os interessados confiam a tutela dos direitos de propriedade intelectual e o contencioso da concorrência desleal. Não deixaremos, por conseguinte, de indagar também como se colocam e resolvem os aludidos problemas quando submetidos a estas instâncias (capítulo V).

[48] Cfr. Annabelle Bennett e Sam Granata, *When Private International Law meets Intellectual Property Law – A Guide for Judges*, Genebra/Haia, 2019.

Capítulo I
As diferentes conceções nacionais em matéria de propriedade intelectual, concorrência desleal e segredos de negócios

§ 4.º Posição do problema

Toda a atribuição de direitos de propriedade intelectual assenta numa ponderação de interesses contrapostos.

Por um lado, esses direitos constituem um incentivo à criação intelectual e à inovação; mas, por outro, constituem monopólios legais, que restringem a utilização de bens intelectuais por parte dos consumidores e dos concorrentes no mercado, agravando o custo dos bens dessa natureza nele disponíveis e entravando a produção de novos bens a partir deles.

Assim, uma proteção forte dos referidos direitos, centrada na pessoa do criador do bem intelectual, estimulará, ao menos em tese, a produção cultural e a inovação técnica; ao passo que uma proteção mais limitada, que coloque em primeiro plano os próprios bens intelectuais, permitirá eventualmente uma maior difusão destes junto do público e acautelará melhor o interesse em fomentar a concorrência e a criação e inovação a partir dos bens já existentes.

Não sendo idêntica a estrutura social e económica dos diferentes países, é natural que os interesses que nuns são tidos como preponderantes nesta matéria o não sejam noutros. Esta a raiz da diversidade dos sistemas jurídicos nacionais quanto à tutela da propriedade intelectual e dos níveis de proteção dos direitos intelectuais por eles assegurada. É dessa diversidade que tentaremos dar conta em seguida.

Autonomizaremos, a este respeito, os dois ramos fundamentais da propriedade intelectual que havíamos distinguido acima: os direitos de autor e conexos e os direitos privativos da propriedade industrial (nos quais trataremos separadamente dos direitos sobre sinais distintivos de comércio e dos direitos sobre criações intelectuais de aplicação industrial). Os direitos *sui generis* sobre bens intelectuais apenas serão examinados no capítulo subsequente porque, como aí se verá, esses direitos são essencialmente criações do Direito Europeu e do Direito Internacional. Em contrapartida, consideraremos ainda neste capítulo os regimes nacionais em matéria de concorrência desleal, dada a sua estreita ligação com a tutela da propriedade intelectual.

§ 5.º Direitos de autor e conexos

I – *Droit d'auteur* e *copyright*

No domínio do direito de autor, as duas grandes tradições jurídicas que a comparação dos Direitos nacionais há muito colocou em evidência são, por um lado, os sistemas ditos de *droit d'auteur*, que vigoram designadamente nos países da Europa continental, e, por outro, os sistemas de *copyright*, que encontraram acolhimento em Inglaterra, nos Estados Unidos e nos demais países de *Common Law*[49].

Importa, pois, antes de mais, determinar as principais diferenças de regime que separam esses sistemas e apurar as respetivas causas. É o que faremos em seguida.

[49] Para um confronto desses sistemas jurídicos, vejam-se, na literatura mais recente : André Françon, «Le droit d'auteur au-delà des frontières: une comparaison des conceptions civiliste et de common law», *RIDA*, 1991, n.º 149, pp. 3 ss.; *idem*, *Le droit d'auteur. Aspects internationaux et comparatifs*, Cowansville (Quebeque), 1992, pp. 111 ss.; Alain Strowel, *Droit d'auteur et copyright: divergences et convergences. Etude de droit comparé*, 1993; Julia Ellins, *Copyright Law, Urheberrecht und ihre Harmonisierung in der Europäischen Gemeinschaft. Von den Anfängen bis ins Informationszeitalter*, Berlim, 1997 (sobre a qual pode ver-se a recensão de Alexandre Dias Pereira, *in BFDUC*, 1998, pp. 801 ss.); Paul Goldstein, *International Copyright*, Oxford, 2001, pp. 3 ss.; Alexandre Dias Pereira, *Informática, Direito de Autor e propriedade tecnodigital*, cit., pp. 96 ss.; Michel Vivant, «Droit d'auteur et copyright: quelles relations?», *in* Georges Chatillon (org.), *Le droit international de l'internet*, Bruxelas, 2002, pp. 445 ss.; Jean-Luc Piotraut, *La propriété intellectuelle en droit international et comparé (France, Allemagne, Royaume-Uni, États-Unis)*, Paris, 2007, pp. 107 ss.; Françoise Benhamu/Joëlle Farchy, *Droit d'auteur et copyright*, Paris, 2007; Silke von Lewinski, *International Copyright Law and Policy*, Oxford, 2008, pp. 33 ss. ; Patrícia Akester, *Direito de Autor em Portugal, nos PALOP, na União Europeia e nos Tratados Internacionais*, Coimbra, 2013, pp. 27 ss.; e *Sterling on World Copyright Law*, cit., pp. 17 s. e 717 ss.

a) Titularidade do direito de autor. – A diferença fundamental entre as duas tradições jurídicas em apreço radica atualmente no regime da titularidade do direito de autor sobre as obras feitas por encomenda ou em execução de um contrato de trabalho[50]. O problema é da maior relevância social, pois a maioria das obras protegidas é hoje fruto da atividade de empresas, que forçosamente se socorrem de diversas pessoas a fim de produzi-las.

Nos sistemas jurídicos alemão, francês e português, sendo uma obra literária ou artística feita por conta de outrem ou ao abrigo de um contrato de trabalho, os direitos sobre ela pertencem, salvo convenção em contrário, ao criador da obra[51]. Trata-se de um corolário do princípio conforme o qual o autor é o criador intelectual da obra, designado na Alemanha por «princípio do criador» (*Schöpferprinzip*)[52].

Apenas no tocante aos programas de computador se prevê em todos estes sistemas (aliás por força de uma exigência do Direito da União Europeia[53]) que os direitos patrimoniais de autor pertencem *ab origine* ao empregador ou comitente[54].

Além disso, nesses sistemas jurídicos a obra cinematográfica é tida como uma obra em colaboração, sendo titulares originários do direito de autor sobre ela o realizador e os autores do argumento, do diálogo e da banda musical[55].

[50] Cfr., sobre esta matéria, numa ótica de comparação de Direitos, Stig Strömholm, «Copyright. Comparison of Laws», *in IECL*, vol. XIV, *Copyright*, capítulo 3, pp. 36 ss.; e Jane Ginsburg, «The Concept of Authorship in Comparative Copyright Law», *DePaul Law Review*, 2003, pp. 1063 ss.

[51] *Urheberrechtsgesetz*, § 43; *Code de la Propriété Intellectuelle*, art. L. 111-1; Código português do Direito de Autor e dos Direitos Conexos, art. 14.º, n.º 2 (quanto à obra fotográfica efetuada em execução de contrato de trabalho ou por encomenda, presume-se, no entanto, que o direito patrimonial de autor pertence ao empregador ou comitente: art. 165.º, n.º 2).

[52] Cfr. o § 7 da *Urheberrechtsgesetz*, que declara: «Urheber ist der Schöpfer des Werkes». Sobre o ponto, *vide* Haimo Schack, *Urheber- und Urhebervertragsrecht*, cit., p. 147; Manfred Rehbinder/Alexander Peukert, *Urheberrecht und verwandte Schutzrechte*, cit., p. 95. Na doutrina portuguesa, veja-se a este respeito Alberto de Sá e Mello, *Manual de Direito de Autor e Direitos Conexos*, 3.ª ed., Coimbra, 2019, pp. 55 ss.

[53] Diretiva 91/250/CEE, de 14 de maio de 1991, *in JOCE*, n.º L. 122 de 17 de maio de 1991, pp. 42 ss., art. 2.º.

[54] *Urheberrechtsgesetz*, § 69b; *Code de la Propriété Intellectuelle*, art. L. 113-9; Decreto-Lei n.º 252/94, de 20 de outubro, art. 3.º, n.º 3. Ainda assim, o criador intelectual do programa pode exigir, para além da remuneração ajustada, uma remuneração especial se a criação intelectual exceder o desempenho, ainda que zeloso, da função ou tarefa que lhe estava confiada ou quando da obra se fizerem utilizações ou retirem vantagens não previstas na remuneração ajustada: Decreto-Lei cit., art. 3.º, n.º 4, e Código cit., art. 14.º, n.º 4. Veja-se, sobre a justificação desta regra, Pedro Romano Martinez, «Tutela da atividade criativa do trabalhador», *RDES*, 2000, pp. 225 ss. (pp. 239 ss.).

[55] *Urheberrechtsgesetz*, § 65 (2); *Code de la Propriété Intellectuelle*, art. L. 113-7; Código do Direito de Autor e dos Direitos Conexos, art. 22.º.

O produtor é, quando muito, um cessionário desse direito, por força de uma presunção legal (na Alemanha e em França[56]) ou em virtude de um contrato (como sucede em Portugal[57]).

Ao invés, nos Estados Unidos da América os direitos em apreço pertencem originariamente, nos casos aí ditos de *work made for hire* (definido como «a work prepared by an employee within the scope of his or her employment or a work specially ordered for use as contribution to a collective work»), ao empregador ou àquele que encomendou a obra, salvo estipulação contratual em contrário[58]; e o mesmo sucede em Inglaterra com os denominados *works made in the course of employment*[59]. O *copyright* é assim atribuído nestes países, diz-se, àquele que se encontra em melhores condições de explorá-lo no mercado.

A obra cinematográfica é qualificada nos Estados Unidos na categoria dos *works made for hire*, pertencendo, por conseguinte, os respetivos direitos de exploração económica ao produtor[60]. Em Inglaterra, desde a transposição da Diretiva comunitária sobre a duração do direito de autor, são tidos como coautores desta categoria de obras o produtor e o realizador[61].

O incentivo económico à produção deste tipo de obras é, pois, muito diverso nestes sistemas jurídicos: nos de *copyright*, o direito de exclusivo sobre a obra intelectual é conferido a quem assume o risco financeiro inerente à sua criação; nos de *droit d'auteur*, ao criador dela. Já se tem visto na circunstância de os Estados Unidos serem hoje o primeiro produtor e exportador mundial de obras cinematográficas e de obras multimédia uma consequência do regime legal aí vigente nesta matéria[62].

b) Objeto da proteção jusautoral. – Naturalmente que não se quedam por aqui as diferenças entre os sistemas de *copyright* e de *droit d'auteur*: também a respeito do objeto da proteção jusautoral se registam divergências importantes entre eles.

Assim, em Inglaterra estendia-se tradicionalmente a proteção do Direito de Autor a qualquer expressão do pensamento que não constituísse a contrafação de outra obra e fosse o resultado de um investimento de trabalho ou capital. Aquele primeiro requisito, que deu origem ao célebre aforismo «o que vale a pena ser copiado, deve valer a pena ser protegido» (*what is worth copying must be*

[56] *Urheberrechtsgesetz*, § 89; *Code de la Propriété Intellectuelle*, art. L. 132-24.

[57] Código cit., arts. 125.º e 127.º.

[58] Cfr. *Copyright Act*, § 201 (b).

[59] Cfr. *Copyright, Designs and Patents Act 1988*, secção 11 (2).

[60] Ver o cit. *Copyright Act*, § 101.

[61] *Copyright, Designs and Patents Act 1988*, secção 9 (2) (ab).

[62] Cfr. André Bertrand, *Le droit d'auteur et les droits voisins*, 2.ª ed., Paris, 1999, pp. 45 e 53.

worth protecting), foi expresso em 1916 pelo juiz Peterson, na sentença em que declarou, a respeito do *Copyright Act, 1911*:

> «A originalidade que se exige diz respeito à expressão do pensamento. A lei não requer, porém, que a expressão revista uma forma original ou inovadora, mas tão-só que a obra não haja sido copiada de outra – que tenha a sua origem no respetivo autor.»[63]

O segundo, afirmou-o a Câmara dos Lordes numa decisão proferida em 1944, em que recusou proteção a uma série de quadros coligidos numa agenda de bolso, nos quais se continham calendários, informação relativa a taxas postais, equivalências de pesos e medidas, fusos horários, etc., os quais haviam sido reproduzidos pelos réus e inseridos numa publicação análoga. Isto porque faltava àquela coletânea, tanto na seleção como na disposição dos elementos que a compunham, «qualquer dispêndio efetivo de trabalho, discernimento ou perícia» (*any real exercise of labour, judgment or skill*)[64].

Nesta ordem de ideias, uma lista telefónica laboriosamente compilada, por exemplo, seria protegida pelo *copyright*. Este recompensa o esforço dispendido, o «suor do rosto» (*the sweat of the brow*), na produção da obra e não a sua originalidade. Nos Estados Unidos, este critério foi, porém, abandonado pelo Supremo Tribunal na decisão proferida em 1991 sobre o caso *Feist Publications, Inc., v. Rural Telephone Service Co.*, em que o juiz O'Connor reconheceu expressamente que o princípio fundamental em que assenta o direito de autor é o de que este não pode ter por objeto meros factos[65]. Mas em Inglaterra ele mantém-se em vigor; ao que não será estranha a inexistência neste país, como veremos adiante, de uma cláusula geral de proibição da concorrência desleal – porquanto a proteção jusautoral é aí também utilizada em ordem a tutelar o investimento na produção de obras de escassa originalidade e a sancionar a sua imitação por um concorrente direto do autor[66].

A exigência de originalidade, ou criatividade, da obra como requisito da sua proteção pelo Direito de Autor é uma das constantes deste nos países de tradição jurídica romanista[67]. Diferentemente do que sucede nos sistemas de

[63] Cfr. *University of London Press, Ltd., v. University Tutorial Press, Ltd.*, [1916] 2 Ch. 601.

[64] Cfr. *G. A. Cramp & Sons, Ltd., v. Frank Smythson, Ltd.*, [1944] A.C. 329.

[65] Cfr. 499 U.S. 340. Para uma análise comparativa desta decisão, veja-se Daniel Gervais, «*Feist* Goes Global: A Comparative Analysis of the Notion of Originality in Copyright Law», *J. Copyr. Soc.*, 2002, pp. 949 ss.

[66] Cfr. William Cornish/David Llewelyn, *Intellectual Property*, 6.ª ed., Londres, 2007, p. 400.

[67] Cfr. Claude Colombet, *Grands principes du droit d'auteur et des droits voisins dans le monde. Approche de droit comparé*, Paris, 1990, pp. 12 ss.

Common Law, essa exigência é aí interpretada não como a simples proveniência da pessoa a quem a obra é atribuída, ou ausência de plágio, mas antes como a circunstância de nela se *refletir a personalidade do autor*[68], ou, noutra formulação, no sentido de a mesma representar um *contributo intelectual próprio* do autor[69].

É também esta referência da obra protegida a uma personalidade criadora que a doutrina alemã exprime através do referido «princípio do criador», tido como a pedra angular do Direito de Autor[70].

Importa, todavia, notar que o mencionado contributo intelectual pode reportar-se, mesmo nos sistemas de *droit d'auteur*, tão-só à estrutura formal da obra (como sucede no caso das bases de dados protegidas) e não propriamente ao seu conteúdo[71]. O grau de originalidade exigível pode, pois, também nestes sistemas, ser relativamente baixo.

Por outro lado, o objeto de proteção pelo Direito de Autor não é necessariamente mais amplo nos sistemas de *copyright* do que nos de *droit d'auteur*. Consideremos, a fim de exemplificar, a utilização de personagens de ficção para fins comerciais (*character merchandising*)[72]. Em França e em Portugal, essas personagens (*rectius:* a particular expressão delas) são autonomamente tuteladas pelo Direito de Autor, não podendo ser utilizadas por terceiros fora do seu contexto original sem o consentimento dos titulares dos respetivos direitos[73]. Trata-se, pois, de

[68] Cfr. Pierre-Yves Gautier, *Propriété littéraire et artistique*, 5.ª ed., Paris, 2004, p. 50 ; André Lucas/ Henri-Jacques Lucas, *Traité de la propriété littéraire et artistique*, cit., p. 72 ; Nicolas Binctin, *Droit de la propriété intellectuelle*, p. 55.

[69] Assim, Xavier Linant de Bellefonds, *Droits d'auteur et droits voisins*, Paris, 2002, p. 43 s.

[70] Cfr. Julia Ellins, *Copyright Law, Urheberrecht und ihre Harmonisierung in der Europäischen Gemeinschaft*, cit., p. 108.

[71] Ver Alberto Sá e Melo, «Tutela jurídica das bases de dados (A transposição da Diretriz 96/9/ CE)», *in* AAVV, *Direito da Sociedade da Informação*, vol. I, Coimbra, 1999, pp. 111 ss. (p. 131); e José de Oliveira Ascensão, «Bases de dados eletrónicas: o estado da questão em Portugal e na Europa», *RFDUL*, 2001, pp. 735 ss. (p. 737).

[72] Em geral sobre este tema, veja-se o estudo promovido pela Organização Mundial da Propriedade Intelectual, intitulado *Character Merchandising*, Genebra, 1994.

[73] Ver, quanto ao Direito francês, André Bertrand, *Le droit d'auteur et les droits voisins*, cit., pp. 620 ss., Pierre-Yves Gautier, *Propriété littéraire et artistique*, cit., 2004, pp. 115 s., e André Lucas/Henri-Jacques Lucas, *Traité de la propriété littéraire et artistique*, cit., p. 105; e, pelo que respeita ao Direito português, Luiz Francisco Rebello, «As personagens literárias e artísticas e o direito de autor», *in* AAVV, *Estudos em homenagem a Francisco José Velozo*, Braga, 2002, pp. 613 ss., Alexandre Dias Pereira, «Merchandising e Propriedade Intelectual: Sobre a exploração mercantil de personagens protegidas pelo direito de autor», *Revista de Propriedade Industrial*, n.º 20, pp. 11 ss., e Maria Miguel Rocha Morais de Carvalho, *Merchandising de marcas (A comercialização do valor sugestivo das marcas)*, Coimbra, 2003, pp. 31 ss. *Vide* ainda, a este respeito, a sentença do 5.º Juízo Cível da Comarca de Lisboa, de 30 de maio de 1996, *in Vida Judiciária*, n.º 39 (2000), pp. 29 ss.; o acórdão do Tribunal da Relação de Lisboa, de 21 de janeiro de 1999, *in ibidem*, n.º 40 (2000), pp. 21 ss.; e o acórdão

obras para efeitos de proteção pelo Direito de Autor. Em Inglaterra, porém, essa proteção apenas lhes é estendida na medida em que os atos em questão impliquem a reprodução direta da imagem das referidas personagens; e isto em homenagem ao entendimento que prevalece neste país acerca do princípio conforme o qual o *copyright* não protege as ideias, mas tão-só a exteriorização delas[74]. Pode a utilização não consentida de tais personagens, decerto, ser sancionada através das regras inglesas sobre o denominado *tort of passing off*, no qual se compreendem algumas das situações qualificadas em Portugal como de concorrência desleal. Mas para tal será necessário demonstrar a verificação dos pressupostos deste *tort*, nomeadamente que o réu haja produzido uma declaração falsa (consistente, *v.g.*, em apresentar os produtos a que apôs o nome ou a imagem da personagem em questão como oriundos do seu criador ou do beneficiário de uma licença por ele concedida) e que a mesma tenha causado um dano ao *goodwill* do autor; o que não se afigura de fácil verificação[75].

c) Direitos morais[76]. – Outra das marcas distintivas do regime do direito de autor vigente na Alemanha, em França e em Portugal, bem como em diversos outros países do Continente europeu, é o reconhecimento que há muito neles se faz de um direito pessoal, ou moral, de autor (*Urheberpersönlichkeitsrecht, droit moral*), i.é, o conjunto das faculdades que visam tutelar os interesses não

do Supremo Tribunal de Justiça, de 7 de julho de 1999, *in ibidem*, n.º 42 (2001), pp. 21 ss., que consagrou, no *caso Astérix*, a doutrina referida no texto.

[74] Na doutrina inglesa, exprimem reservas quanto à tutela destas personagens pelo *copyright*, designadamente, Paul Torremans, *Holyoak & Torremans Intellectual Property Law*, cit., pp. 562 ss.; e Cornish/Llewelyn, *Intellectual Property*, cit., p. 660.

[75] Voltaremos a este ponto adiante, no § 8.º/II, alínea *b)*.

[76] Vejam-se, sobre esta matéria, Stig Strömholm, *Le droit moral de l'auteur en droit allemand, français et scandinave avec un aperçu de l'évolution internationale*, Estocolmo, 1967; Adolf Dietz, *Das Droit Moral des Urhebers im neuen französischen und deutschen Urheberrecht*, Munique, 1968; José de Oliveira Ascensão, *Direito Civil. Direito de autor e direitos conexos*, Coimbra, 1992, pp. 166 ss. ; *idem*, «O futuro do "direito moral"», *Direito e Justiça*, 2004, pp. 41 ss.; Frank Vischer, «Das "Droit moral de l'auteur" aus rechtsvergleichendem und kollisionsrechtlicher Sicht», *in* Reiner Frank (org.), *Recht und Kunst. Symposium aus Anlass des 80. Geburtstages von Wolfram Müller-Freienfels*, Heidelberga, 1996, pp. 85 ss.; Geraldo da Cruz Almeida, «O direito pessoal de autor no Código de Direito de Autor e Direitos Conexos», *in* AAVV, *Estudos em homenagem ao Professor Doutor Manuel Gomes da Silva*, Lisboa, 2001, pp. 1055 ss.; Jean-Luc Piotraut, «An Authors' Rights-Based Copyright Law: The Fairness and Morality of French Law and American Law Compared», *Cardozo Arts & Entertainment Law Journal*, 2006, pp. 549 ss.; Luís Menezes Leitão, *Direito de Autor*, cit., pp. 150 ss.; Alberto de Sá e Mello, *Manual de Direito de Autor e Direitos Conexos*, pp. 139 ss.; *idem*, «Direito pessoal (dito "moral") de autor nos ordenamentos jurídicos português e espanhol», *RDI*, 2017/I, pp. 7 ss.; Silmara Chinellato, «Direito moral de autor na sociedade da comunicação. Relevância e desafios», *RDI*, 2019/I, pp. 7 ss.

patrimoniais do criador da obra a esta respeitantes, como a reivindicação da sua paternidade e a preservação da sua genuinidade e integridade.

Este direito foi, é certo, também consagrado legislativamente no Reino Unido e nos Estados Unidos, respetivamente em 1988 e em 1990; mas em termos consideravelmente mais limitados do que os que prevaleceram naqueloutros sistemas jurídicos. Ao que não é alheia, como reconhecem Cornish e Llewelyn[77], a relutância dos sistemas de *Common Law* em sujeitarem as transações realizadas no mercado aos ditames da boa fé, da correção e da equidade[78].

Assim, por exemplo, os Direitos alemão, francês e português e brasileiro reconhecem ao autor, além dos direitos à paternidade e à integridade da obra, um *direito de retirada* (*Rückrufsrecht, droit de retrait*), também dito *direito de arrependimento* (*droit de repentir*)[79], por força do qual o autor da obra divulgada ou publicada pode retirá-la de circulação a todo o tempo e fazer cessar a respetiva utilização, contanto que indemnize os interessados pelos prejuízos que a retirada da obra lhes causar e, de acordo com a lei portuguesa, tenha «razões morais atendíveis» para tal (*v.g.* o facto de ter deixado de perfilhar certa doutrina científica) ou, como exige a lei alemã, a obra «já não corresponda à sua convicção». O sistema jurídico inglês, assim como o norte-americano, desconhecem, porém, semelhante direito.

Mesmo após a adesão dos Estados Unidos à Convenção de Berna, os direitos morais reconhecidos neste país (de resto apenas os artistas plásticos) são exclusivamente os direitos à paternidade, à integridade da obra e a impedir a destruição de cópias desta[80]. E em Inglaterra o direito à paternidade encontra-se sujeito a exceções, não sendo atribuído, por exemplo, ao autor assalariado[81]. Compreende-se assim que o legislador inglês haja podido definir o *copyright* como um mero *property right*[82].

Por outro lado, reconhece-se nos sistemas romanísticos um *direito ao inédito* (*droit de divulgation, Veröffentlichungsrecht*)[83], ao qual os sistemas de *Common Law* não conferem autonomia perante os direitos patrimoniais de reprodução, comunicação ao público e distribuição.

Existem ainda diferenças não despiciendas no tocante ao direito à integridade das obras literárias e artísticas. Este é aplicado pelos tribunais de forma

[77] *Intellectual Property*, cit., p. 487.

[78] Da qual demos conta no nosso *Da responsabilidade pré-contratual em Direito Internacional Privado*, Coimbra, 2001, pp. 274 ss.

[79] Previsto no § 42 da *Urheberrechtsgesetz*, no art. L. 121-4 do *Code de la propriété intellectuelle*, nos arts. 62.º e 114.º do Código português e no art. 24 da lei brasileira n.º 9610, de 19 de fevereiro de 1998.

[80] *Vide* o § 106-A do *Copyright Act*, introduzido neste pelo *Visual Artists Rights Act of 1990*.

[81] *Copyright, Designs and Patents Act 1988*, secção 79 (3) (a).

[82] *Ibidem*, secção 1 (1).

[83] Cfr. o § 12 da *Urheberrechtsgesetz* e o art. L. 121-2 do *Code de la propriété intellectuelle*.

substancialmente mais rigorosa em França, por exemplo (onde não depende sequer de a modificação da obra afetar a honra ou reputação do autor, como prevê o art. 6-*bis* da Convenção de Berna), do que nos Estados Unidos. Emblemática dessas diferenças é a decisão proferida pela Cassação francesa no caso *Huston c. Turner Entertainment*, a que já aludimos[84], em que aquela instância reconheceu aos herdeiros do realizador norte-americano John Huston o direito de se oporem à difusão em França de uma versão colorida do filme *Alphalt Jungle*, apesar de não lhes assistir semelhante direito no sistema jurídico dos Estados Unidos, de onde a obra era originária. Relativamente às obras de arquitetura, os sistemas continentais consagram expressamente o direito à integridade[85]; mas os Direitos inglês e norte-americano excluem-no[86]. Além disso, em Inglaterra encontram-se subtraídas ao âmbito de proteção do direito à integridade as traduções de obras literárias e dramáticas e certos arranjos e transcrições de obras musicais[87].

Acresce que nos Direitos alemão, francês e português o direito moral é indisponível[88], o que não sucede nos sistemas de *Common Law* pelo que respeita, *v.g.*, aos direitos à paternidade e à integridade da obra neles reconhecidos[89]. Em França, o direito moral é, além disso, perpétuo, sendo transmissível por morte aos herdeiros do autor e subsistindo na titularidade destes mesmo depois de a obra ter caído no domínio público.

Sob este prisma, pode concluir-se que o direito de autor continental é uma realidade mais vasta do que o *copyright* anglo-saxónico.

d) Direitos patrimoniais. – À mesma conclusão conduz a formulação legal dos direitos patrimoniais de autor nos sistemas de *droit d'auteur* e de *copyright*. Assim, nos primeiros reservam-se geralmente ao criador da obra todas as formas de utilização e exploração económica desta, «por qualquer dos modos atualmente conhecidos ou que de futuro o venham a ser»[90], constituindo os enunciados legais sobre a matéria meras exemplificações dessas formas de utilização e exploração[91]. Ao invés, nos segundos enunciam-se taxativamente na lei os «atos restringidos

[84] *Supra*, § 1.º/III, alínea *a)*.

[85] Cfr., por exemplo, o art. 60.º do Código português.

[86] Cfr., respetivamente, a secção 80 (5) do *Copyright, Designs and Patents Act 1988* inglês e o § 120 (b) do *Copyright Act*.

[87] Cfr. o *Copyright, Designs and Patents Act 1988*, secção 80 (2) (a).

[88] *Urheberrechtsgesetz*, § 29 (1); *Code de la propriété intellectuelle*, art. L. 121-1; Código português, cit., art. 56.º, n.º 2.

[89] Veja-se a secção 87 (2) do *Copyright, Designs and Patents Act 1988* inglês, que permite expressamente a renúncia por escrito aos direitos morais consignados nesse diploma.

[90] *Sic*, Código português do Direito de Autor e dos Direitos Conexos, art. 68.º, n.º 1.

[91] Cfr. o § 15 da *Urheberrechtsgesetz* alemã e o art. 68.º, n.º 2, do Código português.

pelo *copyright*», considerando-se este último infringido por todo aquele que os pratique sem licença do respetivo titular[92]. Daqui a necessidade, que não raro se suscita nestes sistemas, de alterar a lei sempre que surgem novas formas de utilização das obras intelectuais, não contempladas pelas disposições legais vigentes. Tal a consequência do *caráter excecional* aí imputado ao direito de autor.

Nos Estados-Membros da União Europeia reconhece-se, além disso, ao autor de uma obra de arte original que seja objeto de alienações sucessivas um *direito de sequência* (*Folgerecht, droit de suite*), definido como o direito inalienável e irrenunciável a receber uma participação sobre o preço obtido pela venda dessa obra após a sua alienação original pelo autor[93]. Esse direito, até recentemente desconhecido pelo sistema jurídico inglês, não tem por enquanto qualquer acolhimento na legislação federal norte-americana (posto que o tenha no Direito da Califórnia[94]). Ao que não serão estranhas as diferentes conceções que se debatem sobre o modo preferível de regular nesta matéria o mercado de obras de arte: segundo certo ponto de vista, o direito de sequência é um freio ao desenvolvimento desse mercado, na medida em que aumenta os custos das transações, e representa por isso um convite à sua deslocalização; para outro, ele é uma componente imprescindível do direito patrimonial de autor, na medida em que associa o artista ao êxito da sua obra sob o ponto de vista comercial, e constitui um incentivo adicional à produção de obras de arte.

e) Duração do direito. – A duração do direito patrimonial de autor encontra-se hoje largamente harmonizada nos países ocidentais. Mas nem sempre foi assim. Como se deixou dito acima, originariamente a proteção das obras literárias e artísticas durava em Inglaterra e nos Estados Unidos apenas 14 anos, eventualmente renováveis. Neste último país, aliás, a própria Constituição restringe a «períodos de tempo limitados» a duração do direito de autor[95]. Diferentemente, em Portugal chegou-se a consagrar, no Decreto n.º 13.725, de 3 de junho de 1927, a *perpetuidade* do direito de autor[96]. Outro tanto sucede ainda hoje em França pelo que respeita ao direito moral de autor[97]. Em 1993,

[92] Vejam-se a secção 16 (1) do *Copyright, Designs and Patents Act 1988* inglês e o § 106 do *Copyright Act* norte-americano.

[93] Diretiva 2001/84/CE, de 27 de setembro de 2001, *in JOCE*, n.º L 272, de 13 de outubro de 2001, pp. 32 ss.

[94] Veja-se a secção 986 do Código Civil da Califórnia, introduzido neste diploma pelo *Resale Royalties Act 1977*.

[95] Cfr. *infra*, § 5.º/II, alínea *a)*.

[96] Essa regra apenas viria a ser abolida pelo Código de Direito de Autor de 1966, que restaurou o prazo de cinquenta anos *post mortem auctoris* anteriormente vigente.

[97] Cfr. *Code de la propriété intellectuelle*, art. L. 121-1.

uma Diretiva europeia fixou em 70 anos *post mortem auctoris* a duração do direito patrimonial de autor[98]. Foi na sequência deste ato europeu, e a fim de evitar a «lacuna de proteção» (*protection gap*) por ele criado relativamente à legislação dos Estados Unidos, que o Congresso norte-americano deliberou alargar, através do *Copyright Term Extension Act*, de 1998, a duração do direito de autor para idêntico prazo[99]. É igualmente essa a duração do direito no Brasil[100].

f) Regime da contratação relativa a obras protegidas. – A autonomia privada é mais lata em matéria de contratos relativos à utilização e exploração das obras nos sistemas anglo-saxónicos do que nos continentais, onde avulta antes a preocupação de proteger o autor, tido como a parte mais fraca no contrato.

Assim, tanto o Direito francês como o português restringem o alcance dos contratos pelos quais o titular originário do direito de autor autoriza a exploração da obra por terceiro ou transmite o conteúdo patrimonial do seu direito, impondo para o efeito, *v.g.*, a forma escrita, presumindo a sua onerosidade e o seu caráter não exclusivo, instituindo um princípio de especialidade da transmissão ou oneração parciais do direito de autor e cominando de nulidade a transmissão de direitos sobre todas as obras futuras[101].

No Brasil, interpretam-se restritivamente os negócios jurídicos sobre os direitos autorais[102], em conformidade com o princípio *in dubio pro auctore*[103].

Na Alemanha, exclui-se em princípio a transmissão do direito de autor, permitindo-se apenas o licenciamento de direitos de exploração da obra[104]. A cessão destes e o sub-licenciamento da exploração da obra só podem ter lugar com o consentimento do autor[105]. Este goza ainda de certos direitos de revogação das licenças contratuais[106]. A concessão de licenças para formas de utilização ainda não conhecidas é nula[107]. No mesmo espírito, a lei alemã consagra, como medida de proteção do autor, a *teoria da transferência em razão do fim* (*Zweckübertragungstheorie*), nos termos da qual, na dúvida sobre o alcance do negócio de disposição do direito

98 Cfr. *infra*, § 10.º/V, alínea *c)*.

99 Ver, neste sentido, a decisão proferida pelo Supremo Tribunal dos Estados Unidos no caso *Eldred v. Ashcroft*, 537 U.S. 186 (2003).

100 Lei n.º 9610, art. 41.

101 Cfr. *Code de la propriété intellectuelle*, arts. L. 122-7 e 131-1; Código do Direito de Autor e dos Direitos Conexos, arts. 41.º, n.º 2, 43.º, n.º 1, e 48.º, n.º 3.

102 Lei n.º 9.610, art. 4.º.

103 Assim Eduardo Pimenta, *Princípios de direitos autorais*, Rio de Janeiro, 2004, p. 347.

104 *Urheberrechtsgesetz*, § 29.

105 *Ibidem*, §§ 34 (1) e 35.

106 *Ibidem*, §§ 34 (3), 41 e 42.

107 *Ibidem*, § 34 (4).

patrimonial de autor, se presumem compreendidas nele tão-só as utilizações imprescindíveis à realização da finalidade visada pelas partes[108].

Esta proteção mais acentuada do autor nos sistemas continentais, na qual se manifesta de alguma sorte o *Estado social* europeu, é também correlativa do maior grau de exigência posto pelos mesmos sistemas na definição da obra suscetível de proteção, nomeadamente por via do requisito da originalidade.

g) Gestão coletiva. – A regulação da gestão coletiva é hoje uma importante vertente do Direito de Autor na generalidade dos países europeus continentais, que a sujeitam a uma forte intervenção estadual[109]. O mesmo não sucede nos países anglo-saxónicos, onde o regime legal se centra nos aspetos concorrenciais da atividade das entidades de gestão, que são aí designadas por *licencing bodies* ou *collecting societies*[110].

De todo o modo, a gestão coletiva do direito de autor e dos direitos conexos (não raro exercida por entidades que detêm ou detiveram até recentemente um monopólio de facto), assume hoje na maior parte dos países ocidentais um papel de grande relevo. Por via dela, os utilizadores das obras são poupados à necessidade de solicitarem autorizações individualmente a todos os autores, nacionais e estrangeiros, cujas obras pretendam explorar, o que poderia revelar-se inexequível; e os titulares de direitos libertam-se do ónus de controlarem as utilizações das respetivas obras e de perseguirem os respetivos infratores.

As entidades de gestão[111] não estão, todavia, submetidas a um regime uniforme, nem exercem em toda a parte as mesmas funções[112]. Em diversos

[108] *Ibidem*, § 31 (5). Sobre este preceito, veja-se Haimo Schack, *Urheber- und Urhebervertragsrecht*, 4.ª ed., Tubinga, 2007, pp. 284 ss. Ver ainda, na mesma linha fundamental de orientação, José de Oliveira Ascensão, *Direito Civil. Direito de autor e direitos conexos*, cit., p. 433.

[109] Vejam-se, em França, os arts. L. 321-1 e ss. do *Code de la propriété intellectuelle*; em Portugal, a Lei n.º 26/2015, de 14 de abril, que regula as entidades de gestão coletiva do direito de autor e dos direitos conexos; e na Alemanha, a Lei Sobre a Gestão de Direitos de Autor e Conexos por Sociedades de Gestão (*Gesetz über die Wahrnehmung von Urheberrechten und verwandten Schutzrechten durch Verwertungsgesellschaften*), de 24 de maio de 2016.

[110] Cfr., em Inglaterra, as secções 116 e seguintes do *Copyright, Designs and Patents Act 1988*.

[111] Entre as quais se incluem, na Alemanha, a GEMA (*Gesellschaft für Musikalische Aufführungs- und Mekanische Vervielfältigungsrechte*), em França, a SACEM (*Société des Auteurs, Compositeurs et Éditeurs de Musique*), em Portugal, a SPA (Sociedade Portuguesa de Autores), no Reino Unido, a PRS (*Performing Rights Society*) e, nos Estados Unidos, a ASCAP (*American Society of Composers, Authors and Publishers*).

[112] Ver Adolf Dietz, «Some experiences of legislation of Western and Eastern European States», *in* AAVV, *Gestão Coletiva do direito de autor e direitos conexos no ambiente digital*, Lisboa, 2001, pp. 93 ss.; Uma Suthersanen, «The legislative experiences in the European Union Member States», *in ibidem*, pp. 111 ss.; e Gunnar Karnell/Silke von Lewinski, «Collective Administration of Copyrights and Neighbouring Rights», *in IECL*, vol. XIV, *Copyright*, capítulo 6.

países da Europa continental, além da gestão dos direitos patrimoniais que lhes sejam confiados, cabe-lhes a prossecução de atividades de natureza social – mormente de assistência – e cultural, que beneficiem coletivamente os seus associados[113]. Há, por esta via, uma ideia de *solidariedade social* que se insere no regime do direito de autor europeu. Os próprios pressupostos da gestão coletiva são muito variáveis. Na maior parte dos sistemas jurídicos, ela é facultativa; mas em alguns países europeus assume caráter obrigatório, pelo menos no tocante a certas formas de utilização de obras protegidas, como a radiodifusão por satélite e a retransmissão por cabo[114].

h) Exceções. – Por outro lado, nos Direitos continentais as exceções aos direitos autorais e conexos encontram-se tipificadas na lei através de uma enumeração exaustiva[115], ao passo que em Inglaterra e nos Estados Unidos da América resultam não apenas de regras legais específicas, mas também de uma cláusula geral (dita de *fair dealing* no Direito inglês[116] e de *fair use* no norte-americano[117]), mais flexível e potencialmente mais abrangente do que as regras continentais – logo, mais favorável ao livre acesso do público aos bens culturais e à criação de novos bens intelectuais (mormente obras derivadas) a partir de obras protegidas[118]. O menor grau de proteção assim conferido às obras literárias e artísticas surge, em certa medida, como contrapartida do baixo nível de originalidade tradicionalmente exigido pelos sistemas de *Common Law* para a concessão de proteção.

i) Cópia privada. – Uma das referidas exceções diz respeito à cópia privada. Esta suscita a questão de saber se e como devem ser remunerados os titulares de direitos pela utilização assim feita das suas obras e prestações. Em vários países europeus, a resposta a este problema consistiu na consagração legal, a favor desses sujeitos, de uma *compensação equitativa* pela cópia privada[119]. Em Portugal, por exemplo previu-se que «[n]o preço de venda ao público de todos e

[113] É o que dispõem, em Portugal, os arts. 3.º, n.º 1, alínea *b)*, e 29.º da mencionada Lei n.º 26/2015, de 14 de abril.

[114] Haja vista, na Alemanha, ao § 20b da *Urheberrechtsgesetz;* em França, ao art. L. 217-2 do *Code de la Proprieté Intelectuelle;* e em Portugal, ao art. 7.º do D.L. n.º 333/97, de 27 de novembro.

[115] *Urheberrechtsgesetz,* §§ 45 ss.; *Code de la propriété intellectuelle,* arts. L. 122-5 e 211-3; Código português, arts. 75.º e 189.º.

[116] *Copyright, Designs and Patents Act 1988,* secções 29 e 30.

[117] *Copyright Act,* § 107.

[118] Ver H. Poster, «The Fair Use Doctrine in the U.S. American Copyright Act and Similar Regulations in the German Law», *Chicago-Kent Journal of Intellectual Property,* 2006, pp. 142 ss.

[119] Cfr., para uma análise comparativa, Bernd Hugenholtz/Lucie Guibault/Sjoerd van Geffen, *The Future of Levies in a Digital Environment,* Amesterdão, 2003.

quaisquer aparelhos mecânicos, químicos, elétricos, eletrónicos ou outros que permitam a fixação e reprodução de obras e, bem assim, de todos e quaisquer suportes materiais das fixações e reproduções que por quaisquer desses meios possam obter-se, incluir-se-á uma quantia destinada a beneficiar os autores, os artistas, intérpretes ou executantes, os editores e os produtores fonográficos e videográficos»[120]. A cobrança e a gestão dessas verbas são feitas por uma pessoa coletiva sem fins lucrativos, que associa as entidades representativas dos autores, dos artistas intérpretes e executantes, dos editores e dos produtores fonográficos e videográficos[121]. Um regime semelhante vigora na Alemanha[122] e em França[123]. O que significa que nestes países a compensação, ou remuneração, pela cópia privada é hoje devida mesmo por quem não reproduz obras protegidas; e que os pagamentos a este título efetuados nem sempre revertem para os autores das obras efetivamente reproduzidas[124]. De novo encontramos neste domínio, em sistemas jurídicos continentais, regras que têm na sua base uma filosofia solidarista.

j) Formalidades e fixação da obra. – Na Europa, há muito que se dispensa qualquer formalidade para a proteção jusautoral: vigora antes um princípio de *proteção automática da obra* a partir da sua criação[125]. Já o Direito dos Estados Unidos, na senda de uma tradição que remonta ao *Copyright Act* inglês de 1709, sujeitava até recentemente a proteção das obras intelectuais pelo Direito de Autor ao cumprimento de certas formalidades, entre as quais a aposição nos exemplares da obra do símbolo constituído pelas letras C (na generalidade das obras) ou P (no caso dos fonogramas) dentro de um círculo, bem como da indicação do ano de primeira publicação e do nome do titular dos direitos, o depósito de dois exemplares da obra no *Copyright Office* e o registo do direito junto da mesma entidade. Tais formalidades só passaram a ser dispensadas com a entrada em vigor nesse país da Convenção de Berna Relativa à Proteção das Obras Literárias e Artísticas, ocorrida em 1989[126]. Não obstante isso, ainda hoje o certificado de registo emitido pelo referido organismo constitui em qualquer processo judicial *prima facie evidence* da validade do direito de

[120] Art. 82.º, n.º 1, do Código do Direito de Autor e dos Direitos Conexos.

[121] Lei n.º 62/98, de 1 de setembro, art. 5.º.

[122] *Urheberrechtsgesetz*, §§ 54 a 54h.

[123] *Code de la propriété intellectuelle*, arts. L. 311-1 e ss.

[124] O que levou o Tribunal Constitucional português, no acórdão n.º 616/2003, de 16 de dezembro de 2003 (publicado no *D.R.*, I série-A, n.º 62, de 13 de março de 2004, pp. 1352 ss.), a caracterizar a compensação em causa como um *tributo* cuja cobrança se encontra sujeita ao regime dos impostos.

[125] *Code de la propriété intellectuelle*, art. L. 111-1; Código português, art. 12.º.

[126] Cfr. *Berne Convention Implementation Act of 1988*.

autor e dos factos nele mencionados[127]. Além disso, só podem ser instauradas perante os tribunais norte-americanos ações judiciais por violação de direito de autor sobre obras primeiramente publicadas nos Estados Unidos se tiver sido feito previamente o registo do direito nos termos referidos[128]. Manteve-se assim no Direito norte-americano um claro incentivo ao registo do direito de autor.

Por outro lado, a proteção jusautoral pressupõe, em Inglaterra e nos Estados Unidos, a fixação da obra num suporte tangível[129]. O mesmo não sucede nos sistemas continentais, visto tal exigência ser neles tida como incompatível com a ideia de proteção automática. Esta a razão por que na Alemanha, em França e em Portugal as obras orais (conferências, lições, alocuções, sermões, etc.) são, de um modo geral, protegidas pelo Direito de Autor[130].

k) Direitos conexos[131]. – O advento, no final do século XIX, das fixações sonoras e do cinema confrontou os sistemas de *droit d'auteur* com um problema novo. Em virtude desses sucessos da técnica, as prestações dos artistas intérpretes e executantes (cantores, atores, etc.) passaram a ser facilmente reproduzidas e comunicadas ao público; o que levou a que perdessem o caráter efémero que originariamente lhes pertencia e passassem a poder ser fruídas por um vasto número de pessoas (tal como a invenção da imprensa, no final do século XV, havia possibilitado o acesso às obras literárias por um público muito mais amplo do que até então). Ora, seria injusto que os artistas não fossem remunerados por essas utilizações das suas prestações ou que não pudessem impedir a realização destas sem o seu consentimento.

Tais prestações não se confundem, todavia, com as obras tuteladas pelo direito de autor, pelo que não podiam, pelo menos nos sistemas jurídicos

[127] § 410 (c) do *Copyright Act.*

[128] *Ibidem*, § 411 (a).

[129] *Copyright, Designs and Patents Act* inglês, secção 3 (3): «Copyright does not subsist in a literary, dramatic or musical work unless and until it is recorded, in writing or otherwise»; *Copyright Act* norte-americano, § 102 (a): «Copyright protection subsists, in accordance with this title, in original works of authorship fixed in any tangible medium of expression, now known or later developed, from which they can be perceived, reproduced, or otherwise communicated, either directly or with the aid of a machine or device».

[130] *Urheberrechtsgesetz*, § 2 (1), n.º 1; *Code de la propriété intellectuelle*, art. L. 112-2, n.º 2; Código português, art. 2.º, n.º 1, alínea *b)*. Relativamente às obras coreográficas e pantomimas, as leis francesa e portuguesa exigem, no entanto, a sua fixação por escrito ou por qualquer outra forma.

[131] Ver sobre esta matéria, numa perspetiva de comparação de Direitos, Silke von Lewinski, «Neighbouring Rights – Comparison of Laws», *in IECL*, vol. XIV, *Copyright*, Tubinga/Leiden/Boston, 2007, capítulo 5.

continentais, ser submetidas ao regime destas[132]. Primeiro, porque não têm caráter criativo: a atividade do artista que interpreta certa peça musical ou literária, por exemplo, recai sobre uma obra preexistente, pelo que esse sujeito funciona, na realidade, como um intermediário entre o autor e os utilizadores da obra. Segundo, porque a sua proteção não pressupõe a proteção da obra interpretada, uma vez que esta pode nunca ter sido protegida, ou já ter caído no domínio público.

Impunha-se assim a consagração de uma proteção autónoma para as referidas prestações. Foi o que fez a lei austríaca sobre os direitos de autor e conexos[133], nos termos da qual aqueles sujeitos passaram a poder interditar a fixação, reprodução e comunicação ao público não autorizadas das suas prestações. Seguiram-se-lhe as legislações de outros países europeus, entre os quais a Alemanha, a França e Portugal[134].

A tutela deste modo concedida aos artistas alargou-se depois às entidades que fixam e difundem as suas prestações: os produtores de fonogramas e de videogramas, que aspiram naturalmente a ser tutelados contra utilizações não autorizadas – a reprodução ou a radiodifusão, por exemplo – das fixações de sons e imagens que realizam e que implicam um investimento; e os organismos de radiodifusão, que querem também ser tutelados contra a retransmissão ou a gravação e reprodução não autorizadas das suas difusões e ser remunerados pela audição em lugares públicos das obras por si radiodifudindas.

Surgiram assim nos sistemas de *droit d'auteur*, como uma nova categoria de direitos de exclusivo, os denominados *direitos conexos* (*verwandte Schutzrechte; droits voisins*). Estes incidem hoje sobre três ordens de prestações: as interpretações ou execuções de obras feitas por artistas intérpretes ou executantes; a fixação de sons ou imagens em fonogramas ou videogramas pelos respetivos produtores; e as emissões desses sons e imagens efetuadas pelos organismos de radiodifusão.

A conexão desses direitos com o direito de autor resulta de os seus beneficiários prestarem auxílio aos autores na divulgação das suas obras junto do público: os músicos, executando as obras musicais dos compositores; os atores, interpretando as obras literárias escritas para o teatro ou o cinema; os

[132] Veja-se neste sentido a decisão do Tribunal Federal suíço de 2 de outubro de 1984, *BGE* 110, II, pp. 411 ss. A Suíça viria posteriormente a consagrar a proteção dos direitos conexos dos artistas, através de uma lei federal de 1992 (*Bundesgesetz über das Urheberrecht und verwandte Schutzrechte*).

[133] *Gesetz über das Urheberrecht an Werken der Literatur und der Kunst und über verwandte Schutzrechte*, de 9 de abril de 1936.

[134] Cfr. *Urheberrechtsgesetz*, §§ 70 ss.; *Code de la propriété intellectuelle*, arts. L 211-1 e ss.; Código português do Direito de Autor e dos Direitos Conexos, arts. 176.º ss.

produtores de fonogramas, gravando obras musicais escritas por compositores; e os organismos de radiodifusão, difundindo essas e outras obras através das suas estações emissoras.

Dentro de certos limites, esta forma de proteção é justificada: se a sociedade quiser fomentar o investimento na fixação e difusão de obras culturais e na promoção de novos artistas, terá de proteger juridicamente esse investimento, *maxime* através do reconhecimento aos que o realizam de direitos de exclusivo sobre as suas prestações. Essa proteção tende, no entanto, a ser inferior à que é concedida aos autores pelo que respeita às suas obras.

Nos sistemas de *copyright,* as prestações dos artistas intérpretes e executantes, bem como dos produtores de fonogramas e videogramas e dos radiodifusores, são, todavia, protegidas como obras (*works*) pelo direito de autor[135]. Como nesses sistemas os direitos reconhecidos aos autores não protegem exclusivamente criações originais, na aceção acima referida, daí não resulta qualquer desvio aos princípios gerais. A distinção entre *obra* e *prestação,* de vasto alcance nos sistemas continentais, não é, por isso, tida como necessária nos Direitos inglês e norte-americano.

A duração dos direitos reconhecidos aos artistas intérpretes e executantes e demais sujeitos acima referidos é mais longa nos Estados Unidos, onde ascende a 95 anos contados da publicação da obra[136], do que na Europa, onde é de apenas 50 anos a partir da representação ou execução pelo artista, da primeira fixação pelo produtor do fonograma ou videograma ou da primeira emissão pelo organismo de radiodifusão, salvo se a fixação da execução do artista intérprete ou executante num fonograma for objeto de publicação ou comunicação lícita ao público, caso em que o prazo de caducidade do direito é de 70 anos após a data da primeira publicação ou da primeira comunicação ao público, consoante a que tiver ocorrido em primeiro lugar[137]. Uma proposta de Diretiva da Comissão Europeia apresentada em 2008 visava alargar para 95 anos o prazo de proteção dos direitos conexos dos artistas intérpretes e executantes, bem como dos produtores de fonogramas e videogramas[138]; caso essa proposta tivesse sido adotada, a proteção dos direitos conexos teria passado a ter duração

[135] Cfr. o *Copyright, Designs and Patents Act 1988* inglês, secção 1 (b), e o *Copyright Act* dos Estados Unidos da América, § 102.

[136] *Copyright Act,* § 302 (c).

[137] *Urheberrechtsgesetz,* § 82; *Code de la propriété intellectuelle,* art. L 211-4; Código português, art. 183.º.

[138] Cfr. Comissão das Comunidades Europeias, *Proposta de Diretiva do Parlamento Europeu e do Conselho que altera a Diretiva 2006/116/CE do Parlamento Europeu e do Conselho relativa ao prazo de proteção do direito de autor e de certos direitos conexos,* documento COM (2008) 464/3.

idêntica na Europa e nos Estados Unidos[139]. Não sucedeu assim, porém, uma vez que em 2011 o prazo de proteção máximo dos direitos conexos foi fixado em 70 anos[140]. No Brasil, já assim acontece desde 1998[141].

l) Sanções civis. – Às violações do direito de autor e dos direitos conexos correspondem, na generalidade dos sistemas jurídicos, meios de tutela civis e penais. Nos primeiros, destacam-se a responsabilidade civil e a restituição do enriquecimento sem causa. Mas também quanto a estes aspetos se registam diferenças de tomo entre os sistemas jurídicos a que nos vimos referindo.

Assim, por exemplo, os sistemas de *Common Law* admitem com relativa latitude a condenação do infrator a entregar à vítima os lucros auferidos através da violação de direitos de propriedade intelectual alheios (*account of profits* ou *disgorgement of profits*), em lugar da indemnização do dano ou mesmo para além dela[142].

Essa possibilidade não era aceite como princípio geral, até recentemente, nos Direitos francês e português. Contra ela invocava-se, designadamente, que: *a)* A indemnização deve corresponder ao dano sofrido pela vítima e não pode qualificar-se como tal o lucro do infrator; *b)* A obrigação de restituir o enriquecimento sem causa, além de subsidiária, tem por objeto, nos casos de enriquecimento por intervenção em bens alheios, o que se obteve *à custa* do empobrecido ou, se a restituição em espécie não for possível, o *valor objetivo* da utilização desses bens (i.é, o preço que normalmente se pagaria pela respetiva utilização), e não o lucro obtido pelo enriquecido, pois só aquele valor se pode

[139] Para uma crítica dessa proposta, *vide* Lionel Bentley e outros, «Creativity stifled? A Joint Academic statement on the Proposed Copyright term Extension for Sound Recordings», *EIPR*, 2008, pp. 341 ss.

[140] Cfr. *infra*, § 10.º/VII, alínea *f)*.

[141] Lei n.º 9610, art. 96.

[142] *Vide*, quanto ao Direito inglês, Josephine Gray/Jeremy Philips/Charlotte Waelde, «United Kingdom», *in* Hendrik Vanhees (org.), *International Encyclopaedia of Laws. Intellectual Property*, Alphen aan den Rijn, vol. 5, suplemento 3 (1998), p. 126 ; Lionel Bentley/Brad Sherman, *Intellectual Property Law*, 2.ª ed., Oxford, 2004, pp. 1106 ss.; e William Cornish/David Llewelyn, *Intellectual Property*, cit., pp. 79 ss. A respeito do Direito norte-americano, consultem-se Terence P. Ross, *Intellectual Property. Damages and Remedies*, Nova Iorque, 2000, § 2.02 [2]; Roger E. Schechter/John R. Thomas, *Intellectual Property. The Law of Copyrights, Patents and Trademarks*, St. Paul, Minnesota, 2003, pp. 197 s.; Roger E. Schechter, *Intellectual Property*, 3.ª ed., St. Paul, Minnesota, 2006, p. 225; e Sheldon W. Halpern/Craig Allen Nard/Kenneth L. Port, *Fundamentals of United States Intellectual Property Law. Copyright, Patent, Trademark*, 2.ª ed., Alphen aan den Rijn, 2007, pp. 174 ss. Numa perspetiva de Direito Comparado, cfr. Konrad Zweigert/Hein Kötz, *Einführung in die Rechtsvergleichung auf dem Gebiete des Privatrechts*, Tubinga, 3.ª ed., 1996, pp. 560 s.

dizer reservado ao titular dos bens[143]; e *c)* Na chamada «gestão imprópria de negócios» (que ocorre quando alguém gere negócio alheio, que sabe não ser seu, no interesse e em proveito próprio), se a lei desse ao titular do direito o lucro obtido pelo gestor, apesar de o mesmo só ter sido obtido graças à diligência deste e porventura mesmo ao emprego dos seus próprios bens no processo produtivo, fomentaria um enriquecimento sem causa do titular do direito à custa do gestor[144].

Em ambos os referidos sistemas jurídicos, os diplomas que transpuseram a Diretiva 2004/48/CE, de 29 de abril de 2004, relativa ao respeito dos direitos de propriedade intelectual[145], previram, todavia, que, na determinação do montante da indemnização por perdas e danos pela violação de direitos de autor e conexos, o tribunal deve atender, entre outros fatores, ao lucro obtido pelo infrator[146]. No Direito alemão, pode também ser exigida pelo lesado ao infrator, em lugar da indemnização do dano sofrido, a entrega do lucro auferido através da violação de direito de autor[147]; mas a solução não é pacífica na doutrina[148].

Menos nítida é a situação pelo que respeita aos denominados «danos punitivos» (*punitive damages*) ou «danos exemplares» (*exemplary damages*). Alguns tribunais ingleses e norte-americanos têm-nos aplicado a violações de *copyright*, posto que apenas em casos excecionais (*v.g.* quando o agente haja planeado a sua conduta em ordem a obter um lucro que exceda a indemnização devida à vítima); mas existem também decisões judiciais no sentido de que tais *damages*

143 Cfr., na literatura francesa, André Lucas/Henri-Jacques Lucas, *Traité de la propriété littéraire et artistique*, cit., p. 689. Na doutrina portuguesa, vejam-se José de Oliveira Ascensão, *Direito Civil. Direito de autor e direitos conexos*, cit., pp. 626 ss.; Francisco Pereira Coelho, *O enriquecimento e o dano*, reimpressão, Coimbra, 1999, pp. 7 ss. e 40 ss.; e Luís Menezes Leitão, *O enriquecimento sem causa no Direito Civil. (Estudo dogmático sobre a viabilidade da configuração unitária do instituto, face à contraposição entre as diferentes categorias de enriquecimento sem causa)*, reimpressão, Coimbra, 2005, pp. 701 e 879 ss.

144 Assim, Pereira Coelho, ob. cit., p. 89. Em sentido diverso, veja-se, porém, Luís Menezes Leitão, *A responsabilidade do gestor perante o dono do negócio no Direito Civil português*, reimpressão, Coimbra, 2005, p. 235; *idem*, *Direito das Obrigações*, vol. I, 15.ª ed., Coimbra, 2018, p. 502; *idem*, *Direito de Autor*, cit., p. 299.

145 Cfr., sobre esta, *infra*, §§ 10.º/V e 11.º/VII.

146 *Vide* o art. L. 331-1-3 do Código da Propriedade Intelectual francês, na redação dada pela Lei n.º 2007-1544, de 29 de outubro de 2007, *de lutte contra la contrefaçon*; e o art. 211.º, n.º 2, do Código do Direito de Autor e dos Direitos Conexos português, introduzido neste pela Lei n.º 16/2008, de 1 de abril.

147 Cfr. o § 97 (2) da *Urheberrechtsgesetz*.

148 No sentido de que essa solução carece de fundamento dogmático, *vide* Haimo Schack, *Urheber- und Urhebervertragsrecht*, 4.ª ed., Tubinga, 2007, p. 359.

não são admissíveis neste domínio[149]. Nos Estados Unidos, é ainda possível reclamar, em alternativa à indemnização dos danos efetivamente sofridos pela vítima e à entrega dos lucros auferidos pelo infrator, a compensação pecuniária denominada *statutory damages*[150]. O montante desta é fixado discricionariamente pelo tribunal, dentro de certos limites estabelecidos na lei, podendo ascender a 150.000 dólares por cada obra se a violação do direito de autor for intencional (*willful*); exige-se em todo o caso, a fim de que esta sanção possa ser aplicada, que a obra haja sido previamente registada. Na Europa continental, a imposição de semelhantes sanções não é geralmente admitida; e tem-se até invocado a reserva de ordem pública internacional contra a aplicação das regras do Direito norte-americano que consagram os *punitive* ou *exemplary damages*, bem como contra o reconhecimento de sentenças oriundas dos Estados Unidos que os atribuem[151]. O Código português do Direito de Autor e dos Direitos Conexos prevê, é certo, a imposição em certos casos de verdadeiras *penas civis*[152]. Estas têm, no entanto, caráter excecional; não podem, por isso, ser aplicadas a hipóteses não previstas nos preceitos que as consagram (como, por exemplo, nos casos de execução ou representação não autorizadas de uma obra)[153]. Mais longe vai, nesta matéria, o Direito brasileiro, que manda indemnizar o autor cujo direito foi violado em valor nunca inferior a três mil exemplares da obra[154].

[149] Cfr. Terence P. Ross, *Intellectual Property. Damages and Remedies*, cit., §§ 1.03 [2] e 7.02; Lionel Bentley/Brad Sherman, *Intellectual Property Law*, cit., p. 1105; Marc J. Rachman/Sara L. Edelman/David S. Greenberg, «Punitive Damages Available For Infringement?», *New York Law Journal*, 2005; e Cornish/Llewelyn, ob. cit., p. 76.

[150] Prevista no *Copyright Act*, § 504 (c).

[151] Cfr. *infra*, §§ 17.º/I, alínea *d)*, e 23.º/II, alínea *b)*.

[152] Referimo-nos à entrega ao autor dos instrumentos da violação, que está prevista em duas situações: no art. 86.º, n.º 5, do Código do Direito de Autor e dos Direitos Conexos, quanto aos exemplares da obra produzidos pelo editor para além do que tiver sido convencionado; e no art. 202.º do mesmo Código, quanto aos exemplares da obra relativamente aos quais tenha ocorrido uma violação do direito moral de autor (deformação, mutilação, modificação, etc.). Não se trata aqui de uma forma de indemnização, visto que não se pretende através destas medidas compensar um dano, mas de uma reação de outra espécie contra o ilícito, que se caracteriza pelo objetivo de sujeitar o infrator a um mal diverso daquele que consiste no dever de indemnizar – i. é, de uma pena.

[153] Sobre o tema, consulte-se José de Oliveira Ascensão, «Responsabilidade e pena civil na tutela do direito de autor», *in* AAVV, *Estudos Jurídicos em homenagem ao Professor Orlando Gomes*, Rio de Janeiro, 1979, pp. 3 ss.; *Direito Civil. Direito de Autor e direitos conexos*, cit., pp. 630 ss.

[154] Lei n.º 9610, art. 107.

II – Fatores determinantes da diversidade dos sistemas nacionais

a) Premissas filosóficas. – Estas diferenças entre os regimes do direito de autor nas duas tradições jurídicas em apreço são frequentemente atribuídas às distintas premissas filosóficas em que as mesmas assentam[155].

Assim, o sistema de *copyright* seria fundamentalmente utilitarista: visar-se-ia através dele estimular a produção de obras intelectuais ao mais baixo preço possível e o acesso do público às criações intelectuais. A inclusão de qualquer nova categoria de bens no escopo de proteção do Direito de Autor teria, pois, em princípio, de ser avaliada à luz deste critério. Consagrou-o, por exemplo, a Constituição dos Estados Unidos da América, ao proclamar, no seu art. 1.º:

> «O Congresso terá o poder de: [...] 8. Promover o progresso da ciência e das artes úteis, garantindo aos autores e inventores, por períodos de tempo limitados, direitos exclusivos sobre os respetivos escritos e descobertas.»[156]

Neste ponto, aliás, a Constituição norte-americana limitou-se a repercutir a conceção fundamental que já informava o *Copyright Act* inglês de 1709 (em vigor desde 1710), também conhecido como *Estatuto da Rainha Ana*, em cujo preâmbulo se declarava expressamente ser seu propósito «incentivar os homens cultos a comporem e escreverem livros úteis»[157].

Nesta ordem de ideias, o direito de autor não consiste num direito natural, mas antes num exclusivo concedido pela lei de cada país, cujo gozo e exercício apenas podem ter lugar nos termos estabelecidos por esta[158].

Este modo de entender a função do direito de autor foi reafirmado pelo Supremo Tribunal dos Estados Unidos na decisão proferida em 2003 no já referido caso *Eldred v. Ashcroft*[159], em que se pode ler:

[155] Ver Justin Hugues, «The Philosophy of Intellectual Property», *Geo.L. J.*, vol. 77 (1988-89), pp. 287 ss.; Paul Goldstein, *International Copyright*, cit., pp. 3 ss.; Silke von Lewinski, *International Copyright Law and Policy*, cit., p. 33; e Mireille Buydens, *La propriété intellectuelle. Évolution historique et philosophique*, Bruxelas, 2012, pp. 258 ss.

[156] «The Congress shall have power: [...] 8. To promote the progress of science and useful arts by securing for limited times to authors and inventors the exclusive rights to their respective writings and discoveries».

[157] «[T]he encouragement of learned men to compose and write useful books».

[158] Daí que, como admitiu a Câmara dos Lordes inglesa em 1774, esse direito não seja protegido pelo *Common Law*: cfr. *Donaldson v. Beckett*, 1 Eng. Rep. 837.

[159] 537 U.S. 186 (2003).

«copyright law serves public ends by providing individuals with an incentive to pursue private ones.»

Já no sistema de *droit d'auteur* a proteção do autor não seria ditada por considerações de utilidade social, mas antes por aquilo que, em abstrato, é tido como justo. Na expressão de Isaac Le Chapelier, relator da lei francesa de 1791 relativa aos espetáculos, que sujeitou pela primeira vez ao consentimento dos autores a representação das suas obras em teatros públicos:

«A mais sagrada, a mais legítima, a mais inatacável e, se assim posso falar, a mais pessoal de todas as propriedades, é a obra fruto do pensamento de um escritor.»[160]

Daqui a *approche jusnaturaliste*, ou *personnaliste*, por alguns imputada aos sistemas de *droit d'auteur*, a que se contraporia a *conceção utilitarista* do direito de autor, que se diz ter vingado nos sistemas anglo-saxónicos[161].

Foi aquela primeira conceção que triunfou no Código francês da propriedade intelectual, cujo art. L. 111-1 dispõe:

«O autor de uma obra do espírito goza sobre esta obra, pelo simples facto da sua criação, de um direito de propriedade incorpórea exclusivo e oponível a todos.»[162]

O direito subjetivo nasce assim de um *facto* – a criação da obra – e não da *lei*, a qual se limita a reconhecê-lo como uma decorrência da *natureza das coisas*.

Segundo uma outra corrente de pensamento, filiada na mesma conceção fundamental, que obteve repercussão sobretudo na Alemanha, as faculdades reconhecidas aos criadores intelectuais integram – ao menos na sua vertente pessoal – um *direito de personalidade* inerente ao ato de criação[163]. Tal a natureza

[160] «La plus sacrée, la plus légitime, la plus inattaquable et, si je puis parler ainsi, la plus personnelle de toutes les propriétés, est l'ouvrage fruit de la pensée d'un écrivain»: cfr. *Moniteur Universel*, vol. VII, 15 de janeiro de 1791, pp. 210 ss. (texto parcialmente reproduzido em *Sterling on World Copyright Law*, cit., pp. 1455 s.).

[161] Nesta linha de orientação, vejam-se por exemplo Piotraut, *La propriété intellectuelle en droit international et comparé*, cit., pp. 107 e 119; e Benhamu/Farchy, *Droit d'auteur et copyright*, pp. 5 s.

[162] «L'auteur d'une oeuvre de l'esprit jouit sur cette oeuvre, du seul fait de sa création, d'un droit de propriété incorporelle exclusif et opposable à tous».

[163] Ver Haimo Schack, *Urheber- und Urhebervertragsrecht*, cit., pp. 21 e 170 ss.; e Manfred Rehbinder/ Alexander Peukert, *Urheberrecht und verwandte Schutzrechte*, cit., pp. 147 ss. Na literatura jurídica portuguesa, veja-se Orlando de Carvalho, «Direitos de personalidade do autor», *in* AAVV, *Num novo Mundo do Direito de Autor?*, Lisboa, 1994, vol. II, pp. 539 ss.; e na francesa, Frédéric Pollaud-Dulian, *Le droit d'auteur*, Paris, 2005, pp. 375 ss.

genericamente atribuída ao direito de autor, no final do século XIX, por Otto von Gierke[164]. Antes dele, já Kant havia caracterizado o direito de autor como «um direito inato [do autor], inerente à sua própria pessoa, consistente nomeadamente na faculdade de se opor a que outro o faça falar ao público contra a sua vontade, vontade esta que não pode de modo algum ser presumida»[165]. Mais tarde, também Hegel veria nos bens intelectuais determinações da personalidade humana, por conseguinte inalienáveis[166].

Ainda hoje é aquela a qualificação legal do direito moral de autor no sistema jurídico alemão, onde é designado como *Urheberpersönlichkeitsrecht*[167]. A proteção do autor constitui, de resto, a intenção fundamental desse sistema, tal como a enuncia o § 11 (1) da Lei de Direito de Autor e dos Direitos Conexos:

> «O direito de autor protege o autor nas suas relações espirituais e pessoais com a obra e na utilização da obra.»[168]

Compreende-se assim que o regime do direito de autor seja dominado, nos sistemas jurídicos continentais, por um certo *favor auctoris*, que está ausente nos sistemas anglo-saxónicos.

Com efeito, nestes últimos o direito de autor é predominantemente caracterizado como um monopólio de exploração económica de uma obra, conferido pela lei a certas pessoas (originariamente mediante o cumprimento de certas formalidades e desde que a obra se achasse fixada num suporte tangível), por tempo limitado e na estrita medida em que o interesse público o reclame[169].

[164] Cfr. *Deutsches Privatrecht*, vol. I, *Allgemeiner Teil und Personenrecht*, Leipzig, 1895, p. 764.

[165] «[E]in angeborenes Recht [des Verfassers], in seiner eigenen Person, nämlich zu verhindern, dass ein anderer ihn nicht ohne seine Einwilligung zum Publikum reden lasse, welche Einwilligung gar nicht präsumiert werden kann»: cfr. Immanuel Kant, «Von der Unrechtmässigkeit des Büchernachdrucks», republicado em *UFITA*, vol. 106 (1987), pp. 137 ss. Veja-se também, sobre o ponto, Heinrich Hubmann, «Immanuel Kants Urheberrechtstheorie», *UFITA*, vol. 106 (1987), pp. 145 ss.

[166] Cfr. *Princípios da Filosofia do Direito*, Lisboa, 1980 (tradução de Orlando Vitorino), §§ 65 ss.

[167] Cfr. *Urheberrechtsgesetz*, §§ 12 ss.

[168] «Das Urheberrecht schützt den Urheber in seinen geistigen und persönlichen Beziehungen zum Werk und in der Nutzung des Werkes».

[169] Neste sentido se pronunciou o Supremo Tribunal dos Estados Unidos em 1954, no caso *Mazer v. Stein*, 347 U.S. 201, em que afirmou: «The economic philosophy behind the clause empowering Congress to grant patents and copyrights is the conviction that encouragement of individual effort by personal gain is the best way to advance public welfare through the talents of authors and inventors in "Science and useful Arts." Sacrificial days devoted to such creative activities deserve rewards commensurate with the services rendered». Veja-se ainda, na mesma linha fundamental de orientação, a decisão proferida pelo Supremo Tribunal em 1984, no caso *Sony*

Mesmo para o setor da doutrina que – sobretudo nos Estados Unidos – encara o direito de autor na perspetiva da análise económica do Direito e o caracteriza preferentemente como um *property right* (i.é, um poder jurídico de excluir outros da utilização de um recurso económico), a sua justificação precípua reside no incentivo à criação intelectual que decorre da atribuição desse direito e na gestão mais eficiente dos bens públicos que lhe está associada[170]. A ótica fundamental é, pois, em qualquer caso, essencialmente utilitarista.

Em suma, nos sistemas de *droit d'auteur* a ênfase é tradicionalmente posta na proteção do autor; nos de *copyright*, no interesse público na utilização da obra. Os primeiros dizem-se por isso *author-oriented*; os segundos, *society-oriented*[171]. Uns privilegiam a *criatividade*; os outros, o *investimento*.

Tal como em outros domínios do Direito Privado, ressuma aqui a diferente medida em que estes sistemas jurídicos acolhem os valores da *solidariedade social* e da *liberdade individual*[172].

b) Fatores culturais e económicos. – As diferenças entre as cerca de centena e meia de leis nacionais de Direito de Autor não se cingem, em todo o caso, à dicotomia *droit d'auteur – copyright*: muitas outras existem, imputáveis designadamente a fatores culturais e económicos.

Entre os primeiros sobressaem o valor reconhecido nas sociedades ocidentais à criação literária e artística e o estigma associado ao plágio e a outras formas de violação da propriedade intelectual. Estes contrastam, porém, com a tolerância com que era tradicionalmente encarada a reprodução de obras alheias em certos países orientais[173]. Não menos relevante é a importância que assumem em diversos países determinadas formas de produção cultural, como as expressões

Corp. of America v. Universal City Studios, Inc., 464 U.S. 417, em que se pode ler: «The monopoly privileges that Congress may authorize are neither unlimited nor primarily designed to provide a special private benefit. Rather, the limited grant is a means by which an important public purpose may be achieved. It is intended to motivate the creative activity of authors and inventors by the provision of a special reward, and to allow the public access to the products of their genius after the limited period of exclusive control has expired».

170 Ver Landes/Posner, *The Economic Structure of Intellectual Property Law*, cit., pp. 11 ss.

171 Cfr. Jane Ginsburg, «A Tale of Two Copyrights: Literary Property in Revolutionary France and America», *Tul. L.R.*, 1990, pp. 991 ss.

172 Veja-se, sobre o ponto, o nosso *Direito Comparado*, vol. I, *Introdução e parte geral*, 4.ª ed., Coimbra, 2018, pp. 68 ss., e 481 s., e a demais bibliografia aí citada.

173 À qual não era estranha a veneração dos clássicos postulada pelo Confucionismo. Cfr. William P. Alford, «Don't Stop Thinking About...Yesterday. Why there Was No Indigenous Counterpart to Intellectual Property Law in Imperial China», *Journal of Chinese Law*, 1993, pp. 3 ss.; Daniel C. K. Chow, *The Legal System of the People's Republic of China*, St. Paul, Minnesota, 2003, pp. 410 s.

do folclore, a qual leva à proteção neles de bens que não são especialmente tutelados noutros[174].

Entre os fatores económicos destaca-se a diversidade dos níveis de desenvolvimento[175]. Nos países fundamentalmente importadores de obras intelectuais, como é o caso de muitos dos que são usualmente ditos menos avançados, a educação e o acesso à cultura das populações podem reclamar a concessão com maior amplitude de licenças obrigatórias, *v.g.*, de tradução e reprodução de obras oriundas do estrangeiro. Em contrapartida, nos países dotados de fortes indústrias culturais e de entretenimento o impacto daquelas necessidades sociais é geralmente menos acentuado e os agentes económicos não raro influenciam até o grau de proteção conferido às suas obras e prestações no sentido da respetiva extensão.

c) Aproximação entre sistemas? – Como se verá adiante, a tendência é hoje para um certo esbatimento destas diferenças.

Por um lado, registou-se nos sistemas romanistas uma certa *patrimonialização* do direito de autor[176], de que é reveladora, por exemplo, a extensão da proteção jusautoral aos programas de computador, levada a cabo no Brasil a partir de 1987 e na União Europeia a partir de 1991[177], acompanhada da atribuição originária do direito de autor sobre esses programas ao empregador ou ao comitente, quando os mesmos hajam sido criados, respetivamente, por um assalariado no exercício da sua atividade laboral ou por encomenda[178].

Por outro, o regime do direito de autor em Inglaterra e nos Estados Unidos foi marcado nos últimos vinte anos, como resulta do que se disse acima, por um

[174] Cfr., por exemplo, a Lei dos Direitos de Autor de Angola, n.º 4/90, de 10 de março, cujo art. 15.º confere ao Estado o direito de autor sobre as obras do folclore cujo criador seja desconhecido; a Lei dos Direitos de Autor de Cabo Verde, n.º 101/III/90, de 25 de dezembro de 1990, art. 17.º, que atribui a titularidade do direito de autor sobre as obras do folclore ao Estado; e a Lei de Direito de Autor de Moçambique, n.º 4/2001, de 27 de fevereiro de 2001, cujo art. 31.º, n.º 1, estabelece outro tanto no tocante às obras do folclore moçambicano. Veja-se ainda, sobre o tema, o que dizemos *infra*, § 12.º/VII.

[175] Cfr., sobre o ponto, António Maria Pereira, «Propriedade literária e artística – Conceito e tipos legislativos», *ROA*, 1980, pp. 485 ss. (pp. 490 ss.).

[176] A expressão é de Pierre-Yves Gautier, *Propriété littéraire et artistique*, cit., p. 35.

[177] Cfr., sobre o tema, Alexandre Dias Pereira, «Proteção jurídica e exploração negocial de programas de computador», *BFDUC – Volume comemorativo do 75.º tomo*, 2003, pp. 453 ss.; e José Alberto Vieira, *A proteção dos programas de computador pelo Direito de Autor*, Lisboa, 2005; e Marcos Wachowicz, *Propriedade intelectual do software e revolução da tecnologia da informação*, Curitiba, 2006.

[178] Haja vista, na Alemanha, ao § 69b da *Urheberrechtsgesetz*; em França, ao art. L.113-9 do *Code de la propriété intellectuelle*; em Portugal, ao art. 3.º do D.L. n.º 252/94, de 29 de outubro; e no Reino Unido às secções 3 (1) (b) e 11 (2) do *Copyright, Designs and Patents Act 1988*; e no Brasil ao art. 4.º da Lei n.º 9.609, de 19 de fevereiro de 1998.

certo alargamento do âmbito do direito de autor – decorrente, nomeadamente, da consagração legislativa de direitos morais, da redução das formalidades exigíveis como condição da proteção dos direitos patrimoniais e do prolongamento da duração destes –, o qual o aproximou consideravelmente dos sistemas continentais.

Não obstante isso, é ainda muito nítida a diversidade das conceções fundamentais que nesta matéria informam os sistemas de *Civil* e de *Common Law*, a qual, não raro, se reflete na própria interpretação e aplicação de textos uniformes.

Dado que essa diversidade de conceções radica, em última análise, em diferenças filosóficas, culturais e económicas, é de supor que ela subsistirá no futuro próximo[179].

§ 6.º Direitos sobre sinais distintivos de comércio

Passaremos agora aos direitos sobre sinais distintivos de comércio. Também nesta matéria existem diferenças não despiciendas entre os sistemas jurídicos que vimos examinando. A fim de não nos alongarmos excessivamente, cingiremos a comparação desses sistemas ao regime das marcas, do nome comercial e das denominações de origem.

I – Marcas

a) Modos de aquisição do direito à marca. – A marca é, na generalidade dos sistemas jurídicos, um sinal utilizado a fim de distinguir os produtos ou serviços de uma empresa dos de outras empresas. Os modos de aquisição de direitos de exclusivo sobre esse sinal diferem, no entanto, consideravelmente nos sistemas vigentes.

Assim, nos Estados Unidos o uso da marca a fim de identificar bens ou serviços confere, por si só, direito à respetiva proteção contra a sua utilização por terceiros, desde que o sinal em questão goze de caráter distintivo (*distinctiveness*), quer este seja intrínseco (*inherent*), como sucede nos casos de marcas de fantasia, quer resulte do significado secundário (*secondary meaning*) atribuído pelo público a uma marca descritiva. Por isso se diz que o sistema norte-americano é «baseado no uso» (*use-based*). A proteção assim concedida (resultante do *Common Law* e não da lei) restringe-se, no entanto, ao mercado ou mercados onde a marca é efetivamente utilizada ou nos quais é provável o seu uso futuro. Uma proteção

[179] Neste sentido se pronunciam também Julia Ellins, *Copyright Law, Urheberrecht und ihre Harmonisierung in der Europäischen Gemeinschaft*, cit., p. 262, e Silke von Lewinski, *International Copyright Law and Policy*, cit., p. 63.

de âmbito nacional apenas é concedida se for efetuado o registo da marca junto do *Patent and Trademark Office* do *United States Department of Commerce*. Neste caso, o âmbito geográfico da proteção não depende do seu uso; e admite-se, posto que só desde 1989, que solicite o registo da marca não só quem já seja seu proprietário por força do uso, mas igualmente quem demonstre tencionar, de boa fé, usá-la no comércio[180]. A possibilidade de registo da marca não prejudica, todavia, a prioridade conferida pelo seu uso[181].

Também em Inglaterra a marca não registada é tutelada pelo *Common Law*, através da ação de *passing off*, de que nos ocuparemos *ex professo* adiante, a propósito da concorrência desleal[182]. A proteção deste modo conferida não visa, contudo, a marca em si mesma, mas tão-só o seu *goodwill*, i. é, a capacidade de angariação de clientela que lhe está associada, decorrente nomeadamente da reputação dos produtos e serviços através dela assinalados[183]. O *passing off* não implica, por outro lado, o reconhecimento de qualquer direito de exclusivo ao titular da marca, mas tão-só o ressarcimento dos danos sofridos por este (*damages*) e as medidas necessárias a fim de prevenir ou impedir a violação do direito ou a continuação desta (*injunctions*). Além disso, a tutela por via do *passing off* apenas subsiste enquanto o titular da marca efetivamente a utilizar na sua atividade comercial. Cumulativamente, a lei inglesa prevê a atribuição de um *property right* sobre a marca comercial mediante o respetivo registo[184].

Em diversos sistemas jurídicos da Europa continental, o direito à marca adquire-se, em princípio, através do registo, o qual tem assim eficácia

[180] *Lanham Trade-Mark Act*, secção 1 (b) (correspondente ao § 1051 (b) do Título 15 do *United States Code*): «A person who has a bona fide intention, under circumstances showing the good faith of such person, to use a trademark in commerce may request registration of its trademark on the principal register hereby established [...]».

[181] *Ibidem*, secção 2 (b) (§ 1051 (b) do Título 15 do *United States Code*): «No trademark by which the goods of the applicant may be distinguished from the goods of others shall be refused registration on the principal register on account of its nature unless it [...] consists of or comprises [...] a mark or trade name previously used in the United States by another and not abandoned, as to be likely, when used on or in connection with the goods of the applicant, to cause confusion, or to cause mistake, or to deceive [...]».

[182] Cfr. *infra*, § 8.º/II, alínea *b)*.

[183] Cfr. Paul Torremans, *Holyoak & Torremans Intellectual Property Law*, 4.ª ed., Oxford, 2005, pp. 451 ss.; Cornish/Llewelyn, *Intellectual Property*, cit., p. 630.

[184] *Trade Marks Act 1994*, secção 2 (1): «A registered trade mark is a property right obtained by the registration of the trade mark under this Act and the proprietor of a trade mark has the rights and remedies provided by this Act». O mesmo diploma legal estabelece, todavia, na secção 2 (2): «No proceedings lie to prevent or recover damages for the infringement of an unregistered trade mark as such; but nothing in this Act affects the law relating to passing off».

constitutiva[185]. Tais sistemas são, por isso, ditos *registration-based*. Esta solução funda-se essencialmente em considerações de certeza e segurança jurídica[186]. Ela não exclui, no entanto, a concessão de certa tutela à *marca livre* ou não registada. O sistema jurídico alemão é, dentre os aqui considerados, o que vai mais longe neste sentido, pois confere também proteção à marca em razão do simples uso de um sinal no tráfico mercantil, desde que o mesmo haja adquirido reputação (*Verkehrsgeltung*) como marca nos meios comerciais interessados[187]. O sinal que, à luz das circunstâncias do caso concreto, seja tido como satisfazendo este requisito é equiparado, sob o ponto de vista dos seus efeitos, à marca registada[188]. Goza ainda de proteção autónoma a *marca notoriamente conhecida* na aceção do art. 6.º-*bis* da Convenção de Paris[189]. Na prática, porém, a marca registada é claramente dominante[190]. Em França, a tutela da marca não registada é muito mais limitada, cingindo-se à marca notoriamente conhecida, cujo titular pode opor-se ao seu registo por um terceiro e requerer a declaração da respetiva nulidade[191]. O sistema português ocupa uma posição intermédia entre os anteriores, na medida em que reconhece ao usuário da marca não registada, durante seis meses, prioridade no respetivo registo[192], bem como a possibilidade de se opor ao registo da marca por um terceiro e de obter a respetiva anulação judicial dentro do prazo de seis meses (ou mesmo para além dele, se demonstrar que o requerente ou titular da marca registada pretende fazer concorrência desleal ou que esta é possível independentemente da sua intenção[193]); no caso da marca notória ou de prestígio, confere-se ainda ao seu titular a possibilidade

[185] Cfr., no Direito alemão, o § 4 (1) da *Markengesetz* («Der Markenschutz entsteht [...] durch die Eintragung eines Zeichens als Marke in das vom Patentamt geführte Register»); no Direito francês, o art. L. 712-1 do *Code de la propriété intellectuelle* («La propriété de la marque s'acquiert par l'enregistrement»); e, no Direito português, o art. 210.º, n.º 1, do Código da Propriedade Industrial («O registo confere ao seu titular o direito de propriedade e do exclusivo da marca para os produtos e serviços a que esta se destina»).

[186] Ver Luís Couto Gonçalves, *Função distintiva da marca*, Coimbra, 1999, pp. 184 ss. (n. 358); *idem*, *Manual de Direito Industrial*, 8.ª ed., Coimbra, 2019, p. 190; Jacques Azéma/Jean-Christophe Galloux, *Droit de la propriété industrielle*, 6.ª ed., Paris, 2006, p. 803.

[187] *Markengesetz* § 4 (2): «Der Markenschutz entsteht [...] durch die Benutzung eines Zeichens im geschäftlichen Verkehr, soweit das Zeichen innerhalb beteiligter Verkehrskreise als Marke Verkehrsgeltung erworben hat».

[188] Cfr. Wolfgang Berlit, *Markenrecht*, 6.ª ed., Munique, 2005, p.20; Horst-Peter Götting, *Gewerblicher Rechtsschutz*, cit., p. 413.

[189] *Markengesetz*, § 4 (3). Ver, sobre esta categoria de marcas, *infra*, § 15.º/II, alínea *b)*.

[190] Assim Götting, ob. cit., p. 414.

[191] *Code de la propriété intellectuelle*, arts. L. 711-4, L. 712-4 e L. 714-4.

[192] Código da Propriedade Industrial, art. 213.º, n.º 1.

[193] Código da Propriedade Industrial, art. 232.º, n.º 1, alínea *h)*. Em sentido crítico quanto a esta solução, em face do regime anterior ao CPI de 2018, que lhe fazia corresponder uma causa

de se opor ao registo de marca igual ou semelhante, desde que tenha pedido previamente em Portugal o registo da marca que dá origem e fundamenta o seu interesse[194]. Nos demais casos, a ocupação de uma marca não confere ao seu utilizador qualquer direito sobre ela[195]. E também a tutela penal apenas é conferida à marca registada e à marca notória ou de prestígio cujo registo haja sido previamente requerido[196]. No Brasil, a registo confere ao titular da marca um direito de exclusivo, ainda que a mesma não seja utilizada; mas a lei faculta ao titular da marca de facto tutela contra atos confusórios[197].

b) Transmissibilidade da marca. – O *approach* norte-americano tem como corolário a inadmissibilidade da transmissão autónoma (*assignment in gross*) da marca. Com efeito, uma vez que nos Estados Unidos o direito à marca se funda no seu uso a fim de distinguir certos produtos ou serviços, não pode a mesma ser transmitida independentemente dos elementos da empresa necessários à produção e ao fornecimento desses produtos ou serviços – pois se assim fosse a marca deixaria de ser usada para o fim a que originariamente se destinava e que justificou o reconhecimento do direito de exclusivo. Em conformidade, considera-se a transmissão inválida e a marca abandonada se o cessionário passar a usá-la, após a transmissão, a fim de distinguir outros produtos ou serviços[198].

Diferentemente, nos sistemas jurídicos europeus o direito emergente da marca é transmissível independentemente da empresa cujos produtos ou serviços distingue[199]. O titular da marca pode assim, nestes sistemas jurídicos, não ser o titular da empresa que produz e comercializa os produtos e serviços por ela assinalados[200].

de invalidade do registo, *vide* Couto Gonçalves, «O uso da marca», *in* AAVV, *Direito Industrial*, vol. V, Coimbra, 2008, pp. 369 ss.; e *Manual de Direito Industrial*, pp. 271 s.

194 Código da Propriedade Industrial, arts. 234.º e 235.º.

195 Cfr., neste sentido, o acórdão do Supremo Tribunal de Justiça de 22 de julho de 1986, *BMJ*, vol. 359, pp. 751 ss.

196 *Ibidem*, art. 320.º.

197 Cfr., neste sentido, Newton Silveira, *Propriedade Intelectual*, cit., pp. 25 s.

198 Cfr. Charles R. McManis, *Intellectual Property and Unfair Competition*, 5.ª ed., St. Paul, Minnesota, 2004, pp. 161 s.; Roger E. Schechter/John R. Thomas, *Intellectual Property*, cit., pp. 770 ss.; Sheldon W. Halpern/Craig Allen Nard/Kenneth L. Port, *Fundamentals of United States Intellectual Property Law*, cit., pp. 347 s.

199 Cfr. *Markengesetz*, § 27; *Code de la propriété intellectuelle*, art. L. 714-1; Código da Propriedade Industrial português, art. 30.º (no entanto, o art. 256.º, n.º 2, estabelece que a transmissão da totalidade da empresa implica a transmissão da marca, salvo estipulação em contrário ou se das circunstâncias decorrer claramente o contrário).

200 Cfr. Jacques Azéma/Jean-Christophe Galloux, *Droit de la propriété industrielle*, cit., p. 820; Couto Gonçalves, *Manual de Direito Industrial*, cit., p. 315.

c) Sinais suscetíveis de constituírem uma marca. – Outro ponto relativamente ao qual existem diferenças relevantes prende-se com a determinação dos sinais suscetíveis de constituírem uma marca. O Direito de diversos Estados europeus restringia, até recentemente, o registo como marcas aos sinais distintivos de produtos ou serviços que fossem passíveis de *representação gráfica*[201]. Os sinais insuscetíveis de uma tal representação (como é o caso de certos sons e odores) estavam, por conseguinte, excluídos daquele registo[202]. No Brasil, requer-se para o registo como marca que o sinal distintivo seja «visualmente preceptível»[203].

O mesmo não sucedia, porém, nos Estados Unidos, onde a secção 45 do *Lanham Trade-Mark Act* define a marca como «qualquer palavra, nome, símbolo ou dispositivo ou qualquer combinação dos mesmos [...] usado [...] para indicar a proveniência dos produtos»[204]. Consequentemente, admite-se neste país a proteção como marcas de quaisquer sinais dotados de *capacidade distintiva*, independentemente da possibilidade de serem representados graficamente: «Não será recusado», diz a mesma lei federal, «o registo de qualquer marca pela qual os produtos do requerente possam ser distinguidos dos produtos de qualquer outro»[205]. Eis por que o *Patent and Trademark Office* tem concedido o registo, por exemplo, de marcas sonoras e olfativas.

Com a transposição da Diretiva (UE) 2015/2436[206], estas diferenças esbateram-se, no entanto, uma vez que nela se passou a admitir que constituam marcas,

[201] Vejam-se, por exemplo, o *Trade Marks Act* inglês, secção 1 (1), e o anterior Código da Propriedade Industrial português, art. 238.º, n.º 1, alínea *a)*. No Direito alemão, a insuscetibilidade de representação gráfica da marca constituía um impedimento absoluto à respetiva proteção nos termos da *Markengesetz*, § 8 (1). No sentido da imprescindibilidade desse requisito pronunciou-se o Tribunal de Justiça das Comunidades Europeias no acórdão *Sieckmann*, de 12 de dezembro de 2002, em que se declarou: «O artigo 2.º da Diretiva 89/104/CEE do Conselho, de 21 de Dezembro de 1988, que harmoniza as legislações dos Estados-Membros em matéria de marcas, deve ser interpretado no sentido de que um sinal que não é, em si mesmo, suscetível de ser visualmente percetível pode constituir uma marca, desde que possa ser objeto de representação gráfica, nomeadamente através de figuras, de linhas ou de caracteres, que seja clara, precisa, completa por si própria, facilmente acessível, inteligível, duradoura e objetiva». Cfr. proc. C-273/00, ECLI:EU:C:2002:748.

[202] Ver Danny Friedmann, «EU opens door for sound marks: will scent marks follow?», *JIPLP*, 2015, pp. 931 ss.

[203] Lei n.º 9.279, de 14 de maio de 1996, art. 122.

[204] «Any word, name, symbol, or device or any combination thereof [...] used [...] to indicate the source of the goods [...]».

[205] «No trademark by which the goods of the applicant may be distinguished from the goods of others shall be refused registration [...]»: *Lanham Trade-Mark Act*, secção 2. Ver, sobre o ponto, Schechter/Thomas, *Intellectual Property*, cit., pp. 632 ss.; Schechter, *Intellectual Property*, cit., pp. 95 ss.; Halpern/Nard/Port, *Fundamentals of United States Intellectual Property Law*, cit., p. 310.

[206] Sobre a qual *vide infra*, § 11.º/IX, alínea *b)*.

nos Estados-Membros da União Europeia, «todos os sinais, nomeadamente palavras, incluindo nomes de pessoas, ou desenhos, letras, números, cores, a forma ou da embalagem do produto ou sons, na condição de que tais sinais: *a)* sirvam para distinguir os produtos ou serviços de uma empresa dos de outras empresas; e *b)* possam ser representados no registo de uma forma que permita às autoridades competentes e ao público determinar, de forma clara e precisa, o objeto claro e preciso da proteção conferida ao seu titular»[207].

d) Pressupostos da violação da marca. – Uma das funções primárias da marca consiste em auxiliar o consumidor na identificação de um produto que o haja satisfeito anteriormente; o principal efeito negativo da sua violação consiste por isso, segundo a doutrina norte-americana, em induzir o consumidor a adquirir um produto distinto daquele[208]. Tal a razão por que nos Estados Unidos a qualificação de determinado ato como violação da marca (*trademark infringement*) pressupõe, tanto nos termos do *Common Law* estadual como nos da legislação federal, a «probabilidade de confusão» (*likelihood of confusion*)[209]. Apenas se excetuam desta exigência – e só desde 1996 – as denominadas «marcas célebres» (*famous marks*), que são também tuteladas contra a sua «diluição» (*dilution*) mediante a utilização em produtos ou serviços não afins daqueles que se destinam a assinalar[210].

Na Europa, aquele requisito é, porém, dispensado sempre que o ilícito em questão consista na reprodução de uma marca registada para assinalar produtos ou serviços idênticos aos que esta tem por objeto: a proteção da marca diz-se, nesse caso, *absoluta*[211].

[207] Haja vista, no Direito português, ao disposto no art. 231.º, n.º 1, alínea *a)*, do CPI, que agora prevê a recusa do registo de uma marca quando esta «[s]eja constituída por sinais que não possam ser representados graficamente ou de forma que permita determinar, de modo claro e preciso, o objeto da proteção conferida ao seu titular».

[208] Assim Schechter/Thomas, ob cit., p. 637.

[209] Cfr. o *Restatement 3rd of Unfair Competition*, § 20: «One is subject to liability for infringement of another's trademark, or certification mark if [...] that ator uses a designation that causes a likelihood of confusion». Ver ainda o *Lanham Act*, secção 32, que sanciona, como autor de *trademark infringement*: «Any person who shall, without the consent of the registrant- (a) use in commerce any reproduction, counterfeit, copy, or colorable imitation of a registered mark in connection with the sale, offering for sale, distribution, or advertising of any goods or services on or in connection with which such use is likely to cause confusion, or to cause mistake, or to deceive».

[210] *Lanham Act*, secção 43 (c), aditada pelo *Dilution Act* de 1996. Sobre o fundamento da proteção da marca contra a sua diluição, *vide* Frank I. Schechter, «The Rational Basis of Trademark Protection», *Harvard Law Review*, 1926-27, pp. 813 ss. (pp. 824 ss.).

[211] *Markengesetz*, § 14 (2), n.º 1; *Code de la propriété intellectuelle*, art. L. 713-2, alínea *a)*; Código da Propriedade Industrial português, art. 320.º; *Trademarks Act 1994*, secção 10, n.º 1.

e) Tutela civil da violação. – A generalidade dos sistemas jurídicos europeus tutela civilmente a violação da marca, além do mais, através da imposição ao infrator da obrigação de indemnizar os danos causados ao titular da marca[212].

Em Inglaterra e nos Estados Unidos, admite-se ainda a aplicação dos denominados *punitive* ou *exemplary damages*, os quais, apesar da sua designação, não constituem uma forma de reparação do dano, mas antes uma sanção infligida ao autor do ilícito, revertendo o respetivo montante (frequentemente de valor muito elevado) para o lesado[213]. Nos Estados Unidos, consagra-se igualmente na lei o direito do titular da marca violada a receber, para além da indemnização do dano sofrido, os lucros auferidos pelo infrator (*account of profits*)[214], bem como *statutory damages* a determinar discricionariamente pelo tribunal dentro de certos valores (os quais podem ascender a um milhão de dólares por marca e por tipo de bens ou serviços nos casos de utilização intencional de marca contrafeita)[215].

Conforme notámos a respeito do direito de autor, na generalidade dos países da Europa continental semelhantes formas de tutela não só não têm acolhimento idêntico no Direito positivo (ainda que na determinação do montante da indemnização por perdas e danos o tribunal deva atender ao lucro obtido pelo infrator[216]) como, além disso, têm sido por vezes consideradas contrárias à ordem pública internacional. Voltaremos a esta matéria adiante[217].

f) Esgotamento do direito à marca. – O esgotamento do direito à marca (*épuisement, exhaustion, Erschöpfung*) é a extinção, pelo seu exercício, de uma das faculdades que integram esse direito: a de impedir a comercialização dos bens corpóreos identificados com a marca. A partir do momento em que ocorre o esgotamento, essa atividade, originariamente reservada ao titular do direito, pode ser livremente realizada por qualquer um. O esgotamento dá-se com a entrada em circulação desses bens, ocorrida com o consentimento do titular do direito. O esgotamento pode ser *internacional*, se entre as suas causas se incluírem atos de comercialização praticados em qualquer país do Mundo; *regional*, se abranger apenas atos praticados em certa região (por via de regra economicamente integrada); ou *nacional*, se se cingir ao território de determinado Estado.

[212] *Markengesetz*, §§ 14 (6) e 15 (5); Código da Propriedade Industrial português, art. 347.º.

[213] Cfr. Halpern/Nard/Port, ob. cit., p. 402.

[214] *Lanham Act*, secção 35 (a).

[215] *Lanham Act*, secção 35 (c).

[216] Cfr. o art. 347.º, n.º 2, do Código da Propriedade Industrial português.

[217] Ver *infra*, §§ 17.º/I, alínea *f)*, e 23.º/II, alínea *b)*.

Trata-se, como é bom de ver, de uma questão essencial à determinação dos efeitos económicos do direito à marca. Com efeito, a regra do esgotamento nacional permite ao titular do direito impedir a importação dos produtos comercializados no estrangeiro e, por conseguinte, fracionar os mercados. Já o esgotamento regional ou internacional limita ou retira esse poder ao titular da marca, possibilitando a livre circulação dos produtos marcados através das fronteiras e, indiretamente, a redução dos respetivos preços.

Ora, também a este respeito se verifica uma diferença de tomo entre os Direitos europeus e o dos Estados Unidos. Neste último país, é, na verdade, permitida a importação de um produto manufaturado no estrangeiro e comercializado com uma marca válida nos Estados Unidos (dito *gray-market good*), sem o consentimento do titular desta, desde que, por um lado, a marca estrangeira e a marca nacional pertençam à mesma entidade ou a entidades sujeitas a um «controlo comum» (*common control*) e, por outro, o produto seja fisicamente idêntico aos que são comercializados nos Estados Unidos sob a mesma marca[218]. Diferentemente, na União Europeia o esgotamento abrange apenas os atos de colocação no mercado praticados no Espaço Económico Europeu, podendo, por conseguinte, os titulares de marcas impedir as denominadas *importações paralelas* de produtos oriundos de terceiros países[219]. Pode, nesta medida, afirmar-se que os direitos conferidos ao titular da marca pelos sistemas jurídicos europeus são mais vastos dos que os que lhe atribui o sistema norte-americano.

Dado que a maioria dos bens transacionados no comércio internacional são hoje assinalados com marcas, é potencialmente muito vasto o impacto económico desta diferença de regimes.

g) Conclusões. – O direito à marca constitui, como notámos acima, um *monopólio legal*. À luz dos dados aqui coligidos, esse monopólio revela-se mais restrito nos Estados Unidos da América do que nos países do Continente europeu.

Com efeito, naquele primeiro país o direito à marca funda-se essencialmente no objetivo de *prevenir a confusão* no espírito dos consumidores quanto à origem dos produtos e serviços disponíveis no mercado. (Para os autores que se colocam na perspetiva da análise económica do Direito, visar-se-á ainda, através dela,

[218] Neste sentido tem sido interpretada a secção 42 do *Lanham Act*. Vejam-se as decisões proferidas pelo Supremo Tribunal dos Estados Unidos no caso *K-Mart Corp. v. Cartier, Inc.*, 108 S.Ct. 1811 (1988) e pelo United States Court of Appeals for the District of Columbia Circuit no caso *Lever Brothers Co. v. United States*, 981 F. 2d. 1330 (1993).

[219] Cfr. o acórdão do Tribunal de Justiça das Comunidades Europeias proferido em 16 de julho de 1998 no caso *Silhouette International Schmied GmbH & Co. KG contra Hartlauer Handelsgesellschaft mbH*, *CJTJ*, 1998 -I, pp. 4799 ss. Vejam-se ainda os arts. 15.º da Diretiva (UE) 2015/2436 e 15.º do Regulamento (UE) 2017/1001, a que nos referiremos *ex professo* adiante, no § 11.º/IX, alínea *c*).

reduzir os custos associados à identificação pelos consumidores dos produtos suscetíveis de satisfazerem as suas necessidades[220].) Ao titular da marca são em princípio facultados os meios de reação estritamente necessários para assegurar aquele desiderato. Daí a consagração no Direito norte-americano da probabilidade de confusão como *general test* da violação da marca. Daí também o regime estabelecido pela jurisprudência norte-americana quanto às *importações paralelas*: a comercialização nos Estados Unidos, ainda que não autorizada pelo titular da marca, de produtos genuínos (*hoc sensu*, fisicamente idênticos aos que são assinalados através da mesma marca no mercado nacional), fabricados no estrangeiro ou pelo titular da marca nos Estados Unidos ou por uma entidade controlada por este último, é insuscetível de originar confusão entre os consumidores, pelo que não pode, nesta ótica, ser tida como ilícita; já a sua proibição, em nada promovendo a distinção dos produtos ou serviços assinalados com a marca pelos consumidores, restringiria a concorrência sem qualquer benefício para estes. Daí, finalmente, o regime restritivo da transmissão da marca de que demos conta acima.

É certo que também na Europa continental a marca desempenha essencialmente a função de distinguir os produtos e serviços de uma empresa dos de outras empresas[221]. Mas essa função é aí um tanto relativizada. Entre outras razões, porque o registo da marca é transmissível, como vimos, independentemente da empresa a que pertence; e também porque o esgotamento do direito se cinge ao Espaço Económico Europeu, sendo por conseguinte proscritas as importações paralelas de produtos marcados oriundos de países exteriores a esse espaço. A marca é, pois, tutelada na Europa mesmo em situações em que não permite ao consumidor identificar a origem empresarial de um produto ou serviço e em que nenhuma confusão poderia ocorrer quanto à proveniência dos produtos e serviços por ela distinguidos. Ora, ao reforçar-se deste modo a posição das empresas já estabelecidas no mercado restringe-se inevitavelmente a concorrência nele.

Não é menos certo, por outro lado, que nos Estados Unidos o *Lanham Act*, ao consagrar a teoria da *trademark dilution*, passou a proteger também o titular da marca contra o risco da perda do seu mercado. Porém, esse texto legal não alterou a doutrina, fundada no *Common Law*, conforme a qual a marca não pode ser adquirida à margem da empresa cujos produtos ou serviços visa assinalar[222].

[220] Cfr. William M. Landes/Richard A. Posner, «Trademark Law: An Economic Perspective», *J. L. & Econ.*, 1987, pp. 265 ss. (p. 275); *idem*, *The Economic Structure of Intellectual Property Law*, pp. 166 ss.

[221] Declara-o expressamente, em Portugal, o art. 222.º, n.º 1, do Código da Propriedade Industrial.

[222] Cfr. Miller/Davis, *Intellectual Property*, cit., pp. 159 ss.

Em suma, o Direito norte-americano, embora tenha nos últimos anos admitido um certo alargamento das funções da marca, permaneceu mais fiel do que os Direitos europeus à função distintiva da marca, tal como esta era classicamente entendida, e aos seus corolorários no tocante ao âmbito de proteção da marca.

A esta diferença de regimes não será alheia a «fobia aos monopólios» (*monopoly phobia*) que há muito prevalece nos Estados Unidos[223], a qual não tem equivalente na Europa continental, tradicionalmente mais propensa ao protecionismo[224].

II – Nome comercial

a) Noção. – São bastante diversas as realidades que, nos sistemas jurídicos em exame, se reconduzem ao conceito de *nome comercial* (que, como veremos, a Convenção de Paris Para a Proteção da Propriedade Industrial manda proteger nos respetivos Estados membros, sem todavia o definir[225]).

Assim, na Alemanha, cujo sistema jurídico não consagra expressamente esse conceito, autonomizam-se como sinais distintivos da empresa (*Unternehmenskennzeichen*) a firma (*Firma*), i. é, o nome ao abrigo do qual o comerciante exerce o seu comércio, e o nome de estabelecimento (*Etablissement-Bezeichnung*)[226].

Já em França entende-se por nome comercial (*nom commercial*) a denominação sob a qual uma empresa é explorada e identificada nas relações com a sua clientela; é, nesta medida, um conceito distinto do de *denominação social*, que corresponde à designação sob a qual uma sociedade foi registada[227].

[223] Assim, Beverly W. Pattishall, «Trade-Marks and the Monopoly Phobia», *Mich.L.R.*, 1952, pp. 967 ss.; Beverly W. Pattishall/David C. Hilliard/Joseph Nye Welch II, *Trademarks and Unfair Competition*, 6.ª ed., Newark/S. Francisco/Charlottesville, 2005, p. 15.

[224] Sobre as diferentes perceções dos monopólios no pensamento económico europeu e norte-americano, *vide* Milton Friedman, *Capitalism and Freedom*, reimpressão, Chicago/Londres, 2002, pp. 26, 121 e 132.

[225] Cfr. *infra*, § 11.º/II, alínea *b)*, e XI, alínea *b)*. Sobre o conceito de nome comercial, vejam-se: AAVV, «Protection du nom commercial en France et en divers autres pays», *RIPIA*, 1962, pp. 145 ss.; José Gabriel Pinto Coelho, «O "nome comercial" na Convenção da União de Paris (1883) e no Código da Propriedade Industrial», *RLJ*, ano 95.º (1962/63), pp. 81 ss. e 87 ss.; Yves Saint-Gal, «Der internationale Schutz des Handelsnamens», *GRUR Int.*, 1964, pp. 289 ss.; Fernando Olavo, «O nome comercial e o artigo 8.º da Convenção da União de Paris», *CJ*, ano IX (1984), t. V, pp. 21 s.; José de Oliveira Ascensão, *Direito Comercial*, vol. II, *Direito Industrial*, Lisboa, 1994, pp. 129 ss.; e Carlos Olavo, *Propriedade Industrial*, vol. I, 2.ª ed., Coimbra, 2005, pp. 236 ss.

[226] Cfr. Claus Ahrens, *Gewerblicher Rechtsschutz*, Tubinga, 2008, pp. 433 ss.; Hörst-Peter Götting, *Gewerblicher Rechtsschutz*, cit., pp. 419 s.

[227] Cfr. Joanna Schmidt-Szalewski/Jean-Luc Pierre, *Droit de la proprieté industrielle*, 3.ª ed., Paris, 2003, p. 216; Jean-Christophe Galloux, *Droit de la propriété industrielle*, 2.ª ed., Paris, 2003, p. 534 ; André Bertrand, *Droit des marques. Signes distinctifs – Noms de domaine*, 2.ª ed., Paris, 2005, p. 356 ; Jacques Azéma/Jean-Christophe Galloux, *Droit de la propriété industrielle*, cit., p. 897.

Em Portugal, o conceito de nome comercial tem um alcance mais vasto, pois compreende, segundo a doutrina dominante, a *firma*, i. é, o nome sob o qual certa pessoa exerce o comércio, e o *logótipo*, que distingue «uma entidade que preste serviços ou comercialize produtos»[228], integrando o nome de estabelecimento, que foi suprimido como sinal distintivo autónomo na reforma do Código da Propriedade Industrial de 2008[229].

No Brasil, compreendem-se no nome comercial «o nome ou a firma do empresário individual, a razão social das sociedades empresariais que atuam sob firma e a denominação das sociedades anônimas e limitadas»[230].

Em Inglaterra, o nome comercial (*trade name*) é o nome que, pelo uso e pela reputação que granjeou, adquiriu a capacidade de indicar uma atividade comercial exercida por certa pessoa. Por isso se diz também *business name*[231]. Não é fundamentalmente diversa desta a conceção do nome comercial prevalecente nos Estados Unidos[232].

b) Condições de proteção. – São igualmente variáveis as condições de proteção do nome comercial.

Em certos sistemas jurídicos, como o português, exige-se para tanto o registo[233], ainda que se requeira cumulativamente o uso, sob pena de caducidade daquele[234].

Noutros sistemas, a inscrição no registo comercial não é condição necessária nem suficiente para conferir proteção ao nome comercial. Assim, no Direito francês o direito ao nome comercial adquire-se pelo seu *uso público*[235]. A fim

[228] Código da Propriedade Industrial, art. 281.º, n.º 2.

[229] *Vide*, sobre estas figuras, António Ferrer Correia, *Lições de Direito Comercial*, vol. I, Coimbra, 1973, p. 290; Luís Menezes Leitão, «Nome e insígnia de estabelecimento», *in* AAVV, *Direito Industrial*, vol. I, Coimbra, 2001, pp. 157 ss. (p. 167); Jorge Manuel Coutinho de Abreu, *Curso de Direito Comercial*, vol. I, *Introdução, atos de comércio, comerciantes, empresas, sinais distintivos*, 4.ª ed., reimpressão, Coimbra, 2003, p. 166, n. 175; Carlos Olavo, ob. cit., p. 240; Nuno Aureliano, «O logótipo – um novo sinal distintivo de comércio», *in* AAVV, *Direito Industrial*, Coimbra, vol. IV, 2005, pp. 357 ss., e vol. V, 2008, pp. 89 ss.; e Couto Gonçalves, *Manual de Direito Industrial*, cit., pp. 370 ss. e Pedro Sousa e Silva. *Direito Industrial*, cit., pp. 349 ss.

[230] Cfr. Newton Silveira, *Propriedade Intelectual*, cit., p. 14.

[231] Cfr. *Kerly's Law of Trade Marks and Trade Names*, 14.ª ed., Londres, 2005, pp. 494 ss.

[232] Cfr. McManis, *Intellectual Property and Unfair Competion*, cit., pp. 105 ss.

[233] Cfr. os arts. 283.º e seguintes do Código da Propriedade Industrial e 35.º do Regime do Registo Nacional de Pessoas Coletivas, aprovado pelo Decreto-Lei n.º 129/98, de 13 de maio.

[234] Haja vista aos arts. 298.º, n.º 1, do Código da Propriedade Industrial e 61.º, n.º 2, alínea *b)*, do Regime do Registo Nacional de Pessoas Coletivas.

[235] Assim Jean-Christophe Galloux, *Droit de la propriété industrielle*, cit., pp. 542 s. ; André Bertrand, *Droit des marques. Signes distinctifs – Noms de domaine*, cit., p. 361; Jacques Azéma/Jean-Christophe

de ser protegido, o nome comercial deve, além disso, ser distintivo, o que não sucede se corresponder à simples indicação da natureza da empresa a que diz respeito[236]. Também na Alemanha se entende que a proteção dos sinais distintivos da empresa depende da sua utilização no tráfico[237]. Nos Estados Unidos, o nome comercial (*trade name*) é protegido pelo *Common Law* se for efetivamente usado em conexão com uma atividade comercial e for suscetível, em virtude do seu caráter distintivo, de identificar essa atividade[238].

c) Conteúdo da proteção. – Da inexistência de uma noção unívoca de nome comercial decorre a ausência de uma proteção uniforme para este sinal distintivo: esta tanto pode ser levada a cabo mediante a concessão de um direito de exclusivo como por outras vias – por exemplo, a concorrência desleal.

Corresponde à primeira orientação o regime consagrado na lei portuguesa para a firma e o logótipo[239]. Outro tanto pode dizer-se da proteção atribuída na Alemanha ao titular de um sinal distintivo da empresa, que a própria lei qualifica como um direito exclusivo[240]. E também em França se considera existir um direito ao nome comercial, que confere ao respetivo titular, por exemplo, a faculdade de se opor ao seu registo como marca por um concorrente[241].

Em Inglaterra, ao invés, o nome comercial e o *goodwill* que lhe está associado são, em primeira linha, protegidos pela ação de *passing off*, igualmente utilizada, como já dissemos, para a repressão da concorrência desleal[242]. A ação deve ser julgada procedente sempre que se demonstre que o nome comercial utilizado pelo réu visa enganar terceiros, desviando clientela do autor, ou gerar confusão entre as atividades empresariais de ambos[243]. Também nos Estados Unidos a utilização não autorizada de um nome comercial alheio corresponde a uma

Galloux, *Droit de la propriété industrielle*, cit., p. 902 s.; Pierre Sirinelli/Bertrand Warusfel/Sylviane Durrande, *Code de la propriété intellectuelle commenté*, 7.ª ed., Paris, 2007, p. 520.

236 Cfr. André Bertrand, ob. e loc. cit.

237 É a solução que decorre do § 5 (2) da *Markengesetz*. Cfr. Götting, ob. cit., p. 419.

238 Cfr. McManis, *Intellectual Property and Unfair Competion*, cit., pp. 113 ss.

239 Haja vista aos arts. 293.º do Código da Propriedade Industrial e 35.º do Regime do Registo Nacional de Pessoas Coletivas.

240 *Markengesetz*, § 15 (1): «Der Erwerb des Schutzes einer geschäftlichen Bezeichnung gewährt ihrem Inhaber ein ausschliessliches Recht».

241 André Bertrand, ob. e loc. cit.; Pierre Sirinelli/Bertrand Warusfel/Sylviane Durrande, ob. e loc. cit. Sobre as condições da prioridade, em França, do direito ao nome comercial relativamente ao direito à marca, *vide* o art. L. 711-4, alínea *c)*, do Código da Propriedade Intelectual.

242 Cfr. *infra*, § 8.º/II, alínea *b)*.

243 Ver, neste sentido, *Kerly's Law of Trade Marks and Trade Names*, cit., p. 494.

forma de *passing off*[244]. Não há, pois, em qualquer destes sistemas jurídicos, um verdadeiro direito de exclusivo sobre o nome comercial.

Refletem-se, assim, no regime do nome comercial as orientações gerais que, como vimos atrás, dominam igualmente o Direito das Marcas: também nesta matéria se revela a menor propensão dos sistemas de *Common Law* para a consagração de direitos de exclusivo sobre sinais distintivos de comércio.

III – Denominações de origem

Denominações de origem são nomes de localidades, regiões ou países utilizados a fim de designar os produtos deles originários cujas qualidades ou características são devidos, exclusiva ou essencialmente, ao meio geográfico de onde provêm, incluindo os fatores naturais e humanos (o denominado *terroir*), e cuja produção, transformação e elaboração ocorrem na área geográfica delimitada. Estão neste caso, por exemplo, os nomes «Champagne», «Chianti», «Havana», «Madeira», «Porto», etc. Distinguem-se: *a*) Das indicações geográficas, que designam igualmente locais, regiões ou países de que certos produtos são provenientes, cujas qualidades ou reputação possam ser atribuídas à sua origem, mas cujas fases de produção não têm aí todas necessariamente lugar; e *b*) Das marcas de origem, ou indicações de proveniência (*v.g.* «made in China»), na medida em que estas apenas identificam o lugar de fabrico do produto e não as suas qualidades ou características.

Estes nomes geográficos podem ser protegidos de diferentes formas[245]. Certos países, como era o caso da Alemanha antes da entrada em vigor da atual lei de marcas, não preveem para eles quaisquer títulos especiais de proteção, tutelando-os quando muito através das regras relativas à concorrência desleal ou à proteção dos consumidores, por força das quais pode ser sancionada a sua utilização em produtos que não possuam qualquer conexão com o lugar por eles designado[246]. Outros países, como os Estados Unidos, onde estes sinais são

[244] Cfr. o § 4 do *Restatement of the Law Unfair Competition. As Adopted and Promulgated by the American Law Institute at Washington, D.C., May 11, 1993*, St. Paul, Minnesota, 1995, que dispõe, sob a epígrafe *Misrepresentations Relating to Source: Passing Off*: «One is subject to liability to another under the rule stated in § 2 if, in connection with the marketing of goods or services, the ator makes a representation likely to deceive or mislead prospective purchasers by causing the mistaken belief that the ator's business is the business of the other, or that the ator is the agent, affiliate, or associate of the other, or that the goods or services that the ator markets are produced, sponsored, or approved by the other».

[245] Vejam-se a este respeito os dados recolhidos pela Organização Mundial de Comércio, em *Review under article 24.2 of the Application of the Provisions of the Section of the TRIPS Agreement on Geographical Indications. Summary of the Responses to the Checklist of Questions. Note by the Secretariat*, s.l., 2001, disponível em http://www.wto.org.

[246] Cfr. Götting, *Gewerblicher Rechtschutz*, cit., p. 428.

frequentemente tidos como expressões genéricas, podendo, por conseguinte, ser utilizados em produtos não oriundos dos lugares geográficos em causa, protegem-nos preferentemente através de *marcas coletivas ou de certificação*[247]. Outros países ainda, como a França e Portugal (de onde emana boa parte dos produtos agrícolas identificados deste modo) atribuem o direito de utilizar esses nomes, como denominações de origem, aos beneficiários do respetivo registo, os quais são, por via de regra, os residentes ou estabelecidos na localidade, na região ou no país em causa. Esta proteção tende a ser mais forte do que a concedida através das outras vias acima consideradas[248].

Observa-se aqui, com grande nitidez, a estreita ligação que existe entre o regime destes sinais e os interesses nacionais implicados na matéria, bem como a medida em que os mesmos estão ligados à política económica de cada país.

§ 7.º Direitos sobre criações intelectuais de aplicação industrial

I – Patentes de invenção

Examinaremos agora o regime das criações intelectuais de aplicação industrial, a respeito das quais nos centraremos nas patentes de invenção, nos chamados modelos de utilidade e no *design*. Também nesta matéria é possível identificar um certo número de diferenças relevantes entre os sistemas jurídicos que vimos examinando, nas quais de novo se revela a diferente valoração dos interesses em jogo na propriedade intelectual por parte desses sistemas jurídicos. Vejamo-las sucintamente.

a) Titularidade da patente. – Em princípio, o direito à patente de invenção pertence, na generalidade dos sistemas jurídicos nacionais, ao inventor ou aos

[247] Cfr. Miller/Davis, *Intellectual Property*, cit., pp. 242 ss.

[248] Cfr., quanto ao Direito francês, Joanna Schmidt-Szalewski/Jean-Luc Pierre, *Droit de la proprieté industrielle*, cit., pp. 275 ss., Jean-Christophe Galloux, *Le droit de la propriété industrielle*, cit., pp. 571 ss., e Jacques Azéma/Jean-Christophe Galloux, *Droit de la propriété industrielle*, cit., pp. 925 ss. ; e, a respeito do Direito português, Alberto Ribeiro de Almeida, *Denominação de origem e marca*, Coimbra, 1999, pp. 273 ss.; *idem*, «Indicação geográfica, indicação de proveniência e denominação de origem (os nomes geográficos na propriedade industrial)», *in* AAVV, *Direito Industrial*, vol. I, Coimbra, 2001, pp. 5 ss.; *idem*, «Denominações geográficas e marca», *in* AAVV, *Direito Industrial*, vol. II, Coimbra, 2002, pp. 341 ss.; *idem*, «Denominações geográficas», *in* AAVV, *Direito Industrial*, vol. III, Coimbra, 2003, pp. 275 ss.; e José de Oliveira Ascensão, «Questões problemáticas em sede de indicações geográficas e denominações de origem», *in* AAVV, *Direito Industrial*, vol. V, Coimbra, 2008, pp. 69 ss.

seus sucessores por qualquer título[249]. Diferem, no entanto, as regras sobre o modo de determinar o seu titular no caso de várias pessoas realizarem a invenção independentemente umas das outras ou de a invenção ser feita durante a execução de um contrato individual de trabalho.

Na Europa, vingou, quanto à primeira hipótese, o sistema dito *first to file*, de acordo com o qual o direito é atribuído àquele que primeiro depositar o pedido de patente[250]; o que, em tese, favorece a segurança jurídica e a pronta revelação pública das invenções, da qual depende em alguma medida o progresso técnico[251].

Nos Estados Unidos da América, ao invés, prevaleceu até recentemente, a este respeito, o sistema denominado *first to invent*[252], segundo o qual o direito à patente pertencia ao primeiro inventor, i. é, àquele que demonstrasse, se necessário através do procedimento dito de *interference*, ter sido o primeiro a conceber o invento e a fazer dele uma aplicação prática («*reduction to practice*»), contanto que não tivesse havido abandono, supressão ou ocultação do invento por esse sujeito[253].

Tratava-se de uma solução que podia implicar maior dispêndio de tempo e recursos na determinação do primeiro inventor; mas que potencialmente tutelava melhor os pequenos inventores e as instituições de investigação sem intuitos lucrativos, como as Universidades, que geralmente dispõem de menores

[249] Ver, designadamente, a *Patentgesetz* alemã, § 6 (1); o *Code de la Propriété Intellectuelle* francês, art. L. 611-6, 1.º §; o Código da Propriedade Industrial português, art. 58.º, n.º 1; e o *Patents Act 1977* inglês, secção 7 (3).

[250] *Patentgesetz*, § 6 (3); *Code de la Propriété Intellectuelle*, art. L-611-6, 2.º §, *Patents Act 1977* inglês, secção 5 (1).

[251] Cfr. Thomas R. Nicolai, «First-to-File vs. First-to-Invent: A Comparative Study Based on German and United States Patent Law», *IIC*, 1972, pp. 103 ss. (p. 112); Claus Ahrens, *Gewerblicher Rechtsschutz*, cit., p. 87; Hörst-Peter Götting, *Gewerblicher Rechtsschutz*, cit., p. 160.

[252] Ver Schechter/Thomas, *Intellectual Property*, cit., pp. 340 ss.; Roger E. Schechter, *Intellectual Property*, cit., pp. 270 ss.; Halpern/Nard/Port, *Fundamentals of United States Intellectual Property Law*, cit., p. 219 ss.; Arthur R. Miller/Michael Davis, *Intellectual Property. Patents, Trademarks, and Copyrights*, 4.ª ed., St. Paul, Minnesota, 2007, pp. 61 ss.

[253] Dispunha nesse sentido o *Patent Act* (United States Code, Title 35), § 102: «A person shall be entitled to a patent unless: [...] (g) (1) during the course of an interference conducted under section 135 or section 291, another inventor involved therein establishes, to the extent permitted in section 104, that before such person's invention thereof the invention was made by such other inventor and not abandoned, suppressed or concealed, or (2) before such person's invention thereof, the invention was made in this country by another inventor who had not abandoned, suppressed, or concealed it. In determining priority under this subsection, there shall be considered not only the respective dates of conception and reduction to practice of the invention, but also the reasonable diligence of one who was first to conceive and last to reduce to practice, from a time prior to conception by the other».

recursos a fim de patentearem os seus inventos. Mesmo para as empresas de maior dimensão o sistema tinha a vantagem de as dispensar de pedirem patentes para os seus inventos antes de terem tido oportunidade de aferir se estes têm valor comercial, contanto que documentem adequadamente o processo inventivo. Acima de tudo, porém, esta solução protegia mais eficazmente a posição dos inventores que, apesar de não patentearem os seus inventos, os exploram comercialmente, beneficiando a sociedade, dessa forma, da sua atividade inventiva. Esses inventores, dizia-se, não deviam ser impedidos de continuar a fazê-lo em virtude da outorga a um terceiro de uma patente sobre o mesmo invento; até porque aos seus concorrentes não estava vedado determinarem, através do denominado *reverse engineering*, as bases científicas das invenções em causa e explorarem-nas comercialmente[254]. A solução norte-americana quanto a esta matéria estava, assim, de acordo com a política de favorecimento da concorrência e a relutância em conceder monopólios que ressumam noutros aspetos do regime estadunidense da propriedade intelectual. Ela era ainda conforme com a ênfase dada às considerações de utilidade pública na regulação da propriedade intelectual instituída pelo Direito norte-americano.

Em 2011, porém, foi aprovado pelo Congresso norte-americano o *America Invents Act*, que adotou o sistema *first to file*. Esta lei, que entrou em vigor em 2012, é aplicável a pedidos de patentes apresentados desde 16 de março de 2013. Visou-se através dela, segundo os seus promotores, reduzir a litigosidade em matéria de titularidade de patentes, eliminando os referidos *interference proceedings* destinados a determinar a prioridade no direito à patente, e harmonizar o Direito norte-americano quanto a esta matéria com o da maioria dos restantes países.

Para tanto, o § 102 (a) do título 35 do *United States Code* passou a dispor, sob a epígrafe «*conditions for patentability*»:

> «A person shall be entitled to a patent unless–
>
> (1) the claimed invention was patented, described in a printed publication, or in public use, on sale, or otherwise available to the public before the effective filing date of the claimed invention; or
>
> (2) the claimed invention was described in a patent issued under section 151, or in an application for patent published or deemed published under section 122(b), in which the patent or application, as the case may be, names another inventor and was effectively filed before the effective filing date of the claimed invention.»

[254] Veja-se, nesta linha de orientação, a decisão proferida em 20 de outubro de 1975 pelo United States Court of Appeals for the 7th Circuit, no caso *Dunlop Holdings Ltd. v. Ram Golf Corporation*, 524 F2d 33.

Importa, contudo, notar que a nova lei – cuja constitucionalidade não é incontroversa na doutrina norte-americana[255] – estabelece uma limitação importante ao princípio *first to file*, na medida em que confere ao inventor um «período de graça» de um ano após a primeira revelação pública («*first disclosure*») do invento, durante o qual goza de prioridade no direito à patente.

Neste sentido, estatui o § 102 (b) do mesmo diploma legal:

> «A disclosure made 1 year or less before the effective filing date of a claimed invention shall not be prior art to the claimed invention under subsection (a)(1) if–
>
> (A) the disclosure was made by the inventor or a joint inventor or by another who obtained the subject matter disclosed directly or indirectly from the inventor or a joint inventor; or
>
> (B) the subject matter disclosed had, before such disclosure, been publicly disclosed by the inventor or a joint inventor or another who obtained the subject matter disclosed directly or indirectly from the inventor or a joint inventor.»

Por outro lado, a lei consagra um procedimento denominado *derivation procedure*, ao abrigo do qual o primeiro inventor pode demonstrar que o primeiro a requerer a patente «derivou» o invento a patentear de um invento seu, caso em que lhe pertencerá o direito à patente. Para o efeito, declara-se no § 291 (a):

> «The owner of a patent may have relief by civil action against the owner of another patent that claims the same invention and has an earlier effective filing date, if the invention claimed in such other patent was derived from the inventor of the invention claimed in the patent owned by the person seeking relief under this section.»

Compreende-se assim que a secção 3.ª do *America Invents Act*, que alterou a legislação vigente quanto a esta matéria, adote como epígrafe a expressão «*first inventor to file*». É que, em rigor, o novo regime norte-americano não corresponde ao modelo *first to file*, antes constitui um sistema híbrido, que conjuga traços característicos de ambos os modelos acima referidos.

Não menos relevantes são as diferenças de regime existentes quanto às invenções de trabalhadores por conta de outrem[256]. Assim, em alguns países o direito à patente pertence originariamente ao empregador, desde que a invenção

[255] Cfr. Michael A. Glenn e Peter J. Nagle, «Article I and the first inventor to file: patent reform or doublespeak?», *IDEA–The Intellectual Property Law Review*, 2010, pp. 441 ss.

[256] Ver, sobre o tema, numa perspetiva de Direito Comparado, Berndt Godenhielm, «Employee Inventions», *in IECL*, vol. XIV, *Copyright and Industrial Property*, capítulo 7, Tubinga/Haia/Paris, s.d.

seja feita no cumprimento dos deveres normais do trabalhador (*in the course of the normal duties of the employee*)[257] ou o contrato de trabalho preveja uma atividade ou «missão» inventiva[258]; noutros, esse direito pertence *ab initio* ao trabalhador, assistindo ao empregador, quando muito, a possibilidade de adquiri-lo, se se tratar de uma «invenção de serviço» (*Diensterfindung*), mediante uma declaração de vontade dirigida ao trabalhador dentro de certo prazo e o pagamento de uma compensação[259].

b) Objeto e requisitos da proteção. – Na generalidade dos sistemas jurídicos nacionais, podem ser objeto de patentes as invenções que sejam *novas*, impliquem *atividade inventiva* (i.é, que não sejam evidentes) e sejam *suscetíveis de aplicação industrial*. Em princípio, podem ser obtidas patentes em todos os domínios da tecnologia. Não obstante isso, o objeto possível da proteção através das patentes, assim como os requisitos desta, variam consideravelmente de país para país.

Assim, nos Estados Unidos da América, compreende-se nele «qualquer processo, máquina, artigo manufaturado ou composição de matéria novo e útil, ou qualquer melhoria nova e útil daqueles»[260]. Apenas se consideram excluídos da proteção através de patentes as leis da natureza, os fenómenos naturais e as ideias abstratas[261]. No objeto possível das patentes incluem-se, por conseguinte, bens como os programas de computador, os métodos de negócio e os métodos de tratamento cirúrgico ou terapêutico do corpo humano, cuja patenteabilidade está excluída na Europa[262]. Antes da conclusão do Acordo TRIPS, muitos países excluíam também a patenteabilidade de produtos farmacêuticos.

Por outro lado, a circunstância de a investigação biotecnológica ser um campo de eleição de considerações éticas determinou a existência de profundas divergências entre os sistemas jurídicos nacionais a respeito da sua proteção

[257] Cfr. o *Patents Act 1977* inglês, secção 39.

[258] Assim sucede em França e Portugal: cfr. o art. L.611-7 do *Code de la propriété intellectuelle* e o art. 59.º, n.º 1, do Código da Propriedade Industrial.

[259] Cfr. a *Arbeitnehmererfindungsgesetz* alemã, §§ 5 e seguintes.

[260] Cfr. o § 101 do *Patent Act*: «Whoever invents or discovers any new and useful process, machine, manufature, or composition of matter, or any new and useful improvement thereof, may obtain a patent therefor, subject to the conditions and requirements of this title».

[261] Neste sentido se pronunciou o Supremo Tribunal dos Estados Unidos em 1981, na decisão proferida no caso *Diamond v. Diehr*, 450 U.S. 175.

[262] Cfr., por exemplo, a Lei de Patentes alemã, § 1, n.º 3; o Código da Propriedade Industrial francês, art. L. 611-16; o Código da Propriedade Industrial português, art. 52.º; e o *Patents Act 1977* inglês, secções 1 (2) (c) e 4 (2). Ver, sobre o tema, Organização Mundial da Propriedade Intelectual, *Patentability of Computer Software and Business Methods*, Genebra, 2003; e Remédio Marques, *Medicamentos* versus *patentes. Estudos de propriedade industrial*, cit., pp. 475 ss.

jurídica por via da atribuição de direitos de propriedade intelectual[263]. Discute-se nomeadamente, a este respeito, a patenteabilidade de novas variedades vegetais. Excluem-na expressamente, por exemplo, as leis alemã[264], francesa[265], portuguesa[266] e inglesa[267]. Nos Estados Unidos, porém, é legalmente possível patentear tais variedades[268].

Importa, todavia, notar que na Europa alguns dos bens referidos são, direta ou indiretamente, suscetíveis de constituírem objeto de outros direitos de exclusivo. Tal o caso, designadamente, dos programas de computador, que são protegidos pelo Direito de Autor, e das variedades vegetais, sobre as quais incide o direito *sui generis* do respetivo produtor[269]. Além disso, na Europa são há vários anos correntemente concedidas patentes sobre programas de computador, desde que incorporados em invenções de produtos ou processos[270].

A comparação de Direitos revela também diferenças relevantes no tocante ao conceito de novidade da invenção. Nos países europeus exige-se hoje predominantemente, por influência francesa, a *novidade absoluta* a fim de que a invenção possa ser patenteada. Uma invenção apenas é considerada nova, de acordo com este critério, se não estiver compreendida no estado da técnica, sendo este último constituído por tudo o que, dentro ou fora do país onde a patente é requerida, foi tornado acessível ao público antes da data do pedido de patente, por descrição, utilização ou qualquer outro meio, incluindo o conteúdo

[263] Cfr. o estudo comparativo elaborado sob a égide da Organização de Cooperação e de Desenvolvimento Económico, intitulado *Intellectual Property Practices in the Field of Biotechnology*, s.l., 1999 (disponível em http://www.oecd.org). Vejam-se ainda, sobre o tema, João Paulo Remédio Marques, «Introdução ao problema das invenções biotecnológicas. Algumas considerações», *Direito Industrial*, vol. I, Coimbra, 2001, pp. 177 ss.; *idem*, «Patentes biotecnológicas e direitos do obtentor de variedades vegetais. Diferenças de regime e pistas para a respetiva articulação», *Direito Industrial*, vol. II, Coimbra, 2002, pp. 163 ss.; *idem*, «Patentes de genes humanos?», *Direito Industrial*, vol. III, Coimbra, 2003, pp. 107 ss.; *idem*, *Biotecnologia(s) e propriedade intelectual*, Coimbra, 2007; Augusto Lopes Cardoso, «Invenções biotecnológicas», *Direito Industrial*, vol. IV, Coimbra, 2005, pp. 129 ss.; Jacques Azéma/Jean-Christophe Galloux, *Droit de la propriété industrielle*, cit., pp. 125 ss.; Cornish/Llewelyn, *Intellectual Property*, cit., pp. 220 ss. e 871 ss. ; Matthew Rimmer, *Intellectual Property and Biotechnology. Biological Inventions*, Cheltenham/Northampton, 2008, *passim* ; e Hörst-Peter Götting, *Gewerblicher Rechtsschutz*, cit., pp. 150 ss.

[264] *Patentgesetz*, § 2a.

[265] *Code de la Propriété Intellectuelle*, art. L. 611-19.

[266] Código da Propriedade Industrial, Art. 53.º, n.º 2, alínea *b)*.

[267] *Patents Act 1977*, Schedule A2, n.º 3 (f).

[268] *Patent Act*, §§ 161 ss.

[269] Ver *infra*, §§ 10.º/V, alínea *b)*, e 11.º/VII, alínea *d)*.

[270] Cfr. Alexandre Dias Pereira, «Patentes de software. Sobre a patenteabilidade dos programas de computador», *in* AAVV, *Direito Industrial*, vol. I, Coimbra, 2001, pp. 385 ss. (pp. 408 s.); Jacques Azéma/Jean-Christophe Galloux, *Droit de la propriété industrielle*, cit., pp. 117 s.

dos pedidos de patentes formulados anteriormente[271]. Noutros países, como os Estados Unidos, acolhe-se antes um critério de *novidade relativa*, nos termos do qual se admite, em certos casos, que sejam patenteadas invenções conhecidas no estrangeiro, *v.g.* por via do seu uso, se bem que o não fossem no território nacional; e concede-se ao inventor um «período de graça», durante o qual, como se referiu acima, não se considera prejudicada a novidade da invenção caso esta haja sido divulgada por certos meios[272].

c) Âmbito da proteção conferida pela patente. – O âmbito da proteção conferida pela patente é determinado, tanto na Europa como nos Estados Unidos, pelo conteúdo das reivindicações que devem acompanhar o pedido de patente, através das quais o requerente, indicando o que considera novo e caracteriza a invenção, define o objeto da proteção solicitada.

De acordo com a denominada *doutrina dos equivalentes*, acolhida nos sistemas jurídicos europeus e norte-americano, a fim de se determinar a extensão da proteção conferida por uma patente devem ainda ser tomados em consideração os produtos ou processos equivalentes aos especificados nas reivindicações: o alcance destas não se cinge, pois, ao seu teor literal[273]. Haverá, por conseguinte, violação do exclusivo conferido pela patente, ainda que o infrator substitua um elemento da invenção patenteada por uma variante, que constitua um seu equivalente técnico e funcional.

Acerca do modo de determinar a equivalência dessa variante não há, todavia, unanimidade de vistas[274].

Assim, na Alemanha o Tribunal Federal tem entendido que há equivalência se houver *identidade do problema técnico* em causa e *identidade dos efeitos* da utilização, a fim de resolvê-lo, de meios técnicos modificados, desde que um *perito na matéria* pudesse determinar essa identidade; por conseguinte, há equivalência ainda que o princípio de solução (*Lösungsprinzip*) que subjaz aos meios técnicos utilizados não seja o mesmo[275].

Mais longe vai a jurisprudência francesa, que considera equivalentes meios técnicos com uma *forma diferente*, mas que exerçam a *mesma função* e visem um

[271] Cfr. *Patentgesetz*, § 3; *Code de la propriété intellectuelle*, art. L. 611-11 ; *Patents Act 1977*, secção 2 ; Código da Propriedade Industrial, art. 56.º.

[272] Cfr. *supra*, § 4.º/I, alínea *a*).

[273] Ver Jose António Gomez Segade, «Actividad inventiva y doctrina de los equivalentes», *Direito Industrial*, vol. IV, Coimbra, 2005, pp. 41 ss.

[274] Ver, sobre o ponto, Samuel Dias Henriques, *O âmbito da patente e a doutrina dos equivalentes*, Coimbra, 2019, pp. 159 ss.

[275] Cfr. a decisão de 29 de abril de 1986 no caso *Formstein*, *GRUR*, 1986, pp. 804 ss. Em Portugal, subscreve a orientação alemã Couto Gonçalves, *Manual de Direito Industrial*, cit., p. 110.

resultado idêntico ou semelhante; não há que averiguar se a equivalência dos meios era evidente para um perito[276].

Nos Estados Unidos e em Inglaterra, o conceito de equivalência é objeto de uma interpretação mais restritiva.

Assim, para o Supremo Tribunal dos Estados Unidos, um elemento reivindicado será equivalente a outro se desempenhar substancialmente a mesma função, do mesmo modo substancial e com a obtenção do mesmo resultado substancial (*function-way-result test*)[277]; sendo que a apreciação do preenchimento destes requisitos é feita em face de cada elemento das reivindicações (*element by element*)[278]. Esta orientação atende, pois, mais aos elementos reivindicados do que à invenção no seu conjunto.

Uma interpretação ainda mais restritiva é feita pelos tribunais ingleses[279]. Para estes, a equivalência pressupõe a verificação cumulativa de três condições: 1.º, que a variante do invento em questão não tenha um efeito substancial (*material effect*) sobre o funcionamento do invento; 2.º, que essa circunstância fosse óbvia para um perito na matéria (*a reader skilled in the art*) ao tempo da publicação da patente; e 3.º, que um perito tivesse podido inferir das reivindicações que o titular da patente considerava ser um requisito essencial da invenção a estrita observância do «significado primitivo» (*primary meaning*) desta[280]. De acordo com este critério, não há equivalência, apesar da identidade funcional do invento em questão e da sua variante, se o meio técnico utilizado na patente puder ser tido, na base de uma interpretação objetiva das reivindicações, como essencial à invenção. Nisto difere a orientação inglesa da que é seguida pelos tribunais alemães[281].

[276] Cfr. Jacques Azéma/Jean-Christophe Galloux, *Droit de la propriété industrielle*, cit., pp. 372 ss. ; Nicolas Binctin, *Droit de la propriété intellectuelle*, pp. 384 s. No sentido de que esta é a «mais ampla conceção de equivalência do mundo», *vide* Pierre Véron, «Doctrine of Equivalents: France v. The Rest of the World», *Patent World*, novembro de 2001, pp. 1 ss. (p. 3).

[277] Cfr. a decisão proferida em 1950 no caso *Graver Tank & MFG Co., Inc.. et al. v. Linde Air Products Co.*, 339 U.S. 605.

[278] Neste sentido a decisão proferida em 1997 no caso *Warner-Jenkinson c. Hilton Davis*, 520 U.S. 17.

[279] Para um confronto, nesta matéria, dos sistemas alemão e inglês, *vide* Thomas Adam, *Der sachliche Schutzbereich des Patents in Grossbritanien und Deutschland*, Berlim, etc., 2003.

[280] Veja-se a decisão proferida pelo Court of Appeal em 1990 no caso *Improver Corp. v. Remington Consumer Products Ltd.* («*Epilady*»), [1990] F.S.R. 181.

[281] A razão de ser dessa orientação enunciou-a Lorde Hoffmann, ao observar, na sua *opinion* sobre o caso *Kirin-Amgen Inc. and others v. Hoechst Marion Roussel Ltd. and others*, decidido pela Câmara dos Lordes em 2004: «[O]nce the monopoly had been allowed to escape from the terms of the claims, it is not easy to know where its limits should be drawn [...]. The claims must be construed in a way which attempts, so far as is possible in an imperfect world, not to disappoint the reasonable expectations of either side. What principle of interpretation would give fair protection to the patentee? Surely, a principle which would give him the full extent of the monopoly which the person skilled in the art would think he was intending to claim. And what principle would

No caso *Eli Lilly c. Actavis*[282], julgado em 17 de julho de 2017, o Supremo Tribunal do Reino Unido, pela pena de Lorde Neuberger, revisitou a jurisprudência anterior sobre a matéria, tendo salientado a este respeito o seguinte:

> «a problem of infringement is best approached by addressing two issues, each of which is to be considered through the eyes of the notional addressee of the patent in suit, ie the person skilled in the relevant art. Those issues are: (i) does the variant infringe any of the claims as a matter of normal interpretation; and, if not, (ii) does the variant nonetheless infringe because it varies from the invention in a way or ways which is or are immaterial? If the answer to either issue is "yes", there is an infringement; otherwise, there is not.»

Em ordem a responder à segunda questão enunciada, i. é, se a variante do invento difere deste de forma irrelevante («*immaterial*»), entendeu Lorde Neuberger, com a concordância dos restantes membros do Tribunal, ser necessário reformular a segunda condição de equivalência acima referida, no sentido de se perguntar:

> «Would it be obvious to the person skilled in the art, reading the patent at the priority date, but knowing that the variant achieves substantially the same result as the invention, that it does so in substantially the same way as the invention?»

Aliviou-se assim o ónus da prova do titular da patente na infração por equivalência, na medida em que não se lhe exige que demonstre que um perito na matéria determinaria por si mesmo o efeito da variante, mas tão-só que, sabendo que esse efeito é substancialmente idêntico ao do invento patenteado, seria para si óbvio que essa variante não tem um efeito substancial no funcionamento do invento.

A solução inglesa para o problema da infração por equivalência da orientação aproximou-se assim um tanto da seguida pelos tribunais alemães.

d) Sanções civis. – São, à imagem do que sucede em matéria de direito de autor e de marcas, muito diversificadas as sanções civis da violação do direito à patente. Entre elas compreende-se, na generalidade dos países, a indemnização dos danos sofridos pelo titular da patente[283]. Nos Estados Unidos, distinguem-se

provide a reasonable degree of protection for third parties? Surely again, a principle which would not give the patentee more than the full extent of the monopoly which the person skilled in the art would think that he was intending to claim». Cfr. [2005] 1 All E.R. 667.

[282] [2017] UKSC 48.

[283] Cfr., pelo que respeita ao Direito alemão, o § 139 (2) da *Patentgesetz*, que constitui uma regra especial relativamente ao § 823 (1) do Código Civil; e, no Direito francês, o art. L. 615-1, 2.º §, do *Code de la Propriété Intellectuele*.

a este respeito os *compensatory* dos *exemplary damages*. Estes últimos podem ser atribuídos em caso de dolo e o seu valor máximo pode corresponder a três vezes o montante dos danos provados ou estimados[284]. A função desta sanção é essencialmente punitiva e preventiva; a sua admissibilidade na Europa continental sujeita-se, pois, às mesmas reservas que aqui são opostas aos *punitive* e aos *exemplary damages* em matéria de direito de autor e de marcas.

e) Síntese e conclusões. – Do exposto pode concluir-se que no tocante às patentes de invenção é mais restrito o alcance dos monopólios conferidos aos seus titulares nos Estados Unidos e em Inglaterra do que na Europa continental. Também nesta matéria, por conseguinte, a liberdade de comércio e a concorrência entre agentes económicos aparentam ser mais altamente valoradas pelos sistemas de *Common Law* do que pelos romano-germânicos.

O que, de resto, está em conformidade com os antecedentes históricos do atual Direito inglês e norte-americano em matéria de patentes: já em 1623 o *Statute of Monopolies* inglês declarava nulos todos os monopólios existentes[285], ressalvando apenas os respeitantes a invenções, na medida em que fossem concedidos ao primeiro inventor[286].

II – Modelos de utilidade

a) Noção e regime. – A complexidade dos procedimentos tendentes à obtenção de uma patente e os custos nela implicados levaram alguns sistemas jurídicos a preverem a proteção das invenções mediante um procedimento administrativo mais simples e célere, que decorre num prazo prazo mais curto. É este o objetivo

[284] Cfr. *Patent Act*, § 284: «The court may increase the damages up to three times the amount found or assessed». Ver, sobre esta disposição, Pierre Véron/Stanislas Roux-Vaillard, «Les dommages-intérêts pour contrefaçon de brevet en droit américain», *Revue Lamy Droit de l'immatériel*, 2006, pp. 67 ss.

[285] Cfr. a secção I dessa lei, que dispunha: «All Monapolies and all Commissions Graunts Licences Charters and tres patents heretofore made or graunted, or hereafter to be made or graunted to any person or persons Bodies Politique or Corporate whatsoever of or for the sole buyinge sellinge makinge workinge or usinge of any thinge within this Realme or the Dominion of Wales, or of any other Monopolies, or of Power Liberty or Facultie to dispence with any others, ..., are altogether contrary to the Lawes of this Realme, and so are and shalbe utterlie void and of none effecte, and in noe wise to be putt in ure or execucion» (texto disponível em http://www.england-legislation.hmso.gov.uk).

[286] Secção VI: «Provided alsoe That any Declaracion before mencioned shall not extend to any tres Patents and Graunt of Privilege for the tearme of fowerteene yeares or under, hereafter to be made of the sole working or makinge of any manner of new Manufatures within this Realme, to the true and first Inventor and Inventors of such Manufatures [...]».

fundamental visado pelos chamados modelos de utilidade (*Gebrauchsmuster, certificats d'utilité*), que os Direitos alemão[287], francês[288] e português[289] e brasileiro[290] atualmente consagram[291].

Através destes títulos, por vezes também ditos «pequenas patentes», podem ser protegidas as invenções que, tal como as que constituem objeto das patentes, satisfaçam os requisitos da novidade, inventividade e suscetibilidade de aplicação industrial. O nível de inventividade (e por conseguinte o grau de progresso tecnológico) exigido para a concessão do modelo de utilidade é, porém, na Alemanha e em Portugal, inferior ao das patentes, podendo traduzir-se, como se diz na lei alemã, num mero «passo inventivo» (*erfinderische Schritt*)[292], em vez da «atividade inventiva» (*erfinderische Tätigkeit*) que se requer para a concessão de patentes; ou, consoante estabelece a lei portuguesa, numa «vantagem prática, ou técnica, para o fabrico ou utilização do produto ou processo em causa», ou que o invento «para um perito na especialidade não resulte de uma maneira evidente do estado da técnica»[293] (sendo certo, no entanto, que, com exceção das invenções em matéria biológica e de produtos farmacêuticos, no Direito português o requerente pode optar entre a proteção a título de patente ou de modelo de utilidade, o que não sucede nos demais sistemas jurídicos[294]). No Brasil, é patenteável como modelo de utilidade «o objeto de uso prático, ou parte deste, suscetível de aplicação industrial, que apresente nova forma ou disposição, envolvendo ato inventivo, que resulte em melhoria funcional do seu uso ou em sua fabricação»[295]. A duração do modelo de utilidade é fixada num prazo mais curto do que o da patente[296]. O que, aliás, não representa necessariamente uma desvantagem relativamente às patentes, pois em certas

[287] Cfr. a *Gebrauchsmustergesetz*.

[288] Cfr. o *Code de la Propriété Intellectuelle*, arts. L. 611-2 e R. 616-1 e ss.

[289] Cfr. o Código da Propriedade Industrial, arts. 117.º e seguintes.

[290] Lei n.º 9.279, arts. 6.º e ss.

[291] Ver, sobre essa figura, Uma Suthersanen, «A Brief Tour of "Utility Model" Law», *EIPR*, 1998, pp. 44 ss.; Association Internationale Pour la Protection de la Propriété Intellectuelle, *Harmonization of the Existing Utility Model Protection Systems*, 1999; Miguel Moura e Silva, «Modelos de utilidade – breves notas sobre a revisão do Código da Propriedade Industrial», *Direito Industrial*, vol. III, Coimbra, 2003, pp. 229 ss.; e José António Gómez Segade, «Utility Models – Lost in Translation», *IIC*, 2008, pp. 135 ss.

[292] *Gebrauchsmustergesetz*, § 1.

[293] Código da Propriedade Industrial, art. 122.º, n.º 2.

[294] Código cit., art. 117.º, n.º 3. Não é inequívoca a coerência desta solução com a diversidade de exigências quanto ao grau de inventividade requerido para a concessão dos dois títulos.

[295] Cfr. a Lei n.º 9.279, art. 9.

[296] Ascendendo a dez anos no Direito alemão (*Gebrauchsmustergesetz*, § 23), a seis anos no Direito francês (*Code de la propriété intellectuelle*, art. L. 611-2), a seis anos, prorrogáveis até dez, no Direito português (Código cit., art. 142.º) e a 15 anos no Direito brasileiro (Lei 9.279, art. 40).

áreas da atividade industrial a «vida útil» de muitas invenções é inferior aos 20 anos destas. Em contrapartida, o modelo de utilidade pode ser concedido sem precedência de qualquer exame substantivo da invenção: apenas se requer para o efeito um exame destinado a verificar se o pedido preenche os requisitos formais especificados na lei[297].

b) Reservas quanto à sua consagração. – Os modelos de utilidade não são, porém, reconhecidos por outros sistemas jurídicos, como o dos Estados Unidos e o do Reino Unido.

Neste último país, a necessidade desses novos títulos de propriedade industrial tem sido questionada; e exprimem-se receios relativamente ao seu impacto sobre a atividade inventiva, na medida em que (diz-se) há o risco de, na ausência de um exame apropriado, certos agentes económicos obterem modelos de utilidade de validade duvidosa, que lhes permitirão depois impedir qualquer concorrente de desenvolver autonomamente os produtos disponíveis no mercado[298].

De novo deparamos com a preocupação dos sistemas de *Common Law* em preservar a liberdade de concorrência, que a concessão de direitos exclusivos sobre bens intelectuais potencialmente cerceia.

III – *Design*

O *design* – i. é, a aparência ou forma externa dos produtos industriais – constitui, como se sabe, um fator de valorização destes, na medida em que, tornando-os mais atraentes ao consumidor, potencia as suas hipóteses de comercialização e confere ao produtor uma vantagem competitiva sobre os fabricantes de produtos funcionalmente equivalentes.

Na Europa e no Brasil, o *design* é hoje protegido não apenas pelo Direito de Autor, mas também mediante a concessão de direitos privativos de propriedade industrial que têm por objeto os denominados «desenhos ou modelos industriais»[299]. A proteção destes depende do seu registo, o qual pressupõe, por seu turno, a *novidade* (*hoc sensu*, a ausência de divulgação anterior de um desenho ou modelo idêntico) e o *caráter singular* (i. é, a aptidão para causar num utilizador informado uma impressão global distinta de qualquer modelo ou desenho anterior) do

[297] *Gebrauchsmustergesetz*, § 8 (1); Código português, arts. 127.º, n.º 1, e 130.º, n.º 1.

[298] Ver Paul Torremans, *Holyoak & Torremans Intellectual Property Law*, cit., p. 163; Lionel Bentley/Brad Sherman, *Intellectual Property Law*, cit., pp. 339 s. Exprimem também reservas quanto ao modelo de utilidade Cornish/Llewelyn, *Intellectual Property*, cit., pp. 130 ss.

[299] A proteção do *design* surgiu em Inglaterra com o *Designing and Printing of Linens, Cotton, Calicoes and Muslins Act 1787.* Na legislação contemporânea, vejam-se a *Geschmacksmustergesetz* alemã; o *Code de la propriété intellectuelle* francês, arts. L. 511 e ss.; o Código da Propriedade Industrial português, arts. 173.º e ss.; e o *Registered Designs Act 1949* inglês; e a Lei brasileira n.º 9.279, arts. 94 ss.

desenho ou modelo. No Brasil, acresce a estes requisitos a originalidade do desenho, que se tem por verificada «quando dele resulte uma configuração visual distintiva, em relação a outros objetos anteriores»[300]. Não é, todavia, necessário um exame prévio substantivo a fim de que o registo seja concedido. Em contrapartida, não gozam de proteção, a este título, as características do produto que são exclusivamente impostas pela sua função: estas só podem ser protegidas através de patentes ou de modelos de utilidade, verificados que estejam os respetivos requisitos de concessão. De outro modo, o fabrico e a comercialização do próprio produto a que corresponde o desenho ou modelo ficariam reservados ao titular deste, ainda que o não tivesse inventado. O beneficiário do registo do desenho ou modelo goza, por um máximo de 25 anos, do direito exclusivo de utilizá-lo e de proibir a sua utilização não autorizada por terceiros[301].

Diferentemente, nos Estados Unidos o *design* é tutelado através de patentes (ditas *design patents*)[302]. O exemplo porventura mais célebre destas é o desenho da garrafa da *Coca-Cola*, patenteado em 1915. A concessão dessas patentes está sujeita a um exame prévio e depende da verificação de três requisitos: a *novidade*, a *originalidade* e o *caráter ornamental* do desenho. Na apreciação deste último requisito, os tribunais excluem a concessão de patentes para desenhos de objetos que hajam sido determinados pela sua função[303]. Por outro lado, a patente assim concedida apenas cobre os aspetos não funcionais da criação em causa[304]. O direito dura apenas 14 anos, contados a partir da data da concessão.

[300] Lei 9.279, art. 97. Sobre o significado desse requisito, vide Denis Barbosa, *Tratado da Propriedade Intelectual*, vol. IV, pp. 109 ss.

[301] Ver, para mais desenvolvimentos, a respeito do Direito alemão, Götting, *Gewerblicher Rechtsschutz*, cit., pp. 288 ss.; quanto ao Direito francês, Joanna Schmidt-Szalewski/Jean-Luc Pierre, *Droit de la proprieté industrielle*, cit., pp. 143 ss., Jean-Christophe Galloux, *Le droit de la propriété industrielle*, cit., pp. 313 ss., e Jacques Azéma/Jean-Christophe Galloux, *Droit de la propriété industrielle*, cit., pp. 625 ss; relativamente ao Direito português, Carlos Olavo, «Desenhos e modelos: evolução legislativa», *in* AAVV, *Direito Industrial*, vol. III, Coimbra, 2003, pp. 45 ss., Pedro Sousa e Silva, *A proteção jurídica do design*, Coimbra, 2017, e Couto Gonçalves, *Manual de Direito Industrial*, cit., pp. 141 ss.; e, quanto ao Direito inglês, Cornish/Llewelyn, *Intellectual Property*, cit., pp. 567 ss.

[302] Cfr. o § 171 do *Patent Act*, que dispõe, sob a epígrafe «Patents for designs»: «Whoever invents any new, original, and ornamental design for an article of manufature may obtain a patent therefor, subject to the conditions and requirements of this title. The provisions of this title relating to patents for inventions shall apply to patents for designs, except as otherwise provided».

[303] Ver, neste sentido, a decisão proferida em 1996 pelo Tribunal de Apelação do Circuito Federal no caso *Best Lock v. Ilco Unican*, 94 F.3d 1563.

[304] Cfr. Miller/Davis, *Intellectual Property*, cit., p. 39.

§ 8.º Concorrência desleal e segredos de negócios

I – Preliminares: concorrência desleal e propriedade intelectual

Como observámos na introdução a este estudo, são muito estreitas as conexões entre a concorrência desleal e os direitos intelectuais[305].

Por um lado, porque as regras sobre a concorrência desleal complementam as da propriedade industrial, nomeadamente pelo que respeita a certos bens imateriais que não são objeto de direitos privativos (*v.g.* os sinais distintivos não registados e as invenções não patenteadas) ou que, sendo-o, não são tutelados contra certas utilizações por terceiros, mas que se mostram carecidos dessa tutela. De uma mera disciplina negativa de condutas no mercado, a concorrência desleal evoluiu assim no sentido de conferir certa proteção a criações intelectuais que não beneficiam de direitos exclusivos, suprindo as lacunas resultantes do desajustamento do Direito Industrial à evolução da técnica.

Por outro lado, porque ao regime jurídico dos direitos privativos sobre sinais distintivos de comércio não é alheia a função de garantir determinada ordenação das relações de concorrência, na medida em que através dele se visa também impedir a confusão entre produtos e serviços de distinta proveniência[306].

Acresce que certos atos proibidos pelas regras sobre os direitos privativos da propriedade industrial podem cair também sob a alçada da repressão da concorrência desleal: é o caso dos atos de confusão[307]. Constitui, além disso, fundamento de recusa da concessão de certos direitos privativos (*maxime* patentes, modelos ou desenhos e marcas) o reconhecimento de que o requerente pretende através deles fazer concorrência desleal, ou de que esta é possível independentemente da sua intenção[308]. Nestes casos, os direitos de propriedade industrial e a concorrência desleal operam como as duas faces da mesma moeda; e os valores e interesses em jogo na respetiva disciplina legal são, ao menos em parte, os mesmos[309].

[305] Ver, sobre o tema, em especial, Annette Kur, «What to Protect, and How? Unfair Competition, Intellectual Property, or Protection Sui Generis», *in Nari Lee et al.* (orgs.), *Intellectual property, unfair competition and publicity: convergences and development,* Cheltenham, 2014, pp. 11 ss.; e, na doutrina portuguesa, Nuno Sousa e Silva, *Os atos de aproveitamento de imateriais: concorrência desleal e propriedade intelectual,* Porto, Universidade Católica Portuguesa, 2018, polic.

[306] Cfr. Horst-Peter Götting, *Gewerblicher Rechtsschutz,* cit., p. 83.

[307] Cfr. o art. 311.º, alínea *a),* do Código da Propriedade Industrial português.

[308] Cfr. os arts. 73.º, n.º 2, 197.º, n.º 5, e 239.º, n.º 1, alínea *e),* do Código da Propriedade Industrial português.

[309] Nesta linha de entendimento, veja-se o acórdão do Supremo Tribunal de Justiça de 18 de novembro de 1997, proc. 97A692, disponível em http://www.dgsi.pt, em que se afirma: «O tratamento jurídico da protecção dos direitos privativos da propriedade industrial é diferente

Contudo, não há identidade estrutural nas normas destes institutos: enquanto que as da concorrência desleal proscrevem certas condutas, as da propriedade industrial atribuem direitos exclusivos em benefício de certas pessoas.

Por outro lado, pode haver concorrência desleal sem violação de direitos privativos da propriedade industrial: é o que sucede, nos sistemas jurídicos em que não existe uma tutela autónoma dos segredos de negócios, quando alguém divulga ou utiliza, sem para isso estar autorizado, informação confidencial de um concorrente, que não seja objeto de tais direitos[310]. E pode também haver violação de direitos privativos sem concorrência desleal: pense-se, por exemplo, na utilização de uma marca de prestígio, de uma denominação de origem ou de uma indicação geográfica alheia a fim de assinalar um produto distinto daquele que essa marca, denominação ou indicação distinguem, tirando o infrator partido do prestígio dos sinais em causa a fim de promover o seu próprio produto, apesar de não ser concorrente do titular dela[311].

Não há, por isso, coincidência no âmbito de aplicação dos dois institutos: a relação entre a concorrência desleal e a propriedade industrial assemelha-se mais à que existe entre duas circunferências secantes.

II – A diversidade dos sistemas nacionais em matéria de concorrência desleal

Apesar da sua enorme relevância social, a concorrência desleal não constitui uma disciplina autónoma nos sistemas de *Common Law*. Nem na lei nem nos precedentes judiciais se encontra, aliás, nesses sistemas jurídicos uma genérica proibição da concorrência desleal. E mesmo nos sistemas jurídicos que disciplinam *ex professo* esta matéria há diferenças de tomo entre os respetivos regimes. Importa, pois, antes de mais, identificar as grandes linhas de orientação adotadas neste domínio pelos principais sistemas jurídicos nacionais. É o que faremos em seguida[312].

da protecção contra os actos de concorrência desleal, constituindo esta um instituto autónomo, se bem que ambas tenham como escopo comum garantir a lealdade da concorrência».

[310] Assim sucedia em Portugal na vigência do Código da Propriedade Industrial de 2003: haja vista ao respetivo art. 318.º.

[311] Cfr. os arts. 234.º, n.º 1, e 306.º, n.º 4, do Código da Propriedade Industrial português.

[312] A obra fundamental nesta matéria é o estudo coordenado por Eugen Ulmer, *Das Recht des unlauteren Wettberwerbs in den Mitgliedstaaten der Europäischen Wirtschaftsgemeinschaft*, vol. I, *Vergleichende Darstellung mit Vorschlägen zur Rechtsangleichung*, por Eugen Ulmer e Friedrich-Karl Beier, 1965; vol. II/1, *Belgien, Luxemburg*, por Gerhard Schricker e Detlef Wunderlich, 1967; vol. II/2, *Niederlande*, por Ludwig Baeumer e W. C. van Maven, 1967; vol. III, *Deutschland*, por Dietrich Reimer, 1968; vol. IV, *Frankreich*, por Rudolf Krasser, com a colaboração de Guy Sallerin e Ulrich Schatz, 1967; vol. V, *Italien*, por Gerhard Schricker, 1965; vol. VI, *Vereignigtes Königreich von Grossbritanien und Nordirland*, por Hartwig Graf von Westerholt und Gysenberg, 1981; vol. VII, *Griechenland*, por Elisa Alexandridou, 1994; vol VIII, *Portugal*, por José de Oliveira Ascensão,

a) Interesses protegidos. – As diferenças entre os sistemas jurídicos em análise referem-se, desde logo, aos interesses protegidos pelas regras sobre a concorrência desleal.

Na generalidade desses sistemas jurídicos, o regime desta matéria visa prevenir e reprimir os abusos da liberdade de concorrência. Contudo, nalguns países, como a França[313], a Itália[314] e Portugal[315], procura-se essencialmente resolver conflitos entre concorrentes individualmente considerados: é o denominado *modelo profissional* da concorrência desleal. Noutros, porém, como a Alemanha, esse regime tutela também interesses dos consumidores e dos demais participantes no mercado[316]: trata-se do chamado *modelo social*, em que a repressão da concorrência desleal tem por objetivo ordenar as condutas no mercado em geral[317].

Esta diversidade de conceções quanto aos interesses protegidos conduz, por seu turno, a diferenças de regime no tocante à legitimidade processual para as ações fundadas na concorrência desleal e aos critérios de valoração da publicidade enganosa. Assim, nos sistemas que seguem o modelo profissional, essa legitimidade cinge-se em princípio aos concorrentes diretamente afetados

2005. Para uma comparação centrada em aspetos metodológicos, *vide* Ansgar Ohly, *Richterrecht und Generalklausel im Recht des unlauteren Wettbewerbs*, Colónia/Berlim/Bona/Munique, 1997. Uma análise comparativa mais sucinta pode ser confrontada em Volker Emmerich, *Unlauterer Wettbewerb*, 7.ª ed., Munique, 2004, pp. 17 ss. Com referências de Direito Comparado, podem ainda consultar-se, na doutrina portuguesa, Adelaide Menezes Leitão, *Estudo de Direito Privado sobre a cláusula geral de concorrência desleal*, Coimbra, 2000; José de Oliveira Ascensão, *Concorrência desleal*, Coimbra, 2002, pp. 43 ss.; Luís Couto Gonçalves, *Manual de Direito Industrial*, cit., pp. 383 ss.; Moura Vicente, «Concorrência desleal: diversidade de leis e Direito Internacional Privado», *in Direito Industrial*, vol. VIII, Coimbra, 2012, pp. 181 ss.; e Tomás Rabaçal, *Interpretação actualista da cláusula geral da concorrência desleal*, Coimbra, 2017, pp. 71 ss.

313 Onde, como se verá a seguir, a base normativa da ação fundada na concorrência desleal é constituída pelas regras gerais sobre a responsabilidade civil delitual, constantes dos arts. 1382 e 1383 do Código Civil.

314 Cfr. o art. 2598 do Código Civil.

315 *Vide* o art. 317.º do Código da Propriedade Industrial, que define a concorrência desleal como todo o ato de concorrência contrário às normas e usos honestos de qualquer ramo de atividade económica.

316 Cfr. o § 1 da *Gesetz gegen den Unlauteren Wettbewerb*, de 2004, nos termos do qual essa lei visa proteger os concorrentes, os consumidores e os demais participantes no mercado perante a concorrência desleal, bem como o interesse geral numa concorrência não falseada.

317 No sentido de uma aproximação do Direito português a este modelo, veja-se o acórdão do Supremo Tribunal de Justiça de 18 de novembro de 1997, proc. 6742/1999.L1.S2, disponível em http://www.dgsi.pt, no qual se pode ler: «As normas repressivas da concorrência desleal visam satisfazer os interesses de todos quanto ao mercado aberto têm acesso, quer como produtores e vendedores, que como consumidores». Sobre o ponto, *vide* Ana Clara Azevedo Amorim, «A Concorrência Desleal à luz da jurisprudência do Supremo Tribunal de Justiça: revisitando o tema dos interesses protegidos», *Revista Electrónica de Direito*, junho 2017, n.º 2.

pelo ato de concorrência desleal e às associações que os representem; nos demais, ela estende-se a todos os que ofereçam no mercado produtos ou serviços de natureza idêntica ou similar aos do infrator. Por outro lado, naqueles primeiros sistemas a procedência de um pedido indemnizatório fundado nas regras que proscrevem a publicidade enganosa pressupõe a demonstração pelo autor de um dano causado à sua empresa pela conduta imputada a um concorrente; nos segundos, uma vez que se entende que essas regras operam também em benefício dos consumidores e dos concorrentes em geral, é desnecessária a prova de que a conduta em causa lesou especificamente o autor.

b) Fontes de regulação. – Por outro lado, as diferenças aludidas dizem respeito às fontes da regulação da concorrência desleal.

Assim, nalguns países recorre-se fundamentalmente, a fim de sancioná-la, às disposições gerais sobre a responsabilidade civil: é o que sucede em França (a «pátria» da concorrência desleal), onde a *action en concurrence déloyale* se baseia nos arts. 1240 e 1241 do Código Civil[318], entendendo a jurisprudência que a *faute* cometida nestes casos consiste numa atuação contrária aos usos honestos da vida económica. O Direito francês sobre a matéria é hoje sobretudo de fonte jurisprudencial, posto que o integrem também disposições constantes de diplomas legais[319].

Noutros países, a concorrência desleal é objeto de regras legais específicas: é o caso, como se referiu acima, da Alemanha, da Itália e de Portugal, onde a matéria é disciplinada, respetivamente, na Lei Contra a Concorrência Desleal, no Código Civil e no Código da Propriedade Industrial.

Num terceiro grupo de países, entre os quais se inclui o Reino Unido, não existe uma proibição genérica da concorrência desleal. Este conceito é, de resto, estranho à terminologia jurídica inglesa; e a ideia que lhe subjaz foi há muito repudiada pela jurisprudência inglesa. Assim, no caso *Mogul Steamship*[320], em que se estabeleceram os fundamentos da orientação que ainda hoje prevalece neste país a respeito do tema, a Câmara dos Lordes rejeitou a pretensão indemnizatória deduzida por diversos proprietários de navios ingleses contra uma associação formada por concorrentes seus, à qual se imputavam diversas práticas concertadas,

[318] Que dispõem respetivamente: «Tout fait quelconque de l'homme, qui cause à autrui un dommage, oblige celui par la faute duquel il est arrivé, à le réparer»; «Chacun est responsable du dommage qu'il a causé non seulement par son fait, mais encore par sa négligence ou par son imprudence».

[319] Tal o caso, nomeadamente, da lei sobre a publicidade comparativa, de 1992, que referiremos adiante.

[320] Cfr. *Mogul Steamship Company, Limited, v. McGregor, Gow & Co et al.*, House of Lords, [1892] A.C. 25.

incluindo a concessão de reduções excecionais de preços aos clientes que se comprometessem a negociar em exclusivo com os membros dessa associação e a recusa de contratar com os agentes que se dispusessem a negociar também com os seus rivais, tendentes a impedir os autores de obterem carregamentos de mercadorias para os seus navios entre portos chineses e ingleses e a reservar deste modo para os réus a totalidade dos benefícios dessa atividade comercial. Em abono da tese que fez vencimento nessa sentença, aduziu Lorde Morris: «Nestes tempos de comunicação instantânea com quase todas as partes do mundo, a concorrência é a vida do comércio e não tenho conhecimento de qualquer estádio da concorrência denominado "leal", intermédio entre o lícito e o ilícito. A questão da "lealdade" seria deixada às idiossincrasias dos juízes. Não vejo qualquer limite à concorrência, exceto que não se devem violar os direitos de outrem».

Algumas das práticas comerciais que no Continente europeu são tidas como desleais são todavia hoje acionáveis em Inglaterra enquanto ilícitos extracontratuais típicos (*torts*) sancionados pelo *Common Law*. Entre estes sobressai o *tort of passing off*[321]. A ele são reconduzíveis as condutas que, cumulativamente, reúnam os seguintes requisitos: *a)* Uma falsa declaração (*misrepresentation*); *b)* feita por um comerciante no decurso da sua atividade comercial; *c)* dirigida aos seus prospetivos clientes ou aos consumidores finais dos seus produtos ou serviços; *d)* visando lesar a atividade comercial ou a reputação dos produtos ou serviços de outro comerciante; e *e)* causando deste modo um dano ao comerciante que intenta a ação. Entre as declarações suscetíveis de integrarem o conceito de *passing off* inclui-se a oferta ao público de mercadorias ou serviços próprios como se fossem os de um concorrente, utilizando para o efeito, *v.g.*, uma marca ou um nome comercial deste.

A orientação da jurisprudência inglesa na aferição dos pressupostos do *passing off* é, em todo o caso, assaz restritiva. As razões dessa orientação foram expostas por Lorde Diplock no caso *Erven Warnink v. Townend*, julgado pela Câmara dos Lordes em 1979[322]: aí alertou aquele magistrado para os riscos que adviriam para um sistema económico assente na concorrência se se concedesse tutela civil a todos os concorrentes que houvessem sofrido prejuízos em consequência de declarações inexatas feitas pelos seus rivais acerca dos respetivos produtos; seria justamente em ordem a evitá-los que o *Common Law* não estabelece uma tal tutela.

[321] Ver Christopher Wadlow, *The Law of Passing-Off. Unfair Competition by Misrepresentation*, 3.ª ed., Londres, 2004, pp. 6 ss.; William Cornish/David Llewelyn, *Intellectual Property*, cit., pp. 627 ss.

[322] Cfr. *Erven Warnink Besloten Venootschap v. J. Townend & Sons Ltd.*, [1979] A.C. 731.

Além do *passing off*, também o *tort* de *injurious falsehood* abrange em Inglaterra situações que são caracterizadas como de concorrência desleal nos sistemas continentais. São elementos deste *tort*: *a)* Uma falsa afirmação, *v.g.* a respeito dos produtos ou da atividade empresarial de um concorrente; *b)* Feita maliciosamente; *c)* Que haja causado um dano ao autor. Enquanto que no *passing off* através da afirmação em causa o infrator se apropria do *goodwill* de um concorrente (*maxime* fazendo passar os seus produtos ou serviços pelos desse concorrente), no *injurious falsehood* a afirmação feita visa depreciar o concorrente[323].

A ausência de uma disciplina normativa da concorrência desleal em Inglaterra é, em todo o caso, de alguma sorte temperada pelo papel de maior relevo aí desempenhado pela *autorregulação* levada a cabo pelas associações empresariais[324].

Nos Estados Unidos, o *passing off* integra o conceito mais amplo de *unfair competition*. A orientação que a este respeito tem prevalecido na jurisprudência norte-americana é, em todo o caso, claramente restritiva, revelando uma forte relutância em admitir a qualificação como ilícitas de condutas que não estejam já tipificadas como tais na lei ou nos precedentes judiciais. No conflito entre a liberdade de concorrência e a proteção do mercado contra condutas desleais, os tribunais deste país têm geralmente dado primazia à primeira[325].

Compreendem-se no conceito de *unfair competition*, de acordo com o *Restatement* do Direito da Concorrência Desleal adotado pelo *American Law Institute* em 1995, três categorias fundamentais de ilícitos: a comercialização enganosa de produtos ou serviços (*deceptive marketing*), a violação do direito à marca (*infringement of another's trademark*) e a apropriação indevida de certos valores comerciais incorpóreos (*misappropriation of intangible trade values*), como os segredos de negócio (*trade secrets*) e o valor comercial da identidade de uma pessoa (*commercial value of a person's identity* ou *right of publicity*)[326]. A insuficiência das regras jurisprudenciais em matéria de concorrência desleal levou o Congresso norte-americano a incluir no referido *Lanham Trade-Mark Act* certas disposições

[323] Ver Wadlow, ob. cit., pp. 13 ss.; Cornish/Llewelyn, ob. cit., pp. 664 ss.

[324] Entre os instrumentos de autorregulação relevantes nesta matéria sobressai o *British Code of Advertising, Sales Promotion and Direct Marketing*, 11.ª edição, 2003 (disponível em http://www.cap.org.uk).

[325] Ver, neste sentido, Victoria L. Knight, «Unfair Competition: a Comparative Study of its Role in Common and Civil Law Systems», *Tul. L.R.*, 1978, pp. 164 ss.

[326] Cfr. *Restatement of the Law Unfair Competition. As Adopted and Promulgated by the American Law Institute at Washington, D.C., May 11, 1993*, St. Paul, Minnesota, 1995. Ver ainda, sobre o conceito de *unfair competition*, *Prosser and Keeton on the Law of Torts*, 5.ª ed., por W. Page Keeton, Dan Dobbs, Robert Keeton e David Owen, St. Paul, Minnesota, 1984, pp. 1013 ss.; e Charles R. McManis, *Intellectual Property and Unfair Competition*, cit., p. 7.

relativas à concorrência desleal, que codificam e complementam aquelas regras. Delas se dará conta a seguir.

c) Técnica legislativa. – Há ainda diferenças de tomo quanto à técnica legislativa adotada na disciplina da concorrência desleal.

Em alguns sistemas, consagra-se na lei uma *cláusula geral*, porventura complementada por um enunciado exemplificativo de situações que lhe são reconduzíveis (como fazem a lei alemã, nos §§ 3 e 4, e o Código português, no art. 311.º).

Noutros, tipificam-se na lei os atos suscetíveis de serem sancionados a este título. É o que sucede nos Estados Unidos, onde a secção 43 (a) (1) do *Lanham Act* estabelece a obrigação de indemnizar os danos causados por qualquer pessoa mediante falsas indicações de origem ou falsas descrições ou declarações relativas a produtos ou serviços que: *a)* Possam gerar confusão ou erro quanto à conexão ou associação dessa pessoa com outra ou quanto à origem, patrocínio ou aprovação dos seus produtos, serviços ou atividades por um terceiro; ou *b)* Na atividade publicitária ou promocional, deturpem a natureza, características, qualidades ou origem geográfica dos seus produtos, serviços ou atividades comerciais ou dos de outra pessoa[327].

No Brasil, onde a concorrência desleal constitui crime, a lei tipifica também os atos suscetíveis de a integrarem[328].

d) Atos sancionados. – Existem também diferenças relevantes quanto aos atos suscetíveis de serem sancionados através da concorrência desleal. É o que sucede, por exemplo, em matéria de *publicidade comparativa*[329].

Antes da transposição da Diretiva 97/55/CE, de 6 de outubro de 1997, que liberalizou a publicidade comparativa na União Europeia[330], esta forma de publicidade era em geral proibida na Alemanha e aí sancionada através da concorrência desleal[331]. Também em França a publicidade comparativa começou por ser tida pela jurisprudência como uma forma de denegrir os concorrentes e,

[327] Ver, sobre esta disposição, Roger E. Schechter, *Intellectual Property*, cit., pp. 334 ss.

[328] Lei 9.279, art. 195.

[329] Cfr., sobre o tema, Adelaide Menezes Leitão, «Publicidade comparativa e concorrência desleal», *in* AAVV, *Direito Industrial*, vol. IV, Coimbra, 2005, pp. 239 ss.; Ana Clara Azevedo de Amorim, *A tutela da lealdade nas relações de mercado. A propósito do ilícto publicitário*, Coimbra, 2017.

[330] *In JOCE* n.º L 290, de 23 de outubro de 1997, pp. 18 ss. Essa Diretiva foi entretanto revogada pela Diretiva 2006/114/CE do Parlamento Europeu e do Conselho, de 12 de dezembro de 2006, relativa à publicidade enganosa e comparativa, *in JOUE* n.º L 376, de 27 de dezembro de 2006, pp. 21 ss.

[331] Cfr. Volker Emmerich, *Unlauterer Wettbewerb*, cit., pp. 124 ss.

por conseguinte, como uma prática atentatória dos usos honestos do comércio, só tendo passado a ser permitida após a publicação da lei de reforço da defesa do consumidor de 1992[332]. Em Portugal, a publicidade comparativa era consentida, dentro de certos limites, à data da adoção da referida Diretiva[333].

Em Inglaterra, os tribunais mostram-se tradicionalmente relutantes em sancionar a publicidade comparativa: requer-se para o efeito que haja uma depreciação (*disparagement*) ou uma falsa declaração (*misrepresentation*) acerca dos bens oferecidos pelo autor, que uma pessoa razoável tomaria como séria[334].

É, porém, nos Estados Unidos – de onde esta prática é, aliás, originária – que tradicionalmente se admite com maior amplitude a publicidade comparativa, a qual goza aí inclusivamente de proteção constitucional[335]. Ao contrário do que sucede na Europa continental, não existem no Direito norte-americano disposições legais que proíbam a publicidade comparativa ou que enunciem as condições da respetiva admissibilidade: a publicidade comparativa sujeita-se, tão-somente, à proibição da publicidade falsa ou enganosa constante da secção 43 do *Lanham Act*.

e) Meios de tutela civil. – Tal como nos domínios do direito de autor e dos direitos privativos da propriedade industrial, divergem consideravelmente, em matéria da concorrência desleal, as regras nacionais relativas aos meios de tutela[336]. A circunstância, por exemplo, de certos países, como a Alemanha, se terem dotado de leis especiais sobre esta matéria teve como consequência que neles os pressupostos gerais da decretação de medidas provisórias puderam ser adaptados à natureza específica dos ilícitos em questão, flexibilizando-se designadamente as exigências a satisfazer pelo requerente no tocante à demonstração da urgência da medida, a qual é presumida em matéria de concorrência desleal[337].

Por outro lado, também aqui se faz sentir a diferença de orientações quanto à admissibilidade da entrega ao lesado dos lucros auferidos pelo infrator. Embora se admita nos sistemas de *Civil Law* que, em certos casos, o lesado pode optar pelo lucro do infrator como forma de reparação, a entrega do correspondente

332 *Loi no. 92-60 du 18 janvier 1992 renforçant la protection des consommateurs*, art. 10.

333 Cfr. o Código da Publicidade aprovado pelo Decreto-Lei n.º 330/90, de 23 de outubro, art. 16.º (entretanto alterado pela Lei n.º 31-A/98, de 14 de julho, que praticamente reproduziu o art. 3.º-A da Diretiva 97/55/CE).

334 Cfr. Cornish/Llewelyn, *Intellectual Property*, cit., p. 668.

335 Nos termos da I Emenda à Constituição, que consagra a liberdade de expressão.

336 Sobre o ponto, *vide*, em especial, Pierre-Dominique Ollier/Jean-Pierre Le Gall, «Various Damages», *in IECL*, vol. XI, *Torts*, capítulo 10, especialmente pp. 105 ss.

337 Ver Emmerich, ob. cit., pp. 516 s.

valor não é cumulável com a indemnização do dano sofrido, como sucede nos sistemas de *Common Law*.

f) Conclusão. – Pode dizer-se, em face do exposto, que é mais restrito o âmbito da repressão da concorrência desleal nos sistemas de *Common Law* do que nos romano-germânicos, em particular por isso que é mais limitado o espectro de atos sancionáveis ao abrigo das respetivas regras. O que está em consonância com o âmbito, também ele mais restrito, conferido aos direitos intelectuais naqueles primeiros sistemas.

III – O regime particular dos segredos de negócios

a) Noção e relevância. – Reconduz-se à noção de segredo de negócio toda a informação relativa a atividades empresariais que não seja do domínio público nem evidente para um perito na matéria, que o seu titular pretenda preservar como tal e de que possa extrair uma vantagem competitiva em razão dessa circunstância[338].

No conceito de segredo de negócios, assim entendido, compreendem-se, por um lado, o *segredo industrial* (por alguns dito «*undisclosed know-how*»), i. é, a informação secreta, patenteável ou não, relativa a métodos ou técnicas de produção e aos próprios produtos industriais; e, por outro, o *segredo comercial*, ou seja, a informação secreta relativa à atividade das empresas, como, por exemplo, as respetivas estratégias comerciais, políticas de vendas, estruturas de custos, listas de clientes e distribuidores, métodos de trabalho e *marketing*, etc.[339].

Assim entendido, o segredo de negócios não se confunde com o denominado *know-how*, porquanto cabem também neste conhecimentos desprovidos de caráter secreto, ainda que porventura apenas acessíveis aos não iniciados com considerável esforço. É só quando se reveste desta característica que o *know-how* adquire a natureza de fator económico suscetível de influenciar as relações entre concorrentes[340].

São bem conhecidos alguns exemplos de produtos e serviços de grande sucesso comercial que se baseiam em segredos de negócios: do *Licor de Chartres* à *Coca-Cola*, do *Chanel n.º 5* ao motor de busca *Google*, são numerosos os casos

[338] Ver, sobre esta matéria, o nosso estudo «Proteção do *know-how*, segredo de negócios e Direito Intelectual», *RDI*, 2018/II, pp. 91 ss., que aqui seguiremos de perto.

[339] Ver José de Oliveira Ascensão, *Concorrência desleal*, cit., p. 459.

[340] Neste sentido, Alois Troller, «The legal protection of know-how – General Report», *in* Herman Cohen Jehoram (org.), *The Protection of Know-How in 13 Countries. Reports to the VIIIth International Congress of Comparative Law*, Deventer, 1972, pp. 149 ss. (p. 152).

em que os oferentes desses produtos e serviços lograram manter confidencial, por longos períodos de tempo, informação crucial a eles respeitante, retirando daí significativos benefícios em face de potenciais concorrentes.

A atualidade do tema, e a razão precípua da legislação norte-americana e europeia que dele recentemente se ocupou, prendem-se em boa medida com o aumento significativo do impacto da espionagem comercial e industrial na atividade das empresas e nas economias de vários países[341].

Este não é, decerto, um fenómeno recente. Ficaram célebres, como registos de um dos primeiros casos conhecidos de espionagem industrial, as cartas redigidas em 1712 e 1722 pelo Padre François-Xavier d'Entrecolles (1664-1741), missionário jesuíta na China, nas quais este revelava ao seu superior em França a técnica chinesa de fabrico de porcelana, abrindo assim aos europeus o acesso a uma nova indústria até então deles desconhecida. Não menos relevante, do ponto de vista económico, foi a atuação do botânico inglês Henry Wickham (1846-1926), que em 1876 transportou clandestinamente 70 mil sementes de seringueira (*Hevea brasiliensis*) do Brasil para os *Royal Botanic Gardens* de Kew, em Inglaterra, de onde foram depois enviadas para Malásia, para aí serem plantadas, originando assim o declínio da produção de borracha no Brasil.

O advento da sociedade da informação tornou, porém, muito mais fácil o acesso, a utilização e a divulgação não autorizados de segredos de negócios, nomeadamente pela reprodução, quase sempre fiel e instantânea, de ficheiros eletrónicos arquivados em computadores, não raro furtivamente acedidos através das redes de comunicação a que se encontram ligados. No mesmo sentido concorrem o aumento da mobilidade da mão de obra especializada e das transferências de tecnologia entre empresas, bem como o crescente recurso na atividade empresarial a modelos de negócio assentes no *outsourcing*. Não surpreende por isso que, de acordo com um estudo divulgado em 2017, uma em cada cinco empresas nele examinadas haja sido alvo da subtração ilícita de segredos de negócios[342]. A prevenção e a repressão da violação de segredos de negócios tornaram-se assim preocupações fundamentais dos legisladores de diferentes países e de organizações internacionais.

b) Problema fundamental. – O problema fundamental suscitado pela regulação jurídica da realidade acabada de descrever reside na circunstância de, uma vez obtidos e divulgados ilicitamente os segredos de negócios – segundo alguns, *«os*

[341] Cfr., sobre o ponto, David S. Almeling, «Seven Reasons Why Trade Secrets Are Increasingly Important», *Berkeley Technology Law Journal*, 2012, pp. 1091 ss.

[342] Cfr. Baker McKenzie, *The Board Ultimatum: Protect and Preserve. The Rising Importance of Safeguarding Trade Secrets*, disponível em https://www.bakermckenzie.com.

mais intangíveis dos bens intangíveis» –, ser possível a sua disseminação de forma quase imediata e universal, sendo os seus efeitos praticamente irreversíveis.

Pergunta-se por isso qual a proteção de que deve usufruir o titular do segredo de negócios contra o acesso, utilização e divulgação não autorizados a estes. Discute-se em particular, a este respeito, se lhe deve ser concedido um direito de exclusivo sobre a informação em causa, oponível *erga omnes* (como aquele que as patentes de invenção conferem aos seus detentores) ou se, ao invés, a proteção conferida ao segredo de negócios deve cingir-se aos casos em que o acesso, a utilização ou a divulgação deste correspondam a práticas contrárias às *normas e usos honestos* de certo ramo de atividade económica (e, portanto, a uma forma de concorrência desleal).

c) Principais interesses em jogo. – Antes de examinarmos o modo como essas questões se encontram disciplinadas nos diferentes sistemas jurídicos nacionais, importa identificar sinteticamente os interesses que a propósito dela se defrontam.

Entre estes avultam, em primeiro lugar, *interesses privados*. As empresas têm, naturalmente, interesse em manter secreta a informação comercial e industrial legitimamente obtida que lhes confira vantagens competitivas no mercado. Desde logo porque, ainda que não tenham sobre ela um direito de exclusivo atribuído pelo Estado ou por outro ente público, evitam assim os limites temporais a que as patentes e os modelos de utilidade se subordinam, bem como os custos inerentes a estes. Nalguns casos, trata-se aliás de informação (ainda) não patenteável ou insuscetível de ser objeto de um modelo de utilidade, mas cuja recolha e tratamento implicaram consideráveis investimentos. Em alguma medida, a preservação do caráter secreto dessa informação é mesmo imprescindível à atividade empresarial: *o segredo*, como sói dizer-se, *é a alma do negócio*. Estes interesses depõem, pois, a favor de uma proteção legal tão ampla quanto possível do segredo de negócios.

A eles se contrapõem, todavia, *interesses sociais* não menos relevantes. Por um lado, estão em causa nesta matéria a *inovação* e o desenvolvimento tecnológico, que de alguma sorte sempre pressupuseram o livre acesso dos investigadores à informação científica. Por outro, avulta aqui a *concorrência* entre agentes económicos, a qual requer que cada um deles possa tentar superar os seus rivais a partir do conhecimento preexistente. Além disso, há que ter em conta na regulação desta matéria a *liberdade de expressão*, que pode implicar, em certas circunstâncias, a revelação pelos órgãos de comunicação social de informação suscetível de ser qualificada como segredo de negócios, mas dotada de interesse público; e bem assim a *mobilidade dos trabalhadores*, nomeadamente daqueles que acedem, em razão das suas funções profissionais, a informação confidencial das empresas para que trabalham, os quais podem mais tarde aspirar legitimamente a exercer a sua atividade laboral por conta de terceiros, fazendo uso nela de conhecimentos obtidos junto de um anterior empregador. Tais interesses depõem, como é bom de ver, contra uma tutela excessivamente ampla dos segredos de negócios.

Destes últimos já se disse terem caráter fundamentalmente antissocial, uma vez que são objeto de um *exclusivo de facto* – ou, como alguns preferem designá-lo, um *direito de exclusivo imperfeito*[343] – conseguido, ao contrário do que sucede com as patentes e os modelos de utilidade, sem a revelação pública da informação em causa, a qual é assim mantida inacessível à comunidade científica e, portanto, sem préstimo para a evolução da técnica, pelo menos na medida em que esta dependa daquela[344]. Não falta por isso quem caracterize os segredos de negócios como uma forma de «*self-help intellectual property*»[345].

A isto se tem contraposto, todavia, que os segredos de negócio não impedem a transferência de tecnologia e a disseminação do conhecimento científico, que podem também ter lugar pela via contratual, mediante acordos entre os seus titulares e os interessados em explorá-los. Ora, a proteção legal dos segredos de negócio constitui um incentivo a essa forma de revelação da informação secreta, na medida em que o seu titular pode proceder a ela nos preliminares dos contratos que se proponha celebrar sem receio de que os seus interlocutores a utilizem abusivamente caso a respetiva negociação não chegue a concluir-se ou após o respetivo termo[346].

Além disso, não pode negar-se que a ausência de proteção dos segredos de negócios funcionaria inevitavelmente como um dissuasor da inovação e da própria obtenção de patentes ou modelos de utilidade. Por um lado, porque, como se referiu, os segredos de negócios abrangem informação insuscetível de ser patenteada ou de constituir objeto de um modelo, mas nem por isso destituída de valor económico. Por outro, porque a fim de satisfazer o requisito da novidade a informação patenteável tem forçosamente de ser mantida secreta nas fases iniciais do processo inventivo, razão pela qual alguns veem

[343] Cfr. Alois Troller, *Immaterialgüterrecht*, vol. I, 3.ª ed., Basileia, etc., 1983, p. 417; Kamen Troller, *Précis du droit suisse des biens immatériels*, 2.ª ed., Basileia, etc., 2006, p. 177.

[344] Ver, exprimindo esta preocupação, Reinhard Fischer, «Wie frei ist der freie Stand der Technik? – Wettbewerbsrechtlicher Nachahmungsschutz bei technischen Erzeugnissen», *GRUR*, 2015, pp. 1160 ss.

[345] Assim Steven Wilf, «Trade Secrets, Property, and Social Relations», *Connecticut Law Review*, 2002, pp. 787 ss.

[346] Neste sentido Mark A. Lemley, «The Suprising Virtues of Treating Trade Secrets and IP Rights», *Stanford Law Review*, 2008, pp. 324 ss. Sobre a relevância do contrato no desempenho das funções sociais do segredo de negócios, *vide*, por último, Deepa Varadarajan, «The Trade Secret-Contract Interface», *Iowa Law Review*, 2018, pp. 1543 ss.

nos segredos de negócios um estádio preliminar («*Vorstufe*») da propriedade intelectual[347].

Seja porém como for, parece inequívoco que o regime jurídico do segredo de negócios pressupõe uma delicada ponderação dos interesses em jogo. Ora, era assaz diversificada (e em muitos casos continua a sê-lo) a ponderação desses interesses até recentemente levada a cabo nos diferentes sistemas jurídicos nacionais.

d) O padrão de proteção instituído pelo Acordo TRIPS para os segredos de negócios e a sua transposição para o Direito português. – O Código da Propriedade Industrial português de 2003, que visou, além do mais, proceder à «integração de regras decorrentes do Acordo sobre Aspetos dos Direitos de Propriedade Industrial relacionados com o Comércio (ADPIC), celebrado no âmbito da Organização Mundial do Comércio, da qual Portugal é Estado membro, de pleno direito, desde janeiro de 1996»[348], transpôs as disposições deste Acordo relativas aos segredos de negócios para o seu art. 318.º.

Por força deste preceito, constituíam atos ilícitos, nomeadamente, a divulgação, aquisição ou utilização de segredos de negócios de um concorrente, sem o consentimento deste, desde que: *a)* Tais informações sejam *secretas*, no sentido de não serem geralmente conhecidas ou facilmente acessíveis, na sua globalidade ou na configuração e ligação exatas dos seus elementos constitutivos, para pessoas dos círculos que lidam normalmente com o tipo de informações em questão; *b)* Tenham *valor comercial* pelo facto de serem secretas; e *c)* Tenham sido objeto de *diligências consideráveis*, atendendo às circunstâncias, por parte da pessoa que detém legalmente o respetivo controlo, no sentido de as manter secretas[349].

O Código de 2003 foi, assim, fiel ao padrão internacional de proteção do segredo de negócios instituído pelo Acordo TRIPS. Também nele, com efeito – e tal como já sucedia na vigência do Código de 1995 –, a violação do segredo apenas era sancionada na medida em que fosse qualificável como um ato de concorrência desleal. O que pressupunha que, além de se encontrarem cumulativamente preenchidas as três condições enunciadas naquele Acordo a

[347] Cfr., nesta linha, Mary-Rose McGuire, «Der Schutz von Know-how im System des Immaterialgüterrechts», *GRUR*, 2016, pp. 1000 ss. (p. 1006).

[348] Cfr. o preâmbulo do D.L. n.º 36/2003, de 5 de março, que aprovou a primeira versão do Código.

[349] Para uma análise deste regime, podem ver-se Nuno Sousa e Silva, «Um retrato do regime português dos segredos de negócio», *ROA*, 2015, pp. 223 ss.; e Luís Couto Gonçalves, *Manual de Direito Industrial*, cit., pp. 402 ss.

respeito da natureza da informação em causa, o agente e a vítima disputassem a mesma clientela[350].

O certo, porém, é que o referido padrão se revelou desajustado, ao cabo de mais de vinte anos de vigência, das necessidades atuais de regulação dos segredos negócios nas economias mais desenvolvidas[351].

e) O Defend Trade Secrets Act 2016 norte-americano. – Esta uma das principais razões que levaram à adoção, nos Estados Unidos da América, do *Defend Trade Secrets Act*, promulgado pelo Presidente Barack Obama em 11 de maio de 2016[352].

Neste país os segredos de negócios não têm proteção constitucional, ao contrário do que sucede com as patentes e o direito de autor. A matéria era por isso, até à entrada em vigor daquela lei, fundamentalmente regulada por legislação estadual[353].

Poderá perguntar-se qual a justificação de uma lei federal em matéria de segredos de negócios num país onde a legislação emanada da União tem caráter marcadamente subsidiário face à dos Estados que a integram.

Essa opção legislativa deve-se em medida não despicienda ao impacto económico nacional do furto de segredos de negócios nos Estados Unidos, cujo valor foi estimado num relatório recente em 1% a 3% do produto interno bruto do país[354], e à circunstância de esse tipo de ilícito transcender não raro – mercê designadamente da intensa mobilidade da mão de obra norte americana – as fronteiras estaduais.

No mesmo sentido concorreu a existência de diferenças não despiciendas entre os Direitos dos Estados norte-americanos sobre esta matéria, *v.g.* quanto à noção de segredo de negócio, aos requisitos da sua violação e às sanções aplicáveis[355].

[350] Neste sentido, Jorge Patrício Paúl, «Concorrência desleal e segredos de negócio», *in* AAVV, *Direito Industrial*, vol. II, Coimbra, 2002, pp. 139 ss. (p. 141).

[351] Ver, para uma defesa deste ponto de vista, Stephanie Zimmerman, «Secret's Out: The Ineffectiveness of Current Trade Secret Law Structure and Protection for Global Health», *Penn State International Law Review*, 2011, pp. 777 ss.

[352] Disponível em https://www.gpo.gov.

[353] Se bem que baseada numa lei-modelo: o *Uniform Trade Secrets Act*, transposto para os Direitos de 48 Estados norte-americanos. Para um confronto dessa lei com a proposta de Diretiva europeia a que nos referiremos a seguir, veja-se Anna Wennakoski, «Trade Secrets under Review: A Comparative Analysis of the Protection of Trade Secrets in the EU and in the US», *EIPR*, 2016, pp. 154 ss.

[354] Cfr. *Economic Impact of Trade Secret Theft*, s.l., 2014 (disponível em https://www.pwc.com).

[355] Cfr. Brian T. Yeh, *Protection of Trade Secrets: Overview of Current Law and Legislation*, disponível em http://www.crs.gov.

O *Defend Trade Secrets Act* atribuiu pela primeira vez competência aos tribunais federais a fim de conhecerem de ações fundadas na usurpação de segredos de negócios, instituindo para o efeito uma *federal cause of action* respeitante a *trade secret misappropriation*. A nova lei, mantendo-se fiel à conceção proprietária do segredo de negócios prevalecente nos Estados Unidos, «federalizou», assim, o seu regime.

Visou-se através dela, além disso, estabelecer um regime de *enforcement* dos segredos mais eficaz e análogo ao da propriedade intelectual. Para o efeito, regula-se na lei, designadamente, a apreensão judicial («*seizure*»), sem contraditório («*ex parte*»), dos bens necessários a fim de prevenir a disseminação do segredo de negócios. Preveem-se ainda na lei, como «*remedies*», a decretação de medidas cautelares («*injunctions*») para impedir a mencionada «*misappropriation*»[356]; a atribuição de indemnizações («*damages*») destinadas a compensar os danos ou a restituir o enriquecimento injustificado causados pela «*misappropriation*» de segredos; e a imposição de «*exemplary*» ou «*treble damages*» até ao dobro dos «*damages*» compensatórios[357]. O novo regime tem, assim, um intuito não apenas preventivo e compensatório, mas também punitivo[358].

Por «*misappropriation*» de um segredo de negócios entende-se a aquisição, revelação ou utilização de um segredo de negócios alheio por quem tenha usado «meios impróprios» para o efeito ou soubesse, ou devesse saber, que o mesmo fora adquirido por tais meios. Estes incluem o furto, o suborno, a prestação de falsas informações, a quebra de um dever de segredo e a espionagem; mas não já a denominada engenharia inversa («*reverse engineering*»), a obtenção da informação em causa por via de uma investigação autónoma ou qualquer outro meio lícito de aquisição da mesma.

Colocaram-se assim os segredos de negócios ao par das marcas e patentes enquanto objetos de proteção legal. Não falta, por isso, quem veja na instituição

[356] Veja-se, para uma primeira aplicação deste regime, a decisão proferida em 10 de junho de 2016 pelo United States District Court for the Northern District of California, 191 F.Supp. 3d 1072 (2016), em que este tribunal proibiu ao requerido a utilização e divulgação a terceiros de informação confidencial obtida no exercício da sua atividade profissional por conta do requerente.

[357] Estas regras conheceram a sua primeira aplicação no veredicto proferido por um júri federal em 24 de fevereiro de 2017 no caso *Dalmatia Import Group, Inc. v. FoodMatch Inc. et al.* (relatado em http://tsi.brooklaw.edu), que impôs ao réu o pagamento de uma indemnização por *misappropriation of trade secrets* e violação do direito à marca no montante de aproximadamente 2,5 milhões de dólares. Este valor foi depois duplicado na sentença proferida pelo United States District Court for the Eastern District of Pennsylvania ao abrigo do *Defend Trade Secrets Act* (disponível em http://nylawyer.nylj.com/adgifs/dalmatia-final-judgment.pdf).

[358] As ações cíveis fundadas em *trade secret misappropriation* não podem, todavia, ser instauradas decorridos que estejam três anos sobre a data em que aquela foi descoberta ou deveria tê-lo sido empregando diligência razoável.

deste regime o mais significativo desenvolvimento em matéria de propriedade intelectual ocorrido nos Estados Unidos em anos recentes[359].

f) A legislação dos Estados-Membros da União Europeia anteriormente à transposição da Diretiva sobre os segredos de negócios. – Até recentemente, eram muito significativas as disparidades entre os Direitos dos Estados-Membros da União Europeia, não obstante a vinculação destes e da própria União ao Acordo TRIPS, quanto à noção de segredo de negócios, ao âmbito da sua proteção, às vias de reparação de danos e aos outros meios de reação contra o acesso ilícito ao mesmo.

Assim, por exemplo, ao passo que em Itália os segredos de negócios são qualificados pela lei como uma forma de propriedade industrial[360], na maioria dos demais países europeus tal não sucedia, ainda que na Alemanha se admitisse a sua caracterização como um «direito incompleto sobre bens imateriais» («*unvollkommenes Immaterialgüterrecht*»)[361]; o que tem, como veremos adiante, potenciais implicações na determinação do Direito aplicável em situações internacionais e na sujeição das violações dos segredos de negócios às regras substantivas e processuais relativas ao *enforcement* dos direitos privativos da propriedade industrial.

Por outro lado, alguns Estados-Membros da União, como a França e Portugal, possuem disposições legais específicas sobre os segredos de negócios; mas outros, como a Espanha, não as tinham até recentemente. A maioria desses Estados reconduzia a matéria, na esteira do Acordo TRIPS, à concorrência desleal; já em Inglaterra, onde a concorrência desleal não é sancionada *qua tale*, a violação de segredos de negócios constituía, na ausência de um regime legal específico[362], um ilícito delitual (o *tort* de «*breach of confidence*») regulado unicamente por precedentes do *Common Law*.

[359] Neste sentido, David S. Levine/Christopher B. Seaman, «The DTSA at one: An Empirical Study of the First Year of Litigation Under the Defend Trade Secrets Act», *Wake Forest Law Review*, 2018, pp. 105 ss.

[360] Ver o art. 1 do Código da Propriedade Industrial de 2005: «Ai fini dei presente codice, l'espressione proprietà industriale comprende marchi ed altri segni distintivi, indicazioni geografiche, denominazioni di origine, disegni e modelli, invenzioni, modelli di utilità, topografie dei prodotti a semiconduttori, informazioni aziendali riservate e nuove varietà vegetali».

[361] Assim Ansgar Ohly, «Der Geheimnisschutzrecht im deutschen Recht: heutiger Stand und Perspektiven», *GRUR*, 2014, pp. 1 ss. (p. 11). Em sentido diverso pronuncia-se contudo um setor significativo da doutrina: cfr., para uma síntese, Christoph Ann, «EU-Richtlinie zum Schutz vertraulichen Know-hows – Wann kommt das neue deutsche Recht, wie sieht es aus, was is noch offen?», *GRUR Prax*, 2016, pp. 465 ss. (p. 466).

[362] O qual foi implementado pelas *Trade Secrets (Enforcement, etc.) Regulations 2018*, em vigor desde 9 de junho de 2018.

Destas disparidades entre os Direitos nacionais decorria a ausência de um nível equivalente de proteção dos segredos de negócios nos Estados-Membros da União e, consequentemente, a diversidade do risco empresarial de perda de informações confidenciais (de particular relevância na cooperação transfronteiras entre empresas ou Universidades em projetos de investigação e desenvolvimento), a facilitação, em alguns desses Estados, da concorrência desleal, a restrição da mobilidade dos inventores e outras pessoas que podem gerar *know-how* e, de um modo geral, a fragmentação do mercado interno[363].

Tal a razão precípua que levou à adoção da Diretiva (UE) 2016/943, de cujo teor daremos conta adiante[364].

g) O novo regime de proteção dos segredos de negócios decorrente da transposição da Diretiva europeia: o modelo português e italiano. – Em 26 de abril de 2018, foi aprovada pelo Governo português a Proposta de Lei n.º 132/XIII (3.ª), destinada a conceder-lhe autorização legislativa para aprovar o novo Código da Propriedade Industrial, transpondo essa Diretiva[365]. Em matéria de segredos de negócios, previu-se no art. 2.º, alínea *b)*, desse diploma legal que a autorização legislativa seria concedida ao Governo com o propósito de:

> «Instituir um regime mais completo e reforçado de proteção do *know-how* que ofereça aos interessados mecanismos mais eficazes para, junto das autoridades judiciais, prevenir e reagir contra a violação dos seus segredos comerciais, transpondo para o efeito a Diretiva (UE) 2016/943.»

Em traços gerais, o regime dos segredos de negócios constante do novo Código da Propriedade Industrial, entretanto aprovado pelo D.L. n.º 110/2018, de 10 de dezembro, obedece à seguinte sistemática: *a)* Introduz-se no Código um capítulo novo (o capítulo II do título III, relativo às infrações) intitulado «Proteção dos segredos comerciais» (arts. 313.º a 315.º), o qual é autonomizado do regime da concorrência desleal e define o objeto da proteção nesta matéria (art. 313.º), tipifica os atos ilícitos relativos a segredos comerciais (art. 314.º) e identifica os casos de obtenção lícita de segredos comerciais (art. 315.º); *b)* Insere-se, por outro lado, no capítulo III do mesmo título, relativo aos ilícitos contraordenacionais, uma disposição (art. 331.º), que define as coimas aplicáveis à violação de segredo comercial protegido; *c)* Adapta-se, além disso, a secção I do capítulo IV, já existente no Código, relativo às medidas e procedimentos que

[363] Ver, neste sentido, AAVV, *Study on Trade Secrets and Confidential Business Information in the Internal Market*, s.l., 2013 (disponível em http://ec.europa.eu).

[364] Cfr. *infra*, § 13.º/III.

[365] Publicada no *Diário da Assembleia da República*, II série-A, n.º 114, de 16 de maio de 2018, pp. 94 ss.

visam garantir o respeito pelos direitos de propriedade industrial (arts. 337.º a 350.º), inserindo-se em cada uma das respetivas disposições referências expressas aos segredos comerciais (opção esta que vai assumidamente, como se declara no Preâmbulo do Código, «além das obrigações que decorrem do regime mínimo imposto pela Diretiva»); e *d)* Cria-se, por fim, no mesmo capítulo uma secção II (arts. 351.º e 352.º) com normas especiais em matéria de segredos comerciais, nas quais se regulam os limites e as exceções às medidas e procedimentos da secção I, bem como a preservação dos segredos de negócios em processos judiciais.

O objeto da proteção instituída pelo novo regime legal é definido pelo art. 313.º, n.º 1, do Código. De acordo com esse preceito, entende-se por segredo comercial, e são como tais protegidas, as informações que reúnam cumulativamente os seguintes requisitos: *a)* Sejam *secretas*, no sentido de não serem geralmente conhecidas ou facilmente acessíveis, na sua globalidade ou na configuração e ligação exatas dos seus elementos constitutivos, para pessoas dos círculos que lidam normalmente com o tipo de informações em questão; *b)* Tenham *valor comercial* pelo facto de serem secretas; e *c)* Tenham sido objeto de *diligências razoáveis*, atendendo às circunstâncias, por parte da pessoa que detém legalmente o controlo das informações, no sentido de as manter secretas. Excetuando a alteração da designação de «segredo de negócios» para «segredo comercial» – com a qual se terá pretendido conformar a terminologia utilizada na lei portuguesa com a da Diretiva – não há aqui, como é bom de ver, modificação de fundo relativamente ao regime anterior.

Tal como neste, a informação comercial não é protegida em si mesma[366]. A fim de ser tutelada contra a sua utilização não autorizada, requer-se, por um lado, que tal informação seja dotada de valor económico em razão do seu secretismo (*maxime* porque o seu titular retira desta circunstância uma vantagem competitiva relativamente aos demais operadores que atuam no mesmo segmento do mercado); e, por outro, que o candidato à proteção tenha adotado um mínimo de cautelas, traduzidas quer em atos materiais (*v.g.* a criação de *passwords* de acesso dos seus colaboradores a essa informação), quer em atos jurídicos (como, por exemplo, a celebração de acordos de confidencialidade), a fim de preservar a confidencialidade da informação em causa.

Em todo o caso, cumpre notá-lo, não se exige no preceito citado um secretismo absoluto das informações em causa, as quais podem ter sido objeto de divulgação restrita, nomeadamente através de uma licença de *know-how* concedida pelo seu titular.

O art. 314.º tipifica como atos ilícitos as seguintes *violações primárias* do referido segredo: *a)* A obtenção de um segredo comercial, sem o consentimento do

[366] Ver, sobre o ponto, o nosso estudo «A informação como objeto de direitos», *RDI*, 2014/I, pp. 115 ss.

respetivo titular (o qual já não tem agora, a fim de incorrer em ilícito, de ser um concorrente do infrator), sempre que esse ato resulte do acesso, da apropriação ou da cópia não autorizada de documentos, objetos, materiais, substâncias ou ficheiros eletrónicos ou de outra conduta que, nas circunstâncias específicas em que ocorre, seja considerada contrária às práticas comerciais honestas; e *b)* A utilização ou divulgação de um segredo comercial, sem o consentimento do respetivo titular, por pessoa que tenha obtido o segredo comercial ilegalmente, viole um acordo de confidencialidade ou qualquer outro dever de não divulgar o segredo comercial ou viole um dever contratual ou outro dever de limitar a utilização do segredo.

Constituem ainda *violações secundárias* dos segredos de negócios, de acordo com o mesmo preceito: *a)* A utilização ou divulgação de um segredo comercial sempre que uma pessoa, no momento da obtenção, utilização ou divulgação, tivesse ou devesse ter tido conhecimento, nas circunstâncias específicas em que se encontrava, que o segredo comercial tinha sido obtido direta ou indiretamente de outra pessoa que o estava a utilizar ou divulgar ilegalmente; e *b)* A produção, oferta ou colocação no mercado de mercadorias em infração, ou a importação, exportação ou armazenamento de mercadorias em infração para aqueles fins, sempre que a pessoa que realize estas atividades tivesse ou devesse ter tido conhecimento de que o segredo comercial tinha sido utilizado nas condições acima referidas.

A qualificação como ato ilícito da obtenção, utilização ou divulgação de um segredo comercial é agora independente de quem o praticou ser ou não concorrente do titular daquele, nisto se traduzindo uma das principais alterações do novo regime legal relativamente ao que constava do Código da Propriedade Industrial de 2003 e daqueles que o antecederam.

Outro tanto pode dizer-se da qualificação como utilização ilícita de segredo da comercialização de «mercadorias em infração» por terceiros que desconhecessem a circunstância de estas terem origem no acesso não autorizado a informação confidencial.

Há assim um manifesto alargamento do âmbito da tutela conferida ao segredo de negócios na lei portuguesa, por comparação com o regime anterior.

A obtenção de um segredo comercial constitui porém um ato lícito, nos termos do art. 315.º, quando resulte de: *a)* Descoberta ou criação independente; *b)* Observação, estudo, desmontagem ou teste de um produto ou objeto que tenha sido disponibilizado ao público ou que esteja legalmente na posse do adquirente da informação, não estando este sujeito a qualquer dever legalmente válido de limitar a obtenção do segredo comercial; *c)* Exercício do direito dos trabalhadores, ou dos seus representantes, a informações e consultas em conformidade com as práticas nacionais ou com a lei; *d)* Imposição ou permissão que resulte da lei;

ou *e)* Outra prática que, nas circunstâncias específicas em que ocorre, esteja em conformidade com as práticas comerciais honestas.

Nos termos do art. 351.º devem, além disso, ser indeferidas pelo tribunal as medidas, procedimentos e vias de reparação previstos no Código da Propriedade Industrial sempre que a obtenção, utilização ou divulgação de um segredo comercial tenha ocorrido numa das seguintes circunstâncias: *a)* Exercício do direito à liberdade de expressão e de informação; *b)* Revelação de má conduta, irregularidade ou atividade ilegal, desde que o alegado infrator tenha agido para proteger o interesse público geral; *c)* Divulgação por trabalhadores aos respetivos representantes no âmbito do exercício legítimo das funções representativas destes, de acordo com o disposto na lei, desde que tal divulgação tenha sido necessária para o referido exercício; ou *d)* Proteção de um interesse legítimo legalmente reconhecido.

O novo Código ocupa-se ainda, no art. 331.º das sanções aplicáveis à violação de segredos de negócios: esta é punida com coimas de valor variável consoante o infrator seja uma pessoa singular ou coletiva. Mantém-se assim no novo Código da Propriedade Industrial, à imagem do que já sucedia, a qualificação da violação do segredo de negócio como contraordenação e não como crime; mas há um considerável agravamento, para mais do triplo, do valor das coimas aplicáveis. Podem ainda ser aplicadas à violação de segredos de negócios sanções acessórias, como a destruição ou retirada dos bens em relação aos quais se tenha verificado a violação do segredo de negócios (art. 348.º), medidas inibitórias da continuação da infração (art. 349.º) e medidas de publicidade das decisões (art. 350.º).

A transposição da Diretiva para o Direito interno português determinou ainda a adoção de regras sobre o ressarcimento dos danos causados ao titular do segredo. Assim, nos termos do art. 347.º, quem, com dolo ou mera culpa, viole ilicitamente o segredo comercial de outrem, fica obrigado a indemnizar a parte lesada pelos danos resultantes da violação. Na determinação do montante da indemnização, o tribunal deve atender nomeadamente: *a)* Ao lucro obtido pelo infrator; *b)* Aos danos emergentes e lucros cessantes sofridos pela parte lesada; *c)* Aos encargos suportados com a proteção, a investigação e a cessação da conduta lesiva do seu direito; *d)* À importância da receita resultante da conduta ilícita do infrator; e *e)* Aos danos não patrimoniais causados pela conduta do infrator. Na impossibilidade de se fixar o montante do prejuízo efetivamente sofrido pela parte lesada, pode o tribunal, em alternativa, estabelecer uma quantia fixa com recurso à equidade, que tenha por base, no mínimo, as remunerações que teriam sido auferidas pela parte lesada caso o infrator tivesse solicitado autorização para utilizar os segredos comerciais. Quando a conduta do infrator constitua prática reiterada ou se revele especialmente gravosa, pode o tribunal determinar a indemnização que lhe é devida com recurso à cumulação de todos ou de alguns dos aspetos previstos nos n.ºs 2 a 5. A indemnização devida pode assim, também em Portugal, ter uma *função punitiva* do infrator de segredos de negócios[367].

O prazo de prescrição do exercício dos direitos inerentes à violação de segredos comerciais foi fixado pelo art. 353.º, n.º 1, em 5 anos, começando a correr no momento em que o direito puder ser exercido; nos termos do n.º 2, aplicam-se, com as necessárias adaptações, as regras relativas à interrupção e suspensão da prescrição previstas no Código Civil.

O modelo português de regulação dos segredos de negócios, assente na incorporação do seu regime no Código da Propriedade Industrial, foi também seguido pelo legislador italiano, que procedeu de igual modo através do Decreto Legislativo n.º 63/2018, de 11 de maio de 2018[368]. Este alterou, além do mais, o art. 1.º, n.º 1, daquele Código, que passou a dispor:

> «Ai fini del presente codice, l'espressione propietà industriale comprende marchi ed altri segni distintivi indicazioni geografiche, denominazioni di origini, disegni e modelli, modelli di utilità, topografie dei prodotti semiconduttori, segreti commerciali e nuove varietè vegetali.»

O segredo de negócios é assim legalmente qualificado como uma forma de propriedade industrial e submetido a um regime análogo ao desta.

h) Cont.: o modelo espanhol e alemão. – Um modelo distinto de transposição da Diretiva foi observado pelos legisladores espanhol e alemão, que para o efeito adotaram leis especiais, as quais autonomizam o regime dos segredos de negócios do da propriedade industrial: foi o que sucedeu em Espanha, em virtude da Lei 1/2019, de 20 de fevereiro de 2019, sobre segredos empresariais[369]; e na Alemanha, por força da Lei de transposição da Diretiva (UE) 2016/943, de 18 de abril de 2019[370].

[367] Como, de resto, já sucedia anteriormente à reforma de 2018 com as violações de direitos industriais: cfr. Luís Menezes Leitão, «A transposição da Diretiva 2004/48/CE sobre a aplicação efetiva dos direitos de propriedade intelectual efetuada pela Lei 16/2008, de 1 de abril», *in* AAVV, *Direito da Sociedade da Informação*, vol. VIII, Coimbra, 2009, pp. 281 ss.; Alberto Ribeiro de Almeida, «Responsabilidade civil pela violação de direitos subjetivos da propriedade intelectual – as influências anglo-saxónicas», *RDI*, 2014/II, pp. 165 ss.; e Adelaide Menezes Leitão, «Responsabilidade civil por violação de direito de autor», *Jurismat*, 2014, pp. 201 ss.

[368] Publicado na *Gazetta Ufficiale*, n.º 130, de 7 de junho de 2018.

[369] Cfr. *Boletín Oficial del Estado*, n.º 45, de 21 de fevereiro de 2019.

[370] Cfr. *Bundesgesetzblatt*, Parte I, n.º 13, de 25 de abril de 2019.

Capítulo II

A harmonização e a unificação internacionais do direito da propriedade intelectual e os seus limites

§ 9.º Enunciado da questão

De quanto se disse no capítulo anterior, resulta que, não obstante a intensa integração económica que caracteriza o mundo contemporâneo, subsistem diferenças muito significativas entre os regimes nacionais de propriedade intelectual.

Ora, essas diferenças implicam custos não despiciendos para o comércio internacional, decorrentes, nomeadamente, da necessidade de os agentes económicos que pretendam comercializar os seus produtos ou serviços além-fronteiras obterem em cada país onde queiram introduzi-los, de acordo com o Direito local, o reconhecimento dos direitos de propriedade intelectual associados a esses produtos ou serviços.

Por outro lado, a diversidade dos regimes nacionais em matéria de propriedade intelectual pode levar à compartimentação dos mercados, na medida em que os exclusivos que dela resultam para os seus titulares tornam possível impedir a comercialização dos produtos e serviços em questão no território do país que reconheceu esses direitos.

Acresce que a coexistência num espaço economicamente integrado de sinais distintivos idênticos ou semelhantes, atribuídos por diferentes sistemas jurídicos nacionais a pessoas diversas (como ainda hoje sucede na União Europeia), pode pôr em crise a própria possibilidade de esses sinais desempenharem as suas funções precípuas.

Vem daqui principalmente o impulso no sentido da harmonização e da unificação internacionais do Direito da Propriedade Intelectual, de que nos iremos ocupar agora.

Distinguiremos nesta matéria, à imagem do que fizemos no capítulo anterior, os direitos de autor e conexos dos direitos de propriedade industrial e da concorrência desleal. Trataremos ainda autonomamente dos direitos *sui generis* sobre bens intelectuais.

Procuraremos, por outro lado, dar conta não só da obra de harmonização e de unificação internacional de Direitos já empreendida ou em curso de realização nestas matérias, mas igualmente das limitações com que a mesma depara: é que apesar de este ser um dos domínios do Direito Privado em que se foi mais longe na aproximação dos sistemas jurídicos nacionais, subsiste, como se verá, um vasto leque de matérias em que não foi ainda possível consumar essa aproximação.

§ 10.º A harmonização e a unificação internacionais do regime jurídico dos direitos de autor e conexos

I – Os fundamentos do sistema internacional

a) A Convenção de Berna: antecedentes, objeto e fins. – Nos meados do século XIX, vários países haviam-se já dotado de leis em matéria de direito de autor. Aos autores estrangeiros não estava, todavia, assegurada a necessária proteção. Assim sucedia, por exemplo, nos Estados Unidos, onde as obras de Charles Dickens e Victor Hugo eram ao tempo livremente reproduzidas e comercializadas por editores locais[371].

Diversos tratados bilaterais procuraram regular o problema na base do princípio da reciprocidade[372]; e outro tanto sucedeu com certas legislações nacionais[373]. A circunstância, porém, de esses tratados não consagrarem regras mínimas nem garantias de aplicação efetiva das respetivas disposições tornava a proteção por eles instituída um tanto ilusória. Os autores estrangeiros eram, por isso, frequentemente discriminados relativamente aos nacionais no tocante à proteção concedida às respetivas obras.

Tais as razões que levaram à conclusão, em 9 de setembro de 1886, graças ao impulso da Associação Literária e Artística Internacional, da *Convenção de*

[371] Cfr. Melville B. Nimmer/David Nimmer, *Nimmer on Copyright*, s.l., s.d., § 17.01.

[372] Como os que foram celebrados entre Portugal e a França em 1851 e entre Portugal e os Estados Unidos da América em 20 de julho de 1893.

[373] Entre as quais o Código Civil português de 1867, cujo art. 578.º equiparava aos autores portugueses o escritor estrangeiro em cujo país o autor português fosse equiparado aos nacionais.

Berna para a Proteção das Obras Literárias e Artísticas, ainda hoje tida como a *magna carta*do Direito Internacional de Autor[374].

Propõe-se esta Convenção, segundo se refere no respetivo preâmbulo, «proteger de uma maneira tão eficaz e tão uniforme quanto possível os direitos dos autores sobre as suas obras literárias e artísticas». Na impossibilidade de se estabelecer um regime universal para o direito de autor, estas finalidades são prosseguidas, na Convenção, fundamentalmente por três vias.

Em primeiro lugar, através do *princípio do tratamento nacional*, ou da *assimilação*, consagrado art. 5, n.º 1[375]. Por força dele, o autor estrangeiro, pelo facto de o ser, não vê os seus direitos diminuídos relativamente aos autores nacionais. O que não significa que goze exatamente dos mesmos direitos que os autores nacionais. A determinação em concreto desses direitos depende da lei aplicável à proteção da obra. Esta última é designada através de regras de conflitos de

[374] O texto da Convenção, com as alterações que lhe foram introduzidas pelas sucessivas revisões de que foi objeto, pode ser consultado em José de Oliveira Ascensão/Dário Moura Vicente, *Legislação sobre direito de autor e sociedade da informação*, 2.ª ed., Coimbra, 2014, pp. 373 ss. Em 2019, eram partes dela 177 países, os quais constituem, nos termos do art. 1, a União de Berna. Está em vigor em Portugal, na versão do Ato de Paris de 24 de julho de 1971, por força do Decreto n.º 73/78, de 26 de julho, que o aprovou para adesão. Sobre este instrumento internacional, podem ver-se: Organização Mundial da Propriedade Intelectual, *Guide de la Convention de Berne pour la protection des oeuvres littéraires et artistiques (Acte de Paris, 1971)*, Genebra, 1978; Isabel de Magalhães Collaço, «No centenário da Convenção de Berna para a Proteção das Obras Literárias e Artísticas», *in* AAVV, *Centenário da Convenção de Berna. Sessão comemorativa da Academia das Ciências de Lisboa*, Lisboa, 1987, pp. 9 ss.; Mihály Ficsor, «Celebração do centenário da Convenção de Berna e do 75.º aniversário da adesão de Portugal», *in ibidem*, pp. 21 ss.; Luiz Francisco Rebello, «Portugal e a Convenção de Berna», *in ibidem*, pp. 29 ss.; Sam Ricketson, *The Berne Convention for the Protection of Literary and Artistic Works: 1886-1986*, Londres, 1987; Paul Katzenberger, «General Principles of the Berne and the Universal Copyright Conventions», *in* Friedrich-Karl Beier/Gerhard Schricker (orgs.), *GATT or WIPO ? New Ways in the International Protection of Intellectual Property*, Weinheim, 1989, pp. 45 ss.; Wilhelm Nordemann/Kai Vinck/Paul W. Hertin/Gerald Meyer, *International Copyright and Neighbouring Rights Law*, Weinheim, 1990, pp. 35 ss.; Frédéric Pollaud-Dulian, *Le droit d'auteur*, Paris, 2005, pp. 845 ss.; Alfredo Ilardi, *Propriété intellectuelle. Principes et dimension internationale*, Paris, 2005, pp. 57 ss.; André Lucas/Henri-Jacques Lucas, *Traité de la propriété littéraire et artistique*, cit., pp. 917 ss.; Sam Ricketson/Jane Ginsburg, *International Copyright and Neighbouring Rights. The Berne Convention and Beyond*, 2 vols., 2.ª ed., Oxford, 2006; Silke von Lewinski, *International Copyright Law and Policy*, cit., pp. 99 ss.; Patrícia Akester, *Direito de Autor em Portugal, nos PALOP, na União Europeia e nos Tratados Internacionais*, cit., pp. 381 ss.; Denis Barbosa, *Tratado da Propriedade Intelectual*, tomo I, cit., pp. 650 ss.; *Sterling on World Copyright Law*, cit., pp. 733 ss.

[375] Nos termos do qual: «Os autores gozam, pelo que respeita às obras para as quais são protegidos em virtude da presente Convenção, nos países da União que não sejam os países de origem da obra, dos direitos que as leis respetivas concedem atualmente ou venham a conceder posteriormente aos nacionais, bem como dos direitos especialmente concedidos pela presente Convenção».

leis no espaço de que daremos conta adiante[376]. O que aquele princípio significa é, tão-só, que o autor estrangeiro não pode ser discriminado relativamente aos autores nacionais, *maxime* recusando-se-lhe, pelo facto de ser estrangeiro, a proteção das suas obras. Trata-se, como é bom de ver, de uma regra fundamental à abertura dos mercados nacionais ao exterior, na medida em que preclude a adoção por cada país de medidas legislativas e outras que visem favorecer a indústria nacional de *copyright*. Do *princípio da reciprocidade*, que a Convenção igualmente acolhe em certas matérias, podem todavia resultar importantes limitações ao tratamento nacional[377].

Em segundo lugar, a Convenção prossegue os fins que se propõe através do estabelecimento, por meio de regras de Direito material uniforme, de um *standard mínimo de proteção* das obras intelectuais. Neste sentido, a Convenção reconhece aos autores os direitos morais de paternidade e de integridade (art. 6-*bis*); e consagra também em benefício deles os direitos patrimoniais de tradução (art. 8), de reprodução (arts. 9 e 14, n.º 1, § 1.º) – sujeito, este, às limitações constantes dos arts. 9, n.º 2 (referente ao uso privado), 10, n.º 1 (direito de citação) e 10, n.º 2 (utilizações pedagógicas) –, de radiodifusão (art. 11-*bis*), de recitação (art. 11-*ter*), de adaptação (arts. 12 e 14, n.º 1, § 1.º) e de distribuição das obras adaptadas ou reproduzidas para fins cinematográficos (art. 14, n.º 1, § 1.º). Regula-se ainda nela a duração mínima dos direitos morais (os quais vigoram, por força do art. 6-*bis*, n.º 2, pelo menos até à extinção dos direitos patrimoniais) e dos direitos patrimoniais (que, segundo o art. 7, n.º 1, durarão pelo menos cinquenta anos *post mortem auctoris*). Já o denominado direito de sequência (*«droit de suite»*) sobre obras de arte e manuscritos originais de escritores e compositores, previsto no art. 14-*ter*, n.º 1, da Convenção – por força do qual o autor ou, depois da sua morte, as pessoas ou instituições a que a legislação nacional confira legitimidade para tal, pode reclamar uma participação no produto das vendas da obra posteriores à primeira cessão por si praticada – tem, como resulta do n.º 2 dessa disposição, *caráter opcional*, apenas sendo exigível a sua tutela nos Estados membros da União de Berna na medida em que a legislação do país onde a proteção for reclamada a permitir e se a legislação nacional do autor a admitir (ou seja, sob condição de reciprocidade).

Em terceiro lugar, a Convenção acolhe um princípio de *proteção automática* dos direitos autorais, cujo gozo e exercício, nos termos do art. 5, n.º 2, não está sujeito ao cumprimento de quaisquer formalidades[378]. O que, como é bom de

[376] Cfr. *infra*, capítulo III.

[377] Cfr. *infra*, §§ 10.º/VIII e 15.º/I, alínea *g*).

[378] A Convenção admite todavia, no art. 2, n.º 2, que as legislações dos Estados membros façam depender a tutela da fixação da obra num suporte material.

ver, facilita muito consideravelmente a obtenção de tutela além-fronteiras, dadas as dificuldades e os custos geralmente associados ao cumprimento de formalidades em países estrangeiros.

A proteção assim conferida na Convenção de Berna às obras literárias e artísticas corresponde ao triunfo da conceção do direito de autor própria dos sistemas de *Civil Law*, que delineámos no capítulo anterior. O que bem se compreende, pois na maioria dos Estados fundadores da Convenção de Berna essa conceção era ao tempo (e é ainda) dominante.

b) Âmbito de aplicação das regras convencionais. – Agora pergunta-se: a que situações são aplicáveis estas regras da Convenção de Berna? Por outras palavras: qual o seu âmbito de aplicação?

Importa, a este respeito, distinguir o âmbito material e o âmbito espacial de aplicação das disposições convencionais.

O primeiro resulta do art. 2, que define o conceito de «obras literárias e artísticas». Nele se compreendem, de acordo com esse preceito, «todas as produções do domínio literário, científico e artístico, qualquer que seja o seu modo ou forma de expressão». Contém-se ainda, no mesmo preceito, uma enumeração exemplificativa das obras protegidas pela Convenção.

O segundo encontra-se disciplinado nos arts. 3 e 4. Por força destes preceitos, a fim de que a obra possa beneficiar da proteção instituída pela Convenção, deve ser originária de um país que seja parte da União formada nos termos do art. 1[379]. A obra preenche esse requisito se o respetivo autor for nacional de um desses países ou reside habitualmente nele; se tiver sido publicada pela primeira vez num desses países ou simultaneamente em país estranho à União e em país que dela seja parte; se a sede ou residência habitual do produtor de uma obra cinematográfica se situar num desses países; e se a obra de arquitetura tiver sido edificada num país membro ou se integrar em imóvel nele situado.

c) Internacionalidade das situações disciplinadas pela Convenção. – A Convenção apenas regula a proteção das obras literárias e artísticas em situações

[379] Observe-se, a este respeito, que pela Convenção celebrada em Estocolmo em 14 de julho de 1967 e alterada em 28 de setembro de 1979, foi constituída a Organização Mundial da Propriedade Intelectual (OMPI). Entre as funções da OMPI inclui-se, nos termos do art. 4 (ii) daquela Convenção, a execução das tarefas administrativas a cargo da União de Berna. Nos termos do art. 21 (4) (b) da Convenção de Estocolmo, quando todos os Estados membros da União de Berna se houverem tornado membros da OMPI, os direitos, obrigações e propriedade do Secretariado da União serão transferidos para o Secretariado Internacional da OMPI. Em 2019, eram partes da Convenção de Estocolmo 192 Estados.

internacionais. Se tudo se passar dentro das fronteiras do país onde a ação é intentada, deve recorrer-se exclusivamente ao Direito local.

Depõe neste sentido o preceituado no art. 5, n.º 3, da Convenção, do qual se retira que quando o autor é nacional do país de origem da obra (i. é, em princípio, o país de primeira publicação: art. 5, n.º 4, alínea *a*)), a proteção da obra nesse país é regulada pela legislação nacional (ou seja, a legislação interna: haja vista à versão inglesa da Convenção, onde neste lugar se utiliza a expressão «domestic law»); essa situação é, por conseguinte, alheia à Convenção[380]. Por outro lado, e em virtude do disposto no mesmo preceito, se o autor for originário de um país estranho à Convenção e a sua obra for primeiramente publicada num Estado membro desta, a proteção que lhe é conferida neste último não tem de obedecer aos mínimos convencionais, devendo tão-somente respeitar o princípio da equiparação aos cidadãos locais.

Vale isto por dizer que as regras mínimas estabelecidas pela Convenção, incluindo a dispensa de quaisquer formalidades como condição de proteção das obras literárias e artísticas, apenas se aplicam aos estrangeiros que reivindiquem proteção para estas no território de um dos Estados membros da Convenção, que não aquele de onde a obra é originária; não já aos cidadãos nacionais que solicitem essa proteção perante os tribunais ou autoridades administrativas locais ou aos estrangeiros oriundos de terceiros países que reclamem proteção exclusivamente no país da União onde a sua obra foi publicada.

Aquelas regras mínimas são, *hoc sensu*, normas de Direito dos Estrangeiros, e não de Direito Uniforme.

Naturalmente que, por via do princípio da não discriminação dos cidadãos nacionais relativamente aos estrangeiros, as normas convencionais podem influir relevantemente na conformação das legislações nacionais, aproximando a proteção nelas consignada da que a Convenção estabelece. Indiretamente, pois, a Convenção de Berna pode ter um *efeito harmonizador* daquelas legislações.

d) Articulação das regras convencionais com outros regimes. – Nas situações internacionais, as regras convencionais prevalecem, atento o primado do Direito Internacional convencional (consagrado nomeadamente nas Constituições alemã, francesa e portuguesa), sobre as regras internas em matéria de direito de autor.

Isto, porém, com duas importantes limitações, que importa referir.

[380] Cfr. *Guide de la Convention de Berne pour la protection des oeuvres littéraires et artistiques (Acte de Paris, 1971)*, cit., p. 37; Sam Ricketson, *The Berne Convention for the Protection of Literary and Artistic Works: 1886-1986*, cit., p. 205; e José de Oliveira Ascensão, *Direito de Autor e Direitos Conexos*, Coimbra, 1992, pp. 48 s.

Por um lado, mesmo no tocante às situações internacionais, prevê-se na Convenção de Berna a primazia das *regras de polícia* internas e dos *regimes nacionais mais favoráveis ao autor estrangeiro.* Assim, as disposições convencionais não prejudicam o direito do Governo de cada país da União de «permitir, fiscalizar ou proibir, por medidas legais ou de polícia interna, a circulação, a representação e a exposição de qualquer obra ou produção em relação às quais a autoridade competente devesse exercer esse direito» (art. 17), nem a «reivindicação de disposições mais amplas que possam ser concedidas pela legislação de um país da União» (art. 19). Assim, por exemplo, se a lei do país para o qual a proteção da obra literária ou artística for reclamada estabelecer uma duração mais longa para o direito de autor, será esta a aplicável, contanto que a mesma não exceda a duração fixada pela lei do país de origem e desde que a *lex protectionis* não disponha de outro modo (art. 7, n.º 8)[381].

Por outro lado, os Governos dos países da União reservaram-se o direito de celebrar entre si acordos particulares, que confiram aos autores direitos mais vastos do que aqueles que são concedidos pela Convenção (art. 20).

No seu campo material e espacial de aplicação, a Convenção de Berna tem, nesta medida, um *âmbito de aplicação subsidiário* relativamente às regras mais favoráveis dos Direitos nacionais e das convenções especiais concluídas entre os respetivos Estados membros.

[381] Assim o entendeu o *Tribunal de Grande Instance* de Paris, na sentença proferida em 9 de dezembro de 1992, relativa ao caso *Société Frances Scott Fitzgerald Smith Trust c. Société Editions l'Age d'Homme et autres, RIDA*, 1993, n.º 158, pp. 279 ss. Curava-se, na espécie, de saber qual a duração do direito de autor sobre o romance *The Great Gatsby,* de F. Scott Fitzgerald, originariamente publicado nos Estados Unidos. Em 1991, havia sido publicada em França, sem autorização prévia dos titulares do direito de autor, uma tradução em língua francesa desta obra. O autor falecera em 1940, pelo que a proteção garantida pela Convenção de Berna terminaria em 1990. Mas nos Estados Unidos essa proteção estendia-se até ao ano 2000. O tribunal considerou, à luz do disposto no art. 7, n.º 8, da Convenção, que a obra deveria beneficiar em França das prorrogações de guerra estabelecidas por uma lei de 1951, em virtude das quais a obra seria protegida até abril de 1999. Em contrapartida, pode ver-se na secção 12 (8) do *Copyright, Designs and Patents Act 1988* do Reino Unido uma disposição que limita, ao abrigo do citado art. 7, n.º 8, da Convenção de Berna, o gozo por estrangeiros do direito de autor ao prazo de duração estabelecido para este no respetivo país de origem, contanto que este não seja superior ao da legislação nacional. Estabelece, com efeito, esse preceito: «Where the country of origin of the work is not an EEA state and the author of the work is not a national of an EEA state, the duration of copyright is that to which the work is entitled in the country of origin, provided that does not exceed the period which would apply under subsections (2) to (5)». Assim, por exemplo, as obras dos nacionais da Austrália apenas gozam de proteção no Reino Unido durante a vida do autor e nos 50 anos subsequentes (prazo vigente naquele primeiro país). Cfr. ainda, sobre o ponto, *infra,* § 15.º/I, alínea *g).*

e) Independência da proteção. – Aspeto nuclear do sistema instituído pela Convenção de Berna é, por fim, a circunstância de a proteção conferida aos autores nos países da União, ser, consoante declara o n.º 2 do art. 5, *independente* da existência de proteção no país de origem das suas obras. Examinar-se-ão adiante as implicações desta regra pelo que respeita à determinação da lei aplicável ao direito de autor[382].

II – A universalização da tutela do direito de autor

a) A Convenção Universal: antecedentes, objeto e fins. – Ao longo da primeira metade do século XX, a Convenção de Berna logrou obter a adesão de um número considerável de países europeus. A maior parte dos países americanos, incluindo os Estados Unidos, onde vigorava ao tempo uma proteção mais limitada do direito de autor, não era, todavia, parte daquela Convenção. O mesmo sucedia com a União Soviética e com diversos países em vias de desenvolvimento.

Ora, o direito de autor foi reconhecido como direito fundamental da pessoa humana na *Declaração Universal dos Direitos do Homem*, de 10 de dezembro de 1948[383]. Esta declaração seria mais tarde reforçada pelo *Pacto Internacional dos Direitos Económicos, Sociais e Culturais*, adotado pela Assembleia Geral das Nações Unidas na sua Resolução N.º 2200-A (XXI), de 16 de dezembro de 1966, cujo art. 15.º, n.º 1, alínea *c)*, estabelece que os respetivos Estados signatários reconhecem o direito de toda a pessoa a «beneficiar da proteção dos interesses morais e materiais que lhe correspondem em virtude de produções científicas, literárias ou artísticas de que seja autora».

A fim de assegurar a proteção direito de autor no maior número possível de países, foi celebrada, sob a égide da Organização das Nações Unidas para a Educação, a Ciência e a Cultura (UNESCO), a *Convenção Universal Sobre Direito de Autor*[384], assinada em Genebra a 6 de setembro de 1952 e revista em Paris a 24 de julho de 1971.

[382] Cfr. *infra*, § 15.º/I, alínea *e)*.

[383] Cujo art. 27.º, n.º 2, dispõe: «Todos têm direito à proteção dos interesses morais e materiais ligados a qualquer produção científica, literária ou artística da sua autoria».

[384] Reproduzida em José de Oliveira Ascensão/Dário Moura Vicente, *Legislação sobre direito de autor e sociedade da informação*, cit., pp. 409 ss. Em Portugal, foi aprovada para adesão pelo Decreto n.º 140-A/79, de 26 de dezembro. Sobre a Convenção, *vide* Wilhelm Nordemann/Kai Vinck/ Paul W. Hertin/Gerald Meyer, *International Copyright and Neighboring Rights Law*, cit., pp. 211 ss.; Frédéric Pollaud-Dulian, *Le droit d'auteur*, cit., pp. 874 ss.; André Lucas/Henri-Jacques Lucas, *Traité de la propriété littéraire et artistique*, cit., pp. 979 ss.; Silke von Lewinski, *International Copyright Law and Policy*, cit., pp. 80 ss.; Patrícia Akester, *Direito de Autor em Portugal, nos PALOP, na União Europeia e nos Tratados Internacionais*, cit., pp. 395 ss.; *Sterling on World Copyright Law*, cit., pp. 767 ss.

A celebração desta convenção visou objetivos a um tempo mais modestos e mais ambiciosos do que os da Convenção de Berna: mais modestos, porque a proteção por ela instituída obedece a um *approach* minimalista; mais ambiciosos, porque se pretendia, como a sua designação inculca, alargar essa proteção a um âmbito geográfico mais vasto, em ordem a incluir no sistema internacional de proteção do direito de autor os referidos países que, ao tempo da sua conclusão, não eram partes da Convenção de Berna[385].

b) Conceção subjacente à Convenção Universal. – Também a Convenção Universal tem por objeto o direito de autor sobre obras literárias e artísticas (art. I); mas, diversamente da Convenção de Berna, não se consagra nem regula nela o direito moral sobre essas obras. Por outro lado, a proteção nela instituída não é automática, ainda que as formalidades exigidas pela legislação interna dos Estados contratantes devam, de acordo com a Convenção, ser tidas por cumpridas relativamente às obras por ela abrangidas, desde que nos respetivos exemplares tenha sido aposta a letra C inserida num círculo, acompanhada do nome do titular do direito de autor e da indicação do ano da primeira publicação (art. III, n.º 1). A duração da proteção compreende, em princípio, apenas a vida do autor e os vinte e cinco anos posteriores à sua morte (art. IV, n.º 2).

Pode assim afirmar-se que a Convenção Universal reflete, no essencial, a conceção do direito de autor própria dos sistemas de *copyright*; ao que não será alheia a circunstância de os Estados Unidos terem desempenhado um papel essencial na sua elaboração.

As disposições desta convenção aplicam-se às obras dos cidadãos dos Estados Contratantes e às obras publicadas pela primeira vez no território de um destes Estados (art. II, n.º 1), bem como às obras não publicadas dos respetivos nacionais (art. II, n.º 2).

A proteção por ela instituída compreende ainda normas de Direito dos Estrangeiros. Estas constam dos n.ºs 1 e 2 do art. II, que acolhem o *princípio da equiparação* dos estrangeiros aos cidadãos nacionais. Por força desses preceitos, as obras, publicadas ou não, dos cidadãos de qualquer Estado contratante gozam, nos demais Estados contratantes, da proteção que cada um destes Estados concede às obras dos seus nacionais publicadas pela primeira vez no seu próprio território.

A Convenção Universal coexiste hoje com a Convenção de Berna. Esta adquiriu, no entanto, uma relevância que transcende largamente a daquela. Por duas ordens de razões, principalmente. Em primeiro lugar, pelo facto de a proteção instituída pela Convenção de Berna se ter tornado obrigatória para

[385] Em 2008, eram partes da Convenção Universal 100 Estados.

todos os Estados membros da Organização Mundial de Comércio, em razão da sua incorporação por referência num acordo anexo ao ato constitutivo desta organização, que mencionaremos a seguir. Em segundo lugar, pela circunstância de a Convenção Universal não afetar, nos termos do seu art. XVII, n.º 1, as disposições da Convenção de Berna, que, por conseguinte, prevalece sobre aquela nas relações entre os respetivos Estados membros.

III – A integração do direito de autor no sistema do comércio internacional

a) O Acordo TRIPS. – Mais recentemente, outro instrumento internacional veio disciplinar o direito de autor numa perspetiva diversa, que tem em vista a integração do seu regime no sistema do comércio internacional. Referimo-nos ao *Acordo Sobre os Aspetos dos Direitos da Propriedade Intelectual Relacionados com o Comércio*, também conhecido como Acordo TRIPS (*Agreement on Trade-Related Aspects of Intellectual Property Rights*), ou ADPIC[386], anexo ao Acordo que instituiu a Organização Mundial de Comércio (OMC), assinado em Marraquexe a 15 de abril de 1994[387].

386 Reproduzido em José de Oliveira Ascensão/Dário Moura Vicente, *Legislação sobre direito de autor e sociedade da informação*, cit., pp. 477 ss. Em Portugal, o ADPIC foi aprovado para ratificação pela Resolução da Assembleia da República n.º 75-B/94, de 15 de dezembro de 1994, *in D.R.*, I série-A, n.º 298, de 27 de dezembro de 1994, 5.º suplemento. Vejam-se, sobre o Acordo TRIPS, Paul Katzenberger/Annette Kur, «TRIPS and Intellectual Property», *in* Friedrich-Karl Beier/Gerhard Schriker (orgs.), *From GATT to TRIPS – The Agreement on Trade-Related Aspects of Intellectual Property Rights*, Munique, 1996, pp. 1 ss.; Daniel Gervais, *The TRIPS Agreement: Drafting History and Analysis*, 2.ª ed., Londres, 2003; Alberto Ribeiro de Almeida, «Os princípios estruturantes do Acordo TRIP's: um contributo para a liberalização do comércio mundial», *ROA*, 2004, pp. 257 ss.; Pedro Infante Mota, *O sistema GATT/OMC. Introdução histórica e princípios fundamentais*, Coimbra, 2005, pp. 52 ss.; Alfredo Ilardi, *Propriété intellectuelle*, cit., pp. 85 ss.; Frédéric Pollaud-Dulian, *Le droit d'auteur*, cit., pp. 894 ss.; André Lucas/Henri-Jacques Lucas, *Traité de la propriété littéraire et artistique*, cit., pp. 1008 ss.; Alexandre Dias Pereira, «A revisão do Acordo ADPIC/TRIPS (alguns tópicos)», *in* AAVV, *Direito da Sociedade da Informação*, vol. VI, Coimbra, 2006, pp. 373 ss.; Luís Morais (org.), *Direito Internacional Económico. Uma introdução*, Lisboa, 2007, pp. 329 ss.; Jan Busche/Peter-Tobias Stoll (orgs.), *TRIPs – Internationales und europäisches Recht des geistigen Eigentums. Kommentar*, Berlim/Munique, 2007; Carlos M. Correa, *Trade Related Aspects of Intellectual Property Rights. A Commentary on the TRIPS Agreement*, Oxford, 2007; Silke von Lewinski, *International Copyright Law and Policy*, cit., pp. 274 ss.; Graham Dutfield/Uma Suthersanen, *Global Intellectual Property Law*, cit., pp. 32 ss.; Patrícia Akester, *Direito de Autor em Portugal, nos PALOP, na União Europeia e nos Tratados Internacionais*, cit., pp. 405 ss.; Denis Barbosa, *Tratado da Propriedade Intelectual*, tomo I, cit., pp. 653 ss.; e *Sterling on World Copyright Law*, cit., pp. 811 ss.

387 Nos termos do art. 65.º, n.º 1, do Acordo, nenhum Estado membro será obrigado a aplicar as respetivas disposições antes de decorrido um ano sobre a entrada em vigor do Acordo que instituiu a Organização Mundial de Comércio. Como esta se deu em 1 de janeiro de 1995, o Acordo obriga internacionalmente aqueles Estados desde 1 de janeiro de 1996. Relativamente aos

Este Acordo transferiu, ao tempo, da OMPI para a OMC a sede fundamental da produção normativa internacional respeitante ao direito de autor (bem como, consoante se verá adiante, aos direitos privativos da propriedade industrial e à concorrência desleal), operando assim uma das mutações mais significativas na regulação desta matéria ocorridas nas últimas décadas[388].

Entre as razões determinantes dessa mutação, a qual se deve essencialmente a uma iniciativa dos Estados Unidos da América, sobressaem as divergências ao tempo existentes entre os sistemas jurídicos dos Estados membros da OMC, resultantes da escassa proteção nalguns deles conferida aos direitos intelectuais. Dessas divergências, associadas à referida independência da proteção conferida ao direito de autor, consagrada na Convenção de Berna, resultavam distorções no comércio internacional em benefício das empresas estabelecidas nos países com sistemas menos exigentes, que importava eliminar ou reduzir[389]. Por outro lado, a evolução tecnológica fizera surgir novos tipos de bens intelectuais (como os programas de computador) carecidos de proteção internacional, que a Convenção de Berna não previa. A exigência de unanimidade, formulada no art. 27, n.º 3, desta, tornava, porém, muito difícil a sua revisão.

A inclusão da propriedade intelectual nas negociações multilaterais relativas ao comércio internacional, levadas a cabo entre 1986 e 1994 no âmbito do *Uruguay Round* do Acordo Geral Sobre Pautas Aduaneiras e Comércio (*General Agreement on Tariffs and Trade* ou GATT), permitiu superar essa dificuldade. Por via dela, pôde ser estabelecido um *standard* mínimo de proteção dos bens intelectuais, a que todos os Estados membros da OMC ficaram vinculados e de cuja observância depende a fruição por estes das vantagens alfandegárias estipuladas no GATT.

Se se tiver presente que na Convenção de Berna o principal mecanismo tendente a induzir a adesão de novos Estados é a regra da *reciprocidade*, ou da *retorsão*, constante do art. 6, n.º 1, e que, não obstante esta, muitos Estados com ampla participação no comércio internacional permaneceram durante largos anos à margem da Convenção, compreender-se-á importância do *trade*

países menos desenvolvidos, essa obrigação cingiu-se, durante um período de 10 anos contado da data de aplicação do Acordo, tal como definida no art. 65.º, n.º 1, aos arts. 3.º a 5.º (art. 66.º, n.º 1). Questão diversa é a de saber se o Acordo pode ser invocado pelos particulares na ordem interna dos respetivos Estado membros. Sobre o ponto, *vide infra*, § 12.º/VI.

388 Neste sentido, Susy Frankel e Daniel J. Gervais, *Advanced Introduction to International Intellectual Property*, Cheltenham, 2016, p. 28, que escrevem: «Internationally, the instrument that has had the most dramatic impact on international intellectual property rules is the TRIPS Agreement».

389 Cfr. o 1.º § do preâmbulo do Acordo.

approach seguido no Acordo TRIPS quanto à tutela internacional da propriedade intelectual (*approach* esse que, no entanto, está longe de ser pacífico[390]).

A fim de consumar os objetivos que determinaram a sua celebração, o art. 9.º, n.º 1, do Acordo estabeleceu que os seus membros ficariam obrigados a observar o disposto nos arts. 1.º a 21.º da Convenção de Berna, a qual foi deste modo incorporada por referência no Acordo. Deste resultou, assim, uma extensão do âmbito geográfico de aplicação dos preceitos da Convenção de Berna a todos os membros da Organização Mundial de Comércio, entretanto criada[391]: nenhum Estado pode aderir a esta organização sem aceitar as obrigações impostas pelo Acordo TRIPS[392].

Excetuou-se contudo da referida obrigação (na sequência de uma proposta dos Estados Unidos) o art. 6-*bis* da Convenção de Berna, relativo aos direitos morais[393]. Ao reforçar deste modo a importância dos direitos patrimoniais relativamente aos direitos morais de autor, o Acordo TRIPS reaproximou a tutela internacional do direito de autor das conceções próprias dos sistemas de *copyright*, de que demos conta acima.

Por outro lado, o Acordo consagrou, no art. 9.º, n.º 2, da dicotomia ideia/ /expressão, que se encontrava omissa na Convenção de Berna[394].

O Acordo alargou o escopo da proteção das obras literárias estabelecida pela Convenção de Berna aos programas de computador e às bases de dados (art. 10.º); e previu ainda que os Estados membros concederão aos autores e seus sucessores o direito de autorizarem ou proibirem o aluguer comercial de originais ou cópias das suas obras protegidas pelo Direito de Autor (art. 11.º, aplicável *mutatis mutandis* aos fonogramas *ex vi* do art. 14.º, n.º 4). A proteção instituída pelo Acordo é, por isso, dita *Berne-plus*[395].

390 Para uma crítica contundente, *vide* Joseph E. Stiglitz, *Making Globalization Work*, Londres, 2006, pp. 103 ss., que qualifica o Acordo TRIPS como uma «sentença de morte para milhares de pessoas nos países mais pobres do mundo».

391 Os quais eram eram 164 em 2019: cfr. o respetivo elenco em http://www.wto.org.

392 *Vide* o art. XIV, n.º 2, do Acordo que instituiu essa Organização.

393 Naturalmente que nas relações entre os Estados membros da OMC partes da Convenção de Berna se mantém em vigor o art. 6-*bis* desta. Sobre a relação entre o Acordo TRIPS e as convenções administradas pela OMPI, *vide* Ingo Niemann, *Geistiges Eigentum in konkurrierenden völkerrechtlichen Vertragsordnungen. Das Verhältnis zwischen WTO/TRIPS und WIPO*, Berlim/Heidelberga/Nova Iorque, 2007.

394 Dispõe esse preceito: «A proteção do direito de autor abrangerá as expressões, e não as ideias, processos, métodos de execução ou conceitos matemáticos enquanto tais».

395 Não afeta esta caracterização a circunstância de no n.º 2 do art. 9.º do Acordo TRIPS se estabelecer que o objeto da proteção do direito de autor abrange tão-somente as expressões, e não as ideias, os processos, os métodos de execução ou os conceitos matemáticos enquanto tais: embora não figure no texto da Convenção de Berna, trata-se de um entendimento comum.

O Acordo disciplina, além disso, a condição jurídica dos autores estrangeiros, consagrando em benefício deles o princípio do *tratamento nacional*, por força do qual cada Estado membro concederá aos nacionais de outros Estados membros um tratamento não menos favorável do que o que concede aos seus próprios nacionais no que se refere à proteção da propriedade intelectual (art. 3.º). O que bem se compreende à luz do papel fundamental desempenhado, como se notou acima, por este princípio na integração económica internacional. Certo, já a Convenção de Berna consagrava esse princípio. O seu alcance é, no entanto, mais vasto no Acordo TRIPS, pois compreendem-se nele as questões relativas à existência, aquisição, âmbito, manutenção e aplicação efetiva dos direitos de propriedade intelectual, bem como as respeitantes ao exercício destes direitos, expressamente contempladas no Acordo[396].

Insere-se nele, outrossim, a *cláusula da nação mais favorecida*, segundo a qual cada Estado membro fica obrigado a conceder aos nacionais dos demais Estados membros todas as vantagens concedidas aos nacionais de qualquer outro Estado membro (art. 4.º).

Embora não regule expressamente o esgotamento do direito de autor e dos demais direitos de propriedade intelectual, o art. 6.º do Acordo TRIPS foi interpretado, na *Declaração de Doha* aprovada em 2001 pela Conferência Ministerial dos Estados membros da Organização Mundial de Comércio, no sentido de que deixa a estes Estados a liberdade de definirem o seu próprio regime de esgotamento, sob reserva do princípio do tratamento nacional e da cláusula da nação mais favorecida[397].

A conclusão do Acordo TRIPS foi ainda ditada pela circunstância de não estarem previstos nas convenções internacionais ao tempo em vigor mecanismos aptos a garantir a «aplicação efetiva» (*enforcement*) dos direitos de propriedade intelectual, o que era também fonte de divergências relevantes entre os sistemas jurídicos nacionais e de distorções na concorrência internacional[398]. A fim de superá-las, consagrou-se no Acordo a obrigação de os Estados membros preverem nas suas legislações: *a)* Processos destinados a sancionar eficazmente as infrações a esses direitos (art. 41.º, n.º 1), bem como certas garantias processuais básicas

[396] Cfr. a nota 3 ao art. 3.º, n.º 1, do Acordo.

[397] É o seguinte o teor do n.º 5, alínea *d)*, dessa Declaração: «The effect of the provisions in the TRIPS Agreement that are relevant to the exhaustion of intellectual property rights is to leave each Member free to establish its own regime for such exhaustion without challenge, subject to the MFN and national treatment provisions of Articles 3 and 4». Sobre a *Declaração de Doha*, *vide infra*, § 11.º/IX, alínea *b)*. Cfr. ainda, sobre o tema em apreço, Maristela Basso, *Propriedade intelectual e importação paralela*, São Paulo, 2011.

[398] Cfr. o 1.º § e a alínea *c)* do 2.º § do preâmbulo do Acordo.

(art. 41.º, n.ºs 3 e 4, e art. 42.º); *b)* O direito à indemnização dos danos sofridos pelo titular de direitos intelectuais em caso de violação destes (art. 45.º); *c)* A retirada dos circuitos comerciais das mercadorias em infração (art. 46.º); *d)* Certas medidas provisórias (art. 50.º); e *e)* Processos e sanções criminais (art. 61.º).

Com a mencionada ressalva das regras atinentes aos direitos morais, a violação da Convenção de Berna por um Estado parte do Acordo TRIPS importa, desde a entrada em vigor deste, também a violação do Acordo institutivo da OMC, sujeitando o infrator às sanções correspondentes. Eis por que, nos termos do art. 64.º do Acordo, as regras sobre o processo de resolução de litígios instituído entre os Estados membros daquela organização (um aspeto nuclear do regime jurídico a que esta entidade se subordina) são aplicáveis ao incumprimento por esses Estados das obrigações assumidas nos termos do Acordo TRIPS[399]. Pode, nesta medida, dizer-se que a efetividade da proteção da propriedade intelectual foi significativamente reforçada por este Acordo.

b) Continuação: eficácia na ordem interna. – Têm-se, no entanto, suscitado dúvidas sobre se as disposições do Acordo podem ser invocadas pelos particulares perante os tribunais dos respetivos Estados membros, em abono das suas pretensões, independentemente da transposição daquele para as ordens jurídicas nacionais através de outros atos legislativos – ou seja, sobre se essas disposições são dotadas de *efeito direto*.

Para tanto é necessário, tal como em relação a qualquer outro tratado internacional, que se encontrem preenchidas, pelo menos, as seguintes condições: 1.º, que semelhante efeito seja permitido pelo sistema constitucional do Estado onde o interessado pretende invocar as disposições em causa; 2.º, sendo estas invocadas num dos Estados-Membros da União Europeia, que a isso não se oponha o Direito Europeu; e 3.º, que as disposições em causa não careçam, atento o seu conteúdo e fins, de normas de Direito interno ou comunitário que lhes deem execução na ordem interna – i. é, que sejam «autoexecutórias» (*self-executing*).

Supomos que, no que respeita ao Acordo TRIPS, nenhuma destas condições se pode ter por verificada relativamente a todos os seus Estados membros e a todas as suas disposições. Vejamos porquê.

Em alguns desses Estados, como a França e Portugal, prevalece nesta matéria uma conceção monista sobre as relações entre o Direito Internacional e o Direito

[399] Essas regras constam dos arts. XXII e XXIII do GATT de 1994 e do *Memorando de Entendimento Sobre a Resolução de Litígios*. Cfr. *infra*, § 27.º/V.

interno, nos termos da qual as normas constantes dos tratados internacionais vigoram na ordem interna enquanto tais, após a sua aprovação ou ratificação pelo órgão competente e a respetiva publicação oficial, sem terem para tanto de ser previamente transformados em Direito interno.

Noutros Estados, porém, como é o caso do Reino Unido, vingou a conceção oposta, por força da qual os tratados internacionais não integram, mediante a sua mera ratificação e publicação oficial, a ordem jurídica interna, motivo pelo qual não são diretamente aplicáveis pelos tribunais nacionais: é ainda necessária, para esse efeito, uma lei do Parlamento que os transforme em Direito interno.

Por outro lado, tendo o Acordo institutivo da OMC e os seus anexos sido subscritos não só pelos Estados-Membros da União Europeia, mas também por esta última[400], há, nesses Estados, que aferir igualmente a compatibilidade do efeito direto com o Direito Europeu. Ora, em acórdãos que proferiu em 2000 e 2001, o atual Tribunal de Justiça da União Europeia pronunciou-se no sentido de que as disposições desse Acordo «não têm "efeito direto", no sentido de que não são de natureza a criar para os particulares direitos de que estes se possam prevalecer diretamente perante o juiz nacional em virtude do Direito Comunitário»[401].

Para tanto, o Tribunal invocou as mesmas razões que já haviam sido aduzidas, num acórdão proferido em 1999, a respeito da eficácia dos acordos institutivos da Organização Mundial de Comércio[402]: *a)* Tais acordos assentam numa base de reciprocidade e de vantagens mútuas; *b)* Algumas partes contratantes concluíram, à luz do objeto e finalidades desses acordos, que os mesmos não fazem parte das normas à luz das quais os respetivos órgãos jurisdicionais controlam a legalidade das normas jurídicas internas; *c)* Se a tarefa de assegurar a conformidade do Direito Comunitário com tais regras coubesse diretamente ao juiz comunitário, tal privaria os órgãos legislativos e executivos da Comunidade da margem de manobra de que gozam nesta matéria os órgãos homólogos dos parceiros comerciais da Comunidade.

[400] Cfr. a Decisão do Conselho 94/800/CE, de 22 de dezembro de 1994, relativa à celebração, em nome da Comunidade Europeia e em relação às matérias da sua competência, dos acordos resultantes das negociações multilaterais do Uruguay Round (1986/1994), *in JOCE*, n.º L 336 de 23 de dezembro de 1994, pp. 1 s.

[401] Cfr. os acórdãos de 14 de dezembro de 2000, caso *Parfums Christian Dior S.A. c. Tuk Consultancy B.V. e Assco Grüste GmbH e Rob van Dijk c. Wilhelm Layher GmbH & Co. K.G. e Layer B.V.*, *CJTJ*, 2000-I, pp. 11307 ss.; e de 13 de setembro de 2001, caso *Schieving-Nijstad vof e.a. c. Robert Groenevald*, *CJTJ*, 2001-I, pp. 5851 ss.

[402] Acórdão de 23 de novembro de 1999, *caso República Portuguesa c. Conselho da União Europeia*, *CJTJ*, 1999-I, pp. 8395 ss.

O exposto não significa, todavia, que as disposições do Acordo sejam destituídas de qualquer efeito perante os tribunais dos Estados-Membros da União Europeia.

Na verdade, segundo o Tribunal, nos domínios a que o Acordo se aplica e em que a União haja legislado, as autoridades judiciárias dos Estados-Membros são obrigadas, em virtude do Direito Europeu, quando sejam chamadas a aplicar as suas regras nacionais a fim de decretarem medidas provisórias para a proteção dos direitos que relevem do referido domínio, a fazerem-no, na medida do possível, à luz do texto e da finalidade do Acordo TRIPS.

Por outro lado, no que respeita às matérias em que a União não haja legislado e que pertençam à competência legislativa dos Estados-Membros, o Direito Europeu é «neutro» pelo que respeita ao efeito direto do Acordo TRIPS, não impondo nem excluindo que a ordem jurídica de um Estado-Membro reconheça aos particulares o direito de se fundarem diretamente nas suas normas ou que os seus tribunais as apliquem oficiosamente. Nestes casos, a solução do problema dependerá, assim, do Direito interno de cada Estado. Contanto que o respetivo sistema constitucional a isso não se oponha, poderão ser diretamente aplicadas pelos tribunais nacionais as disposições do Acordo que se mostrem *suficientemente precisas* para o efeito.

Ora, dentre as regras do Acordo TRIPS relevantes em matéria de Direito de Autor, umas requerem manifestamente normas de Direito interno que lhes deem execução: é o caso, por exemplo, das que versam sobre a aplicação efetiva dos direitos de propriedade intelectual[403]. Outras, no entanto, parecem dispensar semelhante procedimento, pelo que, sob este ponto de vista, nada se opõe a que sejam diretamente invocadas pelos particulares na ordem interna. Estão neste caso, por exemplo, as disposições do Acordo TRIPS que consagram o princípio do tratamento nacional e a cláusula da nação mais favorecida, bem como a que incorpora a Convenção de Berna[404].

403 Assim a sentença do Tribunal Federal alemão de 2 de maio de 2002, caso *Faxkarte, GRUR*, 2002, pp. 1046 ss., em que se declara: «As disposições da terceira parte do Tratado, respeitante à aplicação efetiva dos direitos de propriedade intelectual, não são diretamente aplicáveis». Acrescenta-se, porém, na mesma sentença: «o legislador pressupôs, no entanto, ao ratificar o Tratado, que o Direito alemão está de acordo com as novas exigências».

404 A aplicação direta do Acordo TRIPS na ordem interna foi expressamente admitida pelo Tribunal Federal alemão na sentença proferida em 25 de fevereiro de 1999 sobre o caso *Kopienversanddienst, NJW*, 1999, pp. 1953 e ss. Na doutrina, subscrevem a orientação defendida no texto, designadamente, Karen Kaiser, *in* Jan Busche/Peter-Tobias Stoll (orgs.), *TRIPs – Internationales und europäisches Recht des geistigen Eigentums. Kommentar*, cit., p. 65; e Joanna Schmidt-Szalewski/Jean-Luc Pierre, *Droit de la propriété industrielle*, cit., p. 475. Na literatura portuguesa, vejam-se, porém, no sentido de que carecem de caráter *self-executing* todas as disposições do Acordo TRIPS, Fausto de Quadros, «O caráter *self-executing* de disposições de tratados internacionais. O caso concreto do acordo TRIPS»,

IV – As novas tecnologias e o direito de autor

O advento da tecnologia digital e da Internet colocou, como já notámos, complexas questões ao Direito de Autor. Sendo a obra digitalizada e colocada em rede, fica à disposição do público em qualquer país onde exista ligação a esta, podendo os interessados aceder à obra no lugar e no momento que escolherem. Esta é, no entanto, uma forma de utilização das obras intelectuais que nem a Convenção de Berna nem a Convenção Universal contemplam expressamente. O que suscitou a questão, amplamente discutida na doutrina, de saber se a mesma se encontrava compreendida em algum dos exclusivos de utilização dessas obras consagrados por estes instrumentos internacionais[405].

A fim de adaptar o regime internacional do Direito de Autor a essa nova realidade, foi concluído em Genebra, a 20 de dezembro de 1996, sob a égide da Organização Mundial da Propriedade Intelectual, o *Tratado Sobre Direito de Autor*, em vigor desde 6 de março de 2002[406].

ROA, 2001, pp. 1269 ss. (especialmente pp. 1283 ss.); e Remédio Marques/M. Nogueira Serens, «Direito de patente: sucessão de leis no tempo e proibição da outorga de patentes nacionais sobre produtos químicos ou farmacêuticos no domínio do CPI de 1940 – o aditamento de reivindicações de produto químico ou farmacêutico, no quadro do CPI de 1995, nos procedimentos de proteção pendentes na data de adesão à Convenção da patente Europeia e ao Acordo TRIPS», *Dir.*, 2006, pp. 1011 ss. (p. 1060). Cfr. ainda, sobre o tema, o que dizemos *infra*, no § 11.º/VI, alínea *c)*.

[405] Na vastíssima bibliografia relativa a esta temática, destacamos: Bernd Hugenholtz (org.), *The Future of Copyright in a Digital Environment. Proceedings of the Royal Academy Colloquium organized by the Royal Netherlands Academy of Sciencies (KNAW) and the Institute for Information Law (Amsterdam, 6-7 July 1995)*, Haia/Londres/Boston, 1996; André Lucas, *Droit d'auteur et numérique*, Paris, 1998; Makeen Fouad Makeen, *Copyright in a Global Information Society*, Haia/Londres/Boston, 2000; José de Oliveira Ascensão, «Direitos de autor e conexos inerentes à colocação de mensagens em rede informática à disposição do público», *in Estudos sobre Direito da Internet e da Sociedade da Informação*, Coimbra, 2001, pp. 105 ss.; Gabriel de Broglie, *Le droit d'auteur et l'internet*, 2.ª ed., Paris, 2001; Jessica Litman, *Digital Copyright*, Nova Iorque, 2001; Alain Strowel/Estelle Derclaye, *Droit d'auteur et numérique: logiciels, bases de données, multimédia. Droit belge, européen et comparé*, Bruxelas, 2001; Alexandre Dias Pereira, *Informática, Direito de Autor e propriedade tecnodigital*, Coimbra, 2001; Jürgen Ensthaler/Wolfgang Bosch/Stefan Völker (orgs.), *Handbuch Urheberrecht und Internet*, Heidelberga, 2002; e Cláudia Trabuco, *O direito de reprodução de obras literárias e artísticas no ambiente digital*, Coimbra, 2006.

[406] Cujo texto se encontra reproduzido em José de Oliveira Ascensão/Dário Moura Vicente, *Legislação sobre direito de autor e sociedade da informação*, cit., pp. 445 ss. Em 2019, eram partes desse Tratado 102 Estados. O Tratado foi aprovado, em nome da Comunidade Europeia, no que se refere às questões da sua competência, pela Decisão do Conselho n.º 2000/278/CE, de 16 de março de 2000, publicada no *JOCE*, n.º L 89, de 11 de abril de 2000, pp. 6 ss. Ver, sobre o Tratado, Mihaly Ficsor, *The Law of Copyright and the Internet: The 1996 WIPO Treaties, Their Interpretation and Implementation*, Oxford, 2002; Frédéric Pollaud-Dulian, *Le droit d'auteur*, cit., pp. 887 ss.; André Lucas/Henri-Jacques Lucas, *Traité de la propriété littéraire et artistique*, cit., pp. 1028 ss.;

Também este constitui um acordo particular no sentido do art. 20 da Convenção de Berna (art. 1), sendo, aliás, o seu âmbito de aplicação fundamentalmente definido por remissão para esta (art. 3).

Consagram-se no Tratado, como direitos exclusivos dos autores, além dos de distribuição (art. 6) e de aluguer (art. 7), o de autorizar a comunicação da obra ao público por fio ou sem fio, incluindo a sua *colocação à disposição do público* onde e quando os membros deste escolherem (art. 8). Esta última é a disposição fundamental do Tratado. Por força dela, não podem os titulares de sítios Internet disponibilizar nestes, ainda que gratuitamente, obras literárias ou artísticas sem o consentimento dos respetivos autores; e podem ser diretamente acionados pelos titulares de direitos, o que é geralmente mais fácil do que a perseguição judicial dos utilizadores da rede que se limitem a efetuar o descarregamento para os respetivos computadores individuais de conteúdos protegidos.

Igualmente significativa é a obrigação assumida pelos Estados contratantes, no art. 11 do Tratado, de consagrarem nos respetivos sistemas jurídicos proteção adequada e sanções eficazes contra a neutralização de dispositivos tecnológicos de proteção, que restrinjam atos não autorizados pelos autores ou pela lei[407].

A incorporação destas regras no Direito interno dos Estados Unidos deu-se, pouco depois da sua aprovação, através do *Digital Millenium Copyright Act*, de 1998, que alterou diversas disposições da lei de Direito de Autor deste país. Nos Estados-Membros da União Europeia, ela operou-se, como veremos a seguir, em duas fases: primeiro, através da Diretiva relativa à harmonização dos direitos de autor e conexos na sociedade de informação, de 2001; em seguida, mediante a transposição deste ato comunitário para os sistemas jurídicos nacionais daqueles Estados.

V – A harmonização europeia do Direito de Autor

a) O direito de autor e os tratados europeus. – Os tratados que instituíram sucessivamente a Comunidade Económica Europeia, a Comunidade Europeia e a União Europeia, assim como o Tratado Sobre o Funcionamento da União

Jörg Reinbothe/Silke von Lewinski, *The WIPO Treaties 1996. The WIPO Copyright Treaty and the WIPO Performances and Phonograms Treaty. Commentary and Legal Analysis*, reimpressão, Londres, 2007; Silke von Lewinski, *International Copyright Law and Policy*, cit., pp. 411 ss.; Patrícia Akester, *Direito de Autor em Portugal, nos PALOP, na União Europeia e nos Tratados Internacionais*, cit., pp. 413 ss.; e *Sterling on World Copyright Law*, cit., pp. 833 ss.

[407] Ver, sobre o ponto, o nosso «Direito de Autor e medidas tecnológicas de proteção», *in Direito Comparado. Perspetivas Luso-Americanas*, vol. I, Coimbra, 2006, pp. 161 ss., e a demais bibliografia aí citada.

Europeia (doravante TFUE), em vigor desde 1 de dezembro de 2009, tiveram profundas repercussões sobre diversos aspetos do direito de autor[408].

Assim sucedeu, desde logo, no tocante à condição jurídica dos autores e artistas estrangeiros. O art. 18.º do TFUE (correspondente ao art. 7.º do Tratado de Roma que Institui a Comunidade Económica Europeia), nos termos do qual «é proibida toda e qualquer discriminação em razão da nacionalidade», reclama, com efeito, a concessão de *tratamento nacional* aos autores e artistas nacionais dos Estados--Membros da Comunidade. Neste sentido se pronunciou o então denominado Tribunal de Justiça das Comunidades Europeias no caso *Phil Collins*[409], em que prevaleceu o entendimento conforme o qual aquele preceito se opõe a que a legislação de um Estado-Membro recuse aos autores e artistas intérpretes ou executantes de outros Estados-Membros o gozo do direito, reconhecido aos cidadãos nacionais, de impedir a comercialização em território nacional de um fonograma fabricado sem o seu consentimento quando as respetivas prestações hajam sido realizadas fora do território nacional. Efetivamente, acrescenta aquele acórdão, o atual art. 18.º do TFUE, ao proibir toda e qualquer discriminação em razão da nacionalidade, «exige de cada Estado-Membro que garanta às pessoas que se encontrem numa situação regulada pelo Direito Comunitário a perfeita igualdade de tratamento com os nacionais e opõe-se por isso a que um Estado-Membro sujeite a concessão de um direito exclusivo à condição de ser cidadão nacional». O § 125 da *Urheberrechtgesetz* alemã, que não assegurava aos nacionais de outros Estados-Membros a mesma proteção que conferia aos artistas nacionais, seria nesta medida incompatível com aquele preceito do Tratado.

Por outro lado, decorre do art. 34.º do TFUE (ex-art. 30.º do Tratado de Roma), que proíbe as restrições quantitativas à importação e as medidas de efeito equivalente, o princípio do *esgotamento comunitário* dos direitos de autor e conexos, o qual é originariamente uma criação do Tribunal de Justiça das Comunidades Europeias. No acórdão proferido no caso *Deutsche Grammophon*[410], aquele Tribunal sustentou, com efeito, que o direito exclusivo de distribuição reconhecido na Alemanha a este conhecido fabricante de discos, que os colocara no mercado alemão através de retalhistas, não compreendia a faculdade de proibir a comercialização desses discos noutros Estados-Membros da Comunidade, ainda

[408] Vejam-se, sobre o tema, José de Oliveira Ascensão, *Direito Civil. Direito de autor e direitos conexos*, cit., pp. 701 s.; Mercedes Sabido Rodríguez, *La creación intelectual como objeto de intercambios comerciales internacionales*, Cáceres, 2000, pp. 67 ss.; André Lucas/Henri-Jacques Lucas, *Traité de la propriété littéraire et artistique*, cit., pp. 1039 ss.; *Tritton on Intellectual Property in Europe*, por Richard Davis, Thomas St. Quintin, 5.ª ed., Londres, pp. 783 ss.

[409] Acórdão de 20 de outubro de 1993, *CJTJ*, 1993, vol. I, pp. 5145 ss.

[410] Acórdão de 8 de junho de 1971, *CJTJ*, 1971, pp. 487 ss.

que nestes o titular do direito atuasse por meio de filiais suas ou de beneficiários de licenças contratuais, porquanto tal conduziria a uma compartimentação dos mercados: tal direito esgotara-se, portanto, em toda a Comunidade Europeia com a primeira colocação em circulação dos discos num dos respetivos Estados-Membros (no caso, a Alemanha). A territorialidade do direito de autor viu-se assim limitada no que respeita ao exercício, na Comunidade Europeia, do direito de distribuição dos exemplares de obras literárias ou artísticas nela primeiramente colocados em circulação pelo seu titular ou com o seu consentimento[411].

São, por fim, muito significativas as incidências das disposições do TFUE relativas à defesa da concorrência, *maxime* os seus arts. 101.º e 102.º (ex-arts. 81.º e 82.º do Tratado de Roma), sobre o exercício de direitos intelectuais, incluindo os direitos de autor e conexos[412]. Delas é elucidativa a decisão proferida pelo Tribunal de Primeira Instância das Comunidades Europeias, em 17 de setembro de 2007, no caso *Microsoft*[413], em que esta jurisdição comunitária confirmou a decisão da Comissão Europeia de 23 de maio de 2004, que havia concluído que Microsoft abusara da sua posição dominante no mercado dos sistemas operativos de computadores pessoais, ao recusar-se a divulgar informações que permitissem aos seus concorrentes conseguirem uma completa interoperabilidade dos programas por si comercializados com o sistema *Windows* e bem assim ao vincular o leitor multimédia *Windows Media Player* ao *Windows*. O referido Tribunal entendeu, com efeito, que, não obstante a tecnologia em causa se encontrar protegida pelo direito de autor, aqueles dois tipos de comportamento restringiam a concorrência no mercado em causa, obstando assim à inovação e à liberdade de escolha e causando um prejuízo substancial aos consumidores. Das regras comunitárias de Direito da Concorrência pode, em suma, resultar a imposição de licenças compulsórias de direitos de autor. Essas regras projetam-se ainda relevantemente sobre a eficácia de certos acordos entre entidades de gestão coletiva de direitos de autor e conexos, de que daremos conta adiante[414].

[411] Sobre esta problemática, *vide* Oliveira Ascensão, «Territorialidade dos direitos de autor e conexos e Direito Comunitário», *ROA*, 1990, pp. 313 ss.

[412] Cfr. Miguel Moura e Silva, *Direito da concorrência*, Lisboa, 2018, pp. 811 ss.

[413] Cfr. *JOUE*, n.º C 269, de 10 de novembro de 2007, pp. 45 s. *Vide*, sobre esta decisão, Cláudia Trabuco, «A interoperabilidade entre o Direito de Autor e o Direito da Concorrência. Acórdão do Tribunal de Primeira Instância de 17.9.2007, Proc. T-201/04», *Cadernos de Direito Privado*, 2008, pp. 28 ss.

[414] Cfr. *infra*, § 16.º/II.

b) A harmonização de legislações em matéria de direito de autor: razão de ser do fenómeno. – Nos Estados-Membros da União Europeia, o Direito de Autor foi objeto de uma vasta harmonização de legislações[415].

Esta reflete a preocupação da União Europeia em evitar que as divergências entre os Direitos nacionais sobre esta matéria se repercutam negativamente sobre o funcionamento do mercado interno europeu e, em particular, sobre a livre circulação nele das mercadorias e dos serviços. Esse desiderato implica, na verdade uma harmonização do regime dos exclusivos sobre bens intelectuais, dos quais pode resultar, como se viu acima, uma compartimentação dos mercados[416].

Por outro lado, os órgãos europeus viram no desenvolvimento e na divulgação das tecnologias da comunicação e da informação um importante estímulo ao crescimento económico, razão por que os tomaram como um dos *Leitmotive* da

[415] Cfr. o estudo preparatório dessa harmonização por Adolf Dietz, *Le droit d'auteur dans la communauté européenne. Analyse comparative des législations nationales relatives au droit d'auteur face aux dispositions du traité instituant la Communauté économique européenne*, Bruxelas, 1978. Sobre a evolução posterior da harmonização de legislações na Europa, vejam-se Jörg Reinbothe, «The Acquis Communautaire and the Future of Copyright in the European Union», *in* AAVV, *Culture, Copyright and Information Society*, s.l., 2004, pp. 26 ss.; *idem*, «Der acquis communautaire des Europäischen Urheberrechts: Stand und Entwicklung der Rechtsangleichung und Harmonisierungskonzept», *EWS*, 2007, pp. 193 ss.; Giannantonio Benacchio, *Diritto privato della Comunità Europea. Fonti, modelli, regole*, 3.ª ed., Pádua, 2004, pp. 539 ss.; André Lucas, «Libres propos sur l'harmonisation communautaire du droit d'auteur et des droits voisins», *in* Ansgar Ohly/Theo Bodewig/Thomas Dreier/Horst-Peter Götting/Maximilian Haedicke/Michael Lehmann (orgs.), *Perspektiven des Geistigen Eigentums und Wettbewerbsrechts. Festschrift für Gerhard Schricker zum 70. Geburtstag*, Munique, 2005, pp. 435 ss.; Luigi Carlo Ubertazzi, «Introduzione al diritto europeo della proprietà intellettuale», *in* AAVV, *Direito da Sociedade da Informação*, vol. VI, Coimbra, 2006, pp. 29 ss.; Jean-Sylvestre Bergé, «The Community Framework for Cross-Border Intellectual Property and Information Technology Litigation», *in* Arnaud Nuyts (org.), *International Litigation in Intellectual Property and Information Technology*, Austin, etc., 2008, pp. 49 ss.; José de Oliveira Ascensão, «O Direito de Autor e a Internete. Em particular as recentes orientações da Comunidade Europeia», *in* AAVV, *Direito da Sociedade da Informação*, vol. VII, Coimbra, 2008, pp. 9 ss.; Patrícia Akester, *Direito de Autor em Portugal, nos PALOP, na União Europeia e nos Tratados Internacionais*, cit., pp. 283 ss.; Annette Kur e Thomas Dreier, *European Intellectual Property Law. Text, Cases & Materials*, Cheltenham/Northampton, 2013, pp. 243 ss.; Alexandre Dias Pereira, «A modernização do Direito de Autor na União Europeia – O pacote legislativo da Comissão», *RDI*, 2017/II, pp. 7 ss.; e *Tritton on Intellectual Property in Europe*, cit., pp. 555 ss. Os atos jurídicos europeus neste domínio encontram-se coligidos e comentados *in* Michel M. Walter (org.), *Europäisches Urheberrecht. Kommentar*, Viena/Nova Iorque, 2001, e Thomas Dreier/Bernt Hugenholtz, *Concise European Copyright Law*, 2.ª ed., Haia, 2016.

[416] Ver, sobre o ponto, a Comunicação da Comissão ao Parlamento Europeu, ao Conselho, ao Comité Económico e Social Europeu e ao Comité das Regiões intitulada *Estratégia para o Mercado Único Digital na Europa*, doc. COM (2015) 192 final, de 6 de maio de 2015.

legiferação empreendida nos últimos anos, destacando-se nesta a que respeita às incidências das novas tecnologias sobre a exploração comercial de obras intelectuais.

c) Continuação: planos de intervenção e fontes. – A harmonização europeia do Direito de Autor foi levada a cabo em diferentes planos.

O primeiro tem por objeto a harmonização do regime substantivo dos direitos de autor e conexos. Para esse efeito, foram adotadas onze Diretivas, que visam instituir um nível de equivalente proteção desses direitos no território da União Europeia. Nove dessas Diretivas têm caráter setorial, nelas se disciplinando: *a)* A proteção jurídica dos programas de computador[417]; *b)* O direito de aluguer, o direito de comodato e certos direitos conexos aos direitos de autor em matéria de propriedade intelectual[418]; *c)* A radiodifusão por satélite e a retransmissão por cabo de obras protegidas pelo direito de autor[419]; *d)* O prazo de proteção dos direitos de autor e de certos direitos conexos[420]; *e)* A proteção jurídica das bases de dados[421]; *f)* O direito de sequência em benefício do autor de uma obra de arte original que seja objeto de alienações sucessivas[422]; *g)* As utilizações

[417] Diretiva 91/250/CEE, de 14 de maio de 1991, publicada no *JOCE*, n.º L 122, de 17 de maio de 1991, pp. 42 ss., transposta para a ordem jurídica portuguesa pelo D.L. n.º 252/94, de 20 de outubro. Foi revogada pela Diretiva 2009/24/CE, de 23 de abril de 2009, publicada no *JOUE*, n.º L 111, de 5 de maio de 2009, pp. 16 ss., que codificou a disciplina europeia sobre a matéria.

[418] Diretiva 92/100/CEE, de 19 de novembro de 1992, publicada no *JOCE*, n.º L 346, de 27 de novembro de 1992, pp. 61 ss., transposta para a ordem jurídica portuguesa pelo D.L. n.º 332/97, de 27 de novembro. Foi revogada pela Diretiva 2006/115/CE, de 12 de dezembro de 2006, relativa ao direito de aluguer, ao direito de comodato e a certos direitos conexos ao direito de autor em matéria de propriedade intelectual, publicada no *JOCE*, n.º L 376, de 27 de dezembro de 2006, pp. 28 ss., que codificou a disciplina europeia sobre a matéria.

[419] Diretiva 93/83/CEE, de 27 de setembro de 1993, publicada no *JOCE*, n.º L 248, de 6 de outubro de 1993, pp. 15 ss. Foi transposta para a ordem jurídica portuguesa pelo D.L. n.º 333/97, de 27 de novembro.

[420] Diretiva 93/98/CEE, de 29 de outubro de 1993, publicada no *JOCE*, n.º L 290, de 24 de novembro de 1993, pp. 9 ss., transposta para a ordem jurídica portuguesa pelo D.L. n.º 334/97, de 27 de novembro. Foi revogada pela Diretiva 2006/116/CE, de 12 de dezembro de 2006, relativa ao prazo de proteção do direito de autor e de certos direitos conexos, publicada no *JOUE*, n.º L 372, de 27 de dezembro de 2006, pp. 12 ss., a qual codificou a disciplina europeia sobre a matéria.

[421] Diretiva 96/9/CE, de 11 de março de 1996, publicada no *JOCE*, n.º L 77, de 27 de março de 1996, pp. 20 ss. Foi transposta para a ordem jurídica portuguesa pelo D.L. n.º 122/2000, de 4 de julho.

[422] Diretiva 2001/84/CE, de 27 de setembro de 2001, publicada no *JOCE*, n.º L 272, de 13 de outubro de 2001, pp. 32 ss. Foi transposta para a ordem jurídica portuguesa pela Lei n.º 24/2006, de 30 de junho.

permitidas das denominadas obras órfãs[423]; *h)* A gestão coletiva de direitos de autor e conexos e a concessão de licenças multiterritoriais de direitos sobre obras musicais para utilização em linha no mercado interno[424]; e *i)* As utilizações permitidas de determinadas obras e outro material protegidos por direito de autor e direitos conexos em benefício das pessoas cegas, com deficiência visual ou com outras dificuldades de acesso a textos impressos[425].

Neste plano de intervenção inclui-se ainda a Diretiva 2001/29/CE, de 22 de maio de 2001, relativa à harmonização de certos aspetos do direito de autor e dos direitos conexos na sociedade de informação[426]. Através deste ato europeu, visou-se dar execução no território da União Europeia aos Tratados da OMPI Sobre Direito de Autor e Sobre Interpretações ou Execuções e Fonogramas, a que fizemos referência acima. Por força dele, a colocação em rede à disposição do público de obras e prestações protegidas passou a ser objeto na União de uma previsão legal específica, que a qualifica como um direito exclusivo (art. 3.º). Mas a Diretiva vai muito além do que aqueles instrumentos internacionais exigiriam, pois – contrariamente ao que o seu título inculca – não se limita a regular os problemas do direito de autor no ambiente digital, antes disciplina também a utilização de obras e prestações protegidas por outros meios. Além disso, acolhe-se expressamente nela o princípio do *esgotamento comunitário* do

[423] Diretiva 2012/28/EU, de 25 de outubro de 2012, publicada no *JOUE*, n.º L 299, de 27 de outubro de 2012, pp. 5 ss. Foi transposta para a ordem jurídica portuguesa pela Lei n.º 32/2016, de 24 de abril.

[424] Diretiva 2014/26/EU, de 26 de fevereiro de 2014, publicada no *JOUE*, n.º L 84, de 20 de março de 2014, pp. 72 ss. Foi antecedida da Recomendação 2005/737/CE, da Comissão, de 18 de maio de 2005, relativa à gestão coletiva transfronteiriça do direito de autor e dos direitos conexos no domínio dos serviços musicais em linha legais, *in JOUE*, n.º L 276, de 21 de outubro de 2005, pp. 54 ss. A Diretiva foi transposta para a ordem jurídica portuguesa pelo D.L. n.º 100/2017, de 23 de agosto, que altera a Lei n.º 26/2015, de 14 de abril, que regula as entidades de gestão coletiva do direito de autor e dos direitos conexos.

[425] Diretiva (UE) 2017/1564 de 13 de setembro de 2017, publicada no *JOUE*, n.º L 242, de 20 de setembro de 2017, pp. 6 ss. Transposta para a ordem jurídica portuguesa pela Lei n.º 92/2019, de 4 de setembro, que altera o CDADC.

[426] *In JOCE*, n.º L 167, 22 de junho de 2001, pp. 10 ss. Portugal transpôs a Diretiva para o respetivo Direito interno pela Lei n.º 50/2004, de 24 de agosto, que procedeu a uma revisão parcial do Código do Direito de Autor e dos Direitos Conexos, aprovado em 1985, bem como da Lei n.º 62/98, de 1 de setembro, relativa à reprografia e à cópia privada. Sobre essa transposição, vejam-se: Alberto Sá e Melo, «A telecomunicação eletrónica em rede de obras intelectuais na "sociedade da informação". A Diretriz 2001/29/CE e a sua transposição em Portugal pela Lei n.º 50/2004», *in* AAVV, *Direito da Sociedade da Informação*, vol. VII, Coimbra, 2008, pp. 279 ss.; Luiz Francisco Rebello, «A transposição da Diretiva n.º 2001/29/CE: um comentário crítico», *in ibidem*, pp. 433 ss.; e Dário Moura Vicente, «Direito de Autor e medidas tecnológicas de proteção», *in ibidem*, pp. 499 ss.

direito de distribuição (art. 4.º, n.º 2). E estabelece-se ainda nas suas disposições um minucioso elenco de exceções e limitações aos direitos de autor e conexos, que os Tratados da OMPI não consagram (art. 5.º). Procedeu-se deste modo a uma importante modernização do Direito de Autor, que o adapta simultaneamente às exigências da sociedade da informação e da integração europeia. O alcance desta Diretiva é, pois, muito vasto: encontramos nela o embrião de um novo Direito Europeu de Autor[427].

Certos problemas suscitados pela utilização em rede de obras intelectuais foram ainda disciplinados na Diretiva 2000/31/CE, do Parlamento Europeu e do Conselho, de 8 de junho de 2000, relativa a certos aspetos legais dos serviços da sociedade de informação, em especial do comércio eletrónico, no mercado interno («Diretiva sobre comércio eletrónico»)[428]. É esse o caso, nomeadamente, da responsabilidade dos provedores de serviços de Internet pelos conteúdos colocados em rede que violem exclusivos jusautorais, a qual é objeto dos arts. 12.º a 15.º da Diretiva.

Mais recentemente, foram adotadas as Diretivas (UE) 2019/789 e 2019/790 do Parlamento Europeu e do Conselho, de 17 de abril de 2019[429].

A primeira destas Diretivas estabelece normas sobre o exercício dos direitos de autor e conexos relativamente aos denominados «serviços acessórios em linha» prestados por organismos de radiodifusão, entre os quais sobressaem os serviços que permitem o acesso por parte do público a programas de televisão e de rádio em *streaming* e os serviços que dão acesso, num determinado período de tempo após a transmissão, a programas de televisão e de rádio previamente transmitidos pelo organismo de radiodifusão, designados neste instrumento europeu por «serviços de visionamento diferido». A fim de facilitar a prestação desses serviços, são os mesmos submetidos à lei do respetivo país de origem, identificado no art. 3.º, n.º 1, como o Estado-Membro do estabelecimento principal do organismo de radiodifusão.

A segunda é relativa aos direitos de autor e direitos conexos no mercado único digital e que altera as Diretivas 96/9/CE e 2001/29/CE. Este instrumento jurídico europeu, longamente debatido, visa fundamentalmente: *a)* Facilitar a utilização digital de conteúdos protegidos no ensino, na investigação e na conservação do

[427] Vejam-se, para uma exposição dos pressupostos em que assenta a Diretiva, o Livro Verde intitulado *O Direito de Autor e os Direitos Conexos na Sociedade da Informação*, publicado pela Comissão Europeia em 1995, documento COM (95) 382 final; e o *Seguimento do Livro Verde Sobre o Direito de Autor e os Direitos Conexos na Sociedade da Informação*, documento COM (96) 568 final, de 1996.

[428] *In JOCE*, n.º L 178, de 17 de julho de 2000, pp. 1 ss. Foi transposta para a ordem jurídica portuguesa pelo D.L. n.º 7/2004, de 7 de janeiro.

[429] *In JOUE*, n.º L 130, de 17 de maio de 2019, pp. 82 ss. e 92 ss.

património cultural, introduzindo para o efeito novas exceções ou limitações obrigatórias para as utilizações levadas a cabo com essas finalidades, mormente por via da prospeção de textos e dados (arts. 3.º a 7.º) e prevendo a concessão de licenças para fins não comerciais por entidades de gestão coletiva (arts. 8.º a 11.º); *b)* Estabelecer uma proteção jurídica harmonizada para publicações de imprensa no que diz respeito às suas utilizações em linha, através da consagração, em benefício dos editores, de direitos conexos aos direitos de autor no tocante à reprodução e colocação à disposição do público das respetivas publicações por prestadores de serviços da sociedade da informação (art. 15.º); *c)* Garantir aos criadores de conteúdos protegidos maior participação nos proventos da sua exploração em linha, em ordem a reduzir o denominado *value gap* entre a remuneração por si auferida e esses proventos, clarificando para o efeito que os prestadores de serviços de partilha de conteúdos em linha realizam um ato de comunicação ao público ou de disponibilização ao público quando oferecem o acesso a obras ou outro material protegido por direitos de autor carregados pelos seus utilizadores (*v.g.* em plataformas como o *YouTube*), devendo por conseguinte, os prestadores desses serviços obter uma autorização dos titulares de direitos em causa, nomeadamente através de um acordo de concessão de licença (art. 17.º)[430]; e *d)* Reforçar a proteção dos autores e artistas intérpretes ou executantes que concedam licenças ou transfiram os seus direitos, prevendo para o efeito que os mesmos têm direito a receber uma remuneração adequada e proporcionada (art. 18.º), bem como informações atualizadas, pertinentes e exaustivas sobre a exploração das suas obras e prestações por parte daqueles a quem foram concedidas licenças ou transferidos os seus direitos, nomeadamente no que diz respeito aos modos de exploração, a todas as receitas geradas e à remuneração devida (art. 19.º), e a possibilidade de reclamar uma remuneração adicional à parte com quem celebraram um contrato de exploração dos seus direitos, sempre que a remuneração inicialmente acordada se revele desproporcionadamente baixa relativamente às receitas decorrentes dessa exploração (art. 20.º n.º 1)[431].

Outro plano de intervenção, não menos relevante, dos órgãos legislativos europeus contende com o regime da tutela dos direitos de autor e conexos (bem como dos demais direitos intelectuais). A fim de harmonizá-lo, foi aprovada a Diretiva 2004/48/CE, de 29 de abril de 2004, relativa ao respeito dos direitos de

[430] Questão que havia dado perviamente origem a um pedido de decisão prejudicial apresentado ao Tribunal de Justiça da União Europeia pelo *Bundesgerichtshof* alemão, em 6 de novembro de 2018 (proc. C-682/18).

[431] Ver, sobre este instrumento europeu, Pedro de Miguel Asensio, «Mercado único digital y propiedad intelectual: las Directivas 2019/789 y 2019/790», *La Ley Union Europea*, n.º 71, junho 2019.

propriedade intelectual[432]. Esta prevê a obrigatoriedade de os Estados-Membros adotarem certas medidas, procedimentos e recursos tidos por necessários a fim de assegurar a observância dos direitos decorrentes, *inter alia*, da transposição das Diretivas precedentes. Entre essas medidas, procedimentos e recursos destacam-se: *a)* A apresentação pela parte contrária de elementos de prova relativos à violação de direitos intelectuais; *b)* A preservação, por ordem das autoridades judiciais, das provas da violação; *c)* A prestação obrigatória pelo infrator ou por qualquer outra pessoa, de certas informações sobre a origem e as redes de distribuição de bens ou serviços que violem direitos intelectuais; *d)* O decretamento de medidas provisórias e cautelares tendentes a inibir violações iminentes de direitos intelectuais ou a impedir a entrada ou circulação de bens que violem tais direitos nos circuitos comerciais; *e)* A indemnização de danos pela violação desses direitos; e *f)* A publicação de decisões judiciais relativas a essa violação. Uma das razões determinantes da adoção desta Diretiva foi a necessidade de dar cumprimento na União Europeia aos compromissos assumidos pelos respetivos Estados-Membros em virtude do Acordo TRIPS. Mas em matéria processual o que nela se estabelece vai claramente além do exigido por esse Acordo, razão por que se tem apodado a proteção por ela instituída de *TRIPS-plus*.

d) Conceção do direito de autor subjacente às regras europeias. – Agora pergunta-se: qual a conceção de direito de autor que se desprende destes textos? Mais concretamente: refletirão eles a perspetiva que desta matéria têm os sistemas de *droit d'auteur* ou antes aquela que é característica dos sistemas de *copyright*?

Supomos que nenhuma destas respostas seria inteiramente exata[433].

[432] *In JOUE*, n.º L 195, de 2 de junho de 2004, pp. 16 ss. Foi transposta para a ordem jurídica portuguesa pela Lei n.º 16/2008, de 1 de abril (Transpõe para a ordem jurídica interna a Diretiva n.º 2004/48/CE, do Parlamento Europeu e do Conselho, de 29 de abril, relativa ao respeito dos direitos de propriedade intelectual, procedendo à terceira alteração ao Código da Propriedade Industrial, à sétima alteração ao Código do Direito de Autor e dos Direitos Conexos e à segunda alteração ao Decreto-Lei n.º 332/97, de 27 de novembro). Vejam-se, sobre esse texto comunitário e os respetivos trabalhos preparatórios, William Cornish/Josef Drexl/Reto Hilty/Annette Kur, «Procedures and Remedies for Enforcing IPRs: the European Commission's Proposed Directive», *EIPR*, 2003, pp. 447 ss.; Jean-Christophe Galloux, «La directive relative au respect des droits de propriété intellectuelle», *RTDC*, 2004, pp. 698 ss.; e Adelaide Menezes Leitão, «A tutela dos direitos de propriedade intelectual na Diretiva 2004/48/CE», «A tutela dos direitos de propriedade intelectual na Diretiva 2004/48/CE», *in* AAVV, *Direito da Sociedade da Informação*, vol. VII, Coimbra, 2008, pp. 173 ss.

[433] Neste sentido se pronunciam também André Françon, «La propriété intellectuelle», *in* AAVV, *Le rôle du droit comparé dans l'avènement du droit européen. The Role of Comparative Law in the Emergence of European Law*, Zurique, 2002, pp. 77 ss.; Ian S. Forrester, «The Role of Comparative Law in the

Por um lado, porque se acolhem nos atos jurídicos europeus acima mencionados regimes inspirados em ambos aqueles grupos de sistemas jurídicos. Assim, por exemplo, as regras que mandam considerar o realizador principal de uma obra cinematográfica ou audiovisual como autor ou coautor desta[434], bem como as que prescrevem a consagração de um direito de sequência em benefício dos autores de obras de arte originais[435] e de um direito dos autores e artistas intérpretes ou executantes a uma remuneração adicional, adequada e justa sempre que a inicialmente acordada com as entidades com quem celebraram contratos de exploração das suas obras ou prestações se revele desproporcionadamente baixa relativamente às receitas por estes obtidas[436], provêm manifestamente dos sistemas de *droit d'auteur*. Outro tanto pode dizer-se da jurisprudência do Tribunal de Justiça da União Europeia segundo a qual o conceito de «obra» implica que exista um objeto original, o que pressupõe que este reflita a personalidade do seu autor, manifestando as escolhas livres e criativas deste[437]. Já as regras que consideram original qualquer programa de computador que seja «o resultado da criação intelectual do autor»[438] e as que atribuem ao empregador o direito patrimonial de autor sobre programas de computador criados por trabalhadores por conta de outrem no exercício das suas funções ou por indicação do seu empregador[439] revelam-se mais próximas dos sistemas de *copyright*.

Por outro lado, porque diversas regras acolhidas pela jurisprudência europeia e pelos atos normativos a que fizemos referência acima – *maxime* o princípio do esgotamento comunitário – se fundam em valorações distintas das que subjazem à maior parte das legislações nacionais, na medida em que visam como objetivo fundamental evitar que do direito de autor resultem entraves ao funcionamento do mercado interno europeu e ao exercício das liberdades que o caracterizam[440]; o que confere ao acervo europeu relativo a esta matéria certa autonomia perante o regime do direito de autor originariamente consagrado pelos sistemas jurídicos dos Estados-Membros.

Development of European Law on Intellectual Property», *in ibidem*, pp. 87 ss.; e Jörg Reinbothe, est. cit. na *EWS*, 2007, p. 199.

434 Cfr. o art. 2.º, n.º 1, da Diretiva 93/98/CEE.

435 Cfr. o art. 1.º, n.º 1, da Diretiva 2001/84/CE.

436 Cfr. o art. 20.º, n.º 1, da Diretiva (UE) 2019/790.

437 Ver, por último, o ac. de 12 de setembro de 2019, proc. C-683/17, *Cofemel*, ECLI:EU:C:2019:721.

438 Cfr. o art. 1.º, n.º 3, da Diretiva 91/250/CE.

439 Cfr. o art. 2.º, n.º 3, da Diretiva 91/250/CE.

440 Veja-se, em particular, o preâmbulo da Diretiva 2001/29/CE. Sobre o ponto, *vide* Ana Bárbara Ramalho, «Ensaio sobre a construção de um conteúdo normativo do direito de autor europeu», *in* Dário Moura Vicente *et al.* (coordenadores), *Estudos de Direito Intelectual em Homenagem ao Prof. Doutor José de Oliveira Ascensão*, Coimbra, 2015, pp. 95 ss.

Não falta, por isso, na doutrina mais recente quem aluda a um *EU approach* nesta matéria, que teria tornado menos nítida a tradicional dicotomia entre *droit d'auteur* e *common law copyright*[441].

VI – Outros instrumentos regionais de harmonização e unificação do Direito de Autor

Além dos atos comunitários acabados de referir, outros instrumentos regionais têm procurado harmonizar ou unificar o Direito de Autor.

Assim, o *Acordo Relativo ao Espaço Económico Europeu* (EEE), celebrado no Porto em 1992 entre os Estados-Membros da Comunidade Europeia e os que são partes da Associação Europeia de Comércio Livre (EFTA), contém em anexo o Protocolo n.º 28 Sobre a Propriedade Intelectual, nos termos do qual os Estados-Membros da EFTA se obrigaram a ajustar a respetiva legislação em matéria de propriedade intelectual, em ordem a alcançarem pelo menos o nível de proteção vigente na Comunidade à data da assinatura do Acordo, assim como a aderir às convenções internacionais sobre a matéria, incluindo a Convenção de Berna. Para aquele efeito, várias Diretivas sobre o Direito de Autor foram estendidas aos Estados-Membros do EEE que não fazem parte da União Europeia (atualmente a Islândia, a Noruega e o Liechtenstein).

Por seu turno, o *Tratado de Livre Comércio da América do Norte* («North American Free Trade Agreement» ou NAFTA), concluído em 1992 entre o Canadá, os Estados Unidos e o México, contém no seu capítulo 17 (artigos 1701 a 1721) disposições que instituem entre esses países um padrão mínimo de proteção dos direitos intelectuais. Para tanto, as partes obrigam-se não apenas a conferir efeitos na ordem interna às disposições do Acordo, mas também às da Convenção de Berna (art. 1701). Consagra-se, além disso, em benefício dos nacionais das partes contratantes, o princípio do tratamento nacional (art. 1703). Em 30 de novembro de 2018 foi celebrado entre o Canadá, os Estados Unidos e o México o Acordo Estados Unidos-México-Canadá (*United States–Mexico–Canada Agreement*, ou USMCA)[442], que substituirá o NAFTA após a respetiva entrada em vigor. O capítulo 20 do Acordo é dedicado à propriedade intelectual, prevendo-se nele também uma harmonização do regime nesta nos Estados signatários, que em alguns aspetos implicará a elevação do padrão de proteção atualmente existente[443].

[441] Assim Eleonora Rosati, *Copyright and the Court of Justice of the European Union*, Oxford, 2019, p. 217.

[442] Cujo texto se encontra disponível em https://ustr.gov/trade-agreements/free-trade-agreements/united-states-mexico-canada-agreement.

[443] É o que sucede em matéria de direito de autor, cuja duração não deverá ser inferior, segundo o art. 20.63, a 70 anos *post mortem auctoris* (sendo atualmente de 50 anos *post mortem auctoris* no Canadá).

Entre os Estados-Membros da Comunidade Andina, criada pelo *Acordo de Cartagena de 1969* (Bolívia, Colômbia, Equador, Peru e Venezuela), vigora a Decisão da Comissão da Comunidade Andina n.º 351, de 1993, que estabelece um regime comum do direito de autor e dos direitos conexos aplicável no território daqueles Estados.

VII – A harmonização e a unificação internacionais do regime jurídico dos direitos conexos

a) Posição do problema. – Diversamente das obras literárias e artísticas, que desde a invenção da imprensa, no final do século XV, se haviam tornado acessíveis a um público relativamente vasto, as prestações dos artistas intérpretes e executantes só ganharam essa condição no final do século XIX e ao longo das primeiras décadas do século XX, graças nomeadamente à invenção do gramofone e ao surgimento das tecnologias que permitiram a distribuição de sinais áudio e vídeo pela telefonia e pela televisão.

Compreende-se assim que a necessidade de conferir proteção àqueles artistas, pelo que respeita às fixações das suas interpretações e execuções, bem como aos produtores de fonogramas e videogramas, no tocante à reprodução e distribuição destes últimos, e aos organismos de radiodifusão, relativamente à fixação e retransmissão das suas emissões, só tenha surgido em época relativamente recente.

É essa necessidade que está na origem das convenções sobre celebradas ao longo do século XX em matéria de direitos conexos, ou vizinhos, dos direitos dos autores.

b) A Convenção de Roma e os instrumentos complementares. – A tutela internacional dos direitos conexos obteve a sua primeira consagração expressa na *Convenção Internacional para a Proteção dos Artistas Intérpretes ou Executantes, dos Produtores de Fonogramas e dos Organismos de Radiodifusão*, assinada em Roma a 26 de outubro de 1961[444], na qual se reconheceram aos sujeitos nela referidos certos direitos afins do direito de autor.

[444] Cujo texto se encontra reproduzido em José de Oliveira Ascensão/Dário Moura Vicente, *Legislação sobre direito de autor e sociedade da informação*, cit., pp. 431 ss. Portugal aderiu à Convenção pela Resolução da Assembleia da República n.º 61/99, *in D.R.*, série I-A, n.º 169, 22 de julho de 1999, tendo a mesma entrado em vigor relativamente ao nosso país em 17 de julho de 2002: cfr. o Aviso do Ministério dos Negócios Estrangeiros n.º 52/2002, publicado no *D.R.*, I série-A, n.º 132, de 8 de maio de 2002. Vejam-se, sobre esta convenção, Organização Mundial da Propriedade Intelectual, *Guide to the Rome Convention and to the Phonograms Convention*, s.l., 1981; Wilhelm Nordemann/Kai Vinck/Paul W. Hertin/Gerald Meyer, *International Copyright and Neighboring*

A Convenção estabelece três princípios fundamentais.

Em primeiro lugar, o *tratamento nacional*, consagrado em benefício dos artistas intérpretes ou executantes (art. 4), dos produtores de fonogramas (art. 5) e dos organismos de radiodifusão (art. 6), o qual é definido no art. 2 como o tratamento concedido pela legislação do Estado contratante onde a proteção é pedida aos artistas e produtores seus nacionais e aos organismos de radiodifusão nele sedeados. Nos termos dos arts. 4 a 6 da Convenção, esse tratamento deve ser estendido aos artistas intérpretes ou executantes, aos produtores de fonogramas e aos organismos de radiodifusão que possuam certas conexões com os demais Estados contratantes, *maxime* pela circunstância de serem nacionais de um desses Estados (ou, no caso dos radiodifusores, de nele terem a sua sede) e de a execução da prestação, a fixação ou publicação do fonograma ou a emissão de radiodifusão aí terem sido realizadas.

Em segundo lugar, o reconhecimento aos beneficiários da proteção por ela instituída, de certos *direitos mínimos*. Assim, conferem-se aos artistas intérpretes ou executantes, os direitos de radiodifundir e comunicar ao público as suas execuções, de fixar a execução não fixada e de reproduzir uma fixação da sua execução (art. 7). Excetuam-se, todavia, as situações em que um artista intérprete ou executante haja consentido na inclusão da sua execução numa fixação de imagens ou de imagens e sons (art. 19). Os produtores de fonogramas gozam do direito de autorizar ou proibir a reprodução direta ou indireta dos seus fonogramas (art. 10). E aos organismos de radiodifusão é atribuído o exclusivo da retransmissão das suas emissões, da fixação delas num suporte material, da reprodução das fixações das suas emissões e da comunicação ao público das suas emissões de televisão, quando se efetuem em lugares acessíveis ao público, mediante o pagamento de um direito de entrada (art. 13). Além disso, consagra-se o direito a uma remuneração equitativa aos artistas, executantes e produtores de fonogramas publicados com fins comerciais, quando estes forem utilizados pela radiodifusão ou para qualquer comunicação ao público (art. 12)[445]. A duração mínima da proteção instituída pela Convenção corresponde a vinte anos (art. 14).

Rights Law, cit., pp. 337 ss.; André Lucas/Henri-Jacques Lucas, *Traité de la propriété littéraire et artistique*, cit., pp. 982 ss.; Silke von Lewinski, *International Copyright Law and Policy*, cit., pp. 191 ss.; Patrícia Akester, *Direito de Autor em Portugal, nos PALOP, na União Europeia e nos Tratados Internacionais*, cit., pp. 399 ss.; e *Sterling on World Copyright Law*, cit., pp. 779 ss.

445 A regra não é, contudo, pacífica, pela dupla remuneração que implica. Talvez por isso, prevê-se a possibilidade de os Estados membros da Convenção formularem reservas a esse preceito, não o aplicando ou só o aplicando sob condição de reciprocidade (art. 16). Portugal fez esta reserva: *vide* o art. 2.º do Decreto do Presidente da República n.º 168/99, de 22 de julho.

Em terceiro lugar, o princípio de que só podem ser exigidas nos Estados membros, como condição do gozo dos referidos direitos, as *formalidades especificadas* na Convenção. Assim, quando na legislação nacional de um Estado contratante for exigido o cumprimento de formalidades para a proteção dos artistas ou dos produtores de fonogramas, estas consideram-se cumpridas desde que os exemplares dos fonogramas contenham o símbolo constituído pela letra P inserida num círculo, acompanhado da indicação do ano de primeira publicação e do nome do titular dos direitos do produtor do fonograma (art. 11).

Prevê-se ainda a possibilidade de os Estados contratantes estabelecerem na sua legislação nacional exceções à proteção concedida pela Convenção no caso de uso privado, em relatos de acontecimentos de atualidade, em caso de fixação efémera por organismos de radiodifusão e de utilização para fins de ensino ou investigação científica (art. 15).

Durante largo período de tempo, o número de adesões à Convenção de Roma foi extremamente limitado[446]; ao que não terá sido alheia, além do mais, a circunstância de, como se referiu acima, até recentemente os sistemas de *copyright* não reconhecerem direitos conexos aos artistas e radiodifusores.

A Convenção de Roma foi posteriormente complementada por dois outros instrumentos internacionais, que disciplinaram certas matérias nela não reguladas: a *Convenção Para a Proteção dos Produtores de Fonogramas Contra a Reprodução Não Autorizada dos Seus Fonogramas*, concluída em Genebra em 1971; e a *Convenção Relativa à Distribuição de Sinais Portadores de Programas Transmitidos Por Satélite*, celebrada em Bruxelas em 1974.

c) O Acordo TRIPS. – Mais recentemente, outros textos convencionais vieram regular os direitos conexos.

O primeiro deles é o já referido Acordo TRIPS, que prevê no art. 14.º a concessão aos artistas intérpretes ou executantes, aos produtores de fonogramas e aos organismos de radiodifusão de certos direitos exclusivos, por um período não inferior a determinado número de anos, fixado no n.º 5. Consagram-se, pois, neste Acordo certos direitos já previstos na Convenção de Roma, alargando-se assim o âmbito espacial em que esses direitos podem ser exercidos a novos países, que dela não são partes, mas que integram a Organização Mundial de Comércio.

Note-se, em todo o caso, que, diversamente do que sucede com a Convenção de Berna, que é incorporada no Acordo TRIPS pelo seu art. 9.º, n.º 1, este Acordo

[446] Em 1971, eram partes da Convenção apenas 11 países. Em 2019, esse número ascendia a 94. Os Estados Unidos da América, porém, não aderiram até à data. Neste país, por conseguinte, os artistas e os produtores de fonogramas não são protegidos contra a radiodifusão não autorizada das suas prestações, nem têm direito a qualquer remuneração por essa forma de utilização das mesmas.

não impõe aos seus Estados membros a observância do disposto na Convenção de Roma. Compreende-se assim que, relativamente aos artistas, produtores de fonogramas e radiodifusores, tanto o princípio do tratamento nacional como a cláusula da nação mais favorecida, consagrados, respetivamente, nos arts. 3.º e 4.º do Acordo TRIPS, apenas valham quanto aos direitos previstos no art. 14.º[447].

d) O Tratado da OMPI. – Em 20 de dezembro de 1996, foi aprovado, sob a égide da OMPI, o *Tratado Sobre Interpretações, Execuções e Fonogramas* (TIEF), que entrou em vigor a 12 de maio de 2002[448].

Este Tratado procura adaptar o regime internacional dos direitos conexos às novas realidades tecnológicas que caracterizam a sociedade da informação, em especial a colocação à disposição do público na Internet de exemplares de interpretações e de fonogramas[449]. Em causa estava, especialmente, o problema suscitado pela criação de sítios Internet através dos quais os utentes da rede podem aceder gratuitamente a fixações de obras musicais.

O TIEF tenta conciliar os dois principais interesses em jogo nesta matéria: o dos artistas e produtores de fonogramas, por um lado, e o do público em geral e dos países importadores de obras culturais, por outro[450]. Para tanto, tutela não só os artistas, mas também os produtores de fonogramas. Os organismos de radiodifusão não são, porém, contemplados nele.

Aos artistas intérpretes ou executantes são reconhecidos certos direitos morais: o direito à identificação e o direito à integridade da interpretação ou execução (art. 5). Pertencem-lhes, além disso, o direito exclusivo de autorizar a radiodifusão e a comunicação ao público e a fixação de interpretações ou execuções não fixadas (art. 6) e os direitos de reprodução (art. 7), de distribuição (art. 8), de aluguer (art. 9) e de colocação à disposição do público (art. 10).

São direitos dos produtores de fonogramas: nos termos do art. 11, o direito de reprodução; de acordo com o art. 12, o direito de distribuição; segundo o art. 13, o direito de aluguer; e, em conformidade com o art. 14, o direito de colocar à disposição do público os fonogramas.

447 Cfr. os arts. 3.º, n.º 1, e 4.º, alínea *c)*.

448 Reproduzido em José de Oliveira Ascensão/Dário Moura Vicente, *Legislação sobre direito de autor e sociedade da informação*, cit., pp. 457 ss. Em 2019, eram partes dele 102 Estados. O Tratado foi aprovado, em nome da Comunidade Europeia, no que se refere às questões da sua competência, pela Decisão do Conselho n.º 2000/278/CE, de 16 de março de 2000, publicada no *JOCE*, n.º L 89, de 11 de abril de 2000, pp. 6 ss. Ver, sobre este texto, Patrícia Akester, *Direito de Autor em Portugal, nos PALOP, na União Europeia e nos Tratados Internacionais*, cit., pp. 431 ss.; e *Sterling on World Copyright Law*, cit., pp. 851 ss.

449 *Vide* o preâmbulo do Tratado, § 2.º.

450 Preâmbulo, § 4.º.

Relativamente a ambas as categorias de sujeitos, prevê-se no art. 15 o direito a uma remuneração equitativa pela utilização, pela radiodifusão ou por qualquer comunicação ao público, de fonogramas publicados; no art. 17, a duração por 50 anos da proteção concedida; nos arts. 18 e 19, certas obrigações dos Estados contratantes relativas a dispositivos tecnológicos e informação sobre o regime dos direitos; e no art. 20, a proteção automática das prestações, a qual não depende de qualquer formalidade.

e) O Tratado de Beijing sobre as interpretações e execuções audiovisuais. – Como se referiu acima, as prestações dos artistas intérpretes ou executantes que hajam consentido na inclusão da sua execução numa fixação de imagens ou de imagens e sons acham-se excluídas dos direitos exclusivos que lhes são reconhecidos pela Convenção de Roma. Esta matéria tão-pouco foi regulada no Tratado da OMPI de 1996. Gerou-se assim uma lacuna na proteção internacional dos artistas. Tal o motivo que levou à realização em 2000, sob a égide da OMPI, de uma conferência diplomática sobre a proteção das interpretações e execuções audiovisuais, tendente à adoção de um novo tratado sobre esta matéria. A ausência de acordo entre os Estados membros dessa conferência quanto às condições da transmissão dos direitos patrimoniais dos artistas para os produtores de filmes e outras obras audiovisuais, bem como à lei aplicável a esta matéria, não permitiu, ao tempo, a conclusão desse tratado[451].

Este viria porém a ser celebrado em 2012, em Beijing[452]. Nos termos dos arts. 6 a 11, os artistas audiovisuais gozam, pelo que respeita às suas interpretações e execuções, do exclusivo de autorizar: *a)* A sua radiodifusão e comunicação ao público; *b)* A sua fixação; *c)* A reprodução das fixações; *d)* A distribuição do original ou de cópias das fixações; *e)* A locação comercial do original ou de cópias das fixações; *f)* A colocação à disposição do público; e *g)* A sua radiodifusão e a comunicação ao público. Os referidos artistas passam assim a ter de ser remunerados por estas utilizações das suas interpretações e execuções. Ao abrigo do art. 12, os Estados partes do Tratado podem, contudo, prever na sua legislação nacional que os direitos exclusivos dos artistas passem (automaticamente) a ser detidos ou exercidos pelo produtor da fixação quando estes hajam autorizado essa fixação da sua interpretação ou execução, ou sejam cedidos (por contrato) ao produtor. De acordo com o art. 14, a proteção concedida não deve ser inferior a 50 anos contados do fim do ano em que a interpretação ou execução foi objeto

[451] Voltaremos a este ponto adiante, no § 15.º/I, alínea *m)*.

[452] O Tratado entra em vigor três meses após 30 partes contratantes terem depositado os seus instrumentos de ratificação ou adesão (art. 26). *Vide* o estado das ratificações em https://www.wipo.int. Sobre o Tratado, veja-se *Sterling on World Copyright Law*, cit., pp. 873 ss.

de fixação: a duração dos exclusivos patrimoniais previstos neste Tratado é, assim, igual à estabelecida no TIEF.

f) A harmonização europeia. – Mencione-se por último, a este respeito, que a Diretiva 92/100/CEE acolheu, em benefício dos artistas intérpretes ou executantes, dos produtores de fonogramas, dos produtores das primeiras fixações de filmes e dos organismos de radiodifusão, diversos direitos conexos sobre as respetivas prestações. Por seu turno, a Diretiva 2001/29/CE, que alterou aquela primeira Diretiva, consagrou os direitos de reprodução e de colocação à disposição do público a favor dos artistas intérpretes ou executantes (no tocante às fixações das suas prestações), dos produtores de fonogramas (quanto aos seus fonogramas), dos produtores de primeiras fixações de filmes (relativamente ao original e às cópias destes) e dos organismos de radiodifusão (para as fixações das suas radiodifusões). Pela Diretiva 2011/77/UE o prazo de proteção aplicável à fixação de execuções e a fonogramas foi alargado para 70 anos após o respetivo facto gerador.

VIII – Os limites da harmonização e da unificação empreendidas

A análise até aqui efetuada revela com nitidez uma tendência histórica para a harmonização e a unificação internacional do regime jurídico dos direitos de autor e conexos[453]. Não obstante isso, os sistemas jurídicos nacionais mantiveram a sua relevância neste domínio[454]. Por várias ordens de razões.

Desde logo, porque, em matéria de direito de autor, tanto a Convenção de Berna como o capítulo 17 do Tratado de Livre Comércio da América do Norte e o Acordo TRIPS estabelecem essencialmente, como se viu, *regras mínimas* de proteção das obras literárias e artísticas, as quais não prejudicam uma *proteção mais ampla* pelo Direito interno dos Estados que deles são partes, conquanto esta não contrarie os instrumentos internacionais em questão. É o que resulta do disposto no art. 19 daquela Convenção, no art. 1702 do Tratado norte-americano e no art. 1.º, n.º 1, do TRIPS. Na medida em que vários países estabeleceram na respetiva ordem interna regras que excedem a proteção instituída por esses acordos internacionais, *v.g.* quanto à duração da proteção e às faculdades atribuídas aos autores, não há, por enquanto, uma verdadeira unificação dos Direitos nacionais nesta matéria. Outro tanto sucede em matéria de direitos

[453] Neste sentido se pronunciam também Frederick M. Abbott/Thomas Cottier/Francis Gurry, *International Intellectual Property in an Integrated World Economy*, Austin, etc., 2007, pp. 4 s.

[454] À mesma conclusão chegam Alexander Peukert, «Vereinheitlichung des Immaterialgüterrechts: Strukturen, Akteure, Zwecke», *RabelsZ*, 2017, pp. 158 ss. (pp. 160 e 165); e Shira Perlmutter, «Towards a Global Copyright Law?», *in* Robin Jacob (org.), *The Sir Hugh Laddie Lectures*, Cambridge, etc., 2019, pp. 175 ss.

conexos: também aqui os instrumentos internacionais relevantes se limitam a estabelecer uma duração mínima dos direitos, que não prejudica a possibilidade de os Estados membros os tutelarem por mais tempo: haja vista, por exemplo, ao art. 21 da Convenção de Roma.

Depois, porque certas regras convencionais não são *autoexecutórias*, antes se limitam a formular um comando dirigido aos legisladores nacionais, que estes devem observar na regulamentação das matérias em causa, sem prejuízo da sua liberdade no tocante ao modo de lhes darem execução na ordem interna. Está naquele caso a «regra dos três passos», originariamente consignada no art. 9, n.º 2, da Convenção de Berna (donde passou para o Acordo TRIPS e os Tratados da OMPI), a qual reservou às legislações nacionais dos países da União a faculdade de permitirem a reprodução de obras literárias e artísticas, em certos casos especiais, desde que tal reprodução não prejudique a exploração normal da obra nem cause um prejuízo injustificado aos legítimos interesses do autor[455].

Acresce que tanto a Convenção de Berna como o Acordo TRIPS são omissos a respeito de questões fundamentais na regulação do direito de autor, como, por exemplo, a titularidade do direito patrimonial de autor sobre as obras feitas por conta de outrem, a gestão coletiva de direitos e o esgotamento destes em virtude da entrada em circulação dos suportes materiais das obras[456]. Igualmente significativa é a omissão, no Tratado da OMPI Sobre Direito de Autor, de qualquer regulação dos atos de reprodução temporária de conteúdos protegidos na memória de computadores, tendo em vista nomeadamente os denominados *browsing* e *caching*, matéria a respeito da qual não houve consenso entre os Estados contratantes[457]. Estes problemas ficaram, assim, implicitamente submetidos aos

[455] Assim, por exemplo, na formulação portuguesa dessa regra, constante dos arts. 75.º, n.º 4, e 81.º, alínea *b)*, do Código do Direito de Autor e dos Direitos Conexos, a reprodução de obras protegidas para uso privado só é consentida se não prejudicar a exploração normal da obra ou prestação nem causar prejuízo injustificado aos legítimos interesses do titular de direitos. Omite-se, portanto, nesta formulação a restrição das utilizações livres a *certos casos especiais*, constante da Convenção de Berna, do Acordo TRIPS e dos Tratados da OMPI. Admitindo que essa restrição tem um sentido não apenas qualitativo, mas também quantitativo, tal omissão confere um alcance potencialmente mais vasto à cópia privada em Portugal.

[456] Veja-se, a este propósito, o art. 6.º do Acordo TRIPS, nos termos do qual nenhuma disposição do mesmo será utilizada para tratar a questão do esgotamento dos direitos de propriedade intelectual.

[457] Foi, é certo, aprovada uma declaração dos Estados contratantes relativa ao art. 1, n.º 4, do Tratado, nos termos da qual o direito de reprodução previsto no art. 9 da Convenção de Berna se aplica ao armazenamento de uma obra protegida em formato digital; mas nada se diz nela sobre as exceções a que o direito de reprodução fica sujeito quando haja uma mera reprodução temporária.

sistemas jurídicos desses Estados ou das organizações de integração regional de que os mesmos são partes, que são livres de disciplina-los como entenderem. O mesmo sucede pelo que respeita aos direitos conexos: a Convenção de Roma, por exemplo, deixou aos Estados membros a liberdade de imporem a obrigatoriedade da gestão coletiva (o que, aliás, sucede em certos países europeus); e o TIEF não contemplou os direitos conexos dos organismos de radiodifusão.

Deve ainda notar-se que em certos casos a concessão de proteção num Estado membro das convenções internacionais atrás examinadas depende de *reciprocidade material* por parte da lei do país de origem da obra ou do seu autor, ainda que este seja outro Estado membro. É o que ocorre, nomeadamente, nas hipóteses previstas nos arts. 2, n.º 7, 7, n.º 8, e 14-*ter*, n.º 2, da Convenção de Berna. Outro tanto sucede em virtude do disposto no art. IV, n.º 4, alínea *a)*, da Convenção Universal. Destes preceitos decorre, como é bom de ver, uma importante limitação do princípio da assimilação ou do tratamento nacional. Eis por que já se tem caracterizado o princípio da reciprocidade material como um «tratamento nacional sob condição».

Finalmente, observe-se que, apesar da harmonização do regime dos direitos de autor e conexos, a proteção destes direitos continua a ser conferida, na União Europeia, pelo sistema jurídico de cada Estado-Membro. Não há, por enquanto, direitos autorais diretamente fundados no Direito Europeu (ao invés do que sucede no domínio dos direitos industriais, como veremos a seguir); e ainda que tais direitos fossem introduzidos tal não eliminaria os problemas resultantes das disparidades entre os regimes nacionais dos Estados-Membros até caducarem os direitos autorais constituídos com base neles, o que presentemente apenas ocorre, como se viu acima, ao completarem-se setenta anos *post mortem auctoris*[458]. De resto, o Direito Europeu deixou até hoje por regular, neste domínio, certas questões nucleares, como a titularidade do direito patrimonial (salvo pelo que respeita aos programas de computador), o direito moral de autor e as regras fundamentais sobre a contratação relativa a obras e prestações protegidas. A própria Diretiva 2001/29/CE, não obstante o seu caráter «horizontal», não logrou suprimir, no tocante às matérias nela *ex professo* versadas, a diversidade dos regimes nacionais de direito de autor. Assim, por exemplo, o art. 5.º admite diversas exceções e limitações aos direitos de reprodução, de comunicação ao público e de colocação de obras e outros bens à disposição do público. Porém, dessas exceções, apenas uma – a relativa aos atos de reprodução temporários (n.º 1) – é obrigatória; as restantes vinte (constantes dos n.ºs 2 e 3) são facultativas. Esta situação apenas em limitada medida foi atenuada através da Diretiva

[458] Sublinha também este aspeto Trevor Cook, «The Future of Copyright Protection in the European Union», *Journal of Intellectual Property Rights*, 2013, pp. 181 ss. (p. 183).

2019/790, que instituiu quatro novas exceções com caráter obrigatório, mas de alcance restrito e ainda assim sujeitas a limitações quanto ao seu âmito de aplicação, a estabelecer pelos Direitos nacionais (haja vista, designadamente, ao art. 5.º, n.º 2). O que teve como consequência que, apesar da harmonização visada pelas Diretivas europeias, subsistem neste domínio importantes disparidades entre as leis dos Estados-Membros da União[459].

A saída do Reino Unido da União Europeia implicará, enquanto não houver um acordo sobre as respetivas relações recíprocas, a recuperação pelo primeiro da sua liberdade de legislar nesta matéria sem observância das Diretivas europeias e da jurisprudência do Tribunal de Justiça que as interpreta, o que faz supor um progressivo afastamento daquele país relativamente ao atual acervo europeu de Direito de Autor[460].

Eis, em suma, por que a nosso ver o problema da determinação da lei aplicável aos direitos sobre obras literárias e artísticas permanece incontornável[461]. Dele nos ocuparemos no capítulo seguinte.

§ 11.º A harmonização e a unificação internacionais do regime jurídico da propriedade industrial

I – As componentes do sistema internacional

Examinaremos agora o sistema internacional de tutela da propriedade industrial. Compreendem-se nele cinco categorias de convenções internacionais: *a)* As que procuram instituir nos respctivos Estados membros um *standard* mínimo

[459] *Vide*, para uma análise comparativa da transposição da Diretiva 2001/29/CE em três países europeus, Lucy Beard/Valérie Budd/Arnd Haller/Marc Schuler/Ingrid Silver/Jörg Wimmers, «Harmonization of Copyright Law in the European Community. A comparative overview of the implementation of the Copyright Directive 2001/29/EC) in France, Germany and the United Kingdom», *CRi*, 2004, pp. 33 ss., que concluem: «harmonization of copyright law remains as elusive as copyright itself» (p. 41). Na mesma linha fundamental de orientação, vejam-se Bernt Hugenholtz, «Why the Copyright Directive is Unimportant, and Possibly Invalid», *EIPR*, 2000, pp. 501 s.; Lucie Guibault, *Le tir manqué de la Directive européenne sur le droit d'auteur dans la société de l'information* (disponível em http://www.ivir.nl); e Michel Vivant, «Analyse critique et prospective – un point de vue français», *in* Reto M. Hilty/Christophe Geiger (orgs.), *Impulse für eine europäische Harmonisierung des Urheberrechts. Urheberrecht im deutsch-französischen Dialog. Perspectives d'harmonisation du droit d'auteur en Europe. Rencontres franco-allemandes*, Berlim/Heidelberga/Nova Iorque, 2007, pp. 61 ss.

[460] Cfr. Pedro de Miguel Asensio, «Implicaciones del Brexit sobre los derechos de propiedad industrial e intellectual», *La Ley Unión Europea*, n.º 60, junho 2018.

[461] Neste sentido também Jane Ginsburg/Edouard Treppoz, *International Copyright Law. U.S. and E.U. Perspectives. Text and Cases*, Chelthenham/Northampton, 2015, p. 4.

de proteção da propriedade industrial[462]; *b)* As que visam facilitar a proteção internacional da propriedade industrial, assegurando, através de mecanismos de cooperação entre os respetivos Estados membros, que um pedido ou um registo de um título de propriedade industrial efetuado junto de um serviço nacional de propriedade industrial ou de uma organização internacional possa produzir efeitos em diversos países[463]; *c)* As que visam harmonizar e simplificar as formalidades a que se encontram subordinados, no plano nacional ou regional, o depósito e o registo de títulos de propriedade industrial[464]; *d)* As que estabelecem sistemas internacionais de classificação de produtos e serviços para efeitos de concessão de títulos de propriedade industrial[465]; e *e)* As que criam organizações internacionais destinadas a administrar certos aspetos da propriedade industrial[466].

462 Entre as quais se destaca a Convenção de Paris para a Proteção da Propriedade Industrial, de 1883. Além dela, integram esta categoria: o Acordo de Lisboa Relativo à Proteção das Denominações de Origem e ao seu Registo Internacional, de 1958; e o Acordo sobre os Aspetos dos Direitos da Propriedade Intelectual Relacionados com o Comércio (ADPIC ou TRIPS), já referido.

463 Estão neste caso o Acordo de Madrid Relativo ao Registo Internacional das Marcas, de 1891 e o Protocolo referente a este Acordo, adotado em Madrid em 1989; o Acordo da Haia sobre o Depósito Internacional de Desenhos Industriais, celebrado em 1925; o Acordo de Lisboa Relativo à Proteção das Denominações de Origem e ao seu Registo Internacional, já referido; o Tratado de Cooperação em Matéria de Patentes (PCT), celebrado em Washington em 1970; a Convenção Sobre a Patente Europeia, celebrada em Munique em 1973; o Tratado de Budapeste Sobre o Reconhecimento Internacional do Depósito de Microrganismos para Efeitos do Procedimento em Matéria de Patentes, adotado em 1977 e alterado em 1980; e a Convenção da Patente Euro-Asiática, concluída em Moscovo em 1994.

464 São elas: o Tratado Sobre Direito das Marcas (TLT), celebrado em Genebra em 1994 e revisto através do Tratado de Singapura Sobre o Direito das Marcas, concluído em 2006, o qual ainda não entrou em vigor; e o Tratado Sobre Direito das Patentes (PLT), celebrado em Genebra em 2000 e em vigor desde 2005.

465 É o caso do Acordo de Nice relativo à Classificação Internacional dos Produtos e Serviços aos quais se aplicam as Marcas de Fábrica ou de Comércio, de 1957; do Acordo de Locarno que Estabelece uma Classificação Internacional para os Desenhos Industriais, de 1968, alterado em 1979; do Acordo de Estrasburgo Relativo à Classificação Internacional de Patentes, celebrado 1971 e alterado em 1979; e do Acordo de Viena que Estabelece uma Classificação Internacional dos Elementos Figurativos das Marcas, celebrado em 1973 e alterado em 1985.

466 Entre as quais avultam: a Convenção de Estocolmo de 1967, que criou a Organização Mundial da Propriedade Intelectual (OMPI), com sede em Genebra; a Convenção Sobre a Patente Europeia de 1973, que criou o Instituto Europeu de Patentes (EPO), com sede em Munique; o Acordo de Lusaka de 1976, relativo à Organização Regional Africana de Propriedade Intelectual (ARIPO), com sede em Harare, no Zimbabwe; o Acordo de Bangui de 1977, relativo à criação da Organização Africana da Propriedade Intelectual (OAPI), com sede em Yaoundé, nos Camarões; e a Convenção da Patente Euro-Asiática de 1994, que criou a Organização de Patentes Euro-Asiática (EAPO), com sede em Moscovo.

II – Os fundamentos do sistema internacional

a) A Convenção de Paris. – Não tendo propriamente criado um Direito uniforme, a *Convenção de Paris* de 1883[467] acolheu certos princípios fundamentais em que ainda hoje assenta o sistema de proteção internacional da propriedade industrial.

Está neste caso o *tratamento nacional* ou *assimilação*. Por força dele, em cada Estado membro da União criada pela Convenção de Paris os nacionais dos outros Estados membros têm direito ao mesmo tratamento que é concedido aos nacionais pelo que respeita à proteção da propriedade industrial (art. 2.º). São equiparados a nacionais dos Estados membros os domiciliados neles e os que possuam estabelecimentos industriais ou comerciais no território de um dos países da União (art. 3.º). Por outras palavras: o estrangeiro, só por sê-lo, não é discriminado em matéria de tutela da propriedade industrial nos países da União de Paris, contanto que seja nacional de um destes países ou se encontre nele domiciliado ou estabelecido. Tal o principal objetivo visado pela Convenção.

Em segundo lugar, acolhe-se na Convenção de Paris o princípio da *independência das patentes e das marcas* concedidas ou registadas em cada Estado membro relativamente às concedidas e registadas nos demais Estados membros. Por força dele, a concessão, recusa ou extinção num Estado membro de direitos privativos sobre esses bens não obriga à sua concessão, recusa ou extinção nos demais (arts. 4.º-*bis*, n.ºs 1 a 3, e 6.º, n.ºs 2 e 3). Essas questões são, por conseguinte, exclusivamente regidas pelo Direito local e os efeitos das decisões sobre elas proferidas cingem-se, em princípio, ao país onde foram proferidas. Dito de outro modo, não há, no âmbito da Convenção de Paris, a possibilidade de levar a efeito o chamado «ataque central» à marca ou patente, mediante o

[467] Reproduzida em José de Oliveira Ascensão/Dário Moura Vicente, *Direito da Propriedade Industrial. Coletânea de textos legislativos e regulamentares*, 3.ª ed., Lisboa, 2019, pp. 241 ss. Foi revista por último através do Ato de Estocolmo de 14 de julho de 1967, aprovado para ratificação pelo Decreto n.º 22/75, de 22 de janeiro. Eram partes dela, em 2019, 177 Estados. Vejam-se, sobre a Convenção, Marcel Plaisant, «De la protection internationale de la propriété industrielle», *Rec. cours*, t. 39 (1932-I), pp. 351 ss. ; Jean Foyer, «Problèmes internationaux contemporains des brevets d'invention», *Rec. cours*, t. 171 (1981-II), pp. 343 ss. (pp. 356 ss.); Friedrich-Karl Beier, «One Hundred Years of International Cooperation – The Role of the Paris Convention in the Past, Present and Future», *IIC*, 1984, pp. 1 ss.; G.H.C. Bodenhausen, *Guide to the Application of the Paris Convention for the Protection of Industrial Property as Revised at Stockholm in 1967*, reimpressão, Genebra, 1991; Joanna Schmidt-Szalewski/Jean-Luc Pierre, *Droit de la propriété industrielle*, cit., pp. 452 ss.; Alfredo Ilardi, *Propriété intellectuelle*, cit., pp. 45 ss.; e Jacques Azéma/Jean-Christophe Galloux, *Droit de la propriété industrielle*, cit., pp. 36 ss.; e Denis Barbosa, *Tratado da Propriedade Intelectual*, tomo I, cit., pp. 650 ss.

qual a sua invalidação num único Estado membro se propagaria depois aos restantes Estados membros[468]. Cada Estado conservou, assim, com ressalva das exceções consignadas na própria Convenção, a possibilidade de definir autonomamente as condições de concessão de proteção aos direitos privativos da propriedade industrial no território em que exerce poderes de soberania. Bem se compreende que assim seja: dado que a Convenção não unificou o regime substantivo da concessão, recusa e anulação das marcas e patentes, nenhuma justificação haveria para que a sua concessão, recusa ou anulação num Estado membro com um fundamento inexistente noutro Estado membro determinasse a concessão, recusa ou anulação neste[469].

Em terceiro lugar, a Convenção estabelece o princípio conforme o qual quem houver apresentado num Estado membro um pedido de patente de invenção, de depósito de modelo de utilidade, de desenho ou de modelo industrial ou de registo de marca goza de *direito de prioridade* se em seguida efetuar o mesmo pedido nos demais Estados membros; esse direito vigora pelo prazo de doze meses pelo que respeita às invenções e modelos de utilidade e de seis meses quanto às marcas, a contar da apresentação do pedido. Os pedidos apresentados nesses prazos num Estado membro terão os mesmos efeitos que o pedido primeiramente apresentado pelo interessado noutro Estado membro; este não tem, assim, de apresentar todos os pedidos ao mesmo tempo nos vários Estados membros (art. 4.º).

A consagração destes princípios representou um marco fundamental na tutela internacional dos direitos de propriedade industrial. Mas o regime da Convenção tem inequívocas limitações, dado que não se prevê nela um *procedimento único*, como o que veio posteriormente a ser consagrado no Acordo de Madrid e no PCT, tendente à obtenção de proteção para os direitos privativos simultaneamente em vários países.

b) Regras comuns. – A Convenção estabelece ainda certas regras comuns no tocante aos direitos de propriedade industrial. Estas são de duas espécies.

Umas são autoexecutórias, podendo ser diretamente invocadas nos Estados membros, caso as Constituições locais o permitam, independentemente da existência de leis nacionais de transposição. Está neste caso a regra que consagra a obrigação de proteger a *marca notoriamente conhecida*: por força do art. 6.º-*bis*, os Estados membros têm a obrigação de recusar ou invalidar o registo e de

[468] Essa possibilidade viria posteriormente a ser consagrada, como veremos, no Acordo de Madrid Relativo ao Registo Internacional de Marcas; o que contribuiu decisivamente para a escassa adesão que este Acordo teve até à alteração dessa regra.

[469] Veja-se, neste sentido, Organização Mundial da Propriedade Intelectual, *WIPO Intellectual Property Handbook: Policy, Law and Use*, 2.ª ed., reimpressão, Genebra, 2006, p. 245.

proibir o uso de marca que reproduza, imite, traduza ou seja suscetível de estabelecer confusão com uma marca notoriamente conhecida no respetivo país de registo e de que seja titular pessoa a quem a Convenção aproveita, desde que seja utilizada para produtos idênticos ou semelhantes. Tutelam-se assim os titulares das marcas particularmente bem conhecidas num Estado membro da Convenção, apesar de não se encontrarem registadas nele, contra o seu aproveitamento não autorizado por terceiros.

Igualmente autoexecutória é a regra, constante do art. 6.º *quinquies*, A), n.º 1, que estabelece a obrigação de proteger a marca «tal e qual» (*telle quelle*). Por força dela, uma marca pode ser registada num Estado membro *tal como* está registada no Estado membro de origem. Assim se confere certa eficácia internacional às marcas registadas nos Estados membros da Convenção[470].

Insere-se ainda na referida categoria a regra que institui a obrigação de apreender produtos ilicitamente assinalados por marcas ou nomes no ato de importação nos países da União em que a marca ou nome têm proteção legal (art. 9.º), bem como os que contenham falsas indicações relativas à proveniência (art. 10.º).

Outras regras, ditas não autoexecutórias, pressupõem que os Estados membros as incorporem nas respetivas ordens internas, regulamentando-as. Entre elas contam-se as que preveem a proteção de desenhos e modelos em todos os países da União (art. 5.º-*quinquies*); a obrigação de proteger marcas de serviço (i.é, marcas que distinguem serviços e não produtos: art. 6.º-*sexies*); a obrigação de admitir a registo e proteger as marcas coletivas (art. 7.º-*bis*); a proteção do nome comercial sem obrigação de depósito ou registo, quer o mesmo faça ou não parte de uma marca de fábrica ou de comércio (art. 8.º); a obrigação de assegurar aos nacionais dos países da União recursos legais adequados à repressão dos atos visados nos arts. 9.º, 10.º e 10.º-*bis* (art. 10.º-*ter*); e a concessão de proteção temporária às invenções patenteáveis, aos modelos de utilidade, aos desenhos e modelos industriais e às marcas, pelo que respeita a produtos que figurem em exposições internacionais organizadas no território dos Estados membros (art. 11.º).

III – A «marca internacional»

a) O Acordo de Madrid. – Em ordem a instituir um registo internacional de marcas, que assegurasse aos nacionais dos respetivos Estados membros a proteção, no território dos demais Estados, das suas marcas registadas no

[470] Voltaremos a este ponto adiante, no § 15.º/II, alínea *c)*.

respetivo país de origem, foi concluído em Madrid, em 1891, o *Acordo Relativo ao Registo Internacional de Marcas*[471].

Segundo este Acordo, para efetuar o registo internacional da marca, o seu titular deve depositá-la na Secretaria Internacional da OMPI, por intermédio da administração da propriedade industrial do país de origem (art. 1.º, n.º 2). Considera-se como tal o país do estabelecimento do depositante, o do seu domicílio ou o da sua nacionalidade (art. 1.º, n.º 3)[472].

A partir do registo feito nestes termos, a proteção da marca em cada um dos países contratantes interessados é a mesma que teria se neles tivesse sido diretamente registada (art. 4.º, n.º 1). Vale isto por dizer que um *único registo* produz, em princípio, os mesmos efeitos que os *registos sucessivos* baseados no princípio da prioridade, que a Convenção de Paris permite. Com isto se procura evitar os elevados custos inerentes aos registos sucessivos das mesmas marcas em países diferentes, mesmo ao abrigo do direito de prioridade que a Convenção de Paris consagra.

Observe-se, no entanto, que a Secretaria Internacional não tem competência decisória. Daí que as administrações nacionais a quem a Secretaria notificar o registo internacional possam declarar que a proteção não pode ser concedida à marca no respetivo território (art. 5.º, n.º 1). Essa recusa só pode, no entanto, ser oposta nas condições que se aplicariam, em consequência da Convenção de Paris, a uma marca submetida ao registo nacional[473].

À «marca internacional» prevista no Acordo de Madrid não corresponde, por conseguinte, um *direito único*, mas antes uma *pluralidade de direitos* submetidos aos sistemas jurídicos nacionais dos Estados partes do Acordo.

b) O Protocolo de Madrid. – Apesar do importante passo dado através do Acordo de Madrid no sentido da consagração de uma tutela internacional da marca, o regime nele instituído apresenta duas características que lhe retiram parte da sua eficácia.

[471] Reproduzido em José de Oliveira Ascensão/Dário Moura Vicente, *Direito da Propriedade Industrial. Coletânea de textos legislativos e regulamentares*, cit., pp. 451 ss. Foi revisto pelo Ato de Estocolmo de 14 de julho de 1967, modificado em 2 de outubro de 1979. Portugal foi um dos signatários deste Acordo. O Ato de Estocolmo foi aprovado para ratificação pelo Decreto do Governo n.º 7/88, de 29 de abril de 1988. Em 2019, eram partes dele 55 países. Cfr. Joanna Schmidt-Szalewski/Jean-Luc Pierre, *Droit de la propriété industrielle*, cit., pp. 493 ss.; Carlos Fernández-Nóvoa, *Tratado sobre derecho de marcas*, 2.ª ed., Madrid, 2004, pp. 718 ss.

[472] Em Portugal, o pedido de registo internacional da marca está regulado nos arts. 248.º e seguintes do Código da Propriedade Industrial.

[473] Veja-se, a este respeito, o art. 246.º do Código da Propriedade Industrial português e, sobre este, o que dizemos *infra*, no capítulo III.

Por um lado, a exigência, formulada no art. 3.º, n.º 1, de um *registo no país de origem* a fim de que possa ser requerido o registo internacional: como esse registo pode ser muito moroso, sobretudo quando pressuponha um exame, como sucede na maior parte dos países, o interessado tem de esperar muito tempo para requerer o registo internacional e pode, inclusivamente, perder o direito de prioridade que a Convenção de Paris lhe confere.

Por outro lado, a dependência do registo internacional relativamente ao nacional durante cinco anos, prevista no art. 6.º, n.º 2, donde resulta que a anulação do registo no país de origem implica a anulação do registo internacional: é o já referido *ataque central*, que implica uma importante limitação ao princípio da independência das marcas.

Daí que, durante muitos anos, o Acordo de Madrid tenha tido um número relativamente limitado de Estados membros. À margem dele ficaram, nomeadamente, o Reino Unido e os Estados Unidos da América.

O *Protocolo de 1989*[474] introduziu no regime do Acordo de Madrid os ajustamentos necessários em ordem a eliminar estes constrangimentos e a facilitar a adesão de novos Estados. Por força dele, o registo internacional pode ser pedido com base no simples depósito de um pedido de registo junto da administração de uma parte contratante (art. 2.º, n.º 1); e o registo internacional pode ser transformado num pedido nacional ou regional em caso de anulação do registo internacional a pedido da administração do país de origem (art. 9.º- *quinquies*)[475].

Além disso, o Protocolo previu, no art. 14.º, a possibilidade de serem partes dele organizações intergovernamentais, o que veio a suceder, como veremos adiante, com a União Europeia. Os pedidos de registo internacional passaram, assim, a poder ser depositados quer numa administração nacional quer numa organização internacional que tenha a seu cargo a administração de um sistema de propriedade industrial.

474 Reproduzido em José de Oliveira Ascensão/Dário Moura Vicente, *Direito da Propriedade Industrial. Coletânea de textos legislativos e regulamentares*, cit., pp. 467 ss. Entrou em vigor em 1 de dezembro de 1995. Em Portugal, foi aprovado para ratificação pelo Decreto n.º 31/96, de 25 de outubro. Abrangia, em 2019, 105 países.

475 Conjuntamente, os membros do Acordo e do Protocolo formam a União de Madrid. Esta contava em 2019 com 105 membros, cobrindo 121 Estados. O Protocolo é, em todo o caso, um texto autónomo do Acordo e não uma simples modificação dele. Um Estado pode ser parte de ambos os textos. Nas relações entre Estados que se encontrem nessas condições, prevalece o Acordo de Madrid: art. 9-*sexies*, n.º 1, do Protocolo.

IV – A cooperação internacional em matéria de desenhos industriais

Também em matéria de desenhos industriais se instituiu um sistema de cooperação internacional, assente na possibilidade de o interessado depositar, para o efeito, um único pedido na Secretaria da OMPI, diretamente ou através do organismo nacional competente: é o que estabelece o *Acordo da Haia sobre o Depósito Internacional de Desenhos Industriais*, celebrado em 1925[476].

Segundo este instrumento internacional, o referido depósito produz, em cada um dos Estados designados pelo requerente, os mesmos efeitos que os depósitos efetuados nos Estados membros do Acordo (art. 14.º, n.º 1), dispensando, por conseguinte, a apresentação de pedidos nacionais separados em cada um dos Estados membros em que o interessado pretenda obter proteção para os seus desenhos.

Os Estados membros do Acordo podem todavia recusar proteção aos desenhos que não obedeçam aos requisitos substantivos para o efeito estabelecidos no seu Direito interno (art. 12.º, n.º 1). Tal como sucede no âmbito do Acordo de Madrid, ao desenho registado nos termos do Acordo da Haia não corresponde, assim, um *direito único*, mas antes uma *pluralidade de direitos* submetidos, salvo quanto às exigências formais, aos sistemas jurídicos nacionais dos Estados membros.

Em todo o caso, a simplificação de procedimentos e a redução de custos proporcionadas através deste Acordo facilitam inequivocamente as exportações de produtos industriais para o território dos Estados contratantes e, genericamente, o comércio internacional.

V – A cooperação internacional em matéria de denominações de origem e indicações geográficas

Um sistema análogo de cooperação internacional foi estabelecido, em matéria de denominações de origem, pelo *Acordo de Lisboa Relativo à Proteção das Denominações de Origem e ao seu Registo Internacional*[477].

Para os efeitos deste Acordo, entende-se por denominação de origem, na esteira da conceção francesa, «a denominação geográfica de um país, região ou localidade, que serve para designar um produto dele originário cuja qualidade ou

[476] Reproduzido em José de Oliveira Ascensão/Dário Moura Vicente, *Direito da Propriedade Industrial. Coletânea de textos legislativos e regulamentares*, cit., pp. 429 ss. Foi revisto, sucessivamente, em 1934, 1960 e 1999. Eram partes dele, em 2019, 70 estados. Portugal não é parte deste acordo.

[477] Reproduzido em José de Oliveira Ascensão/Dário Moura Vicente, *Direito da Propriedade Industrial. Coletânea de textos legislativos e regulamentares*, cit., pp. 497 ss. Foi revisto em 1967 e 1979. Em 2019, eram partes deste acordo 29 países.

carateres são devidos exclusiva ou essencialmente ao meio geográfico, incluindo os fatores naturais e os fatores humanos» (art. 2.º).

O registo das denominações de origem que são protegidas «como tais» no respetivo país de origem é feito, segundo o Acordo de Lisboa, na Secretaria Internacional da OMPI. Uma vez efetuado o registo, os países a que ele se aplica obrigam-se a proteger nos seus territórios, em conformidade com as disposições do Acordo, essas denominações (art. 1.º).

Não obstante isso, as administrações dos Estados membros poderão declarar que não podem assegurar a proteção de uma denominação de origem cujo registo lhes tenha sido notificado, desde que a sua declaração seja notificada à Secretaria Internacional, com indicação dos motivos, no prazo de um ano a contar da receção da notificação do registo (art. 5.º, n.º 3). Também neste instrumento internacional, por conseguinte, não se consagram direitos unitários.

A proteção é assegurada contra qualquer usurpação ou imitação (art. 3.º). Além disso, uma denominação admitida à proteção não pode ser considerada genérica em qualquer dos países membros do Acordo enquanto se encontrar protegida como denominação de origem no respetivo país de origem (art. 6.º).

São relativamente pouco numerosos, como se notou acima, os Estados membros deste Acordo. Ao facto não serão alheias, por um lado, a diversidade dos interesses nacionais em jogo nesta matéria e, por outro, as diferenças entre os sistemas locais de proteção destes nomes geográficos, de que demos conta oportunamente. Com efeito, o regime do Acordo não interessa particularmente aos países importadores de bens assinalados através de denominações de origem. Além disso, a circunstância de se ter limitado a adesão a este instrumento internacional aos países em que a proteção das denominações de origem é feita «como tal» – i. é, através de um título especial de propriedade industrial – implicou a exclusão do seu âmbito dos países onde a proteção dos nomes geográficos é levada a cabo unicamente através das normas sobre a concorrência desleal ou das marcas[478].

Em 20 de maio de 2015, foi celebrado o *Ato de Genebra do Acordo de Lisboa Relativo à Proteção das Denominações de Origem e às Indicações Geográficas*, que com este Acordo forma o denominado *Sistema de Lisboa*[479]. O Ato de Genebra visa

[478] Sobre o Acordo de Lisboa, vejam-se, na doutrina, Pilar Jimenez Blanco, *Las denominaciones de origen en el Derecho del comercio internacional*, Madrid, 1996, pp. 85 ss.; Alberto Ribeiro de Almeida, *Denominação de origem e marca*, cit., pp. 175 ss.; e Joanna Schmidt-Szalewski/Jean-Luc Pierre, *Droit de la propriété industrielle*, cit., pp. 506 ss., todos com mais indicações bibliográficas.

[479] O Ato não se encontra ainda em vigor, dado não ter sido ratificado por qualquer dos respetivos Estado signatários. Está todavia em preparação adesão da União Europeia: cfr. a Proposta de Decisão do Conselho sobre a adesão da União Europeia ao Ato de Genebra do Acordo de Lisboa

estender a proteção consignada no Acordo às indicações geográficas, i.é, nos termos do seu art. 2, n.º 1, alínea *i)*:

> «Toda a indicação protegida na Parte Contratante de origem que consista no nome de uma zona geográfica ou que contenha esse nome, ou outra indicação conhecida por fazer referência a essa zona, que identifique um produto como originário dessa zona geográfica, quando determinada qualidade, reputação ou outra característica determinada do produto seja imputável fundamentalmente à sua origem geográfica.»

Nenhum país dotado de um sistema jurídico de *Common Law* é, porém, parte deste Ato (tal como nenhum deles o era do Acordo de Lisboa); ao que não são alheias, evidentemente, as diferenças que os separam, nesta matéria, dos sistemas jurídicos que vigoram nos Estados partes do Acordo de Lisboa, na sua maior parte pertencentes ao continente europeu[480]. Não falta, por isso, quem veja no Ato de Genebra uma tentativa fracassada de colmatar o fosso que subsiste a este respeito entre essas duas tradições jurídicas[481].

VI – A cooperação internacional em matéria de patentes

a) O PCT. – Na senda dos acordos anteriores, foi instituído em 1970, através do *Tratado de Cooperação em Matéria de Patentes* (PCT)[482], um sistema de cooperação internacional relativo à receção, pesquisa e exame de pedidos de patentes, que visa como objetivo último tornar mais económico e expedito o processo de concessão destas.

Não se preveem nesse Tratado, tal como nos demais instrumentos internacionais atrás examinados, *títulos internacionais* de propriedade industrial, mas tão-só *pedidos internacionais*, que constituem uma alternativa à apresentação de pedidos nacionais consecutivos, invocando o direito de prioridade que a Convenção de Paris consagra. Os pedidos internacionais têm em cada um dos Estados neles designados os mesmos efeitos que os pedidos depositados nas repartições de propriedade industrial destes últimos.

relativo às denominações de origem e às indicações geográficas, doc. COM (2018) 350 final, de 17 de julho de 2018.

[480] Cfr., sobre o ponto, *supra*, § 6.º/III.

[481] Neste sentido, Daniel Gervais, «Irreconcilable Differences? The Geneva Act of the Lisbon Agreement and the Common Law», *Houston Law Review*, 2015, pp. 339 ss.

[482] Reproduzido em José de Oliveira Ascensão/Dário Moura Vicente, *Direito da Propriedade Industrial. Coletânea de textos legislativos e regulamentares*, cit., pp. 301 ss. Em Portugal, foi aprovado, para adesão, pelo Decreto n.º 29/92, de 25 de junho (a sua aplicação em Portugal é regulada pelo D.L. n.º 107/93, de 7 de abril). Eram partes dele, em 2019, 152 Estados.

Numa primeira fase, com caráter obrigatório, os pedidos internacionais formulados ao abrigo do PCT são depositados numa repartição recetora nacional (*v.g.*, em Portugal, o Instituto Nacional da Propriedade Industrial) ou internacional (a OMPI e o Instituto Europeu de Patentes)[483]. Procede-se depois a uma *pesquisa internacional*, a cargo de uma *international searching authority*, tendente a determinar, na base das reivindicações formuladas pelo solicitante, o estado da técnica pertinente e avaliar a patenteabilidade do invento nos países designados no pedido. Se não for retirado, o pedido internacional é em seguida publicado.

Numa segunda fase, com caráter facultativo, o pedido pode ser objeto de um *exame preliminar internacional*, que visa a formulação, por uma *examining authority*, de uma opinião preliminar e não vinculante sobre se a invenção reivindicada satisfaz os três requisitos fundamentais da patenteabilidade: como deixámos dito atrás, a *novidade*, a *atividade inventiva* (ou não evidência para um perito, atento o estado da técnica) e a *suscetibilidade de aplicação industrial*.

Na base dos relatórios da pesquisa e do exame preliminar, o requerente estará, por via de regra, em condições de decidir se pretende ou não prosseguir com o pedido de patente nos Estados designados. Na hipótese afirmativa, o relatório do exame internacional, devidamente traduzido, pode ser comunicado às repartições nacionais desses Estados. O pedido internacional transforma-se então num *feixe* de pedidos nacionais. Qualquer Estado contratante pode, na fase nacional do processo de apreciação do pedido de patente, aplicar critérios adicionais ou diferentes a fim de decidir se a invenção reivindicada é ou não patenteável no respetivo território. Mas o esforço de pesquisa e exame da invenção a cargo das repartições nacionais reduz-se consideravelmente em virtude dos relatórios que acompanham o pedido internacional[484]. Nesta medida, há no PCT uma certa superação do *approach* mais estritamente territorial da Convenção de Paris no tocante às patentes. Voltaremos a este ponto adiante.

b) O Tratado de Budapeste. – Em 1977, foi concluído em Budapeste o *Tratado Sobre o Reconhecimento Internacional do Depósito de Microrganismos para Efeitos do Procedimento em Matéria de Patentes*, que entrou em vigor em 1980[485]. Como a sua

[483] Em Portugal, os pedidos internacionais estão disciplinados nos arts. 90.º e seguintes do Código da Propriedade Industrial (pelo que respeita às patentes) e 139.º e seguintes do mesmo Código (no tocante aos modelos de utilidade).

[484] Compreende-se assim o elevado volume de pedidos formulados anualmente ao abrigo do PCT, o qual ascendeu a cerca de 253.000 em 2018: cfr. Organização Mundial da Propriedade Intelectual, *Patent Cooperation Treaty. Yearly Review* 2019, Genebra, 2019, p. 5.

[485] Reproduzido em José de Oliveira Ascensão/Dário Moura Vicente, *Direito da Propriedade Industrial. Coletânea de textos legislativos e regulamentares*, cit., pp. 405 ss. Em Portugal, foi aprovado

designação inculca, este instrumento internacional tem por objetivo fundamental instituir entre os respetivos Estados membros um mecanismo de cooperação tendente a facilitar o depósito de microrganismos que integrem invenções patenteáveis e que, para a obtenção de patentes, hajam de ser depositados, sob a forma de amostras, junto de instituições especializadas. Dado que nem todas as repartições nacionais da propriedade industrial têm condições para receber amostras desses microrganismos, e tendo também em consideração os custos inerentes à realização de depósitos autónomos em cada país onde se pretenda obter a proteção dos inventos em questão, o Tratado previu a possibilidade de ser realizado um único depósito junto de uma *autoridade internacional*, que será reconhecido nos Estados contratantes para efeitos da concessão de patentes. Este reconhecimento compreende o reconhecimento do facto e da data do depósito, tal como os indica a autoridade internacional de depósito, assim como o reconhecimento de que o que é fornecido como amostra é uma amostra do microrganismo depositado. A independência das patentes concedidas pelos Estados membros do Tratado não é, todavia, afetada.

VII – A patente europeia

Uma orientação um tanto diversa prevaleceu na *Convenção Sobre a Patente Europeia*, revista por último em 2000[486]. Esta prevê, no respetivo art. 3.º, a concessão de uma *patente europeia* «para um ou mais Estados Contratantes». Essa patente tem, de acordo com o disposto no n.º 2 do art. 2.º, os mesmos efeitos em cada um dos Estados Contratantes para os quais é concedida e é submetida ao mesmo regime que uma patente nacional concedida por esse Estado Contratante.

Os pedidos de patentes europeias são depositados junto do Instituto Europeu de Patentes ou dos serviços centrais da propriedade industrial de um Estado contratante (art. 75.º). Seguem-se a publicação do pedido e, sendo isso solicitado, o exame do pedido. A decisão sobre a concessão ou não da patente europeia compete ao Instituto (art. 4.º, n.º 3). Através de um único pedido pode assim o

para adesão pela Resolução da Assembleia da República n.º 32/97, de 19 de maio. Eram partes dele, em 2019, 82 Estados.

[486] Reproduzida, na versão resultante do ato de revisão de 2000 (EPC 2000), em José de Oliveira Ascensão/Dário Moura Vicente, *Direito da Propriedade Industrial. Coletânea de textos legislativos e regulamentares*, cit., pp. 341 ss. O ato de revisão entrou em vigor em 2007. Em Portugal, foi ratificado pelo Decreto do Presidente da República n.º 126-A/2007, de 12 de dezembro. São partes dele, em 2019, 38 Estados. Sobre a Convenção, podem ver-se Friedrich-Karl Beier, «The European Patent System», *Vand. J. Trans'l L.*, 1981, pp. 1 ss. (especialmente pp. 7 ss.); Richard Hacon/Jochen Pagenberg, *Concise European Patent Law*, Haia, 2007; Annette Kur e Thomas Dreier, *European Intellectual Property Law. Text, Cases & Materials*, cit., pp. 90 ss.; *Tritton on Intellectual Property in Europe*, cit., pp. 79 ss.

interessado obter tantas patentes nacionais quantos os Estados Contratantes designados no pedido[487].

De acordo com o art. 64.º, n.º 1, da Convenção, a patente confere ao seu titular, a partir da data em que a sua concessão for publicada no *Boletim Europeu de Patentes*, e em cada um dos Estados Contratantes para os quais foi concedida, os mesmos direitos que lhe conferiria uma patente nacional concedida nesse Estado.

Uma vez concedida, a patente europeia validada num Estado Contratante da Convenção transforma-se em *patente nacional* e fica, como tal, sujeita às regras desse Estado. Assim se compreende, por exemplo, que o art. 64.º, n.º 3, da Convenção estabeleça que qualquer contrafação da patente europeia é apreciada em conformidade com as disposições da legislação nacional. Não se trata, nesta medida, verdadeiramente de uma patente europeia, mas de uma ou mais *patentes nacionais obtidas* através de um *procedimento europeu*.

É, não obstante isso, muito significativo o efeito harmonizador da Convenção no tocante a certos aspetos cruciais do regime jurídico das patentes, como as noções de *novidade, inventividade* e *suscetibilidade de aplicação industrial* de uma invenção, definidas respetivamente nos arts. 54.º, 56.º e 57.º, relativamente às quais a margem para divergências entre as legislações nacionais dos Estados Contratantes é hoje muito escassa. De salientar, a este respeito, a consagração no art. 54.º do conceito francês de *novidade absoluta* como requisito da patenteabilidade[488].

Nos termos do art. 65.º, n.º 1, da Convenção, qualquer Estado Contratante pode determinar, quando a patente europeia não estiver redigida numa das suas línguas oficiais, que o titular da patente deve fornecer a respetivo serviço central da propriedade industrial uma tradução da patente. Em ordem a minimizar o custo da tradução das patentes europeias, os quais se repercutem negativamente sobreos recursos disponíveis para a investigação e o desenvolvimento, diversos Estados Contratantes da Convenção cujas línguas oficiais correspondem a uma das línguas oficiais do Instituto Europeu de Patentes (inglês, francês e alemão) concluíram em Londres, em 17 de outubro de 2000, um acordo nos termos do qual dispensam a tradução das patentes europeias nas respetivas línguas oficiais. Em caso de litígio, o titular da patente deve no entanto fornecer ao infrator e ao tribunal competente, caso isso lhe seja solicitado, uma tradução da patente

[487] Apesar das limitações de que enferma, de que curaremos adiante, é inequívoco o sucesso registado or este sistema: em 2018, foram depositados no Instituto Europeu de Patentes 174.317 pedidos de patentes e foram concedidas 127.625 patentes (cfr. European Patent Office, *Annual Report 2018*, disponível em https://www.epo.org/about-us/annual-reports-statistics/annual-report/2018.html).

[488] Ver, sobre esse conceito, *supra*, § 7.º/I, alínea *b)*.

numa língua oficial, respetivamente, do país em que a alegada infração teve lugar e onde o processo se encontra pendente[489].

Às patentes europeias pode ser conferido *efeito unitário* nos Estados partes dos instrumentos jurídicos para tal adotados no seio da União Europeia, de cujo teor se dará conta adiante[490].

VIII – A liberalização do comércio internacional e a propriedade industrial

a) O Acordo TRIPS: objetivos gerais e incorporação da Convenção de Paris. – Demos conta acima das razões que, em geral, determinaram a celebração do Acordo TRIPS[491]. Entre elas incluem-se também as diferenças que, ao tempo da sua celebração, subsistiam entre os ordenamentos jurídicos dos Estados membros da Organização Mundial de Comércio em matéria de propriedade industrial. Se, por exemplo, em determinado país a proteção das marcas for inexistente ou ineficaz, as empresas locais podem utilizar livremente esses sinais distintivos, ainda que registados a favor de empresas estabelecidas noutros países, sem incorrerem nos custos inerentes à criação desses bens. Daí resulta, num quadro de liberalização do comércio internacional como aquele que o Acordo da OMC procurou instituir, uma vantagem competitiva para aquelas empresas, que distorce a concorrência. Foi para combater estas situações que o Acordo TRIPS determinou, no seu art. 2.º, que os respetivos Estados membros devem observar o disposto nos arts. 1.º a 12.º e 19.º da Convenção de Paris, que assim passaram a ter um alcance quase universal.

b) Regras inovadoras. – Mas o Acordo TRIPS vai, nesta matéria, muito além do que estabelece a Convenção de Paris.

Desde logo, porque consagra no art. 4.º a *cláusula da nação mais favorecida*, de cujo teor demos conta acima, que a Convenção da União de Paris não contém.

Depois, porque estabelece regras uniformes que especificam várias disposições desta Convenção no tocante ao regime dos direitos de propriedade industrial[492].

Assim, por exemplo, relativamente a vários desses direitos o TRIPS estabelece um *prazo mínimo de duração*, que a Convenção de Paris não prevê. É o que sucede

[489] O texto do Acordo de Londres está disponível em http://www.epo.org. Entrou em vigor em 1 de maio de 2008. Em 2019, eram partes dele 21 Estados.

[490] Cfr. *infra*, § 8.º/IX/alínea *e)*.

[491] Reproduzido, na parte relevante, em José de Oliveira Ascensão/Dário Moura Vicente, *Direito da Propriedade Industrial. Coletânea de textos legislativos e regulamentares*, cit., pp. 265 ss.

[492] Ver, a respeito das marcas, Joanna Schmidt-Szalewski, «The International Protection of Trademarks after the TRIPS Agreement», *Duke Journal of Comparative & International Law*, 1998, pp. 189 ss.

no tocante aos direitos sobre marcas (que durarão por 7 anos renováveis indefinidamente: art. 18.º); sobre desenhos e modelos industriais (válidos por 10 anos: art. 26.º, n.º 3); e sobre patentes de invenção (cuja vigência é de 20 anos contados do depósito: art. 33.º).

Além disso, o TRIPS explicita o objeto da proteção, tanto no caso das marcas (que podem consistir em «qualquer sinal, ou qualquer combinação de sinais, suscetível de distinguir os produtos ou serviços de uma empresa dos de outras empresas»: art. 15.º, n.º 1) como dos desenhos industriais (que são protegidos quando criados de forma independente e forem «novos ou originais»: art. 25.º, n.º 1) e das patentes (as quais podem ser obtidas para «quaisquer invenções, quer se trate de produtos ou processos, em todos os domínios da tecnologia, desde que essas invenções sejam novas, envolvam uma atividade inventiva e sejam suscetíveis de aplicação industrial»: art. 27.º, n.º 1). Prevê-se ainda neste Acordo que os Estados membros protegerão as informações não divulgadas no âmbito da repressão da concorrência desleal (art. 39.º).

O TRIPS representa, nesta medida, um inegável reforço da harmonização do regime aplicável aos direitos de propriedade industrial e à sua proteção internacional.

c) Eficácia na ordem interna. – A respeito da eficácia do Acordo TRIPS na ordem interna nos Estados contratantes, suscita-se no domínio da propriedade industrial um problema paralelo àquele que examinámos atrás a propósito do Direito de Autor. Ora, também aqui se afigura apropriada uma diferenciação das disposições do Acordo[493].

Assim, têm caráter autoexecutório (*self-executing*), podendo ser diretamente aplicados pelos tribunais nacionais, os preceitos do Acordo que definem os bens protegidos, os direitos de exclusivo a eles respeitantes e a duração destes. Tal o caso, em matéria de marcas, dos arts. 15.º, n.ºs 1 e 4, 16.º e 18.º; no tocante às indicações geográficas, dos arts. 22.º, 23.º e 26.º, n.ºs 1 e 3; e quanto às patentes, dos arts. 27.º, n.º 1, 28.º e 33.º[494].

[493] Neste sentido também Horst-Peter Götting, *Gewerblicher Rechtsschutz*, cit., p. 98.

[494] Vejam-se, sobre este último preceito, o acórdão de 3 de novembro de 2005 do Supremo Tribunal de Justiça, disponível em http://www.dgsi.pt, e o acórdão de 11 de setembro de 2007 do Tribunal de Justiça das Comunidades Europeias, relativo ao caso *Merck Genéricos – Produtos Farmacêuticos Lda. c. Merck & Co. Inc. e Merck Sharp & Dohme Lda.*, *in CJTJ*, 2007-I, pp. 7001 ss., e *CJSTJ*, 2007, t. III, pp. 5 ss., em que este Tribunal declarou que, no estado então vigente da regulamentação comunitária no domínio das patentes, o Direito Comunitário não se opunha a que o art. 33.º do Acordo TRIPS (que estabelece a duração mínima de 20 anos para a proteção conferida às patentes) seja diretamente aplicado por uma jurisdição nacional nas condições previstas no Direito nacional. Na doutrina, vejam-se ainda, no sentido do texto, Jorge Miranda/Jorge Bacelar

O exposto não significa, todavia, que nestas matérias sejam dispensáveis normas internas visando assegurar a coerência global dos Direitos nacionais com as regras do Acordo[495].

d) O ACTA. – Em 1 de outubro de 2011, foi assinado em Tóquio um novo instrumento internacional visando assegurar a aplicação efectiva dos direitos de propriedade intelectual: o Acordo Comercial Anti-Contrafacção ou ACTA (*Anti-Counterfeiteing Trade Agreement*).

Trata-se de um acordo negociado entre a União Europeia e diversos outros países, boa parte deles membros da Organização Para a Cooperação e Desenvolvimento Económico (OCDE): a Austrália, o Canadá, os Estados Unidos, o Japão, a Coreia, o México, Marrocos, a Nova Zelândia, Singapura e a Suíça.

Tinha-se em vista que fosse posteriormente estendido a outros países onde os problemas da aplicação efetiva dos direitos de propriedade intelectual se colocam de forma particularmente aguda, entre os quais sobressaem o Brasil, a China e a Rússia.

A negociação teve lugar à margem de qualquer dos *fora* internacionais da propriedade intelectual, quer a OMPI quer a OMC, o que, aliás, valeu diversas críticas às instituições que o negociaram, designadamente a Comissão Europeia, inclusive por parte do Parlamento Europeu[496].

O Acordo visava combater, como a sua designação indica, a *contrafação* e a *pirataria* de bens intelectuais, sendo a primeira nele tomada como a violação de marcas e a segunda como a violação de direitos de autor e conexos. Tal como no TRIPS, a ênfase foi aqui posta na *aplicação efetiva* dos direitos sobre esses bens. Não se criam, nele, portanto, novos direitos. Isso mesmo resulta, aliás, do disposto no art. 3.º do Acordo. Visava-se intensificar a prevenção e a repressão

Gouveia, «A duração da patente no Acordo TRIPS e no novo Código da Propriedade Industrial à luz da Constituição portuguesa», *ROA*, 1997, pp. 249 ss.; Pedro Sousa e Silva, «O princípio da especialidade das marcas. A regra e a exceção: as marcas de grande prestígio», *ROA*, 1998, pp. 377 ss. (p. 435, n. 146); Carlos Fernández-Novoa, *Tratado sobre Derecho de Marcas*, cit., p. 736; José Joaquim Gomes Canotilho/Paulo Jorge Canelas de Castro, «Do efeito direto do artigo 33.º do Acordo TRIPS», *in* AAVV, *Homenagem ao Prof. Doutor André Gonçalves Pereira*, Lisboa, 2006, pp. 747 ss.; Carlos Olavo, «O TRIPS e a duração das patentes», *ROA*, 2006, pp. 915 ss. (p. 926); Karen Kaiser, *in* Jan Busche/Peter-Tobias Stoll (orgs.), *TRIPs – Internationales und europäisches Recht des geistigen Eigentums. Kommentar*, cit., p. 65; e Luís Couto Gonçalves, «A competência do Tribunal de Justiça para interpretar o ADPIC e o efeito directo do artigo 33.º deste Acordo», *Cadernos de Direito Privado*, 2008, pp. 17 ss. (pp. 28 ss.).

[495] Foi esse, em parte, o sentido da reforma introduzida em 1995 no Código da Propriedade Industrial português.

[496] Ver a Resolução do Parlamento Europeu de 10 de março de 2010 sobre a transparência e a situação actual das negociações ACTA.

da contrafacção, particularmente no que respeita aos medicamentos genéricos e às obras intelectuais disponíveis na Internet. Por isso se denominou o ACTA um acordo *TRIPS-plus*.

Até 2019, o ACTA apenas foi, contudo, ratificado pelo Japão, tendo o Parlamento Europeu declinado o seu consentimento para o efeito, por deliberação de 4 de julho de 2012. Facto esse que é imputável principalmente a duas ordens de fatores: o receio da opinião pública europeia de que o ACTA restringisse direitos fundamentais dos cidadãos, em particular aqueles que se exercem através do acesso à Internet; e a limitação que o ACTA potencialmente implicaria à comercialização de medicamentos genéricos em países em vias de desenvolvimento, restringindo assim o alcance da *Declaração de Doha*.

e) O CETA. – Pode ver-se no *Acordo Económico e Comercial Global* (*Comprehensive Economic and Trade Agreement* ou CETA), celebrado em Bruxelas, a 30 de outubro de 2016, entre o Canadá, por um lado, e a União Europeia e os seus Estados-Membros, por outro[497], uma nova manifestação das incidências do comércio internacional sobre o regime da propriedade intelectual.

Esse Acordo regula, com efeito, no seu capítulo 20, a propriedade intelectual, enunciando no art. 20.1 como objetivos fundamentais neste domínio: *a)* Facilitar a produção e a comercialização de produtos inovadores e criativos e a prestação de serviços entre as partes; e *b)* Atingir um nível adequado e efetivo de proteção e aplicação dos direitos de propriedade intelectual.

Para tanto, o CETA estabelece um conjunto de disposições que complementam os direitos e as obrigações que incumbem às Partes no âmbito do Acordo TRIPS.

Essas disposições, de um modo geral, alinham a proteção dos direitos intelectuais disponível no território de ambas as partes contratantes com as que já vigoram na União Europeia em matéria de direito de autor, patentes e desenhos e modelos.

O Canadá assumiu, por outro lado, o compromisso de proteger no seu território cento e quarenta indicações geográficas europeias (várias das quais correspondentes a produtos agrícolas de origem portuguesa).

Consagra-se ainda no CETA uma proteção *sui generis* para os produtos farmecêuticos, moldada sobre a instituída pelo Direito Europeu para os certificados complementares de proteção.

[497] Ratificado pelo Decreto do Presidente da República n.º 155-A/2017, de 21 de dezembro.

IX – A harmonização e a unificação europeias do Direito da Propriedade Industrial

a) Os diferentes modos de regulação da propriedade industrial pelo Direito Europeu. – A regulação europeia da propriedade industrial tem sido levada a cabo, ao longo das últimas décadas, de diversos modos: inicialmente, por via das regras e princípios do Tratado da Comunidade Europeia e das decisões do Tribunal de Justiça das Comunidades Europeias que os interpretaram e aplicaram ao exercício de direitos de propriedade industrial; depois, através da harmonização dos sistemas jurídicos dos Estados-Membros com base em Diretivas; finalmente, mediante a criação, com recurso a Regulamentos, de títulos europeus de propriedade industrial, dotados de conteúdo unitário e válidos em todos os Estados-Membros que deles sejam partes.

Esta última via de regulação foi fortemente impulsionada pelo Tratado Sobre o Funcionamento da União Europeia, cujo art. 118.º, 1.º §, estabelece que:

> «No âmbito do estabelecimento ou do funcionamento do mercado interno, o Parlamento Europeu e o Conselho, deliberando de acordo com o processo legislativo ordinário, estabelecem as medidas relativas à criação de títulos europeus, a fim de assegurar uma proteção uniforme dos direitos de propriedade intelectual na União, e à instituição de regimes de autorização, de coordenação e de controlo centralizados ao nível da União.»

Também nesta matéria se registou, por conseguinte, uma importante europeização do regime jurídico da propriedade intelectual. Vejamos as suas principais concretizações.

b) Os direitos de propriedade industrial e os tratados europeus. – Nos termos dos arts. 34.º e 35.º do Tratado Sobre o Funcionamento da União Europeia (ex-arts. 29.º e 30.º, respetivamente, do Tratado que Institui a Comunidade Europeia), são proibidas, entre os Estados-Membros, as restrições quantitativas à importação e à exportação, bem como todas as medidas de efeito equivalente.

O art. 36.º do mesmo Tratado (ex-art. 30.º do TCE) ressalva, porém, que aquelas disposições são aplicáveis sem prejuízo das proibições ou restrições à importação, exportação ou trânsito justificadas por razões de proteção da propriedade industrial. Todavia, acrescenta o mesmo preceito, tais proibições ou restrições não devem constituir nem um meio de discriminação arbitrária nem uma restrição dissimulada ao comércio entre os Estados-Membros.

O TFUE, tal como os seus antecessores, não afeta, por conseguinte, a existência dos direitos de propriedade industrial. Esses direitos não podem, todavia, ser exercidos por forma a restringir a livre circulação das mercadorias entre os Estados-Membros, *maxime* impedindo a importação num Estado-Membro de um produto colocado em circulação noutro Estado-Membro pelo titular do direito ou com o seu consentimento; de outro modo, haveria uma partição dos mercados contrária às citadas disposições. Por conseguinte, as derrogações à livre circulação de mercadorias consentidas pelo art. 36.º do Tratado apenas são admissíveis se forem justificadas pela salvaguarda dos direitos que constituem o «objeto específico» ou a «função essencial» da propriedade industrial.

No tocante às marcas, esse objeto específico consiste, de acordo com a jurisprudência do atual Tribunal de Justiça da União Europeia, «em assegurar ao seu titular o direito exclusivo de utilizar a marca, para a primeira colocação em circulação de um produto, e protegê-lo assim contra os concorrentes que pretendessem abusar da posição e da reputação da marca, vendendo produtos indevidamente assinalados com essa marca»[498]. A função essencial da marca traduz-se, segundo o mesmo Tribunal, em «garantir aos consumidores a identidade de origem do produto»[499], «permitindo-lhes distinguir sem confusão possível esse produto daqueles que têm uma proveniência diversa»[500], e em fornecer a «garantia de que todos os produtos por ela assinalados foram fabricados sob o controlo de uma empresa única, à qual pode ser imputada a responsabilidade pela sua qualidade»[501].

O titular da marca pode, por isso, opor-se, com base no atual art. 36.º do Tratado, à comercialização num Estado-Membro de produtos importados por um terceiro de outro Estado-Membro quando haja *risco de confusão*, quer se trate de produtos distintos daqueles que são comercializados no Estado de importação com uma marca igual ou similar, desde que entre as empresas que os comercializam não exista qualquer relação de dependência jurídica ou económica[502] (ainda que no Estado de exportação a marca haja sido cedida ao exportador por uma «sociedade irmã» daquela que se opõe ao seu uso no Estado de importação[503]); quer se trate de produtos iguais aos que são comercializados neste Estado

[498] Cfr. o acórdão de 31 de outubro de 1974, caso *Centrafarm BV e Adriaan de Peijper c. Winthrop BV*, *CJTJ*, 1974, pp. 499 ss.

[499] Cfr. o acórdão de 22 de junho de 1976, caso *Société Terrapin (Overseas) Ltd. c. Société Terranova Industrie CA Kapferer & Co.*, *CJTJ*, 1976, pp. 419 ss.

[500] Cfr. o acórdão de 23 de maio de 1978, caso *Hoffmann-La Roche & Co. AG c. Centrafarm Vertriebsgesellschaft Pharmazeutischer Erzeugnisse mbH*, *CJTJ*, 1978, pp. 391 ss.

[501] Cfr. o acórdão de 17 de outubro de 1990, caso *SA CNL-SUCAL NV c. HAG GF AG* («*Hag II*»), *CJTJ*, 1990-I, pp. 3711 ss.

[502] Acórdão *Terrapin*, cit.

[503] Neste sentido o acórdão de 22 de junho de 1994, caso *IHT Internationale Heiztechnik GmbH e Uwe Danzinger c. Ideal-Standard GmbH e Wabco Standard GmbH*, *CJTJ*, 1994-I, pp. 2789 ss.

com uma marca igual, mas que foram reembalados pelo importador[504]; quer se trate de produtos similares, comercializados com uma marca idêntica ou confundível, por uma empresa sem qualquer ligação jurídica ou económica com o titular da marca[505].

O titular da marca não poderá, contudo, opor-se à importação se o produto em questão tiver sido colocado em circulação licitamente no mercado de outro Estado-Membro por ele próprio, por um terceiro com o seu consentimento ou por uma pessoa a ele ligada economicamente.

Em matéria de patentes, o objeto específico da propriedade industrial consiste, segundo o Tribunal de Justiça, em «assegurar ao titular, a fim de recompensar o esforço criativo do inventor, o direito exclusivo de utilizar uma invenção tendo em vista o fabrico e a primeira colocação em circulação de produtos industriais, quer diretamente, quer pela concessão de licenças a terceiros, bem como o direito de se opor a qualquer contrafação»; daqui resulta que «o exercício, pelo titular de uma patente, do direito que lhe confere a legislação de um Estado-Membro de proibir a comercialização, nesse Estado, de um produto protegido pela patente e colocado em circulação noutro Estado-Membro pelo seu titular ou com o seu consentimento, seria incompatível com as regras do Tratado CEE relativas à livre circulação de mercadorias no interior do mercado comum»[506].

Em suma, o Direito Europeu postula, nas condições enunciadas pelo Tribunal de Justiça, o que originariamente se denominou *esgotamento comunitário* dos direitos do titular da marca ou da patente[507].

O Direito da Propriedade Industrial de fonte nacional e o princípio da territorialidade nele acolhido sofrem, assim, uma considerável limitação nos seus efeitos pelo que respeita às mercadorias primeiramente colocadas em circulação no interior da União Europeia.

[504] Acórdão *Hoffmann-La Roche*, cit.

[505] Acórdão *Hag II*, cit. (reconsiderando a interpretação do Tratado enunciada no acórdão de 3 de julho de 1974, caso *Van Zuylen Frères c. Hag A.G., ou «Hag-I», CJTJ*, 1974, pp. 377 ss.)

[506] Cfr. os acórdãos de 31 de outubro de 1974, caso *Centrafarm BV e Adriaan de Peijper c. Sterling Drug Inc., CJTJ*, 1974, pp. 475 ss.; e de 9 de julho de 1985, caso *Pharmon BV c. Hoechst AG, CJTJ*, 1985, pp. 2281 ss.

[507] Cfr., sobre este, Pedro Sousa e Silva, *Direito Comunitário e Propriedade Industrial. O princípio do esgotamento dos direitos*, Coimbra, 1996, especialmente pp. 133 ss.; *idem*, «O "esgotamento" de direitos industriais», *in* AAVV, *Direito Industrial*, vol. I, Coimbra, 2001, pp. 453 ss. (pp. 469 ss.) *idem*, *Direito Industrial*, cit., pp. 478 ss.; e Carlos Olavo, «Importações paralelas e esgotamento de direitos de propriedade industrial: questões e perspetivas», *ROA*, 2001, pp. 1413 ss.

c) A harmonização e a unificação do regime jurídico das marcas. – Através da Diretiva 89/104/CEE, de 21 de dezembro de 1988[508], a então Comunidade Europeia procurou harmonizar as legislações dos Estados-Membros em matéria de marcas. Essa Diretiva viria a ser substituída pela Diretiva 2008/95/CE, de 22 de outubro de 2008[509], que codificou as alterações entretanto introduzidas na que a antecedeu. Esta, por seu turno, foi revogada, com efeitos a partir de 15 de janeiro de 2019, pela Diretiva (UE) 2015/2436, de 16 de dezembro de 2015[510], que procedeu a uma importante modernização no regime instituído pelos atos europeus anteriores em matéria de marcas[511].

A harmonização europeia preservou, no entanto, os sistemas nacionais de marcas: aqueles que quisessem utilizar a mesma marca em toda a Comunidade tinham originariamente de promover um registo autónomo dela em cada Estado-Membro. A harmonização empreendida pela Diretiva de 1988 não logrou, pois, superar a territorialidade do Direito das Marcas: continuou, após a adoção dela, a faltar uma marca de âmbito europeu.

Eis por que o Regulamento (CE) n.º 40/94, do Conselho, de 20 de dezembro de 1993[512], codificado em 2009 como Regulamento (CE) n.º 207/2009[513], criou uma *marca comunitária*, com caráter unitário, com os mesmos efeitos em toda

[508] *In JOCE* n.º L 40, de 11 de fevereiro de 1989, pp. 1 ss. Sobre a interpretação deste ato europeu pelo Tribunal de Justiça das Comunidades Europeias, *vide* Luís Couto Gonçalves, «A "marca" do Tribunal de Justiça no Direito de Marcas», *in* Rui Manuel de Moura Ramos *et al.* (coordenadores), *Estudos em homenagem à Professora Doutora Isabel de Magalhães Collaço*, vol. II, Coimbra, 2002, pp. 79 ss.

[509] *In JOCE* n.º L 299, de 8 de novembro de 2008, pp. 25 ss.

[510] *In JOUE* n.º L 336, de 23 de dezembro de 2015, pp. 1 ss.

[511] Essa Diretiva foi transposta para o Direito interno português pelo D.L. n.º 110/2018, que aprovou o novo Código da Propriedade Industrial. Ver Maria Miguel Carvalho, «A nova diretiva europeia sobre marcas e a sua transposição para a ordem jurídica portuguesa», *RDI*, 2017/II, pp. 89 ss.; Ana Maria Pereira da Silva, «A nova Diretiva sobre Marcas e a sua transposição para Portugal», *RDI*, 2018/I, pp. 77 ss.

[512] *In JOCE* n.º L 11, de 14 de janeiro de 1994, pp. 1 ss. Esse Regulamento foi sucessivamente alterado pelo Regulamento (CE) n.º 3288/94, do Conselho, de 22 de dezembro de 1994, *in JOCE* n.º L 349, de 31 de dezembro de 1994, pp. 83 ss.; pelo Regulamento (CE) n.º 807/2003 do Conselho de 14 de abril de 2003; pelo Regulamento (CE) n.º 1653/2003 do Conselho, de 18 de junho de 2003; pelo Regulamento (CE) n.º 1992/2003 do Conselho de 27 de outubro de 2003; pelo Regulamento (CE) n.º 422/2004, do Conselho, de 19 de fevereiro de 2004; e pelo Regulamento (CE) n.º 1891/2006, do Conselho, de 18 de dezembro de 2006. O Regulamento (CE) n.º 40/94 foi ainda complementado pelo Regulamento (CE) n.º 2868/95, de 13 de dezembro de 1995, que constitui o Regulamento de execução do primeiro.

[513] *In JOUE* n.º L 78, de 24 de março de 2009, pp. 1 ss.

a Comunidade Europeia e sujeita, dentro de certos limites, à jurisdição do Tribunal de Justiça das Comunidades Europeias[514].

Desde a entrada em vigor daquele primeiro Regulamento, o titular de uma marca registada num Estado-Membro que queira obter proteção para ela no estrangeiro passou a dispor fundamentalmente de três alternativas: *a)* Registar a sua marca em cada um dos países onde pretendesse obter proteção, beneficiando do prazo de prioridade que a Convenção de Paris lhe confere; *b)* Promover um registo internacional através da OMPI, válido nos Estados membros do Acordo de Madrid ou do Protocolo de Madrid; ou *c)* Optar pela marca comunitária, válida em toda a Comunidade Europeia, depositando o respetivo pedido junto do Instituto de Harmonização do Mercado Interno (como então era designado), com sede em Alicante, do serviço central da propriedade industrial de um Estado-Membro ou do Instituto Benelux de Marcas[515].

O regime instituído pelo Regulamento baseou-se no da Diretiva de 1988, entretanto transposta para a ordem jurídica interna dos Estados-Membros. Por esta razão, o regime substantivo da marca comunitária aproximava-se consideravelmente do das leis nacionais daqueles Estados. Diferentemente, porém, de algumas dessas leis, o Regulamento consagrou como única forma possível de aquisição do direito à marca a sua inscrição no registo.

O referido Regulamento foi, entretanto, substituído pelo Regulamento (UE) 2017/1001 do Parlamento Europeu e do Conselho, de 14 de junho de 2017[516], sobre a marca da União Europeia, em vigor desde 1 de outubro de 2017, mediante o qual se pretendeu modernizar o sistema de marcas na União, tornando-o mais flexível e eficaz e adaptando-o à era da Internet[517].

Entre as inovações introduzidas pelo novo Regulamento destacam-se: *a)* A nova designação da marca comunitária, que passou a chamar-se Marca da UE (*«EU Trademark»*); *b)* A revisão da estrutura, das atribuições e do regime

[514] Ver Adriano Vanzetti/Vicenzo di Cataldo, *Manuale di Diritto Industriale*, 3.ª ed., Milão, 2000, pp. 263 ss.; Joanna Schmidt-Szalewski/Jean-Luc Pierre, *Droit de la propriété industrielle*, cit., pp. 371 ss.; Carlos Fernández-Nóvoa, *Tratado sobre derecho de marcas*, cit., pp. 56 ss.; Giannantonio Benacchio, *Diritto privato della Comunità Europea*, cit., pp. 548 ss.; e José de Oliveira Ascensão, «A marca comunitária», *in* AAVV, *Direito Industrial*, vol. II, Coimbra, 2002, pp. 5 ss.

[515] É inequívoco o interesse suscitado por esta opção: entre 2010 e 2017, foram pedidas cerca de 956.000 marcas comunitárias: cfr. European Union Intellectual Property Office, *EUIPO Trade Mark Focus 2010 to 2017 Evolution*, s.d., p. 4.

[516] *In JOUE* n.º L 154, de 16 de junho de 2017, pp. 1 ss. É complementado pelo Regulamento delegado (UE) 2018/625 da Comissão, de 5 de março de 2018, e pelo Regulamento de execução (UE) 2018/626, da Comissão, de 5 de março de 2018.

[517] Cfr., sobre este instrumento jurídico europeu, Maria Miguel Carvalho, «O novo regime jurídico da marca da União Europeia», *Scientia Iuridica*, 2016, pp. 435 ss.; *Tritton on Intellectual Property in Europe*, cit., pp. 783 ss.; e Couto Gonçalves, *Manual de Direito Industrial*, cit., pp. 351 ss.

de gestão do Instituto de Harmonização do Mercado Interno, responsável pela administração da marca comunitária, o qual passou a chamar-se Instituto da Propriedade Intelectual da União Europeia («*EU Intellectual Property Office*»); *c)* A atribuição ao Instituto de competência exclusiva para receber pedidos de depósito da marca da UE, abolindo-se assim a possibilidade de depositar um pedido de marca comunitária nos institutos centrais da propriedade industrial dos Estados-Membros da União; *d)* A alteração das regras relativas aos requisitos da marca, com eliminação do requisito da representabilidade gráfica da mesma, passando a ser possível registar como marca da UE um sinal suscetível de ser representado sob qualquer forma adequada, utilizando uma tecnologia geralmente disponível, e portanto não necessariamente através de meios gráficos, na linha do que já estabelecera a Diretiva (UE) 2015/2436; *e)* A revisão das regras relativas às taxas de registo da marca, que passam a integrar o regulamento de base, introduzindo-se nele o sistema *one class per fee*, e deixando a taxa de base de abranger, como sucedia anteriormente, até três classes de produtos ou serviços; *f)* A previsão da possibilidade de apreensão de mercadorias contrafeitas em trânsito no território da União Europeia: o titular da marca da UE fica habilitado a impedir que terceiros, no decurso de operações comerciais, introduzam na União produtos que não estejam aí em livre prática, se tais produtos, incluindo a embalagem, ostentarem, sem autorização, uma marca idêntica à marca da UE registada em relação a esses produtos ou que não possa ser distinguida dela nos seus aspetos essenciais; e *g)* A possibilidade da criação pelo Instituto da Propriedade Intelectual da União Europeia de um centro de mediação cujos serviços poderão ser utilizados por qualquer pessoa a fim de resolver por mútuo acordo os litígios relativos a marcas da EU.

As marcas nacionais continuam, todavia, a ser necessárias para as empresas que não pretendam que as suas marcas sejam protegidas à escala da União. Daí que, em paralelo com a reforma do sistema da marca da UE, hajam sido adotadas, através da mencionada Diretiva (UE) 2015/2436, regras que visaram repercutir nos Direitos nacionais dos Estados Membros o regime da marca da UE, harmonizando-os com este[518].

Importa por isso determinar como se articulam, nesta matéria, o Direito Europeu e o Direito interno dos Estados-Membros[519].

[518] Lê-se, a este respeito, no considerando 3 da Diretiva: «A coexistência e o equilíbrio entre regimes de proteção de marcas a nível nacional e a nível da União constituem, na verdade, uma pedra angular da abordagem da União em matéria de proteção da propriedade intelectual».

[519] Vejam-se, sobre esta matéria, José de Oliveira Ascensão, «A marca comunitária e a marca nacional – Parte II – Portugal», *in* AAVV, *Direito Industrial*, vol. II, Coimbra, 2002, pp. 39 ss.; e Eva-Marina Bastian/Roland Knaak/Gerhard Schricker (orgs.), *Gemeinschaftsmarke und Recht der EU-Mitgliedstaaten*, Munique, 2006.

Ora, nos termos do disposto no art. 1.º, n.º 2, do Regulamento:

> «A marca da UE tem caráter unitário. A marca da UE produz os mesmos efeitos em toda a União: só pode ser registada, transferida, ser objeto de renúncia, de decisão de extinção de direitos do titular ou de anulação, e o seu uso só pode ser proibido, para toda a União. Este princípio é aplicável salvo disposição em contrário do presente regulamento.»

Consagra-se, assim, o princípio de *unidade da marca da União Europeia*. Por força dele, esta só pode ser pedida e concedida para todo o território da União, e não apenas para certo ou certos países dela. Caso seja recusado o seu registo, a recusa será para todos os países que integram a União. E também só pode ser cedida, anulada e extinguir-se para todos eles. Ressalva-se, porém, disposição em contrário constante do Regulamento. É o caso dos arts. 137.º e 138.º, dos quais resulta a possibilidade de o interessado intentar ações destinadas a proibir o uso da marca no território de certo Estado-Membro e de o titular de um direito anterior de âmbito local se opor ao uso da marca comunitária no território onde esse direito é válido.

Os efeitos da marca da UE são, em princípio, exclusivamente determinados pelo Regulamento (art. 17.º, n.º 1). Assim, os direitos conferidos pela marca da UE, os limites a que estes se subordinam e o seu esgotamento regem-se pelo disposto nos arts. 9.º a 15.º do Regulamento. Trata-se de um corolário do princípio enunciado no art. 1.º, n.º 2, pois só mediante a sujeição da marca da UE a um regime material uniforme se assegura a unidade dos seus efeitos em todo o território da União. Porém, as infrações às marcas da UE são reguladas pelo Direito nacional de um dos Estados-Membros, a determinar nos termos das regras de conflitos constantes do próprio Regulamento. Por outro lado, este ato europeu não exclui que sejam intentadas perante os tribunais nacionais ações respeitantes a marcas europeias com base no Direito dos Estados-Membros, nomeadamente em matéria de responsabilidade civil e de concorrência desleal (art. 17.º, n.º 2). Acresce que as questões atinentes à marca comunitária enquanto objeto de propriedade (*v.g.*, as que contendem com a admissibilidade e as condições da sua transmissão e oneração e a constituição de direitos reais sobre ela) se regem, naquilo a que o Regulamento não provê, pelo Direito do Estado-Membro em que o respetivo titular tem a sua sede ou domicílio ou, na falta destes, o seu estabelecimento; não se localizando qualquer destes elementos de conexão no território da União, aplicar-se-á o Direito do Estado-Membro em que o Instituto da Propriedade Intelectual da União Europeia está sediado, i.é, o espanhol (art. 19.º). Às questões relativas a marcas comerciais não abrangidas pelo âmbito de aplicação do Regulamento, os tribunais de marcas da UE aplicam o Direito nacional aplicável (art. 129.º, n.º 2). O Direito interno dos Estados-Membros é, nestes termos, de *aplicação subsidiária* à marca da UE. A autonomia do sistema instituído pelo Regulamento é, assim, meramente relativa[520].

Como resulta do que já dissemos, a marca da UE não substitui as marcas nacionais nem as marcas internacionais, antes *concorre com estas*. Os titulares das marcas nacionais podem, na verdade, não ter interesse no registo das suas marcas como marcas da UE. É o que sucede, por exemplo, se só quiserem utilizá-las no território de certo ou certos países. Daí que, de acordo com o art. 8.º do Regulamento, o pedido de registo de uma marca da UE deva ser recusado sempre que esta seja idêntica ou semelhante a uma marca anterior aplicada a produtos ou serviços idênticos ou semelhantes, podendo a marca anterior ser uma marca da UE, uma marca nacional ou uma marca do registo internacional com efeitos num Estado Membro.

Mas o Regulamento não se limita a prevenir os conflitos entre a marca da UE e a marca nacional: prevê-se nele também a possibilidade de estas produzirem *efeitos recíprocos*. Assim, por força do art. 39.º, n.º 1, o titular de uma marca nacional anterior registada num Estado-membro ou de uma marca anterior objeto de um registo internacional com efeitos num Estado-Membro, que deposite um pedido de marca idêntica para registo como marca da UE de produtos ou serviços idênticos àqueles para os quais a marca anterior foi registada, ou que estejam incluídos nesses produtos ou serviços, pode prevalecer-se, em relação à marca da UE, da antiguidade da marca anterior no que diz respeito ao Estado-Membro no qual ou para o qual a marca foi registada. Por outro lado, sendo recusado o pedido de marca da UE, ou deixando esta de produzir efeitos, pode o pedido de marca da UE ser convolado em pedido de marca nacional (art. 139.º)[521].

E como se articula a marca da UE com a marca internacional?

Originariamente, as relações entre estas duas categorias de marcas não estavam regulamentadas. Em 2003, porém, a Comunidade Europeia aderiu ao Protocolo de Madrid, ao abrigo da aludida disposição deste que prevê a possibilidade de as organizações intergovernamentais serem partes desse instrumento internacional[522]. Na mesma altura, o Regulamento n.º 40/94 foi alterado pelo Regulamento (CE) n.º 1992/2003, a fim de se tomar em consideração no primeiro a adesão da Comunidade ao Acordo de Madrid, tendo para o efeito sido aditados os arts. 140.º a 156.º, os quais integram o atual capítulo XIII do Regulamento 2017/1001 (arts. 182.º a 206.º), com a epígrafe «Registo

[520] Voltaremos a este ponto adiante, no § 17.º/I, alínea *f*).

[521] Em Portugal, ocupa-se do pedido feito nestes moldes o art. 239.º do Código da Propriedade Industrial.

[522] Cfr. a Decisão do Conselho de 27 de outubro de 2003, n.º 2003/793/CE, *in JOUE* L 296, de 14 de novembro de 2003, pp. 20 ss.

Internacional de Marcas». A adesão produziu efeitos a partir de 1 de outubro de 2004. Assim, desde esta data, os detentores de marcas comunitárias, assim como os atuais titulares de marcas da EU, podem solicitar a proteção internacional das suas marcas, depositando um pedido internacional com base no Protocolo de Madrid; reciprocamente, os titulares de registos internacionais baseados no Protocolo de Madrid podem pedir a proteção das suas marcas com base no sistema da marca da UE. Dito de outro modo, os titulares de marcas da UE podem, a partir daquela data, beneficiar da proteção destas nos Estados membros do Protocolo de Madrid, por via do Instituto da Propriedade Intelectual da União Europeia, que transmite os pedidos nesse sentido à secretaria internacional da OMPI. Esta publica a marca internacional no seu jornal oficial e notifica do registo as instâncias nacionais em causa. Por seu turno, os titulares de marcas nos Estados membros do Protocolo de Madrid podem designar a União Europeia nos seus pedidos de registo internacional de marcas. Se a proteção não for recusada pelo Instituto da Propriedade Intelectual da União Europeia, a marca será protegida nos Estados-Membros da União, como se a proteção tivesse sido solicitada, ou o registo obtido, diretamente junto do Instituto da Propriedade Intelectual da União Europeia.

d) A harmonização e a unificação do regime jurídico dos desenhos e modelos industriais. – Os desenhos e modelos industriais (entendidos como «a aparência da totalidade ou de uma parte de um produto, resultante das características, nomeadamente de linhas, contornos, cores, forma, textura e/ou materiais e/ou da sua ornamentação») foram objeto na Comunidade Europeia de iniciativas paralelas às que tiveram por objeto as marcas.

Assim, a Diretiva 98/71/CE, de 13 de outubro de 1998, sobre a proteção legal de desenhos e modelos[523], procurou aproximar as legislações nacionais neste domínio, em ordem a evitar as distorções da concorrência que podem advir das diferenças entre essas legislações e a divisão do mercado interno pelo que respeita aos produtos que incorporem desenhos ou modelos, que delas potencialmente também decorre.

Mais recentemente, foi instituído um regime análogo ao da marca comunitária no Regulamento (CE) n.º 6/2002, do Conselho, de 12 de dezembro de 2001, relativo aos desenhos ou modelos comunitários[524]. Este criou na União Europeia um sistema unificado de proteção dos desenhos ou modelos. Para tanto, previu que as criações deste tipo que obedeçam aos requisitos nele enunciados (*maxime*

[523] *In JOCE* n.º L 289, de 28 de outubro de 1998, pp. 28 ss.

[524] *In JOCE* n.º L 3, de 5 de janeiro de 2002, pp. 1 ss. Ver Carlos Olavo, «Os desenhos ou modelos comunitários», *in* AAVV, *Direito Industrial*, vol. V, Coimbra, 2008, pp. 451 ss.

a novidade e o caráter singular) poderão, à imagem das marcas comunitárias, ser registados junto do IHMI (atual Instituto da Propriedade Intelectual da União Europeia), de cujas decisões há recurso para o Tribunal de Justiça da União Europeia. Um *desenho ou modelo comunitário registado* confere ao seu titular o direito exclusivo de o utilizar em toda a União e de proibir no âmbito desta que um terceiro o utilize sem o seu consentimento. Esse direito dura cinco anos, renováveis até um máximo de vinte e cinco, a contar da data de depósito do pedido. Além disso, tendo em conta que certos setores industriais produzem desenhos ou modelos para produtos que têm um ciclo de vida curto, para os quais uma proteção independente de registo constitui uma vantagem, previu-se que um desenho ou modelo que preencha os requisitos previstos no Regulamento será também protegido enquanto *desenho ou modelo comunitário não registado* por um período de três anos a contar da data em que tiver sido pela primeira vez divulgado ao público na Comunidade. As medidas destinadas a garantir o exercício destes exclusivos foram, no entanto, deixadas aos sistemas jurídicos nacionais. Para tanto, o Regulamento institui uma minuciosa disciplina da competência internacional e do Direito aplicável, de que daremos conta adiante[525].

e) A harmonização e a unificação do regime jurídico das patentes e dos modelos de utilidade. – O domínio da propriedade industrial em que a incidência do Direito Europeu se revelou até hoje mais ténue é o das patentes, ao que não será estranha a forte ligação desta matéria com a política industrial de cada Estado.

Assim, em 15 de dezembro de 1975, foi celebrada no Luxemburgo a *Convenção Sobre a Patente Comunitária*, que estabelece um regime de patentes uniforme para o território da União Europeia[526], posteriormente alterado por um *Acordo em Matéria de Patentes Comunitárias* celebrado no Luxemburgo em 15 de dezembro de 1989[527]. As patentes a atribuir ao abrigo dessa Convenção teriam eficácia simultânea em todos os Estados da União. A Convenção não chegou, todavia, a entrar em vigor, visto que apenas sete Estados-Membros a ratificaram. Para tanto, terão contribuído certos aspetos menos conseguidos da Convenção: por um lado, os custos muito elevados da patente comunitária, resultantes da imposição convencional de uma tradução em todas as línguas comunitárias; e, por outro, a possibilidade de os juízes nacionais anularem a patente com efeitos para todo o território comunitário, solução tida como potencialmente geradora de alguma insegurança jurídica.

[525] Cfr. *infra*, capítulos III e IV.

[526] *In JOCE* n.º L 17, de 26 de janeiro de 1976, pp. 1 ss. Ver Manuel Desantes Real, «La patente comunitaria y la crisis del principio de territorialidad», *REDI*, 1991, pp. 323 ss.

[527] *In JOCE* n.º L 401, de 30 de dezembro de 1989, pp. 1 ss.

Entretanto, como se viu acima, a União Europeia passou a adotar preferentemente atos de Direito Europeu, tendo em vista harmonizar ou unificar o regime da propriedade industrial nos respetivos Estados-Membros. Abandonou-se assim a via intergovernamental seguida na Convenção do Luxemburgo.

Também em matéria de patentes se procurou seguir esta orientação[528]. Neste sentido, foi apresentada pela Comissão Europeia, em 2000, uma proposta de Regulamento relativo à patente comunitária[529], de que foi divulgada nova versão em 2004. Essa proposta previa um novo título unitário de propriedade industrial, a *patente comunitária*, que, tal como a marca e os desenhos e modelos, produziria os mesmos efeitos em toda a Comunidade e só podia ser concedida, transferida, anulada ou objeto de extensão relativamente ao conjunto da Comunidade (art. 2.º, n.º 1). A patente teria caráter autónomo, regendo-se apenas pelo Regulamento e pelos princípios gerais de Direito Comunitário (art. 2.º, n.º 2). A patente comunitária foi tida pela Comissão como essencial a fim de eliminar distorções de concorrência que pudessem resultar da territorialidade dos títulos nacionais e como meio apropriado a fim de assegurar a livre circulação das mercadorias protegidas por patentes. No entanto, devido a divergências entre os Estados-Membros quanto ao regime linguístico das patentes, o projeto da patente comunitária não avançou.

Em 17 de novembro de 2009, durante a presidência sueca da União, o Conselho distribuiu aos Estados-Membros uma proposta, elaborada ao abrigo daquela disposição do Tratado, de Regulamento do Conselho Sobre a Patente da União Europeia. Numa reunião do Conselho da União Europeia realizada em 4 de dezembro de 2009, os Estados-Membros chegaram a acordo quanto às linhas gerais dessa proposta[530]. Esse acordo compreendia ainda a criação de um *Sistema Unificado de Resolução de Litígios em Matéria de Patentes,* que visava a criação de um tribunal europeu único para o contencioso relativo à patente da União Europeia. Ficou-se, no entanto, a aguardar um parecer do Tribunal de Justiça da União Europeia sobre o projeto de acordo concluído a este respeito. Em 10 de novembro de 2010, realizou-se uma sessão extraordinária do Conselho da União Europeia para deliberar sobre o projeto. No final da sessão, verificou-se não haver unanimidade entre os Estados-Membros quanto ao projeto de regulamento, que foi rejeitado pela Espanha por considerar inaceitável, mesmo depois de um

[528] Cfr., sobre esta matéria, o nosso «Patente unitária, regime linguístico e jurisdição competente», *in* Dário Moura Vicente e outros (orgs.), *Estudos de Direito Intelectual em Homenagem ao Prof. Doutor José de Oliveira Ascensão. 50 anos de vida universitária,* Coimbra, 2015, pp. 733 ss., com mais referências.

[529] Documento COM (2000) 412 final, de 1 de agosto de 2000.

[530] Cfr. o comunicado intitulado *Conclusions on an Enhanced Patent System in Europe,* divulgado pelo Conselho na mesma data.

período transitório, o sistema das três línguas preconizado pela Comissão para a patente da União Europeia. Ficou assim inviabilizado esse projeto.

Tendo em vista desbloquear este impasse, a Comissão Europeia apresentou em 14 de dezembro de 2010 uma proposta de Decisão do Conselho que autorizava doze Estados-Membros a estabelecerem entre si uma «*cooperação reforçada*», tendo em vista a criação de uma proteção unitária das patentes, nos termos dos arts. 20.º do Tratado da União Europeia e 326.º a 334.º do Tratado Sobre o Funcionamento da União Europeia.

Em 10 de março de 2011, foi aprovada a Decisão do Conselho n.º 2011/167/ /EU, que autoriza 25 Estados-Membros (i.é, todos os Estados-Membros da União à época exceto a Espanha e a Itália) a estabelecerem entre si uma cooperação reforçada no domínio da criação da proteção de patente unitária[531]. O recurso interposto dessa Decisão pela Espanha e pela Itália para o Tribunal de Justiça da União Europeia foi rejeitado por este[532].

Na sequência da aprovação da referida Decisão, foi publicado o Regulamento n.º 1257/2012, do Parlamento Europeu e do Conselho, que regulamenta a cooperação reforçada no domínio da criação da proteção de patente unitária[533].

O Regulamento é aplicável a partir de 1 de janeiro de 2014 ou da data da entrada em vigor do Acordo Relativo ao Tribunal Unificado de Patentes, de que nos ocuparemos adiante[534]. A Espanha impugnou, entretanto, o Regulamento perante o Tribunal de Justiça da União Europeia, pedindo a sua anulação; mas essa impugnação foi indeferida por acórdão de 5 de maio de 2015[535].

O Regulamento em apreço cria a patente europeia de efeito unitário, que vamos agora examinar. O seu objetivo fundamental é a instituição de um *direito de exclusivo unitário*, válido em toda a União Europeia, à imagem do que sucede com a marca da União Europeia e os desenhos ou modelos comunitários. Para tanto, o Regulamento estabelece que: *a)* A patente europeia de efeito unitário beneficia de efeito unitário nos Estados-Membros participantes[536]; *b)* Essa patente tem caráter unitário, proporcionando uma proteção uniforme e produzindo os mesmos efeitos em todos os Estados-Membros participantes[537]; *c)* A patente em causa só pode ser limitada, transferida, revogada ou caducar para o território

[531] Publicada no *JOUE*, n.º L 76, de 22 de março de 2011, p. 53.

[532] Cfr. o acórdão do Tribunal de Justiça (Grande Secção) de 16 de abril de 2013, *Reino de Espanha e República Italiana contra Conselho da União Europeia*, procs. C-274/11 e C-295/11, ECLI:EU:C:2013:240.

[533] Cfr. o *JOUE* n.º L 361, de 31 de dezembro de 2012, pp. 1 ss.

[534] Art. 18.º, n.º 2. Sobre esse Acordo, *vide infra*, § 20.º/VI.

[535] Proc. C-146/13, ECLI:EU:C:2015:298.

[536] Art. 3.º, n.º 1.

[537] Art. 3.º, n.º 2, 1.º §.

de todos os Estados-Membros participantes[538]; e *d)* A patente pode ser objeto de licença relativamente à totalidade ou apenas a parte dos territórios dos Estados-Membros participantes[539].

A chave do Regulamento está na coordenação que nele se estabelece entre a patente europeia de efeito unitário e a patente europeia criada pela Convenção da Patente Europeia – para alguns «o verdadeiro coração do sistema da patente unitária» (*«das eigentliche Herzstück des Einheitspatentsystems»*)[540] . Não se institui, com efeito, um novo serviço para o exame e a atribuição de patentes europeias de efeito unitário. Prevê-se antes que a patente europeia de efeito unitário será «uma patente europeia que beneficia de efeito unitário nos territórios dos Estados-Membros participantes por força do regulamento»[541]. Este efeito deve ser requerido pelo interessado no prazo de um mês após a concessão da patente europeia[542]. O Regulamento é, por isso, qualificado como um *acordo particular* para os efeitos do disposto no art. 142.º, n.º 1, da Convenção da Patente Europeia[543]; uma solução cuja compatibilidade com o mencionado art. 118.º do Tratado Sobre o Funcionamento da União Europeia não é, todavia, isenta de dúvida[544].

A patente europeia de efeito unitário é, no fundo, uma patente europeia, concedida pelo Instituto Europeu de Patentes nos termos da Convenção da Patente Europeia, que beneficia de um efeito unitário nos Estados-Membros participantes do citado Regulamento[545].

538 *Idem*, 2.º §.

539 *Idem*, 3.º §.

540 Cfr. Matthias Eck, «Europäisches Einheitspatent und Einheitspatentgericht – Grund zum Feiern?», *GRUR Int.*, 2014, pp. 114 ss. (p. 115).

541 Art. 2.º, *c)*.

542 Art. 9.º, n.º 1, *c)*.

543 Art. 1.º, n.º 2. Dispõe o preceito da Convenção da Patente Europeia citado do texto: «Qualquer grupo de Estados Contratantes que, num acordo particular, decidiu que as patentes europeias concedidas para esses Estados terão um caráter unitário sobre o conjunto dos seus territórios pode determinar que as patentes europeias só poderão ser concedidas conjuntamente para todos esses Estados».

544 Veja-se, salientando essa incompatibilidade, Manuel Desantes Real, «Le 'paquet européen des brevets', paradigme du chemin à rebours: de la logique institutionnelle à la logique intergouvernementale», *Cahiers de droit européen*, 2013, pp. 577 ss., que escreve, a p. 613 : «les articles 118 TFUE et 142 CBE sont incompatibles dans la mesure où dans le premier, le protagoniste est l'UE tandis que, dans le second, se sont les États membres».

545 Cfr., sobre o ponto, Thomas Jaeger, «Back to Square One? – An Assessment of the Latest Proposals for a Patent and Court for the Internal Market and Possible Alternatives», *International Review of Intellectual Property and Competition Law*, 2012, pp. 287 ss.; Stefan Luginbühl, «Das europäische Patent mit einheitlicher Wirkung (Einheitspatent)», *GRUR Int.*, 2013, pp. 305 ss.; *Tritton on Intellectual Property in Europe*, cit., pp. 205 ss.

Ao Instituto Europeu de Patentes compete, segundo o art. 9.º do Regulamento: *a)* A administração dos pedidos de efeito unitário; *b)* A inclusão no registo europeu de patentes de um registo de proteção de patente unitária e a sua administração; a receção e registo das declarações sobre licenciamento; *c)* A publicação das traduções da patente; *d)* A cobrança e administração das taxas anuais de renovação; *e)* A gestão de um sistema de compensação dos custos de tradução aplicável aos requerentes; *f)* Garantir que os pedidos de efeito unitário sejam redigidos na língua do processo; e *g)* Garantir que o efeito unitário seja indicado no registo de proteção unitária de patentes.

Em virtude da remissão para a Convenção da Patente Europeia, o Regulamento da patente europeia de efeito unitário concentra-se na disciplina desta após a sua concessão. Parte-se do pressuposto de que a fase prévia à concessão da patente será basicamente regulada pela Convenção e que a sua administração e o seu registo se processarão de acordo com essa Convenção. Os requisitos da patenteabilidade, por exemplo, são regidos pela Convenção e não pelo Regulamento. Verdadeiramente, disciplinam-se neste último apenas os efeitos da patente. As regras a este respeito estabelecidas estão longe, em todo o caso, de constituir um sistema regulatório completo. Destacam-se os seguintes aspetos: *a)* A patente europeia de efeito unitário confere ao seu titular o direito de impedir a terceiros a prática de atos contra os quais essa patente oferece proteção em todo o território dos Estados-Membros, sem prejuízo das limitações aplicáveis[546]; *b)* Esses atos são os definidos na legislação aplicada às patentes europeias com efeito unitário nos Estados-Membros participantes cujo Direito nacional é aplicável à patente europeia com efeito unitário enquanto objeto de propriedade, de acordo com o disposto no artigo 7.º[547]; *c)* Os direitos conferidos pela patente esgotam-se no território da União após a colocação no mercado dos produtos por ela abrangidos[548]; *d)* No que respeita ao regime da patente como objeto de propriedade (ou seja: a sua titularidade, a transferência desta, a sua utilização como garantia, o seu licenciamento, etc.), a patente europeia de efeito unitário será tratada como uma patente nacional do Estado-Membro participante em que o requerente da patente tinha, ao tempo do pedido, o seu domicílio ou estabelecimento principal e nos casos em que o requerente não possua domicílio ou estabelecimento principal num Estado-Membro aplicar-se-á a lei do Estado-Membro da sede da Organização Europeia de Patentes (i.é,

[546] Art. 5.º, n.º 1.

[547] Art. 5.º, n.º 2. Os direitos compreendidos no exclusivo do titular da patente, as limitações aos efeitos desta e outros aspetos do seu regime substantivo, incluindo as medidas aplicáveis ao seu *enforcement*, encontram-se, todavia, exaustivamente disciplinados nos arts. 25.º e seguintes do Acordo Relativo ao Tribunal Unificado de Patentes

[548] Art. 6.º.

a Alemanha)[549]; e *e)* Os titulares da patente podem apresentar uma declaração escrita ao Instituto Europeu de Patentes, indicando que estão dispostos a autorizar qualquer interessado a utilizar a invenção sob licença em contrapartida de um benefício adequado[550].

Pergunta-se agora: tratar-se-á aqui de uma verdadeira patente unitária ou, tal como a patente europeia, de um mero feixe de patentes nacionais? Ou estar-se-á perante uma figura *sui generis*?

A patente europeia é concedida, como vimos, apenas para os Estados-Membros nela designados; tem de ser validada por estes e está sujeita aos respetivos Direitos pelo que respeita aos seus efeitos, à sua tutela e às suas vicissitudes. Já a patente europeia de efeito unitário tem em princípio efeitos iguais em todos os Estados-Membros participantes. O *elemento supranacional* é, nesta medida, mais acentuado nela do que na patente europeia.

Ainda assim, como se viu acima, o Regulamento sujeita a patente europeia de efeito unitário aos Direitos nacionais dos Estados-Membros quanto a diversas questões. Por outro lado, o *título europeu* de propriedade intelectual previsto no art. 118.º, n.º 1, do TFUE apenas surge aqui após a concessão de um direito de exclusivo por uma instituição situada à margem da União Europeia e com base numa convenção internacional.

Trata-se, pois, de uma *figura híbrida*, em parte sujeita ao Direito Europeu, noutra ao Direito Internacional e noutra ainda aos Direitos nacionais[551].

Esta conclusão é plenamente confirmada pelos regimes linguístico e jurisdicional da patente.

O primeiro consta do Regulamento (UE) n.º 1260/2012 do Conselho, de 17 de dezembro de 2012, que executa uma cooperação reforçada no domínio da criação da proteção de patente unitária no que diz respeito ao regime da tradução aplicável[552]. Este Regulamento entra em vigor na mesma data que o anterior. Também este Regulamento foi impugnado pela Espanha perante o Tribunal de Justiça da União Europeia; mas essa impugnação foi igualmente rejeitada neste

[549] Art. 7.º.

[550] Art. 8.º.

[551] Em sentido convergente, vejam-se Ansgar Ohly, «Auf dem Weg zum Einheitspatent und zum Einheitlichen Patentgericht. Licht am Ende des Tunnels oder Tunnel am Ende des Lichts?», *ZGE*, 2012, pp. 419 ss. (p. 431); Drexl, *in Münchener Kommentar zum Bürgerlichen Gesetzbuch*, vol. 12, *Internationales Privatrecht II. Internationales Wirtschaftsrecht. Art. 50-253) EGBGB*, 7.ª ed., Munique, 2017, p. 1313; Bernardo Calabrese, «European Patent with unitary effect but with variable law: regulating the right to patent for transnational inventions», *Revista Lex Mercatoria*, 2018, pp. 29 ss. (p. 31). Para uma crítica da sujeição da patente europeia de efeito unitário às leis nacionais dos Estados Membros, *vide* Pedro de Miguel Asensio, «La patente europea con efecto unitario y su régimen jurídico», *RDI*, 2016/I, pp. 143 ss. (pp. 161 ss.).

[552] Cfr. *JOUE*, n.º L 361, de 31 de dezembro de 2012, pp. 89 ss.

caso[553]. Respondendo ao principal argumento aduzido pela Espanha, sublinhou o Tribunal, em síntese, que: *a)* «[A]s referências, nos Tratados, à utilização das línguas na União não podem ser consideradas a manifestação de um princípio geral do direito da União nos termos do qual tudo o que seja suscetível de afetar os interesses de um cidadão da União deve ser redigido na sua língua em todas as circunstâncias»[554]; *b)* Por outro lado, a criação de um regime de tradução uniforme e simplificado aplicável à patente europeia de efeito unitário é um objetivo cuja legitimidade é incontestável, atenta a complexidade e os custos para o requerente de uma patente europeia que pretenda obter a proteção da sua invenção no território de todos os Estados-Membros[555]; *c)* As modalidades do sistema atual de proteção de patentes resultante da Convenção da Patente Europeia «produzem efeitos negativos na capacidade de inovação e de competitividade das empresas na União, sobretudo das pequenas e médias empresas, que não poderão desenvolver novas tecnologias protegidas por patentes válidas em toda a União sem terem de seguir procedimentos complexos e dispendiosos, ao passo que o regime linguístico estabelecido pelo regulamento impugnado é capaz de tornar o acesso à Patente Europeia de Efeito Unitário e ao sistema de patentes em geral mais fácil, menos dispendioso e juridicamente mais seguro»[556]; *d)* A opção do Regulamento por um tratamento diferenciado das línguas alemã, francesa e inglesa é adequada e proporcionada à finalidade prosseguida pelo mesmo[557].

Remete-se no Regulamento, quanto ao regime de tradução aplicável à patente europeia de efeito unitário, para o art. 14.º, n.º 6, da Convenção da Patente Europeia, segundo o qual «os fascículos da patente europeia são publicados na língua do processo e incluem uma tradução das reivindicações nas duas outras línguas oficiais do Instituto Europeu de Patentes»[558]. Não são exigíveis outras traduções da patente; o que significa que terão proteção em Portugal, ao abrigo deste regime, patentes unicamente redigidas em inglês, francês ou alemão, transferindo-se para os utilizadores da tecnologia por elas abrangida os custos de uma eventual tradução para português. Contudo, em caso de litígio, o art. 4.º prevê que o titular da patente deve apresentar: *a)* A pedido e à escolha do presumível infrator, uma tradução integral numa das línguas do Estado-Membro em que a patente terá sido violada ou onde o infrator se

553 Cfr. o acórdão de 5 de maio de 2015, cit. *supra*.

554 N.º 31.

555 N.º 36.

556 N.º 37.

557 N.º 47.

558 Solução cuja conformidade com o art. 118.º, n.º 2, do TFUE foi também posta em causa por Manuel Desantes Real, para quem esse preceito reclamaria um regime linguístico específico, incompatível com a remissão para Convenção da Patente Europeia: cfr. est. cit., pp. 644 ss.

encontra domiciliado; *b)* A pedido do tribunal competente, uma tradução na língua do processo. Deve ainda ser tomado em consideração o facto de o infrator ser uma pequena ou média empresa, uma pessoa singular, uma organização sem fins lucrativos, uma Universidade ou uma entidade pública no domínio da investigação e a possibilidade de ter agido sem conhecimento ou tendo motivos razoáveis para não ter conhecimento de que estava a violar a patente antes de lhe ter sido facultada a tradução referida.

Prevê-se, além disso, um período transitório de doze anos, durante o qual as patentes devem ser integralmente traduzidas para inglês, se a língua do processo for o francês ou o alemão, ou para qualquer outra língua oficial dos Estados-Membros, quando aquela língua for o inglês[559].

Outros atos jurídicos europeus procuraram, entretanto, harmonizar ou unificar aspetos parcelares do regime das patentes na União Europeia. Entre eles sobressai o Regulamento (CEE) n.º 1768/92 do Conselho, de 18 de junho de 1992, relativo à criação de um *certificado complementar de proteção* para os medicamentos[560], entretanto substituído pelo Regulamento (CE) n.º 469/2009, de 6 de maio de 2009[561], alterado pelo Regulamento (UE) 2019/933, de 20 de maio de 2019[562]. Na sua origem está o reconhecimento de que o período que decorre entre o depósito de um pedido de patente para um novo medicamento e a autorização de colocação do mesmo no mercado reduz frequentemente a proteção efetiva conferida pela patente a um período insuficiente para amortizar os investimentos efetuados na investigação tendente à criação do novo medicamento, o que penaliza a inovação no domínio farmacêutico. A fim de evitá-lo, criou-se um novo título de proteção, denominado *certificado complementar*, suscetível de ser concedido, a pedido do titular de uma patente nacional ou europeia, para os medicamentos que tenham sido objeto de uma autorização de colocação no mercado. O pedido de certificado deve ser apresentado à autoridade competente em matéria de propriedade industrial do Estado-Membro que concedeu ou para o qual foi concedida a patente de base e no qual foi obtida a autorização de colocação no mercado. O certificado confere os mesmos direitos que os conferidos pela patente de base e está sujeito às mesmas limitações e obrigações. A obtenção da patente é assim condição da concessão do certificado. A proteção conferida pelo certificado apenas abrange, todavia, o produto coberto pela autorização de colocação no mercado do medicamento correspondente. Nesta medida, o certificado pode considerar-se um título autónomo da patente. O certificado

559 Art. 6.º.

560 *In JOCE* n.º L 182, de 2 de julho de 1992, pp. 1 ss.

561 *In JOCE*, n.º L152, de 16 de junho de 2009, pp. 1 ss.

562 *In JOCE*, n.º L153, de 11 de junho de 2009, pp. 1 ss.

produz efeitos no termo legal da validade da patente de base, durante um período que corresponde ao período decorrido entre a data da apresentação do pedido da patente de base e a data da primeira autorização de colocação no mercado na Comunidade, reduzido um período de cinco anos. O período de validade do certificado não pode em qualquer caso exceder cinco anos a contar da data em que produzir efeitos. Este regime foi posteriormente estendido à proteção dos denominados produtos fitofarmacêuticos pelo Regulamento (CE) n.º 1610/96 do Parlamento Europeu e do Conselho de 23 de julho de 1996[563].

Igualmente relevante neste domínio é a Diretiva 98/44/CE, de 6 de julho de 1998, relativa à proteção jurídica das *invenções biotecnológicas*[564]. Esta prevê que os Estados-Membros devem proteger as invenções biotecnológicas através do Direito nacional de patentes. Exclui, no entanto, a patenteabilidade das variedades vegetais, das raças animais, dos processos essencialmente biológicos de obtenção de vegetais ou de animais e do corpo humano, nos vários estádios da sua constituição e do seu desenvolvimento, bem como a simples descoberta de um dos seus elementos, incluindo a sequência ou a sequência parcial de um gene.

Uma proposta de Diretiva relativa à patentabilidade dos inventos que implicam programas de computador, apresentada pela Comissão Europeia em 2002[565], não chegou a ser aprovada. Por aprovar ficou também uma proposta de Diretiva relativa à aproximação dos regimes de proteção das invenções por modelo de utilidade, originariamente apresentada pela Comissão em 1998[566].

f) A harmonização e a unificação do regime jurídico das denominações de origem e indicações geográficas. – Uma via um tanto diversa foi seguida pelo Regulamento (UE) n.º 1151/2012 do Parlamento Europeu e do Conselho, de 21 de novembro de 2012, relativo aos regimes de qualidade dos produtos agrícolas e dos géneros alimentícios[567].

Para efeitos deste Regulamento, entende-se por «denominação de origem» uma denominação que identifique um produto: *a)* Originário de um local ou região determinados, ou, em casos excecionais, de um país; *b)* Cuja qualidade

[563] *In JOCE* n.º L 198, de 8 de agosto de 1996, pp. 30 ss.

[564] *In JOCE* n.º L 213, de 30 de julho de 1998, pp. 13 e ss.

[565] Documento COM (2002) 92 final.

[566] *In JOCE* n.º C 36, de 3 de fevereiro de 1998, pp. 13 e ss. Veja-se também a proposta alterada de Diretiva, publicada no *JOCE* n.º C 248 E, de 29 de agosto de 2000, pp. 56 ss.

[567] *In JOUE* n.º L 343, de 14 de dezembro de 2012, pp. 1 ss. Ver Alexandra Araújo, «O Regulamento (UE) n.º 1151/2012 do Parlamento Europeu e do Conselho, de 21 de novembro de 2012, relativo aos regimes de qualidade dos produtos agrícolas e dos géneros alimentícios», *Revista da Faculdade de Direito e Ciência Política da Universidade Lusófona do Porto*, vol. 2 (2013), n.º 2.

ou características se devam essencial ou exclusivamente a um meio geográfico específico, incluindo os seus fatores naturais e humanos; e *c)* Cujas fases de produção tenham todas lugar na área geográfica delimitada (art. 5.º, n.º 1). Por «indicação geográfica», entende-se uma denominação que identifique um produto: *a)* Originário de um local ou região determinados, ou de um país; *b)* Que possua determinada qualidade, reputação ou outras características que possam ser essencialmente atribuídas à sua origem geográfica; e *c)* Em relação ao qual pelo menos uma das fases de produção tenha lugar na área geográfica delimitada (art. 5.º, n.º 2).

Prevê-se no Regulamento a proteção destas referências geográficas mediante um registo, que apenas pode ser requerido por agrupamentos de produtores ou transformadores que trabalhem com os produtos cuja denominação se pretende registar (art. 49.º, n.º 1). Sempre que diga respeito a uma área geográfica situada num determinado Estado-Membro, o pedido de registo é dirigido a esse Estado, o qual deve examiná-lo a fim de verificar se o mesmo é justificado e preenche as condições estabelecidas no Regulamento (art. 49.º, n.º 2). Os Estados-Membros podem, ao abrigo do Regulamento e apenas a título transitório, conferir, a nível nacional, proteção a uma denominação, com efeitos a partir da data de apresentação do pedido à Comissão (art. 9.º). Se, após a avaliação das declarações de oposição recebidas, um Estado-Membro considerar que as exigências do Regulamento são respeitadas, pode tomar uma decisão favorável e apresentar à Comissão um processo relativo ao pedido (art. 49.º, n.º 4). Subsequentemente, a Comissão examina o pedido e, caso não receba uma oposição admissível, procede ao respetivo registo, o qual é publicado no *Jornal Oficial da União Europeia* (art. 52.º).

As denominações registadas são protegidas contra: *a)* Qualquer utilização comercial direta ou indireta de uma denominação registada para produtos não abrangidos pelo registo, quando esses produtos forem comparáveis aos produtos registados com essa denominação, ou quando tal utilização explorar a reputação da denominação protegida, inclusive se os produtos forem utilizados como ingredientes; *b)* Qualquer utilização abusiva, imitação ou evocação, ainda que a verdadeira origem dos produtos ou serviços seja indicada, ou que a denominação protegida seja traduzida ou acompanhada por termos como «género», «tipo», «método», «estilo» ou «imitação», ou similares, inclusive se os produtos forem utilizados como ingredientes; *c)* Qualquer outra indicação falsa ou falaciosa quanto à proveniência, origem, natureza ou qualidades essenciais do produto, que conste do acondicionamento ou da embalagem, da publicidade ou dos documentos relativos ao produto em causa, bem como contra o acondicionamento do produto em recipientes suscetíveis de dar uma impressão errada sobre a origem do produto; *e d)* Qualquer outra prática suscetível de induzir o consumidor em erro quanto à verdadeira origem do produto (art. 13.º, n.º 1).

g) A tutela dos direitos de propriedade industrial. – Estes atos europeus são complementados, no tocante à tutela dos direitos de propriedade industrial, pela Diretiva 2004/48/CE, de 29 de abril de 2004, à qual fizemos alusão oportunamente[568].

Uma avaliação entretanto publicada pela Comissão Europeia da aplicação da Diretiva 2004/48/CE[569] conclui que esta teve um efeito substancial e positivo na protecção dos direitos de propriedade intelectual. Porém, tornou-se claro, segundo o mesmo documento, que a Diretiva (tal como o TRIPS antes dela) não foi concebida tendo em vista os problemas suscitados pela Internet à aplicação dos direitos de propriedade intelectual. Foi por isso anunciada pela Comissão Europeia a intenção de rever a Diretiva 2004/48/CE, numa comunicação em que se identifica como grande desafio assegurar a aplicação efetiva dos direitos de propriedade intelectual no ambiente digital[570].

X – Outros instrumentos regionais de harmonização e unificação do Direito da Propriedade Industrial

Em 2 de março de 1977 foi celebrado o *Acordo de Bangui Que Institui Uma Organização Africana da Propriedade Intelectual*, modificado pelo Atos de Revisão de 24 de fevereiro de 1999 e de 15 de dezembro de 2015[571].

Esse Acordo criou entre os respetivos Estados membros um regime uniforme de proteção da propriedade intelectual e uma organização internacional, a OAPI, encarregada de pô-lo em prática e de exercer, relativamente a cada um desses Estados, a função de serviço nacional da propriedade industrial e de organismo central de documentação e informação em matéria de patentes de invenção.

Nos anexos ao Acordo contêm-se as disposições aplicáveis em cada Estado membro no que respeita às patentes de invenção (anexo I), aos modelos de utilidade (anexo II), às marcas de produtos ou de serviços (anexo III), aos desenhos e modelos industriais (anexo IV), aos nomes comerciais (anexo V), às indicações geográficas (anexo VI), à propriedade literária e artística (anexo

[568] Cfr. *supra*, § 11.º/V.

[569] Cfr. o documento COM (2010) 779 final, de 22 de dezembro de 2010, intitulado *Aplicação da Directiva 2004/48/CE do Parlamento Europeu e do Conselho, de 29 de abril de 2004, relativa ao respeito dos direitos de propriedade intelectual.*

[570] Cfr. o documento COM (2011) 287 final, de 24 de maio de 2011, intitulado *Um Mercado Único para os Direitos de Propriedade Intelectual. Encorajar a criatividade e a inovação de modo a garantir o crescimento económico, postos de trabalho de elevada qualidade e produtos e serviços de primeira classe na Europa.*

[571] Do qual é parte um país de língua portuguesa: a Guiné-Bissau. Os demais Estados membros desse Acordo são o Benim, o Burkina Faso, os Camarões, a República Centro-Africana, o Chade, o Congo, o Gabão, a Guiné Conakri, a Guiné Equatorial, a Costa do Marfim, o Mali, a Mauritânia, a República do Niger, o Senegal, o Togo e a União das Comores.

VII), à proteção contra a concorrência desleal (anexo VIII), às topografias dos circuitos integrados (anexo IX) e à proteção das obtenções vegetais (anexo X).

As disposições do Acordo e os seus anexos funcionam, nos Estados membros, como leis relativas às matérias de que se ocupam, revogando e impedindo a entrada em vigor na ordem interna de disposições com elas incompatíveis[572].

São evidentes as vantagens que se colhem deste sistema. Por um lado, ele assegura a uniformidade do regime da propriedade intelectual no espaço económico correspondente aos respetivos Estados membros e a existência de títulos da propriedade industrial suscetíveis de produzirem efeitos simultaneamente em todos os dezassete países que integram esse espaço, sem que para o efeito os mesmos hajam de ser requeridos ou sequer validados individualmente em cada um desses países, o que representa uma inequívoca economia de recursos. Por outro, ele proporciona aos Estados membros um regime atualizado para a propriedade industrial, dispensando-os dos encargos inerentes à produção legislativa sobre uma matéria de alto grau de especialidade e complexidade e permanentemente carecida de atualização normativa. Finalmente, na medida em que a OAPI pode funcionar em cada Estado membro como serviço nacional da propriedade industrial e como organismo central de documentação e informação em matéria de patentes de invenção, o Acordo de Bangui evita a esses Estados os dispêndios de recursos humanos e materiais inerentes à manutenção de serviços públicos próprios nas matérias cobertas pela competência da referida organização.

O Acordo não dispensa, porém, os Estados membros de aderirem a um vasto conjunto de convenções internacionais nele elencadas, antes os obriga a empreenderem as ações necessárias a tal adesão, da qual decorrerá a vigência em cada um deles desses textos. Por outro lado, o Acordo e os respetivos anexos estabelecem, em diversas matérias, regras carecidas de implementação nas ordens jurídicas dos Estados membros através de legislação nacional para o efeito adrede criada. Estão neste caso, por exemplo, os regulamentos relativos ao controlo de qualidade dos produtos comercializados sob uma indicação geográfica registada, a que se refere o anexo VI. Além disso, o Acordo prevê que as ações civis e penais relativas aos direitos de propriedade intelectual nele disciplinados sejam intentadas perante as jurisdições nacionais competentes dos Estados membros e julgadas segundo a forma prescrita pela legislação

[572] No caso da Guiné-Bissau, o Acordo de Bangui derroga assim, no seu campo próprio de aplicação, as disposições do Código do Direito de Autor aprovado pelo D.L. n.º 49.980 e do regime da Propriedade Industrial aprovado pelo D.L. n.º 6/96, cuja desatualização face às necessidades atuais da tutela da propriedade intelectual no País é manifesta. Os títulos da propriedade industrial em vigor na Guiné-Bissau antes da sua adesão ao Acordo de Bangui continuam, no entanto, a produzir os seus efeitos em conformidade com a legislação em vigor no momento do respetivo depósito.

nacional desses Estados. Outrossim, o Acordo estabelece que as administrações alfandegárias nacionais podem adotar, em execução das respetivas disposições, certas medidas relativamente a mercadorias contrafeitas; e que os Ministros competentes dos Estados membros podem impor, por ato administrativo, licenças não voluntárias por razões de interesse nacional.

Por seu turno, o já referido Protocolo n.º 28 ao *Acordo Relativo ao Espaço Económico Europeu* previu diversas obrigações a cargo dos Estados-Membros desta organização que não participam na Comunidade Europeia, tendentes a ajustar o nível de proteção neles conferido aos direitos de propriedade industrial àquele que vigora na Comunidade, nomeadamente por força da Convenção da Patente Europeia.

Também o *Tratado de Livre Comércio da América do Norte* – em vias, como notámos acima, de ser substituído pelo Acordo Estados Unidos-México-Canadá – procurou aproximar entre os respetivos Estados membros um nível de proteção conferido aos direitos de propriedade industrial. Para o efeito, prevê-se nele a obrigatoriedade de esses Estados conferirem efeitos na ordem interna à Convenção da União de Paris.

Entre os Estados-Membros da Comunidade Andina vigoram as Decisões da Comissão da Comunidade Andina n.ºs 345, de 1993 (que institui o regime de proteção dos direitos dos obtentores vegetais) e 486, de 2000 (que cria um regime comum de propriedade industrial)[573].

Por último, entre diversos antigos Estados membros da Comunidade de Estados Independentes (Arménia, Azerbaijão, Bielorússia, Cazaquistão, Federação Russa, Moldávia, Quirguízia, Tajiquistão e Turquemenistão) vigora, como se referiu atrás, a Convenção celebrada em Moscovo em 1994, que prevê a concessão de uma *patente euro-asiática* para o território desses Estados, sujeita às regras da Convenção e aos Regulamentos emanados da Organização de Patentes Euro-Asiáticas, criada por aquela. Os litígios relativos à validade e violação desta patente são, no entanto, exclusivamente da competência dos tribunais dos Estados contratantes e as respetivas decisões apenas produzem efeitos no território destes.

XI – Sentido geral da evolução registada; limites da harmonização e da unificação empreendidas

a) Sentido geral da evolução da tutela internacional da propriedade industrial. – À luz do exposto, podemos autonomizar quatro fases principais na evolução da tutela internacional da propriedade industrial.

573 Textos disponíveis em http://www.comunidadandina.org.

Em primeiro lugar, previu-se na Convenção da União de Paris a possibilidade da apresentação de *pedidos sucessivos* nos Estados membros, com invocação do *direito de prioridade*, tendentes à concessão de uma *pluralidade de direitos independentes* nesses Estados, incidindo sobre o mesmo bem.

Depois, consagrou-se nos Acordos de Madrid, da Haia e de Lisboa, bem como no PCT, a possibilidade da apresentação de *pedidos únicos*, tendentes à concessão, nos respetivos Estados partes, de uma *pluralidade* de *direitos independentes.*

Em seguida, estabeleceu-se na Convenção sobre a Patente Europeia a possibilidade da apresentação de um *pedido único* com vista à *concessão por uma autoridade única* de uma *pluralidade de direitos independentes* nos Estados partes, regidos por outros tantos sistemas jurídicos nacionais.

Finalmente, acolheu-se nos referidos Regulamentos sobre a marca da União Europeia, os desenhos ou modelos comunitários e a patente europeia de efeito unitário e, de forma mais limitada, na Convenção Relativa à Patente Euro-Asiática, a possibilidade de apresentação, perante uma instância supranacional, de um *pedido único*, conducente à *concessão por uma autoridade única* de um *direito unitário* numa pluralidade de países, sujeito a um *regime uniforme.*

b) Seus limites. – Como acabamos de ver, só na União Europeia – e por enquanto apenas pelo que respeita às marcas, aos desenhos e modelos (uma vez que o regime da patente europeia de efeito unitário não se encontra ainda em vigor) é que os esforços desenvolvidos no sentido da harmonização e da unificação internacional do Direito da Propriedade Industrial conduziram à consagração de *direitos privativos unitários* cujo âmbito territorial se estende a mais do que um Estado e se encontram sujeitos a um regime uniforme e à competência de um tribunal supranacional. Nos Estados Membros da OAPI e na Comunidade de Estados Independentes os carateres de supranacionalidade do direito aí consagrado em matéria de patentes são consideravelmente mais atenuados.

Nas demais matérias, e pelo que respeita aos restantes países, o princípio fundamental continua a ser o da *independência dos direitos privativos*, por força do qual os efeitos da concessão destes direitos são aferidos perante o Direito de determinado Estado.

Por outro lado, o regime instituído pelas convenções internacionais examinadas não impede os países que delas são partes de preverem nas respetivas legislações uma *proteção mais vasta*, desde que a mesma não contrarie o disposto nessas convenções: admitem-no expressamente, por exemplo, o Acordo da Haia[574],

[574] Art. 2.º, n.º 1.

o Acordo TRIPS[575], o Tratado de Livre Comércio da América do Norte[576] e o Tratado Sobre Direito das Patentes[577].

Nalguns casos, estes instrumentos de Direito Internacional deixam aos Direitos nacionais a regulação de questões fundamentais, relativamente às quais não houve consenso entre os respetivos Estados membros. Estão neste caso: *a)* A Convenção de Paris, no tocante à definição dos bens suscetíveis de serem patenteados, aos critérios de patenteabilidade e à duração das patentes, das marcas e dos demais direitos privativos nela regulados, assim como à sua aplicação efetiva; *b)* A Convenção da Patente Europeia, no que respeita ao âmbito da proteção conferida por esta, visto que, embora o art. 2.º do Protocolo Interpretativo do art. 69.º da Convenção consagre nesta matéria a *doutrina dos equivalentes*, omite qualquer definição do conceito de equivalente; *c)* O Acordo TRIPS, no tocante ao esgotamento dos direitos[578] e à definição dos bens cuja patenteabilidade é excluída[579]; e *d)* o Acordo de Bangui, cuja aplicação efetiva pressupõe a adoção pelos respetivos Estados membros de medidas legislativas, regulamentares e administrativas de diversa natureza, destinadas a darem execução às suas disposições.

Acresce que certos conceitos utilizados pelas convenções internacionais em apreço são aptos a incorporar uma multiplicidade de institutos do Direito interno dos respetivos Estados membros. É, como se referiu acima, o que sucede com o *nome comercial*, que a Convenção de Paris não define, embora mande protegê-lo no território da União. A questão de saber se determinado nome para o qual é reclamada proteção é um «nome comercial» para os efeitos da Convenção é uma questão de qualificação, que tem de ser resolvida de acordo com a lei do país para cujo território se reivindica essa proteção[580]. O que significa que, além de ser variável o conteúdo da proteção conferida, podem também ser diferentes, de país para país, as categorias de situações abrangidas pela Convenção. O mesmo sucede, no âmbito do Acordo da Haia, pelo que respeita ao conceito de *desenho industrial*.

Mesmo no seio da União Europeia nem sempre a harmonização de legislações prosseguida através de atos de Direito Europeu derivado foi inteiramente lograda,

[575] Art. 1.º, n.º 1.

[576] Art. 1702.

[577] Art. 2.º, n.º 1.

[578] Cfr. o art. 6.º, que Thomas Cottier caracteriza como «um acordo sobre o desacordo» (*vide* «L'épuisement mondial», *in* AAVV, *Quel droit de la propriété industrielle pour le 3e millénaire? Colloque organisé par le Centre Paul Roubier à l'occasion de son 30e anniversaire*, Paris, 2001, p. 319).

[579] Cfr. o art. 27.º, n.ºs 2 e 3.

[580] Ver, neste sentido, Bodenhausen, *Guide to the Application of the Paris Convention*, cit., p. 133; Organização Mundial da Propriedade Intelectual, *Wipo Intellectual Property Handbook*, cit., p. 258.

até porque alguns desses atos se abstiveram deliberadamente de disciplinar certas questões relativamente às quais subsistiam divergências de fundo entre os Estados-Membros (como sucede na Diretiva (UE) 2015/2436 pelo que respeita à proteção das marcas não registadas[581]) ou ressalvaram as regras mais favoráveis aos titulares de direitos previstas nas legislações nacionais (como fez a Diretiva n.º 2004/48/CE relativa ao respeito dos direitos de propriedade intelectual[582]).

Por outro lado, o regime dos direitos unitários de propriedade industrial instituídos no âmbito da União Europeia apenas em parte se extrai, como vimos, dos instrumentos a eles relativos, sendo imprescindível recorrer, pelo que respeita às suas lacunas e a diversos aspetos relacionados com a sua tutela, aos Direitos nacionais dos Estados-Membros[583].

Com o *Brexit*, os atos normativos europeus relativos à propriedade industrial, nomeadamente os que instituem títulos de caráter unitário, deixarão, na falta de um acordo específico que regule a matéria, de abranger o território do Reino Unido[584].

Eis por que, apesar do movimento de harmonização e unificação supra- e internacional do Direito da Propriedade Industrial, os Direitos nacionais não deixaram de ter um campo próprio de aplicação, mesmo em situações plurilocalizadas.

Reconheceu-o a Conferência Ministerial da Organização Mundial de Comércio na *Declaração de Doha Relativa ao Acordo TRIPS e à Saúde Pública*, de

[581] Haja vista ao considerando 11 desta Diretiva, nos termos do qual «A presente diretiva não deverá retirar aos Estados-Membros a faculdade de continuarem a proteger as marcas adquiridas pelo uso, mas regular apenas a sua relação com as marcas adquiridas mediante registo».

[582] Cfr. o art. 2.º, n.º 1. Independentemente do que se dispõe neste preceito, é flagrante a falta de consonância do Direito português com as regras da Diretiva em matéria de indemnizações devidas pela violação de direitos intelectuais. Assim, ao passo que este ato comunitário prevê, no art. 13.º, n.º 1, no tocante à fixação do montante das indemnizações, que o tribunal aplique, *em alternativa*, a teoria da diferença ou a teoria da licença (consignadas, respetivamente, nas alíneas *a)* e *b)* daquele preceito), a Lei n.º 16/2008, de 1 de abril, que transpôs a Diretiva para a ordem jurídica interna, apenas admitiu, em princípio, o recurso à teoria da licença *a título subsidiário*: vejam-se o art. 211.º, n.º 5, do Código do Direito de Autor e dos Direitos Conexos, e o atual art. 347.º, n.º 5 (anterior art. 338.º-L, n.º 5), do Código da Propriedade Industrial, introduzidos nestes códigos por aquele diploma legal. Além disso, o n.º 6 de ambos estes preceitos estabelece que quando, em relação à parte lesada, a conduta do infrator constitua prática reiterada ou se revele especialmente gravosa, pode o tribunal determinar a indemnização que lhe é devida com recurso à *cumulação* de ambos os critérios, o que a Diretiva não prevê.

[583] Cfr. *supra*, § 11.º/I, alínea *c)*, e *infra*, § 17.º/I, alínea *f)*.

[584] Ver Manuel Oehen Mendes, «Os efeitos do Brexit sobre a proteção da propriedade industrial – algumas reflexões preliminares», *RDI*, 2016/II, pp. 87 ss.; e Pedro de Miguel Asensio, «Implicaciones del Brexit sobre los derechos de propiedad industrial e intellectual», *La Ley Unión Europea*, n.º 60, junho 2018.

2001[585]. Aí se afirmou expressamente que este Acordo não impede os Estados membros de adotarem medidas destinadas a proteger a saúde pública e a promover o acesso universal aos medicamentos[586].

Para o efeito, a Conferência reconheceu o direito de os Estados membros concederem licenças compulsórias (possíveis ao abrigo do art. 31 do Acordo)[587], assim como a liberdade de esses Estados definirem os fundamentos da respetiva concessão[588].

Ora, as razões de interesse público suscetíveis de servirem de fundamento à outorga de licenças compulsórias variam de país para país, em razão das necessidades locais, mormente no tocante ao acesso do público aos medicamentos patenteados. Nesta matéria, o recurso aos Direitos nacionais é, pois, incontornável.

Outro tanto pode dizer-se do regime do esgotamento dos direitos de propriedade intelectual, que a *Declaração de Doha* igualmente submete ao Direito dos Estados membros, reconhecendo a estes a faculdade de, em certas condições, permitirem importações paralelas de produtos farmacêuticos[589].

[585] Disponível em http://www.wto.org.

[586] Cfr. o parágrafo 4 da Declaração, nos termos do qual: « We agree that the TRIPS Agreement does not and should not prevent Members from taking measures to protect public health. Accordingly, while reiterating our commitment to the TRIPS Agreement, we affirm that the Agreement can and should be interpreted and implemented in a manner supportive of WTO Members' right to protect public health and, in particular, to promote access to medicines for all. In this connection, we reaffirm the right of WTO Members to use, to the full, the provisions in the TRIPS Agreement, which provide flexibility for this purpose ».

[587] Assim sucedeu, por exemplo, no Brasil, por força do Decreto do Presidente da República de 4 de maio de 2007, que ordenou o licenciamento compulsório do medicamento antirretroviral *Efavirenz*, usado no tratamento do vírus da imunodeficiência humana, tornando assim possível a sua importação como genérico a partir da Índia, onde o respetivo preço era ao tempo 72% inferior.

[588] Cfr. o parágrafo 5 (b) da Declaração, que dispõe: «Each Member has the right to grant compulsory licences and the freedom to determine the grounds upon which such licences are granted».

[589] Cfr. o parágrafo 6 da Declaração, segundo o qual: «We recognize that WTO Members with insufficient or no manufacturing capacities in the pharmaceutical sector could face difficulties in making effective use of compulsory licensing under the TRIPS Agreement. We instruct the Council for TRIPS to find an expeditious solution to this problem and to report to the General Council before the end of 2002». Veja-se ainda a Decisão do Conselho Geral da OMC de 30 de Agosto de 2003 sobre a implementação deste preceito, em cujo § 2 se estabelece: «The obligations of an exporting Member under Article 31(f) of the TRIPS Agreement shall be waived with respect to the grant by it of a compulsory licence to the extent necessary for the purposes of production of a pharmaceutical product(s) and its export to an eligible importing Member(s) in accordance with the terms set out below in this paragraph». Em 6 de dezembro de 2005, o Conselho Geral da OMC adotou nova Decisão, que aprovou a incorporação no Acordo TRIPS do art. 31.º-A, cujo n.º 1 dispõe: «As obrigações de um membro exportador por força da alínea f) do artigo 31.º não serão aplicáveis no que respeita à concessão, por parte desse membro, de uma licença obrigatória, na medida do necessário à produção de um (de) produto(s) farmacêutico(s) e à sua exportação

§ 12.º A harmonização e a unificação internacionais do regime jurídico dos direitos *sui generis* sobre bens intelectuais

I – Preliminares

Como resulta da análise até aqui feita, o sistema de tutela internacional da propriedade intelectual instituído no final do século XIX pelas Convenções de Berna e de Paris assenta na divisão daquela em dois ramos fundamentais: os direitos de autor sobre obras literárias e artísticas, por um lado, e os direitos de propriedade industrial sobre sinais distintivos de comércio e patentes de invenção, por outro.

A evolução tecnológica registada nas últimas décadas do século XX veio, no entanto, colocar em crise aquela dicotomia, na medida em que fez surgir novas categorias de bens intelectuais, com necessidades específicas de tutela, às quais o regime internacional daqueles direitos de exclusivo se mostra frequentemente inadaptado[590].

Entre estes bens contam-se as denominadas topografias de produtos semicondutores, as bases de dados e os nomes de domínio. É, pois, da tutela instituída para estas novas realidades nas fontes internacionais e comunitárias que nos ocuparemos em primeiro lugar neste parágrafo.

Seguir-se-á a análise dos regimes *sui generis* instituídos para as variedades vegetais, os conhecimentos tradicionais e as expressões culturais tradicionais, que de igual modo dificilmente se enquadram nas categorias clássicas da propriedade intelectual, mas que, não obstante isso, podem ser qualificados como formas de propriedade intelectual[591].

para um ou mais membros elegíveis, em conformidade com as condições previstas no n.º 2 do anexo do presente acordo». Esta emenda ao Acordo TRIPS foi aceite pela União Europeia em 19 de novembro de 2007 (cfr. a Decisão do Conselho n.º 2007/768/CE, publicada no *JOCE*, n.º L 311, de 29 de novembro de 2007, pp. 35 ss.) e entrou em vigor a 23 de janeiro de 2017 https://www.wto.org/english/news_e/news17_e/trip_23jan17_e.htm). Ver, sobre o tema, Frederick M. Abbott, «The Doha Declaration on the TRIPS Agreement and Public Health: Lighting a Dark Corner at the WTO», *J. Int'l Econ. L.*, 2002, pp. 469 ss.; Carlos M. Correa, *Implications of the Doha Declaration on the TRIPS Agreement and Public Health*, Buenos Aires, 2002 (disponível em https://www.who.int/medicines/areas/policy/WHO_EDM_PAR_2002.3.pdf?ua=1); Roberta Silva Melo Fernandes Remédio Marques, *Patente farmacêutica & medicamento genérico. A tensão jurídica entre o direito exclusivo e a livre utilização*, Curitiba, 2013, pp. 326 ss.; e Vítor Palmela Fidalgo, *As licenças compulsórias de direitos de propriedade industrial*, cit., pp. 65 ss.

[590] *Vide*, sobre o tema, Jerome H. Reichman, «Legal Hybrids Between the Patent and Copyright Paradigms», *Columbia L. R.*, 1994, pp. 2432 ss.; *idem*, «Charting the Collapse of the Patent-Copyright Dichotomy: Premises for a Restructured International Intellectual Property System», *Cardozo Arts & Entertainment Law Journal*, vol. 13 (1994/95), pp. 475 ss.

[591] Veja-se o art. 2.º, alínea *viii)*, da Convenção de Estocolmo de 14 de julho de 1967, que instituiu Organização Mundial da Propriedade Intelectual, nos termos do qual se deve entender por

Como se verá, ao contrário do que sucedeu com os direitos sobre bens intelectuais acima examinados, nesta matéria foi sobretudo das fontes supra- e internacionais que surgiu o estímulo no sentido da consagração de novos direitos subjetivos nas ordens jurídicas nacionais. Por conseguinte, o seu regime na ordem interna dificilmente poderia ser entendido sem referência a elas. Tal a razão por que só agora nos ocuparemos deles.

II – Topografias de produtos semicondutores

a) Noção. – Simplificando um tanto, pode dizer-se que as topografias dos produtos semicondutores, ou circuitos integrados, são os mapas da base física de funcionamento do computador. *Circuito* é, com efeito, «toda e qualquer rede elétrica composta por condutores e componentes elétricos e/ou eletrónicos, onde circule uma corrente elétrica, e que possibilite transmitir controladamente a potência elétrica que lhe é aplicada»[592]. *Circuito integrado* é um circuito que *integra* diversos componentes necessários ao armazenamento e ao processamento da informação contida no computador. Compreende duas categorias fundamentais de componentes: as *memórias* (que armazenam dados) e os *processadores* (que manipulam a informação). O circuito integrado é gravado num pequeno pedaço (*chip* na terminologia inglesa) de *material semicondutor* (como tal designado porque não é nem um bom condutor de eletricidade, como o cobre, nem um isolante, como a borracha), geralmente silício, dando assim origem ao *produto semicondutor*. *Topografia* (*layout-design*) é um conjunto de imagens, criadas por um programa de desenho instalado num computador, que representam a configuração do circuito integrado: os componentes deste têm de estar organizados segundo certa forma, representada na topografia, através da qual se procura assegurar a sua miniaturização, a rápida circulação do sinal elétrico, o baixo consumo de energia e o mínimo aquecimento[593].

b) Importância atual. – A importância destas topografias é hoje muito considerável.

Desde logo, porque dos produtos por elas representados depende o funcionamento não só dos computadores, mas também de muitos outros

«propriedade intelectual», não apenas os direitos relativos aos bens aí especificados, mas também «todos os outros direitos relativos à atividade intelectual nos domínios industrial, científico, literário e artístico».

[592] Cfr. A. Simões do Rosário/Raul Cordeiro, «Circuito», *in Enciclopédia Verbo Século XXI*, vol. 6, Lisboa/São Paulo, 1998, col. 1355 s.

[593] Cfr. Manuel Oehen Mendes, «Tutela jurídica das topografias dos circuitos integrados», *in* AAVV, *Direito da Sociedade da Informação*, vol. I, Coimbra, 1999, pp. 89 ss. (p. 91).

aparelhos quotidianamente utilizados – dos eletrodomésticos às máquinas industriais.

As topografias têm, além disso, grande importância económica, porquanto deram origem a uma indústria especializada (na qual pontifica a empresa norte-americana Intel, que fabrica a maioria dos circuitos integrados utilizados em todo o mundo), com um alto volume de negócios.

c) Tutela jurídica. – As topografias colocam difíceis problemas ao Direito, pois correspondem a uma nova categoria de bens imateriais carecidos de proteção contra a sua reprodução e utilização ilícitas. Este constitui, aliás, um aspeto crítico para a produção das topografias, pois a conceção de um novo circuito integrado implica grandes investimentos, mas a sua cópia é muito barata. Sem uma proteção eficaz das topografias não haveria estímulo à sua produção.

Três alternativas fundamentais se apresentavam no tocante à proteção jurídica das topografias: *a)* A concessão de patentes (o que implica um registo e a revelação do segredo industrial que lhes subjaz); *b)* O reconhecimento de direitos de autor (solução porventura mais favorável aos produtores das topografias, pelo caráter automático da proteção jusautoral e também porque, além de dispensar o registo, evita a revelação do segredo industrial, mas que suscita dificuldades do ponto de vista da coerência do sistema, pois o Direito de Autor apenas tutela criações intelectuais, i. é, obras do espírito humano, e as topografias são feitas por computadores); e *c)* A atribuição de direitos *sui generis*, não reconduzíveis a qualquer das categorias anteriores, mas porventura mais adaptados à natureza ela própria singular da realidade em apreço.

O primeiro país a estabelecer uma proteção legal das topografias foram os Estados Unidos da América, através do *Semiconductor Chip Protection Act* de 1984[594], que previu a atribuição de um direito *sui generis* sobre as mesmas.

Essa lei apenas protegia, contudo, os nacionais americanos e os dos países que concedessem uma proteção equivalente aos nacionais americanos. Eis por que, em 1986, foi adotada na Comunidade Europeia a Diretiva do Conselho 87/54//CEE[595], que consagrou a proteção das topografias de produtos semicondutores através da concessão de direitos de exclusivo sobre as mesmas (art. 2.º, n.º 1).

Os conceitos de produto semicondutor e de topografia de um produto semicondutor encontram-se definidos no art. 1.º da Diretiva. De acordo com

594 O qual corresponde ao capítulo 9 do título 17 do *United States Code.*

595 *In JOCE* n.º L 24 de 27 de janeiro de 1987, pp. 36 ss. Em Portugal, a Diretiva foi originariamente transposta pela Lei n.º 16/89, de 30 de junho. Essa lei foi entretanto revogada pelo diploma preambular do Código da Propriedade Industrial de 2003. O atual Código disciplina as topografias nos arts. 153.º a 172.º.

a alínea *a)* do n.º 1 desse preceito, produto semicondutor é «a forma final ou intermédia de qualquer produto: i) que consista num corpo material que inclua uma camada de material semicondutor; e ii) que possua uma ou mais camadas compostas de material condutor, isolante ou semicondutor, estando as camadas dispostas de acordo com um modelo tridimensional pré-determinado; e iii) destinado a desempenhar uma função eletrónica, quer exclusivamente, quer em conjunto com outras funções». Nos termos da alínea *b)* da mesma disposição, topografia de um produto semicondutor é «o conjunto de imagens relacionadas, quer fixas, quer codificadas: i) que representem a disposição tridimensional das camadas de que o produto semicondutor se compõe; e ii) em que cada imagem possui a disposição ou parte da disposição de uma superfície do produto semicondutor em qualquer fase do seu fabrico».

Como condição de proteção das topografias estabeleceu-se na Diretiva que estas devem resultar de um esforço intelectual do seu próprio criador e não devem ser conhecidas na indústria dos semicondutores (art. 2.º, n.º 2). Previu-se também a possibilidade de os Estados-Membros da Comunidade exigirem, a fim de outorgarem proteção às topografias, o registo e o depósito destas junto de uma autoridade pública (art. 4.º, n.º 1). Os direitos de exclusivo a conceder pelos Estados-Membros incluem os de autorizar ou proibir a reprodução, a exploração comercial ou a importação das topografias (art. 5.º, n.º 1); e caducam dez anos após o último dia do ano civil em que a topografia foi pela primeira vez explorada comercialmente ou em que o pedido de registo foi apresentado (art. 7.º, n.º 3).

Posteriormente, o *Tratado Sobre a Proteção da Propriedade Intelectual Relativa aos Circuitos Integrados*, celebrado em Washington a 26 de maio de 1989[596], previu uma proteção das topografias de conteúdo análogo à estabelecida na Diretiva (art. 6), por um mínimo de 8 anos (art. 8). Mas esse Tratado não chegou a entrar em vigor, por não ter reunido o número mínimo de ratificações necessário para o efeito.

Entretanto, foi celebrado o Acordo TRIPS, que se refere às topografias dos circuitos integrados nos arts. 35.º e seguintes. No primeiro destes preceitos, estabelece-se que os Estados membros concedem proteção às topografias de acordo com o disposto nos arts. 2.º a 7.º (exceto o n.º 3 do art. 6.º), no art. 12.º e no n.º 3 do art. 16.º do Tratado de Washington, o qual é assim parcialmente incorporado no Acordo e colocado em vigor nos Estados membros da Organização Mundial de Comércio. Prevê-se, contudo, no artigo 38.º, n.º 1, do Acordo TRIPS que a proteção das topografias durará pelo menos 10 anos a contar do depósito do

[596] Reproduzido em José de Oliveira Ascensão/Dário Moura Vicente, *Direito da Propriedade Industrial. Coletânea de textos legislativos e regulamentares*, cit., pp. 417 ss.

pedido de registo ou da primeira exploração comercial se este não for necessário. Essa proteção pode, em qualquer caso, ser concedida pelos Estados membros por um prazo máximo de 15 anos (n.º 3 do mesmo preceito).

d) Natureza da proteção instituída. – Consagra-se nos referidos textos normativos um direito exclusivo de utilizar a topografia, mormente reproduzindo-a e explorando-a comercialmente; essa proteção é, no entanto, distinta da que o Direito de Autor e o Direito Industrial preveem.

Com efeito, nos termos da Diretiva 87/54/CEE é condição de proteção da topografia, como dissemos, que esta resulte de um esforço intelectual do seu criador e não seja conhecida na indústria dos semicondutores. Exige-se, pois, a *originalidade* da topografia. Neste ponto, o regime da Diretiva aproxima-se do do Direito de Autor.

Admite-se, porém, na Diretiva que os Estados-Membros exijam um *registo*, com eficácia constitutiva, a efetuar junto de uma autoridade pública, caducando nesse caso o direito de exclusivo no prazo de 10 anos contados da apresentação do pedido de registo ou do início da exploração, se esta for anterior. Aqui o regime da Diretiva difere manifestamente do das obras literárias e artísticas, cuja proteção é, como se sabe, automática.

O regime das topografias está, em suma, mais próximo do das patentes do que do das obras literárias e artísticas e dos próprios programas de computador[597]. Corresponde, no fundo, a uma proteção *sui generis*, que visa tutelar, mediante o reconhecimento de certos direitos exclusivos, o investimento realizado no desenho e desenvolvimento dos circuitos integrados.

e) Limites da harmonização e da unificação empreendidas. – Como resulta do que se disse, o registo da topografia não é obrigatório segundo a Diretiva, ficando a sua exigência ao critério dos Estados-Membros. Logo aqui se observa uma limitação muito significativa à harmonização empreendida por aquele ato comunitário. Mais relevante é, porém, o facto de nem a Diretiva nem o Tratado de Washington imporem determinada solução quanto à titularidade do direito exclusivo. Segundo a Diretiva, este tanto pode pertencer ao criador da topografia como à respetiva entidade patronal, quando tiver sido criada num período em que o primeiro haja trabalhado por conta de outrem, ou ao

[597] Em diversos países, o regime das patentes é, por isso, subsidiariamente aplicável às topografias: cfr. o § 11 da *Gesetz über den Schutz der Topographien von mikroelektronischen Halbleitererzeugnissen* (*Halbleitterschutzgesetz*) alemã e os arts. L. 622-7 do Código da Propriedade Intelectual francês e 159.º do Código da Propriedade Industrial português. No Reino Unido, é antes o regime dos desenhos industriais que é a esse título aplicável às topografias: cfr. a secção 3.ª das *Design Right (Semiconductor Topographies) Regulations 1989*.

respetivo comitente, quando haja sido encomendada (art. 3.º). Por seu turno, o Tratado de Washington define o «titular do direito», no art. 2 (iii), como a pessoa física ou jurídica que, «segundo o Direito aplicável», deva ser considerada como beneficiária da proteção instituída no art. 6. Finalmente, a própria duração do direito é, dentro de certos parâmetros, remetida para os Direitos nacionais pelo Acordo TRIPS. Daqui resulta que os textos em questão deixaram em aberto pontos fundamentais do regime das topografias, que apenas podem ser decididos com base na legislação nacional aplicável. Da determinação desta se cuidará adiante, no lugar próprio deste estudo.

III – Bases de dados

a) A harmonização europeia. – Entende-se por base de dados, na Informática, um «conjunto de informações inter-relacionadas organizado segundo um esquema para servir uma ou mais aplicações acessíveis por meio de um programa»[598].

Nos Estados-Membros da União Europeia, os fabricantes de bases de dados beneficiam hoje, na sequência da transposição da Diretiva 96/9/CE, de 11 de março de 1996[599], de um direito, com a duração de 15 anos, de proibir a extração ou a reutilização da totalidade ou de uma parte substancial, avaliada qualitativa ou quantitativamente, do conteúdo da base de dados.

Na origem deste novo regime estão, por um lado, a perceção do elevado risco de utilização comercial não autorizada do conteúdo das bases de dados disponíveis eletronicamente, a qual se encontra hoje muito facilitada; e, por outro, os consideráveis custos que a recolha e ordenação dos dados em causa podem implicar (razão por que aquele risco constituiria, segundo alguns, uma «falha de mercado»).

Ora, o direito do fabricante da base de dados é um direito exclusivo: um «direito de proibir», na expressão da Diretiva. Mas qual a sua exata natureza?

Para que haja proteção nos termos previstos na Diretiva é necessário, como requisito essencial, que a obtenção, verificação ou apresentação do conteúdo da base de dados represente um «investimento substancial do ponto de vista qualitativo ou quantitivo» (art. 7.º, n.º 1, da Diretiva). Não se requer, em contrapartida, que tenha ocorrido uma criação intelectual. Qualquer «coletânea de obras, dados ou outros elementos independentes, dispostos de

[598] Cfr. Academia das Ciências de Lisboa, *Dicionário da língua portuguesa contemporânea*, vol. I, Lisboa, 2001, p. 494.

[599] Publicada no *JOCE*, n.º L 77, de 27 de março de 1996, pp. 20 ss. Na Alemanha, a Diretiva foi transposta nos §§ 87a a 87e da *Urheberrechtsgesetz;* em França, nos arts. L 112-3 e 341-1 do *Code de la propriété intellectuelle*; em Portugal, pelo D.L. n.º 122/2000, de 4 de julho; e no Reino Unido pelas *Copyright and Rights in Databases Regulations 1997.*

modo sistemático ou metódico e suscetíveis de acesso individual por meios eletrónicos ou outros» (art. 1.º, n.º 2), por trivial que seja, merece proteção nos termos da Diretiva, desde que tenha implicado o referido investimento. Daí que o direito do fabricante não possa ser qualificado como um *direito de autor*, o qual protege a obra enquanto formalização de uma criação intelectual original[600]. Trata-se, por certo, de um direito intelectual; mas a sua finalidade precípua consiste em proteger o investimento realizado pelo fabricante da base de dados na recolha e apresentação destes[601]. O direito do fabricante é, aliás, segundo a própria Diretiva, independente de a base de dados ser protegida pelo direito de autor ou por outros direitos (art. 7.º, n.º 4).

A Diretiva consagra também – cumpre notá-lo – a proteção jusautoral das bases de dados; mas esta é necessariamente limitada, pois apenas se tutelam desse modo as bases que, «devido à seleção ou disposição das matérias, constituem uma criação intelectual específica do respetivo autor» (art. 3.º, n.º 1), e não os dados em si mesmos, ainda que a sua recolha tenha exigido avultados recursos económicos. Observe-se, por outro lado, que, com recurso a computadores, é hoje relativamente fácil selecionar e dispor de forma diversa dados extraídos de bases acessíveis eletronicamente sem incorrer em violação de direito de autor.

Também não nos parece que o direito em questão possa ser qualificado como um *direito conexo* com o direito de autor. Os direitos conexos visam, como resulta do que se deixou dito acima, estimular a difusão de obras literárias e artísticas mediante a concessão aos artistas e a outros sujeitos que participam nessa atividade de exclusivos sobre a utilização das respetivas prestações. Ora, a lógica do direito sobre as bases de dados é outra: tem-se em vista através dele, como nota Xavier Linant de Bellefonds, a *condenação do parasitismo*[602]. Este, consoante pudemos verificar, é sancionado em diversos países através das regras que reprimem a concorrência desleal[603]. Como, porém, na União Europeia esse instituto não está harmonizado – pois os sistemas jurídicos do Reino Unido e da Irlanda não lhe conferem autonomia – criou-se o direito sobre as bases de dados. Eis por que já se tem visto nele um *sucedâneo da concorrência desleal*: um direito intelectual estreitamente ligado ao Direito de Autor (ao menos no plano sistemático), mas visando finalidades próprias do Direito Comercial[604].

600 Neste sentido se pronuncia também Alberto Sá e Melo, «Tutela jurídica das bases de dados (A transposição da Diretriz 96/9/CE)», *in* AAVV, *Direito da Sociedade da Informação*, vol. I, Coimbra, 1999, pp. 111 ss. (p. 160).

601 Reconhece-o expressamente o considerando 40 da Diretiva.

602 Cfr. *Droits d'auteur et droits voisins*, cit., p. 449.

603 Cfr. *supra*, § 8.º.

604 Cfr. José de Oliveira Ascensão, «Bases de dados eletrónicas: o estado da questão em Portugal e na Europa», *in* AAVV, *Direito da Sociedade da Informação*, vol. III, Coimbra, 2002, pp. 9 ss. (p. 17).

Bem se compreende, assim, que o direito do fabricante da base de dados seja qualificado pela própria Diretiva como um direito *sui generis*[605]: um direito insuscetível de ser reconduzido a qualquer das categorias até aqui examinadas.

b) A unificação internacional; seus limites. – A atribuição aos fabricantes das bases de dados de um direito *sui generis* está longe de ter obtido consenso universal: os principais instrumentos internacionais sobre a matéria limitam-se a prescrever a proteção em sede de direito de autor das bases de dados que, pela seleção ou disposição dos respetivos conteúdos, constituam criações intelectuais[606].

Por outro lado, malograram-se os esforços no sentido da celebração, sob a égide da OMPI, de um tratado internacional que consagrasse um direito de propriedade intelectual relativo às bases de dados[607].

A estes factos não serão estranhas as fortes críticas que foram dirigidas ao *modelo europeu* de regulação das bases de dados, pelos riscos de apropriação privada da informação que envolve e pelos elevados custos sociais a isso associados, nomeadamente em virtude das limitações daí potencialmente resultantes para a investigação científica e a concorrência entre agentes económicos.

Eis por que nos Estados Unidos não foi até hoje atribuída aos fabricantes de bases de dados uma proteção semelhante à de que as mesmas gozam na União Europeia; e que tenha inclusivamente sido rejeitada pelo Congresso norte-americano uma proposta de lei no sentido da adoção de um regime análogo ao instituído na Diretiva comunitária de 1996[608]. Na esteira dos instrumentos internacionais acabados de referir, protegem-se tão-somente naquele país, através do direito de autor, as bases de dados que, pela forma como os respetivos dados foram selecionados e dispostos, representem uma *criação original*[609]. A utilização não autorizada do conteúdo das bases de dados pode, quando muito, ser sancionada nos termos da doutrina da *misappropriation*, referente a atos de reprodução e divulgação não autorizadas, para fins comerciais, de informação onerosamente coligida por um concorrente («*free riding*»)[610]. De novo deparamos

[605] Cfr. o preâmbulo, n.º 18, e a epígrafe do capítulo III.

[606] Assim o art. 10.º, n.º 2, do Acordo TRIPS e o art. 5 do Tratado da OMPI sobre Direito de Autor.

[607] Cfr. *Basic Proposal for the Substantive Provisions on the Treaty on Intellectual Property in Respect of Databases*, documento CRNR/DC/6, de 30 de agosto de 1996, disponível em http://www.wipo.int.

[608] *Vide* Jane Ginsburg, «Copyright, Common Law, and Sui Generis Protection of Databases in the United States and Abroad», *University of Cincinnati Law Review*, vol. 66 (1997/1998), pp. 151 ss.; J. H. Reichman/Pamela Samuelson, «Intellectual Property Rights in Data?», *Vanderbilt Law Review*, 1997, pp. 49 ss.; F. Lawrence Street/Mark P. Grant, *Law of the Internet*, s.l., 2002, § 5.08.

[609] Cfr. a decisão proferida pelo United States Court of Appeals for the 2nd Circuit em *Matthew Bender & Co. v. West Publishing Co.*, 158 F.3d 674 (1998).

[610] Cfr. a decisão proferida pelo Supremo Tribunal dos Estados Unidos no caso *International News Service v. Associated Press*, 248 U.S. 215 (1918).

com a relutância do sistema jurídico norte-americano em consagrar exclusivos sobre bens imateriais, a que já aludimos anteriormente.

O direito *sui generis* do fabricante da base de dados permanece assim uma especificidade europeia. A questão do âmbito espacial de aplicação das regras dos Estados-Membros da União Europeia que o consagram assume, por isso, a máxima relevância. Dela curaremos *ex professo* no capítulo seguinte.

IV – Nomes de domínio

a) Noção, funções e problemas que suscitam. – Designam-se geralmente por nomes de domínio os endereços de sítios da Internet. A função destes nomes consistia originariamente em possibilitar a localização de tais sítios pelos utentes da rede. Dada, porém, a vasta utilização comercial de que a Internet entretanto passou a ser objeto, certos nomes de domínio passaram a funcionar também como sinais distintivos de atividades económicas[611]: muitas empresas utilizam os nomes de domínio para se identificarem a si e aos bens e serviços que comercializam em rede, assim como para se distinguirem dos seus concorrentes.

Os nomes de domínio suscitam atualmente, por isso, duas ordens de problemas. Por um lado, a fim de que possam desempenhar a sua *função localizadora*, há que assegurar a sua unicidade e definir as regras que presidem à sua atribuição em exclusivo a determinada pessoa. Por outro lado, atenta a *função distintiva* igualmente exercida pelos nomes de domínio, importa tutelá-los contra a sua utilização não autorizada por terceiros, *v.g.*, mediante a sua adoção como sinais distintivos autónomos, destinados a criar confusão com os nomes de domínio, e bem assim tutelar os sinais distintivos anteriores contra a sua utilização ilícita como nomes de domínio.

b) Fontes de regulação e princípios a que se subordinam. – Diferentemente do que sucede com os sinais distintivos até aqui examinados, os nomes de domínio não são objeto de quaisquer convenções internacionais a eles especificamente

[611] Neste sentido, vejam-se Thomas Hoeren, *Grundzüge des Internetrechts*, 2.ª ed., Munique, 2002, pp. 33 ss.; *idem*, *Internet- und Kommunikationsrecht. Praxis-Lehrbuch*, Colónia, 2008, pp. 19 ss.; Dieselhorst, *in* Hans-Werner Moritz/Thomas Dreier (orgs.), *Rechts-Handbuch zum E-Commerce*, Colónia, 2002, p. 290; José Carlos Erdozáin Lopez, «Nombres de Domínio», *in* Maria Jesus Moro Almaraz (org.), *Autores, consumidores y comercio eletrónico*, Madrid, 2004, pp. 25 ss. (pp. 28 s.); Ugo Draetta, *Internet e commercio elettronico nel diritto internazionale dei privati*, 2.ª ed., Milão, 2005, p. 145; Luca Dambrosio, «La natura giuridica del nome di dominio», *in* Cesare Vaccà (org.), *Nomi di dominio, marchi e copyright. Proprietà intellettuale ed industriale in Internet*, Milão, 2005, pp. 3 ss. (p. 8); André Bertrand, *Droit des marques. Signes distinctifs. Noms de domaine*, 2.ª ed., Paris, 2005, p. 372; Pedro Sousa e Silva, *Direito Industrial*, cit., pp. 422 ss.

respeitantes: prevalece nesta matéria a tendência para privilegiar a chamada *autorregulação*[612].

Ao que não será alheio o facto de, desde a sua criação, o sistema de nomes de domínio ter sido fundamentalmente administrado por entidades privadas, podendo assim dizer-se que vale nesta matéria um *princípio de autogoverno*, ou de governação a partir da base (*bottom-up governance*), que contrasta com a governação pública que prevalece no tocante aos demais sinais distintivos. Entre as entidades que a têm assegurado destaca-se a *Internet Corporation for Assigned Names and Numbers* (ICANN), constituída em 1998 na Califórnia, cuja legitimidade para o efeito se funda numa transferência de poderes para o efeito operada pelo Governo dos Estados Unidos da América. Cabe-lhe fundamentalmente coordenar a atribuição de nomes de domínio e garantir a operacionalidade da rede[613].

Em obediência ao mesmo princípio, a ICANN nomeia ou acredita as entidades que atribuem os nomes de domínio ditos de segundo nível, as quais, não raro, são também pessoas coletivas de Direito Privado. Entre estas incluem-se, na Alemanha, o *Deutsches Network Information Center* (DENIC), que administra os nomes de domínio sob «.de»; em França, a *Association Française pour le Nommage Internet en Coopération* (AFNIC), à qual compete gerir os nomes de domínio sob «.fr»; e em Portugal a *Fundação para a Computação Científica Nacional* (FCCN), que supervisiona os nomes de domínio sob «.pt». Também a administração do domínio «.eu» cabe presentemente a uma associação de Direito Privado, com sede na Bélgica, denominada *European Registry of Internet Domains* (EURID), na qual a ICANN delegou essa função.

Entre as fontes do regime jurídico aplicável aos nomes de domínio contam-se as denominadas *políticas* emitidas pela ICANN[614] e, no plano nacional, os regulamentos emanados das entidades que em diversos países procedem ao registo de nomes de domínio genéricos ou geográficos. Tal o caso, por exemplo, dos regulamentos adotados na Alemanha pela DENIC[615], em França pela AFNIC[616]

[612] Em geral sobre a relevância da autorregulação da Internet, veja-se Pedro de Miguel Asensio, *Derecho Privado de Internet*, cit., pp. 109 ss.

[613] Vejam-se os *Articles of Incorporation* da ICANN, disponíveis em http://www.icann.org.

[614] Ver, por exemplo, a «Política Uniforme de resolução de litígios Sobre Nomes de Domínio» (*Uniform Domain Name Dispute Resolution Policy*), reproduzida, em tradução portuguesa, *in* José de Oliveira Ascensão/Dário Moura Vicente, *Direito da Propriedade Industrial. Coletânea de textos legislativos e regulamentares*, cit., pp. 569 ss.

[615] Cfr. as *DENIC-Domainbedingungen*, disponíveis em http://www.denic.de.

[616] Cfr. a *Charte de nommage du .fr*, disponível em http://www.afnic.fr

e em Portugal pela FCCN[617]. Outro tanto sucede no plano comunitário, em virtude das regras publicadas pelo EURID[618].

Uma vez que as regras contidas nestes regulamentos dimanam de instituições privadas, que não dispõem de quaisquer poderes legislativos ou regulamentares, elas apenas vinculam, como quaisquer cláusulas contratuais gerais, aqueles que voluntariamente se lhes sujeitem, se e na medida em que se mostrem compatíveis com o disposto na lei que *in casu* for aplicável.

Além dessas regras de fonte privada, sobressaem ainda nesta matéria os atos europeus relativos à implementação do domínio de topo «.eu» adotados entre 2002 e 2005[619]. Estes, porém, não fogem à orientação geral, acima referida, que privilegia a autorregulação[620].

Nalguns países, têm, no entanto, sido adotadas regras legais relativas a certos aspetos da disciplina jurídica dos nomes de domínio. Foi, por exemplo, o que sucedeu nos Estados Unidos da América[621]. Não assim, porém, na Alemanha, em França e em Portugal, onde, apesar dos interesses públicos implicados na matéria, a regulação desta foi, no essencial, deixada à iniciativa privada.

Na ausência de regras especiais relativas aos nomes de domínio, há que recorrer, a fim de disciplinar a sua utilização, às do Direito comum, *maxime* as que estabelecem o regime dos direitos privativos da propriedade industrial e da concorrência desleal. Naturalmente que isso não pode implicar a criação por via interpretativa de novos monopólios legais sobre os nomes de domínio, o que violaria o *princípio da tipicidade* dos direitos privativos sobre sinais distintivos de comércio. Mas os direitos privativos existentes, mormente o direito à marca, podem ser tutelados através das regras comuns perante as suas violações mediante a respetiva utilização como nomes de domínio[622]; e não pode excluir-se, como

617 Cfr. as *Regras do registo de domínios .pt*, disponíveis em http://www.fccn.pt.

618 Cfr. os *Termos e condições do registo do nome de domínio .eu*, disponíveis em http://www.eurid.eu.

619 Cfr. os Regulamentos (CE) n.ºs 733/2002, de 22 de abril de 2002, *in JOCE*, n.º L 113, de 30 de abril de 2002, pp. 1 ss., e 874/2004, de 28 de abril de 2004, *in JOCE* n.º L 162, de 30 de abril de 2004, pp. 40 ss., alterado pelo Regulamento (CE) n.º 1654/2005, de 10 de outubro de 2005, *in JOUE* n.º L 266, de 11 de outubro de 2005, pp. 35 ss. Ver Gonçalo Moreira Rato, «O nome de domínio ".eu"», *in* AAVV, *Direito da Sociedade da Informação*, vol. VII, Coimbra, 2008, pp. 417 ss.

620 Haja vista ao considerando 9 do Regulamento (CE) n.º 733/2002, em que pode ler-se: «A gestão da internet tem-se geralmente inspirado nos princípios de não ingerência, autogestão e autorregulamentação. Na medida do possível e sem prejuízo do direito comunitário, estes princípios deverão aplicar-se também ao ccTLD.eu».

621 Cfr. o *Anticybersquatting Consumer Protection Act*, publicado em 1999.

622 Veja-se, por exemplo, a providência cautelar (*ordonnance de référé*) do *Tribunal de Grande Instance de Paris*, de 18 de abril de 2008, disponível em http://www.legalis.net, que determina a transferência para a sociedade Elite Model Management, titular da agência de manequins com o mesmo nome e proprietária da marca «elite», dos nomes de domínio «elitemodel.eu» e

veremos, que os nomes de domínio funcionem também como marcas livres, beneficiando assim da correspondente tutela legal.

Um dos princípios a que se subordina a regulação substantiva dos nomes de domínio instituída pelos referidos instrumentos jurídicos é o da sua *unicidade*: cada nome de domínio só pode ser registado uma vez, sob pena de ser inviabilizada a sua função localizadora.

Outro princípio fundamental que rege os nomes de domínio é o da *prioridade temporal*, também dito *first come, first served*: o primeiro a chegar é o primeiro (*rectius*, o único) a ser atendido. Assim se assegura a simplicidade e a rapidez do registo de nomes de domínio, bem como o seu baixo custo. Em razão desse princípio, e também porque geralmente os provedores de serviços de registo de nomes de domínio não averiguam, previamente à sua atribuição, se os mesmos são utilizados para outros fins – por exemplo, como marcas ou nomes de estabelecimento –, são muito frequentes as situações de conflito entre nomes de domínio e direitos privativos da propriedade industrial, em especial as marcas.

Uma limitação àquele princípio foi, no entanto, instituída para o registo de domínios sob «.eu», que numa fase inicial apenas puderam ser requeridos pelos titulares de direitos anteriores, reconhecidos ou estabelecidos pelo Direito nacional ou Comunitário (entre os quais as marcas comerciais nacionais e comunitárias registadas) e pelos organismos públicos[623]. Assim se preveniram muitos dos conflitos potencialmente gerados pela aplicação irrestrita do princípio do atendimento por ordem de chegada.

Em virtude da aplicação destes princípios, os titulares dos nomes de domínio dispõem hoje de um monopólio de facto, de âmbito universal, sobre um bem intelectual[624].

c) Limites da regulação internacional dos nomes de domínio. – Não obstante a inegável eficácia de que gozam as regras estabelecidas nos instrumentos jurídicos atrás referidos (em boa parte graças ao sistema *sui generis* de resolução de litígios de que daremos conta adiante[625]), é relativamente limitado o alcance da tutela por eles conferida.

Os direitos sobre nomes de domínio são, com efeito, geralmente adquiridos através de contratos celebrados com os respetivos provedores de serviços de registo. O incumprimento pelo provedor de serviços de registo das obrigações para

«elitemodelmanagement.eu», registados por um terceiro a seu favor, bem como o pagamento por este de uma indemnização provisória àquela sociedade.

623 Cfr. o art. 10.º do Regulamento (CE) n.º 874/2004.

624 Ver Jochen Dieselhorst, *in* Hans-Werner Moritz/Thomas Dreier (orgs.), *Rechts-Handbuch zum E-Commerce*, cit., p. 283.

625 Cfr. *infra*, § 27.º/II.

si decorrentes de tais contratos importa, por conseguinte, a sua responsabilidade contratual pelos danos sofridos pelo titular do domínio.

Se e na medida em que se admita a tutela aquiliana dos direitos de crédito, ou a eficácia externa destes, será também possível tutelá-los através das regras da responsabilidade civil extracontratual perante terceiros que perturbem o seu exercício. Mas sobre esta matéria não há unanimidade de vistas nas diferentes legislações nacionais: amplamente acolhida nos sistemas de *Common Law*, por via do denominado *tort of interference with contractual relations*, a responsabilidade de terceiro por interferência no exercício do direito de crédito é rejeitada pela jurisprudência e pela doutrina dominantes na Alemanha[626].

Controvertido é outrossim se os direitos sobre nomes de domínio apenas podem ser tutelados como direitos de crédito ou se podem também sê-lo como direitos absolutos. A este respeito, o Supremo Tribunal de Justiça português decidiu, em 2003, que «o "registo" de um nome de domínio na Internet ("*record created*") não confere qualquer direito de exclusivo, ou de prioridade, em Portugal»[627]. E em 2005 o Tribunal Federal alemão negou que ao titular do nome de domínio assista qualquer direito absoluto sobre este, cabendo-lhe, no seu entender, tão-somente pretensões obrigacionais perante a entidade que o atribuiu[628].

Contudo, quando sejam aptos a distinguir produtos ou serviços de uma empresa relativamente aos de outras, os nomes de domínio, apesar de não estarem registados, devem poder funcionar como *marcas livres*. Pertencerão neste caso aos seus titulares os direitos subjetivos inerentes ao uso de tais marcas, mormente a prioridade na realização do respetivo registo[629].

Mas há sistemas jurídicos em que se tem ido mais longe. Não faltam, por exemplo em França, decisões judiciais que declararam nulos os registos de marcas que coincidiam com nomes de domínio anteriormente registados e utilizados por terceiros[630]. E na doutrina francesa há igualmente quem admita que se trata de sinais distintivos com um alcance internacional, que podem constituir anterioridades oponíveis a uma marca, nos termos do art. L. 711-4

626 Cfr. Eduardo Santos Júnior, *Da responsabilidade civil de terceiro por lesão do direito de crédito*, Coimbra, 2003, pp. 269 ss.

627 Veja-se o acórdão de 21 de janeiro de 2003, publicado na *CJSTJ*, 2003, t. I, pp. 34 ss. O caso dizia respeito à eventual imitação da denominação social e do logótipo «Viniportugal» pelo réu, que registara a seu favor o nome de domínio «Viniportugal.com». O Supremo não chegou a julgar essa questão, por considerar insuficiente para o efeito a matéria de facto fixada pelas instâncias.

628 Cfr. *Bundesgerichtshof*, decisão de 5 de julho de 2005, disponível em http://www.jurpc.de.

629 Cfr., sobre o ponto, o nosso estudo «Nomes de domínio e marcas», *in* AAVV, *Direito Industrial*, vol. V, Coimbra, 2008, pp. 563 ss.

630 Neste sentido se pronunciaram o *Tribunal de Grande Instance du Mans*, numa decisão proferida em 29 de junho de 1999, disponível em http://www.juriscom.net, e a *Cour d'Appel de Paris*, num acórdão de 18 de outubro de 2000, disponível em http://www.legalis.net.

do Código da Propriedade Intelectual[631]; e que a esta realidade corresponde um novo direito *sui generis*[632].

Os efeitos jurídicos que decorrem da atribuição *ex contractu* de nomes de domínio não são, em suma, exclusivamente disciplinados por regras de fonte supra- ou extraestadual, nem se mostram uniformes nos sistemas jurídicos nacionais aqui considerados: em larga medida, o conteúdo dos direitos subjetivos sobre esses bens depende do sistema jurídico em face da qual a questão for equacionada.

Sempre que os mesmos nomes de domínio se encontrem conexos com dois ou mais sistemas jurídicos nacionais, importará, por isso, determinar qual deles se aplica à sua tutela; o que suscita complexos problemas de Direito Internacional Privado cuja análise será feita no capítulo subsequente.

V – Obtenções vegetais

a) Relevância e necessidade de tutela. – É hoje inequívoca a relevância social que a criação e a descoberta de novas variedades de plantas assumem na produção de géneros alimentares. Delas depende, designadamente, o aumento das colheitas agrícolas, que o crescimento populacional continuamente tem reclamado ao longo da História.

Reflete a importância desse fenómeno, além do mais, a contemporânea discussão a respeito dos *organismos geneticamente modificados*, entre os quais se incluem as plantas transgénicas.

A respeito das novas variedades vegetais colocam-se muitas das questões que vimos suscitarem-se relativamente a outros produtos do génio humano. Na verdade, sendo essas variedades frequentemente suscetíveis de se autorreproduzirem, a distribuição de qualquer quantidade de material reprodutor de uma nova variedade vegetal, ainda que reduzida, pode torná-la rapidamente acessível, sem custos significativos, a todos os interessados. Eis por que também neste domínio é reclamada a concessão de exclusivos sobre a reprodução e outras formas de utilização das novas variedades, que compensem o investimento realizado na investigação necessária à sua criação e desenvolvimento. A circunstância, porém, de se tratar aqui de seres vivos suscita maiores reservas a essa concessão e está na origem da proscrição da patenteabilidade de novas variedades vegetais que, como se deixou dito acima, vários sistemas jurídicos consagram[633]. No mesmo

[631] Neste sentido, *vide* Joanna Schmidt-Szalewski/Jean-Luc Pierre, *Droit de la propriété industrielle*, cit., p. 218.

[632] Assim André Bertrand, ob. cit., p. 377.

[633] Cfr. *supra*, § 7.º/I, alínea *b)*.

sentido concorre a circunstância de essas novas variedades constituírem amiúde o resultado de uma simples descoberta (i.é, a revelação de uma lei da natureza) e não de uma verdadeira invenção (*hoc sensu*, uma solução técnica para um problema técnico), como tais não patenteável[634].

b) O Acordo TRIPS. – Essas reservas encontram eco no art. 27.º, n.º 3, alínea *b)*, do Acordo TRIPS, onde se prevê expressamente que os Estados membros podem excluir a patenteabilidade das «plantas e animais, com exceção dos microrganismos, e os processos essencialmente biológicos de obtenção de plantas ou animais, com exceção dos processos não biológicos e microbiológicos». Acrescenta-se todavia, nessa disposição, que «os Membros assegurarão a proteção das variedades vegetais, quer por meio de patentes ou de um sistema *sui generis* eficaz, quer por meio de qualquer combinação dessas duas formas».

c) A Convenção UPOV. – A proteção da obtenções vegetais foi primeiramente instituída, no plano internacional, pela Convenção celebrada em Paris em 2 de dezembro de 1961 e revista por último em 19 de março de 1991, cujos Estados membros constituíram entre si a *União Internacional Para a Proteção das Obtenções Vegetais*(UPOV)[635].

Nos termos deste instrumento internacional, cada Estado contratante obriga-se a conceder e proteger um «direito de obtentor» (*breeders' right, droit d'obtenteur, Züchterrecht*) sobre as variedades vegetais que sejam *novas, distintas, homogéneas e estáveis*. Esse direito compreende designadamente os exclusivos de produção, reprodução, venda, exportação, importação e detenção para qualquer destes fins do material de reprodução ou multiplicação das variedades protegidas.

Pese embora a sua proximidade da patente, que levou alguns a caracterizá-lo como um *direito vizinho* desta[636], as condições de concessão do direito de obtentor vegetal são definidas com autonomia relativamente às que se aplicam às criações de aplicação industrial. Assim, a *novidade* da obtenção deverá resultar de, na data da apresentação do pedido, não estar disponível ao público (por não ter ainda sido comercializado pelo obtentor, ou com o seu consentimento, qualquer

634 Vejam-se, na Alemanha, o § 1 (3), n.º 1, da *Patentgesetz;* em França, o art. 611-10, alínea *a)*, do Código da Propriedade Intelectual; e, em Portugal, o art. 52.º, n.º 1, alínea *a)*, do Código da Propriedade Industrial.

635 Reproduzida em José de Oliveira Ascensão/Dário Moura Vicente, *Direito da Propriedade Industrial. Coletânea de textos legislativos e regulamentares*, cit., pp. 525 ss. Em Portugal, foi aprovada para adesão pelo Decreto n.º 20/95, de 8 de julho. A adesão da Comunidade Europeia foi aprovada pela Decisão do Conselho de 30 de maio de 2005, publicada no *JOUE* n.º L 192, de 22 de julho de 2005, pp. 63 ss. Eram partes da Convenção, em2019, 75 Estados.

636 Assim Joanna Schmidt-Szalewski e Jean-Luc Pierre, *Droit de la proprieté industrielle*, cit., p. 123.

material de reprodução ou multiplicação vegetativa ou um produto de colheita da variedade): consagra-se, pois, nesta matéria um critério de «novidade comercial», em lugar da referência ao estado da técnica, próprio das patentes. Por seu turno, a *distinção* decorre de a variedade ser claramente distinguível de qualquer outra cuja existência seja notoriamente conhecida na data da apresentação do pedido. A *homogeneidade* é a qualidade da obtenção que for suficientemente uniforme nas suas características pertinentes. E a *estabilidade* advém de estas características não se modificarem após reproduções ou multiplicações sucessivas.

d) Transposição para as legislações nacionais. – Da Convenção UPOV, este regime *sui generis* de proteção das variedades vegetais passou para as legislações de diversos países. Foi o que sucedeu em França[637], na Alemanha[638] e em Portugal[639] e no Brasil[640].

Não quer isto dizer, todavia, que se haja logrado a uniformidade das legislações nacionais neste domínio. Na verdade, enquanto que nos sistemas jurídicos europeus permanece vedada, como se notou acima, a concessão de patentes sobre as variedades vegetais, nos Estados Unidos a legislação federal permite a atribuição não só de um direito *sui generis* sobre estas[641], mas também de «patentes de plantas» (*plant patents*)[642].

Por outro lado, a Convenção UPOV deixou aos sistemas nacionais a definição do titular do direito, podendo este ser a pessoa que criou ou descobriu e desenvolveu uma nova variedade (como sucede na Alemanha) ou o seu empregador ou comitente (consoante estabelece a lei norte-americana).

A própria duração do direito não é uniforme, visto que a Convenção apenas fixou uma duração mínima, que ascende, no texto resultante da revisão de 1991, a vinte ou vinte e cinco anos, consoante a natureza das espécies vegetais protegidas. É esta a duração do direito, por exemplo, em França e nos Estados Unidos. Mas na Alemanha esses prazos estendem-se, respetivamente, a vinte e cinco e trinta anos. Em Portugal, mantêm-se ainda nos quinze e vinte anos permitidos pela versão originária da Convenção.

[637] Onde a matéria é hoje regulada pelo *Code de la Propriété Intellectuelle*, arts. L. 623-1 e ss., embora o regime das variedades vegetais haja sido criado pela *Loi relative à la protection des obtentions végétales*, de 1970.

[638] Cfr. a *Sortenschutzgesetz*, de 1985, alterada por último em 1997.

[639] Cfr. o Decreto-Lei n.º 213/90, de 28 de junho, que estabelece o regime jurídico do direito do obtentor de variedades vegetais.

[640] Onde o objeto dessa proteção recebe a designação de «cultivares»: cfr. a Lei n.º 9.456, de 25 de abril de 1997.

[641] Cfr. o *Plant Variety Protection Act*, de 1970.

[642] Cfr. o *Patent Act*, §§ 161 ss.

e) A harmonização e a unificação europeias. – As exigências da criação do mercado interno obrigariam a União Europeia a ir mais longe nesta matéria.

Assim, à imagem do sucedido em matéria de marcas e de desenhos e modelos, o Regulamento (CE) n.º 2100/94, de 27 de julho de 1994, relativo ao regime comunitário de proteção das variedades vegetais[643], criou um direito exclusivo de âmbito europeu (qualificado pelo art. 1.º como de propriedade industrial) sobre variedades vegetais.

O regime desse direito baseia-se no da Convenção UPOV. A sua concessão pressupõe que as variedades em causa sejam distintas, homogéneas, estáveis e novas. São seus titulares as pessoas que as criaram ou descobriram e desenvolveram. Carecem em princípio de autorização do titular do direito, nos termos do Regulamento, a produção ou reprodução das variedades, o seu acondicionamento para efeitos de multiplicação, a colocação à venda, a venda ou outro tipo de comercialização, a exportação e importação a partir da Comunidade e a armazenagem para qualquer daqueles fins.

A administração do direito foi confiada ao Instituto Comunitário das Variedades Vegetais, cujas decisões são passíveis de recurso para o Tribunal de Justiça da União Europeia[644].

Este regime coexiste com o que decorre das legislações nacionais dos Estados-Membros.

VI – Conhecimentos tradicionais

a) Posição do problema. – Entre os bens intelectuais suscetíveis de constituírem objeto de direitos *sui generis* contam-se ainda os denominados conhecimentos tradicionais, *hoc sensu*, os conhecimentos transmitidos de geração em geração por povos indígenas e comunidades tradicionais, relativos à utilização de recursos biológicos disponíveis no meio físico em que se inserem e não raro tidos como integrantes da sua identidade cultural[645].

Estes conhecimentos, designadamente quando referidos a plantas com propriedades medicinais, são dotados de valor económico, não apenas nos países em vias de desenvolvimento, onde satisfazem as necessidades terapêuticas de uma

[643] *In JOCE* n.º L 227, de 1 de setembro de 1994, pp. 1 e ss.

[644] Em 2007, ascendia a 14 598 o número de títulos de proteção de variedades vegetais concedidos por este Instituto desde a sua criação: cfr. Instituto Comunitário das Variedades Vegetais, *Rapport annuel 2018*, Luxemburgo, 2019, p. 5.

[645] Ver, sobre o tema, Mathias Leistner, «Traditional Knowledge», *in* Silke von Lewinski (org.), *Indigenous Heritage and Intellectual Property. Genetic Ressources, Traditional Knowledge and Folklore*, Haia/Londres/Nova Iorque, 2004, pp. 49 ss.; Cybelle Carneiro Fernandes, *Tutela jurídica dos conhecimentos tradicionais*, Lisboa, 2007, polic.

parte considerável da população, mas também nos países desenvolvidos, onde têm tido crescente procura. São, no entanto, vulneráveis à exploração comercial não autorizada por entidades estranhas àqueles povos e comunidades e sem retorno económico aos mesmos (por alguns dita «biopirataria») sempre que não sejam objeto de proteção específica e, portanto, se encontrem no domínio público. Por outro lado, a forma predominantemente oral da sua transmissão e o desaparecimento gradual dos estilos de vida tradicionais dificultam a sua preservação e disseminação. Daí os apelos que, de diversos quadrantes, se têm feito sentir à instituição de uma tutela autónoma para estes bens.

b) A Convenção Sobre a Diversidade Biológica. – Os conhecimentos tradicionais acham-se frequentemente associados à «utilização sustentável» dos recursos biológicos. Compreende-se assim a atenção dada ao tema pela *Convenção Sobre a Diversidade Biológica*, adotada no Rio de Janeiro em 20 de maio de 1992[646]. Esta obriga, com efeito, os Estados contratantes, no seu art. 8.º, alínea *j)*, a:

> «de acordo com a sua legislação, respeitar, preservar e manter o conhecimento, as inovações e as práticas das comunidades indígenas e locais que envolvam estilos tradicionais de vida relevantes para a conservação e utilização sustentável da diversidade biológica e promover a sua aplicação mais ampla, com a aprovação e participação dos detentores desse conhecimento, inovações e práticas, e encorajar para [*sic*] que os benefícios derivados da utilização desse conhecimento, inovações e práticas sejam equitativamente partilhados.»

São hoje membros desta Convenção quase todos os países do mundo[647]. Mantiveram-se, todavia, à margem dela os Estados Unidos, onde têm sido formuladas reservas quanto o seu impacto na regulação da propriedade intelectual, bem como quanto à sua compatibilidade com o Acordo TRIPS[648]. Este prevê, com efeito, a concessão de patentes para quaisquer invenções, em todos os domínios da tecnologia, e a proteção das variedades vegetais por meio de patentes ou de um sistema *sui generis*. Mas não estabelece qualquer forma de compensação às comunidades originadoras do conhecimento relativo a esses recursos.

[646] Aprovada para ratificação, em Portugal, pelo Decreto n.º 21/93, de 21 de junho.

[647] Em 2019, ascendia a 196 o número de entidades partes da Convenção: cfr. https://www.cbd.int/information/parties.shtml.html.

[648] Cfr. Frederick M. Abbott/Thomas Cottier/Francis Gurry, *International Intellectual Property in an Integrated World Economy*, cit., pp. 86 ss.

c) O Protocolo de Nagoia. – Em 29 de outubro de 2010, foi adotado em Nagoia, durante a décima Conferência das Partes da Convenção sobre a Diversidade Biológica o *Protocolo de Nagoia sobre o acesso a recursos genéticos e a partilha justa e equitativa dos benefícios provenientes da sua utilização*, em vigor desde 12 de outubro de 2014[649]. Este instrumento estabelece no art. 1.º como seu objetivo fundamental:

> «a partilha justa e equitativa dos benefícios provenientes da utilização de recursos genéticos, incluindo através do acesso adequado a recursos genéticos e da transferência adequada das tecnologias pertinentes, tendo em conta todos os direitos sobre esses recursos e tecnologias, bem como através de um financiamento adequado, contribuindo assim para a conservação da diversidade biológica e a utilização sustentável dos seus componentes.»

Para tal, os benefícios provenientes da utilização de recursos genéticos, bem como das aplicações e da comercialização subsequentes deverão ser «partilhados justa e equitativamente com a Parte que fornece esses recursos», isto é o *país de origem* desses recursos ou uma Parte que tenha adquirido os recursos genéticos em conformidade com a Convenção (art. 5.º, n.º 1).

Cada Parte deverá, se for caso disso, adotar medidas para assegurar que o conhecimento tradicional associado aos recursos genéticos, que estão na posse das comunidades indígenas e locais, é acedido com o *consentimento prévio informado* ou a aprovação e participação dessas comunidades indígenas e locais, e que foram estabelecidas condições mutuamente acordadas (art. 7.º).

No cumprimento das obrigações decorrentes do presente Protocolo, as Partes deverão, em conformidade com o direito interno, ter em conta, se for caso disso, as leis consuetudinárias e os protocolos e procedimentos comunitários das comunidades indígenas e locais, referentes ao conhecimento tradicional associado a recursos genéticos (art. 12.º, n.º 1).

Prevê-se a instituição de um *certificado de conformidade*, reconhecido internacionalmente, que deverá servir como prova de que o recurso genético por si abrangido foi acedido em conformidade com o consentimento prévio informado e de que foram estabelecidas condições mutuamente acordadas (art. 17.º, n.º 3).

Na União Europeia, o Protocolo foi implementado pelo Regulamento (UE) n.º 511/2014, de 16 de abril de 2014[650]. Em Portugal, foi aprovado pelo Decreto do Governo n.º 7/2017, de 13 de maio.

[649] Em 2019, o Protocolo tinha sido objeto de 120 ratificações: cfr. https://www.cbd.int/abs/nagoya-protocol/signatories.

[650] *In JOUE* n.º L 150, de 20 de maio de 2014, pp. 59 ss.

d) A consagração de direitos sui generis *sobre os conhecimentos tradicionais.* – Entre as formas possíveis de dar cumprimento à referida obrigação instituída pela Convenção Sobre a Diversidade Biológica inclui-se a consagração legal de direitos *sui generis* sobre os conhecimentos tradicionais ligados à conservação da diversidade biológica.

Foi o que fez o legislador português através do D.L. n.º 118/2002, de 20 de abril, que estabelece o regime jurídico do registo, conservação, salvaguarda legal e transferência do material vegetal autóctone, bem como dos conhecimentos a ele associados, cuja adoção se deveu, segundo se refere no respetivo preâmbulo, à «obrigatoriedade decorrente da Convenção para [*sic*] a Diversidade Biológica».

Este diploma define os conhecimentos tradicionais como «todos os elementos associados à utilização comercial ou industrial das variedades locais e restante material autóctone desenvolvido pelas populações locais, em coletividade ou individualmente, de maneira não sistemática e que se insiram nas tradições culturais e espirituais dessas populações» (art. 3.º, n.º 1).

Tais conhecimentos são protegidos «contra a sua reprodução e ou utilização comercial ou industrial», desde que sejam identificados, descritos e registados no «Registo de Recursos Genéticos Vegetais», de forma que terceiros possam reproduzi-los ou utilizá-los e obter resultados idênticos aos obtidos pelo titular dos conhecimentos (art. 3.º, n.º 2). Os titulares dos conhecimentos em causa podem, no entanto, optar por mantê-los sob confidencialidade, caso em que o registo se limitará a dar ciência da sua existência e a identificar as variedades às quais eles estão associados; a proteção conferida pelo registo fica então limitada aos casos em que a sua obtenção por terceiros ocorreu de modo desleal (art. 3.º, n.º 3).

O registo de conhecimentos tradicionais que, até à data do pedido, não tenham sido objeto de utilização em atividades industriais ou não sejam objeto de conhecimento público fora da população ou comunidade local em que foram obtidos confere aos seus titulares o direito a «oporem-se à sua reprodução, imitação e ou utilização, direta ou indireta, por terceiros não autorizados, para fins comerciais» e a «cederem, transferirem ou licenciarem os direitos sobre os conhecimentos tradicionais, incluindo a sua transmissão por via sucessória» (art. 3.º, n.º 4).

Tem direito ao registo dos conhecimentos tradicionais qualquer entidade pública ou privada, individual ou coletiva, que seja reconhecida pela câmara municipal competente como representante dos interesses da zona geográfica onde a variedade local se encontre mais difundida ou onde o material autóctone espontâneo apresente a maior variabilidade genética (arts. 3.º, n.º 5, e 9.º).

O registo dos conhecimentos tradicionais produz efeitos por um período de 50 anos contados da sua solicitação, prorrogável por um período idêntico (art. 3.º, n.º 6).

Ficam excluídos desta forma de proteção os conhecimentos tradicionais que sejam objeto de registos específicos da propriedade industrial: esta tem, assim, primazia sobre o regime *sui generis* em apreço.

Outros países seguiram pela mesma senda, acolhendo também nos respetivos sistemas jurídicos regimes *sui generis* de tutela dos conhecimentos tradicionais. Estão neste caso o Brasil[651], o Panamá[652] e o Perú[653]. Estes regimes estão, no entanto, longe de obedecerem a um modelo comum.

e) Outras formas de tutela dos conhecimentos tradicionais. – A adoção de regimes *sui generis* não é a única forma pela qual os sistemas jurídicos nacionais protegem os conhecimentos tradicionais ligados à diversidade biológica: também as disposições legais relativas às patentes, às informações não divulgadas e à concorrência desleal têm sido invocadas para o efeito[654].

Importa todavia notar que, na maior parte dos casos, as patentes em questão têm por objeto *invenções derivadas* de conhecimentos tradicionais, e não estes últimos em si mesmos considerados[655].

Compreende-se assim que num largo número de países esses conhecimentos se encontrem hoje no domínio público.

A tutela dos conhecimentos tradicionais pode também ser levada a cabo por *via defensiva*, designadamente mediante a recusa da concessão de patentes ou outros títulos de propriedade industrial às criações essencialmente baseadas nesses conhecimentos ou mediante a inclusão destes no conceito de estado da técnica, ainda que apenas hajam sido anteriormente divulgados pela via oral e entre os membros de certa comunidade autóctone.

Não é, porém, inequívoca a compatibilidade daquela primeira solução com o disposto no art. 27.º, n.º 1, do Acordo TRIPS, nos termos do qual «podem ser obtidas patentes para quaisquer invenções, quer se trate de produtos ou processos, em todos os domínios da tecnologia, desde que essas invenções sejam novas, envolvam uma atividade inventiva e sejam suscetíveis de aplicação

651 Lei n.º 13.123, de 20 de maio de 2015.

652 Lei n.º 20, de 26 de junho de 2000.

653 Lei n.º 27.811, de 10 de agosto de 2002.

654 Cfr. Organização Mundial da Propriedade Intelectual, *Consolidated Survey of Intellectual Property Protection of Traditional Knowledge*, Genebra, 2003, pp. 6 ss.

655 É o que sucede, por exemplo, na China, onde têm sido concedidas milhares de patentes sobre invenções baseadas na medicina tradicional chinesa: cfr. Organização Mundial da Propriedade Intelectual, *Intellectual Property and Traditional Knowledge*, Genebra, s.d., pp. 18 s.

industrial», apenas se excetuando a esta regra as hipóteses previstas nos n.ºs 2 e 3 do mesmo preceito, que não compreendem os inventos baseados em conhecimentos tradicionais.

Por outro lado, nalguns países a novidade exigível quanto aos inventos patenteáveis é meramente relativa, não sendo prejudicada pela prévia divulgação dos conhecimentos em causa sob a forma oral num país estrangeiro: é o que sucede, como vimos, nos Estados Unidos[656].

É, pelo exposto, muito heterogénea a condição jurídica dos conhecimentos tradicionais[657]. O impulso dado à sua tutela pela Convenção Sobre a Biodiversidade está, assim, longe de ter conduzido à unificação dos Direitos nacionais nesta matéria, ou sequer à sua harmonização.

VII – Expressões culturais tradicionais

a) Noção, relevância e problemas que suscitam. – Não é muito diversa desta a situação das expressões culturais tradicionais, ou folclore, i. é, as produções literárias e artísticas características de certos povos ou comunidades, transmitidas de geração em geração por via oral ou pela imitação, entre as quais se incluem os contos, a poesia, a música e as danças populares, bem como o artesanato, os instrumentos musicais e as formas arquitetónicas tradicionais[658].

Também estes bens intelectuais são dotados de considerável valor económico, particularmente significativo para os países em vias de desenvolvimento, de onde emanam muitas das suas manifestações mais relevantes. Assumem, além disso, grande importância como expressões da cultura e dos valores dos povos e comunidades de que provêm, que importa salvaguardar e promover. Contudo, tais bens são com crescente frequência utilizados e explorados comercialmente

[656] Cfr. *supra*, § 10.º/I, alínea *b)*.

[657] Reconheceu-o a própria Organização Mundial da Propriedade Intelectual, nas *Revised Provisions for the Protection of Traditional Knowledge*, Genebra, 2007. O art. 2.º, n.º 1, deste texto estabelece, na verdade, que «a proteção dos conhecimentos tradicionais contra a sua apropriação indevida pode ser levada a cabo através de um vasto espectro de medidas legais, incluindo leis especiais sobre os conhecimentos tradicionais; leis sobre a propriedade intelectual, incluindo a concorrência desleal e o enriquecimento sem causa; o Direito dos Contratos; o Direito da Responsabilidade Civil; o Direito Criminal; leis relativas aos interesses dos povos indígenas; leis sobre a pesca e o ambiente; regimes sobre a partilha de benefícios; e qualquer combinação dessas leis».

[658] Sobre o tema, *vide* Organização Mundial da Propriedade Intelectual, *Consolidated Analysis of the Legal Protection of Traditional Cultural Expressions*, Genebra, 2003; Victor Gameiro Drummond, *A tutela jurídica das expressões culturais tradicionais*, Lisboa, 2003, polic.; e Agnès Lucas-Schloetter, «Folklore», *in* Silke von Lewinski (org.), *Indigenous Heritage and Intellectual Property. Genetic Ressources, Traditional Knowledge and Folklore*, Haia/Londres/Nova Iorque, 2004, pp. 259 ss. e Victor Gameiro Drummond, *A tutela jurídica das expressões culturais tradicionais*, São Paulo, 2017.

por terceiros sem o consentimento das comunidades de que são oriundos e sem que estas recebam por isso qualquer remuneração.

Coloca-se, assim, a questão de saber se tais expressões são tuteláveis através dos institutos clássicos da propriedade intelectual, *maxime* o direito de autor. Esta hipótese suscita problemas não despiciendos[659]. Por um lado, porque as expressões culturais em apreço (que não se confundem com as obras individuais nelas baseadas) não correspondem, regra geral, a criações atribuíveis a autores determinados, antes resultam da sistemática imitação, no seio de determinada comunidade, de obras anteriores nela produzidas cuja autoria é desconhecida; o que é dificilmente compatível com o requisito da originalidade a que o direito de autor se encontra submetido. Por outro, porque este assenta num princípio de limitação temporal da proteção conferida às obras literárias e artísticas, que não quadra com a natureza das expressões culturais tradicionais, que frequentemente remontam a tempos imemoriais. Finalmente, porque certos sistemas jurídicos exigem a fixação da obra como condição da sua proteção pelo Direito de Autor, o que exclui do âmbito deste as expressões culturais puramente orais.

b) Propostas de criação de regimes sui generis *de tutela.* – No plano internacional não têm, por isso, faltado propostas no sentido da criação de regimes *sui generis* que confiram às expressões culturais tradicionais uma tutela adaptada às suas especificidades[660]. Estão neste caso as *Disposições-Tipo Para Leis Nacionais Sobre a Proteção das Expressões do Folclore Contra a sua Exploração Ilícita e Outras Ações Lesivas*[661], emanadas da UNESCO e da OMPI; e as *Disposições Revistas Relativas à Proteção das Expressões Culturais Tradicionais ou Expressões do Folclore*[662], publicadas pela OMPI.

Na primeira destas leis-modelo, prevê-se que a publicação, reprodução e distribuição de exemplares das expressões do folclore, bem como a recitação ou execução públicas, a transmissão e qualquer outra forma de comunicação ao público dessas expressões, apenas poderão ter lugar (salvo em certas situações excecionais nela previstas) mediante autorização prévia concedida por uma autoridade a designar para o efeito. Prescinde-se, como requisito da proteção assim concedida, da originalidade das criações em causa. Essa proteção não se subordina a qualquer limite temporal.

[659] Ver José de Oliveira Ascensão, *Direito Civil. Direito de autor e direitos conexos*, cit., pp. 97 ss.; Lucas/Lucas, *Traité de la propriété littéraire et artistique*, cit., pp. 123 e 390.

[660] Cfr. Organização Mundial da Propriedade Intelectual, *Comparative Summary of Sui Generis Legislation for the Protection of Traditional Cultural Expressions*, Genebra, 2003.

[661] Cfr. *Model Provisions for National Laws on the Protection of Expressions of Folklore Against Illicit Exploitation and Other Prejudicial Acts*, Paris/Genebra, 1985.

[662] Cfr. *Revised Draft Provisions for the Protection of Traditional Cultural Expressions/Expressions of Folklore*, Genebra, s.d.

No segundo texto mencionado, os direitos de reprodução, publicação, adaptação, comunicação ao público, distribuição, etc., nele previstos são atribuídos aos povos indígenas e às comunidades tradicionais a quem a salvaguarda das expressões culturais tradicionais está confiada, de acordo com o Direito e as práticas costumeiras, e que as mantenham, usem ou desenvolvam como elementos característicos da sua identidade cultural e da sua herança cultural. As autorizações necessárias para a utilização das expressões culturais tradicionais devem ser obtidas diretamente das comunidades interessadas ou de entidades que as representem. A proteção assim conferida às expressões culturais não está sujeita a qualquer formalidade.

c) Sua repercussão no plano nacional. – Estas propostas obtiveram eco em diversas legislações nacionais. Destacam-se as referidas leis do Panamá[663] e do Perú[664], que se ocupam também dos conhecimentos tradicionais.

A maioria dos sistemas jurídicos absteve-se, porém, de adotar tais regimes. Nuns, porque o folclore foi expressamente admitido como objeto de proteção jusautoral[665]; noutros, porque ele pertence ao domínio público[666]. Nisto se refletem as diferentes conceções que triunfaram nesses sistemas jurídicos acerca da melhor forma de promover as expressões culturais tradicionais: enquanto que para os primeiros importa sobretudo, para este efeito, reconhecer às comunidades tradicionais, ou ao Estado em representação delas, exclusivos de utilização e exploração comercial das criações literárias e artísticas baseadas na tradição, para os segundos só a integração de tais criações no domínio público estimulará a produção de novas obras a partir delas e os investimentos necessários à sua disseminação e preservação.

Também nesta matéria, por conseguinte, a harmonização e a unificação internacionais do Direito da Propriedade Intelectual não foram até hoje plenamente logradas.

§ 13.º A harmonização e a unificação internacionais do regime jurídico da concorrência desleal e dos segredos de negócios

I – Os fundamentos do sistema internacional

As bases do sistema internacional em matéria de concorrência desleal foram estabelecidas pela Convenção de Paris, que dela se ocupa no seu art. 10.º-*bis*,

[663] Lei n.º 20, de 26 de junho de 2000.

[664] Lei n.º 27.811, de 10 de agosto de 2002.

[665] Cfr. *supra*, § 5.º/II, alínea *b)*.

[666] Está neste caso a generalidade dos Estados-Membros da União Europeia.

aditado ao texto originário pelo Ato de Bruxelas de 1900. No n.º 1 desse preceito, estabelece-se, na verdade, a obrigação dos países da União de assegurarem, em benefício dos nacionais desta, proteção efetiva contra a concorrência desleal. Esta última é definida pelo n.º 2 como:

> «qualquer ato de concorrência contrário aos usos honestos em matéria industrial ou comercial.»

O n.º 3, aditado na Conferência da Haia de 1925, especifica que deverão proibir-se especialmente: 1.º, todos os atos suscetíveis de, por qualquer meio, estabelecer *confusão* com o estabelecimento, os produtos ou a atividade industrial ou comercial de um concorrente; 2.º, as *falsas afirmações* no exercício do comércio, suscetíveis de desacreditar o estabelecimento, os produtos ou a atividade industrial ou comercial de um concorrente; 3.º, as indicações ou afirmações cuja utilização no exercício do comércio seja suscetível de *induzir o público em erro* sobre a natureza, modo de fabrico, características, possibilidades de utilização ou quantidade das mercadorias.

O n.º 1 desta disposição contém, como é bom de ver, uma regra não autoexecutória, cuja eficácia depende da adoção pelos Estados partes da Convenção de medidas legislativas ou outras tendentes a reprimir na ordem jurídica interna a concorrência desleal[667]. Por outro lado, a circunstância de o ato de concorrência desleal ser definido no n.º 2 por referência a um conceito indeterminado, cuja concretização é deixada às autoridades administrativas e judiciárias nacionais, tem como consequência inevitável que as situações que a ele são reconduzíveis podem também variar consideravelmente no tempo e no espaço[668].

É, pois, nesta medida assaz limitada a unificação de Direitos levada a cabo neste domínio pela Convenção de Paris.

Ao contrário da Convenção de Paris, o Acordo TRIPS não contém regras gerais sobre a concorrência desleal. O que bem se compreende à luz da circunstância, atrás aludida, de esta matéria não ter autonomia dogmática nos sistemas de *Common Law* e atenta a influência exercida pelos Estados Unidos nas negociações tendentes à conclusão deste acordo. No entanto, por via da remissão constante do

[667] *Vide*, nesta linha de orientação, a decisão proferida pelo *U.S. Court of Appeals for the 9th Circuit* no caso *Grupo Gigante SA de CV v. Dallo & Co., in GRUR Int.*, 2005, pp. 748 ss., em que esse tribunal se pronunciou no sentido de que o art. 10.º-*bis* da Convenção de Paris não cria nos Estados Unidos uma *federal cause of action*, nem confere direitos adicionais, visto que o seu objetivo não consiste em definir o Direito substantivo nesta matéria.

[668] Neste sentido, vejam-se G. H. C. Bodenhausen, *Guide to the Application of the Paris Convention*, cit., p. 144; e Organização Mundial da Propriedade Intelectual, *WIPO Intellectual Property Handbook: Policy, Law and Use*, cit., pp. 133 e 136.

art. 2.º, n.º 1, o Acordo obriga os respetivos Estados membros a conformarem-se com o disposto no art. 10.º-*bis* da Convenção de Paris.

II – A tutela internacional dos segredos de negócios

O art. 39.º, n.º 1, do Acordo TRIPS estabelece que, ao assegurarem proteção efetiva contra a concorrência desleal, nos termos do art. 10.º-*bis* da Convenção de Paris, os Estados membros protegerão as informações não divulgadas em conformidade com o disposto no n.º 2 desse preceito e os dados comunicados aos poderes públicos ou organismos públicos em conformidade com o disposto no n.º 3.

O efeito fundamental desta disposição consiste em aditar ao enunciado de atos de concorrência desleal constante do art. 10.º-*bis* da Convenção de Paris a divulgação e utilização não autorizadas e contrárias às práticas comerciais leais de informações não divulgadas que obedeçam aos requisitos nela enunciados (i. é, as informações que sejam secretas, tenham valor comercial por esse facto e hajam sido objeto de diligências consideráveis, por parte de quem as detém, no sentido de as manter secretas) e a utilização comercial desleal de dados não divulgados relativos a produtos farmacêuticos ou a produtos químicos para a agricultura, comunicados a entes públicos para aprovação da respetiva comercialização, cuja obtenção envolva um esforço considerável.

Bem se compreende a tutela assim conferida aos segredos de negócios: como já notámos[669], do ponto de vista do seu titular essa forma de proteção pode revelar-se preferível à das patentes, na medida em que não importa a revelação pública da informação necessária ao fabrico dos produtos por si comercializados nem a sujeição ao prazo relativamente curto de proteção conferido àquelas; para a sociedade, trata-se de uma forma alternativa de incentivar a circulação e a partilha do conhecimento, dado que o inventor pode, ao abrigo da proteção que assim lhe é conferida, licenciar a exploração comercial do invento por terceiros.

O segredo de negócios foi contudo aqui designado pela expressão «informações não divulgadas», mais neutra em face das diferentes tradições jurídicas nacionais, e por isso mais facilmente aceite pelos Estados contratantes do Acordo; mas também mais imprecisa, *inter alia* porque, como resulta do n.º 2 do preceito citado, as informações em causa são protegidas, ainda que tenham sido divulgadas, desde que não sejam geralmente conhecidas ou facilmente acessíveis às pessoas que lidam normalmente com elas: portanto, desde que a sua divulgação tenha sido seletiva[670]. Exige-se assim no Acordo um *segredo relativo*, e não absoluto, a fim de que as informações em causa sejam tuteladas.

[669] Cfr. *supra*, § 8.º/III.

[670] Neste sentido, Daniel Gervais, *The TRIPS Agreement: Drafting History and Analysis*, cit., p. 274.

A circunstânca de essa tutela ter sido reconduzida no n.º 1 à disposição relativa à concorrência desleal constante da Convenção de Paris não é alheia ao facto de o Acordo TRIPS ter incorporado por referência no seu art. 2.º, n.º 1, como se observou acima, as disposições substantivas dessa Convenção, as quais ficaram assim a vigorar em todos os Estados membros da Organização Mundial de Comércio, sendo nesta medida *Direito comum* a todos eles. Ter-se-á também querido conciliar deste modo as conceções norte-americana e europeia dos segredos de negócios, de que demos conta oportunamente[671].

Essa tutela é concedida, designadamente, contra as práticas comerciais desleais que a nota 10 do Acordo enuncia, a saber:

> «a rutura de contrato, o abuso de confiança e a incitação à infração, incluindo a aquisição de informações não divulgadas por parte de terceiros que tinham conhecimento de que a referida aquisição envolvia tais práticas ou que demonstraram grave negligência ao ignorá-lo.»

Avulta aqui a proteção concedida relativamente a terceiros que, graças a uma divulgação ilícita do segredo de negócios, tomem conhecimento e façam uso deste, ainda que ignorando a ilicitude daquela divulgação; o que representa uma ampliação muito significativa da proteção disponível em muitos Estados membros do Acordo TRIPS à data da celebração deste.

As disposições citadas não são, em todo o caso, autoexecutórias («*self--executing*»), antes carecem de transposição para as ordens jurídicas nacionais desses Estados. Dada a diversidade dos sistemas jurídicos e judiciários destes, nomeadamente em matéria de concorrência desleal, a efetividade dessas disposições é muito variável através das fronteiras – inclusive, como se viu acima, no seio da União Europeia. Esta circunstância foi determinante dos recentes esforços de superação do modelo de proteção do segredo de negócios consignado no Acordo TRIPS, dos quais daremos conta a seguir.

III – A harmonização europeia do regime jurídico da concorrência desleal e dos segredos de negócios

a) A harmonização do regime das práticas comerciais desleais das empresas face aos consumidores. – A União Europeia foi bastante mais longe nesta matéria. Os trabalhos preparatórios da harmonização comunitária do regime da concorrência

[671] Assim François Dessemontet, «Protection of Trade Secrets and Confidential Information», *in* Carlos Correa/Abdulqawi Yusuf (orgs.), *Intellectual Property and International Trade: the TRIPS Agreement*, 2.ª ed., Alphen aan den Rijn, 2008, pp. 281 ss.

desleal iniciaram-se pouco depois da celebração do Tratado de Roma de 1958[672]. A circunstância, porém, de terem entretanto aderido à atual União dois países dotados de sistemas de *Common Law*, que se opuseram àquele projeto, e de a Comissão Europeia ter dado prioridade à harmonização do Direito do Consumo, determinaram que os referidos trabalhos não frutificassem senão muito mais tarde.

A principal realização europeia neste domínio é a Diretiva 2005/29/CE, do Parlamento Europeu e do Conselho, relativa às práticas comerciais desleais das empresas face aos consumidores no mercado interno[673].

Este ato europeu proíbe as *práticas comerciais desleais* (art. 5.º, n.º 1), que define como as que são contrárias às exigências relativas à diligência profissional e distorçam ou sejam suceptíveis de distorcer de maneira substancial o comportamento económico, em relação a um produto, do consumidor médio a que o mesmo se destina ou que afeta, ou do membro médio de um grupo quando a prática comercial for destinada a um determinado grupo de consumidores (art. 5.º, n.º 2).

Em especial, são consideradas desleais as *práticas enganosas* (que a Diretiva disciplina nos arts. 6.º e 7.º) e *agressivas* (as quais são objeto dos arts. 8.º e 9.º). No anexo I à Diretiva, inclui-se uma minuciosa lista de práticas comerciais que são consideradas desleais em quaisquer circunstâncias. Essa lista é, de acordo com o art. 5.º, n.º 5, aplicável em todos os Estados-Membros e só pode ser alterada mediante revisão da Diretiva.

A Diretiva institui assim uma regulamentação bastante mais precisa da concorrência desleal do que os textos internacionais anteriormente examinados, a qual é suscetível de reduzir apreciavelmente as disparidades entre os sistemas jurídicos dos Estados-Membros nesta matéria.

Na sua base esteve o reconhecimento de que, por um lado, as legislações desses Estados apresentam diferenças de relevo no tocante ao regime das

[672] Para tanto, a Comissão Europeia encarregou o Instituto Max-Planck Para o Direito Estrangeiro e Internacional das Patentes, de Autor e das Marcas, sedeado em Munique, de elaborar um estudo sobre a viabilidade e as formas possíveis de uma aproximação dos Direitos dos Estados-Membros neste domínio. Esse estudo, da autoria de Eugen Ulmer (com a colaboração de Friedrich-Karl Beier), viria a ser publicado em 1965, com o título *Das Recht des unlauteren Wettberwerbs in den Mitgliedstaaten der Europäischen Wirtschaftsgemeinschaft*, vol. I, *Vergleichende Darstellung mit Vorschlägen zur Rechtsangleichung*, Munique/Colónia, 1965. Nele se formulava, a pp. 247 ss., uma proposta de celebração de uma convenção internacional entre os (então seis) Estados-Membros da Comunidade, que desenvolveria a cláusula geral do art. 10.º-*bis* da Convenção de Paris e constituiria uma convenção especial na aceção do art. 19.º desta.

[673] *In JOUE* n.º L 149, de 11 de junho de 2005, pp. 22 ss. Foi transposta para a ordem jurídica portuguesa pelo Decreto-Lei n.º 57/2008, de 26 de março, entretanto alterado pelo Decreto-Lei n.º 205/2015, de 23 de outubro.

práticas comerciais desleais e, por outro, tais diferenças podem provocar distorções sensíveis de concorrência e criar obstáculos ao bom funcionamento do mercado interno[674]. Teve-se ainda em conta que as aludidas diferenças geram potencialmente acréscimos de custos para as empresas que pretendem exercer as liberdades ligadas ao mercado interno e provocam incertezas nos consumidores quanto aos seus direitos, pondo em causa a sua confiança no mercado interno[675].

No entanto, a Diretiva apenas abrange, como foi dito, as práticas comerciais desleais que prejudiquem diretamente *interesses económicos dos consumidores* (ainda que indiretamente prejudiquem interesses económicos de concorrentes legítimos). Por conseguinte, não disciplina nem afeta as legislações nacionais relativas às práticas desleais que apenas prejudiquem os interesses económicos dos concorrentes ou que digam respeito a uma transação entre profissionais. Ao abrigo do *princípio da subsidiariedade* do Direito Europeu, tais práticas poderão, pois, continuar a ser reguladas pelos Estados-Membros[676].

Por outro lado, a Diretiva prevê expressamente, no n.º 5 do art. 3.º, que, por um período de seis anos, os Estados-Membros podem continuar a aplicar disposições nacionais, no domínio sujeito a harmonização, que sejam mais restritivas ou prescritivas do que a Diretiva.

Vale isto por dizer que, apesar da aproximação dos Direitos nacionais levada a cabo pela Diretiva, permanece um vasto domínio em que as práticas comerciais desleais continuarão a ser disciplinadas exclusiva ou parcialmente por regras que não derivam da transposição de atos de Direito Europeu. Nesse domínio, manter-se-ão, ao menos potencialmente, as disparidades entre os Direitos nacionais dos Estados-Membros da União Europeia.

b) A harmonização do regime dos segredos de negócios. – Em 8 de junho de 2016, foi adotada a já referida Diretiva (UE) 2016/943 do Parlamento Europeu e do Conselho, relativa à proteção de *know-how* e de informações comerciais confidenciais (segredos comerciais) contra a sua aquisição, utilização e divulgação ilegais.

Visa-se através da Diretiva a instituição de um *standard* comum de proteção dos segredos de negócios na União Europeia, cuja necessidade deriva das disparidades até recentemente existentes entre os Direitos dos Estados-Membros, de que demos conta noutro lugar deste estudo.

Em todo o caso – cumpre notá-lo –, a Diretiva apenas almeja uma *harmonização mínima* da matéria; não se exclui nela, por conseguinte, a possibilidade de os Estados-Membros preverem no seu Direito interno uma proteção mais ampla

[674] Veja-se o considerando 3 do preâmbulo da Diretiva.

[675] *Ibidem*, considerando 4.

[676] *Ibidem*, considerando 6.

para os segredos de negócios, desde que assegurem o cumprimento de quanto nela se encontra imperativamente estabelecido a respeito do acesso, da utilização e da divulgação lícita de informação, bem como das exceções ao segredo: é o que resulta do disposto no art. 1.º, n.º 1[677].

A Diretiva tem por objeto, consoante a sua designação logo inculca, os segredos comerciais. Estes devem, contudo, ser entendidos na aceção ampla, atrás referida, de *segredos de negócios*, como de resto resulta da versão francesa da Diretiva, que alude a «*secrets d'affaires*»[678]. Não se cura nela, portanto, apenas de segredos comerciais na aceção de informação confidencial relativa à atividade comercial das empresas. Neste sentido depõe outrossim o considerando 14 da Diretiva, onde se refere que a noção de segredo comercial abrange o *know-how*, as informações empresariais e as informações tecnológicas[679].

Nos termos do art. 2.º, n.º 1, da Diretiva, consideram-se segredos comerciais as informações que cumpram cumulativamente os seguintes requisitos: *a)* Serem *secretas*, no sentido de, na sua globalidade ou na configuração e ligação exatas dos seus elementos constitutivos, não serem geralmente conhecidas pelas pessoas dos círculos que lidam normalmente com o tipo de informações em questão, ou não serem facilmente acessíveis a essas pessoas; *b)* Terem *valor comercial* pelo facto de serem secretas; e *c)* Terem sido objeto de *diligências razoáveis*, atendendo às circunstâncias, para serem mantidas secretas pela pessoa que exerce legalmente o seu controlo.

Quanto a este ponto, a Diretiva preserva, pois, o padrão internacional de regulação consignado no Acordo TRIPS. No considerando 14 procura-se, no entanto, explicitar aqueles requisitos, referindo-se que as informações terão valor comercial sempre que a sua aquisição, utilização ou divulgação não autorizadas forem suscetíveis de lesar os interesses do seu titular, por comprometerem o seu potencial científico e técnico, os seus interesses comerciais ou financeiros, as suas posições estratégicas ou a sua capacidade concorrencial; e excluem-se do conceito de segredo comercial as informações triviais, a experiência e as competências adquiridas por trabalhadores no decurso normal da sua atividade, e as informações geralmente conhecidas ou facilmente acessíveis nos círculos em que se lida habitualmente com o tipo de informações em questão. Não se estabelece, contudo, na Diretiva a forma a que deve obedecer a proteção dos segredos de negócios pelo seu titular a fim de que os mesmos mereçam tutela legal.

[677] Veja-se também, a este respeito, o considerando 10.

[678] Sobre o ponto, *vide* Nuno Sousa e Silva, «What exactly is a trade secret under the proposed Directive?», *JIPLP*, 2014, pp. 923 ss.

[679] Comprova-se assim que, como já notáramos, o *know-how* não é senão um dos objetos possíveis do segredo de negócios, que o transcende conceptualmente. Daí que embora a Diretiva utilize essa expressão no seu título e nos considerandos a omita no articulado.

A Diretiva tem a preocupação de estabelecer, de modo expresso, que a aquisição de um segredo de negócios é «legal» quando for conseguida por um dos seguintes meios: *a)* A descoberta ou criação independente; *b)* A observação, o estudo, a desmontagem ou a realização de testes de um produto ou objeto que tenha sido disponibilizado ao público ou que esteja legalmente na posse do adquirente da informação, não estando este sujeito a qualquer dever legalmente válido de limitar a aquisição do segredo comercial; *c)* O exercício do direito dos trabalhadores ou dos representantes dos trabalhadores a informações e consultas em conformidade com o Direito da União ou com as legislações e as práticas nacionais; e *d)* Outras práticas comerciais honestas. Sê-lo-á ainda quando a aquisição, utilização ou divulgação do segredo em causa for imposta ou permitida pelo Direito da União ou pelo Direito nacional (art. 3.º).

Significa isto que a Diretiva não cria verdadeiros *direitos de exclusivo* sobre os segredos de negócios, sendo lícita a aquisição e utilização destes, tal como vimos suceder no novo Direito norte-americano sobre a matéria, quando descobertos de forma independente ou mediante *engenharia inversa*[680].

Não deixa, todavia, o preâmbulo da Diretiva de reconhecer que em alguns setores industriais (como será o caso, por exemplo, da cosmética), em que a inovação se baseia tradicionalmente no segredo comercial, os produtos colocados no mercado podem ser facilmente objeto de engenharia inversa. Os criadores desses produtos podem por isso – acrescenta-se – ser vítimas de práticas desleais, como a imitação servil, que exploram gratuitamente a sua reputação e os seus esforços de inovação. A repressão dessas práticas tem a sua sede própria no regime da concorrência desleal. Este, todavia, não se encontra harmonizado na União Europeia, razão pela qual se apela no preâmbulo a que a Comissão analise a necessidade agir nesse domínio[681].

Em contrapartida, a aquisição de um segredo comercial sem o consentimento do respetivo titular é considerada ilegal, nos termos do art. 4.º, n.º 2, da Diretiva, quando ocorra mediante: *a)* O acesso, a apropriação ou cópia não autorizados de documentos, objetos, materiais, substâncias ou ficheiros eletrónicos, legalmente sob controlo do titular do segredo comercial, que contenham o segredo comercial ou dos quais seja possível deduzi-lo; ou *b)* Outras condutas que, nas circunstâncias do caso, sejam contrárias às *práticas comerciais honestas*.

Titular do segredo é, para os efeitos desta e das demais disposições da Diretiva, nos termos do seu art. 2.º, n.º 2, a pessoa singular ou coletiva que

[680] Neste sentido também Rembert Niebel/Lorenzo de Martinis/Birgit Clark, «The EU Trade Secrets Directive: all change for trade secret protection in Europe?», *JIPLP*, 2018, pp. 445 ss. (p. 449).

[681] Cfr. o considerando 17.

exerce legalmente o controlo do mesmo, no que se compreende tanto o criador originário do *know-how* em causa como um licenciado deste, ainda que não exclusivo; infrator do segredo é, de acordo com o n.º 3, a pessoa singular ou coletiva que tenha adquirido, utilizado ou divulgado ilegalmente um segredo comercial.

Omitiu-se no preceito referido em primeiro lugar a exigência, constante da proposta de Diretiva, de dolo ou negligência grave do infrator do segredo como elemento da ilegalidade da aquisição não consentida deste; o que bem se compreende, porquanto embora essas formas de culpa possam ser relevantes como pressupostos da responsabilidade civil do infrator, não o são necessariamente quanto a outras formas de tutela, *maxime* a cautelar.

Por outro lado, apesar da manifesta filiação daquela primeira disposição no regime da concorrência desleal, não se exige nela que o titular do segredo e o seu infrator sejam concorrentes entre si, o que constitui uma inovação de tomo relativamente ao Direito em vigor em diversos Estados-Membros, incluindo, como vimos, Portugal.

Além disso, segundo o art. 4.º, n.º 3, a utilização e a divulgação de um segredo comercial são ilegais sempre que forem realizadas, sem o consentimento do respetivo titular, por pessoa que tenha adquirido o segredo ilegalmente, viole um acordo de confidencialidade ou qualquer outro dever de não divulgar o segredo ou incumpra uma obrigação contratual ou outro dever de limitar a utilização do segredo.

Incorre ainda, nos termos do art. 4.º, n.ºs 4 e 5, em violação (dita secundária) de segredos comerciais quem, ao adquiri-lo, utilizá-lo ou divulgá-lo, soubesse que o segredo tinha sido obtido de alguém que o estava a utilizar ou divulgar ilegalmente; e quem produza, ofereça ou coloque no mercado, importe, exporte ou armazene mercadorias em infração, sabendo ou devendo saber que o segredo que as mesmas infringem tinha sido utilizado ilegalmente.

Por «mercadorias em infração» entendem-se, para este efeito, de acordo com o n.º 4 do art. 2.º, aquelas cuja conceção, características, funcionamento e processo de produção ou comercialização «beneficiam significativamente» de segredos de negócios ilegalmente adquiridos, utilizados ou divulgados. Esta definição não deixará, pela sua vaguidade, de suscitar dúvidas na sua interpretação.

A proteção dos segredos de negócios instituída pela Diretiva é, pois, muito ampla, não se cingindo aos atos de acesso e utilização não autorizados de informação confidencial, antes se estendendo à própria comercialização, *lato sensu,* dos bens concebidos ou produzidos com base nessa informação.

Também neste ponto a Diretiva inova, pois, relativamente ao regime em vigor em vários Estados-Membros à data da sua adoção.

A preocupação em acautelar os interesses sociais atrás mencionados determina, porém, que a Diretiva ressalve expressamente, logo nos seus primeiros preceitos, a liberdade de expressão e informação e a divulgação, por razões de interesse público, de informações, incluindo segredos comerciais, às autoridades públicas, administrativas ou judiciais (art. 1.º, n.º 2), bem como a mobilidade de trabalhadores, em particular a utilização por estes da experiência e das competências adquiridas de forma honesta no decurso normal do seu trabalho (art. 1.º, n.º 3).

Além disso, nos termos do art. 5.º, os pedidos de aplicação das medidas, dos procedimentos e das vias de reparação previstos na Diretiva devem ser indeferidos sempre que a alegada aquisição, utilização ou divulgação do segredo tenha sido realizada; *a)* No exercício da liberdade de expressão e de informação; *b)* Para revelar má conduta, irregularidade ou atividade ilegal, desde que o requerido tenha agido para proteger o interesse público geral; *c)* No quadro da divulgação de informações por trabalhadores aos respetivos representantes no exercício legítimo das suas funções representativas; ou *d)* A fim de proteger um interesse legítimo reconhecido pelo Direito da União ou pelo Direito nacional.

A Diretiva procura, nesta medida, levar a cabo a conciliação de interesses a que fizemos alusão acima, sendo de salientar a este respeito a ampla exceção nela consagrada para o denominado *whistleblowing*, sem paralelo na legislação norte-americana atrás referida.

Entre as preocupações dominantes na Diretiva ressalta o reforço da efetividade da tutela dos segredos de negócios, designadamente no contexto de processos judiciais, um dos domínios em que essa preocupação se suscita hoje com maior delicadeza, dado o risco de o titular do segredo o perder por ter de o revelar em juízo a fim de exercer os seus direitos[682].

Nesse sentido, o art. 9.º determina que os Estados-Membros deverão assegurar que qualquer pessoa que participe num processo judicial relacionado com a aquisição, utilização ou divulgação ilegais de um segredo comercial, não seja autorizada a utilizá-lo ou divulgá-lo. As autoridades judiciais competentes podem, além disso, tomar medidas específicas para preservar a *confidencialidade* do segredo, como a limitação de acesso a documentos e audiências e a retirada ou ocultação de segredos das versões não confidenciais das suas decisões. Ao adotarem essas medidas, e ao avaliarem a sua proporcionalidade, as autoridades

[682] Sobre o ponto, *vide* Thomas Farkas/Peter Koch, «The disclosure-fair trial dilemma when enforcing trade secrets in civil court proceedings», *JIPLP*, 2016, pp. 901 ss.; Ronny Hauck, «Geheimnisschutz im Zivilprozess – was bringt die neue EU-Richtlinie für das deutsche Recht?», *NJW*, 2016, pp. 2218 ss.

judiciais competentes devem ter em conta, segundo o mesmo preceito, a necessidade de salvaguardar o direito à ação e a um tribunal imparcial, os interesses legítimos das partes e, se for caso disso, de terceiros, assim como os eventuais prejuízos para qualquer das partes e, se for caso disso, para terceiros, resultantes do deferimento ou indeferimento dessas medidas.

Por outro lado, nos termos do art. 10.º, n.º 1, os Estados-Membros devem assegurar que as autoridades judiciais possam ordenar, a pedido do titular do segredo comercial, medidas provisórias e cautelares contra o alegado infrator, entre as quais se incluem: *a)* A cessação ou a proibição provisória da utilização ou divulgação do segredo; *b)* A proibição de produzir, oferecer, colocar no mercado ou utilizar mercadorias em infração, ou de importar, exportar ou armazenar mercadorias em infração para esses fins; e *c)* A apreensão ou a entrega de mercadorias suspeitas de infração, incluindo mercadorias importadas, a fim de evitar a sua entrada ou a sua circulação no mercado. Em alternativa, podem as autoridades judiciais dos Estados-Membros subordinar, de acordo com o n.º 2 da mesma disposição, a continuação da alegada utilização ilegal do segredo comercial à prestação de uma garantia.

Caso uma decisão judicial sobre o mérito da causa conclua que houve infração de um segredo comercial, as autoridades judiciais competentes podem ainda ordenar ao infrator, a pedido do requerente, a observância de uma ou mais das medidas inibitórias ou corretivas previstas no art 12.º: *a)* A cessação ou a proibição da utilização ou divulgação do segredo; *b)* A proibição de produzir, oferecer, colocar no mercado ou utilizar mercadorias em infração, ou de importar, exportar ou armazenar mercadorias em infração para esses fins; *c)* A retirada de mercadorias em infração do mercado, a eliminação nelas das caraterísticas que lhes confiram a qualidade de infratoras e a sua destruição ou exclusão dos circuitos comerciais; e *d)* A destruição de documentos, objetos, materiais, substâncias ou ficheiros eletrónicos que contenham ou constituam o segredo ou a sua entrega ao requerente.

O decretamento deste tipo de medidas, tanto as cautelares como as inibitórias e corretivas, já se encontrava previsto no Direito da União Europeia pelo que respeita às infrações a direitos privativos da propriedade industrial[683], sendo a sua extensão à violação de segredos de negócios um dos pontos axiais da presente Diretiva.

Esta desvia-se, contudo, do regime daquelas infrações ao conferir no art. 7.º especial relevo à exigência de proporcionalidade das medidas em questão[684].

683 Cfr. a Diretiva 2004/48/CE.

684 A qual constitui, de resto, um corolário do disposto no art. 52.º, n.º 1, da Carta dos Direitos Fundamentais da União Europeia, nos termos do qual: «Qualquer restrição ao exercício dos direitos

Devem para o efeito ter-se em conta, nos termos dos arts. 11.º, n.º 2, e 13.º, n.º 1, da Diretiva as circunstâncias específicas do caso, incluindo, se for caso disso, o valor do segredo e outras características deste, as medidas tomadas para protegê-lo, a conduta do infrator, o impacto da utilização ou divulgação ilegais do segredo, os interesses legítimos das partes e o impacto que o deferimento ou indeferimento das medidas, os interesses legítimos de terceiros, o interesse público e a salvaguarda dos direitos fundamentais.

Esta preocupação em evitar o excesso na tutela do segredo de negócios está também patente nas disposições da Diretiva que preveem a revogação ou caducidade das medidas decretadas nos termos referidos quando as informações em questão deixem de preencher os requisitos do segredo de negócios por motivos não imputáveis ao requerido (arts. 11.º, n.º 3, e 13.º, n.º 2) e a sua substituição, em determinadas condições, pelo pagamento de uma compensação pecuniária à parte lesada (art. 13.º, n.º 3).

O infrator que soubesse, ou devesse saber, que estava a adquirir, utilizar ou divulgar ilegalmente um segredo comercial, pode ainda ser condenado no pagamento de uma indemnização do prejuízo sofrido pelo seu titular em consequência desses factos. São fatores a considerar na fixação da indemnização, de acordo com o art. 14.º, as consequências económicas negativas da infração para o lesado, incluindo os seus lucros cessantes, os lucros indevidos do infrator e os danos morais causados ao titular do segredo.

Tal como vimos ser o caso no Direito norte-americano, a sanção suscetível de ser aplicada de acordo com a Diretiva não visa apenas ressarcir a vítima, mas também punir o infrator, designadamente privando-o dos benefícios obtidos com a infração, posto que não se preveja nela a duplicação da compensação pecuniária devida ao titular do segredo, consoante ocorre na sua equivalente estadunidense.

Em alternativa, pode a indemnização em causa ser fixada, consoante já sucede nas violações de direitos privativos, com base no montante das remunerações ou direitos que teriam sido auferidos, caso o infrator tivesse obtido uma licença para utilizar o segredo em questão («*Lizenzanalogie*»).

A Diretiva procura ainda dissuadir futuros infratores, determinando no art. 15.º que, nos processos judiciais instaurados devido à aquisição, utilização ou divulgação ilegais de um segredo de comercial, as autoridades judiciais competentes possam ordenar, a pedido do requerente e a expensas do infrator,

e liberdades reconhecidos pela presente Carta deve ser prevista por lei e respeitar o conteúdo essencial desses direitos e liberdades. Na observância do princípio da proporcionalidade, essas restrições só podem ser introduzidas se forem necessárias e corresponderem efetivamente a objetivos de interesse geral reconhecidos pela União, ou à necessidade de proteção dos direitos e liberdades de terceiros».

medidas apropriadas para a divulgação das informações relativas à decisão, incluindo a sua publicação.

Diferentemente da sua homóloga em matéria de *enforcement* dos direitos de propriedade intelectual, atrás referida, a Diretiva sobre os segredos de negócios prevê, no art. 8.º, que os Estados-Membros devem estabelecer regras relativas aos prazos de prescrição aplicáveis ao direito substantivo e às ações destinadas a aplicar as medidas, os procedimentos e as vias de reparação nela previstos, bem como o momento em que o prazo de prescrição começa a correr, a sua duração e as circunstâncias em que é interrompido ou suspenso, não podendo esse prazo, segundo a mesma disposição, ser superior a seis anos[685].

A estas últimas regras subjazem, consoante se retira do preâmbulo da Diretiva, duas ordens de considerações[686]. Por um lado, a preocupação com a segurança jurídica, particularmente relevante no que se refere ao exercício perante terceiros de direitos emergentes de situações jurídicas não registadas, como é o caso do segredo de negócios; por outro, a consideração de que sobre o titular desse segredo recai um dever de diligência, quer no tocante à preservação da confidencialidade da informação em causa, quer pelo que respeita ao controlo da sua utilização por terceiros, o qual justificará também a extinção do seu direito quando não o exerça em prazo razoável.

c) Balanço. – A análise até aqui empreendida revela um desenvolvimento paralelo do regime dos segredos de negócios nos Estados Unidos da América e na União Europeia. Manifestamente, este não é casual, mas antes o fruto de uma convergência nesta matéria dos interesses dos dois blocos económicos que bordejam o Atlântico.

Instituiu-se, tanto por via do *Defend Trade Secrets Act 2016* norte-americano como da Diretiva (UE) 2016/943, um novo padrão de proteção do segredo de negócios, que será possivelmente no futuro introduzido nos acordos comerciais daqueles blocos económicos com terceiros países, por forma a disseminá-lo mundialmente. A relevância desses desenvolvimentos transcenderá nesta medida os Estados Unidos e a Europa.

O novo padrão ora instituído não envolve decerto a criação de um direito de exclusivo sobre os segredos de negócios. Mas também não se limita a sujeitar os segredos de negócios ao regime da concorrência desleal, como sucedia até

[685] O que representa uma extensão substancial desse prazo relativamente ao que constava da proposta de Diretiva, segundo a qual o mesmo não poderia exceder dois anos contados da data em que o requerente tomou conhecimento, ou teve motivo para tomar conhecimento, do último facto que deu origem à ação. O prazo de prescrição referido é também consideravelmente mais longo do que o seu equivalente no *Defend Trade Secrets Act* norte-americano.

[686] Cfr. o considerando 23.

aqui por força do Acordo TRIPS, uma vez que não se requer, a fim de que as novas regras sejam aplicadas, uma relação de concorrência entre o titular do segredo e o infrator.

Cria-se, por outro lado, um regime de *enforcement* do segredo de negócios mais preciso e potencialmente mais eficaz que o atual. Após a reforma de 2018 do Código da Propriedade Industrial, esse regime é na lei portuguesa análogo ao dos direitos de propriedade industrial, ainda que o art. 1.º desse diploma continue a não mencionar a tutela dos segredos de negócios entre os meios pelos quais este ramo do Direito desempenha a sua função precípua.

O segredo de negócios assume, assim, um estatuto híbrido: sem ser objeto de um direito de exclusivo, beneficia de um regime muito próximo do dos direitos de propriedade industrial. É, nesta medida, objeto de um *quase exclusivo*[687].

[687] Em sentido próximo, veja-se Couto Gonçalves, *Manual de Direito Industrial*, cit., p. 411, aludindo a este propósito a um «quase direito».

Capítulo III
O direito aplicável à propriedade intelectual, à concorrência desleal e à tutela dos segredos de negócios

§ 14.º Preliminares

I – Necessidade e possibilidade do recurso a regras de conflitos

a) A independência dos direitos de propriedade intelectual e os conflitos de leis. – De quanto até aqui se disse resulta que, não obstante os esforços de harmonização e unificação internacional do Direito da Propriedade Intelectual, permanece nesta matéria um vasto leque de questões em que os sistemas jurídicos nacionais diferem entre si. Daí, a nosso ver, a necessidade de nas situações internacionais se determinar o Direito aplicável a essas questões através de regras de conflitos.

Uma significativa corrente de pensamento exclui, porém, a possibilidade de aplicar tais regras à propriedade intelectual e de, na base delas, a submeter a uma lei estrangeira. Faltaria, para tanto, um pressuposto indispensável de todo o conflito de leis: a existência de uma situação de facto única a que sejam aplicáveis leis distintas[688].

[688] A exposição mais consistente desta tese pertence a Riccardo Luzzatto, que a sustentou em diversos escritos: cfr. «Problemi internazionalprivatistici del diritto di autore», *in Studi in onore di Mário Giuliano*, Pádua, 1989, pp. 589 ss. (também publicado na *RDIPP*, 1989, pp. 273 ss.); a anotação do mesmo autor ao art. 54 da Lei italiana de reforma do Direito Internacional Privado

Dado o seu caráter territorial, os direitos intelectuais atribuídos pelo sistema jurídico de cada país são, como vimos, *independentes* dos direitos sobre o mesmo bem atribuídos pelos sistemas jurídicos dos demais países. Tais direitos não são, em princípio, atribuídos em determinado país apenas porque o foram já noutro ou noutros países. Por outro lado, há potencialmente tantos direitos sobre os mesmos bens intelectuais quantos os sistemas jurídicos que lhes concedam proteção para o respetivo território. Daqui infere o referido setor da doutrina que, sendo reclamada perante os tribunais de certo país a proteção de um bem intelectual com fundamento em direitos adquiridos no estrangeiro, não se verifica a identidade da *fattispecie* concreta que é pressuposta pelos conflitos de leis. O direito de autor, o direito sobre a marca ou o direito sobre a patente atribuídos por um sistema jurídico estrangeiro não poderiam, pois, ser admitidos como objetos de proteção no Estado do foro com base em regras de conflitos. Quando muito, relevariam neste Estado de forma «indireta», enquanto pressupostos de outras situações jurídicas a constituir nele com base na lei designada pelas regras de conflitos locais. Assim sucederia, nomeadamente, quando o infrator de um direito adquirido no estrangeiro é condenado pelos tribunais nacionais a ressarcir os danos causados ao seu titular. De todo o modo, apenas se aplicariam no Estado do foro, mesmo nessas situações, as normas locais em matéria de propriedade intelectual, com exclusão de quaisquer outras.

Supomos, porém, que do princípio da independência dos direitos de propriedade intelectual não deriva a impossibilidade da sua sujeição a regras de conflitos de leis no espaço. Por duas ordens de razões.

Em primeiro lugar, porque esses direitos não são necessariamente destituídos de quaisquer efeitos para além das fronteiras do Estado onde foram adquiridos: em determinadas situações, como aquelas em que é invocada uma *marca notória*, cujo regime examinaremos adiante, podem ser reconhecidos efeitos num país a direitos intelectuais atribuídos pelo sistema jurídico de outro[689]. Os direitos desta índole suscetíveis de serem feitos valer no Estado do foro não são, por conseguinte, apenas os que foram originariamente atribuídos pela lei local. Ora, quando hajam de ser reconhecidos efeitos neste Estado a direitos intelectuais constituídos à sombra de uma ordem jurídica estrangeira, coloca-se forçosamente o problema de saber qual a lei competente para regê-los – como, de resto, na generalidade das situações em que se discute o reconhecimento de um direito

in Fausto Pocar *et al.*, *Commentario del nuovo diritto internazionale privato*, Pádua, 1996, pp. 257 ss.; e «Proprietà intellettuale e diritto internazionale», *in* AAVV, *Studi di diritto industriale in onore di Adriano Vanzetti. Proprietà intellettuale e concorrenza*, tomo I, Milão, 2004, pp. 895 ss.

[689] Ver *infra*, § 15.º/I, alínea *e)*, e II, alínea *c)*.

adquirido no estrangeiro[690] –; e essa lei terá de ser definida por uma regra de conflitos.

Em segundo lugar, porque em virtude da regra *actor sequitur forum rei* pode ser solicitada tutela aos órgãos jurisdicionais nacionais para direitos de propriedade intelectual infringidos num país estrangeiro (*v.g.* porque é no Estado do foro que o infrator se encontra domiciliado ou tem a respetiva sede). O que reflete a circunstância de que o poder de exclusão implicado nos direitos de propriedade intelectual se dirige não apenas aos que residem no país para cujo território esses direitos foram atribuídos, mas também aos que residam noutros países. Não raro, aqueles órgãos são, além disso, solicitados a pronunciar-se sobre a existência, a validade, o conteúdo e a titularidade de direitos constituídos de acordo com uma ordem jurídica estrangeira[691]. Ora, a solução destes problemas não se obtém pela aplicação, sem mais, da lei do Estado foro, pois isso importaria potencialmente a defraudação da confiança legítima dos titulares dos direitos em questão[692]. Tão-pouco pode o tribunal solicitado a pronunciar-se sobre tais questões concluir por um *non liquet,* que envolveria uma intolerável denegação de justiça. E também não basta, para aquele efeito, a invocação de um direito adquirido no estrangeiro, ainda que este opere tão-somente como pressuposto de uma situação jurídica a constituir no Estado do foro: será ainda necessário, para tal, que ele seja merecedor de tutela à luz de uma lei que possua a conexão apropriada com a factispécie decidenda (*v.g.* por ser a que vigora no país para cujo território é reclamada a sua proteção). Também nestes casos se põe, por conseguinte, a questão da lei aplicável, a qual há de ser designada por uma regra de conflitos. É esta, como se verá, a orientação que triunfou no Direito Internacional Privado contemporâneo[693].

b) A formulação de regras materiais ad hoc. – Isto assente, importa agora considerar outras alternativas metodológicas à aplicação de regras de conflitos, no que diz respeito à regulação dos direitos intelectuais em situações inter-nacionais.

Sobressai entre elas a que preconiza que o tribunal a que o litígio é submetido construa, a partir dos sistemas jurídicos em presença e tendo em conta as *policies* prosseguidas pelas respetivas normas, regras materiais *ad hoc* adaptadas à natureza internacional das situações em apreço.

[690] Neste sentido, Isabel de Magalhães Collaço, *Direito Internacional Privado,* vol. I, Lisboa, 1966, p. 54. Admite também que a perspetiva correta para resolver o problema do reconhecimento das situações jurídicas constituídas no estrangeiro não é a que consiste em negar nesse campo a aplicação das normas conflituais do direito do foro, António Ferrer Correia *Lições de Direito Internacional Privado,* vol. I, Coimbra, 2000, p. 387.

[691] Ver *infra,* § 20.º/I, alínea *a).*

[692] Desenvolveremos este ponto adiante, no § 15.º/I, alínea *a).*

[693] Ver *infra,* § 15.º, e os autores e obras aí citados.

Também esta orientação tem por si vozes autorizadas[694]. Supomos, no entanto, que dificilmente poderia ser levada à prática, pelo menos de modo sistemático, sem lesão de valores fundamentais. Pois o casuísmo que lhe é inerente torna-a incompatível com a previsibilidade das regras aplicáveis às relações interindividuais, que a tutela da confiança postula. Por outro lado, a circunstância de essa orientação metodológica pressupor a intervenção de um tribunal a fim de se definir a disciplina de qualquer situação plurilocalizada teria como consequência que os interessados seriam colocados na impossibilidade de conhecerem o Direito aplicável às situações jurídicas em que participam antes da prolação de uma decisão sobre elas e de agirem em conformidade com as respetivas disposições. O tráfico jurídico internacional, a circulação dos bens culturais, da informação e da tecnologia através das fronteiras, seriam desse modo sumamente dificultados. Não parece, aliás, que tal orientação, no seu extremo jurisdicionalismo, seja conforme com a função disciplinadora de condutas que ao Direito compete desempenhar.

c) Lex mercatoria e *propriedade intelectual.* – Outra via de solução consistiria em submeter preferentemente as situações em apreço aos usos e costumes do comércio internacional, bem como às demais fontes de regulação (contratos-tipo, regulamentos associativos, códigos de conduta, etc.), que um setor da doutrina integra no conceito de *lex mercatoria*[695].

Dada, porém, a reconhecida incompletude da *lex mercatoria,* dificilmente se pode ver nela, especialmente no domínio da propriedade intelectual, um sistema alternativo de regulação das situações privadas internacionais, que dispense por completo o recurso a regras de conflitos[696].

[694] Foi a solução defendida, no tocante à propriedade industrial e à concorrência desleal, por Ernst Steindorff, *Sachnorm im Internationalen Privatrecht,* Frankfurt a.M., 1958, pp. 129 ss.; e, mais recentemente, pelo que respeita aos litígios em matéria de direito de autor, por Graeme Dinwoodie, em «Conflicts and International Copyright Litigation: The Role of International Norms», *in* Jürgen Basedow/Josef Drexl/Annette Kur/Axel Metzger (orgs.), *Intellectual Property in the Conflict of Laws,* Tubinga, 2005, pp. 195 ss.

[695] Cfr., sobre a aplicação da *lex mercatoria* à propriedade intelectual, Jane Ginsburg, «The Private International Law of Copyright in an Era of Technological Change», *Rec. cours,* t. 273 (1998), pp. 239 ss. (pp. 376 ss.); e Luigi Carlo Ubertazzi, «Introduzione al diritto europeo della proprietà intellettuale», *in* AAVV, *Direito da Sociedade da Informação,* vol. VI, Coimbra, 2006, pp. 29 ss. (pp. 48 ss.). A respeito da *lex mercatoria,* vejam-se, por muitos, os influentes estudos de Berthold Goldman, «Frontières du droit et lex mercatoria», *Archives de Philosophie du Droit,* 1964, pp. 177 ss., e Clive Schmitthoff, «The Law of International Trade, its Growth, Formulation and Operation», *in eiusdem* (org.), *The Sources of the Law of International Trade,* Londres, 1964, pp. 3 ss.

[696] Neste sentido, veja-se, por último, Pierre Mayer/Vincent Heuzé, *Droit international privé,* 11.ª ed., Paris, 2014, p. 30.

Há, decerto, regras de fonte consuetudinária próprias do comércio internacional; mas estas têm um caráter essencialmente fragmentário, pois disciplinam apenas alguns aspetos das relações privadas internacionais, sem formarem propriamente um *sistema* ou uma *ordem jurídica*[697]. Por isso foram comparadas por Paul Lagarde a «ilhotas» (*îlots*)[698]. Gerar-se-ia grande insegurança caso lhes fosse conferida eficácia como fonte autónoma e exclusiva de regulação dessas relações, dada a imprevisibilidade das decisões jurisdicionais que daí inevitavelmente adviria[699].

Não parece, por outro lado, que a *lex mercatoria* seja apta a acautelar os interesses públicos e da parte mais fraca que frequentemente importa proteger nas situações privadas internacionais[700]. Ora, este último aspeto é decisivo em matéria de propriedade intelectual, pois a necessidade de preservar uma certa esfera de domínio público, bem como os interesses morais e patrimoniais dos criadores intelectuais, reclamam a intervenção do Estado na sua disciplina jurídica. Esta deve, por isso, ser preferentemente estabelecida, na falta de disposições uniformes de fonte supra- ou internacional, com base em regras de conflitos de leis no espaço. É, por conseguinte, fundamentalmente da determinação destas regras que curaremos em seguida.

O exposto não obsta – importa sublinhá-lo – a que os usos mercantis sejam incorporados por referência nos contratos comerciais internacionais ou sirvam de base à sua interpretação ou integração ou à concretização de cláusulas gerais, como a que proscreve a concorrência desleal[701]. Tratar-se-á contudo, nessas hipóteses, de uma *referência material,* que não de uma *referência conflitual,* à *lex mercatoria*[702].

[697] Assim, Pierre Mayer, «Le phénomene de la coordination des ordres juridiques étatiques en droit privé. Cours général de droit international privé (2003)», *Rec. cours*, t. 327 (2007), pp. 9 ss. (p. 72); Alfonso-Luis Calvo Caravaca/Javier Carrascosa González, *Derecho Internacional Privado*, cit., vol. II, p. 936.

[698] Cfr. «Approche critique de la lex mercatoria», *in Le droit des relations internationales. Études offertes à Berthold Goldman*, Paris, 1982, pp. 125 ss. (p. 139).

[699] Neste sentido, Wilhelm Wengler, «L'évolution moderne du droit international privé et la previsibilité du droit applicable», *RCDIP*, 1990, pp. 657 ss. (p. 670).

[700] Para uma crítica, sob este prisma, da doutrina que sustenta a autonomia da *lex mercatoria* como critério de regulação das situações pirvadas internacionais, veja-se, por último, Symeon C. Symeonides, «Party Autonomy and Private-Law Making in Private International Law: The *Lex Mercatoria* that Isn't», disponível em http://search.ssrn.com.

[701] Ver *infra*, §§ 16.º/I, alínea *b)*, e 17.º/II, alínea *g)*.

[702] Este o ponto de vista fundamental que expendemos, a respeito do tema em exame, no nosso *Da arbitragem comercial internacional*, Coimbra, 1990, pp. 171 ss. e 200 s., e, mais recentemente, em «Método jurídico e Direito Internacional Privado», *in Direito Internacional Privado. Ensaios*, vol. II, Coimbra, 2005, pp. 7 ss. (pp. 16 ss.). No mesmo sentido se pronunciou, na doutrina portuguesa, Rui de Moura Ramos, em *Da lei aplicável ao contrato de trabalho internacional*, Coimbra, 1991, p. 515.

II – Âmbito da exposição subsequente

Importa notar, antes de prosseguirmos, que o problema do Direito aplicável se pode colocar neste contexto a respeito de questões de índole muito diversa, a saber: *a)* A existência, o conteúdo e o âmbito da proteção conferida aos direitos de propriedade intelectual; *b)* A titularidade desses direitos; *c)* O regime dos contratos relacionados com a criação, a utilização e a exploração de obras literárias e artísticas, de marcas, de invenções de aplicação industrial, etc., bem como da gestão coletiva de tais direitos; *d)* As obrigações extracontratuais, *maxime* de indemnização e de restituição do enriquecimento sem causa, resultantes da violação de direitos de propriedade intelectual e de atos de concorrência desleal; e *e)* Os meios de tutela jurisdicional desses direitos.

Em rigor, só aquela primeira categoria de questões teria de ser aqui examinada. As restantes dizem respeito a situações jurídicas estruturalmente diversas da propriedade intelectual. Mesmo no plano dos conflitos de leis no espaço não são idênticos, como se verá, os interesses atendíveis na regulação dessas questões. A estreita ligação funcional entre as normas materiais que visam discipliná-las – que não raro tem levado os legisladores nacionais a incluírem-nas nos mesmos diplomas legais[703] – depõe, todavia, no sentido do seu tratamento conjunto nesta obra. É o que faremos na exposição subsequente.

III – Fontes a considerar

Na análise desta matéria, importará considerar fontes de diversa natureza, entre as quais se destacam: *a) Fontes internacionais*, nas quais se incluem as convenções, já referidas, que visam precipuamente unificar ou harmonizar o Direito da Propriedade Intelectual, mas que estabelecem também regras de Direito Internacional Privado, assim como os instrumentos que disciplinam especificamente os conflitos de leis no espaço; *b) Fontes europeias*, as quais compreendem não só regras de conflitos esparsas constantes dos atos europeus anteriormente aludidos, mas também outras, que integram atos europeus dirigidos *ex professo* à harmonização ou unificação do Direito de Conflitos, como o Regulamento do Parlamento Europeu e do Conselho sobre a lei aplicável às obrigações contratuais («Regulamento de Roma I») e o Regulamento

Uma orientação diferente é perfilhada, entre outros, por Luís de Lima Pinheiro em *Contrato de empreendimento comum (joint venture) em Direito Internacional Privado*, Lisboa, 1998, pp. 561 ss. e 703 ss., e *Direito Internacional Privado*, vol. I, 3.ª ed., Coimbra, 2014, pp. 122 ss.

[703] Assim sucede, por exemplo, em Portugal, onde o Código do Direito de Autor e dos Direitos Conexos regula não apenas as obras e prestações protegidas e os direitos sobre elas, mas também a gestão desses direitos, os contratos relativos à utilização de obras e prestações, as sanções penais e civis pela violação do direito de autor e dos direitos conexos, as providências jurisdicionais tendentes à defesa destes direitos e os meios de resolução de litígios.

do Parlamento Europeu e do Conselho relativo à lei aplicável às obrigações extracontratuais («Regulamento de Roma II»); e *c) Fontes nacionais*, nas quais se contam as regras constantes das codificações internas de Direito Internacional Privado e de legislação avulsa.

Estas últimas apresentam hoje, nos Estados-Membros da União Europeia, um âmbito de aplicação residual, decorrente, por um lado, do primado do Direito Internacional e do Direito Europeu sobre as fontes nacionais e, por outro, do «caráter universal» da Convenção de Roma e do Regulamento de Roma II, cujas disposições se aplicam à determinação da lei aplicável mesmo quando remetam para a lei de um país exterior à União Europeia. Eis por que na exposição subsequente privilegiaremos as fontes das duas primeiras categorias. Não deixaremos, a respeito destas, de fazer referência aos textos internacionais sem caráter normativo, mas nem por isso desprovidos de relevância, como os já referidos princípios reguladores do tribunal competente, da lei aplicável e do reconhecimento de sentenças estrangeiras em matéria de propriedade intelectual emanados do *American Law Institute.*

O regime da propriedade intelectual em Direito Internacional Privado caracteriza-se, em suma, por um *pluralismo de fontes normativas*, que reflete a própria diversidade das questões a regular e dos planos em que a regulamentação destas se encontra instituída[704].

§ 15.º Direito aplicável à titularidade, ao conteúdo e ao âmbito da proteção conferida aos direitos de propriedade intelectual

I – Direitos de autor e conexos

a) Universalidade e territorialidade do direito de autor. – Pelo que respeita à determinação do Direito aplicável à titularidade, ao conteúdo e ao âmbito da proteção conferida aos direitos dos autores sobre as suas obras e, reflexamente, à eficácia internacional destes, debatem-se há muito duas orientações antagónicas, que podem sintetizar-se nas ideias de *universalidade* e *territorialidade.*

De acordo com a primeira, deve aplicar-se ao direito de autor a lei do país onde a obra foi pela primeira vez publicada ou por qualquer outra forma colocada à disposição do público. Tratando-se de uma obra inédita, aplica-se a lei da nacionalidade do respetivo autor. O direito de autor sujeita-se, assim, à sua *lex*

[704] Sobre o pluralismo das fontes do Direito Internacional Privado, veja-se, por último, Hélène Gaudemet-Tallon, «Le pluralisme en droit international privé (le funambule et l'arc-en-ciel). Cours général», *Rec. cours*, t. 312 (2005), pp. 9 ss. (especialmente pp. 45 ss.).

originis[705]. Na lógica desta orientação, deve ser reconhecida *eficácia universal* ao direito de autor validamente constituído com base no sistema jurídico daquele país.

Trata-se da solução mais condizente com a *conceção personalista*, ou *jusnaturalista*, do direito de autor, de que demos notícia atrás[706]. Ela corresponde, por outro lado, ao interesse dos autores na previsibilidade e na continuidade dos seus direitos através das fronteiras, bem como ao interesse daqueles que os autores autorizem a explorar as suas obras: por força dela, será uma só a lei a que cabe regular a exploração económica da obra, onde quer que esta tenha lugar. É também a solução mais favorável à livre circulação dos bens intelectuais.

Contra ela podem, no entanto, aduzir-se diversas objeções de relevo. Desde logo, sob o ponto de vista da legitimidade da *lex originis* para reger o direito de autor. Na medida em que constitui um exclusivo de utilização e exploração económica de uma obra literária ou artística, este é necessariamente uma criação de determinado sistema jurídico. A essa criação subjaz certo juízo de valoração de interesses, levado a cabo pelo legislador ou pelos tribunais de harmonia com a conceção prevalecente em determinada sociedade acerca da forma preferível de ordenar as relações entre os seus membros. Este juízo não pode, todavia, aspirar a valer universalmente. É, por isso, muito duvidoso que devam estender-se as regras nele baseadas à definição das condições de atribuição, exercício e extinção de direitos de exclusivo sobre criações intelectuais no território de outros países; por que motivo hão de, por exemplo, as fixações de obras musicais primeiramente feitas nos Estados Unidos beneficiar na Europa do prazo de

[705] Trata-se de uma orientação que remonta a Etienne Bartin: cfr. «La localisation territoriale des monopoles intellectuels (propriété littéraire et artistique, propriété industrielle)», *Clunet*, 1934, pp. 781 ss. Essa orientação fez carreira, posteriormente, sobretudo na doutrina francesa: *vide*, entre outros, Henri Desbois, «Les droits d'auteur et le Droit International Privé français», *in* AAVV, *Eranion in honorem S. Maridakis*, vol. III, *Ius Gentium. Varia*, Atenas, 1964, pp. 29 ss. (pp. 33 ss.); *idem*, *Le droit d'auteur en France*, 3.ª ed., Paris, 1978, pp. 918 ss.; Henri Batiffol/Paul Lagarde, *Droit International Privé*, tomo II, 7.ª ed., Paris, 1983, pp. 203 ss.; e, *de jure condendo*, Jean-Sylvestre Bergé, *La protection internationale et communautaire du droit d'auteur. Essai d'une analyse conflictuelle*, Paris, 1996, pp. 411 ss.; e Catherine Kessedjian, «Current International Developments in Choice of Law: An Analysis of the ALI Draft», *in* Jürgen Basedow/Josef Drexl/Annette Kur/Axel Metzger (orgs.), *Intellectual Property in the Conflict of Laws*, Tubinga, 2005, pp. 19 s. (p. 33). Na doutrina alemã, vejam-se, na mesma linha fundamental de orientação, Paul Heinrich Neuhaus, «Freiheit und Gleichheit im internationalen Immaterialgüterrecht», *RabelsZ*, 1976, pp. 191 ss. (p. 195); e Haimo Schack, *Zur Anknüpfung des Urheberrechts im internationalen Privatrecht*, Berlim, 1979, pp. 36 ss.; *idem*, «Die grenzüberschreitende Verletzung allgemeiner und Urheberpersönlichkeitsrechte», *UFITA*, 1988, pp. 51 ss. (p. 67); *idem*, *Urheber- und Urhebervertragsrecht*, 4.ª ed., Tubinga, 2007, pp. 462 ss.

[706] Cfr. *supra*, § 5.º/II, alínea *a)*.

proteção de 95 anos que lhes é conferido naquele país, quando a proteção de que tais prestações gozam na União Europeia não excede os 50 anos? Não pode, por outro lado, excluir-se que o lugar da primeira publicação de uma obra ou da sua colocação à disposição do público seja puramente fortuito, não exprimindo o elemento de conexão *sub judice*, nesse caso, qualquer ligação efetiva entre a obra e o país de que esta dimana.

A orientação em apreço pode, além disso, ser questionada na ótica da sua praticabilidade. Dela resultaria, com efeito, a aplicação de diferentes leis aos atos de utilização e exploração de obras literárias e artísticas praticados no Estado do foro. O que, além de quebrar a unidade do regime jurídico a que essas obras se subordinam, é suscetível de dificultar a sua utilização e exploração por terceiros, visto que estes teriam de averiguar em cada caso não apenas o país de origem da obra (o que pode revelar-se difícil, por exemplo, no tocante às obras musicais, cuja primeira publicação pode consistir na sua execução pública), mas também o teor das regras materiais nele vigentes (as quais nem sempre são facilmente acessíveis). Por outro lado, a referida solução envolveria a aplicação de leis diversas aos atos de utilização de obras inéditas feitas em coautoria sempre que os coautores tenham nacionalidades diferentes; o que poderia suscitar problemas de difícil resolução quando o teor dessas leis não fosse uniforme. Finalmente, não pode ignorar-se que a aplicação sistemática da *lex originis* conduziria, com grande frequência, à aplicação de leis estrangeiras pelos tribunais a que fosse solicitada a tutela do direito de autor, o que os sobrecarregaria consideravelmente.

Uma outra solução permitiria evitar estes inconvenientes práticos: a aplicação sistemática do Direito do Estado do foro[707]. Esta constitui a expressão mais radical do princípio oposto ao que subjaz à solução anterior: a *territorialidade absoluta* dos direitos subjetivos. Por força dela, os tribunais de cada país aplicariam exclusivamente à tutela neles solicitada para o direito de autor e à determinação da sua titularidade as regras vigentes no território em que exercem a sua jurisdição; e recusariam qualquer eficácia a direitos adquiridos num país estrangeiro.

A favor desta solução pode-se invocar o interesse na boa administração da justiça: os juízes a quem seja solicitada a resolução de questões atinentes à titularidade, ao uso e à exploração de obras intelectuais apenas terão de

[707] Orientação que tem sido tradicionalmente seguida pelos tribunais ingleses, segundo William Cornish, «Intellectual Property Infringement and Private International Law: Changing the Common Law Approach», *GRUR Int.*, 1996, pp. 285 ss., e dos Estados Unidos, consoante informa William Patry, «Choice of Law and International Copyright», *AJCL*, 2000, pp. 383 ss., especialmente p. 385. Na Europa continental, foi preconizada, designadamente, por Georges Koumantos, «Sur le Droit International Privé du Droit d'Auteur», *Il Diritto di Autore*, 1979, pp. 617 ss. (p. 636).

interpretar e aplicar, nos termos dela, as regras do Direito em que são versados. O risco de erro judiciário será assim minimizado.

Mas semelhante solução apenas poderia ser adotada à custa de valores essenciais do Direito Internacional Privado[708]. Com efeito, uma vez que, por força das regras de conflitos de jurisdições que examinaremos adiante, as ações relativas ao direito de autor podem ser intentadas no Estado do domicílio do réu, ainda que nem a constituição do direito haja ocorrido nele nem a sua alegada violação haja aí sido praticada, a aplicação sistemática da lei do foro poderia conduzir à sujeição do litígio a um sistema jurídico desprovido de qualquer conexão espacial com os factos e com cuja aplicação os interessados não contavam – um sistema que, *v.g.*, recusasse a existência do direito e, por conseguinte, lhe negasse proteção. A confiança legítima dos interessados seria assim defraudada.

Os casos mais gravosos de frustração da confiança legítima mediante a aplicação da *lex fori* podem, é certo, ser evitados com recurso à doutrina do «foro inconveniente» (*forum non conveniens*)[709]; mas esta suscita dificuldades de outra ordem, entre as quais avulta a incerteza quanto à solução das questões privadas internacionais que lhe está inevitavelmente associada e os custos e delongas inerentes à repropositura da ação noutro tribunal.

Por outro lado, a aplicação sistemática da lei do foro às pretensões fundadas no direito de autor propiciaria o denominado *forum shopping* e a desigualdade de tratamento das partes que lhe é inerente: o mesmo direito subjetivo seria regido por leis diferentes, e teria porventura até conteúdo diverso, consoante o país onde fosse primeiramente intentada a ação a ele respeitante; o que colocaria o demandante – ao qual é dado, dentro de certos limites, escolher o foro onde intenta a ação – em posição de vantagem perante a outra parte.

708 Sobre os quais podem ver-se os nossos trabalhos *Da responsabilidade pré-contratual em Direito Internacional Privado*, cit., pp. 28 ss., e «Sources and General Principles of Portuguese Private International Law: An Outline», *YPIL*, 2007, pp. 257 ss., bem como a demais bibliografia neles citada. Consulte-se ainda Spyridon Vrellis, «Conflit ou coordination de valeurs en droit international privé. À la recherche de la justice», *Rec. cours*, t. 328 (2007), pp. 177 ss.

709 Cfr., por exemplo, a decisão proferida pelo *United States Court of Appeals for the Ninth Circuit* no caso *Creative Technology, Ltd., v. Aztech System PTE, Ltd.*, 61 F. 3d 696 (1995), em que se entendeu serem os tribunais de Singapura o foro mais conveniente para julgar a causa. Embora os factos que consubstanciavam a contrafação imputada à ré tivessem ocorrido nos Estados Unidos, ambas as partes eram sociedades constituídas de acordo com o Direito de Singapura e era aí que, segundo tribunal, a autora poderia obter mais eficazmente a tutela pretendida para o seu direito. Consequentemente, foi recusado o julgamento do mérito da causa pelos tribunais norte-americanos.

Finalmente, a aplicação sistemática da *lex fori* não dá resposta aos casos em que o problema da determinação da lei aplicável se coloca independentemente de um litígio a decidir pelos tribunais de certo Estado.

Uma terceira solução possível para o problema em apreço consiste na aplicação do Direito do país para cujo território é reclamada a proteção da obra: a *lex loci protectionis*[710].

[710] É a orientação hoje dominante na doutrina de expressão germânica: cfr. Alois Troller, *Das internationale Privat- und Zivilprozessrecht im gewerblichen Rechtsschutz und Urheberrecht*, Basileia, 1952, pp. 48 ss.; *idem*, *Immaterialgüterrecht. Patentrecht, Markenrecht, Urheberrecht Muster- u. Modellrecht, Wettbewerbsrecht*, vol. I, 3.ª ed., Basileia/Frankfurt a.M., 1983, pp. 134 ss.; Eugen Ulmer, *Die Immaterialgüterrechte im internationalen Privatrecht*, Munique, 1975, pp. 12 ss.; *idem*, «Gewerbliche Schutzrechte und Urheberrechte im Internationalen Privatrecht», *RabelsZ*, 1977, pp. 479 ss. ; *idem*, *Intellectual Property Rights and the Conflict of Laws*, Luxemburgo, 1978, pp. 11 ss.; *idem*, *Urheber- und Verlagsrecht*, 3.ª ed., Berlim/Heidelberga/Nova Iorque, 1980, pp. 82 s.; *idem*, «General Questions – The International Conventions», *IECL*, vol. XIV, *Copyright*, capítulo 1, p. 7; Christian von Bar, «Kollisionsrecht, Fremdenrecht und Sachrecht für internationale Sachverhalte im Internationalen Urheberrecht», *UFITA*, 1988, pp. 27 ss. (p. 48) ; Kamen Troller, «Industrial and Intellectual Property», *IECL*, vol. III, *Private International Law*, capítulo 23, pp. 7 ss.; Rolf Bär, «Das Internationale Privatrecht (Kollisionsrecht) des Immaterialgüterrechts und des Wettbewerbsrechts», *in* Roland von Büren/Lucas David (orgs.), *Schweizerisches Immaterialgüter- und Wettbewerbsrecht*, vol. I, *Allgemeiner Teil*, Basileia/Frankfurt a.M., 1995, pp. 87 ss. (pp. 112 ss.); Kurt Siehr, *Internationales Privatrecht*, Heidelberga, 2001, pp. 285 e 292; Paul Katzenberger, *in* Gerhard Schricker (org.), *Urheberrecht. Kommentar*, 3.ª ed., Munique, 2006, pp. 2120 ss.; Jan Kropholler, *Internationales Privatrecht*, 6.ª ed., Tubinga, 2006, pp. 546 s.; Karl-Heinz Fezer/Stefan Koos, *in Staudingers Kommentar zum Bürgerlichen Gesetzbuch mit Einführungsgesetze und Nebengesetzen, Einführungsgesetz zum Bürgerliche Gesetzbuche/IPR. Internationales Wirtschaftsrecht*, 13.ª ed., Berlim, 2006, pp. 434 ss.; Pierson/Ahrens/Fischer, *Recht des geistigen Eigentums*, Munique, 2007, p. 340; Jürgen Basedow «Foundations of Private International Law in Intellectual Property», *in* Jürgen Basedow, Toshiyuki Kono e Axel Metzger (orgs.), *Intellectual Property in the Global Arena: Jurisdiction, Applicable Law, and the Recognition of Judgments in Europe, Japan and the US*, Tubinga, 2010, pp. 3 ss. (pp. 12 ss.); Josef Drexl, *in Münchener Kommentar zum Bürgerlichen Gesetzbuch*, vol. 12, cit., pp. 1246 ss.; Manfred Rehbinder/Alexander Peukert, *Urheberrecht und verwandte Schutzrechte*, cit., p. 409; e Christian von Bar/Peter Mankowski, *Internationales Privatrecht*, vol. II, *Besonderer Teil*, 2.ª ed., Munique, 2019, p. 366. Vejam-se ainda, no mesmo sentido, na literatura norte-americana, Paul Geller, «International Copyright: An Introduction», *in* Paul Geller/Melville Nimmer (orgs.), *International Copyright Law and Practice*, vol. I, s.l., 2007, pp. 7 e 249; na doutrina inglesa, Richard Fentiman, «Choice of Law and Intellectual Property», *in* Josef Drexl/Annette Kur (orgs.), *Intellectual Property and Private International Law. Heading for the Future*, Oxford/Portland, 2005, pp. 129 ss. (pp. 143 ss.), e James Fawcett/Paul Torremans, *Intellectual Property and Private International Law*, 2.ª ed., Oxford, 2011, pp. 706 ss.; na doutrina francesa, Jacques Raynaud, *Droit d'auteur et conflits de lois. Essai sur la nature juridique du droit d'auteur*, Paris, 1990, pp. 410 e 670, Frédéric Pollaud-Dulian, *Le droit d'auteur*, cit., p. 819, e Pierre Mayer/Vincent Heuzé, *Droit international privé*, cit., p. 475; na doutrina espanhola, José Carlos Fernández Rozas/Rafael Arenas Garcia/Pedro Alberto de Miguel Asensio, *Derecho de los negócios internacionales*, Madrid, 2007, p. 143; na doutrina portuguesa, Luís de Lima Pinheiro, «A lei aplicável aos direitos de propriedade intelectual», *RFDUL*, 2001, pp. 63 ss. (pp. 65 s.),

Nesta ordem de ideias, à determinação da licitude e das consequências jurídicas da publicação nos Estados Unidos, sem o consentimento do autor, de um livro primeiramente publicado em França, será aplicável o Direito norte-americano; à distribuição e à exibição na Alemanha de um filme de um realizador italiano, aplicar-se-á o Direito alemão; no caso da representação em Espanha de uma peça de teatro de um dramaturgo inglês, atender-á ao disposto no Direito espanhol; e a revenda em Portugal de um quadro de um pintor italiano sujeitar-se-á às regras portuguesas em matéria de direito de sequência.

Observe-se, a este propósito, que a *lex loci protectionis* não se confunde com a *lex loci delicti*[711]. A primeira obtém-se por referência a um *elemento normativo*: o sistema jurídico em que se funda aquele que alega um direito de exclusivo sobre certa criação intelectual. A segunda faz apelo, na sua concretização, a um *elemento fáctico*: o local onde foram praticados os atos ou omissões que consubstanciam a violação de um direito ou onde os mesmos produziram os seus efeitos. Aquela pode, por conseguinte, ser determinada independentemente de qualquer violação, atual ou potencial, do direito de autor; esta pressupõe-na. A *lex loci protectionis* mostra-se, assim, apta a regular o direito subjetivo quer na sua vertente positiva, quer na negativa (compreendendo, pois, tanto as faculdades de uso e exploração da obra reservadas ao seu titular como o poder impedir a sua utilização não autorizada por terceiros); a *lex loci delicti*, tão-só as consequências civis da sua infração. As duas leis podem, decerto, coincidir no caso concreto; mas não é forçosamente assim[712].

Consagrou a competência da *lex loci protectionis* a resolução de 2003 da Associação Internacional Para a Proteção da Propriedade Intelectual (AIPPI)[713].

idem, *Direito Internacional Privado*, vol. II, 4.ª ed., Coimbra, 2015, p. 493, e Dário Moura Vicente, «Direito Internacional de Autor», *in Direito Internacional Privado. Ensaios*, Coimbra, vol. I, 2002, pp. 107 ss., e «The Principle of Territoriality in Intellectual Property Revisited», *NIPR*, 2016, pp. 724 ss. e na doutrina brasileira, Haroldo Valladão, *Direito Internacional Privado*, vol. II, 3.ª ed., Rio de Janeiro, 1983, p. 178. Numa perspetiva de comparação de Direitos, vejam-se Stig Strömholm, *Copyright and the Conflict of Laws: A Comparative Survey*, Colónia, 2010, p. 86; e Toshiyuki Kono e Paulius Jurcys, «General Report», *in* Toshiyuki Kono (org.), *Intellectual Property and Private International Law: Comparative Perspectives*, Oxford/Portland, 2012, pp. 6 ss. (pp. 135 ss.).

711 Cfr., porém, em sentido diverso, André Lucas/Henri-Jacques Lucas, *Traité de la propriété littéraire et artistique*, cit., p. 869.

712 É o que sucede, como se verá, no tocante aos direitos de propriedade intelectual comunitários: cfr. *infra*, § 17.º/I, alínea *f)*.

713 Cfr. Association Internationale Pour la Protection de la Propriété Intellectuelle, *Juridiction et loi applicable en cas de contrefaçon transfrontalière (actes de contrefaçon) des droits de propriété intellectuelle Résolution*, 2003, art. 2.º, § 2.º: «La loi applicable au fond du litige, y compris pour déterminer les sanctions, doit être, sauf circonstances exceptionelles, la loi du lieu pour lequel la protection est réclamée (*lex loci protectionis*)».

Outra não é a orientação acolhida nos referidos *Princípios* do *American Law Institute* em matéria de propriedade intelectual[714], nos *Princípios CLIP*[715] e nas *Diretrizes da ILA*[716].

É esta a solução mais condizente com a natureza do direito de autor e os interesses que dominam o seu regime.

Na verdade, o direito de autor é um direito subjetivo complexo, que compreende, como vimos, o exclusivo temporário de utilizar e explorar economicamente uma obra intelectual e faculdades pessoais, entre as quais avultam as de reivindicar a paternidade da obra e de assegurar a sua genuinidade e integridade. Esse direito tem por objeto imediato um conjunto de atividades que são reservadas ao autor, nomeadamente as de reproduzir a obra, de comunicá-la ao público e de distribuir os respetivos exemplares; e por objeto mediato um bem imaterial: a obra literária ou artística.

Ora, o referido exclusivo restringe inevitavelmente a liberdade de comércio, limita o acesso do público aos bens culturais e à informação e encarece, por via de regra, o preço destes bens. Ele apenas é concedido pela ordem jurídica de cada Estado se e na medida em que tal se mostre conforme com a política económica e cultural por este prosseguida e com a conceção do bem comum nele vigente. Está certo, por conseguinte, que cada Estado tenha a prerrogativa de definir em que termos o direito de autor se constitui, exerce e extingue no território sobre o qual detém poderes de soberania; e bem assim que caiba a esse Estado determinar concretamente o conteúdo e o objeto do direito em questão e as sanções aplicáveis às respetivas violações ocorridas no seu território.

Só esta solução permite, por outro lado, assegurar a igualdade das condições aplicáveis aos concorrentes que atuam em determinado mercado (a *par conditio concurrentium*), pois as circunstâncias em que cada um deles pode adquirir, por via do direito de autor, uma vantagem competitiva sobre os demais são, em princípio, exclusivamente definidas pelo sistema jurídico local.

[714] Cfr. American Law Institute, *Intellectual Property. Principles Governing Jurisdiction, Choice of Law, and Judgments in Transnational Disputes*, cit., § 301 (1): «Except as otherwise provided in §§ 302 and 321-323, the law applicable to determine the existence, validity, duration, attributes, and infringement of intellectual property rights and the remedies for their infringement is: (a) for registered rights, the law of each State of registration; (b) for other intellectual property rights, the law of each State for which protection is sought».

[715] Cfr. *Principles for Conflict of Laws in Intellectual Property*, art. 3:102: «The law applicable to existence, validity, registration, scope and duration of an intellectual property right and all other matters concerning the right as such is the law of the State for which protection is sought».

[716] Cfr. *Guidelines on Intellectual Property and Private International Law*, art. 19: «The law applicable to determine the existence, validity, registration, duration, transferability, and scope of an intellectual property right, and all other matters concerning the right as such, is the law of the State for which protection is sought».

A solução em apreço é ainda reclamada pelo *princípio de tipicidade* a que os direitos de propriedade intelectual se encontram submetidos[717]. Dada a sua natureza de exclusivos, ou monopólios, estes direitos só podem, na verdade, ter por objeto os tipos de bens que se achem expressamente previstos como tais na lei ou em outras fontes de Direito. Os bens incorpóreos que não se reconduzam ao conceito de obra não são tutelados pelo Direito de Autor e podem, por conseguinte, ser reproduzidos, comunicados ao público e distribuídos sem autorização de quem os criou (a menos que sejam protegidos pelo Direito Industrial ou por direitos *sui generis*). Ora, a tipicidade dos bens protegidos em determinado país nos termos do Direito de Autor só pode ser assegurada mediante a aplicação da lei desse país à proteção nele reclamada para certo bem.

A aplicação da *lex loci protectionis*, assim como a *independência da proteção* conferida aos bens intelectuais, por ela possibilitada, são ainda conformes com a preocupação de evitar entraves desnecessários à utilização desses bens, que poderiam advir da sua sujeição à lei do respetivo país de origem. Aquela regra favorece, assim, a fluidez do tráfico jurídico local. Mas nos casos em que a mesma obra seja utilizada em diversos países a solução em apreço conduz à aplicação de um «mosaico» de leis diferentes; o que pode dificultar, ou pelo menos onerar, a sua exploração além-fronteiras[718]. Voltaremos a este ponto adiante[719].

A competência da *lex loci protectionis* surge frequentemente associada ao *princípio da territorialidade*[720]. Este possui, em matéria de Direito de Autor,

[717] Ver, sobre esse princípio, José de Oliveira Ascensão, «O direito ao espetáculo», *in* AAVV, *Estudos em memória do Professor Doutor Paulo Cunha*, Lisboa, 1989, pp. 133 ss. (p. 138); *idem*, *Direito Comercial*, vol. II, *Direito Industrial*, Lisboa, 1994, p. 24 ; Pedro Sousa e Silva, *Direito Industrial*, cit., pp. 27 s.

[718] Sublinha este ponto Jürgen Basedow, *The Law of Open Societies. Private Ordering and Public Regulation in the Conflict of Laws*, Haia, 2015, pp. 216 s., onde se observa: «the principle of territoriality leads to the existence of a multitude of parallel rights in the same subject matter in the various States, rights which are, however, not necessarily equal in their content». E acrescenta: «Even if the actions could be combined and brought in one single country, the substantive issues of the case would have to be decided under the *lex loci protectionis* and in accordance with the various applicable laws of countries for which protection is sought. It is obvious that a better system is needed in a world of open frontiers and global communication».

[719] Cfr. *infra*, § 15.º/I, alínea *d)*.

[720] Cfr. Alois Troller, *Das internationale Privat- und Zivilprozessrecht im gewerblichen Rechtsschutz und Urheberrecht*, cit, pp. 48 s.; *idem*, *Immaterialgüterrecht*, cit., vol. I, pp. 136 ss.; Gian Carlo Venturini, «Beni immateriali (diritto internazionale privato)», *EDD*, vol. V, Milão, 1959, pp. 270 ss.; João Baptista Machado, *Lições de Direito Internacional Privado*, 2.ª ed., Coimbra, 1982, p. 385; Rui de Moura Ramos, *Da lei aplicável ao contrato de trabalho internacional*, Coimbra, 1991, pp. 268 e s., n. 394; José de Oliveira Ascensão, *Direito Civil. Direito de Autor e Direitos Conexos*, cit., p. 33; Rolf Bär, «Das Internationale Privatrecht (Kollisionsrecht) des Immaterialgüterrechts und des Wettbewerbsrechts», *in* Roland von Büren/Lucas David (orgs.), *Schweizerisches Immaterialgüter- und Wettbewerbsrecht*, vol. I, *Allgemeiner Teil*, Basileia/Frankfurt a.M., 1995, pp. 87 ss. (pp. 103 ss.);

uma longa tradição, mergulhando as suas raízes no sistema dos privilégios de reprodução de obras literárias, concedidos até ao século XVIII pelos soberanos europeus aos editores, primeiro, e autores, depois[721]. Tais privilégios, enquanto atos de soberania, encontravam-se necessariamente circunscritos ao território onde esta se exercia. Donde o seu escopo estritamente territorial. Após a sua abolição, nos finais de Setecentos, e a sua substituição pelo direito de autor, tomado originariamente como uma forma de propriedade privada, manteve-se a ideia da sujeição deste ao princípio da territorialidade.

Importa, todavia, distinguir a aceção medieval de territorialidade daquela em que este conceito é modernamente empregado.

Há, decerto, territorialidade do direito de autor, na medida em que o seu âmbito de eficácia (*Wirkungsbereich*), tal como o de qualquer outro monopólio sobre bens intelectuais, se cinge ao território do Estado que o concedeu ou de acordo com cujas normas se constituiu[722].

Daqui não se infere, todavia, que, pelo facto de se ter constituído segundo a ordem jurídica de um país estrangeiro, esse direito seja destituído de quaisquer efeitos no Estado do foro[723] ou que uma violação além-fronteiras de direito de autor seja insuscetível de constituir fundamento, no Estado do foro, de uma ação tendente à indemnização dos danos desse modo causados ao respetivo titular[724].

Nicolas Bouche, *Le principe de territorialité de la propriété intellectuelle*, Paris, 2002, pp. 349 ss.; Thais Castelli, *Propriedade intelectual. O princípio da territorialidade*, São Paulo, 2006, p. 256; Katzenberger, *in* Gerhard Schricker (org.), *Urheberrecht. Kommentar*, cit., pp. 2117 ss.; Fezer/Koos, *in Staudingers Kommentar*, cit., p. 428; Pierson/Ahrens/Fischer, *Recht des geistigen Eigentums*, cit., p. 16; Nerina Boschiero, «Il principio di territorialità in materia di proprietà intelletuale: conflitti di leggi e giurisdizione», *AIDA*, 2007, pp. 34 ss.; Susy Frankel/Daniel J. Gervais, *Advanced Introduction to International Intellectual Property*, cit., pp. 42 ss.; Annette Kur e Thomas Dreier, *European Intellectual Property Law. Text, Cases & Materials*, cit., p. 520; Manfred Rehbinder/Alexander Peukert, *Urheberrecht und verwandte Schutzrechte*, cit., p. 409.

[721] Ver Helmut Coing, *Europäisches Privatrecht*, vol. II, *19. Jahrhundert. Überblick über die Entwicklung des Privatrechts in den ehemals gemeinrechtlichen Ländern*, Munique, 1989, pp. 151 ss.

[722] *Vide*, neste sentido, Wilhelm Wengler, *Internationales Privatrecht*, vol. I, Berlim/Nova Iorque, 1981, p. 480.

[723] Cfr., porém, perfilhando este posto de vista, Nicolas Bouche, *Le principe de territorialité*, cit., p. 35: «Un droit subjectif de propriété intellectuelle n'existe et n'a d'effet qu'à l'intérieur de l'ordre juridique qui l'a créé».

[724] Pronunciou-se todavia neste sentido o *United States Court of Appeals for the 9th Circuit*, na decisão proferida em 1994 sobre o caso *Subafilms, Ltd., The Hearst Corp. v. MGM-Pathe Communications Co.*, 24 F.3d 1088, em que se declara: «given the undisputed axiom that United States copyright law has no extraterritorial application, it would seem to follow necessarily that a primary activity outside the boundaries of the United States, not constituting an infringement cognizable under the Copyright Act, cannot serve as the basis for holding liable under the Copyright Act one who is merely related to that activity within the United States».

Como dissemos atrás, apesar de o direito ter sido violado num país estrangeiro, pode a correspondente reparação ser solicitada aos tribunais nacionais, *v.g.*, se o réu se encontrar domiciliado em território nacional. Estes tribunais deverão aplicar à determinação da existência e do conteúdo desse direito a lei do país para cujo território a respetiva proteção é reclamada por aquele que se arroga a respetiva titularidade. Se o direito subjetivo invocado em juízo se tiver validamente constituído de acordo com essa lei, deverão ser-lhe reconhecidos efeitos no Estado do foro: precisamente os que essa lei lhe imputa.

Não podemos, por conseguinte, subscrever a tese sustentada em França por Nicolas Bouche, conforme a qual «o direito subjetivo adquirido no estrangeiro e o direito subjetivo estrangeiro "reconhecido" não são um e o mesmo direito, mas antes dois direitos subjetivos, distintos ainda que semelhantes, pois cada um é fruto das regras de direito de uma ordem jurídica distinta»[725].

Sendo certo que o reconhecimento de um direito adquirido no estrangeiro é fruto da atuação das regras de conflitos do Estado do foro, isso não significa que se trate neste Estado de um direito diferente daquele que o seu titular adquiriu por força das normas da lei aplicável segundo essas regras de conflitos. Até porque, se assim fosse, o momento da aquisição do direito de autor haveria de ser, para o Estado do foro, o do seu reconhecimento, e não o da criação da obra. O que teria como consequência que, nesse Estado, o direito de autor não poderia ser tido como violado por um ato de utilização não autorizada da obra praticado antes do reconhecimento. O autor ficaria assim injustificadamente desprotegido fora do país de origem da sua obra.

Vista a questão sob outro ângulo, dir-se-á que, embora as normas do Direito de Autor apenas se apliquem às situações que apresentam determinada conexão com o território do Estado onde vigoram – sendo *hoc sensu territoriais*[726] –, elas são, em certos casos, de *aplicação extraterritorial*, no sentido de que os tribunais e outros órgãos de aplicação do Direito podem aplicar normas jusautorais estrangeiras e, desse modo, reconhecer e conferir tutela a situações jurídicas criadas além-fronteiras[727]. É o que ocorre, no exemplo mencionado, se o tribunal

725 Ob. cit., p. 143.

726 O mesmo sucede, de resto, com as normas sobre a responsabilidade civil extracontratual e os direitos reais, em virtude da sujeição das situações por elas regidas, respetivamente, à *lex loci delicti* e à *lex rei sitae*, pelo que dificilmente a territorialidade pode ser apontada como nota distintiva do Direito de Autor.

727 Ver, sobre as manifestações deste fenómeno no Direito Europeu, Edouard Treppoz, «Le paradoxe du principe de territorialité en droit européen de la propriété intellectuelle», *in* Marie-Elodie Ancel, Louis d'Avout, José Carlos Fernández Rozas, Marie Goré e Jean-Michel Jude (orgs.), *Le droit à l'épreuve des siècles et des frontières. Mélanges en l'honneur du Professeur Bertrand Ancel*, Paris/Madrid, LGDJ/Iprolex, 2018, pp. 1495 ss.

do país do domicílio do réu, perante o qual foi alegada uma violação de direito de autor ocorrida noutro país, aplicar a lei deste último à determinação da existência e do conteúdo desse direito, a qual é contestada pelo réu. E é também o que sucede sempre que, a fim de determinarem a titularidade do direito disputado, os tribunais do país onde a proteção desse direito é reivindicada aplicarem a lei do país da primeira publicação da obra ou da nacionalidade do autor[728].

A territorialidade do Direito de Autor e das situações criadas ao abrigo dele é hoje, nesta medida, quando muito uma *territorialidade relativa* ou *mitigada*[729].

b) O problema no Direito positivo: aplicabilidade da lex loci protectionis. – Passemos à análise do problema em apreço perante o Direito positivo. No art. 2 do *Tratado Sobre Propriedade Literária e Artística*, celebrado em Montevideo em 1889 entre diversos países da América Latina[730], acolhia-se ainda, nesta matéria, a competência da *lex originis*[731]; mas essa regra deixou de ser aplicável a partir do momento em que os Estados membros desta Convenção aderiram às Convenções de Berna e de Genebra[732].

No Direito contemporâneo, predomina antes a remissão para a *lex loci protectionis*, que se extrai de diversos atos normativos internos e internacionais. Entre eles sobressai a Convenção de Berna. Esta, depois de proclamar, no I período do art. 5, n.º 2, que o gozo e o exercício dos direitos dos autores são *independentes* da existência de proteção no país de origem da obra, estabelece, no II período desse preceito, que:

> «Em consequência, para além das estipulações da presente Convenção, a extensão da proteção, bem como os meios de recurso garantidos ao autor para salvaguardar os seus direitos regulam-se exclusivamente pela legislação do país onde a proteção é reclamada.»

A *lex loci protectionis* é ainda designada, na Convenção de Berna, pelo art. 6-*bis*, no que respeita à determinação das pessoas ou instituições às quais cabe

[728] Veremos adiante que esta solução se encontra hoje expressamente acolhida no Direito Internacional Privado de diversos países: cfr. *infra*, § 15.º/I, alínea *e*).

[729] Neste sentido, *vide* Kropholler, *Internationales Privatrecht*, cit., p. 155.

[730] A saber: a Argentina, a Bolívia, o Brasil, o Chile, o Paraguai, o Peru e o Uruguai.

[731] Dispunha esse preceito: «El autor de toda obra literaria o artística y sus sucesores gozarán en los Estados signatários de los derechos que les acuerde la ley del Estado en que tuvo lugar su primera publicación o producción».

[732] Neste sentido, Katzenberger, ob. cit., p. 2094.

exercer *post mortem auctoris* os direitos de paternidade e de integridade sobre a obra (n.º 2) e aos meios de recurso para salvaguardar esses direitos (n.º 3); pelo art. 10-*bis*, n.º 1, no tocante à sanção da obrigação de indicar a fonte de artigos reproduzidos pela imprensa e de obras radiodifundidas; e pelo art. 14-*bis*, n.º 2, alínea *a)*, relativamente à determinação dos titulares do direito de autor sobre a obra cinematográfica.

Também o art. IV, n.º 1, da Convenção Universal sujeita o prazo de proteção da obra à lei do Estado contratante onde é pedida a proteção, embora não possa ser inferior ao fixado no n.º 2 da mesma disposição (vinte e cinco anos *post mortem auctoris*).

É, no entanto, controvertido o alcance destas regras, em especial o art. 5, n.º 2, da Convenção de Berna.

Desde logo, questiona-se o sentido da referência nele feita à «legislação do país onde a proteção é reclamada». É este o Estado onde é intentada a ação tendente a obter a reparação do direito violado? Ou antes aquele onde a violação foi perpetrada e para cujo território é pedida proteção? No primeiro caso, a regra em apreço levaria à aplicação sistemática da lei do foro. No segundo, à competência da *lex loci protectionis*.

Pelas razões aduzidas acima, cremos que apenas a segunda solução deve ser tida como exata[733]. A favor dela tem-se ainda invocado o *princípio do tratamento*

[733] Vejam-se, sustentando o mesmo ponto de vista, Melville B. Nimmer, «Who is the Copyright Owner when Laws Conflict?», *GRUR Int.*, 1973, pp. 302 ss. (p. 303); Eugen Ulmer, *Intellectual Property Rights and the Conflict of Laws*, cit., p. 9; *idem*, «General Questions – The International Conventions», *in IECL*, vol. XIV, *Copyright*, Tubinga/Leiden/Boston, 2007, capítulo 1, p. 7; Javier Carrascosa González, *La propiedad intelectual en Derecho internacional privado español*, Granada, 1994, p. 66; Fawcett/Torremans, *Intellectual Property in Private International Law*, cit., p. 676; Jane Ginsburg, *Private International Law Aspects of the Protection of Works and Objects of Related Rights Transmitted Through Digital Networks*, Genebra, 1998 (polic.), p. 33; Katzenberger, ob. cit., p. 2121; Frédéric Pollaud-Dulian, *Le droit d'auteur*, cit., pp. 866; André Lucas/Henri-Jacques Lucas, *Traité de la propriété littéraire et artistique*, cit., p. 954; Sam Ricketson/Jane Ginsburg, *International Copyright and Neighbouring Rights. The Berne Convention and Beyond*, cit., vol. I, pp. 320 s., e vol. II, p. 1299; José Carlos Fernández Rozas/Rafael Arenas Garcia/Pedro Alberto de Miguel Asensio, *Derecho de los negócios internacionales*, cit., p. 143; Silke von Lewinski, *International Copyright Law and Policy*, cit., p. 109; Marie-Élodie Ancel, «Loi applicable à la contrefaçon de droit d'auteur. Inquiétant retour à l'origine», *Comm. Com. Electr.*, 2008, pp. 5 ss.; Strömholm, *Copyright and the Conflict of Laws: A Comparative Survey*, cit., p. 19; Bernard Audit/Louis d'Avout, *Droit international privé*, Paris, 2018, p. 808. Na jurisprudência francesa, vejam-se, sobre o ponto, os acórdãos do Tribunal da Cassação de 5 de março de 2002, caso *Sisro c. Ampersand Software B.V. et autres, RCDIP*, 2003, pp. 440 ss. (em que o Tribunal declarou, referindo-se à lei designada no art. 5, n.º 2, da Convenção de Berna: «cette loi designe non pas celle du pays d'origine ou celle du juge saisi mais celle du ou des États sur le territoire desquels se sont produits les agissements délictueux»); e de 30 de janeiro de 2007, caso *Jean L. c. sté. Universal City studios Inc., sté. Les Presses Solar, sté. United*

nacional, consagrado, como vimos, no art. 5, n.º 1, da Convenção de Berna[734]. Contudo, não nos parece que possa extrair-se desse princípio qualquer argumento decisivo a favor da aplicabilidade da *lex protectionis*, porquanto o princípio do tratamento nacional, assim como a proibição de discriminações contra autores estrangeiros nele implicada, seria também respeitado se os tribunais nacionais aplicassem exclusivamente a *lex fori*[735]. O tratamento nacional é um princípio de Direito dos Estrangeiros, que pode operar como um limite à aplicação das normas materiais da lei competente, mas do qual não é possível inferir a designação desta.

A solução aqui preconizada quanto à lei aplicável ao direito de autor obteve também acolhimento em diversas legislações estrangeiras. Assim, por exemplo, o § 34, n.º 1, da lei austríaca de Direito Internacional Privado, de 1978, dispõe: «A criação, o conteúdo e a extinção de direitos sobre bens imateriais são regulados pelo Direito do Estado em que for praticado um ato de utilização ou um ato causador de uma lesão»[736]. Por seu turno, o art. 110, n.º 1, da lei federal suíça de Direito Internacional Privado, de 1987, estabelece: «Os direitos de propriedade intelectual são regidos pelo Direito do Estado para o qual é reivindicada proteção da propriedade intelectual»[737]. Analogamente, o art. 54, n.º 1, da Lei de Reforma

International Pictures, sté. MCA Inc., Comm. Com. Electr., 2008, p. 9 (que, interpretando também o art. 5, n.º 2, da Convenção de Berna, declarou: «au sens de la disposition visée, la législation du pays où la protection est réclamée n'est pas celle du pays où le dommage est subi mais celle de l'État sur le territoire duquel se sont produits les agissements délictueux, l'obligation à réparation n'étant que la conséquence éventuelle de ceux-ci»).

[734] Cfr., nesse sentido, Nicolas Bouche, *Le principe de territorialité*, cit., p. 526; Josef Drexl, «The Proposed Rome II Regulation: European Choice of Law in the Field of Intellectual Property», *in* Josef Drexl/Annette Kur (orgs.), *Intellectual Property and Private International Law. Heading for the Future*, Oxford/Portland, 2005, pp. 151 ss. (p. 164 ss.); *idem, in Münchener Kommentar zum Bürgerlichen Gesetzbuch*, vol. 12, cit., pp. 1275 ss.; Melville B. Nimmer/David Nimmer, *Nimmer on Copyright*, s.l., s.d., § 17.05.; e Sierd Schaafsma, *Intellectuele eigendom in het conflictenrecht: de verborgen conflictregel in het beginsel van nationale behandeling*, Deventer, 2009, pp. 47 ss., 161 ss., 472, 478 e 482; *idem*, «Private international law and intellectual property», *NIPR*, 2016, pp. 685 s.

[735] Como, de resto, era prática corrente em vários países ao tempo em que a Convenção de Berna foi aprovada. Note-se que a norma constante do atual art. 5, n.º 2 (ex-art. 4, n.º 2), apenas foi introduzida na Convenção aquando da revisão desta em 1908.

[736] «Das Entstehen, der Inhalt und das Erlöschen von Immaterialgüterrechten sind nach dem Recht des Staates zu beurteilen, in dem eine Benützungs- oder Verletzungshandlung gesetzt wird».

[737] «Les droits de la propriété intelectuelle sont régis par le droit de l'Etat pour lequel la protection de la proprieté intellectuele est revendiquée». Para uma análise desta norma, *vide* Kurt Siehr, «Das Urheberrecht in neuren IPR-Kodifikationen», *UFITA*, 1988, pp. 9 ss.; *idem*, *Das Internationale Privatrecht der Schweiz*, Zurique, 2002, pp. 208 ss. ; Rolf Bär, «Das Internationale Privatrecht (Kollisionsrecht) des Immaterialgüterrechts und des Wettbewerbsrechts», *in* Roland von Büren/Lucas David (orgs.), *Schweizerisches Immaterialgüter- und Wettbewerbsrecht*, cit., vol. I,

do Sistema Italiano de Direito Internacional Privado, de 1995, preceitua: «Os direitos sobre bens imateriais são regulados pela lei do Estado de utilização»[738]. Orientação semelhante é fixada pelo art. 47.º do Código Civil de Macau, de 1999, em que se pode ler: «Sem prejuízo do disposto em legislação especial, os direitos de autor e os direitos conexos, bem como a propriedade industrial, são regulados pela lei do lugar onde se reclama a sua proteção»[739]. Por último, o art. 93, 1.º §, do Código belga de Direito Internacional Privado, de 2004, veio estabelecer: «Os direitos de propriedade intelectual são regidos pelo Direito do Estado para o território do qual é pedida a proteção da propriedade»[740].

Embora adote uma formulação diversa, com caráter unilateral, é também essa a solução que se extrai, segundo a doutrina dominante, do art. 10, n.º 4, do Código Civil espanhol, que diz: «Os direitos de propriedade intelectual serão protegidos dentro do território espanhol de acordo com a lei espanhola, sem prejuízo do estabelecido nas convenções e nos tratados internacionais de que a Espanha seja parte»[741]. Não nos parece conduzir a resultado diverso

pp. 91 ss. ; Bernard Dutoit, *Droit international privé suisse. Commentaire de la loi fédérale du 18 décembre 1987*, 2.ª ed., Basileia/Frankfurt a.M., 1997, pp. 292 ss. ; Frank Vischer, *in* Daniel Girsberger e outros (orgs.), *Zürcher Kommentar zum IPRG. Kommentar zum Bundesgesetz über das Internationale Privatrecht (IPRG) vom 18. Dezember 1987*, 2.ª ed., Zurique/Basileia/Genebra, 2004, pp. 1150 ss. ; Gion Jegher, *in* Heinrich Honsell e outros (orgs.), *Basler Kommentar. Internationales Privatrecht*, 2.ª ed., Basileia, 2007, pp. 764 ss.

738 «I diritti su beni immateriali sono regolate dalla legge dello Stato di utilizzazione». Sobre esta disposição, vejam-se, com posições muito distanciadas, Riccardo Luzzato, *in* Fausto Pocar *et al.*, *Commentario del nuovo diritto internazionale privato*, cit., pp. 257 ss., e Nerina Boschiero, est. cit., pp. 48 ss.; Nerina Boschiero e Benedetta Ubertazzi, «Italy», *in* Toshiyuki Kono (org.), *Intellectual Property and Private International Law: Comparative Perspectives*, Oxford/Portland, 2012, pp. 707 ss. (p. 735).

739 Sobre este preceito, vejam-se: Rui de Moura Ramos, «The Private International Law Rules of the New Special Administrative Region of Macau of the People's Republic of China», *in Estudos de Direito Internacional Privado e de Direito Processual Civil Internacional*, vol. I, Coimbra, 2002, pp. 301 ss. (p. 315); e António Marques dos Santos, «As novas regras de Direito Internacional Privado de Macau», *in Estudos de Direito Internacional Privado e de Direito Público*, Coimbra, 2004, pp. 133 ss. (p. 327).

740 «Les droits de propriété intellectuelle sont régis par le droit de l'État pour le territoire duquel la protection de la propriété est demandée». Vejam-se, sobre este preceito, François Rigaux/ Marc Fallon, *Droit International Privé*, 3.ª ed., Bruxelas, 2005, pp. 717 ss.; e Marta Pertegás, *in* J. Erauw/M. Fallon/E. Guldix/J. Meeusen/M. Pertegás/H. van Houtte/N. Watté/P. Wautelet (orgs.), *Het Wetboek Internationaal Privaatrecht Recommentarieerd. Le Code de Droit International Privé Commenté*, Antuérpia/Oxford/Bruxelas, 2006, pp. 476 ss.

741 «Los derechos de propiedad intelectual e industrial se protegerán dentro del territorio español de acuerdo com la ley española, sin perjuicio de lo establecido en los convénios y tratados internacionales en los que España sea parte». Ver, sobre este preceito, Javier Carrascosa

o art. 63.º do Código português do Direito de Autor e dos Direitos Conexos, que declara: «A ordem jurídica portuguesa é em exclusivo a competente para determinar a proteção a atribuir a uma obra, sem prejuízo das convenções internacionais ratificadas ou aprovadas». A competência reservada neste preceito à ordem jurídica portuguesa não envolve, a nosso ver, a aplicação sistemática da lei portuguesa às situações internacionais, pois apenas se cura nele da proteção a atribuir a uma obra em território português. Ou seja: este preceito visa unicamente delimitar o âmbito espacial de aplicação do Direito de Autor português, sem excluir a possibilidade de se reconhecerem efeitos em Portugal a normas de Direito de Autor de países estrangeiros, *maxime* daquele onde a obra em questão houver sido utilizada sem o consentimento do respetivo autor.

Em alguns países, a solução em apreço não se encontra expressamente consignada na lei; mas obteve consagração na jurisprudência dos tribunais superiores. Está neste caso a Alemanha, onde a competência da *lex loci protectionis* foi reiteradamente afirmada pelo *Bundesgerichtshof*[742].

c) Âmbito da competência atribuída à lex protectionis. – É discutido o âmbito das questões compreendidas na competência da *lex loci protectionis*: são todas as suscitadas pela reparação do direito violado ou apenas algumas delas, como o inculca a circunstância de o art. 5, n.º 2, da Convenção de Berna apenas se referir à «extensão da proteção» e aos «meios de recurso»?

Supomos que se impõe uma distinção a este respeito: à *lex loci protectionis* cabe reger a criação, o conteúdo e a extinção do direito de autor, a sua transmissão e oneração e as sanções da sua violação; já a titularidade do direito de autor, os direitos contratuais de utilização da obra, a responsabilidade civil e as outras obrigações extracontratuais emergentes da utilização ilícita dos bens em causa e os meios jurisdicionais de tutela do direito infringido acham-se, como veremos adiante, pelo menos em parte submetidos a outras leis. A referência aos «meios de recurso», constante do art. 5, n.º 2, há de, assim, ser entendida

González, *La propiedad intelectual en Derecho internacional privado español*, cit., pp. 99 ss.; Francisco J. Garcimartín Alférez, *Derecho Internacional Privado*, 3.ª ed., s.l., 2016, pp. 432 s.; José Carlos Fernández Rozas/Sixto Sánchez Lorenzo, *Derecho Internacional Privado*, 10.ª ed., Madrid, 2018, p. 770; e Alfonso-Luis Calvo Caravaca/Javier Carrascosa González, *Derecho Internacional Privado*, vol. II, cit., pp. 1252 ss., que preconizam a *bilateralização* desse preceito, no sentido de se aplicar à propriedade intelectual a *lex loci protectionis*.

[742] Vejam-se as decisões proferidas em 17 de junho de 1992, *GRUR Int.*, 1992, pp. 697 ss. (caso *ALF*); 16 de junho de 1994 (caso *Joseph Beuys*), *in BGHZ* 126, pp. 252 ss.; 4 de março de 1998 (caso *Spielbankenaffaire*), *in BGHZ* 136, pp. 380 ss.; e 29 de abril de 1999 (caso *Laras Tochter*), *in BGHZ* 141, pp. 267 ss.

como significando, quando muito, os meios de reparação substantiva do direito violado, e não os meios processuais através dos quais essa reparação se efetiva. Neste sentido depõe a versão oficial em língua inglesa, na qual se utiliza a expressão «means of redress».

A aplicação da *lex loci protectionis* a estas matérias comporta, no entanto, três limitações. A primeira é a que resulta do *primado do mínimo convencional*, consagrado no art. 5, n.º 2, que apenas manda aplicar aquela lei «para além das estipulações da presente Convenção». As leis nacionais só são aplicáveis, por conseguinte, na medida em que consagrem uma proteção superior à da Convenção. A segunda, prende-se com a prevalência das *leis de polícia* internas, a que fizemos referência acima[743]. A terceira, decorre do princípio do *esgotamento comunitário*, a que também já aludimos[744], por força do qual a colocação em circulação, no território da União Europeia, de exemplares de obras e prestações protegidas importa o esgotamento nesse âmbito do direito de distribuição independentemente do que dispuser a *lex protectionis*.

d) Problemas de concretização do elemento de conexão. – Qual, porém, a *lex loci protectionis* quando a utilização da obra ou prestação protegida for feita num meio de comunicação ubíquo, como sucede nos casos de radiodifusão ou colocação de obras ou prestações protegidas à disposição do público na Internet?

É esta uma das questões mais debatidas a respeito da temática em apreço. Com efeito, no tocante à radiodifusão, o *locus protectionis* tanto pode consistir no lugar a partir do qual o respetivo sinal é difundido como naquele em que o mesmo é captado pelo público a que se dirige; no caso da colocação de obras e prestações à disposição do público na Internet, aquele local corresponde, *prima facie*, a qualquer dos lugares a partir dos quais os utilizadores da rede podem aceder à obra ou prestação em causa – e estes correspondem hoje, potencialmente, a todos os países do mundo.

Liminarmente, importa observar que a concretização do elemento de conexão das regras de conflitos em apreço deve ser feita *lege causae*, i.é, à luz da própria lei por elas designada. Tal, com efeito, a única solução compatível com as razões que presidem à designação da *lex loci protectionis*, em cujo âmbito de competência se compreende a definição das formas de utilização da obra que se consideram reservadas ao autor. Caberá, assim, à lei do país para que se pede proteção determinar se e em que condições pode o direito de autor disputado ser tido como infringido no respetivo território através da utilização da obra pelos referidos meios de comunicação.

[743] Cfr. *supra*, § 10.º/I, alínea *c)*.

[744] Ver *supra*, § 10.º/V, alínea *c)*.

Não há, todavia, nos sistemas jurídicos a que nos vimos referindo disposições legais sobre esta matéria; e a doutrina e a jurisprudência mostram-se divididas a seu respeito[745].

Como ponto de partida da resolução do problema, importará ter presente que as faculdades jusautorais que se encontram em jogo são, no caso da radiodifusão, a *comunicação ao público* da obra ou prestação protegida; e, no da difusão através da Internet, a sua *colocação à disposição do público.*

Ora, em razão da ubiquidade destes meios de comunicação, o exercício de tais faculdades constitui um *facto complexo*, que, embora se verifique tecnicamente no país de emissão do sinal ou naquele onde se deu inserção da obra ou prestação protegidas na rede eletrónica, ocorre também no país ou países onde a emissão pode ser captada pelo público ou a partir dos quais os potenciais utilizadores da obra ou prestação podem descarregar para os respetivos terminais de computador os conteúdos disponíveis na rede[746].

Dir-se-ia, assim, que o titular de direitos sobre a obra ou prestação protegida deve beneficiar da proteção conferida pelas leis de qualquer desses países, ainda que porventura a competência de cada uma dessas leis se cinja aos atos lesivos de direitos exclusivos praticados no território em que tais leis vigoram. O que pode levar à *aplicação distributiva* de diferentes leis às utilizações da mesma obra ocorridas em diversos países[747].

Ao mesmo resultado conduz a denominada *doutrina Bogsch* sobre a radiodifusão por satélite de obras protegidas, cujos partidários preconizam a aplicabilidade a esta das leis dos países de emissão e de receção[748]; doutrina essa que foi acolhida

[745] Para uma resenha das diferentes orientações doutrinais e jurisprudenciais que se debatem no tocante à utilização de obras na Internet, veja-se o nosso *Problemática internacional da sociedade da informação*, cit., pp. 167 ss.

[746] Neste sentido, veja-se a decisão proferida pelo *Landgericht Hamburg* em 5 de setembro de 2003, no caso *Thumbnails, in GRUR-RR*, 2004, pp. 313 ss. Na doutrina, cfr. Thomas Hoeren, *Internet- und Kommunikationsrecht*, cit., pp. 67 s.; *idem, Internetrecht. Ein Grundriss*, cit., p. 625

[747] Ver Pedro de Miguel Asensio, «Internet, liability», *in* Jürgen Basedow/Franco Ferrari/Pedro de Miguel Asensio/Giesela Rühl (orgs.), *Encyclopedia of Private International Law*, Cheltenham/Northampton, vol. 2, pp. 998 ss. (pp. 1004 s.).

[748] Para uma exposição dessa doutrina, vejam-se: Paul Katzenberger, «Urheberrechtsfragen der elektronischen Textkommunikation», *GRUR Int.*, 1983, pp. 895 ss. (especialmente p. 917); *idem, in* Schricker (org.), *Urheberrecht. Kommentar*, cit., p. 2129 s.; Pedro Cordeiro, *Direito de autor e radiodifusão. Um estudo sobre o direito de radiodifusão desde os primórdios até à tecnologia digital*, Coimbra, 2004, pp. 181 ss.; Haimo Schack, *Urheber- und Urhebervertragsrecht*, cit., pp. 475 s.; e Drexl, *in Münchener Kommentar zum Bürgerlichen Gesetzbuch*, vol. 12, cit., pp. 1377 ss.

na jurisprudência alemã[749] e transposta por diversos autores para a exploração de obras em linha[750].

Agora pergunta-se: será esta doutrina, no que toca à colocação de obras e prestações à disposição do público em rede, inteiramente satisfatória sob o ponto de vista dos interesses em jogo?

Supomos que a resposta a este quesito deve ser negativa. Em virtude daquela doutrina, todo aquele que se proponha explorar uma obra na Internet terá de conformar a sua atividade com uma *multiplicidade de ordens jurídicas* nacionais: as de todos os países onde a obra fique acessível a partir de um terminal de computador. No caso de qualquer dessas leis proibir a utilização pretendida – e não sendo tecnicamente possível restringir ou impedir o acesso à obra a partir do território onde vigora essa lei –, a proibição em causa adquire *alcance universal*. A *lei mais restritiva* definirá assim, afinal, os limites da utilização possível de obras e prestações protegidas em toda a rede. O que, como é bom de ver, dificulta consideravelmente a divulgação e exploração de obras intelectuais através deste meio de comunicação e se traduz numa forma de *aplicação extraterritorial* do Direito de Autor, que se afigura carecida de justificação.

De diferentes formas se pode, no entanto, limitar o leque das leis aplicáveis às situações em apreço.

Em primeiro lugar, pode-se exigir, como fez o Supremo Tribunal do Canadá em 2004, uma «conexão real e substancial» (*a real and substantial connection*) com o território de certo país, a fim de se ter por aplicável a lei local[751]. A *simples*

[749] Cfr. a sentença do *Bundesgerichtshof* de 7 de novembro de 2002, caso *Sender Felsberg*, *in GRUR Int.*, 2003, pp. 470 ss., e *IPRax*, 2003, pp. 452 ss. Para o tribunal, as emissões radiofónicas efetuadas a partir da Alemanha por um emissor situado no Sarre, a cerca de 300 metros da fronteira francesa, dirigidas fundamentalmente ao público francês, consubstanciariam um exercício do direito de emissão (*Senderecht*) previsto no § 20 da *Urheberrechtsgesetz*, estando, por conseguinte, sujeitas ao Direito alemão. Caberia, não obstante isso, ao país de receção dessas emissões decidir se as mesmas se encontravam também sujeitas ao Direito local. Na hipótese afirmativa, haveria que tomar em consideração, na fixação dos montantes das compensações devidas na Alemanha aos titulares dos direitos sobre as obras e prestações emitidas, as compensações pagas naqueloutro país. Cfr., sobre esta decisão, Markus v. Welser, «Zum Urheberkollisionsrecht bei grenzüberschreitenden Sendung», *IPRax*, 2003, pp. 440 ss.

[750] Cfr. Fouad Makeen, *Copyright in a Global Information Society*, Haia, etc., 2000, pp. 195, 303 e 317. Em sentido próximo, *vide* Paul Katzenberger, *in* Schricker (org.), *Urheberrecht. Kommentar*, cit., pp. 2131 s.; Haimo Schack, *Urheber- und Urhebervertragsrecht*, cit., p. 476; e Drexl, *in Münchener Kommentar zum Bürgerlichen Gesetzbuch*, vol. 12, cit., pp. 1380 ss. (admitindo, todavia, corretivos à aplicação dessa teoria, na linha do que adiante se exporá: cfr. pp. 1386 ss.).

[751] Cfr. *Society of Composers, Authors and Music Publishers of Canada v. Canadian Association of Internet Providers*, [2004] SCR 427. Sobre esta decisão, veja-se Barry Sookman, «Case Comment: Society of Composers, Authors and Music Publishers of Canada v. Canadian Association of Internet Service Providers», *Canadian Journal of Law and Technology*, 2004, pp. 149 ss.

acessibilidade nesse país de uma obra disponibilizada em rede não será, assim, bastante para o efeito; requer-se ainda que o ato de disponibilização tenha *visado especificamente* esse país, o que pode ser aferido, designadamente, pela língua utilizada no sítio onde a obra se encontra disponível, pela utilização de um nome de domínio de topo correspondente ao país em questão, pela indicação de um endereço postal situado nesse país, etc.[752] Institui-se assim uma importante limitação ao princípio da territorialidade.

Em segundo lugar, à medida que se for concretizando a aproximação de legislações visada nomeadamente pelo Acordo TRIPS e, na União Europeia, pela Diretiva 2001/29/CE, pode justificar-se, pelo que respeita aos fornecedores *online* de conteúdos protegidos pelo Direito de Autor estabelecidos no território de um dos Estados em que se procedeu àquela aproximação de legislações, a aplicação exclusiva da lei do país de *inserção de conteúdos na rede*, ao menos quando este coincida com o da residência habitual, sede ou estabelecimento principal do respetivo titular. Assim se incentivará, pela redução do risco e dos custos inerentes à aplicação de uma lei estrangeira, a disponibilização e exploração em linha de obras e prestações protegidas pelo Direito de Autor, facilitando-se reflexamente o acesso do público à informação e à cultura[753].

A um resultado desta índole conduz o disposto no art. 1.º, n.º 2, alínea *b)*, da Diretiva 93/83/CEE, de 27 de setembro de 1993, relativa à coordenação de determinadas disposições em matéria de direito de autor e direitos conexos aplicáveis à radiodifusão por satélite e à retransmissão por cabo, de acordo com o qual, no que respeita às emissões efetuadas a partir de Estados-Membros da União Europeia, se tem por verificada a comunicação ao público por satélite (e por

[752] Veja-se, nesta linha geral de orientação, a sentença do *Oberlandesgericht* de Munique de 21 de setembro de 2006, *IPRax*, 2007, pp. 531 ss., em que o tribunal aplicou a lei alemã a alegadas violações de direito de autor cometidas através de um sítio Internet de que era titular uma sociedade sedeada na Suíça, no qual eram disponibilizados em língua alemã, sem autorização prévia, excertos de uma obra protegida, por haver entendido que os serviços prestados através desse sítio se dirigiam ao tráfico nacional.

[753] Neste sentido se pronunciou a Comissão Europeia no *Livro verde. O direito de autor e os direitos conexos na Sociedade da Informação*, doc. COM (95) 382 final, de 19 de julho de 1995, p. 41. Sufragam ainda a orientação referida no texto: na Alemanha, Haimo Schack, «Internationale Urheber-, Marken- und Wettbewerbsrechtsverletzungen im Internet. Internationales Privatrecht», *MMR*, 2000, pp. 59 ss., e Thomas Hoeren, *Grundzüge des Internetrechts, E-Commerce/Domains/Urheberrecht*, 2.ª ed., Munique, 2002, p. 67; em França, Jean-Sylvestre Bergé, «Droit d'auteur, conflit de lois et réseaux numériques: rétrospective et prospective», *RCDIP*, 2000, pp. 357 ss. (pp. 384 ss.) ; nos Estados Unidos, Jane Ginsburg, *Private International Law Aspects of the Protection of Works and Objects of Related Rights Transmitted Through Digital Networks (2000 Update)*, Genebra, 2001 (polic.), p. 11; e, em Espanha, Alfonso-Luis Calvo Caravaca/Javier Carrascosa González, *Derecho Internacional Privado*, vol. II, cit., p. 1259.

conseguinte utilizada a obra ou prestação desse modo difundida) exclusivamente no país a partir do qual o sinal é emitido (*princípio do país de origem; principe du pays d'origine; Ursprungsland-Grundsatz*)[754]. As empresas de radiodifusão apenas têm, por conseguinte, de se conformar com as disposições da lei desse país em matéria de direitos de autor e conexos[755].

A lei aplicável será, nesta ótica, exclusivamente a do *país de origem* da emissão, e não a do país de receção, ainda que perante esta última a utilização da obra fosse, no caso *sub judice*, ilícita (*v.g.* por carecer de autorização do titular de direitos). De novo deparamos aqui com uma limitação das concretizações possíveis do *locus protectionis*. Trata-se, porém, de uma solução que dificilmente pode ser adotada à escala universal, dados os riscos de fraude que comporta: a sua prestabilidade cinge-se aos casos em que, entre os Estados conexos com a situação *sub judice*, exista uma suficiente convergência de regimes quanto à matéria considerada. É justamente com este alcance que a referida Diretiva europeia a consagrou.

O país de origem da emissão pode também ser definido numa *perspetiva organizacional*, e não meramente técnica. Tratar-se-ia, de acordo com esta orientação, do país do estabelecimento do emissor em que se encontram centralizadas as suas atividades relacionadas com a emissão.

Aproxima-se desta orientação, no resultado a que chegou, a sentença proferida pelo *Tribunal de Grande Instance* de Paris em 20 de maio de 2008, no caso *Google*[756]. A *Google France*, com sede em Paris, e a *Google Inc.*, com sede na Califórnia, haviam sido demandadas perante aquele tribunal francês pela *Société des Auteurs des Arts Visuels et de l'Image Fixe*, uma sociedade de gestão coletiva de direito de autor sedeada em Paris, com fundamento na alegada contrafação pelas rés de obras fotográficas pertencentes ao repertório da autora, as quais haviam sido tornadas acessíveis ao público através do motor de busca *Google Images*. As rés contestaram, alegando, além do mais, que a situação se integrava na exceção de *fair use* consagrada no *Copyright Act* norte-americano de 1976. O tribunal julgou a ação improcedente, por se encontrarem preenchidos, na espécie, os

[754] Dispõe, na verdade, o referido preceito: «A comunicação ao público por satélite verifica-se apenas no Estado-membro onde os sinais portadores do programa são introduzidos, sob o controlo e a responsabilidade do organismo de radiodifusão, numa cadeia ininterrupta de comunicação conducente ao satélite e deste para a terra». Ver, no mesmo sentido, na lei alemã, o § 20a (1), da *Urhebergesetz*; na lei francesa, o art. L. 122-2-1 do Código da Propriedade Intelectual; na lei portuguesa, o art. 4.º, n.º 1, do D.L. n.º 333/97, de 27 de novembro; e, na lei inglesa, a secção 6A (2) do *Copyright, Designs and Patents Act 1988*.

[755] Neste sentido, veja-se o considerando 15 da Diretiva, onde se declara: «a aquisição contratual do direito de exclusivo de radiodifusão deve respeitar a legislação sobre direito de autor e direitos conexos em vigor no Estado-membro em que se verifique a comunicação ao público por satélite».

[756] Cfr. *Société des Auteurs des Arts Visuels et de l'Image Fixe – SAIF c. S.A.R.L. Google France et Société Google Inc.*, disponível em http://www.juriscom.net.

requisitos da exceção de *fair use* prevista na lei americana. Esta foi declarada aplicável ao caso, nos termos do art. 5, n.º 2, da Convenção de Berna, com fundamento em que a alegada contrafação consistia, por um lado, na recolha de imagens e sua referenciação pelo motor de pesquisa *Google Images* e, por outro, no acesso ao servidor www.google.fr., sendo manifesto que esta era a atividade central e primordial da sociedade *Google Inc.*, e que era na sede social desta que as decisões relevantes eram tomadas e onde a atividade de motor de buscas era levada a cabo, devendo esse lugar, por conseguinte, determinar a lei aplicável ao litígio[757].

Uma terceira ordem de soluções, intermédia entre as anteriores, acha-se consagrada nos mencionados *Princípios* do *American Law Institute*. Assim, o § 321 (1) deste texto permite que, quando uma violação de direitos intelectuais tenha «caráter ubíquo» (*ubiquitous infringement*), os tribunais apliquem, no tocante à existência, validade, duração, atributos e violação desses direitos, assim como às sanções pela sua violação, a lei do Estado com a *conexão mais estreita ou significativa* com o litígio. A fim de determinar essa lei, estabelece-se no mesmo preceito que se terá em conta, por exemplo, o lugar de residência das partes, o lugar onde a relação entre estas (caso exista) se encontra centrada, o âmbito das atividades e do investimento das partes e os principais mercados para os quais as mesmas dirigem as suas atividades[758]. No n.º 2 do mesmo preceito determina-se, todavia, que, se uma parte demonstrar que a solução do caso à face de uma das leis em presença difere da que resulta da lei tida como aplicável ao abrigo do n.º 1, o tribunal deverá «ter em consideração» essa diversidade de soluções na decisão que proferir[759]. Procura-se assim conciliar a aplicação de uma única lei a estes casos (que só a segunda solução referida assegurava) com o respeito devido

[757] Esta decisão foi, no entanto, alterada pela *Cour d'appel de Paris*, no acórdão de 26 de janeiro de 2011, em que se declara que «le pays de réception constitue un lien de proximité manifestement plus pertinent que celui de faits générateurs pour apprécier le présent litige; [...] la décision critiquée sera en conséquence infirmée en ce qu'elle a fait application en la cause du Copyright Act de 1976 et non de la législation française».

[758] É o seguinte o teor do preceito mencionado no texto: «When the alleged infringing activity is ubiquitous and the laws of multiple States are pleaded, the court may choose to apply to the issues of existence, validity, duration, attributes, and infringement of intellectual property rights and remedies for their infringement, the law or laws of the State or States with close connections to the dispute, as evidenced, for example, by: (a) where the parties reside; (b) where the parties' relationship, if any, is centered; (c) the extent of the activities and the investment of the parties; and (d) the principal markets toward which the parties directed their activities».

[759] «Notwithstanding the State or States designated pursuant to subsection (1), a party may prove that, with respect to particular States covered by the action, the solution provided by any of those State's laws differs from that obtained under the law(s) chosen to apply to the case as a whole. The court must take into account such differences in fashioning the remedy».

pelos interesses dos diferentes Estados em presença (que apenas a primeira solução contemplava plenamente).

Na mesma linha fundamental de orientação se situa o art. 3:603(1) dos *Princípios CLIP*, que prevê também que, nos litígios respeitantes a infrações cometidas através de meios de comunicação ubíquos, como a Internet, o tribunal pode aplicar a lei do Estado que tiver a *conexão mais estreita* com a infração, se se puder considerar que esta teve lugar em todos os Estados onde os sinais podem ser recebidos[760].

Em ordem a determinar aquela lei, os tribunais deverão tomar em consideração, de acordo com o art. 3:603(2), todos os fatores relevantes e em particular: *a)* A residência habitual do infrator; *b)* O estabelecimento principal do infrator; *c)* O lugar onde houverem sido levadas a cabo atividades consideráveis em execução da infração; e *d)* O lugar onde o dano causado pela infração seja tido como substancial em relação à infração na sua globalidade[761].

Assim, por exemplo, se *A* opera a partir do país *x*, onde tem a sua residência habitual, um sítio Internet, no qual coloca ficheiros musicais sem autorização dos titulares de direitos, e o servidor que o aloja (operado remotamente) se encontra localizado no país *y*, mas o dano mais significativo causado pela sua atividade é sofrido no país *z*, onde situa o principal mercado para as músicas em causa, será com *z* que se verifica a conexão mais estreita[762].

Uma solução análoga a esta encontrou acolhimento, mais recentemente, nas *Diretrizes da ILA*[763].

[760] «In disputes concerned with infringement carried out through ubiquitous media such as the Internet, the court may apply the law of the State having the closest connection with the infringement if the infringement arguably takes place in every State in which the signals can be received. This rule also applies to existence, duration, limitations and scope to the extent that these questions arise as incidental questions in infringement proceedings».

[761] «In determining which State has the closest connection with the infringement, the court shall take all the relevant factors into account, in particular the following: (a) the infringer's habitual residence; (b) the infringer's principal place of business; (c) the place where substantial activities in furtherance of the infringement in its entirety have been carried out; (d) the place where the harm caused by the infringement is substantial in relation to the infringement in its entirety».

[762] Neste sentido, Annette Kur, *in Conflict of Laws in Intellectual Property. The CLIP Principles and Commentary*, cit., p. 317.

[763] Cujo art. 26(1) dispõe: «When the infringement in multiple states is pleaded in connection with the use of ubiquitous or multinational media, the court may apply to the infringement as a whole the law or laws of the State(s) having an especially close connection with the global infringement. Relevant factors to determine the applicable law (or laws) in these situations include: – the place where the harm caused by the infringement is substantial in relation to the infringement in its entirety; – the parties' habitual residences or principal places of business; – the place where substantial activities in furthering of the infringement have been carried out».

Em qualquer destes textos se observa, pois, uma tendência no sentido de certa *atenuação da territorialidade* do direito de autor[764], tendo em vista evitar a aplicação (ainda que distributiva) de uma multiplicidade de leis às mesmas situações, a que a competência da *lex loci protectionis* potencialmente conduz nas hipóteses de colocação de obras à disposição do público em rede; ainda que essa atenuação opere em alguma medida a expensas da previsibilidade das soluções jurídicas, atenta a pluralidade de valorações requeridas do tribunal encarregado de determinar a conexão mais estreita[765].

De todo o modo, a aplicação da lei que possuir a conexão mais estreita não deve privar o demandado da possibilidade de invocar as exceções ou limites que lhe confira a lei de determinado Estado; caber-lhe-á então, de acordo com os textos citados, o ónus de invocá-las e demonstrar o seu conteúdo[766].

Uma quarta ordem de soluções foi recentemente ensaiada nas Diretivas 2019/789 e 2019/790, relativas, respetivamente, ao exercício dos direitos de autor e direitos conexos aplicáveis a determinadas transmissões em linha dos organismos de radiodifusão e à retransmissão de programas de televisão e de rádio, e aos direitos de autor e conexos no mercado único digital. Consiste em definir legislativamente, pelo que respeita a certas utilizações de obras e prestações protegidas, que as mesmas têm unicamente lugar no respetivo país de estabelecimento.

[764] Tida como imprescindível por não poucos autores: cfr., na literatura mais recente, Axel Metzger, «Applicable law under the CLIP Principles: A Pragmatic Revaluation of Territoriality», *in* Jürgen Basedow, Toshiyuki Kono e Axel Metzger (orgs.), *Intellectual Property in the Global Arena: Jurisdiction, Applicable Law, and the Recognition of Judgments in Europe, Japan and the US*, Tubinga, 2010, pp. 157 ss.; e Paul Torremans, «The law applicable to copyright infringement on the Internet», *NIPR*, 2016, pp. 687 ss.; e Guillermo Pallao Moreno, «Propriedade intelectual e Direito Internacional Privado na União Europeia», *in* Marcos Wachowicz (org.), *Estudos de Direito da Propriedade Intelectual*, Curitiba, 2015, pp. 67 ss. (especialmente pp. 76 ss.).

[765] Como observam, por exemplo, Rita Matulionytė, «IP and Applicable Law in Recent International Proposals: Report for the International Law Association», *JIPITEC*, 2012, pp. 263 ss. (p. 289); e Marketa Trimble, «The Multiplicity of Copyright Laws on the Internet», *Fordham Intellectual Property, Media and Entertainment Law Journal*, 2015, pp. 339 ss. (p. 380).

[766] Nesta linha de orientação, veja-se o art. 3:603(3) dos *Princípios CLIP*, que dispõe: «Notwithstanding the law applicable pursuant to paragraphs 1 and 2, any party may prove that the rules applying in a State or States covered by the dispute differ from the law applicable to the dispute in aspects which are essential for the decision. The court shall apply the different national laws unless this leads to inconsistent results, in which case the differences shall be taken into account in fashioning the remedy». Uma regra análoga figura no art. 26(2) das *Diretrizes da ILA*, segundo o qual: «In situations where paragraph (1) is applied, any party may prove that, with respect to particular States covered by the action, the solution provided by any of those States' laws differs from that obtained under the law(s) chosen to apply to the case as a whole. The court must take into account such differences when fashioning the remedy».

Esta concretização *ex lege* do *locus protectionis* encontra-se consignada, por exemplo, no art. 3.º, n.º 1, da Diretiva 2019/789, segundo o qual:

> «Os atos de comunicação ao público de obras ou outro material protegido, por fio ou sem fio, e de colocação à disposição do público de obras ou outro material protegido, por fio ou sem fio, de forma que este possa ter acesso aos mesmos no local e na data da sua escolha, que ocorrem aquando da prestação ao público: a) De programas de rádio; e b) De programas de televisão que sejam: i) programas de informação e atualidades, ou ii) produções próprias, inteiramente financiadas pelo organismo de radiodifusão, em serviços acessórios em linha por um organismo de radiodifusão ou sob o seu controlo e responsabilidade, bem como os atos de reprodução de tais obras ou outro material protegido necessários à prestação, acesso ou utilização de tais serviços em linha para os mesmos programas devem ser considerados, para efeitos do exercício de direitos de autor e direitos conexos aplicáveis a esses atos, como atos que ocorrem exclusivamente no Estado-Membro do estabelecimento principal do organismo de radiodifusão.»

O mesmo sucede no art. 5.º, n.º 3, da Diretiva 2019/790, no tocante a utilizações de obras ou outro material protegido para fins de ilustração didática, quando estas ocorram sob a responsabilidade de um estabelecimento de ensino. Aí se dispõe com efeito:

> «A utilização de obras e outro material protegido para fins exclusivos de ilustração didática através de meios eletrónicos seguros, efetuada no respeito das disposições de direito nacional adotadas nos termos do presente artigo, deve ser considerada como ocorrendo exclusivamente no Estado-Membro onde o estabelecimento de ensino se encontra estabelecido.»

Uma regra análoga encontra-se vertida no art. 9.º, n.º 2, da mesma Diretiva, pelo que respeita às utilizações feitas por instituições responsáveis pelo património cultural que disponibilizem obras ou outro material protegido fora do circuito comercial e que façam permanentemente parte das suas coleções. Diz esse preceito:

> «Deve-se considerar que a utilização de obras e de outro material protegido ao abrigo da exceção ou limitação prevista no artigo 8.º, n.º 2, ocorre exclusivamente no Estado-Membro onde está estabelecida a instituição responsável pelo património cultural que procede a essa utilização.»

Assim se assegura que as entidades beneficiárias das exceções em causa usufruem efetivamente delas, subtraindo-as à álea inerente à aplicabilidade de uma multiplicidade de leis quando as utilizações por si feitas ocorram *online*.

Naturalmente que a proteção assim concedida a estas entidades apenas opera pelo que respeita a utilizações feitas no seio da União: sempre que as mesmas se dirijam a membros do público situados em terceiros Estados, e essas entidades aí sejam demandadas, as regras em apreço serão ineficazes e a concretização do local de utilização da obra ou prestação protegida deverá ser feita nos termos gerais.

e) A aplicabilidade da lex originis. – A remissão para a *lex protectionis* não impede que, quanto a certos aspetos da disciplina do direito de autor, se aplique a lei do país de origem da obra.

A competência desta lei foi consagrada, em termos genéricos, no projeto de lei que visava completar o Código Civil francês em matéria de Direito Internacional Privado, de 1967[767]. A mesma regra figura atualmente no art. 48.º, n.º 1, do Código Civil português[768], no art. 60 da lei romena de Direito Internacional Privado, de 1992[769] e no art. 67, n.º 1, da lei grega de Direito de Autor, de 1993[770].

Ressalva-se, porém, no Código português a legislação especial; e nesta há de ter-se por compreendida a Convenção de Berna, de que Portugal é parte. Na medida em que se entenda que este instrumento internacional consagra o princípio da aplicabilidade da lei do país para cujo território a proteção é reclamada, força é concluir que a regra constante do art. 48.º, n.º 1, do Código Civil tem hoje um âmbito de aplicação relativamente escasso, apenas se aplicando às situações não abrangidas por aquela Convenção[771].

[767] Cujo art. 2305 dispunha: «Les droits de propriété littéraire et artistique sont régis par la loi du lieu de la première publication de l'oeuvre et ceux de propriété industrielle para la loi du lieu du dépôt ou de l'enregistrement» (*in RCDIP*, 1970, pp. 841 ss.).

[768] O qual estabelece: «Os direitos de autor são regulados pela lei do lugar da primeira publicação da obra e, não estando esta publicada, pela lei pessoal do autor, sem prejuízo do disposto em legislação especial». Sobre esta disposição, *vide* João Baptista Machado, *Lições de Direito Internacional Privado*, cit., pp. 384 ss. e 390 ss.

[769] Que dispõe: «La naissance, le contenu et l'extinction des droits d'auteur sur une oeuvre de création intellectuelle sont soumis à la loi de l'Etat où celle-ci a été portée pour la première fois à la connaissance du public, en étant publiée, représentée, exposée, difusée ou d'une autre manière adéquate. Les oeuvres de création intellectuelle non divulguées sont soumises à la loi nationale de l'auteur» (cfr. *RCDIP*, 1994, pp. 172 ss.).

[770] Segundo o qual: «Copyright over a published work shall be governed by the legislation of the state in which the work is first made lawfully accessible to the public. Copyright over an unpublished work shall be governed by the legislation of the state in which the author is a national» (tradução disponível em http://www.wipo.int).

[771] O preceito, segundo José de Oliveira Ascensão, nunca terá sido aplicado em Portugal: cfr. *Direito Comercial*, vol. II, *Direito Industrial*, cit., p. 29. Admite também que a disposição em apreço se encontra privada de campo de aplicação ou que, pelo menos, tem um campo de aplicação

No que respeita à titularidade originária do direito de autor, a competência da *lex loci protectionis* deve, todavia, sofrer uma derrogação, em ordem a deferir-se à lei do país de origem da obra a determinação da pessoa a quem cabe o direito de autor[772].

Certo, os interesses em jogo – mormente os interesses sociais a que neste domínio importa dar primazia – exigem, como vimos acima, que seja a lei do país onde o direito é exercido (a *lex loci protectionis*) a determinar se, e em que condições, lhe é conferida proteção no respetivo território.

Mas outro tanto não pode dizer-se da questão da titularidade originária desse direito, a qual, em rigor, é indiferente ao país onde a proteção é reclamada. Tendo-se apurado, por exemplo, que uma fotografia feita por um fotógrafo norte-americano, por conta de uma agência publicitária estabelecida nos Estados Unidos, para a qual o autor trabalha como assalariado, é protegida em Portugal como criação intelectual, e que, por conseguinte, não está aqui sujeita à apropriação por qualquer um, tanto monta, do ponto de vista daqueles interesses, que o direito de autor sobre a mesma seja atribuído ao seu criador

muito limitado, Luís de Lima Pinheiro, «A lei aplicável aos direitos de propriedade intelectual», cit., p. 68, e *Direito Internacional Privado*, vol. II, cit., p. 624.

[772] Cfr., neste sentido, Ulrich Drobnig, «Originärer Erwerb und Übertragung von Immaterialgüterrechten im Kollisionsrecht», *RabelsZ*, 1976, pp. 195 ss. (pp. 198 ss.); João Baptista Machado, *Lições de Direito Internacional Privado*, cit., p. 384; Jane Ginsburg, «La loi applicable à la titularité du droit d'auteur dans les rapports entre l'auteur de l'œuvre d'art et le propriétaire de son support», *RCDIP*, 1994, pp. 603 ss. (pp. 615 ss.) ; Jean-Sylvestre Bergé, *La protection internationale et communautaire du droit d'auteur*, cit., pp. 226 ss.; José de Oliveira Ascensão, *Direito Civil. Direitos de autor e conexos*, p. 47; *idem*, *Direito Autoral*, 2.ª ed., Rio de Janeiro, 1997, p. 655; André Bertrand, *Le droit d'auteur et les droits voisins*, cit., pp. 488 s.; Sam Ricketson/Jane Ginsburg, *International Copyright and Neighbouring Rights. The Berne Convention and Beyond*, cit., vol. II, p. 1320; Mireille van Eechoud, *Choice of Law in Copyright and Related Rights. Alternatives to the Lex Protectionis*, Haia/Londres/Nova Iorque, 2003, pp. 178 ss.; Paul Torremans, «Authorship, Ownership of Right and Works Created by Employees. Which Law Applies?», *EIPR*, 2005, pp. 220 ss. (p. 221); Frédéric Pollaud-Dulian, *Le droit d'auteur*, cit., pp. 819 e 822; Pierre Mayer/Vincent Heuzé, *Droit international privé*, cit., p. 475 ; Haimo Schack, *Uheber- und Urhebervertragsrecht*, cit., p. 467; Pedro de Miguel Asensio, «La *lex loci protectionis* tras el reglamento "Roma II"», *AEDIPr.*, 2007, pp. 375 ss. (p. 392); José Carlos Fernández Rozas/Rafael Arenas Garcia/Pedro Alberto de Miguel Asensio, *Derecho de los negócios internacionales*, cit., p. 146; Alexandre Dias Pereira, *Direitos de autor e liberdade de informação*, Coimbra, 2008, p. 357; *idem*, «Portugal», *in* Toshiyuki Kono (org.), *Intellectual Property and Private International Law: Comparative Perspectives*, Oxford/Portland, 2012, pp. 877 ss. (p. 929); Fawcett/Torremans, *Intellectual Property in Private International Law*, cit., pp. 715 ss.; Bernard Audit/Louis d'Avout, *Droit international privé*, cit., p. 807; e Manfred Rehbinder/Alexander Peukert, *Urheberrecht und verwandte Schutzrechte*, cit., p. 411. No sentido da aplicação da *lex protectionis*, *vide* Eugen Ulmer, *Die Immaterialgüterrechte im internationalen Privatrecht*, cit., pp. 39 ss., e *Intellectual Property Rights and the Conflict of Laws*, pp. 36 ss.; e, na literatura portuguesa, Lima Pinheiro, «A lei aplicável aos direitos de propriedade intelectual», cit., p. 69.

(como sucederia ao abrigo da lei portuguesa, na falta de convenção das partes em contrário: art. 14.º, n.º 2, do Código do Direito de Autor e dos Direitos Conexos) ou ao respetivo empregador (consoante determina o § 201, alínea *b)*, do *Copyright Act* norte-americano, que qualifica essa obra como *work made for hire*).

Em contrapartida, a aplicação da lei do país de origem facilita aos titulares dos direitos a transmissão destes e a concessão de licenças internacionais de utilização das suas obras, visto que a lei aplicável é uma só, independentemente do local de utilização da obra. Além disso, promovem-se desta forma a certeza quanto à lei aplicável e a segurança jurídica. É esta, por conseguinte, a solução mais conforme com os interesses desta categoria de sujeitos, cuja satisfação em nada prejudica, quanto a este aspeto, os interesses gerais acima referidos.

Já a existência do direito de autor não nos parece que deva ser submetida à *lex originis*, ainda que se reserve à *lex protectionis* a definição do conteúdo da proteção que lhe é dispensada[773]. Fundamentalmente por duas ordens de razões.

Em primeiro lugar, porque semelhante *dépeçage* poderia conduzir a situações indesejáveis à face de qualquer dos sistemas jurídicos em presença. É o que sucederia, por exemplo, nas hipóteses em que, sendo a existência do direito regida por um sistema jurídico com um baixo nível de exigência quanto ao grau de originalidade requerido na obra (como o inglês), a tutela conferida à mesma fosse dada por um sistema altamente protetor (como o alemão). E a situação inversa também poderia ocorrer se, encontrando-se a existência do direito de autor sobre a obra em causa submetida a uma lei muito exigente quanto ao nível de originalidade que a mesma deve satisfazer (como o francês), a proteção a ela conferida fosse regulada por uma lei que limitasse os direitos morais do autor, que consagrasse uma ampla cláusula de *fair use* e que não estabelecesse particulares restrições quanto à cessão contratual de direitos pelo autor (como é o caso da lei norte-americana). A *coerência* interna dos regimes nacionais em matéria de direito de autor ficaria assim inevitavelmente comprometida[774].

[773] Ver, porém, nesse sentido, Bergé, *La protection internationale et communautaire du droit d'auteur*, cit., pp. 226 ss.; José de Oliveira Ascensão, *Direito Civil. Direito de Autor e Direitos Conexos*, cit., p. 46; Frédéric Pollaud-Dulian, *Le droit d'auteur*, cit., pp. 819 e 822; e Dominique Bureau/Horatia Muir-Watt, *Droit international privé*, vol. II, Paris, 2007, p. 74.

[774] Sobre o princípio da coerência em Direito Internacional Privado e os seus corolários na construção das regras de conflitos de leis no espaço, vejam-se: Erik Jayme, «Identité culturelle et intégration: le droit international privé postmoderne. Cours général de droit international privé», *Rec. cours*, t. 251 (1995), pp. 9 ss. (pp. 129 ss.); e Maria Helena Brito, *A representação nos contratos internacionais. Um contributo para o estudo do princípio da coerência em direito internacional privado*, Coimbra, 1999, pp. 576 ss.; *idem*, «O princípio do direito único como instrumento jurídico da coerência em Direito Internacional Privado», *in Estudos em Memória do Conselheiro Artur Maurício*, Coimbra, 2014, pp. 977 ss.

Supomos, a esta luz, ser claramente preferível que a existência do direito se sujeite também à *lex protectionis*.

Em segundo lugar, pode aduzir-se no mesmo sentido, *de jure constituto*, que a aplicação da *lex originis* à existência do direito é excluída pelo princípio da *independência da proteção* consignado, como se referiu acima, no art. 5, n.º 2, I período, da Convenção de Berna (posto que não na Convenção Universal)[775]. Dispõe, na verdade, esse segmento do preceito em análise:

> «[...] o gozo e o exercício [dos direitos concedidos nos países da União] são independentes da existência de proteção no país de origem da obra.»

A existência do direito de autor está, assim, sujeita à *lex loci protectionis*. O seu titular não dispõe de um *direito único*, de escopo universal, mas antes de um *feixe de direitos* nacionais: tantos quantos os Estados cujos sistemas jurídicos reconheçam localmente a existência desse direito. Nisto se cifra uma das principais diferenças entre o regime do direito de autor em situações internacionais e o dos direitos reais sobre coisas corpóreas.

A Convenção de Berna, que não contém qualquer regra geral sobre a titularidade do direito de autor, não acolhe de modo expresso a aplicabilidade da *lex originis* à titularidade do direito de autor[776]. A determinação dos titulares de direitos sobre a obra cinematográfica é mesmo reservada pela Convenção à lei do país onde a proteção da obra é reclamada: é o que dispõe o art. 14-*bis*, n.º 2, alínea *a)*. Mas esta regra explica-se pela preocupação de evitar nesta matéria, em que se registam grandes divergências entre os principais sistemas jurídicos nacionais, qualquer subordinação dos países importadores de obras cinematográficas a leis estrangeiras. Não nos parece, por conseguinte, que possa extrair-se dela qualquer princípio geral.

A jurisprudência francesa decidiu, em diversas ocasiões, que a questão da titularidade do direito de autor é regida pela lei do país de origem da

[775] Neste sentido: Eugen Ulmer, *Urheber- und Verlagsrecht*, cit., p. 92; Sam Ricketson, *The Berne Convention for the Protection of Literary and Artistic Works: 1886-1986*, Londres, 1987, pp. 207 s.; Paul Katzenberger, «General Principles of the Berne and the Universal Copyright Conventions», *in* Friedrich-Karl Beier/Gerhard Schricker (orgs.), *IIC Studies. Studies in Industrial Property and Copyright Law*, vol. 11, *GATT or WIPO? New Ways in the International Protection of Intellectual Property*, Munique, 1989, pp. 45 ss. (p. 47); *idem, in* Schricker, ob. cit., p. 1699; André Lucas/Henri-Jacques Lucas, ob. cit., pp. 776 ss.

[776] De acordo com o art. 15, n.º 4, alínea *a)*, cabe, todavia, à lei do país da presumível nacionalidade do autor designar a autoridade competente para fazer valer os seus direitos sobre as obras de folclore.

obra[777]; recentemente, porém, parece ter infletido a orientação seguida a este respeito[778]. Há igualmente decisões de relevo naquele sentido na jurisprudência norte-americana[779].

[777] Veja-se o *arrêt de principe* proferido pela *Cour de Cassation* em 22 de dezembro de 1959, no caso *Société Fox-Europa c. Société Le Chant du Monde, RCDIP*, 1960, pp. 361 ss. A sociedade *Fox-Europa* havia apresentado em França um filme intitulado *Le Rideau de Fer*, que incorporava obras musicais dos compositores russos Prokofieff, Khatchatourian, Miaskovsky e Chostakovitch, sem autorização destes. A sociedade *Le Chant du Monde*, cessionária dos direitos autorais daqueles compositores, demandou a *Fox-Europa* perante os tribunais franceses, por violação de direito de autor. Em sede de recurso do acórdão proferido pela *Cour d'appel de Paris*, a Cassação sancionou a decisão daquele tribunal que havia concluído que os referidos compositores e a sociedade cessionária destes possuíam, de acordo com a legislação da União Soviética, país de origem das obras litigadas, um direito exclusivo sobre estas. Cfr. ainda, no mesmo sentido, os acórdãos da *Cour d'Appel de Paris*, de 6 de julho de 1989, relativo ao caso *Huston c. La Cinq*, *in IIC*, 1991, pp. 121 ss., e *RIDA*, 1990, n.º 143, pp. 329 ss., e de 9 de fevereiro de 1995, sobre o caso *Société Gare o Loup c. Société Jenny Ben Diffuse Faucon et autres, RIDA*, 1995, n.º 166, pp. 310 ss. Consultem-se ainda as decisões do *Tribunal de Grande Instance* de Rennes, de 22 de junho de 1992, da *Cour d'Appel* de Rennes, de 17 de janeiro de 1996, e da *Cour de Cassation*, de 7 de abril de 1998, relativas ao caso *Société SAAB et autre c. Société Diesel Technic de l'Ouest*, reproduzidas *in RCDIP*, 1999, pp. 76 ss. Sobre o ponto, *vide* Marie-Élodie Ancel, «France», *in* Toshiyuki Kono (org.), *Intellectual Property and Private International Law: Comparative Perspectives*, Oxford/Portland, 2012, pp. 525 ss. (pp. 569 s.).

[778] Com efeito, no acórdão proferido em 10 de abril de 2013, recurso n.º 11-12508, a Primeira Câmara Civil da Cassação declarou, porém, referindo-se ao art. 5, n.º 2, da Convenção de Berna: «Attendu, selon ce texte, que la jouissance et l'exercice des droits d'auteur, qui ne sont subordonnés à aucune formalité, sont indépendants de l'existence de la protection dans le pays d'origine de l'oeuvre ; que, par suite, en dehors des stipulations de la Convention, l'étendue de la protection ainsi que les moyens de recours garantis à l'auteur pour sauvegarder ses droits se règlent exclusivement d'après la législation du pays où la protection est réclamée. Attendu que pour débouter M. X... de ses demandes au titre du droit d'auteur, l'arrêt retient que l'article 5-2 de la Convention de Berne régit le contenu de la protection de l'auteur et de l'oeuvre, mais qu'il ne fournit pas d'indication relative à la titularité des droits, à leur acquisition, non plus qu'à leur cession, de sorte que, dans le silence de ce texte, il y a lieu de faire application de la règle française de conflit de lois; Qu'en statuant ainsi, alors que la détermination du titulaire initial des droits d'auteur sur une oeuvre de l'esprit est soumise à la règle de conflit de lois édictée par l'article 5-2 de la Convention de Berne, qui désigne la loi du pays où la protection est réclamée, la cour d'appel a violé cette disposition par fausse application». Ver, na mesma linha de orientação, o acórdão proferido pelo referido Tribunal na mesma data, no recurso n.º 11-12509. Neste *revirement de jurisprudence*, o Tribunal de Cassação parece, assim, ter aderido à orientação que preconiza a sujeição da titularidade inicial do direito de autor à *lex loci protectionis*. Para uma crítica desta jurisprudência, ver Nicolas Binctin, *Droit de la propriété intellectuelle*, cit., pp. 646 s.

[779] Veja-se a sentença proferida pelo *United States Court of Appeal for the 2nd Circuit*, em 27 de agosto de 1998, no caso *Itar Tass Russian News Agency v. Russian Kurier, Inc.*, 153 F.3d 82; *GRUR Int.* 1999, pp. 639 ss. Discutia-se no caso a titularidade do direito de autor sobre artigos de jornal

Em Portugal, a tese acima exposta obteve acolhimento expresso na jurisprudência recente do Supremo Tribunal de Justiça[780]. Por outro lado, a legislação portuguesa consagrou expressamente a competência da *lex originis* pelo que respeita à proteção pelo Direito de Autor dos programas de computador e das bases de dados. Assim, o art. 17.º, n.º 4, do Decreto-Lei n.º 252/94, de 20 de outubro, que regula a proteção jurídica dos programas de computador[781], atribui competência à lei do país de origem quanto à qualificação como autor desses programas; e outro tanto dispõe o art. 2.º, n.º 4, do Decreto-Lei n.º 122/2000, de 4 de julho, relativo à proteção jurídica das bases de dados[782]. O segundo destes diplomas vai, aliás, mais longe na consagração da competência da *lex originis*: a própria proteção pelo Direito de Autor das bases de dados ditas criativas é aí submetida à lei do país de origem (art. 2.º, n.º 1) – considerando-se como tal, quanto às bases publicadas, a do país da primeira publicação, e, quanto às não publicadas, o país da nacionalidade ou da sede efetiva do autor –, embora sob reserva de reciprocidade (art. 2.º, n.º 2). A utilização em Portugal de bases de dados criativas oriundas de países estrangeiros sujeita-se às leis dos países que as exportam, ainda que estas não se considerem competentes para o efeito e reenviem para o Direito português (art. 2.º, n.º 3). No art. 10.º, n.º 1, alínea *d)*, do mesmo diploma submete-se, todavia, ao Direito de Autor nacional a definição das utilizações livres de bases de dados protegidas.

Na Alemanha, a orientação jurisprudencial dominante parece ser no sentido de que também a titularidade originária do direito de autor é regulada pela *lex loci protectionis*[783]; na doutrina, contudo, tem ganho adesões a tese que sustenta a aplicação da *lex originis* a esta matéria[784].

que haviam sido originariamente publicados por autores russos em jornais russos e que foram depois ilicitamente reproduzidos pela ré nos Estados Unidos. O tribunal fundamentou a aplicação da lei russa a essa questão no princípio, acolhido no *Restatement (Second) on Conflict of Laws*, da conexão mais estreita ou mais significativa («the most significant relationship»); princípio este que seria também aplicável aos direitos sobre bens incorpóreos.

780 Cfr. o acórdão do Supremo Tribunal de Justiça de 10 de janeiro de 2008, disponível em http://www.dgsi.pt.

781 Transpõe para a ordem jurídica interna a Diretiva 91/250/CEE, de 14 de maio de 1991, relativa à proteção jurídica dos programas de computador, referida *supra*, no § 10.º/V.

782 Transpõe para a ordem jurídica interna a Diretiva 96/9/CE, de 11 de março de 1996, relativa à proteção jurídica das bases de dados, referida *supra*, no § 12.º/III. Sobre a lei aplicável ao direito *sui generis* do fabricante da base de dados, *vide infra*, § 15.º/III, alínea *b)*.

783 Ver, neste sentido, a sentença do Tribunal Federal de 2 de outubro de 1997, caso *Spielbankaffaire*, *in BGHZ* 136, pp. 381 ss., e *GRUR Int.*, 1999, pp. 152 ss. Na doutrina, vejam-se, no mesmo sentido, Katzenberger, ob. cit., p. 2122; e Drexl, *in Münchener Kommentar*, vol. 12, cit., p. 1340.

784 Cfr. Drobnig, est. cit., pp. 198 ss.; Schack, *Urheber- und Urhebervertragsrecht*, cit., p. 466.; e Manfred Rehbinder/Alexander Peukert, *Urheberrecht und verwandte Schutzrechte*, cit., p. 411.

Mas o que deve entender-se por «país de origem» de uma obra literária ou artística?

No art. 5, n.º 4, da Convenção de Berna define-se como tal: *a)* No tocante às obras publicadas pela primeira vez num Estado membro da União, este último Estado; *b)* Sendo a obra publicada simultaneamente em diversos Estados membros que consagrem prazos de proteção diferentes, aquele que conceder o prazo menos extenso; *c)* Quanto às obras publicadas simultaneamente num Estado estranho à União e num Estado membro dela, este último; *d)* Relativamente às obras não publicadas e às obras publicadas pela primeira vez num Estado estranho à União, o Estado membro desta de que o autor é nacional; *e)* Se se tratar de obras cinematográficas cujo produtor tenha sede ou residência habitual num país da União, esse país; e *f)* Se se tratar de obras de arquitetura edificadas num país da União ou de obras de artes gráficas ou plásticas integradas num imóvel sito num país da União, este país[785].

O elevado grau de complexidade da referida regra convencional, decorrente dos múltiplos critérios de determinação da *lex originis* nela consagrados, levou o *American Law Institute* a optar, no § 313 (1) dos referidos *Princípios* relativos ao tribunal competente, à lei aplicável e ao reconhecimento de sentenças em matéria de propriedade intelectual, por uma solução diversa, ainda que ditada pelo mesmo objetivo fundamental: a atribuição de competência à lei da *residência do criador ao tempo da criação* a fim de reger a titularidade originária do direito de autor, bem como de outros direitos não sujeitos a registo[786]. Havendo mais do que um criador, aplicar-se-á, segundo o mesmo preceito, a lei da residência daquele que for para o efeito escolhido pelos criadores. Na falta de tal escolha, vale a lei do Estado em que a maioria deles residisse ao tempo da criação ou, caso a maioria não residisse no mesmo Estado, a lei do Estado com a conexão mais estreita com a primeira exploração do bem em causa[787].

[785] Regras análogas encontram-se consagradas, em Portugal, nos arts. 65.º e 66.º do Código do Direito de Autor e dos Direitos Conexos; e, no Reino Unido, na secção 15A do *Copyright, Designs and Patents Act 1988.*

[786] Neste sentido também Mireille van Eechoud, ob. cit., p. 181.

[787] Diz o preceito citado no texto: «Initial title to other rights that do not arise out of registration is governed by: (a) If there is one creator, the law of the creator's residence at the time the subject matter was created; (b) If there is more than one creator: (i) the law of a creator's residence as designated by contract between the creators; (ii) if no contract resolves the issue, the law of the State in which the majority of the creators resided at the time of the creation of the subject matter; (iii) if no contract resolves the issues and a majority of the creators did not reside in the same State, the law of the State with the closest connection to the first exploitation of the subject matter [...]».

Já os *Princípios CLIP* se mantiveram nesta matéria mais apegados à competência da *lex loci protectionis*, ainda que admitindo a atribuição de efeitos a uma lei distinta com a qual a situação em apreço possua uma relação estreita[788].

As *Diretrizes da ILA* procuraram estabelecer nesta matéria uma solução de compromisso entre os textos anteriores, diferenciando os direitos de propriedade intelectual em presença. Assim, o art. 20 dispõe a este propósito que a titularidade inicial sobre direitos registados, assim como sobre marcas e desenhos não registados, é regida pela *lex protectionis*; já a titularidade do direito de autor afere-se pela lei do Estado que possuir a conexão mais estreita com a criação da obra, o qual se presume ser aquele em que o criador residia habitualmente ao tempo da criação[789].

f) Lei reguladora da titularidade do direito de autor sobre obras realizadas por trabalhadores por conta de outrem. – Sendo a obra literária ou artística criada em execução de um contrato individual de trabalho, a atribuição do direito patrimonial de autor ao trabalhador ou à entidade patronal deve ser decidida

[788] Dispõe, nesse sentido o art. 3:201: «(1) Initial ownership including in particular authorship of a copyrighted work and entitlement to intellectual property rights arising out of registration is governed by the law of the State for which protection is sought. (2) If the situation has a close connection with another State that has a work made for hire provision or deems a transfer or exclusive licence of all economic rights in the work to have taken place by virtue of the parties' contractual relationship, effect may be given to such rules by constructing the parties' relationship under the law applicable according to paragraph 1 as involving a transfer or exclusive licence of all economic rights in the work. (3) In the framework of a contractual relationship, in particular an employment contract or a research and development contract, the law applicable to the right to claim a registered right is determined in accordance with Section 5».

[789] «(1) (a) Initial ownership in registered intellectual property rights, unregistered trademarks and unregistered designs is governed by the law of the State for which protection is sought. (b) In the framework of a contractual relationship, in particular an employment contract or a research and development contract, the law applicable to the right to claim a registered intellectual property right is determined in accordance with Guidelines 21 to 23. (2) (a) Initial ownership in copyright is governed by the law of the State with the closest connection to the creation of the work. This is presumed to be the State in which the person who created the subject-matter was habitually resident at the time of creation. If the protected subject-matter is created by more than one person, they may choose the law of one of the States of their habitual residence as the law governing initial ownership. This paragraph applies *mutatis mutandis* to related rights. (b) If the underlying policy of the law of the State for which protection is sought so requires even in international situations, the allocation of rights which cannot be transferred or waived is governed by the law of that State».

pela *lex contractus*[790]. Esta, por seu turno, há de ser determinada nos termos das regras de conflitos que examinaremos adiante[791].

A *conexão acessória* que assim se preconiza afigura-se a solução mais adequada à preservação da harmonia jurídica material no domínio em apreço, pois evita a aplicabilidade de disposições contraditórias do estatuto do contrato e da lei reguladora do direito de autor.

Ela é, além disso, condizente com a circunstância de que, regra geral, a questão da titularidade do direito patrimonial de autor sobre as obras criadas pelo trabalhador pode ser regulada pelas próprias partes no contrato de trabalho[792], refletindo a remuneração devida ao trabalhador, não raro, o que tiver sido ajustado entre as partes quanto ao direito de autor.

Pode ver-se no § 34, n.º 2, da Lei austríaca de Direito Internacional Privado uma consagração legal desta doutrina. Aí se dispõe: «Aos direitos sobre bens imateriais que se encontrem conexos com a atividade de um trabalhador por conta de outrem no quadro da sua relação laboral é aplicável, no que respeita à relação entre o empregador e o trabalhador, a regra de conflitos (§ 44) relativa à relação de trabalho»[793].

Na mesma linha fundamental de orientação se inserem os *Princípios* do *American Law Institute*, cujo § 313 (1) (c) estabelece que se o objeto protegido tiver sido criado no âmbito de uma relação de emprego, aplicar-se-á à titularidade inicial do direito a lei do Estado que rege esta relação[794].

O direito moral do trabalhador sobre as obras criadas em execução de contrato individual de trabalho é, em todo o caso, regido pela *lex loci protectionis*[795].

g) A aplicabilidade cumulativa da lex loci protectionis *e da* lex originis. – Certas regras de conflitos aplicáveis neste domínio consagram *conexões cumulativas*,

[790] Cfr., sobre o ponto, Ulmer, *Intellectual Property Rights and the Conflict of Laws*, cit., pp. 38 s.; Rolf Birk, «Der angestellte Urheber im Kollisionsrecht», *UFITA*, vol. 108/1988, pp. 101 ss.; Paul Torremans, «Authorship, Ownership of Right and Works Created by Employees. Which Law Applies?», *EIPR*, 2005, pp. 220 ss. (p. 223 s.); e Tristan Azzi, «Les contrats d'exploitation des droits de propriété littéraire et artistique en droit international privé : état des questions», *RIDA*, 2007, vol. 214, pp. 3 ss. (pp. 77 s.).

[791] Cfr. *infra*, § 16.º/I, alínea *e)*.

[792] Veja-se, neste sentido, o art. 14.º, n.º 1, do Código português do Direito de Autor e dos Direitos Conexos.

[793] «Für Immaterialgüterrechte, die mit der Tätigkeit eines Arbeitnehmers im Rahmen seines Arbeitverhältnisses zusammenhängen, ist für das Verhältnis zwischen dem Arbeitgeber und dem Arbeitnehmer die für das Arbeitsverhältnis geltende Verweisungsnorm (§ 44) massgebend».

[794] «If the subject matter was created pursuant to an employment relationship, the law of the State that governs the relationship».

[795] Ver *infra*, § 15.º/I, alínea *i)*.

por força das quais as mesmas situações jurídicas são simultaneamente regidas pela *lex loci protectionis* e pela *lex originis* – *rectius*, pela mais exigente destas duas leis.

Acham-se essas regras acolhidas, nomeadamente, nos arts. 2, n.º 7 (relativo às obras das artes aplicadas e aos desenhos e modelos industriais), 7, n.º 8 (sobre a duração da proteção das obras literárias e artísticas) e 14-*ter*, n.º 2 (respeitante ao direito de sequência sobre obras de arte originais e manuscritos originais), todos da Convenção de Berna, bem como no art. IV, n.º 4, alínea *a)*, da Convenção Universal (que regula igualmente a duração da proteção), os quais constituem expressão de um *princípio de reciprocidade*, a que já aludimos quando examinámos *ex professo* esses instrumentos internacionais[796].

Não é outra a ideia inspiradora do art. 37.º do Código do Direito de Autor e dos Direitos Conexos, nos termos do qual: «As obras que tiverem como país de origem um país estrangeiro não pertencente à União Europeia e cujo autor não seja nacional de um país da União gozam da duração de proteção prevista na lei do país de origem, se não exceder a fixada nos artigos precedentes»[797].

Por força destes preceitos, não obstante a competência em princípio atribuída à *lex loci protectionis*, a lei do país de origem da obra ou do respetivo autor (i. é, a sua lei nacional) exerce uma *função condicionante*, ou *limitativa*, dos efeitos previstos naquela primeira lei, dado que os mesmos só se produzirão se a *lex originis* também os admitir no caso concreto. Visa-se deste modo estimular os Estados membros de que as obras (ou os respetivos autores) são originárias a alinharem a proteção neles conferida com as regras do Estado onde a proteção é reclamada, sempre que estas sejam mais fortemente protetoras.

Ao mesmo resultado conduz o disposto no art. 7.º, n.º 1, da Diretiva 93/98/CEE, de 29 de outubro de 1993, relativa à harmonização do prazo de proteção dos direitos de autor e de certos direitos conexos, bem como nas regras dos Estados-Membros da União Europeia que a transpuseram para as respetivas ordens jurídicas internas[798]. Efetivamente, segundo aquele preceito, relativo às obras cujo país de origem, na aceção da Convenção de Berna, seja um país terceiro e cujo autor não seja nacional de um Estado-Membro da União, a proteção concedida nos Estados-Membros desta termina, o mais tardar, na data do termo do prazo de proteção concedido no país de origem, não podendo ultrapassar o prazo previsto no art. 1.º da Diretiva, ou seja, setenta anos *post*

[796] Cfr. *supra*, § 10.º/VIII.

[797] Cfr., sobre essa disposição, Luiz Francisco Rebello, *Código do Direito de Autor e dos Direitos Conexos anotado*, 3.ª ed., s.l., 2002, pp. 80 s.

[798] Haja vista, em França, ao art. L. 123-12 do Código da Propriedade Intelectual; em Portugal, ao art. 37.º do Código do Direito de Autor e dos Direitos Conexos; e no Reino Unido à secção 12 (6) do *Copyright, Designs and Patents Act 1988.*

mortem auctoris. No tocante àquelas obras, o prazo de proteção é, assim, o que é comum à *lex originis* e à *lex loci protectionis*. Solução que, tal como nas convenções internacionais acima referidas, se baseia numa ideia de *reciprocidade material*, que visa estimular a aproximação do nível de proteção das obras literárias e artísticas conferido por terceiros Estados daquele que é concedido na União. Diferentemente, porém, do que sucede nas convenções de Berna e de Genebra, a regra de reciprocidade constante da Diretiva comunitária é obrigatória para os Estados que dela são destinatários.

A aplicação cumulativa de diferentes leis ao direito de autor pode ainda fundar-se na intenção de proteger melhor o autor, tido como a parte mais fraca na relação jurídica. É o que sucede na hipótese prevista no art. 14-*bis*, n.º 2, alínea *c)*, da Convenção, que se refere ao compromisso prestado pelo autor perante o produtor de uma obra cinematográfica, relativo à prestação de uma contribuição para essa obra (em virtude do qual o autor deixa de poder, salvo estipulação em contrário, opor-se à utilização dos textos da obra cinematográfica). A forma desse compromisso rege-se pela lei do país onde o produtor da obra tem a sua sede ou residência habitual; mas a lei do país onde a proteção é reclamada pode prever que o compromisso seja prestado por contrato escrito ou ato escrito equivalente, caso em que esta exigência deve ser respeitada.

Os preceitos aqui mencionados, cumpre notá-lo, têm caráter excecional: tirando as hipóteses neles previstas, a proteção do direito de autor rege-se, segundo a doutrina dominante, pela lei do país para cujo território a proteção é reclamada, sem que para o efeito a obra haja de ser também protegida no país de origem.

h) Reenvio. – A diversidade das regras de conflitos nacionais sobre a matéria em apreço, nomeadamente pelo que respeita à questão da titularidade originária do direito de autor, pode gerar situações de reenvio.

Suponha-se, a fim de exemplificar, que é demandado civilmente em Portugal o alegado usurpador, aqui residente, de uma obra literária primeiramente publicada na Alemanha, a qual, segundo o demandante, terá sido ilicitamente reproduzida e distribuída pelo réu nos Estados Unidos. O réu alega em sua defesa que é ele o titular do direito de autor sobre a obra, visto que, nos termos do Direito norte-americano, que reputa aplicável ao caso, o adquiriu com base nas regras sobre o *work made for hire*. De acordo com a regra de conflitos portuguesa atrás examinada, a titularidade originária do direito afere-se pela lei do país da primeira publicação, que é no caso a lei alemã. Esta, porém, considera aplicável a lei dos Estados Unidos, enquanto *lex loci protectionis*. Perante a lei alemã, o autor é o titular do direito; em face do Direito material norte-americano, é antes o réu quem possui essa qualidade. Que lei deve ser aplicada pelo tribunal?

Segundo a *teoria da referência material*, a regra de conflitos remete, em princípio, unicamente para as normas materiais da lei designada. É a solução consagrada, por exemplo, nos Direitos brasileiro[799] e belga[800], bem como, no respetivo âmbito de aplicação, nos Regulamentos do Parlamento Europeu e do Conselho sobre a lei aplicável às obrigações contratuais («Roma I»)[801] e sobre a lei aplicável às obrigações extracontratuais («Roma II»)[802]. Acolhem-na igualmente, pelo que respeita à matéria em apreço, os *Princípios* do *American Law Institute*[803] e os *Princípios CLIP*[804].

Os principais argumentos invocados a favor desta teoria são os seguintes. Em primeiro lugar, é a solução mais conforme com a desejável previsibilidade da lei aplicável, que a aceitação do reenvio pode colocar em risco. Em segundo lugar, sempre que relativamente a certa matéria tenha havido uma unificação do Direito de Conflitos através de uma convenção internacional ou de um ato de Direito Europeu, a aceitação do reenvio é desnecessária a fim de assegurar a harmonia de julgados, visto que esta se encontra em princípio garantida entre os países que são partes dessa convenção ou em que vigora o referido ato. Em terceiro lugar, o reenvio é por vezes incompatível com o próprio sentido da designação da lei aplicável operada pela regra de conflitos. Assim, por exemplo, quando for consentido às partes escolherem essa lei, a referência material é a única solução compatível com o respeito pela sua vontade presumível. Outro tanto sucede nos casos em que a regra de conflitos determina a aplicação da lei que possua, no entender do tribunal, a conexão mais estreita com a situação a regular.

A teoria da referência material não toma, contudo, suficientemente em consideração o valor da *harmonia internacional de julgados*: não raro, a tutela da confiança dos interessados reclama que, em ordem a evitar a defraudação de expectativas legitimamente criadas, se procure aplicar à situação privada internacional, no Estado do foro, a mesma lei que seria aplicável na *lex causae*, principalmente se a situação aí houver já produzido efeitos.

799 Art. 16 da Lei de Introdução ao Código Civil: «Quando, nos termos dos artigos precedentes, se houver de aplicar a lei estrangeira, ter-se-á em vista a disposição desta, sem considerar-se qualquer remissão por ela feita a outra lei».

800 Art. 16 do Código de Direito Internacional Privado: «Au sens de la presente loi et sous reserve de dispositions particulières, le droit d'un État s'entend des règles de droit de cet État à l'exclusion des règles de droit international privé».

801 Cfr. *infra*, § 16.º/I, alínea *h*).

802 Cfr. *infra*, § 17.º/I, alínea *d*).

803 § 324: «The law of any State declared applicable under Part III of these Principles does not include its choice-of-law rules».

804 Art. 3:901: «The application of the law of any State specified by these Principles means the application of the rules of law in force in that State other than its rules of private international law».

Segundo outra orientação, dita *teoria da referência global*, a designação da lei estrangeira pelas regras de conflitos do Estado do foro abrange também as suas regras de conflitos. É a solução adotada, posto que em modalidades muito diversas, pela jurisprudência francesa[805] e inglesa[806]; e que se encontra também consagrada, dentro de certos limites, na lei alemã[807]. Tem por si, além do mais, o aludido princípio da harmonia jurídica internacional e a salvaguarda das expectativas legítimas dos interessados; mas suscita por vezes, na sua aplicação prática, difíceis problemas, nomeadamente os que decorrem das situações de *círculo vicioso* a que pode dar origem. É o que acontece, por exemplo, quando o Direito Internacional Privado do Estado do foro designa uma lei estrangeira e esta devolve para a lei do foro, fazendo-lhe referência global. Neste caso, os tribunais do Estado do foro terão de aplicar as regras de conflitos da *lex causae*, que remetem para o Direito do foro; mas não podem deixar de tomar em consideração o facto de que na *lex causae* também se aplicam as regras de conflitos do Estado do foro que para ela remetem, caindo-se assim num impasse.

Foi justamente para superar este tipo de dificuldades que surgiram na jurisprudência e na legislação de diversos países *sistemas mistos*, que combinam a referência global com a material, apenas aceitando o reenvio se e na medida em que este conduza a resultados tidos como úteis à luz dos objetivos gerais do Direito Internacional Privado.

Está neste caso o atual sistema português[808]. Nos termos do art. 16.º do Código Civil, a referência das normas de conflitos a qualquer lei estrangeira determina apenas, na falta de preceito em contrário, a aplicação do direito material dessa lei. Porém, acrescenta o art. 17.º, n.º 1, se o Direito Internacional Privado da lei referida pela norma de conflitos portuguesa remeter para outra legislação e esta se considerar competente para regular o caso, é o Direito interno desta legislação que deve ser aplicado. E se o Direito Internacional Privado da lei designada pela norma de conflitos devolver para o Direito interno português, será também este o Direito aplicável, de acordo com o art. 18.º, n.º 1.

[805] Veja-se, designadamente, a decisão proferida pelo Tribunal da Cassação em 24 de junho de 1878 no caso *Forgo c. Administration des Domaines*, *Clunet*, 1879, pp. 285 ss.

[806] Cfr. o *leading case In Re Annesley*, [1926] Ch. 692.

[807] Art. 4.º, n.º 1, da Lei de Introdução ao Código Civil: «Wird auf das Recht eines anderen Staates verwiesen, so ist auch dessen Internationales Privatrecht anzuwenden, sofern dies nicht dem Sinn der Verweisung widerspricht. Verweist das Recht des anderen Staates auf deutsches Recht zurück, so sind die deutschen Sachvorschriften anzuwenden».

[808] Sobre o qual podem ver-se: João Baptista Machado, *Lições de Direito Internacional Privado*, cit., pp. 178 ss.; António Ferrer Correia, *Lições de Direito Internacional Privado*, vol. I, Coimbra, 2000, pp. 265 ss.; e Luís de Lima Pinheiro, *Direito Internacional Privado*, vol. I, cit., pp. 542 ss.

Se aplicarmos estes princípios ao direito de autor, como nos parece apropriado, seria decisiva, no caso acima referido, a circunstância de a lei norte-americana não aceitar a transmissão de competência que lhe é feita pela lei alemã, antes devolvendo para esta enquanto *lex originis*. Relevante seria também o facto de o Direito Internacional Privado alemão, por força do disposto no citado art. 4.º, n.º 1, da Lei de Introdução ao Código Civil, aceitar essa devolução, independentemente da natureza da referência que lhe é feita pelas regras de conflitos vigentes nos Estados Unidos. O reenvio não permitiria, por conseguinte, assegurar a harmonia de julgados. A lei aplicada à determinação da titularidade originária do direito de autor deveria, assim, ser a alemã. Se, porém, o lugar da usurpação da obra fosse um país cujas regras de conflitos tivessem a *lex loci protectionis* por aplicável à questão da titularidade do direito de autor, como é o caso da Suíça[809], deveria o reenvio para essa lei ser aceite no Estado do foro.

i) Problemas de qualificação. – As regras de conflitos até aqui examinadas retiram a sua justificação principal de argumentos ligados às funções sociais desempenhadas pelo direito patrimonial de autor. Pode-se perguntar, por isso, se também serão subsumíveis a essas regras de conflitos as normas nacionais que regulam o denominado direito moral de autor e se, por conseguinte, também o âmbito espacial de aplicação dessas normas deve ser definido na base do princípio da territorialidade.

Esta questão de qualificação deve ser resolvida, segundo a orientação hoje dominante, na base de um *critério funcional*, que o art. 15.º do Código Civil português consagrou[810].

[809] Tal a interpretação do art. 110 da Lei federal suíça de Direito Internacional Privado preconizada, nomeadamente, por Frank Vischer, *in* Daniel Girsberger e outros (orgs.), *Zürcher Kommentar zum IPRG*, cit., p. 1151, e Gion Jegher, *in* Heinrich Honsell e outros (orgs.), *Basler Kommentar. Internationales Privatrecht*, cit., p. 768.

[810] Cfr., sobre o tema, Wilhelm Wengler, «Die Qualifikation der materiellen Rechtssätze im Internationalen Privatrecht», *in* E. von Caemmerer e outros (orgs.), *Festschrift für Martin Wolff*, Tubinga, s.d. (1954), pp. 337 ss.; *idem*, «Réflexions sur la technique des qualifications en droit international privé», *RCDIP*, 1954, pp. 661 ss.; Isabel de Magalhães Collaço, *Da qualificação em Direito Internacional Privado*, Lisboa, 1964; João Baptista Machado, *Lições de Direito Internacional Privado*, cit., pp. 93 ss.; Stefan Grundmann, *Qualifikation gegen die Sachnorm.Deutsch-portugiesische Beiträge zur Autonomie des internationalen Privatrechts*, Munique, 1985; Christophe Bernasconi, *Der Qualifikationsprozess im internationalen Privatrecht*, Zurique, 1997; Kurt Lipstein, «Characterization», *in IECL*, vol. III, cap. 5, Tubinga, etc., 1999; António Ferrer Correia, *Lições de Direito Internacional Privado*, cit., pp. 199 ss.; Dário Moura Vicente, *Da responsabilidade pré-contratual em Direito Internacional Privado*, cit. pp. 381 ss.; Christian von Bar/Peter Mankowski, *Internationales Privatrecht*, vol. I, 2.ª ed., Munique, 2003, pp. 636 ss.; Gerhard Kegel/Klaus Schurig, *Internationales Privatrecht*, 9.ª ed., Munique, 2004, pp. 327-356; Jan Kropholler, *Internationales Privatrecht*, cit., pp. 113 ss.; Luís de Lima Pinheiro, *Direito Internacional Privado*, vol. I, cit., pp. 571 ss.; Maria Helena Brito,

Ora, na Alemanha, em França e em Portugal, tem ainda certa aceitação, como vimos, a tese que caracteriza o direito moral de autor como um direito de personalidade[811]. Mas em qualquer desses países se reconhece que as faculdades que integram o direito moral se dirigem à defesa de uma posição do autor relativamente à obra (permitindo-lhe, por exemplo, reivindicar a paternidade dela e assegurar a sua genuinidade), e não à tutela de um bem da personalidade (como a vida, a honra ou a integridade física). Essas faculdades não se confundem, por conseguinte, com os direitos de personalidade comuns ou o «direito geral de personalidade»[812].

Por outro lado, parece inequívoca a estreita ligação que existe entre o direito moral e o direito patrimonial de autor. Revela-a, por exemplo, a circunstância de os direitos morais do criador da obra que não seja o titular originário do direito patrimonial sobre esta serem limitados, por isso que não lhe assiste o direito ao inédito nem à retirada da obra. Tanto basta, quanto a nós, para que o direito moral e o direito patrimonial não devam ser submetidos a leis diferentes. Também o direito moral há de, por isso, considerar-se subordinado à *lex loci protectionis*[813]. Neste sentido depõe, aliás, o art. 6-*bis*, n.º 3, da Convenção de Berna, nos termos do qual os meios de recurso para salvaguardar os direitos morais reconhecidos nesse artigo são regulados pela legislação do país onde a proteção é reclamada[814].

Direito Internacional Privado sob influência do Direito Europeu, Lisboa, 2017, pp. 186 ss.; Abbo Junker, *Internationales Privatrecht*, 2.ª ed., Munique, 2017, pp. 101 ss.; Stefania Bariatti, «Classification (characterization)», *in* Jürgen Basedow/Franco Ferrari/Pedro de Miguel Asensio/Giesela Rühl (orgs.), *Encyclopedia of Private International Law*, Cheltenham/Northampton, 2017, vol. 1, pp. 357 ss.; e Alfonso Calvo Caravaca/Javier Carrascoza González, *Derecho Internacional Privado*, vol. I, 18ª ed., Granada, 2018, pp. 216 ss.; Jacob Dolinger/Carmen Tiburcio, *Direito Internacional Privado*, 14.ª ed., Rio de Janeiro, 2018, pp. 393 ss.; e Gustavo Monaco, *Conflitos de leis no espaço e lacunas (inter)sistémicas*, São Paulo, 2019, pp. 45 ss.

811 Cfr. *supra*, § 5.º/II, alínea *a)*.

812 Cfr. Oliveira Ascensão, *Direito de Autor e Direitos Conexos*, cit., p. 167; *idem*, *Direito Civil Teoria geral*, vol. I, cit., p. 101; Lucas/Lucas, *Traité*, cit., pp. 341 s.; Schack, *Urheber- und Urhebervertagsrecht*, cit., pp. 21 s.; Manfred Rehbinder/Alexander Peukert, *Urheberrecht und verwandte Schutzrechte*, cit., p. 149.

813 Neste sentido se pronunciam também Carrascoza González, *La propiedad intelectual en Derecho internacional privado español*, cit., p. 106; Frank Vischer, «Das "Droit moral de l'auteur" aus rechtsvergleichendem und kollisionsrechtlicher Sicht», *in* Reiner Frank (org.), *Recht und Kunst. Symposium aus Anlass des 80. Geburtstages von Wolfram Müller-Freienfels*, cit., p. 97; Fawcett/Torremans, *Intellectual Property in Private International Law*, cit., pp. 708 s.; e Nicolas Bouche, *Le principe de teritorialité de la propriété intellectuelle*, cit., p. 447.

814 Valem quanto a este preceito as considerações acima feitas a respeito da disposição paralela contida no art. 5, n.º 2, da Convenção de Berna. Cfr. *supra*, § 15.º/I, alínea *b)*.

Ressalvam-se os casos em que as disposições da *lex causae* relativas ao direito moral devam ser preteridas em razão da eficácia reconhecida no Estado do foro a normas internacionalmente imperativas sobre a mesma matéria deste ou de terceiros Estados ou em virtude da reserva de ordem pública internacional. Mas estes aspetos transcendem já a problemática da qualificação. Deles curaremos adiante[815].

j) Limites à aplicação da lei competente: o princípio da reciprocidade. – Excecionalmente, o Direito Internacional Privado permite que seja recusada ou limitada a aplicação da lei competente nos termos das regras de conflitos comuns. É o que sucede, desde logo, em virtude dos preceitos que acolhem o *princípio da reciprocidade.*

Entre esses preceitos inclui-se o art. 6, n.º 1, da Convenção de Berna. Por força dele, quando a lei de um país estranho à União (*v.g.* o país da nacionalidade do autor) não proteja, ou proteja de forma insuficiente, as obras dos nacionais do país da União onde a proteção é reivindicada, pode este recusar ou restringir correspondentemente a proteção das obras cujos autores sejam, no momento da publicação destas obras, nacionais daqueloutro país, desde que não tenham a sua residência habitual num dos países da União[816].

Visa-se deste modo combater as discriminações de que os autores nacionais sejam objeto em países estrangeiros, estimulando-os a adotarem o princípio do tratamento nacional. Trata-se, nesta medida, de uma *norma de retaliação*[817], distinta de outras que analisámos acima, em que também se consagra o princípio da reciprocidade[818]. Com efeito, nas hipóteses aqui consideradas admite-se que seja recusado a um autor estrangeiro o gozo de certo direito, não porque a sua lei o não atribua aos respetivos nacionais, mas antes porque ela os não reconhece aos cidadãos estrangeiros em geral ou aos do Estado do foro em especial.

A produção de certo efeito jurídico não fica, assim, condicionada à sua previsão nas duas leis em questão, como sucede nas hipóteses de *conexão cumulativa* que examinámos anteriormente, mas tão-só à condição de que a lei estrangeira em questão não discrimine os autores nacionais pelo que respeita ao gozo de certo direito autoral. A lei aplicável é, pois, nas hipóteses em apreço, exclusivamente

[815] Cfr. *infra*, § 15.º/I, alíneas *k)* e *l)*.

[816] *Vide*, no mesmo sentido, o § 121, n.º 3, da *Urhebergesetz* alemã, o art. L. 111-4 do Código da Propriedade Intelectual francês, o art. 64.º do Código português do Direito de Autor e dos Direitos Conexos e a secção 160 do *Copyright, Designs and Patents Act 1988* do Reino Unido.

[817] Assim também Silke von Lewinski, *International Copyright Law and Policy*, cit., p. 115.

[818] Cfr. *supra*, §§ 10.º/VIII e 15.º/I, alínea *g)*.

a *lex loci protectionis*. A lei do país da nacionalidade do autor é apenas tomada em consideração na determinação da tutela devida à obra.

O princípio da reciprocidade, na aceção aqui considerada, tem ainda acolhimento no art. 7.º, n.º 1, da Diretiva 2001/84/CE, sobre o direito de sequência. Esta disposição, que é consentida pelo art. 14-*ter*, n.º 2, da Convenção de Berna, subordina o gozo do referido direito nos Estados-Membros da União Europeia, por autores que sejam nacionais de países terceiros, bem como pelos seus sucessores, à condição de a respetiva legislação nacional conceder uma proteção do mesmo tipo aos autores nacionais dos Estados-Membros da Comunidade e aos seus legítimos sucessores[819].

k) Continuação: as normas internacionalmente imperativas. – Outro importante limite à aplicação da lei normalmente competente em matéria de direito de autor resulta da suscetibilidade de atribuição de efeitos às *normas internacionalmente imperativas, de aplicação necessária* ou *imediata*, também ditas *lois de police*[820].

Trata-se de normas imperativas, de Direito Público ou Privado, pertencentes quer ao sistema jurídico do Estado do foro quer ao de outros Estados, que

[819] Prevê-se, no entanto, no n.º 2 do mesmo preceito, a faculdade de um Estado-Membro alargar o gozo do direito de sequência aos autores estrangeiros que residam habitualmente nesse Estado-Membro.

[820] Sobre essa categoria normativa e os problemas por ela suscitados, podem consultar-se: Phocion Franceskakis, *La théorie du renvoi et les conflits de systèmes en droit international privé*, Paris, 1958, pp. 11 ss.; *idem*, «Quelques précisions sur les «lois d'application immédiate» et leurs rapports avec les règles de conflits de lois», *RCDIP*, 1966, pp. 1 ss.; *idem*, «Lois d'application immédiate et règles de conflit», *RDIPP*, 1967, pp. 691 ss.; Klaus Schurig, «Zwingendes Recht, «Eingriffsnormen» und neues IPR», *RabelsZ*, 1990, pp. 217 ss.; António Marques dos Santos, *As normas de aplicação imediata no Direito Internacional Privado. Esboço de uma teoria geral*, 2 vols., Coimbra, 1991; Rui de Moura Ramos, *Da lei aplicável ao contrato de trabalho internacional*, cit., pp. 659 ss.; Andrea Bonomi, *Le norme imperative nel diritto internazionale privato. Considerazione sulla convenzione europea sulla legge applicabile alle obbligazioni contrattuali del 19 giugno 1980 nonché sulle leggi italiana e svizzera di diritto internazionale privato*, Zurique, 1998; Dário Moura Vicente, *Da responsabilidade pré-contratual em Direito Internacional Privado*, cit., pp. 625 ss.; Gerhard Kegel/Klaus Schurig, *Internationales Privatrecht*, cit., pp. 150 ss; Christian von Bar/Peter Mankowski, *Internationales Privatrecht*, cit., vol. I, pp. 254 ss.; Jan Kropholler, *Internationales Privatrecht*, cit., pp. 18 ss. e 109 ss.; Benjamin Remy, *Exception d'ordre public et mécanisme des lois de police en droit international privé*, Paris, 2008 ; Pierre Mayer/Vincent Heuzé, *Droit international privé*, cit., pp. 99 ss. ; Luís de Lima Pinheiro, *Direito Internacional Privado*, vol. I, cit., pp. 299 ss. ; Michael Wilderspin, «Overriding mandatory provisions», *in* Jürgen Basedow/Franco Ferrari/Pedro de Miguel Asensio/Giesela Rühl (orgs.), *Encyclopedia of Private International Law*, Cheltenham/Northampton, 2017, vol. 2, pp. 1330 ss. ; Alfonso Calvo Caravaca/Javier Carrascoza González, *Derecho Internacional Privado*, vol. I, cit., pp. 195 ss.; Bernard Audit/Louis d'Avout, *Droit international privé*, cit., pp. 167 ss.

reclamam, expressa ou implicitamente, o reconhecimento de efeitos mesmo em situações não submetidas, segundo as regras de conflitos comuns, à ordem jurídica a que pertencem (daí dizerem-se internacionalmente imperativas); sendo que os fins a que se dirigem apenas podem ser conseguidos se lhes for efetivamente reconhecida tal eficácia.

A elas alude, por exemplo, o art. 17 da Convenção de Berna, que ressalva o direito do Governo de cada Estado membro da União de Berna de proibir a circulação, a representação e a exposição de qualquer obra ou produção em relação às quais a autoridade competente deva exercer esse direito.

Em termos mais amplos, refere-se-lhes também o § 323 dos *Princípios* do *American Law Institute*, segundo o qual «[o] tribunal pode atribuir efeitos às regras imperativas de qualquer Estado com o qual o litígio possua uma conexão estreita se, de acordo com a lei desse Estado, tais regras deverem aplicar-se independentemente da lei que de outro modo é aplicável»[821].

Os *Princípios CLIP* dedicam a esta matéria o art. 3:901, nos termos do qual, ao aplicar-se a lei de determinado Estado ao abrigo dos *Princípios*, podem ser conferidos efeitos a normas internacionalmente imperativas de um Estado distinto daquele cuja lei é designada pelas regras de conflitos deles constantes, com o qual a situação *sub judice* apresente uma conexão estreita, tendo em conta a sua natureza e finalidades, assim como as consequências da sua aplicação ou não aplicação. Nenhuma disposição dos *Princípios* restringirá a aplicação das normas internacionalmente imperativas da lei do foro[822].

As *Diretrizes da ILA* consagram no art. 29 regras análogas a este respeito[823].

[821] «The court may give effect to the mandatory rules of any State with which the dispute has a close connection if, under that State's law, the rules must apply regardless of the law that is otherwise applicable».

[822] «(1) When applying under these Principles the law of a State, effect may be given to the overriding mandatory provisions of another State with which the situation has a close connection. In considering whether to give effect to these overriding mandatory provisions, regard shall be had to their nature and purpose and to the consequences of their application or non-application. (2) Overriding mandatory provisions are provisions the respect for which is regarded as crucial by a State for safeguarding its public interests, such as its political, social or economic organisation, to such an extent that they are applicable to any situation falling within their scope, irrespective of the law otherwise applicable under these Principles. (3) Nothing in these Principles shall restrict the application of the overriding mandatory provisions of the law of the forum».

[823] «(1) Nothing in these Guidelines shall restrict the application of the overriding mandatory provisions of the law of the forum. (2) When applying under these Guidelines the law of a State, the court may give effect to the overriding mandatory rules of any State with which the dispute has a close connection».

Em França, integram esta categoria, segundo a *Cour de Cassation,* as regras relativas ao direito à integridade das obras literárias e artísticas, assim como as que atribuem esse direito ao autor em virtude da criação da obra[824].

Importa notar que a aplicação destas normas, quando estrangeiras, não se faz sem a mediação de outra norma ou princípio, que, no caso singular, lhes confira um *título de eficácia* na ordem interna. Esse título pode consistir, a nosso ver, numa regra de conflitos do foro que remeta para a ordem jurídica a que pertencem, numa regra auxiliar de uma regra de conflitos (como é o caso do art. 9.º, n.º 3, do Regulamento de Roma I, que referiremos adiante[825], do art. 19 da Lei federal suíça de Direito Internacional Privado[826] e do art. 20, § 2.º, do Código belga de Direito Internacional Privado[827]) ou num princípio geral do Direito Internacional Privado do foro que reclame o reconhecimento de efeitos às normas em questão (sendo que, entre os princípios gerais desta disciplina suscetíveis de assumirem relevância para este efeito, sobressaem a tutela da confiança e a harmonia internacional de julgados por ela postulada, de particular importância sempre que a decisão a proferir no Estado do foro

[824] Cfr. o importante acórdão de 28 de maio de 1991, proferido no caso *Huston c. Turner Entertainment et autres («John Huston II»), RCDIP*, 1991, pp. 752 ss.; *GRUR Int.*, 1992, p. 304 ss. Nele se declara: «aucune atteinte ne peut être portée à l'intégrité d'une oeuvre littéraire ou artistique, quel que soit l'Etat sur le territoire duquel cette oeuvre a été divulguée pour la première fois; [...] la personne qui en est l'auteur du seul fait de sa création est investie du droit moral institué à son bénéfice [...]; ces règles sont des lois d'application impérative». Veja-se ainda, sobre o mesmo caso, o acórdão da *Cour d'Appel de Versailles* de 19 de dezembro de 1994, *RIDA*, 1995, n.º 164, pp. 389 ss., que, na base da interpretação da lei fixada pela Cassação, considerou haver violação do direito moral de autor e condenou a ré a indemnizar os autores pelos danos sofridos em virtude dessa violação. Sobre o ponto, *vide* Marie-Élodie Ancel, «France», *in* Toshiyuki Kono (org.), *Intellectual Property and Private International Law: Comparative Perspectives*, Oxford/Portland, 2012, pp. 525 ss. (p. 547).

[825] Cfr. *infra*, § 16.º/I, alínea *i)*.

[826] Segundo o qual: «1. Lorsque des intérêts legitimes et manifestement prépondérants au regard de la conception suisse du droit l'exigent, une disposition impérative d'un droit autre que celui désigné par la presente loi peut être prise en considération, si la situation visée présente un lien étroit avec ce droit. 2. Pour juger si une telle dispostion doit être prise en considération, on tiendra compte du but qu'elle vise et des conséquences qu'aurait son application pour arriver à une décision adéquate au regard de la conception suisse du droit».

[827] Dispõe esse preceito: «Lors de l'application, en vertu de la presente loi, du droit d'un État, il peut être donné effet aux dispositions impératives ou d'ordre public du droit d'un autre État avec lequel la situation présente un lien étroit, si et dans la mesure où, selon le droit de ce dernier État, ces dispositions sont applicables quel que soit le droit désigné par les règles de conflits de lois. Pour décider si cet effet doit être donné à ces dispositions, il est tenu compte de leur nature et de leur objet ainsi que des conséquences qui découleraient de leur application ou de leur non-application».

haja de produzir os seus efeitos normais no país estrangeiro de que dimanam as normas imperativas em questão).

Por outro lado, a aplicação de tais normas não dispensa uma valoração pelo julgador. Nesta relevam três aspetos fundamentais: *a)* O objeto e fins das normas em questão; *b)* A existência de uma conexão suficientemente estreita entre a situação a regular e a ordem jurídica a que tais normas pertencem; e *c)* A conformidade dessa aplicação com os valores e interesses prosseguidos pelo Direito Internacional Privado do Estado do foro.

A eficácia de normas imperativas estrangeiras não decorre, pois, de modo exclusivo, da sua «vontade de aplicação», embora esta não seja irrelevante. O que é particularmente evidente nas hipóteses em que ocorrem *conflitos positivos* entre normas imperativas de diferentes ordenamentos jurídicos estrangeiros. Nesses casos, é manifesto que, a fim de lhes poderem ser reconhecidos efeitos localmente, será ainda necessária uma ponderação, a cargo do julgador, sobre qual ou quais dentre elas devem ser atendidas.

l) Continuação: a reserva de ordem pública internacional. – Um terceiro limite à aplicação da *lex causae* resulta da *reserva de ordem pública internacional*[828]. Esta

[828] Sobre a qual podem ver-se : Erik Jayme, *Methoden der Konkretisierung des ordre public im Internationalen Privatrecht*, Heidelberga, 1989; Andreas Spickhoff, *Der ordre public im Internationalen Privatrecht. Entwicklung – Struktur – Konkretisierung*, Neuwied/Frankfurt a. M., 1989; Franco Mosconi, «Exceptions to the Operation of Choice of Law Rules», *Rec. cours*, t. 217 (1989-V), pp. 9 ss.; *idem*, «Qualche considerazione sugli effetti dell'eccezione di ordine pubblico», *RDIPP*, 1994, pp. 5 ss.; Paul Lagarde, «Public Policy», *in IECL*, vol. III, capítulo 11; Andreas Bucher, «L'ordre public et le but social des lois en droit international privé», *Rec. cours*, t. 239 (1993-II), pp. 9 ss.; António Ferrer Correia, *Lições de Direito Internacional Privado*, vol. I, cit., pp. 405 ss.; João Baptista Machado, *Lições de Direito Internacional Privado*, cit., pp. 253 ss.; Dário Moura Vicente, *Da responsabilidade pré-contratual em Direito Internacional Privado*, cit., pp. 677 ss.; Rui de Moura Ramos, «L'ordre public international en droit portugais», *in Estudos de Direito Internacional Privado e de Direito Processual Civil Internacional*, Coimbra, 2002, pp. 244 ss.; Kurt Siehr, *Das Internationale Privatrecht der Schweiz*, Zurique, 2002, pp. 598 ss. Christian von Bar/Peter Mankowski, *Internationales Privatrecht*, cit., vol. I, pp. 713 ss.; Gerhard Kegel/Klaus Schurig, *Internationales Privatrecht*, cit. pp. 513 ss.; Yvon Loussouarn/Pierre Bourel/Pascal de Vareilles-Sommières, *Droit international privé*, 8.ª ed., Paris, 2004, pp. 332 ss.; Jan Kropholler, *Internationales Privatrecht*, cit. pp. 244 ss.; Benjamin Remy, *Exception d'ordre public et mécanisme des lois de police en droit international privé*, cit. ; Pierre Mayer/Vincent Heuzé, *Droit international privé*, cit., pp. 152 ss.; Luís de Lima Pinheiro, *Direito Internacional Privado*, cit., vol. I, pp. 658 ss.; José Augusto Fontoura Costa e Vivian Daniele Rocha Gabriel, «Direito Internacional Privado e ordem pública», *in* André de Carvalho Ramos (org.), *Direito Internacional Privado. Questões controvertidas*, Belo Horizonte, 2016, pp. 48 ss.; Abbo Junker, *Internationales Privatrecht*, cit., pp. 207 ss.; Ioanna Thoma, «Public policy (*ordre public*)», *in* Jürgen Basedow/Franco Ferrari/Pedro de Miguel Asensio/Giesela Rühl (orgs.), *Encyclopedia of Private International Law*, Cheltenham/Northampton, 2017, vol. 2, pp. 1453 ss.; Alfonso Calvo Caravaca/Javier Carrascoza González, *Derecho Internacional Privado*, vol. I, cit., pp. 327 ss.; Bernard

obsta à aplicação de uma lei estrangeira sempre que a mesma conduza a um resultado tido por ofensivo de princípios fundamentais do sistema jurídico do Estado do foro.

Será este o caso, em alguns países, se a *lex loci protectionis* recusar ao «escritor fantasma» (*ghostwriter*; *nègre littéraire*) da autobiografia de uma personalidade célebre o direito à menção do seu nome na obra, ou a reivindicar a paternidade dela, ou se essa lei tiver como válida uma renúncia pelo autor a esses direitos[829]; e bem assim se essa lei admitir a transmissão de direitos sobre todas as obras futuras de um autor sem limite de prazo[830].

Em contrapartida, parece-nos muito duvidoso que a reserva de ordem pública internacional possa ser chamada a intervir (pelo menos em Portugal) por a *lex loci protectionis* atribuir originariamente o direito patrimonial de autor a uma pessoa diferente do criador da obra feita por encomenda ou por conta de outrem[831].

A atuação da reserva de ordem pública internacional pressupõe, em todo o caso, a existência de uma *conexão suficiente* entre os factos em apreço e o Estado do foro (*Inlandsbezug*). O que não sucederá facilmente quando a lei designada pela regra de conflitos local for a *lex loci protectionis*. Bem se compreende, no entanto, a razão de ser desta exigência: os princípios fundamentais da ordem jurídica do foro só podem ter-se por ofendidos se da aplicação da lei estrangeira resultar uma situação suscetível de produzir efeitos naquele Estado.

Por outro lado, requer-se um juízo de incompatibilidade entre o resultado da aplicação da lei estrangeira e os princípios fundamentais do Direito do foro. O que está em causa não é, pois, o *conteúdo* daquela lei, mas antes o *efeito* da sua aplicação ao caso concreto, i. é, a situação jurídica que daí adviria.

Audit/Louis d'Avout, *Droit international privé*, cit., pp. 331 ss.; e Jacob Dolinger/ Carmen Tiburcio, *Direito Internacional Privado*, cit., pp. 445 ss.

829 Veja-se, sobre o ponto, o acórdão proferido pela *Cour d'Appel de Paris*, em 1 de fevereiro de 1989, no caso *Anne Bragance c. Olivier Orban et Michel de Grèce, in RIDA*, 1989, n.º 142, pp. 301 ss., e *Clunet*, 1989, pp. 1005 ss., em que o tribunal excluiu, com fundamento na ordem pública internacional, a aplicabilidade da lei norte-americana, à face da qual seria válida a renúncia pela autora aos seus direitos morais. Já no acórdão proferido pelo mesmo tribunal em 6 de julho de 1989, sobre o caso *John Huston, in IIC*, 1991, pp. 121 ss., e *RIDA*, 1990, n.º 143, pp. 329 ss., foi considerada improcedente a invocação da exceção de ordem pública internacional contra a aplicação da lei norte-americana à questão da eventual ofensa do direito moral de autor em virtude da coloração de uma obra cinematográfica originariamente realizada a preto e branco. Este aresto viria, porém, a ser anulado pela Cassação no acórdão de 28 de maio de 1991 (citado *supra*, § 15.º/I, alínea *k*)).

830 É nulo, em França e em Portugal, o contrato que estipule semelhante transmissão: *Code de la propriété intellectuelle*, art. L. 131-1; Código do Direito de Autor e dos Direitos Conexos, art. 48.º, n.º 3.

831 Recorde-se que em Portugal essa solução se encontra prevista na lei em certas hipóteses: cfr. *supra*, § 5.º/I, alínea *a*).

Os efeitos possíveis da atuação da reserva de ordem pública internacional são também de duas ordens: há um *efeito primário*, com caráter necessário, consistente no afastamento das normas da lei em princípio competente; e um *efeito secundário*, com caráter eventual, que só se produz quando o efeito primário faça surgir uma lacuna, consistente na aplicabilidade das normas mais apropriadas da lei estrangeira competente ou de um Direito de substituição. Este último tanto pode ser a *lex fori* (consoante sucede em Portugal[832]) como o Direito designado por um elemento de conexão subsidiário (é o que ocorre, por exemplo, em Itália[833]).

m) Direitos conexos. – Aos direitos de autor acima examinados acrescem, como já sabemos, os denominados *direitos conexos*, ou *vizinhos*, que foram internacionalmente reconhecidos na Convenção Roma de 1961 e nos instrumentos internacionais que a completaram, bem como nas Diretivas 92/100/CEE e 2001/29/CE.

Também neste caso deparamos com direitos de exclusivo em virtude dos quais se reservam a certas pessoas determinadas faculdades de utilização de bens incorpóreos, que em princípio apenas podem ser reproduzidos, comunicados ao público e distribuídos com o seu consentimento. Semelhantes exclusivos contendem, inevitavelmente, com a liberdade de comércio e o acesso do público à informação, à cultura e ao entretenimento. A medida em que são acolhidos prende-se, por isso, com os valores culturais e sociais prosseguidos por cada sistema jurídico. Colhe plenamente quanto a eles, por conseguinte, a justificação precípua do *princípio da territorialidade* e da aplicabilidade da *lex loci protectionis*[834].

É justamente esta solução que se encontra consagrada nos arts. 7, n.º 2, e 13 da Convenção de Roma. De acordo com o primeiro, compete à lei do «Estado

[832] Cfr., neste sentido, o art. 22.º, n.º 2, do Código Civil português.

[833] Cfr. o art. 16 da Lei italiana de Direito Internacional Privado.

[834] Cfr. o acórdão da *Cour de Cassation* francesa, 1.ª Câmara Civil, de 9 de dezembro de 2003, caso *Société Universal Music et autre c. Syndicat National des Artistes Musiciens de France*, *RCDIP*, 2004, pp. 595 ss., em que se afirma: «l'utilisation de la prestation de l'artiste et la production de la vidéomusique, oeuvre nouvelle, dès lors qu'elles avaient été faites en France, étaient soumises à la loi française et non à la loi belge de l'origine de l'œuvre» Na mesma linha fundamental de orientação, veja-se o acórdão do Tribunal de Justiça das Comunidades Europeias de 14 de julho de 2005, relativo ao caso *Lagardère Ative Broadcast c. Société pour la perception de la rémunération équitable (SPRE) e Gesellschaft zur Verwertung von Leistungsschutzrechten (GVL)*, *CJTJ*, 2005-I, pp. 7199 ss., em que se declara que a Diretiva 92/100 estabelece uma harmonização mínima em matéria de direitos conexos e «não visa pôr em causa, nomeadamente, o princípio da territorialidade desses direitos, reconhecido pelo Direito Internacional e igualmente admitido pelo Tratado da Comunidade Europeia». Na doutrina, consultem-se, no sentido do texto, Tristan Azzi, *Recherche sur la loi applicable aux droits voisins du droit d'auteur en droit international privé*, Paris, 2005, pp. 317 ss. (reconduzindo todavia a *lex loci protectionis* à *lex loci delicti*); e Katzenberger, *in* Schricker (org.), *Urheberrecht. Kommentar*, cit., p. 2122.

contratante onde a proteção for pedida» regular a proteção contra a retransmissão, a fixação para fins de radiodifusão e a reprodução dessa fixação para fins de radiodifusão, quando o artista intérprete ou executante tenha autorizado a radiodifusão da sua execução, bem como as modalidades de utilização pelos organismos de radiodifusão das fixações feitas para fins de radiodifusão. Nos termos do segundo, é à mesma lei que cabe determinar as condições do exercício pelos organismos de radiodifusão do direito de comunicação ao público das suas emissões de televisão, quando estas se efetuem em lugares acessíveis ao público mediante o pagamento de um direito de entrada.

Por seu turno, também o Tratado da OMPI Sobre Interpretações ou Execuções e Fonogramas, que reconheceu direitos morais aos artistas intérpretes ou executantes, estabelece, no seu art. 5, n.º 3, que os «meios para salvaguardar esses direitos» são regulados pela «legislação da Parte Contratante onde a proteção é reclamada».

Mais recentemente, a competência da *lex loci protectionis* achou acolhimento no Tratado de Beijing Sobre as Interpretações e Execuções Audiovisuais, cujo art. 5, n.º 3, dispõe em matéria de direitos morais:

> «Os meios de recurso para salvaguardar os seus direitos reconhecidos no presente artigo são regulados pela legislação da Parte contratante onde a proteção é reclamada.»

Contudo, as razões ligadas à facilitação do comércio internacional, à certeza do Direito aplicável e à segurança das relações jurídicas que depõem, como vimos acima, a favor da aplicação à titularidade originária do direito de autor da lei do país de origem da obra, reclamam igualmente, no tocante aos direitos conexos, a aplicação à titularidade originária destes da lei do país de que as prestações protegidas são oriundas. Como tal devem entender-se preferentemente o país de residência habitual dos artistas intérpretes ou executantes, no tocante às prestações destes, e o do estabelecimento principal dos produtores de fonogramas ou dos organismos de radiodifusão, pelo que respeita às prestações destoutros[835].

No caso, porém, de execuções e interpretações realizadas por artistas ao abrigo de um contrato de trabalho, a titularidade dos direitos conexos deve aferir-se, tal como na hipótese paralela que examinámos acima a respeito do direito de autor, à luz da *lex contractus*.

Um problema particular é suscitado pelas obras audiovisuais (*v.g.* filmes e vídeos musicais) nas quais os artistas intérpretes ou executantes hajam autorizado, como frequentemente sucede, a inclusão das suas interpretações ou execuções. Estas prestações, como se referiu acima, não são abrangidas pelos direitos de

[835] Ver, neste sentido, Mireille van Eechoud, ob. cit., pp. 181 ss.

exclusivo consagrados na Convenção de Roma. Aquando da negociação, em 2000, do Tratado de Beijing Sobre as Interpretações e Execuções Audiovisuais, a que fizemos referência anteriormente, debateu-se a inclusão no respetivo texto de uma regra de conflitos relativa à transmissão de direitos dos artistas para os produtores daquelas obras.

A circunstância de estas serem frequentemente exploradas à escala mundial tornava crucial para alguns países (mormente os Estados Unidos da América) que, no caso de serem concedidos direitos exclusivos aos artistas pelo que respeita a essas prestações, as transmissões de tais direitos levadas a cabo no país de origem das obras pudessem ser reconhecidas além-fronteiras.

Na conferência diplomática, debateram-se a este respeito duas orientações fundamentais. Para os Estados Unidos, havia que assegurar no futuro tratado a aplicabilidade, no país de exploração da obra audiovisual, das disposições relativas à transmissão do direito vigentes no país onde a obra foi produzida. Isso permitiria, por exemplo, aplicar aos filmes oriundos daquele país comercializados na Europa as regras norte-americanas sobre o *assignment of rights*. Para a União Europeia e para diversos países sul-americanos, africanos e asiáticos, deviam, ao invés, ser sempre aplicadas as regras do país de exploração da obra. A Conferência Diplomática de 2000 terminou sem que houvesse acordo entre os Estados membros quanto a este ponto.

O Tratado viria a ser adotado em nova conferência diplomática realizada em 2012[836], mas sem a inclusão dessa regra; pelo contrário, prevê-se no seu art. 12, n.º 3, que, independentemente da cessão dos direitos exclusivos dos artistas, as legislações nacionais, assim como os acordos individuais ou coletivos, podem outorgar-lhes o direito a receberem *royalties* ou uma remuneração equitativa por qualquer utilização das suas prestações[837].

Resta dizer uma palavra sobre a solução dos problemas em apreço à luz da lei portuguesa.

Esta ocupa-se do âmbito da proteção dos direitos conexos no art. 190.º do Código do Direito de Autor e dos Direitos Conexos, que importa considerar. Aí se contém um enunciado de requisitos que o artista, o produtor de fonogramas e o radiodifusor ou as respetivas prestações devem satisfazer a fim de serem tutelados. Por força desse preceito, o artista intérprete ou executante é protegido desde que seja português ou nacional de outro Estado-Membro da União Europeia ou a sua prestação «ocorra» (isto é, seja realizada) em território português ou ainda se for aí fixada ou radiodifundida pela primeira vez (n.º 1). Por seu turno,

[836] Cfr. *supra*, § 10.º/VI, alínea *e)*.

[837] Não surpreende, por isso, que os Estados Unidos não hajam ainda ratificado este instrumento internacional.

os fonogramas e videogramas são protegidos se o produtor for nacional ou tiver sede efetiva num Estado-Membro da União, se a fixação de sons e imagens tiver sido feita licitamente em Portugal ou se o fonograma ou videograma tiver sido publicado pela primeira vez em Portugal (n.º 2). Finalmente, as emissões de radiodifusão beneficiam de proteção quando a sede efetiva do organismo radiodifusor se situar num Estado-Membro da Comunidade ou a emissão de radiodifusão tiver sido transmitida a partir de estação situada num tal Estado (n.º 3).

Como interpretar estas disposições?

A circunstância de se consagrarem nelas critérios muito heterogéneos a fim de que os titulares dos direitos conexos sejam protegidos – pois tanto se manda atender à nacionalidade do titular dos direitos como ao lugar da utilização da prestação –, inculca que não se tem em vista propriamente delimitar o âmbito de aplicação espacial da lei portuguesa. Se fosse esse o sentido do art. 190.º, bastaria, a fim de que o regime nacional dos direitos conexos fosse aplicável, que o titular do direito fosse uma pessoa singular nacional de um Estado-Membro da União Europeia ou uma pessoa coletiva nele sedeada. Por exemplo, a reprodução e a distribuição não autorizadas, feitas em Espanha por um português, de um fonograma produzido por uma empresa sedeada neste país, seriam regidas pela lei portuguesa caso o infrator fosse demandado perante um tribunal português, o que seria excessivo.

Os critérios enunciados no art. 190.º não podem, pois, relevar por si sós como fatores de competência da lei portuguesa. O sentido do preceito em apreço é, a nosso ver, tão-só o de delimitar o círculo dos sujeitos que podem beneficiar de proteção em Portugal para os direitos conexos de que sejam titulares, sem prejuízo de essa proteção ser, em concreto, regida por uma lei estrangeira. Não se trata, pois, de regras de conflitos.

Em aberto fica, por conseguinte, no Código português do Direito de Autor e dos Direitos Conexos a questão da lei aplicável aos direitos conexos. O art. 48.º, n.º 1, do Código Civil também não se lhes refere. Dentro do espírito do sistema, esta lacuna deve ser preenchida pela aplicação ao conteúdo e ao âmbito da proteção conferida a esses direitos da lei do país para cujo território tal proteção é reclamada (no exemplo mencionado, a lei espanhola). À titularidade dos direitos sobre as prestações em causa deve, no entanto, aplicar-se a respetiva *lex originis*.

De notar que também neste domínio o prazo de proteção concedido aos titulares de direitos conexos que não sejam nacionais de Estados-Membros da Comunidade termina, o mais tardar, na data do termo do prazo de proteção concedido no país de que o titular é nacional, não podendo exceder o prazo previsto no art. 3.º da Diretiva 93/98/CE, ou seja, cinquenta anos após a representação, execução, fixação ou primeira difusão (art. 7.º, n.º 2, da mesma Diretiva[838]). Encontramos aqui, por conseguinte, outra *conexão cumulativa* ditada pela ideia de reciprocidade.

II – Direitos de propriedade industrial

a) A competência da lex loci protectionis. – Também em matéria de propriedade industrial se acolhe nas convenções internacionais a que fizemos alusão oportunamente a aplicabilidade, nas situações plurilocalizadas, da lei do país para cujo território se pede proteção (*v.g.* o país onde se solicita a concessão de uma patente ou o registo de uma marca, onde é exercido o direito de prioridade ou onde tiveram lugar os atos de utilização não autorizada de um invento ou sinal distintivo).

Está neste caso a Convenção de Paris para a Proteção da Propriedade Industrial. Como vimos, consagra-se nos arts. 4.º-*bis*, n.º 1, e 6.º, n.ºs 2 e 3, deste instrumento internacional o *princípio da independência* das patentes e das marcas nos países da União de Paris. Ora, esse princípio implica que a proteção conferida a um direito privativo em determinado país seja definida pelo Direito local, e não por qualquer outro. À mesma conclusão conduz o disposto no art. 6.º-*quinquies*, B), da Convenção, que permite a recusa ou a anulação do registo de uma marca de fábrica ou de comércio registada noutro Estado membro da Convenção, com fundamento na lesão de direitos adquiridos por terceiros no país em que a proteção é requerida, na circunstância de as mesmas serem desprovidas de caráter distintivo ou exclusivamente compostas por sinais ou indicações usuais nesse país, ou por serem contrárias à moral ou à ordem pública ou suscetíveis de enganar o público. A aplicabilidade da *lex loci protectionis* é, nesta medida, postulada pela Convenção de Paris.

Há na doutrina quem sustente que também o *princípio do tratamento nacional* – consagrado, como vimos, nos arts. 2.º da Convenção da União de Paris e 3.º do Acordo TRIPS – importa a aplicabilidade da *lex loci protectionis*[839]. Contudo, tal como sustentámos em matéria de Direito de Autor, não nos parece que possa

[838] A que correspondem, em França, o art. L. 211-5 do Código da Propriedade Intelectual; em Portugal, o art. 183.º, n.º 4, do Código do Direito de Autor e dos Direitos Conexos; e no Reino Unido à secção 191 (4) do *Copyright, Designs and Patents Act 1988.*

[839] Neste sentido, vejam-se Fawcett/Torremans, *Intelectual Property and Private International Law*, cit., pp. 687 s. e 727; Pilar Jimenez Blanco, *El derecho aplicable a la protección internacional de las patentes*, Granada, 1998, pp. 22 ss.; Pedro de Miguel Asensio, *Contratos internacionales sobre propiedad industrial*, 2.ª ed., Madrid, 2000, p. 149; Nicolas Bouche, *Le principe de territorialité*, cit., pp. 539 ss.; e José Carlos Fernández Rozas/Rafael Arenas Garcia/Pedro Alberto de Miguel Asensio, *Derecho de los negócios internacionales*, cit., p. 112.

extrair-se desse princípio qualquer regra, posto que implícita, quanto à lei aplicável aos direitos de propriedade industrial. É que os preceitos que o consagram não se dirigem unicamente às administrações nacionais da propriedade industrial a que seja solicitada a concessão de um direito privativo, as quais efetivamente apenas podem aplicar o Direito local: eles podem também ser aplicados pelos tribunais perante os quais seja solicitada proteção para um direito privativo que se diz ter sido violado no estrangeiro. É o que sucede, por exemplo, se a ação for intentada, como permite o art. 4.º, n.º 1, do Regulamento (UE) n.º 1215/2012, de 12 de dezembro de 2012, relativo à competência judiciária, ao reconhecimento e à execução de decisões em matéria civil e comercial, no país do domicílio do réu e a violação do direito se tiver dado no país do domicílio do autor[840]. Ora, nestas hipóteses o princípio do tratamento nacional seria igualmente observado se o tribunal aplicasse a *lex fori*. Dos referidos preceitos não pode, por isso, extrair-se qualquer solução quanto ao problema da lei aplicável.

Mais concludente no sentido de que acolhe a aplicabilidade da lei do país de proteção parece-nos ser o art. 5.º, n.º 1, do Acordo de Madrid, nos termos do qual as administrações nacionais da propriedade industrial podem recusar proteção às marcas do registo internacional com os mesmos fundamentos que poderiam ser opostos, nos termos do citado art. 6.º-*quinquies*, B), da Convenção da União de Paris, a uma marca submetida ao registo nacional.

A solução em apreço obteve ainda acolhimento, como vimos, em algumas das leis estrangeiras leis mais recentes em matéria de Direito Internacional Privado, que mandam aplicar a *lex loci protectionis* tanto ao direito de autor como à propriedade industrial[841].

Consagrou-a igualmente o Supremo Tribunal dos Estados Unidos, na decisão proferida em 2007 no caso *Microsoft*[842]. Solicitado a pronunciar-se sobre se fora violada a patente de um aparelho de processamento digital de voz, de que a empresa AT&T era titular nos Estados Unidos, por via da montagem e comercialização em países estrangeiros de computadores que, uma vez apetrechados com cópias do programa *Windows*, feitas localmente a partir de uma *master version* desse programa enviada pela Microsoft dos Estados Unidos, permitiam realizar o processamento de voz patenteado, o tribunal declarou que só o Direito estrangeiro, e não o dos Estados Unidos, rege a produção e venda de componentes de invenções patenteadas em países estrangeiros; desejando

[840] Ver *infra*, capítulo IV.

[841] Cfr. *supra*, § 15.º/I. Para mais elementos de Direito Comparado, veja-se, por todos, Marta Pertegás Sender, *Cross Border Enforcement of Patent Rights. An Analysis of the Interface Between Intellectual Property and Private International Law*, Oxford, 2002, pp. 235 ss.

[842] Cfr. *Microsoft Corp. v. AT&T Corp.*, Supreme Court of the United States, 127 S. Ct. 1746 (2007).

a autora impedir a utilização destas em países estrangeiros, caber-lhe-ia obter patentes e fazê-las respeitar nesses países.

Não é outra, como se verificou acima, a regra geral (*default rule*) adotada no § 301 (1) dos *Princípios* do *American Law Institute*[843].

O fundamento desta solução radica na própria natureza dos direitos privativos: na medida em que estes constituem *direitos de exclusivo*, ou de *monopólio*, sobre a utilização de bens incorpóreos[844], os quais afetam a livre concorrência e, por conseguinte, o funcionamento da economia, a proteção que lhes é devida no território de cada Estado depende necessariamente do que dispuser o Direito local, tendo em conta os interesses públicos implicados na matéria.

No mesmo sentido depõe a circunstância de os direitos privativos da propriedade industrial serem frequentemente concedidos por um ato emanado de uma autoridade pública – para alguns, um *act of state*[845] –, não bastando, por conseguinte, a mera criação de um bem intelectual para esse efeito. À unidade desta criação não corresponde assim, no plano internacional, um *direito uno*, mas antes um *feixe de direitos*: tantos quantos os países para cujo território se reclama um exclusivo de utilização e exploração do bem em causa.

b) Relação com o princípio da territorialidade. – Tal como em matéria de direito de autor, alude-se frequentemente, a este respeito, ao *princípio da territorialidade*. Nos termos deste princípio, o âmbito espacial de eficácia dos direitos privativos da propriedade industrial, na medida em que estes sejam concessões de um Estado, limita-se ao território do Estado que os atribui[846]. Uma patente ou uma

843 Cfr. *supra*, § 15.º/I, alínea *a*).

844 Cfr. José de Oliveira Ascensão, *Direito Comercial*, vol. II, *Direito Industrial*, cit., pp. 404 ss.

845 Ver, sobre as implicações da doutrina do *act of state* na definição da competência jurisdicional em matéria de propriedade intelectual, *infra*, § 20.º/I, alínea *b*).

846 Cfr. Tullio Ascarelli, *Teoria della concorrenza e dei beni immateriali. Istituzioni di diritto industriale*, 3.ª ed., Milão, 1960, p. 343; João Baptista Machado, *Lições de Direito Internacional Privado*, cit., p. 387; Henri Batiffol/Paul Lagarde, *Droit international privé*, vol. II, cit., pp. 205 s.; Manuel Oehen Mendes, *Direito Industrial – I (Sumário das lições ao 4.º ano/1983-84)*, Coimbra, s.d., pp. 74 ss.; João Baptista Machado/Rui de Moura Ramos, «Direito Internacional Privado», *CJ*, ano X (1985), t. V, pp. 11 ss.; Allois Troller/Patrick Troller, *Kurzlehrbuch des Immaterialgüterrechts. Patentrecht. Markenrecht, Urheberrecht, Muster- und Modellrecht, Wettbewerbsrecht, Firmenrecht*, 3.ª ed. (por Patrick Troller), Basileia/Frankfurt a.M., 1989, pp. 29 ss.; Rui de Moura Ramos, *Da lei aplicável ao contrato de trabalho internacional*, cit., pp. 268 s. (n. 394); Ludwig Baeumer, «Anmerkungen zum Territorialitätsprinzip im internationalen Patent- und Markenrecht», *in* Bernhard Grossfeld e outros (orgs.), *Festschrift für Wolfgang Fikentscher zum 70. Geburtstag*, Tubinga, 1998, pp. 803 ss. ; Pilar Jimenez Blanco, *El derecho aplicable a la protección internacional de las patentes*, cit., p. 1; Adriano Vanzetti/Vicenzo di Cataldo, *Manuale di Diritto Industriale*, cit., p. 451; Joanna Schmidt-Szalewski/Jean-Luc Pierre, *Droit de la proprieté industrielle*, cit., pp. 429 s.; Roger E. Schechter/John R. Thomas, *Intellectual Property. The Law of Copyrights, Patents and Trademarks*, St. Paul, Minnesota, 2003, pp. 819 s.;

marca, por exemplo, não estendem os seus efeitos para além das fronteiras do país que as concederam.

Foi esta a doutrina acolhida na decisão proferida pelo Tribunal Federal alemão em 29 de fevereiro de 1968, no caso *Voran*, em que aquela jurisdição declarou que o direito subjetivo resultante da concessão de uma patente produz os seus efeitos apenas no território do Estado que a outorgou; podem, por conseguinte, ser concedidos tantos direitos de patente sobre a mesma invenção quantos os Estados concedentes, sendo cada um desses direitos independente dos demais, no seu âmbito espacial de validade, dado que a sua eficácia não é afetada pela sorte das demais patentes relativas ao mesmo objeto[847].

Consagra a mesma doutrina, embora de modo menos explícito, o art. 4.º, n.º 1, do Código português da Propriedade Industrial, segundo o qual os direitos conferidos por patentes, modelos de utilidade e registos abrangem todo o território nacional[848].

Vem daqui, por exemplo, que uma marca possa ser registada em determinado país, apesar de já existir noutro país uma marca idêntica destinada a assinalar os mesmos produtos ou serviços.

À medida, porém, que os mercados se vão integrando, o uso da mesma marca ou de outros sinais distintivos em países diversos vai suscitando maiores dificuldades, nomeadamente pelo risco de confusão dos consumidores que gera. Ganha assim crescente relevância a distinção entre a competência da *lex loci protectionis* e a territorialidade dos direitos privativos da propriedade industrial.

Com efeito, o Estado para cujo território se pede a proteção de um direito privativo não é necessariamente aquele que o concedeu: em certos casos, os direitos privativos outorgados por determinado Estado podem ser feitos valer no território de outro, embora o conteúdo e os pressupostos da proteção que lhes é aí dispensada sejam regidos pelo Direito deste último.

Jacques Azéma/Jean-Christophe Galloux, *Droit de la propriété industrielle*, cit., p. 60 ; Karl-Heinz Fezer/Stefan Koos, *in Staudingers Kommentar zum Bürgerlichen Gesetzbuch mit Einführungsgesetze und Nebengesetzen, Einführungsgesetz zum Bürgerliche Gesetzbuche/IPR. Internationales Wirtschaftsrecht*, 13.ª ed., Berlim, 2006, pp. 469 ss.; José Carlos Fernández Rozas/Rafael Arenas Garcia/Pedro Alberto de Miguel Asensio, *Derecho de los negócios internacionales*, cit., p. 89; Nerina Boschiero, «Il principio di territorialità in matéria di proprietà intelletuale: conflitti di leggi e giurisdizione», *AIDA*, 2007, pp. 34 ss.; e Horst-Peter Götting, *Gewerblicher Rechtsschutz*, cit., p. 92.; e Pedro Sousa e Silva, *Direito Industrial*, cit., pp. 29 s.

[847] Cfr. *BGHZ* 49, pp. 331 ss.

[848] Ver, sobre a interpretação desse preceito, com referência ao Código de 2003, Jorge Cruz, *Código da Propriedade Industrial*, Lisboa, 2003, p. 240; José Mota Maia, *Propriedade Industrial*, vol. II, *Código da Propriedade Industrial anotado*, Coimbra, 2005, pp. 58 s.; e Carlos Olavo, *Propriedade Industrial*, vol. I, *Sinais distintivos do comércio. Concorrência desleal*, 2.ª ed., Coimbra, 2005, p. 44.

É o que sucede no caso das chamadas *marcas notórias* em virtude do disposto no art. 6.º-*bis* da Convenção de Paris[849]. Nos termos deste preceito, os países da União comprometem-se a recusar ou invalidar o registo e a proibir o uso de marca de fábrica ou de comércio que constitua reprodução, imitação ou tradução, suscetíveis de estabelecer confusão, de uma marca que a autoridade competente do país de registo ou do uso considere que nele é notoriamente conhecida (como é o caso, segundo a jurisprudência portuguesa, das marcas *Shell*[850] e *Windows*[851]), desde que seja já a marca de uma pessoa a quem a Convenção aproveite e seja utilizada para produtos idênticos ou semelhantes.

Confere-se, assim, tutela à marca notória para além das fronteiras do Estado que originariamente lhe concedeu proteção. Neste sentido, essa marca goza de *extraterritorialidade*[852]. O que se funda na necessidade de evitar os inconvenientes e a injustiça que decorreriam do registo e do uso em certo país de uma marca suscetível de ser confundida com outra notoriamente conhecida nele, mas não protegida no respetivo território por via do registo, porquanto na maior parte dos casos tais atos constituem formas de concorrência desleal e são suscetíveis de induzir os consumidores em erro quanto à proveniência dos produtos marcados[853].

[849] Haja vista também, a este respeito, ao art. 5.º, n.º 2 alínea *d)*, da Diretiva (UE) 2015/2436 do Parlamento Europeu e do Conselho, de 16 de dezembro de 2015, que aproxima as legislações dos Estados-Membros em matéria de marcas, bem como ao art. 8.º, n.º 2, alínea *c)*, do Regulamento (UE) n.º 2017/1001 sobre a marca da União Europeia.

[850] Cfr. o acórdão do Supremo Tribunal de Justiça de 25 de novembro de 1955, *BMJ*, vol. 52, pp. 663 ss.

[851] Cfr. a sentença do Tribunal Cível de Lisboa de 24 de junho de 1994, *BPI*, n.º 5/95, p. 1874.

[852] *Vide*, sustentando que a proteção das marcas notórias consubstancia uma exceção ao princípio da territorialidade, a decisão proferida pelo *U.S. Court of Appeals for the 9th Circuit*, em 15 de dezembro de 2004, no caso *Grupo Gigante SA de CV v. Dallo & Co.*, *GRUR Int.*, 2005, pp. 748 ss. Segundo esta decisão, a fim de poder operar nos Estados Unidos como exceção ao princípio da territorialidade, a marca notória estrangeira deve, em todo o caso, ter adquirido caráter distintivo (*secondary meaning*) no mercado nacional relevante (i.é, aquele onde é utilizada a marca que alegadamente a viola); caso não tenha sido anteriormente usada no mercado norte-americano, a marca notória deve ser familiar para uma percentagem substancial dos consumidores nesse mercado. Na doutrina, pronunciam-se no sentido do texto: Gonçalo Moreira Rato, *La protection des marques notoires et de haute renomée au Portugal*, Estrasburgo, 1988 (polic.), pp. 52 s.; António Corte-Real Cruz, «O conteúdo e extensão do direito à marca: a marca de *grande prestígio*», *in* AAVV, *Direito Industrial*, vol. I, Coimbra, 2001, pp. 79 ss. (p. 94); Schechter/Thomas, *Intellectual Property*, cit., pp. 821 ss.; e Couto Gonçalves, *Manual de Direito Industrial*, cit., p. 278.

[853] Sobre os fundamentos da regra em apreço, vejam-se José Gabriel Pinto Coelho, «A proteção da marca "notoriamente conhecida"», *RLJ*, ano 84.º (1951/52), pp. 129 ss., 161 ss., 196 ss., 209 ss., 337 ss. e 353 ss.; e Bodenhausen, *Guide to the Application of the Paris Convention*, cit., pp. 89 ss.

Seja como for, as condições e o conteúdo da proteção conferida à marca notória são definidos pela lei do Estado para cujo território se pede essa proteção. Nesta medida, também esta marca se encontra sujeita à *lex loci protectionis*[854].

c) A competência da lex originis. – Sucede, por outro lado, que a territorialidade dos direitos de propriedade industrial não implica a exclusiva sujeição destes à lei do país para cujo território é pedida a respetiva proteção: nas convenções internacionais atribui-se também competência à *lex originis* para regular determinados aspetos daqueles direitos.

Assim, por exemplo, no tocante às marcas, a admissão a registo é decidida pela lei do respetivo país de origem segundo o art. 6.º *quinquies*, A), n.º 1, da Convenção da União de Paris, nos termos do qual:

> «Qualquer marca de fábrica ou de comércio regularmente registada no país de origem será admitida a registo e como tal protegida nos outros países da União [...].»

Consagra-se, deste modo, a denominada cláusula «tal e qual» (*telle quelle, as is*): uma marca pode ser registada num Estado membro *tal como* está registada no Estado membro de origem[855]. Esse registo não pode ser recusado apenas porque os sinais de que a marca é composta (*v.g.* o nome de uma pessoa) não são admitidos como tais naquele primeiro Estado[856]. Assim se confere também certa *eficácia internacional*, ou extraterritorial, às marcas registadas nos Estados membros da Convenção. O que se explica pela preocupação de evitar que a diversidade das legislações nacionais nesta matéria, de que demos conta acima, impeça a utilização da mesma marca a fim de distinguir os mesmos produtos ou

[854] De notar que aquela proteção pode prescindir do princípio da especialidade, sendo conferida relativamente à sua utilização para assinalar produtos e serviços que não sejam semelhantes àqueles para os quais a marca foi registada. Preveem-no, nomeadamente, o art. 16.º, n.º 3, do Acordo TRIPS e o art. 5.º, n.º 3, alínea a), da Diretiva (UE) 2015/2436. Consagraram também esta *tutela ultramerceológica* da marca o art. 235.º, n.º 1, do Código da Propriedade Industrial português e o art. L. 713-5 do Código da Propriedade Intelectual francês, que, todavia, a reservam para uma categoria específica de marcas notórias – dita em Portugal *marca de prestígio* e em França *marque renommée* –, que deve gozar junto do público de um particular conceito, conferindo-lhe especial força atrativa.

[855] Cfr. Maria Clara Cruz, «Regime Internacional da Marca», *Revista de Estudos da Propriedade Industrial*, 1996, pp. 85 ss. (p. 88).

[856] Ver Bodenhausen, *Guide to the Application of the Paris Convention for the Protection of Industrial Property*, cit., p. 110. Na jurisprudência nacional, veja-se, em aplicação deste preceito da Convenção de Paris, o acórdão do Supremo Tribunal de Justiça de 11 de novembro de 1997, *CJSTJ*, vol. V, t. III, pp. 127 ss.

serviços em países diferentes, a qual corresponde ao interesse tanto do titular da marca como do público em geral.

A referida cláusula não prejudica, naturalmente, que o *conteúdo da proteção* e o âmbito desta se rejam pela lei do país onde a mesma é reclamada: a referência à *lex originis* respeita tão-só à *forma da marca*. De todo o modo, recorde-se, o registo pode ser recusado nos casos previstos no art. 6.º *quinquies*, B), que remete para aquela lei.

Por outro lado, o registo internacional das marcas instituído pelo Acordo de Madrid pressupõe a existência do direito à marca de acordo com a lei do respetivo país de origem, a qual tem de ser certificada pela administração nacional desse país. A proteção resultante do registo internacional deixa de poder ser invocada quando, durante os cinco anos a contar do registo internacional, a marca nacional previamente registada no país de origem já não gozar de proteção legal nesse país. Durante esse lapso de tempo, a proteção da marca internacional está, pois, dependente da sua tutela no respetivo país de origem. Ao cabo de cinco anos, o registo internacional da marca torna-se, no entanto, independente daquele que foi feito no país de origem. Em qualquer caso, o conteúdo da proteção conferida à marca internacional num Estado membro do Acordo é definido pela lei do país onde a mesma é reivindicada[857].

Na jurisprudência de alguns países admite-se ainda a recusa, por abusivo, do pedido de registo nacional de uma marca, ou a anulação desse registo, quando o mesmo haja sido ditado exclusivamente pelo intuito de impedir o seu registo em território nacional por um concorrente que é o titular da mesma marca num país estrangeiro[858].

No que respeita às marcas não registadas – a que, como se viu acima, alguns sistemas jurídicos atribuem proteção[859] –, pensamos que, tal como em matéria de direito de autor, a sua titularidade originária deve ser regulada pela lei do país da respetiva origem. Este é o país onde o sinal em questão adquiriu caráter distintivo, *maxime* por ter sido pela primeira vez reconhecido como marca pelo público. Dado que as marcas em apreço não são criadas por um ato administrativo, nada impõe, sob o ponto de vista dos interesses em jogo, que a sua titularidade originária seja exclusivamente regida pela lei do país para que é pedida a respetiva proteção.

Relativamente ao nome comercial estrangeiro, as condições de que depende a sua proteção são também em parte definidas pela lei do respetivo país de

[857] Cfr. António Ferrer Correia, *Lições de Direito Comercial*, vol. I, Coimbra, 1973, p. 348.

[858] Veja-se, por exemplo, a sentença proferida pelo Tribunal Federal alemão em 9 de outubro de 1997 sobre o caso *Analgin*, *in GRUR*, 1998, pp. 412 ss.

[859] Cfr. *supra*, § 6.º/I, alínea *a*).

origem. Como se observou acima, nos termos do art. 8.º da Convenção de Paris não é exigível, em ordem a conceder proteção ao nome comercial estrangeiro, o cumprimento de formalidades de depósito ou registo: basta, para o efeito, que o interessado demonstre que o nome em causa se encontra registado ou é protegido no país de que é originário (*hoc sensu,* aquele onde se constituiu o direito privativo sobre esse nome)[860]. É, pois, de acordo com a lei desse país que se devem determinar os requisitos formais a que a proteção do nome comercial se encontra subordinada. Também este sinal distintivo goza, por conseguinte, no âmbito de aplicação da Convenção de Paris, de certa *eficácia extraterritorial.* Visa-se deste modo, como é bom de ver, facilitar o exercício pelo seu titular de atividades comerciais em países distintos daquele onde que se encontra sedeado, utilizando para tal o nome sob o qual exerce habitualmente essas atividades. Este regime é extensivo, segundo o Supremo Tribunal de Justiça, à insígnia do estabelecimento[861]; o que, a nosso ver, está de acordo com a *ratio* do preceito.

Em tudo o que não contende com as referidas formalidades, deve, porém, entender-se que a proteção concedida ao nome comercial estrangeiro se rege pela lei do país para cujo território a mesma é reclamada[862] – contanto, evidentemente, que os requisitos para o efeito estabelecidos por essa lei não se mostrem contraditórios com as finalidades precípuas da disposição em causa.

A esta luz deve apreciar-se a questão de saber se a proteção do nome comercial estrangeiro depende do seu uso no país onde é reivindicada (*v.g.* pela constituição nele de uma representação do seu titular ou pela realização de operações comerciais no respetivo território). Como se referiu acima, esta exigência é formulada pela lei portuguesa para os logótipos e as firmas que aqui sejam objeto de registo. O nome comercial não é, por conseguinte, tutelado em Portugal, independentemente do estabelecimento ou da atividade comercial exercida pelo seu titular. Sendo reclamada no nosso país a proteção de um nome comercial estrangeiro, ao abrigo do art. 8.º da Convenção de Paris, esta apenas

[860] Ver, sobre o ponto, Paul Roubier, *Le droit de la propriété industrielle,* vol. II, Paris, 1954, p. 740; José Gabriel Pinto Coelho, «A proteção do "nome do estabelecimento" estrangeiro. Interpretação do artigo 8.º da Convenção da União», *RLJ,* ano 97.º (1964/65), pp. 65 ss., 81 s., 97 ss. e 129 ss. (p. 81); João Baptista Machado, *Lições de Direito Internacional Privado,* cit., p. 391; Manuel Oehen Mendes, *Da proteção do nome comercial estrangeiro em Portugal. A propósito do Ac. STJ de 11 de dezembro de 1979 («El Corte Inglês»),* Coimbra, 1982; Fernando Olavo, «O nome comercial e o artigo 8.º da Convenção da União de Paris», *CJ,* ano IX (1984), t. V, pp. 21 s. (p. 22); José de Oliveira Ascensão, *Direito Comercial,* cit., vol. II, p. 133; *idem,* «A aplicação do artigo 8.º da Convenção da União de Paris nos países que sujeitam a registo o nome comercial», *ROA,* ano 56 (1996), pp. 439 ss. (p. 451); e Carlos Olavo, *Propriedade industrial,* cit., vol. I, p. 241.

[861] *Vide* o acórdão de 21 de março de 1961, *BMJ,* vol. 105, pp. 651 ss.

[862] Neste sentido, Luís Menezes Leitão, «Nome e insígnia de estabelecimento», *in* AAVV, *Direito Industrial,* vol. I, Coimbra, 2001, pp. 157 ss. (p. 170).

lhe deve ser concedida, por isso, se se encontrar satisfeita a referida exigência legal[863]. De outro modo, conferir-se-ia ao nome comercial oriundo do estrangeiro uma tutela mais vasta do que aquela que lhe é atribuída em Portugal, o que colocaria os comerciantes nacionais em posição de desvantagem relativamente aos estrangeiros; solução que não pode deixar de ser tida como contrária ao sentido último do princípio do tratamento nacional, consignado no art. 2.º da Convenção. Apenas nos parecem de excetuar a esta regra as hipóteses em que, apesar de não usado no país de proteção, o nome de estabelecimento estrangeiro aí goza de notoriedade[864].

Em relação às denominações de origem, decorre do art. 1.º do Acordo de Lisboa de 1958, como notámos oportunamente, que a sua proteção só tem lugar, nos países que dele são partes, se a denominação for protegida «como tal» no país de origem (i. é, nos termos do art. 2.º, n.º 2, o país cujo nome, ou no território do qual está situada a região ou a localidade cujo nome constitui a denominação de origem que deu ao produto a sua notoriedade).

À mesma solução conduz o disposto no art. 36.º do TFUE (ex-art. 30.º do TCE), na interpretação dele feita pelo atual Tribunal de Justiça da União Europeia: esse preceito consente, na verdade, as restrições à livre circulação das mercadorias decorrentes da proteção conferida às denominações de origem por convenções internacionais, desde que estas não hajam adquirido caráter genérico no respetivo país de origem[865].

O que bem se compreende: consistindo a justificação precípua dessa proteção em impedir que a notoriedade dos produtos das empresas estabelecidas nas localidades, regiões ou países designados por esses nomes seja indevidamente explorada por produtores estabelecidos noutros lugares, nenhuma razão existe

[863] Doutrina consagrada no acórdão do Supremo Tribunal de Justiça, de 11 de dezembro de 1979, *BMJ*, vol. 292, pp. 391 ss.; *RLJ*, ano 113.º (1980/81), pp. 282 ss. (com uma anotação favorável de Orlando de Carvalho, *in ibidem*, pp. 285 ss.). A mesma solução é adotada pela jurisprudência francesa, segundo informa André Bertrand, *Droit des marques*, cit., p. 362. No sentido de que se num Estado membro da Convenção de Paris a proteção dos nomes comerciais depender do respetivo uso, tal exigência pode ser aplicada aos nomes comerciais estrangeiros, *vide* Organização Mundial da Propriedade Intelectual, *Wipo Intellectual Property Handbook*, cit., p. 258.

[864] Nesta linha de orientação se insere a Resolução da AIPPI intitulada *Protection du nom commercial*, adotada em 1970, na qual se preconiza a modificação do art. 8.º da Convenção de Paris, por forma a incluir-se nele a seguinte menção: «Le nom commercial fait l'objet d'un droit exclusif bénéficiant de la protection; ce droit s'acquiert par l'usage, ou par l'enregistrement, ou par une notoriété suffisante du nom commercial. Chacun de ces modes d'acquisition suffira pour assurer la protection». Na jurisprudência nacional, a solução referida no texto foi admitida no acórdão do Tribunal da Relação de Lisboa de 15 de janeiro de 2007, disponível em http://www.dgsi.pt.

[865] Cfr., sobre o ponto, o acórdão do Tribunal de Justiça das Comunidades Europeias, de 10 de novembro de 1992, caso *Exportur SA c. LOR SA e Confiserie du Tech SA*, *CJTJ*, 1992-I, pp. 5529 ss.

para mantê-la se tais nomes, em vez de designarem *produtos originários de certo lugar* e dotados de certas características e qualidades devidas exclusiva ou predominantemente ao seu meio geográfico, houverem passado a designar *todos os produtos de certo tipo* (caso, por exemplo, da denominada «água de colónia»).

Compete, todavia, à *lex loci protectionis* (i.é, a lei do país para o qual se importa o produto e onde se pretende que a denominação surta os seus efeitos) definir os meios de proteção destes nomes geográficos. É o que resulta do art. 8.º do Acordo de Lisboa, que dispõe: «As diligências necessárias para assegurar a proteção das denominações de origem poderão ser exercidas, em cada um dos países da União Particular, conforme a legislação nacional [...]»[866].

De todo o modo, uma denominação admitida à proteção num dos países da União criada nos termos do art. 1.º do Acordo de Lisboa «não poderá nele ser considerada genérica enquanto se encontrar protegida como denominação de origem no país do origem», segundo dispõe o art. 6.º desse instrumento internacional, que consagra outra inequívoca expressão da relevância de *lex originis* na tutela internacional da propriedade industrial.

Em matéria de patentes, o art. 4.º, A), n.º 2, da Convenção de Paris prevê que dá origem ao *direito de prioridade* a que aludimos anteriormente «qualquer pedido com o valor de pedido nacional regular, formulado nos termos da lei interna de cada país da União ou de tratados bilaterais ou multilaterais celebrados entre países da União». A apreciação da regularidade do pedido original de patente há de assim fazer-se, em princípio, à luz da lei do país onde o mesmo foi apresentado, i.é, a *lex originis*[867].

Por seu turno, o art. 70.º, n.º 9, do Acordo TRIPS dispõe que, sendo um produto objeto de um pedido de patente num Estado membro, em conformidade com o disposto no n.º 8, alínea *a)*, do mesmo preceito, serão concedidos direitos exclusivos de comercialização por um período de cinco anos, após ter sido obtida aprovação para a comercialização nesse Estado ou até ser nele concedida ou rejeitada uma patente, sendo de considerar o período mais curto, desde que, após a entrada em vigor do Acordo que instituiu a OMC, tenha sido depositado um pedido de patente para esse produto noutro Estado membro, e aí concedida para ele uma patente, e haja também sido obtida aprovação para a respetiva

[866] Vejam-se, no sentido do texto, Pilar Jimenez Blanco, *Las denominaciones de origen en el Derecho del comercio internacional*, Madrid, 1996, pp. 73 ss. e 131 ss.; Alberto Ribeiro de Almeida, *Denominação de origem e marca*, cit., pp. 184 ss.; *idem*, «Indicação geográfica, indicação de proveniência e denominação de origem (os nomes geográficos na propriedade industrial)», *in* AAVV, *Direito Industrial*, vol. I, Coimbra, 2001, pp. 5 ss. (pp. 30 s.); Joanna Schmidt-Szalewski/Jean-Luc Pierre, *Droit de la proprieté industrielle*, cit., pp. 506 s.

[867] Cfr., neste sentido, Pilar Jimenez Blanco, *El derecho aplicable a la protección internacional de las patentes*, cit., p. 140.

comercialização nesse Estado. O princípio da independência das patentes, consignado, como vimos, na Convenção de Paris, é assim restringido por este preceito. Os direitos exclusivos de comercialização do produto em causa são, contudo, os que se encontram consagrados na lei do país onde a proteção é reivindicada.

Não menos relevante é a competência reconhecida à lei do país de origem dos recursos biológicos que sejam objeto de conhecimentos tradicionais pelo referido *Protocolo de Nagoia* sobre o acesso a recursos genéticos e a partilha justa e equitativa dos benefícios provenientes da sua utilização, celebrado em 2010[868].

Tem ainda interesse atentar, a este propósito, no regime instituído pelo Regulamento n.º 1257/2012, do Parlamento Europeu e do Conselho, que regulamenta a cooperação reforçada no domínio da criação da proteção de patente unitária[869].

No que respeita ao regime dessa patente como objeto de propriedade (ou seja: a sua titularidade, a transferência desta, a sua utilização como garantia, o seu licenciamento, etc.), o art. 7.º estabelece uma regra de conflitos[870] nos termos da qual a patente europeia de efeito unitário será tratada como uma patente nacional do Estado-Membro participante em que o requerente da patente tinha, ao tempo do pedido, o seu domicílio ou estabelecimento principal; nos casos em que o requerente não possua domicílio ou estabelecimento principal num Estado-Membro, aplicar-se-á a lei do Estado-Membro da sede da Organização Europeia de Patentes (i.é, a Alemanha)[871].

Nesta substituição da *lex loci protectionis* (que a Convenção da Patente Europeia acolhe no seu art. 74.º quanto à mesma matéria) pela *lex originis* está outro ponto capital do regime da patente europeia de efeito unitário, por via do qual se procura assegurar a uniformidade do regime que lhe é aplicável[872].

Em suma, a circunstância de se ter constituído um direito privativo em determinado país pode implicar a produção de certos efeitos jurídicos noutros

[868] Cfr. *supra*, § 12.º/VI/alínea *c)*.

[869] Que examinámos acima, no § 11.º/IX/alínea *e)*.

[870] Sobre a qual pode ver-se Tilman Müller-Stoy/Florian Paschold, «European patent with unitary effect as a property right», *JIPLP*, 2014, pp. 848 ss.

[871] Tem interesse notar, a este propósito, que de acordo com as estatísticas do Instituto Europeu de Patentes, 59% dos pedidos de patentes europeias feitos em 2014 foram apresentados por entidades sem domicílio nem estabelecimento principal no território dos Estados-Membros da Convenção da Patente Europeia (cfr. http://www.epo.org/about-us/annual-reports-statistics/statistics/filings.html). A maioria das patentes europeias de efeito unitário será assim, provavelmente, regida pelo Direito alemão quanto às questões a que se refere o art. 7.º do Regulamento.

[872] Reconheceu-o, designadamente, o Tribunal de Justiça da União Europeia no citado acórdão de 5 de maio de 2015, proferido no proc. C-146/13, *Reino de Espanha contra Parlamento Europeu e Conselho da União Europeia*, n.º 47.

países para os quais é reclamada a sua proteção, ficando os mencionados aspetos do seu regime sujeitos à lei do país de origem. Isso não afeta, todavia, o princípio geral de que o *conteúdo da proteção* conferida aos direitos privativos da propriedade industrial se encontra submetido, nas situações plurilocalizadas, à *lex loci protectionis*.

A esta luz deve ser interpretado o art. 48.º, n.º 2, do Código Civil português, nos termos do qual «[a] propriedade industrial é regulada pela lei do país da sua criação».

Tomada à letra, esta regra levaria a que a proteção pedida em Portugal para uma patente concedida por um país estrangeiro ou para uma marca registada num país estrangeiro, alegadamente violada em território nacional, estivesse sujeita à lei desse país; o que não faria sentido à luz do que dissemos acima.

A aplicabilidade do art. 48.º, n.º 2, deve, porém, considerar-se sujeita à condição de não haver disposição em contrário constante de convenção internacional ou de lei especial[873]. Ora, pensamos que é justamente esse o caso das citadas regras da Convenção da União de Paris e do Acordo de Madrid. E pode ainda aduzir-se no mesmo sentido o art. 246.º do Código da Propriedade Industrial, nos termos do qual é recusada a proteção em território português a marcas do registo internacional quando ocorra qualquer fundamento de recusa do registo nacional, o que inculca igualmente que à proteção dessas marcas requerida para Portugal se aplica a lei portuguesa.

A competência atribuída pelo Código Civil português à *lex originis*, quando esta não coincida com a *lex loci protectionis*, cingir-se-á, por isso, às matérias não compreendidas no âmbito de competência desta última, nos termos dos preceitos atrás referidos.

Mais longe foi a legislação brasileira, ao consagrar um mecanismo temporário de revalidação de patentes estrangeiras para produtos químicos, alimentares e farmacêuticos, nos termos do qual «comprovada a concessão da patente no país onde foi depositado o primeiro pedido, será concedida a patente, tal como foi concedida no país de origem»[874].

d) Lei reguladora da titularidade dos direitos sobre criações de assalariados. – Se o criador do bem em questão for um trabalhador por conta de outrem, a competência da *lex loci protectionis* deve sofrer, no tocante à titularidade do direito à patente, ao modelo de utilidade, ao desenho ou modelo industrial ou à obtenção vegetal, uma derrogação em benefício da lei reguladora do contrato

[873] Neste sentido, Baptista Machado, ob. cit., p. 390.

[874] Art. 230, § 3.º, da Lei n.º 9.279. A constitucionalidade deste mecanismo não é incontestada: cfr. Denis Barbosa, *Tratado da propriedade intelectual*, vol. II, pp. 1783 ss.

individual de trabalho[875]. Esta última deve ser determinada de acordo com as regras de conflitos que referiremos adiante[876].

Através desta *conexão acessória*, análoga à que preconizámos para a titularidade do direito patrimonial de autor sobre obras literárias e artísticas criadas por trabalhadores por conta de outrem, previnem-se possíveis contradições entre o estatuto contratual e o dos direitos sobre bens intelectuais adquiridos em execução dele.

Ela favorece, além disso, uma solução uniforme para a questão da titularidade originária dos direitos de propriedade industrial, o que facilita a sua transmissão e potencia o respetivo valor económico.

Consagrou esta conexão acessória, estendendo-a à generalidade dos bens intelectuais criados por encomenda (*commissions*), desde que os direitos a eles respeitantes estejam sujeitos a registo, o § 311 (2) dos *Princípios* do *American Law Institute*[877].

O direito às patentes europeias determina-se, segundo o art. 60.º, n.º 1, da Convenção da Patente Europeia, de acordo com a lei do Estado em que o trabalhador presta a sua *atividade principal*; se este não puder ser determinado, aplicar-se-á a lei do Estado em cujo território se encontra o estabelecimento da entidade patronal a que o trabalhador está ligado. Ao fixar autonomamente a lei aplicável à questão em apreço, e não por referência ao contrato de trabalho no âmbito do qual a invenção foi realizada, este preceito afasta-se da orientação acima preconizada. O que é suscetível de conduzir à aplicação de leis distintas ao contrato individual de trabalho e à titularidade da patente europeia, em particular dado que não se consagra naquele preceito, ao invés do que sucede no Regulamento de «Roma I», de que nos ocuparemos adiante, a faculdade de escolha pelas partes da lei aplicável ao contrato individual de trabalho. Semelhante resultado pode, todavia, ser evitado se se admitir que a remissão feita neste preceito para a lei nele designada tem caráter global e abrange, por conseguinte, as regras de conflitos em matéria de contrato individual de trabalho da *lex causae*[878].

[875] Neste sentido, vejam-se Ulmer, *Intellectual Property Rights and the Conflict of Laws*, cit., p. 73; Jacques Azéma/Jean-Christophe Galloux, *Droit de la propriété industrielle*, cit., p. 462; e Karl-Heinz Fezer/Stefan Koos, *in Staudingers Kommentar*, cit., pp. 488 s., com mais referências.

[876] Cfr. *infra*, § 16.º/I, alínea *e)*.

[877] Nos termos do qual: «When the subject matter of the registered right arises out of a contractual or other preexisting relationship between or among the parties, initial title is governed by the law that governs the contract or relationship».

[878] Ver, neste sentido, Dieter Martiny, *in* Christoph Reithman/ Dieter Martiny, *Internationales Vertragsrecht*, 6.ª ed., Colónia, 2004, p. 1393; e Karl-Heinz Fezer/Stefan Koos, ob. cit., p. 489.

O direito do inventor a ser mencionado como tal no requerimento e no título da patente é, em qualquer caso, regido pela *lex loci protectionis*.

e) A conexão mais estreita. – Um outro desvio à competência genérica da *lex loci protectionis* resulta da aplicabilidade da lei que possuir a conexão mais estreita com a situação em apreço.

Consagra-a, por exemplo, o art. 93, § 2.º, do Código belga de Direito Internacional Privado[879].

Admite-se, assim, que o próprio julgador determine, em função das circunstâncias do caso concreto, a lei aplicável à titularidade dos direitos de propriedade industrial. O que está de acordo, por um lado, com a tendência contemporânea para o reconhecimento aos tribunais de maior liberdade na resolução dos conflitos de leis no espaço[880]; e, por outro, com a autonomização, no plano dos conflitos de leis, da questão da titularidade dos direitos intelectuais relativamente à do conteúdo da proteção concedida, que havíamos preconizado acima para o direito de autor.

Mais longe vai a proposta do *American Law Institute* de princípios sobre o tribunal competente, a lei aplicável e o reconhecimento de sentenças em matéria de propriedade intelectual. Nos termos do § 321 (1) desse texto, a que já nos referimos[881], a regra da territorialidade não se aplicará, pelo que respeita à existência, validade, duração, atributos e violação de direitos registados, assim como às sanções pela respetiva violação, sempre que a atividade ilícita tiver caráter ubíquo e forem invocadas as leis de diversos Estados. Nestas hipóteses, deve aplicar-se a lei de um Estado que tenha uma *conexão estreita* com o litígio, evidenciada quer pela residência das partes, quer pelo centro da relação entre elas, caso exista, quer ainda pelo âmbito das atividades e do investimento das partes ou pelos principais mercados para os quais dirigem as suas atividades.

Outras disposições, de âmbito genérico, permitem aos julgadores, em diversos sistemas jurídicos europeus, corrigir o funcionamento das regras de conflitos de

[879] Que dispõe: «Toutefois, la détermination du titulaire originaire d'un droit de propriété industrielle est régie par le droit de l'État avec lequel l'activité intellectuelle présente les liens les plus étroits. Lorsque l'activité a lieu dans le cadre de relations contractuelles, il est présumé, sauf preuve contraire, que cet État est celui dont le droit est applicable à ces relations».

[880] Tendência essa de que demos notícia, mais pormenorizadamente, no nosso *Da responsabilidade pré-contratual em Direito Internacional Privado*, cit., pp. 534 e ss., onde se compendiam igualmente outras referências bibliográficas sobre o tema.

[881] Cfr. *supra*, § 15.º/I, alínea *d)*.

fonte legal, aplicando à situação privada internacional uma lei que com ela possua uma *conexão mais estreita* do que aquela que em princípio lhe seria aplicável[882].

Tais *cláusulas de exceção* não são porém inteiramente pacíficas na doutrina, dada a incerteza que potencialmente geram na disciplina das situações privadas internacionais[883]. Eis por que, de um modo geral, o recurso a elas só é admitido em casos excecionais e se for manifesto que existe uma conexão mais estreita com uma lei diversa da que é designada pela regra de conflitos[884].

Por outro lado, parece de excluir que tais cláusulas possam operar em prejuízo dos objetivos de política legislativa visados por certas regras de conflitos, como a tutela da parte mais fraca na relação jurídica e a salvaguarda de interesses públicos ligados ao funcionamento da economia: em boa verdade, o campo de eleição destas cláusulas deverá ser tão-somente o das regras de conflitos que se fundam, elas próprias, numa ideia de *proximidade*[885] e, reflexamente, na *tutela da confiança* dos interessados. Tão-pouco se nos afigura admissível que, por via de uma cláusula de exceção, um Estado possa eximir-se a compromissos internacionais por si assumidos no tocante à solução dos conflitos de leis no espaço.

Ora, as regras de conflitos que submetem os direitos privativos da propriedade industrial à *lex loci protectionis* visam, em última análise, preservar a ordenação imperativa das relações de concorrência vigente no território de cada Estado. Por outro lado, a competência dessa lei deriva também dos instrumentos internacionais e comunitários sobre a matéria. Parece assim muito limitada

[882] Cfr., por exemplo, o art. 15, n.º 1, da Lei Federal suíça de Direito Internacional Privado, que dispõe, sob a epígrafe *cláusula de exceção*: «Le droit désigné par la présente loi n'est exceptionnellement pas applicable si, au regard de l'ensemble des circonstances, il est manifeste que la cause n'a qu'un lien très lâche avec ce droit et qu'elle se trouve dans une relation beaucoup plus étroite avec un autre droit». Contêm regras análogas o art. 3082 do Código Civil do Québec e o art. 19 do Código belga de Direito Internacional Privado.

[883] Cfr. Wilhelm Wengler, «L'évolution moderne du droit international privé et la prévisibilité du droit applicable», *RCDIP*, 1990, pp. 657 ss. (pp. 666 ss.).

[884] Vejam-se sobre o tema: César Dubler, *Les clauses d'exception en droit international privé*, Genebra, 1983; Dimitra Kokkini-Iatridou (org.), *Les clauses d'exception en matière de conflits de lois et conflits de juridiction – ou le principe de proximité*, Dordrecht/Boston/Londres, 1994; Rui de Moura Ramos, «Les clauses d'exception en matière de conflits de lois et de conflits de juridictions – Portugal», *in Das Relações Privadas Internacionais. Estudos de Direito Internacional Privado*, Coimbra, 1995, pp. 295 ss.; *idem*, «Previsão normativa e modelação judicial nas convenções comunitárias relativas ao Direito Internacional Privado», *in Estudos de Direito Internacional Privado e de Direito Processual Civil Internacional*, Coimbra, 2002, pp. 209 ss.; e Maria João Matias Fernandes, *A cláusula de desvio no Direito de Conflitos. Das condições de acolhimento da cláusula de desvio geral no Direito português*, Coimbra, 2007.

[885] Ver, sobre o ponto, Paul Lagarde, «Le principe de proximité dans le droit international privé contemporain. Cours général de droit international privé», *Rec. cours*, vol. 196 (1986-I), pp. 9 ss.

a possibilidade de se afastar a aplicabilidade da *lex protectionis* com base nas cláusulas em apreço.

f) Problemas de concretização do elemento de conexão: sinais distintivos. – A determinação do conteúdo concreto do elemento de conexão das regras de conflitos que remetem para a lei do *locus protectionis* suscita particulares dificuldades quando a utilização de sinais distintivos por elas pressuposta é feita num sítio da Internet.

Sendo, por exemplo, uma marca aposta em produtos ou serviços oferecidos em rede, onde deve ter-se a mesma por utilizada? No país onde se situa o servidor através do qual aquele sítio é colocado à disposição do público? Em todos os países onde o mesmo fique acessível ao público? Ou apenas naqueles que sejam visados pelo titular do sítio? Foi justamente este o problema que se pôs no caso *Maritim*, a que fizemos referência acima[886].

A primeira resposta é insatisfatória, pelos riscos que acarreta de *deslocalização das atividades em linha*, que podem facilmente ser desenvolvidas a partir de países onde a proteção da propriedade intelectual é escassa ou inexistente.

Mas se fosse exata a resposta mencionada em segundo lugar, a ubiquidade da Internet e o seu âmbito quase universal poriam irremediavelmente em causa a repartição de espaços físicos de utilização dos bens intelectuais que antes do seu advento era proporcionada pelo princípio da territorialidade: toda a utilização de um sinal distintivo na Internet pelo seu titular legítimo em certo país interferiria potencialmente com os monopólios de que outros sujeitos porventura fossem titulares sobre o mesmo sinal, ou sobre sinais semelhantes, noutros países. O utilizador do sinal na Internet ver-se-ia obrigado a conformar-se com as leis de todos os países a partir dos quais houvesse acesso à Internet; o que seria manifestamente excessivo, pela inibição que provocaria de toda a publicitação de bens ou serviços em linha e, de modo mais genérico, do comércio eletrónico.

Eis por que, para se poder ter como aplicável a lei de certo país à utilização de um sinal distintivo usado num sítio da Internet, não deve bastar a simples *acessibilidade* a este; há de ainda exigir que se verifiquem circunstâncias adicionais, que permitam concluir que o sítio Internet em causa se *dirige ao público local*, induzindo-o a adquirir os bens ou serviços distinguidos através do sinal em questão.

Apurada a lei aplicável, caberá determinar à luz desta se ocorreu uma violação do direito sobre sinal.

[886] Cfr. *supra*, § 1.º/III, alínea *b)*.

Ora, a aptidão de um sinal distintivo para desempenhar as suas funções no território de certo país não é necessariamente posta em causa pelo facto de um sinal idêntico ou semelhante ser utilizado num sítio Internet acessível a partir dele, ainda que para distinguir produtos ou serviços iguais ou afins, desde que esse sinal não seja utilizado para promover produtos ou serviços comercializados ou a comercializar neste país.

Vale isto por dizer que a utilização de um sinal distintivo de comércio na Internet apenas deve ser assimilada à utilização desse sinal no território de determinado país se aí tiver, ou for suscetível de ter, *efeitos comerciais* («market impact rule»). Na determinação destes efeitos, hão de ter-se em conta todas as circunstâncias relevantes do caso, com destaque para o facto de o utilizador do sinal ter em curso ou em preparação atividades comerciais nesse país, tendo por objeto produtos ou serviços idênticos ou similares àqueles para os quais o sinal é utilizado na Internet («doing business»).

Foi esta, no essencial, a solução do problema preconizada na *Recomendação Conjunta Relativa a Disposições Sobre a Proteção de Marcas e Outros Direitos de Propriedade Industrial Sobre Sinais na Internet,* adotada pela Assembleia Geral da União de Paris e pela Assembleia Geral da OMPI em 2001[887]. Dispõe, com efeito, o art. 2 desse texto:

> «A utilização de um sinal na Internet é assimilada à utilização deste sinal num Estado membro para os efeitos das presentes disposições sob reserva de essa utilização ter incidências comerciais neste Estado nas condições indicadas no artigo 3.»[888]

Na aferição dos referidos efeitos comerciais são igualmente atendíveis, de acordo com este texto, o nível e a natureza da atividade comercial do utilizador no referido país, em cuja aferição importará verificar, nomeadamente, se o utilizador: *a)* Presta efetivamente serviços a clientes que se encontrem nesse país ou mantém relações comerciais com pessoas que se encontrem nele; *b)*

[887] Cujo texto se encontra disponível em http://www.wipo.int. Sobre a *Recomendação*, vejam-se: Graeme B. Dinwoodie, *Private International Aspects of the Protection of Trademarks*, Genebra, 2001 (polic.), pp. 45 ss.; Ángel García Vidal, «A Recomendação Conjunta da União de Paris e da OMPI sobre a Proteção das Marcas e outros Direitos de Propriedade Industrial sobre Sinais na Internet», *SI*, 2003, pp. 317 ss.; e Annette Kur, «Trademark Conflicts on the Internet: Territoriality Redifined?», *in* Jürgen Basedow/Josef Drexl/Annette Kur/Axel Metzger (orgs.), *Intellectual Property in the Conflict of Laws. Heading for the Future,* Tubinga, 2005, pp. 175 ss.

[888] «L'utilisation d'un signe sur l'Internet est assimilée à l'utilisation de ce signe dans un État membre aux fins des présentes dispositions sous réserve que cette utilisation ait des incidences commerciales dans cet État dans les conditions indiquées à l'article 3».

Declarou não ter a intenção de fornecer os seus produtos ou serviços a clientes que se encontrem nesse país e se conforma com essa declaração; *c)* Oferece serviços de pós-venda nesse país; *d)* Tem em curso nesse país outras atividades comerciais relacionadas com o uso do sinal na Internet, mas que não sejam levadas a cabo através da Internet.

Para o mesmo efeito, haverá ainda que atender à conexão da oferta de produtos ou serviços pela Internet com o país em questão, resultante, *v.g.*, de os produtos ou serviços oferecidos ou prestados poderem ser nele fornecidos legalmente ou de os preços estarem indicados na moeda local.

Outrossim, manda-se tomar em consideração a conexão entre a forma pela qual o sinal é utilizado na Internet e o país em causa, *v.g.*, por o sinal ser utilizado conjuntamente com meios de contacto interativos acessíveis aos utentes da Internet nesse país; por o utilizador ter indicado meios de contacto nesse país; por o sinal ser utilizado em conexão com um nome de domínio de primeiro nível correspondente a esse país; por o texto utilizado conjuntamente com o sinal estar num idioma desse país; ou por o sinal ser utilizado conjuntamente com um sítio Internet que haja sido efetivamente visitado por utentes da Internet que se encontrem nesse país.

Por último, deve ser ponderada, na aferição dos mencionados efeitos, a circunstância de o uso do sinal na Internet se fundar num direito atribuído pelo país em questão ou de, ao invés, constituir um aproveitamento indevido do caráter distintivo ou da reputação do sinal objeto desse direito ou de o afetar injustificadamente.

Da *Recomendação* resulta, em suma, que, para se poder ter como juridicamente verificada em certo país a utilização de um sinal distintivo usado num sítio da Internet, não basta a simples *acessibilidade* a este sítio; é ainda necessário que se verifiquem circunstâncias adicionais, que permitam concluir pela existência de *repercussões económicas* da utilização em causa nesse país.

Observe-se que, ainda que a referida utilização do sinal distintivo possa ter-se como verificada, de acordo com os critérios atrás enunciados, quando o utilizador da marca em causa for titular de um direito sobre uma marca idêntica ou semelhante destinada a assinalar os mesmos produtos ou serviços noutro país (hipótese em que ocorre um *conflito de direitos*), não haverá responsabilidade civil, de acordo com a *Recomendação Conjunta*, se não estiverem preenchidos os requisitos adicionais que examinaremos adiante[889].

As orientações fixadas neste texto não têm, como é bom de ver, caráter vinculativo. Alguns caracterizam-nas como expressões da denominada *soft law*, decorrendo a sua eficácia, fundamentalmente, da circunstância de serem

[889] Ver *infra*, § 17.º/I, alínea *j)*.

expressão de um consenso internacional sobre a matéria de que se ocupam. Por outro lado, tais orientações não visam diretamente os conflitos de leis no espaço[890]; mas nada impede que os tribunais as tomem em consideração na interpretação e aplicação das regras de conflitos de leis vigentes.

Pode ver-se na decisão proferida pelo Tribunal Federal alemão sobre o caso *Hotel Maritime* uma aplicação das orientações fixadas pela União de Paris e pela OMPI na *Recomendação* em apreço[891].

Naquele caso, cuidava-se de saber, como referimos, se podia ter-se por violado o direito à marca «Maritim», registada na Alemanha a favor do proprietário de uma cadeia de hotéis situados neste país, em virtude da divulgação num sítio Internet de publicidade referente ao hotel «Maritime» situado em Copenhaga, na Dinamarca. Fazendo-se eco da doutrina fixada na *Recomendação,* o Tribunal Federal declarou que nem toda a utilização de sinais distintivos na Internet está submetida às disposições da ordem jurídica alemã respeitantes à proteção desses sinais contra atos de confusão. De outro modo, dar-se-ia um alargamento desmesurado da proteção dos sinais distintivos nacionais e – em contradição com a liberdade de prestação de serviços consignada no art. 49.º do Tratado da Comunidade Europeia – uma restrição desproporcionada da possibilidade de autopromoção das empresas estrangeiras. Concomitantemente, ocorreria uma enorme restrição das possibilidades de utilização de sinais distintivos na Internet, pois os titulares de direitos sobre sinais conflituantes protegidos nos diferentes países poderiam exigir reciprocamente a abstenção do respetivo uso independentemente da situação de prioridade. A aplicação do Direito dos sinais distintivos a tais casos não poderia conduzir a que qualquer oferta de serviços estrangeiros feita num sítio Internet acessível a partir do território alemão desse origem, em caso de risco de confusão, a pretensões nele fundadas. Seria ainda necessário que essa oferta possua uma *conexão económica suficiente com o território nacional* («hinreichende wirtschaftlich relevante Inlandsbezug»).

Ora, os efeitos económicos da publicidade e da oferta de serviços feitas pela ré, relativamente ao seu hotel sito em Copenhaga, sobre a atividade económica da autora na Alemanha seriam, segundo o tribunal, insignificantes. Eis por que foi rejeitada a ocorrência, na espécie decidenda, de uma violação do direito à marca «Maritim» registada na Alemanha.

Pode ver-se um ensaio de codificação desta jurisprudência no art. 3:602(1) dos *Princípios CLIP,* que estabelecem, sob a epígrafe *de minimis rule,* o seguinte limite

[890] Cfr. a nota 0.04 ao preâmbulo da *Recomendação.*

[891] Cfr. *Bundesgerichtshof,* decisão de 13 de outubro de 2004, *GRUR Int.*, 2005, pp. 433 ss. Consulte-se também a decisão do *Oberlandesgericht Hamburg* de 2 de maio de 2002 sobre o mesmo caso, *in MMR,* 2002, pp. 822 ss. Ver, sobre ambas as decisões, *supra,* § 1.º/III, alínea *b).*

à aplicação da *lex loci protectionis* em caso de violação de um direito intelectual (prevista no art. 3:601[892]):

> «A court applying the law or the laws determined by Article 3:601 shall only find for infringement if (a) the defendant has acted to initiate or further the infringement in the State or the States for which protection is sought, or (b) the activity by which the right is claimed to be infringed has substantial effect within, or is directed to the State or the States for which protection is sought.»

Procura-se assim prevenir, como o inculca a epígrafe do preceito, a aplicação da lei de um Estado a título de *lex loci protectionis* quando os efeitos da alegada infração de um direito intelectual no mercado local sejam mínimos.

g) Continuação: patentes. – Também quanto à determinação do lugar de violação do direito à patente se suscitam hoje complexos problemas.

Entre os atos suscetíveis de consubstanciarem essa violação incluem-se o oferecimento e a publicitação de produtos patenteados por um terceiro sem a autorização deste. Quando estes atos sejam praticados em linha, levanta-se o problema de saber onde devem os mesmos ter-se por verificados. Tal como sustentámos a respeito dos problemas paralelos suscitados em matéria de direito de autor e de direito à marca, afigura-se-nos insuficiente para que essa violação possa ser tida como praticada em certo país a *simples acessibilidade* a partir dele da informação disponibilizada em rede: deve ainda exigir-se, para esse efeito, uma *conexão suficiente* do ponto de vista económico entre a informação em causa e o país para cujo território a proteção é reclamada, a aferir em face das circunstâncias de cada caso.

Não menos difíceis são os problemas postos pela determinação do lugar da utilização não autorizada de uma invenção patenteada quando esta consista num sistema integrado por diversos componentes, que se encontrem dispersos por vários países. Foi desta índole o problema suscitado nos Estados Unidos pelo caso *NTP, Inc., v. Research in Motion, Ltd.*, julgado pelo Tribunal de Apelação do Circuito Federal em 2005[893]. Curava-se na espécie de saber se haviam sido infringidas naquele país as patentes de que a autora, uma sociedade sedeada nos Estados Unidos, aí era titular, as quais tinham por objeto diversos inventos utilizados pela ré, uma sociedade com sede no Canadá, sem o seu consentimento,

[892] Cfr. *infra*, § 16.º/I, alínea *b)*.

[893] 418 F.3d 1282. Veja-se, sobre essa decisão, Bridget A. O'Leary Smith, «*NTP, INC. v. RESEARCH IN MOTION, LTD.*: Losing Control and Finding the Locus of Infringing Use», *Jurimetrics*, 2005, pp. 437 ss.

na criação do sistema de acesso móvel ao correio eletrónico denominado *Blackberry*. Este compreende um aparelho portátil, que permite o envio e a receção de comunicações eletrónicas pelo utilizador do sistema, e um dispositivo de comutação (*relay*) dessas comunicações, que permite reencaminhá-las de um sistema fixo para uma rede sem fios e desta para o aparelho portátil, e vice-versa. Ora, aquele aparelho era comercializado pela ré nos Estados Unidos, mas o dispositivo de comutação em causa localizava-se no Canadá. Tal a razão por que, segundo a ré, não estaria preenchida no caso vertente a previsão do § 271 (a) do *Patent Act* norte-americano, nos termos do qual «salvo disposição em contrário constante deste título, viola a patente quem, sem para tal estar autorizado, fabricar, usar, oferecer para venda ou vender qualquer invenção patenteada dentro dos Estados Unidos ou importar para os Estados Unidos qualquer invenção patenteada durante a duração desta»[894]. Para o tribunal, o critério decisivo na determinação do lugar da infração seria, no entanto, o do *controlo e uso benéfico* («control and beneficial use») do sistema; e este seria exercido, na espécie, em território americano, visto que era aí que os clientes da ré localizados nos Estados Unidos controlavam a transmissão da informação e beneficiavam do intercâmbio desta. Bem se compreende esta solução: a não ser assim, a violação de patentes seria excessivamente facilitada, pois bastaria ao infrator levar a cabo uma parte da sua conduta fora do território do Estado que as concedeu – o que hoje é particularmente fácil no tocante a sistemas informáticos – para ficar exonerado de toda a responsabilidade. As funções do sistema de patentes ligadas à promoção da inovação seriam assim defraudadas. A referida decisão operou reflexamente um certo alargamento do escopo territorial das patentes norte-americanas, ao admitir que estas podem também ser infringidas quando um *elemento crítico* de um sistema patenteado se encontre localizado fora dos Estados Unidos. Esta forma atenuada de extraterritorialidade parece, todavia, inevitável num quadro de integração dos mercados e de superação das fronteiras pelas novas tecnologias da informação e da comunicação.

Mais longe ainda na admissão da extraterritorialidade do Direito das Patentes foi a Cassação italiana na decisão proferida em 2003 no caso *Omeprazol*[895]. Curava-se na espécie de determinar se podiam considerar-se compreendidos no conceito de *atuar a invenção* («attuare l'invenzione») – consignado no art. 2584, n.º 1, do Código Civil italiano e no art. 1, n.º 1, do Decreto de 29 de junho de 1929, relativo às patentes de invenção, como direito exclusivo do titular da

[894] «Except as otherwise provided in this title, whoever without authority makes, uses, offers to sell, or sells any patented invention, within the United States or imports into the United States any patented invention during the term of the patent therefor, infringes the patent».

[895] Cfr. a sentença de 3 de abril de 2003, caso *Omeprazol (Aktiebolaget Hassle c. Effechem S.r.l.)*, *GRUR Int.*, 2004, pp. 876 ss.

patente – certos atos de intermediação levados a cabo pela ré, uma sociedade sedeada em Milão, tendentes à celebração entre empresas estabelecidas fora da Europa de contratos de compra e venda do medicamento com aquela designação, sobre o qual recaía uma patente europeia, concedida também para a Itália, de que era titular a autora, uma sociedade sedeada na Suécia. Os produtos em questão não haviam sido importados para Itália, nem dela foram exportados; e nenhum contrato a eles respeitante foi aí celebrado. Por outro lado, a patente da autora não se estendia ao país de origem desses produtos nem ao de destino dos mesmos. Não obstante isso, o tribunal considerou que a atuação da ré integrava o referido conceito da lei italiana, visto que nele se compreenderiam, no seu entender, todos os atos tendentes a extrair vantagens comerciais da invenção.

h) Problemas de qualificação: direitos de exploração económica da imagem. – Suscitam-se ainda dúvidas a respeito da lei aplicável aos exclusivos de exploração económica da imagem pessoal consagrados nos sistemas jurídicos de diversos países e hoje amplamente utilizados para efeitos publicitários[896].

Nos Estados Unidos, sobressai neste âmbito o denominado *right of publicity* criado pela jurisprudência. Em Portugal, a lei consagra em benefício dos praticantes desportivos e do coletivo dos praticantes um direito de utilização económica da sua imagem pública ligada à prática desportiva[897].

Na falta de uma regra de conflitos que se ocupe especificamente desta matéria, coloca-se o problema de saber se esses direitos são subsumíveis às regras de conflitos respeitantes à propriedade intelectual ou se caberão antes na previsão das que têm por objeto os direitos de personalidade. Tal como fizemos relativamente à questão homóloga que se suscita a propósito do direito moral de autor[898], também aqui havemos de basear a nossa resposta a este problema de qualificação num *critério funcional*.

Consideremos antes de mais o *right of publicity*. Este é definido como o direito de proibir a exploração não autorizada por terceiros do valor comercial do nome ou da aparência de uma pessoa[899]. A jurisprudência norte-americana

[896] *Vide*, sobre esta matéria, Horst-Peter Götting, *Persönlichkeitsrechte als Vermögensrechte*, 1995; J. Thomas McCarthy, *The Rights of Publicity and Privacy*, 2.ª ed., St. Paul, Minnesotta, 2000; e, na literatura portuguesa, David Festas, *Do conteúdo patrimonial do direito à imagem. Contributo para um estudo do seu aproveitamento consentido e inter vivos*, Coimbra, 2009; e Elsa Dias Oliveira, *Da responsabilidade civil extracontratual por violação de direitos de personalidade em Direito internacional Privado*, Coimbra, 2012, pp. 104 ss.

[897] Cfr. o art. 10.º da Lei n.º 28/98, de 26 de junho.

[898] Cfr. *supra*, § 15.º/I, alínea *i)*.

[899] Cfr. Charles R. McManis, *Intellectual Property and Unfair Competition*, cit., p. 280; Roger E. Schechter, *Intellectual Property*, cit., pp. 238 ss.

caracteriza-o como um *property right* análogo ao direito de autor e ao direito sobre a patente de invenção. Submete, por isso, a respetiva violação às regras do *tort of misappropriation*[900] e não às que regulam a *invasion of privacy*[901]. Na Califórnia, a lei consagra expressamente a sua transmissibilidade por morte[902]. O mesmo admite a jurisprudência de outros Estados norte-americanos. A favor de semelhante solução invoca-se, além do mais, a *social policy* subjacente ao direito em causa: a promoção da iniciativa privada e da criatividade[903].

Ainda que (como nos parece) o *right of publicity* não possa ser caracterizado como um direito intelectual, deve, à luz das finalidades que subjazem ao seu acolhimento no sistema jurídico norte-americano, submeter-se ao princípio da territorialidade. Assim, por exemplo, um artista de cinema francês cujo retrato seja utilizado nos Estados Unidos para efeitos publicitários sem autorização poderá demandar o respetivo utilizador com fundamento na violação do seu *right of publicity*, não obstante esse direito não se encontrar consagrado no Direito francês.

Vejamos agora o direito de exploração económica da imagem dos desportistas consagrado na lei portuguesa. Também este dificilmente pode ser caracterizado como um direito intelectual. Como se deixou dito acima, os direitos intelectuais são exclusivos de aproveitamento económico de certos bens incorpóreos: as *criações do espírito*, consistentes em obras literárias ou artísticas, sinais distintivos, inventos, etc. Distingue-os não só o facto de serem independentes do *corpus mechanicum* que porventura lhes sirva de suporte material, mas também a circunstância de, após a sua criação, se separarem de quem os gerou, objetivando-se e tornando-se suscetíveis de fruição por terceiros[904]. Ora, não é isto o que sucede com o referido direito dos praticantes desportivos. O seu objeto não é apenas uma *projeção da personalidade*, como a obra literária ou artística, mas *uma faceta dela*: a imagem. Significará isso que deve ser caracterizado como um direito de personalidade,

900 Sobre o qual pode ver-se *Prosser and Keeton on the Law of Torts*, cit., pp. 1020 ss.

901 Cfr. a decisão proferida pelo Supremo Tribunal dos Estados Unidos no caso *Zacchini v. Scripps-Howard Broadcasting Co.*, 433 U.S. 562 (1977). Discutia-se na espécie a proteção devida à execução pública por um artista de um ato designado por «bala de canhão humana» (*human cannonball*), que fora integralmente filmado e difundido por uma estação de televisão sem autorização prévia daquele. Para o Supremo Tribunal dos Estados Unidos, o interesse público que justificaria o reconhecimento, em situações deste tipo, de um *right of publicity* seria análogo ao que domina o Direito das Patentes e o Direito de Autor, não se reconduzindo, por isso, à proteção dos seus sentimentos ou da sua reputação.

902 *Civil Code of California*, secção 3344.1.

903 Assim, McManis, ob. cit., p. 282.

904 Neste sentido, Oliveira Ascensão, *Direito Civil. Teoria geral*, vol. I, Coimbra, 1997, p. 324.

sujeito, como tal, à lei pessoal do seu titular? Também não nos parece[905]. Por um lado, porque, além de não ser inato, lhe falta o conteúdo ético próprio dos direitos de personalidade[906]: o seu escopo precípuo não é a salvaguarda da dignidade da pessoa humana, mas antes o controlo da exploração económica de um bem. Por outro, porque não se encontra submetido às restrições em matéria de transmissão *inter vivos* que valem para os direitos de personalidade: nem a lei as estabelece, nem a prática se conforma com elas[907]. O direito de aproveitamento económico da imagem dos desportistas é, assim, um exclusivo *sui generis*, de fonte legal. As normas que o consagram não são, por conseguinte, reconduzíveis ao art. 27.º do Código Civil; e o seu âmbito espacial de aplicação não se define em razão da lei pessoal do seu titular. Esse direito, como qualquer exclusivo, por isso que constitui uma restrição à liberdade, tem necessariamente *caráter excecional*; ele só existe se na medida em que o justifique o *interesse social*. Mas semelhante valoração apenas a lei do Estado para cujo território se reclama a proteção do direito tem legitimidade para fazê-la. Esta a razão por que se nos afigura dever estender-se a esta matéria, que o Direito de Conflitos vigente não contempla expressamente, a competência da *lex loci protectionis*[908].

i) Limites à aplicação da lei competente. – Pelo que respeita aos direitos industriais, valem, *mutatis mutandis*, os limites de ordem geral à aplicação da lei competente a que fizemos referência acima, a propósito do direito de autor.

Entre esses limites sobressai a *cláusula de reciprocidade*, consagrada tanto no Direito francês como no português pelo que respeita aos nacionais de Estados que não sejam partes da Convenção de Paris nem da Organização Mundial de Comércio[909], e bem assim no Regulamento (CE) n.º 40/94 sobre a marca comunitária[910]; e as normas que, em derrogação da cláusula *telle quelle*, preveem a

[905] Em sentido diverso veja-se, porém, Elsa Dias Oliveira, *Da responsabilidade civil extracontratual por violação de direitos de personalidade em Direito internacional Privado*, cit., p. 312; *idem*, «A relevância do *right of publicity* no âmbito da propriedade intelectual», *in* Dário Moura Vicente *et al.* (coordenadores), *Estudos de Direito Intelectual em Homenagem ao Prof. Doutor José de Oliveira Ascensão*, Coimbra, Almedina, 2015, pp. 209 ss. (pp. 228 ss.).

[906] Assim, Oliveira Ascensão, *op. cit.*, p. 108.

[907] Veja-se, por exemplo, o art. 38.º, n.º 2, do *Contrato Coletivo de Trabalho celebrado entre a Liga de Futebol Profissional e o Sindicato dos Jogadores Profissionais de Futebol*, segundo o qual: «O direito de uso e exploração da imagem do jogador compete ao próprio no plano meramente individual, podendo este ceder esse direito ao clube ao serviço do qual se encontra durante a vigência do respetivo contrato».

[908] Sustentado, porém, a aplicabilidade da lei designada pelo art. 27.º do Código Civil

[909] Haja vista aos arts. L.-511-11, L. 611-1, 3.º §, e L. 712-11 do Código da Propriedade Intelectual francês e 3.º, n.º 3, do Código da Propriedade Industrial português.

[910] Art. 5.º, n.º 1, alínea *d)*.

recusa do registo de marcas regularmente registadas no país de origem ofensivas da moral ou da ordem pública, entre as quais se destaca o art. 6.º *quinquies*, B), n.º 3, da Convenção de Paris.

Não menos relevantes são, neste domínio, as *normas internacionalmente imperativas*. Com efeito, também em matéria de marcas essas normas são suscetíveis de impedir o reconhecimento de direitos de propriedade intelectual atribuídos pela lei aplicável e até por convenções internacionais. O problema pôs-se recentemente no caso *Empresa Cubana del Tabaco v. Culbro,* julgado em 2005 nos Estados Unidos pelo Tribunal de Apelação para o 2.º Circuito[911]. Debatia-se aí a titularidade da marca de charutos «COHIBA», registada nos Estados Unidos a favor da ré, uma empresa sedeada neste país, mas que a autora, a empresa nacional de tabacos de Cuba, pretendia ver-lhe reconhecida ao abrigo do art. 6.º-*bis* da Convenção de Paris, o qual, como vimos, consagra a proteção além-fronteiras da marca notória. O tribunal não questionou a aplicabilidade ao caso desta disposição, nem que a marca em causa, registada em Cuba a favor da autora, fosse notoriamente conhecida nos Estados Unidos antes do seu registo neste país a favor da ré. Não obstante isso, julgou improcedente a pretensão da autora, por entender que as normas norte-americanas relativas ao embargo decretado contra Cuba (*Embargo Regulations*) a impediam de adquirir direitos de propriedade nos Estados Unidos.

Releva por fim, nesta matéria a *reserva de ordem pública internacional.* Ao abrigo desta, pode ser recusado o reconhecimento de efeitos no Estado do foro a patentes atentatórias da dignidade da pessoa humana, como, por exemplo, as que tenham por objeto processos de clonagem de seres humanos. E pode também ser recusada nesse Estado, com o mesmo fundamento, a aplicação de disposições da *lex loci protectionis* que neguem ao inventor certos direitos pessoais, nomeadamente o de ser mencionado como tal na patente.

III – Direitos *sui generis*

a) Topografias de produtos semicondutores. – Também os direitos *sui generis* sobre topografias de produtos semicondutores têm âmbito territorial. Di-lo expressamente o Código da Propriedade Industrial português, em cujo art. 164.º, n.º 1, se estabelece que o registo da topografia confere ao seu titular o direito ao uso exclusivo desta «em todo o território português», produzindo, fabricando, vendendo ou explorando essa topografia, ou os objetos a que ela se aplique.

[911] 399 F. 3d 462.

Bem se compreende que assim seja: tal como os direitos privativos da propriedade industrial atrás examinados, o direito de exclusivo atribuído ao titular da topografia constitui uma concessão do Estado, efetuada através de um ato administrativo, cujo âmbito espacial de eficácia deve em princípio coincidir com o território sobre o qual o mesmo exerce poderes de soberania.

Não existem, contudo, nem na Convenção de Washington, nem na Diretiva 87/54/CEE, nem nas leis que a transpuseram para os sistemas jurídicos nacionais dos Estados-Membros da União Europeia, regras especiais sobre a determinação da lei aplicável às topografias dos produtos semicondutores. Dada a proximidade desta figura relativamente aos inventos protegidos por patentes, em especial dada a exigência de registo ou depósito como condição da sua proteção, devem considerar-se aplicáveis nesta matéria as regras de conflitos comuns. Os direitos sobre topografias encontram-se, assim, submetidos à lei do país para cujo território é pedida a respetiva proteção.

Valem, por outro lado, relativamente às topografias limitações análogas às que referimos acima a propósito da aplicação da *lex loci protectionis* aos direitos privativos da propriedade industrial. Está neste caso a *reserva de reciprocidade* pelo que respeita à proteção das topografias de que sejam titulares cidadãos ou pessoas coletivas estrangeiras. Com efeito, na União Europeia o direito de proteção das topografias aplica-se apenas, nos termos do art. 3.º da Diretiva 87/54/CEE: *a)* Às pessoas singulares nacionais de um Estado-Membro ou que possuam nele a sua residência habitual; *b)* Às sociedades ou outras pessoas coletivas que tenham um estabelecimento comercial ou industrial num Estado-Membro; e *c)* Às demais pessoas que explorem pela primeira vez num Estado-Membro uma topografia que ainda não tenha sido explorada comercialmente em qualquer outra parte do mundo e tenham obtido da pessoa habilitada a fazê-lo uma autorização de exploração comercial exclusiva da topografia na Comunidade.

Relativamente às demais pessoas, os Estados-Membros são livres, segundo a Diretiva, de estabelecer as condições de proteção das topografias, podendo subordiná-la ao disposto em convenções bilaterais ou multilaterais ou à exigência de reciprocidade. É o que faz, por exemplo, o Código da Propriedade Intelectual francês[912].

[912] Cfr. o art. L. 622-2, § 2.º, nos termos do qual: «Les personnes, autres que celles visées au paragraphe précedent, sont admises au bénéfice du présent chapitre sous reserve d'une constatation de réciprocité avec les pays dont elles sont ressortissantes ou dans lesqueles elles sont établies». No mesmo sentido dispunha, em Portugal, o art. 1.º, n.º 5, da Lei n.º 16/89, de 30 de junho, relativa à proteção jurídica das topografias dos produtos semicondutores. Com a integração do regime português das topografias no Código da Propriedade Industrial, passou a aplicar-se nesta matéria o disposto no art. 3.º desse Código, de cujo teor demos conta acima.

b) Bases de dados. – Um regime análogo acha-se consignado na Diretiva 96/9/ /CE, relativa à proteção jurídica das bases de dados, pelo que respeita ao direito *sui generis* do respetivo fabricante. Tal como a Diretiva 87/54/CEE, aquele ato europeu é omisso quanto à lei aplicável, devendo por isso aplicar-se aos direitos sobre bases de dados as regras de conflitos comuns em matéria de direito de autor, *maxime* a que atribui competência à *lex loci protectionis*[913].

O art. 11.º da Diretiva delimita, no entanto, com precisão o âmbito subjetivo dos beneficiários daquele direito. São eles: *a)* As pessoas singulares nacionais de Estados-Membros da União ou que tenham residência habitual no território da União; *b)* As sociedades e empresas constituídas nos termos do Direito de um Estado-Membro e que tenham a sua sede social, administração central ou estabelecimento principal na União; todavia se a sociedade ou empresa tiver apenas a sua sede social no território da União, a sua atividade deverá possuir uma ligação real e permanente com a economia de um dos Estados-Membros; *c)* Os demais fabricantes de bases de dados que sejam admitidos à proteção prevista na Diretiva em virtude de acordos celebrados pelo Conselho da União Europeia com os seus países de origem ou estabelecimento[914].

Os fabricantes de bases de dados que não satisfaçam estas condições apenas beneficiam do direito de se oporem à extração ou reutilização não autorizadas do conteúdo da base de dados se os respetivos países de origem proporcionarem uma proteção idêntica às bases de dados produzidas por nacionais ou residentes no território da União – ou seja, sob condição de *reciprocidade*[915]. O princípio do tratamento nacional não se aplica, por conseguinte, nesses casos. Sob o ponto de vista da sua conformidade com a Convenção de Berna, esta regra não suscita dificuldades especiais, porquanto não se trata aqui de direito de autor. Mais duvidosa é, porém, a sua compatibilidade com o Acordo TRIPS, que estende o referido princípio, no seu art. 3.º, n.º 1, à proteção da propriedade intelectual em geral.

A proteção *sui generis* consagrada nas normas da lei portuguesa sobre as bases de dados não criativas é dita, na epígrafe do art. 3.º do D.L. n.º 122/2000,

[913] Vejam-se, neste sentido, Fawcett/Torremans, *Intellectual Property and Private International Law*, cit., p. 736.

[914] Veja-se a transposição destas regras, no Direito francês, no art. L. 341-2, do Código da Propriedade Intelectual; no Direito inglês, na regra 18 das *Copyrights and Rights in Databases Regulations 1997*; e no Direito português, no art. 3.º do D.L. n.º 122/2000, de 4 de julho.

[915] Cfr., neste sentido, o considerando 56 do preâmbulo da Diretiva. No Direito português, a exigência de reciprocidade encontra-se formulada no art. 2.º, n.º 2, do D.L. n.º 122/2000, de 4 de julho, nos seguintes termos: «Não é, porém, reconhecida às bases de dados de origem estrangeira a proteção que, sendo atribuída pelo respetivo Estado às bases de dados de origem nacional, o não seja às bases de dados de origem portuguesa em igualdade de circunstâncias».

de aplicação imediata, sendo «reconhecida» em Portugal, de acordo com este preceito, às pessoas singulares com nacionalidade ou residência habitual nos países membros da União Europeia e às pessoas coletivas com sede, administração central ou estabelecimento principal na Comunidade, desde que estes elementos representem uma ligação efetiva e permanente com um dos Estados membros.

Supomos, porém, que nenhuma razão existe para que a reprodução não autorizada de uma base de dados não criativa beneficie imediatamente do regime *sui generis* consagrado na lei portuguesa, apenas porque o seu fabricante é um nacional ou residente na União Europeia ou uma pessoa coletiva com sede, administração central ou estabelecimento principal nela. Deverá ainda exigir-se, para tanto, que os atos de infração hajam sido praticados em Portugal – i. é, *que a proteção seja reclamada para o território nacional.*

Tal a interpretação que se nos afigura mais consentânea com o art 11.º da Diretiva 96/9/CE, que o preceito em apreço visa transpor: este último procurou tão-somente delimitar, através de uma norma de Direito dos Estrangeiros, o universo dos potenciais beneficiários do direito *sui generis*, e não regular os conflitos de leis no espaço no tocante à proteção a conferir a este direito.

Pode perguntar-se, para efeitos da determinação da lei aplicável (e, como se verá adiante, do tribunal competente), onde devem ter-se por verificados os atos de utilização de bases de dados protegidas ao abrigo dos Direitos nacionais dos Estados-Membros da União quando tenham lugar em linha. O Tribunal de Justiça da União Europeia teve a oportunidade de se pronunciar sobre esta questão no acórdão proferido em 18 de outubro de 2012 no caso *Football Dataco*[916].

Curava-se aí de uma situação em que as demandantes no processo principal, responsáveis pela organização dos campeonatos de futebol inglês e escocês, haviam reclamado das demandadas, uma sociedade constituída ao abrigo da legislação alemã que disponibilizava na Internet resultados, nomeadamente, de jogos de futebol da liga inglesa, e a respetiva sociedade mãe, uma indemnização pela alegada violação do direito *sui generis* de uma das demandantes sobre uma base de dados relativa aos referidos campeonatos. A primeira demandada obtinha os dados em causa, copiando-os da base dessa demandante para o seu servidor e transmitia-os em seguida ao público do Reino Unido através de um sítio da Internet por si gerido.

Perguntava-se a este respeito: *a)* Se o artigo 7.º da Diretiva 96/9, que define o conteúdo do direito *sui generis* sobre bases de dados, deveria ser interpretado no sentido de que esse envio de dados constituía um ato de «extração» ou de «reutilização» dos referidos dados para os efeitos desta disposição legal;

[916] Proc. C-173/11, ECLI:EU:C:2012:6,

e *b)* Em caso de resposta afirmativa, se se deveria considerar que esse ato teve lugar não apenas no Estado-Membro a partir do qual foi efetuado o envio, mas também no da situação dos respetivos destinatários.

O Tribunal declarou a este respeito:

> «O artigo 7.º da Diretiva 96/9/CE do Parlamento Europeu e do Conselho, de 11 de março de 1996, relativa à proteção jurídica das bases de dados, deve ser interpretado no sentido de que o envio por uma pessoa, através de um servidor *web* situado num Estado-Membro A, de dados previamente transferidos por essa pessoa a partir de uma base de dados protegida pelo direito *sui generis* previsto nesta mesma diretiva, para o computador de outra pessoa situada num Estado-Membro B, a pedido desta última, para efeitos de armazenamento na memória deste computador e de exibição no respetivo ecrã, constitui um ato de «reutilização» dos referidos dados pela pessoa que procedeu a esse envio. Importa considerar que este ato tem lugar, pelo menos, no Estado-Membro B, quando existam indícios que permitam concluir que o mesmo ato revela a intenção do seu autor de visar membros do público situados neste último Estado-Membro, o que compete ao órgão jurisdicional nacional apreciar.»

Os atos de reutilização *online* de informaç ão contida em bases de dados devem, assim, considerar-se praticados nos Estados-Membros *visados pelo utilizador*; o que implica a potencial aplicação distributiva de uma multiplicidade de leis a esses atos quando tenham lugar através da Internet.

c) Nomes de domínio. – Debalde se procurariam no Direito vigente regras de conflitos especiais relativas aos nomes de domínio. Trata-se de matéria que, não obstante os interesses públicos implicados na sua regulação, é fundamentalmente regida por instrumentos jurídicos de fonte privada, cuja aplicação depende da vontade dos interessados.

Em virtude do princípio *first come, first served* – que, como vimos, rege a atribuição de direitos sobre nomes de domínio – e do sistema de administração a que os mesmos se encontram submetidos[917], o exclusivo de utilização desses bens de que o seu titular beneficia tem um *escopo universal*, não se cingindo (como em princípio sucede com as marcas) ao território de determinado país.

Não pode, todavia, excluir-se a necessidade – que a jurisprudência recente evidencia – de recorrer também neste âmbito às regras estaduais que disciplinam a tutela dos direitos intelectuais. A determinação da lei aplicável há de então

[917] Cfr., sobre o ponto, *supra*, § 12.º/IV.

fazer-se na base das regras de conflitos comuns. O que pressupõe a caracterização, à luz da lei potencialmente aplicável, dos nomes de domínio e dos direitos subjetivos a eles referentes.

Na medida em que os primeiros possam dizer-se, *in casu*, verdadeiros sinais distintivos de comércio (como não raro tem sucedido), ser-lhes-á aplicável a lei do país para que é pedida a respetiva proteção, ou seja, onde tiveram lugar os atos de utilização.

Já pelo que respeita às relações contratuais entre os titulares de nomes de domínio e os respetivos provedores de serviços de registo, valem as regras de conflitos que examinaremos no parágrafo subsequente.

À alegada violação de direitos sobre marcas e outros bens intelectuais mediante a utilização de nomes de domínio devem igualmente aplicar-se as regras de conflitos comuns, mormente a que determina a aplicabilidade da *lex loci protectionis*.

É o que resulta, por exemplo, do *Lanham Trademark Act*[918]. Ao determinar a aplicação do Direito de Marcas dos Estados Unidos a uma ação intentada perante um tribunal norte-americano, respeitante a um nome de domínio administrado por um provedor de serviços de registo desses nomes estabelecido nos Estados Unidos, este diploma legal acolheu, na verdade, uma regra conforme com a *doutrina da territorialidade* em que se baseia o regime das marcas vigente naquele país[919].

d) Variedades vegetais. – A Convenção UPOV é omissa quanto à lei aplicável ao direito *sui generis* do obtentor vegetal nela previsto. A circunstância, porém, de se consagrar neste texto o princípio da *independência da proteção*[920], bem como o facto de aquele direito constituir de alguma sorte, como notámos oportunamente, um «direito vizinho» das patentes, justifica a nosso ver a aplicação, também nesta matéria, da *lex loci protectionis*.

[918] Cfr. *United States Code*, título 15, § 1114: «A domain name registrant whose domain name has been suspended, disabled, or transferred under a policy described under clause (ii) (II) may, upon notice to the mark owner, file a civil action to establish that the registration or use of the domain name by such registrant is not unlawful under this Act. The court may grant injunctive relief to the domain name registrant, including the reactivation of the domain name or transfer of the domain name to the domain name registrant».

[919] Cfr., neste sentido, a decsião proferida sobre o caso *Barcelona.com v. Excelentissimo Ayuntamiento de Barcelona* pelo United States Court of Appeals for the 4th Circuit, 330 F.3d 617 (2003).

[920] Cfr. o art. 10.º, n.º 3, que dispõe: «Nenhuma parte contratante pode recusar a concessão de um direito de obtentor ou limitar a sua duração pela razão de a proteção não ter sido pedida para a mesma variedade, ter sido recusada ou ter expirado num outro Estado ou organização intergovernamental».

Já pelo que respeita aos direitos comunitários relativos a variedades vegetais, os seus efeitos são, nos termos do n.º 3 do art. 97.º do Regulamento (CE) n.º 2100/94, exclusivamente determinados de acordo com as disposições deste ato comunitário[921].

Se aquele que criou ou descobriu e desenvolveu uma nova variedade vegetal for um assalariado, a titularidade daquele direito *sui generis* deve ser aferida, na linha da *conexão acessória* que preconizámos em matéria de direitos sobre invenções, à luz da lei reguladora do contrato de trabalho[922].

e) Conhecimentos tradicionais. – Não são fundamentalmente diversas das anteriores as regras que presidem à determinação da lei aplicável à tutela dos conhecimentos tradicionais.

Como se viu acima, essa tutela pode ser levada a efeito essencialmente de duas formas: por *via positiva*, mediante o reconhecimento de direitos *sui generis* ou de propriedade industrial sobre os conhecimentos em causa ou as invenções neles baseadas; ou por *via defensiva*, através de regras que limitem ou excluam o reconhecimento de direitos de propriedade industrial sobre tais conhecimentos ou invenções.

Ora, em ambos os casos valem plenamente as razões justificativas da atribuição de competência à *lex loci protectionis*: no primeiro, porque se trata, também aí, de direitos de exclusivo (ainda que não integráveis em qualquer das categorias tradicionais da propriedade intelectual) sobre a utilização e exploração de bens imateriais, cuja esfera de eficácia deve cingir-se, em princípio, ao território do Estado que os atribuiu; no segundo, porque está em causa a concessão de direitos de propriedade industrial, em princípio submetidos àquela lei.

A referência à *lex loci protectionis* não prejudica, todavia, a possibilidade de serem também aplicadas as regras (inclusive de fonte consuetudinária) que, no país de origem dos conhecimentos tradicionais em questão, disciplinam a titularidade dos direitos *sui generis* sobre estes[923].

921 À responsabilidade decorrente da violação do direito são, no entanto, aplicáveis as leis nacionais dos Estados-Membros: cfr. *infra*, § 17.º/I, alínea *f)*.

922 É o que determina o art. 11.º, n.º 4, do referido Regulamento, nos termos do qual: «Se o titular for um assalariado, o direito à proteção comunitária da variedade vegetal será determinado de acordo com a legislação nacional aplicável à relação de trabalho no âmbito da qual a variedade foi criada ou descoberta e desenvolvida».

923 Sobre o ponto, vejam-se Silke von Lewinski, «Final considerations», *in eiusdem* (org.), *Indigenous Heritage and Intellectual Property. Genetic Ressources, Traditional Knowledge and Folklore*, Haia/Londres/Nova Iorque, 2004, pp. 379 ss. (pp. 386 ss.); e Organização Mundial da Propriedade Intelectual, *Revised Provisions for the Protection of Traditional Knowledge*, Genebra, 2007, p. 50.

f) Expressões culturais tradicionais. – Estas diretrizes devem considerar-se, no essencial, extensivas à tutela das expressões culturais tradicionais. Também aqui está em causa, como vimos, o reconhecimento de direitos de exclusivo sobre bens intelectuais, aos quais é de aplicar, em princípio, a *lex loci protectionis*. Mas também nesta matéria são de admitir certos desvios a favor da *lex originis*.

Prevê-o, desde logo, a própria Convenção de Berna, cujo art. 15, n.º 4, alínea *a)* – nela introduzido em 1971, a fim de satisfazer certas preocupações então expressas pelos países em vias de desenvolvimento no tocante à tutela do folclore –, estabeleceu que «para as obras não publicadas, em relação às quais a identidade do autor seja desconhecida, mas para as quais haja todas as razões para presumir que esse autor seja nacional de um país da União, fica reservada à legislação desse país a faculdade de designar a autoridade competente para representar esse autor, com legitimidade para salvaguardar e fazer valer os direitos deste nos países da União»[924].

No que respeita à determinação da titularidade dos direitos *sui generis* sobre as expressões culturais tradicionais, haverá igualmente que atender ao que dispõem as regras, ainda que de fonte costumeira, vigentes nas comunidades de que tais expressões são originárias[925].

§ 16.º Direito aplicável aos contratos relativos a direitos sobre bens intelectuais e à gestão coletiva dos direitos de autor e conexos

I – Contratos relativos à criação, utilização e exploração de bens intelectuais

a) Relevância do tema. – Examinar-se-ão agora os problemas postos pela determinação do Direito aplicável aos contratos relativos à criação, utilização e exploração dos bens sobre os quais incidem direitos de propriedade intelectual.

O tema é da maior relevância. O valor económico dos direitos de propriedade intelectual assenta hoje muito mais na possibilidade de o seu titular autorizar a exploração dos bens protegidos por terceiros do que no seu direito de excluí-los do exercício das faculdades que lhe são reservadas. Em muitos casos, as obras literárias e artísticas, as marcas, os inventos, etc., são, com efeito, explorados por entidades distintas do respetivo criador ou titular originário, a quem este transmite os respetivos direitos ou concede as licenças necessárias para o efeito. Estas são, aliás, atualmente indispensáveis à transferência internacional de

[924] Neste sentido, Lucas/Lucas, *Traité de la propriété littéraire et artistique*, cit., p. 959.

[925] Tal a solução preconizada pela Organização Mundial da Propriedade Intelectual nas já referidas *Revised Draft Provisions for the Protection of Traditional Cultural Expressions/Expressions of Folklore*, p. 48.

tecnologia e à circulação dos bens culturais através das fronteiras. Por outro lado, frequentemente a criação literária e artística, assim como a de novos produtos de aplicação industrial, é fruto da atividade de trabalhadores por conta de outrem ou de profissionais liberais a quem esses bens são encomendados.

Ora, subsistem nesta matéria, como se viu acima, diferenças muito significativas entre os sistemas jurídicos nacionais. Ao passo que os de *Common Law* de um modo geral não estabelecem regimes especiais para os contratos que versem sobre a utilização ou exploração de bens intelectuais, sujeitando-os por conseguinte às regras comuns, os de Direito europeu continental excluem a transmissão contratual de certos direitos intelectuais (*v.g.*, em França e em Portugal, o direito moral de autor e, na Alemanha, tanto o direito moral como o próprio direito patrimonial de autor, em conformidade com a visão «monista» do direito de autor que aí prevalece), bem como a transmissão de direitos sobre obras futuras; e impõem a observância na feitura desses contratos de determinadas prescrições de forma (inclusive a escritura pública) em ordem a proteger a parte tida por mais fraca. Além disso, enquanto que na maior parte dos países da Europa continental a titularidade originária do direito de autor sobre as obras criadas por encomenda ou em execução de um contrato de trabalho pertence ao respetivo criador, os sistemas de *Common Law* atribuem originariamente esse direito, ou pelo menos determinados direitos de reprodução da obra, ao comitente ou empregador.

b) Escolha pelas partes da lei aplicável. – De acordo com uma orientação hoje amplamente aceite, os contratos internacionais regem-se, em princípio, pela lei escolhida pelas partes[926]. Trata-se de uma projeção, no campo do Direito Internacional Privado, do princípio da autonomia privada, que domina o regime das obrigações contratuais. Promovem-se através dele a certeza quanto ao Direito aplicável e a segurança nas situações jurídicas plurilocalizadas: havendo escolha da lei aplicável, as partes sabem desde a celebração do contrato quais as regras por que devem pautar a sua atuação. Por outro lado, o acolhimento do princípio da autonomia privada nas situações plurilocalizadas corresponde ao reconhecimento aos interessados de uma certa esfera de liberdade, que é indispensável ao exercício da iniciativa económica privada.

Consagram esse princípio, nomeadamente, o art. 3.º, n.º 1, do Regulamento (CE) n.º 593/2008 do Parlamento Europeu e do Conselho, de 17 de junho de 2008, sobre a lei aplicável às obrigações contratuais («Regulamento de Roma I»)[927],

[926] Veja-se, por muitos, o estudo de Peter Nygh, *Autonomy in International Contracts*, Oxford, 1999, com amplas referências bibliográficas e jurisprudenciais.

[927] Publicado no *JOUE* n.º L 177, de 4 de julho de 2008, pp. 6 ss.

que substituiu, desde 17 de dezembro de 2009, a Convenção de Roma de 1980 Sobre a Lei Aplicável às Obrigações Contratuais[928], assim como o art. 7.º da Convenção Interamericana Sobre a Lei Aplicável aos Contratos Internacionais, concluída na Cidade do México em 1994[929].

Na ausência de qualquer disposição em contrário, deve considerar-se este princípio aplicável aos contratos que tenham por objeto a criação de bens intelectuais, assim como a transmissão ou o licenciamento de direitos sobre os mesmos. Prevê-o expressamente, pelo que respeita a estes últimos atos, o § 315 (1) dos *Princípios* do *American Law Institute*[930]. Outro tanto sucede nos *Princípios CLIP*[931] e nas *Diretrizes da ILA*[932].

Nem sempre, todavia, este entendimento foi pacífico. No decurso dos trabalhos preparatórios de um *Código de Conduta Internacional Sobre Transferência de Tecnologia*, levados a cabo sob a égide da Comissão das Nações Unidas Para o Comércio e o Desenvolvimento (UNCTAD), não faltaram propostas no sentido da aplicação imperativa aos contratos de transferência de tecnologia da lei dos países recetores desta[933]. O que está em sintonia com o facto de em alguns dos países que apoiaram essas propostas, como o Brasil, a faculdade de as partes escolherem a lei aplicável aos contratos internacionais não ser ainda genericamente reconhecida[934]. Outros mecanismos do Direito Internacional

[928] Cuja versão consolidada foi publicada no *JOCE*, n.º C 27, de 26 de janeiro de 1998, pp. 34 ss.

[929] Cfr. Nádia Araújo, *Contratos Internacionais: Autonomia da Vontade, Mercosul e Convenções Internacionais*, 3.ª ed., Rio de Janeiro/São Paulo/Recife, 2004, pp. 192 ss.; *idem*, *Direito Internacional Privado. Teoria e Prática Brasileira*, 4.ª ed., Rio de Janeiro/São Paulo/Recife, 2008, pp. 90 ss. O texto da Convenção está disponível em http://www.oas.org. Entrou em vigor, nas relações entre os Estados que a ratificaram (o México e a Venezuela), em 15 de dezembro de 1996.

[930] Segundo o qual: «Except as provided in subsection (3), § 314 and §§ 316-317, the contract law of the State designated by agreement of the parties governs a transfer of interest in, or grant of, license of intellectual property rights».

[931] Art. 3:501(1): «Transfer, licence agreements and other contractsrelating to an intellectual property right shall be governed by the law chosen by the parties [...]».

[932] Art. 21(1): «Parties may choose the law governing their contractual relationship».

[933] Veja-se, sobre o ponto, Wolfgang Fikentscher, *The Draft International Code of Conduct on the Transfer of Technology*, Weinheim, 1980, pp. 137 ss.

[934] Cfr. António Marques dos Santos, «Algumas considerações sobre a autonomia da vontade no Direito Internacional Privado em Portugal e no Brasil», *in* Rui de Moura Ramos *et al.* (orgs.), *Estudos em homenagem à Professora Doutora Isabel de Magalhães Collaço*, vol. I, Coimbra, 2002, pp. 379 ss.; Jacob Dolinger, *Direito Internacional Privado (Parte Especial). Direito Civil Internacional*, vol. II, *Contratos e obrigações no Direito Internacional Privado*, Rio de Janeiro/São Paulo/Recife, 2007, pp. 328 ss. (sustentando, porém, que «o artigo 9º da LICC não impõe qualquer óbice à escolha de outra lei que a *lex contractus*: p. 458); Maristela Basso, *Curso de Direito Internacional Privado*, 5.ª ed., São Paulo, 2016, pp. 274 ss.; e Nadia de Araujo, «A necessária mudança do artigo 9.º da

Privado – como o reconhecimento de eficácia a normas internacionalmente imperativas estrangeiras, de que nos ocuparemos adiante – permitem, todavia, acautelar devidamente os interesses daqueles países sem que seja necessário suprimir neste domínio a autonomia privada.

Podem, no entanto, justificar-se certas limitações à faculdade de escolha da lei aplicável em razão da qualidade dos contraentes, *maxime* quando um deles for um autor ou artista intérprete ou executante, os quais tipicamente se encontram em posição de certa debilidade negocial em relação à contraparte nos contratos relativos à utilização das suas obras e prestações. Essa circunstância legitimará, por exemplo, que, à imagem do que sucede em matéria de celebrados por consumidores ou trabalhadores assalariados[935], a escolha da lei aplicável não deva privar o contraente mais fraco da proteção que lhe é conferida pelas disposições não derrogáveis por acordo da lei supletivamente aplicável ao contrato: é justamente o que estabelece o art. 21(2) das *Diretrizes da ILA*[936].

No Regulamento de Roma I, a escolha pelas partes da lei aplicável ao contrato pode ser expressa ou tácita[937]. Pode, além disso, recair sobre uma lei que não possua qualquer conexão com o contrato (conforme se infere, nomeadamente, do disposto no n.º 3 do art. 3.º, que ressalva, nos casos em que o contrato se encontre conexo com uma única lei, a aplicabilidade das disposições imperativas dessa lei) ou que não seja a de qualquer dos Estados-Membros do Regulamento (o que se retira do disposto no art. 2.º, que consagra o princípio da *aplicação universal* do Regulamento)[938].

A escolha da lei de certo país pode, assim, ser determinada pelo conteúdo dessa lei (incluindo a jurisprudência dos tribunais locais), que as partes porventura tenham por mais apropriado à sua relação. O que significa que essa escolha tem a natureza de uma verdadeira *electio iuris* e não de uma mera localização pelas partes do contrato[939].

LINDB: O avanço que faltava para a consagração da autonomia da vontade no DIPr brasileiro», in André de Carvalho Ramos (org.), *Direito Internacional Privado. Questões controvertidas*, Belo Horizonte, 2016, pp. 289 ss.

[935] Cfr. *infra*, § 16.º/I/, alíneas *d)* e *e)*.

[936] Segundo o qual: «Such a choice of law shall not, however, have the result of depriving the creator or performer of the protection afforded to him by the provisions that cannot be derogated from by agreement under the law that, in the absence of choice, would have been applicable pursuant to Guideline 22».

[937] Outro tanto se prevê nos *Princípios CLIP*, art. 3:501(1), que manda também presumir a escolha pelas partes da lei do Estado cujos tribunais hajam sido designados a fim de dirimirem os litígios resultantes do contrato.

[938] Consagra uma regra análoga o art. 3:501(3) dos *Princípios CLIP*.

[939] Como sustentaram, por exemplo, Henri Batiffol e Paul Lagarde, *Droit International Privé*, 7.ª ed., vol. II, Paris, 1983, pp. 265 ss.

A autonomia da vontade constitui deste modo, no Direito Internacional Privado, um princípio distinto do da proximidade (de que curaremos a seguir), prevalecendo sobre este no seu domínio próprio de aplicação.

A proliferação, nos últimos anos, de compilações de princípios jurídicos e de usos mercantis internacionais (segundo alguns a nova *lex mercatoria*[940]), elaboradas por organizações internacionais ou por comissões de peritos[941], suscitou a questão de saber se a escolha das partes apenas pode recair validamente sobre a ordem jurídica de um Estado ou se, ao invés, pode também ter por objeto outras realidades normativas, como, por exemplo, aquelas compilações.

Foi esta a questão que a proposta de Regulamento de Roma I, divulgada em 2005[942], tentou resolver ao dispor, no n.º 2 do art. 3.º, que «[a]s partes podem igualmente escolher como lei aplicável os princípios e regras de direito material dos contratos, reconhecidos a nível internacional ou comunitário. No entanto, as questões relativas às matérias reguladas por estes princípios ou regras e que não sejam decididas expressamente mediante a aplicação dos mesmos serão reguladas de acordo com os princípios gerais em que se inspiram ou, na ausência destes princípios, de acordo com a lei aplicável na falta de escolha nos termos do presente regulamento».

Esta regra viria, porém, a ser abandonada na versão final do Regulamento, cujo art. 3.º, n.º 1, estabelece: «O contrato rege-se pela lei escolhida pelas partes». Ao facto não terão sido alheias as dificuldades que a aplicação daquelas fontes normativas suscitaria sob o ponto de vista da certeza e segurança das relações plurilocalizadas e da tutela da parte mais fraca[943].

[940] Ver, *supra*, § 14.º/I, alínea *c)*.

[941] Pensamos, designadamente, nos *Princípios Unidroit sobre os Contratos Comerciais Internacionais*, publicados em 1994 pelo Instituto Internacional para a Unificação do Direito Privado (cfr. International Institute for the Unification of Private Law, *Unidroit Principles of International Commercial Contracts*, Roma, 1994; 2.ª ed., 2004); nos *Princípios de Direito Europeu dos Contratos*, publicados entre 1995 e 2003 pela Comissão de Direito Europeu dos Contratos (cfr. Ole Lando e outros, *Principles of European Contract Law. Parts I and II Combined and Revised*, Haia/Londres/Boston, 2000; *Part III*, Haia/Londres/Nova Iorque, 2003); e no projeto de um *Quadro Comum de Referência* («Common Frame of Reference») em matéria de Direito Privado Europeu, publicado em 2008 (cfr. Christian von Bar e outros, *Principles, Definitions and Model Rules on EC Private Law. Draft Common Frame of Reference. Interim Outline Edition*, Munique, 2008).

[942] Documento 2005/0261 (COD), disponível em http://eur-lex.europa.eu. Para uma apreciação dessa proposta, vejam-se: Max Planck Institute for Comparative and Private International Law, *Comments on the European Commission's Proposal for a Regulation of the European Parliament and the Council on the Law Applicable to Contractual Obligations (Rome I)*, disponível em http://www.mpipriv.hh.mpg.de; e Paul Lagarde, «Remarques sur la proposition de règlement de la Commission européenne sur la loi applicable aux obligations contractuelles (Rome I)», *RCDIP*, 2006, pp. 331 ss.

[943] Para uma crítica, sob este prisma, da referida regra da proposta de Regulamento, *vide* Adrian Briggs, *Agreements on Jurisdiction and Choice of Law*, Oxford, 2008, p. 393.

Consideremos, a fim de exemplificar essas dificuldades, os contratos relativos à criação, utilização e exploração de bens intelectuais. Se fosse possível subtraí-los à lei de qualquer Estado e submetê-los, exclusivamente, a princípios jurídicos ou aos usos do comércio internacional, poderia verificar-se, pelo que respeita à disciplina desses contratos, um abaixamento da proteção conferida à parte mais fraca, *maxime* o autor, pelo menos quando essa proteção seja instituída por regras pertencentes ao estatuto contratual. Assim, num contrato de edição entre um autor português e uma editora francesa, relativo à publicação em França de uma obra do primeiro, poder-se-ia excluir desse modo a aplicação tanto da regra do Código português do Direito de Autor e dos Direitos Conexos que atribui ao autor o direito a uma *compensação suplementar* se sobrevier uma desproporção manifesta entre os seus proventos e os lucros auferidos por aquele a quem o autor transmitiu os seus direitos patrimoniais (art. 49.º, n.º 1) como da disposição do Código da Propriedade Intelectual francês que consagra a possibilidade de revisão da retribuição convencionada em caso de *lesão* (art. L. 131-5).

Verificar-se-ia esse abaixamento de proteção ainda que, por hipótese, as partes elegessem como *lex contractus* os referidos princípios jurídicos. A hipótese acima configurada não cabe, com efeito, na noção de *hardship*, nem na de alteração de circunstâncias, no sentido em que os *Princípios Unidroit*, os *Princípios de Direito Europeu dos Contratos* e o *Quadro Comum de Referência* a elas aludem: não ocorre nela qualquer alteração anormal de circunstâncias que tenha tornado mais onerosa a prestação de uma das partes ou diminuído o valor da sua contraprestação, antes se dá o surgimento, *a posteriori*, de uma desproporção entre os lucros do editor e os proventos do autor, devido à valorização da obra; sendo que essa valorização não é imprevisível, como postulam as cláusulas de *hardship* e de revisão do contrato por alteração de circunstâncias.

Dir-se-á que as partes podiam também escolher, no exemplo mencionado, a lei de um país que não preveja a compensação suplementar nem a revisão da retribuição do autor por lesão. Resta saber se semelhante escolha seria eficaz. Supomos que não, na medida em que não lhe presidisse um interesse sério. Este requisito não se encontra, decerto, expressamente formulado no art. 3.º do Regulamento de Roma I; mas cremos estar implícito nele, pois a autonomia privada só é protegida pela ordem jurídica enquanto instrumento de realização de funções socialmente úteis, e não é seguramente esse o caso de uma escolha da lei aplicável ditada unicamente pelo objetivo de subtrair o contrato às normas de proteção da parte mais fraca consagradas nas únicas leis com ele conexas[944].

[944] No sentido de que a existência de um interesse digno de reconhecimento (*anerkennenswertes Interesse*) constitui um limite à escolha pelas partes da lei aplicável, *vide* Gerhard Kegel/Klaus Schurig, *Internationales Privatrecht*, cit., p. 653.

Não se exclui no Regulamento, todavia, a possibilidade de as partes incorporarem no seu contrato, por referência, as referidas compilações de princípios jurídicos e de usos mercantis, cuja aplicabilidade ficará dependente, como a de qualquer cláusula contratual, da sua conformidade com as normas imperativas da *lex causae* determinada com base na conexão subsidiária[945].

c) Conexão subsidiária. – Na falta de escolha pelas partes da lei aplicável ao contrato, o Regulamento de Roma I, determina que a lei aplicável será, em princípio, a que é designada pelas regras de conflitos relativas aos tipos contratuais nele previstos (art. 4.º, n.º 1). Caso o contrato não possa ser reconduzido a um desses tipos contratuais, aplicar-se-á a lei do país em que o contraente que deve efetuar a *prestação característica do contrato*[946] tenha a sua residência habitual (art. 4.º, n.º 2). No entanto, se o contrato apresentar uma *conexão manifestamente mais estreita* com um país diferente daquele a que conduzem as regras anteriores, ser-lhe-á aplicável a lei desse outro país (art. 4.º, n.º 3). Se a lei aplicável não puder ser determinada de acordo com essas regras, será regulado pela lei do país com o qual apresenta uma *conexão mais estreita* (art. 4.º, n.º 4).

Às regras europeias sobre a determinação da lei subsidiariamente aplicável às obrigações contratuais preside assim, em última análise, a intenção de submetê-las ao sistema jurídico com que possuam a ligação espacial mais forte – *hoc sensu*, o *princípio da proximidade*[947]. A este não é estranha, como notámos noutro lugar, a preocupação de salvaguardar neste domínio a *confiança legítima* dos interessados[948].

Uma expressão mais sintética da mesma orientação fundamental figura na mencionada Convenção Interamericana Sobre a Lei Aplicável aos Contratos Internacionais, cujo art. 9 dispõe: «Se as partes não tiverem escolhido o Direito aplicável, ou se a sua escolha for ineficaz, o contrato rege-se pelo Direito do Estado com o qual tiver os vínculos mais estreitos». E acrescenta o mesmo preceito: «O tribunal tomará em conta todos os elementos objetivos e subjetivos

[945] Veja-se, neste sentido, o n.º 13 do preâmbulo do Regulamento. A mesma solução era já permitida pela Convenção de Roma : cfr. Paul Lagarde, «Remarques sur la proposition de règlement de la Commission européenne sur la loi applicable aux obligations contractuelles (Rome I)», cit., p. 336. Cfr. ainda Stefan Leible/Matthias Lehmann, «Die Verordnung über das auf vertragliche Schuldverhältnisse anzuwendende Recht (« Rom I »)», *RIW*, 2008, pp. 528 ss. (p. 533).

[946] *Vide*, acerca deste conceito, Eugénia Galvão Teles, «A prestação característica: um novo conceito para determinar a lei subsidiariamente aplicável aos contratos internacionais. O artigo 4.º da Convenção de Roma sobre a Lei Aplicável às Obrigações Contratuais», *Dir.* 1995, pp. 71 ss.; Marie-Élodie Ancel, *La prestation caractéristique du contrat*, Paris, 2002, *passim*.

[947] Cfr., sobre este princípio, Paul Lagarde, «Le principe de proximité dans le droit international privé contemporain. Cours général de droit international privé», *Rec. cours*, t. 196 (1986-I), pp. 9 ss.

[948] Cfr. o nosso *Da responsabilidade pré-contratual em Direito Internacional Privado*, cit., p. 49.

que se desprendam do contrato para determinar o direito do Estado com o qual tem vínculos mais estreitos»[949].

Diferentemente, no Brasil, que não ratificou aquela Convenção, é a *lex loci celebrationis* que, em regra, se aplica às obrigações contratuais[950].

São, pois, estas as regras que vamos agora analisar sob o prisma da sua aplicação aos contratos relativos à criação, utilização e exploração de bens intelectuais ou que operem a transmissão de direitos respeitantes a estes.

Ora, a este respeito, a proposta de Regulamento de Roma I, divulgada em 2005, tomava uma posição mais nítida do que a que vingou na versão final deste ato europeu. Com efeito, entre os contratos contemplados no art. 4.º, n.º 1, daquele texto, figuravam os que se aí se designavam por «contratos sobre a propriedade intelectual ou industrial». Estes deveriam ser regulados, nos termos da alínea *f)* desse preceito, pela lei do país onde quem transfere ou concede os direitos tem a sua residência habitual.

Mas também esta disposição do projeto levantava sérias dificuldades.

Por um lado, porque nem todos os «contratos sobre a propriedade intelectual ou industrial» implicam uma transferência ou concessão de direitos: será esse o caso, designadamente, dos contratos relativos à criação de obras por encomenda em que seja estipulada a atribuição originária do direito de autor ao comitente[951].

Por outro, porque a opção feita na disposição em apreço pela aplicação, como regra geral, da lei do país onde a parte que transfere ou concede direitos tem a sua residência habitual nem sempre se afigura a mais conforme com a redução dos custos das transações internacionais, pois impõe aos que exercem profissional ou empresarialmente as atividades autorizadas nos contratos em apreço (*v.g.* os editores) a necessidade de se ajustarem às leis de todos os países onde residam habitualmente aqueles que para si transferem direitos ou autorizam a exploração das suas criações intelectuais; o que inevitavelmente acarreta acréscimos de encargos, que em regra serão repercutidos no preço dos bens ou serviços comercializados.

[949] Sobre o princípio da proximidade na Convenção Interamericana, *vide* Jacob Dolinger, *Direito Internacional Privado (Parte Especial). Direito Civil Internacional*, vol. II, *Contratos e obrigações no Direito Internacional Privado*, Rio de Janeiro/São Paulo/Recife, 2007, pp. 328 ss.

[950] Haja vista ao art. 9.º da Lei de Introdução às Normas do Direito Brasileiro, segundo o qual: «Para qualificar e reger as obrigações, aplicar-se-á a lei do país em que se constituírem». Sobre esta disposição, vejam-se André de Carvalho Ramos/Erik Frederico Gramstrup, *Comentários à Lei de Introdução às Normas do Direito Brasileiro*, São Paulo, 2016, pp. 183 ss.; e Carmen Tiburcio *in* Alexandre da Cunha Filho e outros (orgs.), *Lei de Introdução às Normas do Direito Brasileiro – Anotada*, vol. I, São Paulo, 2019, pp. 495 ss.

[951] O que é permitido designadamente pelo art. 14.º do Código português do Direito de Autor e dos Direitos Conexos.

Não pode evidentemente ignorar-se a importância que assumem na resolução deste problema os interesses ligados à economia nacional: para os países exportadores de tecnologia, cujas empresas são mais frequentemente cedentes do que cessionárias de licenças, a aplicação da lei da parte que transfere ou concede direitos tem vantagens evidentes; já para os países importadores de tecnologia será antes a solução inversa a que mais convém. Assim se explica, por exemplo, que um país como a Suíça consagre no art. 122, n.º 1, da sua Lei Federal de Direito Internacional Privado que os contratos relativos à propriedade intelectual são regidos pelo direito do Estado em que aquele que transfere ou concede o direito de propriedade intelectual tem a sua residência habitual[952]. A solução suíça dificilmente pode, todavia, servir de modelo à unificação do Direito Internacional Privado na União Europeia, visto que nela não são tomadas em consideração as exigências relacionadas com a formação do mercado interno europeu, de que aquele país não faz parte.

Foi justamente em ordem a evitar dificuldades daquele tipo, e também a fim de tornar possível uma maior diferenciação das soluções para os conflitos de leis neste domínio, que o *European Max-Planck Group for Conflict of Laws in Intellectual Property* preconizou, em proposta publicada em 2007, a supressão da alínea *f)* do art. 4.º do projeto de Regulamento ou, em alternativa, a sua substituição por uma regra que mandasse presumir que os contratos de transmissão ou licença de direitos intelectuais têm a conexão mais estreita com a lei do país em que o transmitente ou licenciante possui a sua residência habitual, exceto se o transmissário ou o beneficiário da licença houverem aceitado o dever de explorar os direitos em questão[953].

A versão final do Regulamento não contempla especificamente, todavia, os contratos relativos à criação, utilização e exploração de bens intelectuais. Quando muito, poderá admitir-se que certos contratos de franquia, que a alínea *e)* do n.º 1 do art. 4.º do Regulamento submete à lei do país em que o franqueado tem a sua residência habitual, impliquem também uma licença de utilização de sinais distintivos ou de outros bens intelectuais de que é titular o franqueador, caso em que será de aplicar também essa lei a esta relação jurídica.

[952] Como, de resto, advogara François Dessemontet, «Les contrats de licence en droit international privé», *in* Bernard Dutoit/Josef Hofstetter/Paul Piotet (orgs.), *Mélanges Guy Flattet. Recueil de travaux offerts à M. Guy Flattet Professeur honoraire à l'Université de Lausanne*, Lausanne, 1985, pp. 435 ss.

[953] Cfr. European Max-Planck Group for Conflict of Laws in Intellectual Property (CLIP), «Intellectual Property and the Reform of Private International Law – Sparks from a Difficult Relationship», *IPRax*, 2007, pp. 284 ss. (p. 290). Uma proposta de conteúdo idêntico figura no estudo do *Max-Planck Institut für Ausländisches und Internationales Privatrecht* intitulado «Comments on the European Commission's Proposal for a Regulation of the European Parliament and the Council on the Law Applicable to Contractual Obligations (Rome I)», *RabelsZ*, 2007, pp. 225 ss. (p. 254).

Nos demais casos, aplicar-se-á aos contratos em apreço o disposto no n.º 2 do mesmo preceito do Regulamento, que, como referimos, submete os contratos não incluídos no n.º 1 à lei do país em que o contraente que deve efetuar a *prestação característica do contrato* tem a sua residência habitual. Suscita-se, pois, a questão de saber qual é a prestação característica desses contratos.

A este quesito não pode responder-se em termos uniformes. É, na verdade, imprescindível apurar, para aquele efeito, se o beneficiário da licença ou o transmissário do direito assumem perante o seu titular a obrigação de explorar o direito licenciado ou transmitido ou se, ao invés, lhes cabe tão-somente pagar o preço da licença ou transmissão (admitindo que o contrato é oneroso).

Na primeira hipótese, será a obrigação do beneficiário da licença ou do transmissário do direito que por via de regra caracteriza o contrato[954]. Na segunda, terá de admitir-se que é antes a obrigação a cargo da parte que concede a licença ou transmite o direito que confere individualidade ao contrato e permite subsumi-lo sob determinado tipo legal ou social[955].

Estão naquele primeiro caso, por exemplo, os contratos de edição[956] e de licença de patente[957]. Com efeito, o autor pode autorizar a utilização ou exploração da sua obra por terceiros pelos mais diversos modos: a publicação, a representação,

954 Assim Eugen Ulmer, *Intellectual Property*, cit., pp. 50 e 94; Bernd von Hoffman, «Verträge über gewerbliche Schutzrechte im Internationalen Privatrecht», *RabelsZ*, 1976, pp. 208 ss. (p. 214); Haimo Schack, «Copyright Licensing in the Internet Age: Choice of Law and Forum», *in* Theodor Baums/Klaus Hopt/Norbert Horn (orgs.), *Corporations, Capital Markets and Business Law. Liber Amicorum Richard M. Buxbaum*, Haia, 2000, pp. 489 ss. (p. 492); Benedetta Ubertazzi, *Il regolamento Roma I sulla legge applicabile alle obbligazioni contrattuali*, Milão, 2008, p. 74; *Tritton on Intellectual Property in Europe*, cit., p. 1381.

955 Neste se pronuncia a doutrina dominante: cfr. Ulmer, ob. cit., pp. 49 e 93; Pedro de Miguel Asensio, *Contratos internacionales sobre propiedad industrial*, cit., pp. 285 ss.; Toshiyuki Kono e Paulius Jurcys, «General Report», *in* Toshiyuki Kono (org.), *Intellectual Property and Private International Law: Comparative Perspectives*, cit., p. 173; *Tritton on Intellectual Property in Europe*, cit., p. 1381; e, em língua portuguesa, Luís de Lima Pinheiro, «A lei aplicável aos direitos de propriedade intelectual», cit., p. 73, e *Direito Internacional Privado*, cit., vol. II, p. 634.

956 Neste sentido, veja-se o acórdão da *Cour d'Appel de Paris*, de 2 de abril de 2003, caso *Antonio Martinelli et Roberto Meazza c. Éditions Gallimard et Sté. APA*, *RIDA*, 2003, pp. 413 ss. Na doutrina, preconizam também a aplicação da lei do editor ao contrato de edição: Troller, «Industrial and Intellectual Property», cit., p. 21; Jacques Raynaud, *Droit d'auteur et conflits de lois. Essai sur la nature juridique du droit d'auteur*, cit., pp. 572 s. ; Christian von Bar, *Internationales Privatrecht*, cit., vol. II, p. 368 ; Muriel Josselin-Gall, *Les contrats d'exploitation du droit de propriété littéraire et artistique*, Paris, 1995, p. 379; Aurora Hernández Rodríguez, *Los contratos de edición en el Derecho internacional privado español*, Granada, 2002, p. 138; Eva Inés Obergfell, *in* Reithmann/Martiny, *Internationales Vertragsrecht*, cit., p. 1294; Katzenberger, *in* Schricker, ob. cit., pp. 2137; e Karl-Heinz Fezer/Stefan Koos, *in Staudingers Kommentar zum Bürgerlichen Gesetzbuch*, cit., p. 457.

957 Neste sentido, Giovanna Modiano, «Internacional Patent Licensing Agreements and Conflict of Laws», *Northwestern Journal of International Law and Business*, 1980, pp. 11 ss. (p. 26).

a adaptação cinematográfica, a disponibilização em rede, etc. A sua prestação nos correspondentes contratos será, todavia, sempre a mesma; o que varia consoante o modo de utilização escolhido é a prestação a cargo do beneficiário da autorização – o qual se obriga, no primeiro caso, a distribuir e vender os exemplares da obra, no segundo, a promover a representação, no terceiro, a produzir a obra cinematográfica e no quarto, a colocá-la num sítio da Internet. É esta, por conseguinte, que deve ser considerada a prestação característica do contrato. Outro tanto pode dizer-se dos contratos em que o beneficiário de uma licença de patente se obriga a explorar o invento patenteado: também nestes é a prestação a cargo deste último sujeito que os distingue de outros tipos contratuais.

Mas, perguntar-se-á, que razões justificam a aplicação da lei do devedor da prestação característica do contrato?

Várias considerações depõem a favor dessa solução. Entre elas sobressai a circunstância de ser ela a mais conforme com o objetivo de reduzir os custos das transações, a que a integração europeia não é indiferente. Porquanto só assim se evitam ao vendedor, ao prestador de serviços, etc., que exportam os seus produtos ou serviços para outros Estados-Membros da União Europeia os custos e riscos inerentes à sistemática aplicação às transações por si celebradas de uma lei estranha ao país onde se encontram estabelecidos. Se, ao invés, se aplicasse a esses contratos a lei do adquirente da prestação característica, os referidos custos seriam com grande probabilidade repercutidos sobre este sujeito contratual, o que encareceria o preço daqueles produtos e serviços.

A solução em apreço tem ainda por si a vantagem de, relativamente aos contratos que autorizem a exploração de obras e outras criações intelectuais sem restrição a um país determinado, possibilitar uma interpretação uniforme dos mesmos onde quer que os direitos do cessionário ou do beneficiário da licença hajam de ser exercidos. O que, evidentemente, facilita a exploração à escala mundial daquelas criações e favorece o acesso do público aos bens culturais, à informação e às inovações técnicas.

Em certos casos, admite-se, todavia, no Regulamento de Roma I, como notámos acima, a aplicação de uma lei diversa da do devedor da prestação característica. É o que estabelece o art. 4.º, n.º 3, de acordo com o qual se o contrato apresentar uma «conexão manifestamente mais estreita» com um país diferente daquele a que conduzem as regras anteriormente examinadas, aplicar-se-á a lei desse país.

Por força deste preceito – que consigna, segundo o preâmbulo do Regulamento, uma *cláusula de exceção*[958] –, pode a lei do editor, num contrato de edição, ser

[958] Cfr. o n.º 20. Na tradução portuguesa utiliza-se, erradamente, a expressão «cláusula de salvaguarda». Na disposição correspondente da proposta de Regulamento de Roma I divulgada

preterida em benefício da do autor, caso esta apresente uma conexão mais estreita com o contrato. Assim sucederá, por exemplo, se, tendo um contrato de edição sido celebrado no país da residência habitual do autor, o cumprimento das obrigações dele emergentes para o editor (*maxime* as de reproduzir, distribuir e vender os exemplares da obra e de pagar ao autor a remuneração que lhe é devida) for exclusivamente devido nesse país, apesar de o editor se encontrar estabelecido num país diferente.

Deve também ser admitida, ao abrigo da referida cláusula, a aplicação da lei do país de proteção no que respeita aos contratos internacionais que tenham por objeto a exploração, exclusivamente nesse país, de direitos de propriedade industrial conferidos pelo sistema jurídico local[959]. Por outro lado, quando a transmissão ou a licença relativas a esses direitos estiverem previstas num contrato de âmbito mais vasto (como, por exemplo, a franquia), a lei aplicável deverá ser a que rege este último[960].

Sempre, porém, que um contrato internacional relativo à utilização ou exploração de bens intelectuais abranger no seu escopo geográfico mais do que um país (como frequentemente sucede), as possibilidades de aplicação do art. 4.º, n.º 3, do Regulamento serão mais reduzidas.

Um pouco mais flexível do que o Regulamento de Roma I é, neste particular, a solução acolhida nos *Princípios* do *American Law Institute*, cujo § 315 (2) manda aplicar, na falta de escolha pelas partes, a lei do Estado que tiver a conexão mais estreita («closest connection») com o contrato de transmissão do direito ou de licença, devendo presumir-se que este se encontra mais estreitamente conexo com o Estado em que a parte que transmitiu o direito ou concedeu a licença residia ao tempo da respetiva celebração[961].

Uma solução algo mais elaborada encontrou acolhimento nos *Princípios CLIP*, cujo art. 3:502 (1) parte também do princípio da conexão mais estreita

em 2005, não figurava qualquer cláusula deste tipo. Da bondade de semelhante opção, cujo alcance transcende em muito o escopo deste trabalho, não há que curar aqui. Para uma crítica da proposta quanto a este aspeto, veja-se o citado estudo do *Max-Planck Institut für ausländisches und internationales Privatrecht*, pp. 255 ss.

[959] Assim, Pedro de Miguel Asensio, *Contratos internacionales sobre propiedad industrial*, cit., p. 274.

[960] Neste sentido, Pedro de Miguel Asensio, ob. cit., pp. 302 s.; Joanna Schmidt-Szalewski/Jean-Luc Pierre, *Droit de la proprieté industrielle*, cit., p. 436.

[961] «In the absence of a choice-of law agreement, the contract law of the State with the closest connection to the contract of transfer or licence governs. The contract or licence is presumed to be most closely connected to the State in which the assignor or the licensor resided at the time of the execution of the contract or licence».

no tocante à determinação da lei aplicável ao contrato, no caso de as partes não a terem escolhido[962].

A fim de se determinar essa conexão, art. 3:502 (2) dos *Princípios* manda o julgador ter em consideração, pelo que respeita aos contratos que tenham por objeto principal a criação de bens protegíveis, a cessão ou o licenciamento de direitos de propriedade intelectual, distintos fatores, que permitirão concluir, consoante os casos, pela aplicabilidade da lei do Estado da residência habitual do cessionário ou licenciado ou da lei do Estado da residência habitual do criador, cedente ou licenciante ao tempo da conclusão do contrato, a saber: *a)* No sentido da aplicação da primeira destas leis, a circunstância de a cessão ou licença respeitar a direitos concedidos para o Estado de residência habitual ou estabelecimento do cessionário ou licenciado, de este ter um dever de explorar o direito, de a retribuição devida corresponder a uma percentagem do preço das vendas e de o cessionário ou licenciado ter um dever de informação relativo aos esforços por si desenvolvidos a fim de proceder à exploração; *b)* No sentido da aplicação da segunda dessas leis, a circunstância de a cessão ou licença respeitar a direitos concedidos para o Estado de residência habitual ou estabelecimento do cedente ou licenciante, de o cessionário ou licenciado não ter qualquer outro dever além de pagar uma quantia fixa, de a licença ser para uma única utilização e de o criador dos bens protegidos ter um dever de criá-los[963].

Se não puder ser tomada uma decisão com base no disposto nestes fatores, e a cessão ou licença respeitar a um único Estado, presumir-se-á, nos termos do art. 3:502 (3) dos *Princípios*, que o contrato tem a conexão mais estreita com esse Estado. Se a cessão ou licença for concedida para diversos Estados,

[962] «In the absence of a contractual choice of law in accordance with Article 3:501, the contract shall be governed by the law of the State with which the contract is most closely connected».

[963] «In contracts having as their main object the creation of protectable subject matter or the transfer or licence of intellectual property rights, the court shall take into consideration in determining the State with the closest connection: (a) as factors tending to the law of the State in which the transferee or licensee has her/his habitual residence at the time of conclusion of the contract: – the transfer or licence concerns intellectual property rights granted for the State of the transferee's or licensee's habitual residence or place of business; – the transferee or licensee has the explicit or implicit duty to exploit the right; – the royalties or other form of money consideration is expressed as a percentage of the sales price; – the licensee or transferee has a duty to report about her/his efforts to exploit the rights; (b) as factors tending to the law of the State in which the creator, transferor or licensor has her/his habitual residence at the time of conclusion of the contract: – the transfer or licence concerns intellectual property rights granted for the State of the transferor's or licensor's habitual residence or place of business; – the transferee or licensee has no other explicit or implicit duty but to pay a flat sum as money consideration; – the licence is for a single use; – the creator of the protectable subject matter has the duty to create that matter».

presumir-se-á que o Estado com que o contrato se encontra mais estreitamente conexo é aquele em que o criador, cedente ou licenciante tem a sua residência habitual ao tempo da conclusão do contrato[964].

É à lei reguladora do contrato assim determinada que compete definir qual a eficácia a reconhecer aos usos do comércio internacional, *maxime* como elementos de interpretação e integração das declarações negociais das partes[965].

d) Contratos celebrados com consumidores. – Não raro, são celebrados contratos de licença de utilização de bens intelectuais com consumidores finais. É o que acontece, por exemplo, quando um programa de computador é fornecido para uso pessoal (i. é, não profissional) do respetivo adquirente. Nestas hipóteses, as regras anteriormente examinadas sofrem certas limitações ditadas pela preocupação de proteger o consumidor, que se presume ser a parte mais fraca na relação jurídica.

Nos Estados-Membros da União Europeia, valerá nesta matéria, na falta de disposições especiais, o art. 6.º do Regulamento de Roma I. Aí se procura garantir ao consumidor a proteção que lhe é conferida pelas disposições «não derrogáveis por acordo» da lei da sua residência habitual, as quais não podem ser derrogadas pelas partes através da escolha de uma lei diferente (n.º 2). Não se exclui, por conseguinte, a escolha da lei aplicável, nos termos do art. 3.º do Regulamento, nem se manda aplicar, quando as partes escolham a lei aplicável, a totalidade das disposições da lei da residência habitual do consumidor, mas tão-só aquelas que lhe confiram uma *proteção superior* à da lei escolhida.

A aplicação das normas de proteção da lei do país da residência habitual do consumidor pressupõe ainda que se verifiquem certas condições, enunciadas no n.º 1 do art. 6.º: *a)* que o profissional que contrata com o consumidor exerça as suas atividades comerciais ou profissionais no país em que o consumidor tem a sua residência habitual; ou *b)* que, por qualquer meio, o profissional *dirija essas atividades* para este ou vários países, incluindo aquele país. Em qualquer destes casos requer-se, para que seja aplicável a lei do consumidor, que o contrato em apreço seja abrangido pelo âmbito das referidas atividades. Não se verificando

964 «If no clear decision can be made under paragraph 2 and the transfer or licence concerns intellectual property rights for only one State, it shall be presumed that the contract is most closely connected with that State. If the transfer or licence concerns intellectual property rights for multiple States, it shall be presumed that the State with which the contract is most closely connected shall be the State in which the creator, transferor or licensor has her/his habitual residence at the time of conclusion of the contract».

965 Essa eficácia dos usos é perfeitamente compatível com o que dispõem, nomeadamente, os §§ 157 e 242 do Código Civil alemão e os arts. 1159 e 1160 do Código Civil francês, 236.º e 239.º do Código Civil português e 1-205, n.º 3, do *Uniform Commercial Code* norte-americano.

qualquer dessas hipóteses, o contrato celebrado entre um consumidor e um profissional será regido pela lei designada nos termos dos arts. 3.º e 4.º do Regulamento (art. 6.º, n.º 3)[966].

O recurso ao critério da *direção de atividades* a fim de aferir a aplicabilidade da lei da residência habitual do consumidor corresponde à adaptação aos conflitos de leis de uma solução que já figurava, pelo que respeita à fixação da competência judiciária, no Regulamento (CE) n.º 44/2001 do Conselho, de 22 de dezembro de 2000, relativo à competência judiciária, ao reconhecimento e à execução de decisões em matéria civil e comercial, do qual passou para o Regulamento (UE) n.º 1215/2012, de 12 de dezembro de 2012, que lhe sucedeu[967].

Alargou-se deste modo consideravelmente, no confronto com a Convenção de Roma, o leque das situações em que é aplicável ao contrato a lei do consumidor.

Com efeito, neste instrumento internacional as normas de proteção da lei do país da residência habitual do consumidor apenas eram aplicáveis com primazia sobre a lei escolhida, pelo que respeita aos contratos à distância, se a respetiva celebração tivesse sido precedida, nesse país, de uma proposta especialmente dirigida ao consumidor ou de um anúncio publicitário e o consumidor tivesse executado nesse país todos os atos necessários à celebração do contrato, ou se a outra parte ou o respetivo representante tivessem recebido o pedido do consumidor nesse país. Fazia-se assim depender a aplicabilidade da lei do consumidor da assunção implícita do risco da aplicação desta lei pelo profissional, inferida da conduta pré-contratual.

Nos termos do Regulamento, requer-se que o profissional «dirija as suas atividades» para o país da residência habitual do consumidor; o que, no caso de atividades levadas a cabo através de sítios da Internet, deverá ter-se por verificado, em conformidade com a interpretação jurisprudencial que tem prevalecido a respeito da disposição homóloga do Regulamento de Bruxelas I, quando «antes da eventual celebração de um contrato com o consumidor, resulta desses sítios na Internet e da atividade global do comerciante que este pretendia estabelecer relações comerciais com consumidores domiciliados num ou vários Estados-Membros, incluindo o do domicílio do consumidor, no sentido de que estava disposto a com eles contratar»[968].

Não parecem confirmar-se os receios por alguns expressos acerca do impacto desta solução sobre o comércio eletrónico no mercado interno europeu, na

[966] Para uma apreciação destas soluções, com referência à proposta de Regulamento, veja-se Peter Mankowski, «Art. 5 des Vorschlags für eine Rom I-Verordnung – Revolution im Internationalen Verbrauchervertragsrecht?», *ZvglRW*, 2006, pp. 120 ss.

[967] Ver, sobre este ato europeu, *infra*, capítulo IV.

[968] *Vide* sobre o ponto, *infra*, § 21.º/III, alínea *a*).

medida em que, por força dele, as pequenas e médias empresas se viram obrigadas a conformar a sua atividade com as exigências de uma multiplicidade de leis nacionais em matéria de proteção do consumidor[969].

Em todo o caso, poderá justificar-se um reconhecimento mais amplo da autonomia privada na definição da lei aplicável aos contratos de consumo. Neste sentido pode aduzir-se que a solução constante do Regulamento assenta no pressuposto de que o consumidor carece ainda, na União Europeia, da proteção da lei da sua residência habitual. O facto, porém, de o regime dos contratos celebrados por consumidores se achar hoje em larga medida harmonizado – nomeadamente, e por último, por força das Diretivas sobre o fornecimento de conteúdos e serviços digitais[970] e a venda de bens[971] –, permite duvidar do bem-fundado de semelhante pressuposto.

Pelo que respeita aos contratos de consumo celebrados por adesão a cláusulas contratuais gerais (como é o caso da maior parte das licenças de utilização de programas de computador), haverá ainda que ter em consideração, na União Europeia, o art. 6.º, n.º 2, da Diretiva 93/13/CEE, do Conselho, de 5 de abril de 1993, relativa às cláusulas abusivas nos contratos celebrados com os consumidores[972], e as regras nacionais de transposição deste ato europeu[973], as quais, nos termos do art. 23.º do Regulamento de Roma I, têm primazia sobre as disposições deste último.

Assim, se o contrato apresentar uma *conexão estreita* com o território de um Estado-Membro da União Europeia, aplicar-se-ão, independentemente da lei escolhida pelas partes a fim de regê-lo, as normas desse Estado que visam transpor a referida Diretiva, *maxime* as que estabelecem proibições de certas cláusulas

[969] Cfr., por exemplo, Josef Drexl, «Which Law Protects Consumers and Competition in Conflict with Intellectual Property Rights?», *in* Jürgen Basedow/Josef Drexl/Annette Kur/Axel Metzger (orgs.), *Intellectual Property in the Conflict of Laws*, Tubinga, 2005, pp. 79 ss. (pp. 89 ss.).

[970] Diretiva (UE) 2019/770 do Parlamento Europeu e do Conselho, de 20 de maio de 2019, sobre certos aspetos relativos aos contratos de fornecimento de conteúdos e serviços digitais, *in JOUE* n.º L 136, 22 de maio de 2019, pp. 1 ss.

[971] Diretiva (UE) 2019/771 do Parlamento Europeu e do Conselho, de 20 de maio de 2019, relativa a certos aspetos dos contratos de compra e venda de bens que altera o Regulamento (UE) 2017/2394 e a Diretiva 2009/22/CE e que revoga a Diretiva 1999/44/CE, *in JOUE* n.º L 136, 22 de maio de 2019, pp. 28 ss.

[972] *In JOCE*, n.º L 95, de 21 de abril de 1993, pp. 29 ss.

[973] Entre as quais se incluem, na Alemanha, o art. 29a da Lei de Introdução ao Código Civil alemão, aditado a esse diploma pela lei de 27 de junho de 2000; em França, o art. L. 135-1 do Código do Consumo; em Portugal, o art. 23.º do Regime Jurídico das Cláusulas Contratuais Gerais, aprovado pelo D.L. n.º 446/85, de 25 de outubro, e sucessivamente alterado pelo D.L. n.º 220/95, de 31 de agosto, pelo D.L. n.º 249/99, de 7 de julho, e pelo D.L. n.º 323/2001, de 17 de dezembro; e, no Reino Unido, a regra 9 das *Unfair Terms in Consumer Contracts Regulations 1999*.

contratuais gerais nas relações com consumidores finais. Aquela conexão deve ter-se por verificada, a nosso ver, nomeadamente quando o consumidor tiver residência habitual num Estado-Membro da Comunidade e o contrato seja aí proposto, concluído ou executado[974].

Uma maior abertura à autonomia privada nos contratos de consumo é preconizada nos *Princípios* do *American Law Institute*. Prevê, com efeito, o § 302 (5), aplicável aos contratos de transmissão de direitos e de licença por força do disposto no § 315 (3) (a), que as cláusulas de escolha da lei aplicável constantes de *mass-market agreements* (i.é, aqueles cujo clausulado é preparado por uma das partes no contrato, destinando-se a ser utilizados repetidamente, sem que a outra parte tenha qualquer oportunidade significativa de negociá-lo) apenas serão válidas se forem «razoáveis», estiverem «prontamente acessíveis», ao tempo da respetiva conclusão, à parte que não as redigiu e estiverem disponíveis para ulterior utilização pelo tribunal e pelas partes. Na aferição da razoabilidade da cláusula, atender-se-á, segundo o mesmo preceito, à conexão entre as partes, a substância do contrato, o Estado cuja lei é escolhida e o foro, bem como à localização das partes, dos seus interesses e dos seus recursos, tendo especialmente em conta os recursos e a sofisticação da parte que não redigiu a cláusula[975]. Não basta, pois, que o consumidor ou aderente resida em país distinto daquele cuja lei foi escolhida para que se apliquem as regras de proteção da lei local; é ainda necessário que, à luz das circunstâncias do caso concreto e dos interesses em jogo, não fosse razoável a escolha dessa lei. Neste caso, aplicar-se-á a lei competente a título subsidiário, nos termos do § 315 (2) dos *Princípios*[976].

e) Contratos celebrados por trabalhadores assalariados. – Sendo o criador do bem intelectual (autor ou inventor) trabalhador por conta de outrem, aplicam-se ao contrato por si celebrado as regras de conflitos referentes ao contrato individual de trabalho. Estas figuram, designadamente, no art. 8.º do Regulamento de Roma I, que consagra duas soluções fundamentais a este respeito: a aplicabilidade

[974] Ver, para mais desenvolvimentos, o nosso estudo «Lei reguladora dos contratos de consumo», reproduzido *in Direito Internacional Privado. Ensaios*, Coimbra, vol. II, 2005, pp. 187 ss. (pp. 198 ss.), e a bibliografia aí citada.

[975] «(a) In addition, choice-of-law clauses in mass-market agreements are valid only if the choice-of-law clause was reasonable and readily accessible to the nondrafting party at the time the agreement was concluded, and is available for subsequent reference by the court and the parties. (b) Reasonableness under subsection (a) is determined in light of: (i) the closenesss of the connection between the parties, the substance of the agreement, the State whose law is chosen, and the forum, and (ii) the parties' locations, interests, and resources, taking particular account of the resources and sophistication of the nondrafting party».

[976] Sobre esta disposição, veja-se *supra*, § 16.º/I, alínea *c)*.

da lei escolhida pelas partes e a competência subsidiária da lei do lugar da execução habitual da atividade laboral pelo trabalhador.

A primeira destas regras sofre, todavia, uma importante limitação, constante do n.º 1, nos termos do qual a escolha pelas partes da lei aplicável ao contrato de trabalho não pode ter como consequência privar o trabalhador da proteção que lhe proporcionam as disposições não derrogáveis por acordo da lei que seria aplicável, na falta de escolha, por força dos n.ºs 2 a 4 do mesmo artigo. Visa-se assim evitar que, por força de uma escolha da lei aplicável, o trabalhador fique desprovido da proteção que lhe confere a lei que tem a conexão estreita mais estreita com o contrato.

A aplicação da *lex loci laboris* é a solução consagrada a título subsidiário no n.º 2 do mesmo preceito, segundo o qual: «Se a lei aplicável ao contrato individual de trabalho não tiver sido escolhida pelas partes, o contrato de trabalho é regulado pela lei do país em que o trabalhador presta habitualmente o seu trabalho em execução do contrato ou, na sua falta, a partir do qual o trabalhador presta habitualmente o seu trabalho em execução do contrato. Não se considera que o país onde o trabalhador presta habitualmente o seu trabalho mude quando o trabalhador estiver temporariamente empregado noutro país». Por seu turno, o n.º 3 acrescenta: «Se não for possível determinar a lei aplicável nos termos do n.º 2, o contrato é regulado pela lei do país onde se situa o estabelecimento que contratou o trabalhador».

A opção, como conexão subsidiária, pela lei do país onde é habitualmente devida a execução do contrato trabalho explica-se por diversas ordens de razões[977]. Desde logo, ela funda-se na particular correlação de interesses em jogo nestes contratos e na proeminência que entre eles assumem o interesse do trabalhador, enquanto parte mais fraca, e os interesses sociais que presidem a muitas normas imperativas em matéria laboral, como as que regulam o salário mínimo, a duração do trabalho, etc.: tais normas, a fim de realizarem as suas finalidades precípuas, têm de ser aplicadas territorialmente – i. é, têm de valer para todos os contratos de trabalho executados no território do país onde vigoram. A aplicação da lei do *locus laboris* é, por outro lado, uma forma de assegurar a igualdade de tratamento entre trabalhadores nacionais e estrangeiros. Finalmente, ela justifica-se pela necessidade de assegurar que todas as empresas que atuam em certo mercado fiquem sujeitas às mesmas condições jurídicas de funcionamento.

No n.º 4 do art. 8.º do Regulamento, estabelece-se, contudo, uma *cláusula de exceção*, nos termos da qual a lei aplicável por força das regras de conflitos constantes dos n.ºs 2 e 3 pode ser afastada pelo julgador «se resultar do conjunto

[977] Ver, sobre esta matéria, Rui de Moura Ramos, *Da lei aplicável ao contrato de trabalho internacional*, Coimbra, 1991, pp. 908 ss., com mais referências.

das circunstâncias que o contrato apresenta uma conexão mais estreita com um país diferente», sendo em tal caso «aplicável a lei desse outro país». No domínio que aqui nos interessa, esta regra será aplicável, por exemplo, se o autor de uma obra literária ou artística, por hipótese um jornalista assalariado, prestar habitualmente o seu trabalho em determinado país estrangeiro, onde se encontra domiciliado, mas a empresa para a qual trabalha tiver a sua sede noutro país, onde foi igualmente celebrado o contrato de trabalho, onde é também pago o seu salário e onde é publicado o órgão de comunicação social em que são inseridos os trabalhos jornalísticos por si produzidos.

Os arts. 3:503 dos *Princípios CLIP* e 23(1) das *Diretrizes da ILA* acolhem nesta matéria regras análogas às do Regulamento de Roma I.

À lei assim determinada compete disciplinar, nomeadamente, o eventual direito do trabalhador a uma remuneração suplementar em virtude da obra criada ou da invenção realizada no cumprimento de um contrato de trabalho. Por via das conexões acessórias acima preconizadas[978], a competência da *lex contractus* pode, além disso, ser estendida à atribuição do próprio direito patrimonial de autor ou do direito à patente. Já o conteúdo da proteção conferida à obra ou à invenção deve ser disciplinado pela *lex loci protectionis.*

f) Garantias sobre bens intelectuais. – As obrigações emergentes de contratos que tenham por objeto a constituição ou a transferência de garantias sobre bens intelectuais estão sujeitas às regras de conflitos comuns acima descritas. Deve, assim, admitir-se relativamente a esses contratos a escolha pelas partes da lei aplicável e aplicação, a título subsidiário, da lei do devedor da prestação característica (nestes casos o garante), sem prejuízo da aplicação de outra lei com a qual os mesmos possuam uma conexão manifestamente mais estreita[979].

No tocante, porém, à admissibilidade da constituição de tais garantias, aos requisitos do seu registo e aos seus efeitos relativamente a terceiros, haverá em princípio que observar o disposto na *lex loci protectionis.*

Nesta linha de orientação se inscreve a Resolução adotada pela AIPPI em 2016[980], que estabelece no seu n.º 4:

> «While recognizing the importance of harmonization according to paragraphs 1) and 2) above, the availability, registration, creation and effect of security interests in IPRs should be governed by the law designated by the jurisdiction in which the IPR is registered. The contractual rights and obligations between the security

[978] Cfr. *supra*, § 15.º/I, alínea *f)*, e II, alínea *d)*.

[979] Cfr., neste sentido, o art. 3:801 dos *Princípios CLIP.*

[980] Cfr. *Security interests over registered IP rights,* disponível em https://aippi.org.

provider and the security taker should be governed by the law designated according to the applicable choice of law principles.»

Este *dépeçage* parece corresponder à solução que, na ausência de regras de fonte internacional ou europeia sobre a matéria, melhor concilia a desejável fluidez do tráfico jurídico com a eficácia transfronteiras das garantias em apreço.

De jure condendo, tem, contudo, sido preconizada a sujeição das garantias sobre bens intelectuais, pelo que respeita à sua constituição e execução, à lei do país da residência habitual do garante, em ordem a facilitar – nomeadamente nos casos em que as mesmas tenham por objeto um *portfolio* de direitos de propriedade intelectual sujeitos a leis distintas – a utilização destes como objeto de garantias reais em operações de financiamento com caráter internacional[981]. Esta solução, que evitaria a fragmentação dessas garantias, mediante a sua sujeição cumulativa a leis distintas, encontrou acolhimento, designadamente, no art. 3:802(1) dos *Princípios CLIP.*

A seu favor pode ainda aduzir-se que as razões fundamentais que justificam a competência da *lex loci protectionis* – ligadas, como vimos, à tutela de interesses públicos do Estado de proteção no tocante à constituição de direitos exclusivos sobre bens imateriais – não são relevantes pelo que respeita à utilização destes como garantias: uma vez admitida pela *lex protectionis* a existência desses exclusivos, a constituição em benefício de terceiros de garantias sobre os bens que os mesmos têm por objeto poderia ser regulada por outra lei sem prejuízo para esses interesses[982].

Não é inequívoco, contudo, que a aplicabilidade da lei do outorgante da garantia à constituição desta seja a melhor solução quando a lei do país de registo do direito o exija também relativamente à constituição de direitos de garantia – como sucede na lei portuguesa – e não admita, em virtude do princípio do *numerus clausus* dos direitos reais, determinada garantia constituída no país do outorgante. Em tais casos, a solução referida suscita o risco de ser celebrada uma garantia sobre bens intelectuais, válida *inter partes* segundo a lei do outorgante mas inoponível a terceiros segundo a *lex protectionis.*

[981] Cfr., sobre o ponto, United Nations Commission on International Trade Law, *UNCITRAL Legislative Guide on Secured Transactions. Supplement on Security Rights in Intellectual Property,* Nova Iorque, 2011, pp. 127 ss.

[982] Ver Christian Heinze, *in Conflict of Laws in Intellectual Property. The CLIP Principles and Commentary,* cit., pp. 354 ss.; Stefania Bariatti, «The Law Applicable to Security Interests in Intellectual Property Rights», *Journal of Private International Law,* 2010, pp. 395 ss.; Ikumi Sato, «Study on Governing Law on Security Rights in Intellectual Property», *IIP Bulletin* 2013, pp. 1 ss.; Drexl, *in Münchener Kommentar,* vol. 12, cit., pp. 1348 ss.; e Briseida Jiménez Gomez, *Las garantías reales sobre derechos de propiedad industrial e intelectual en Derecho Internacional Privado,* Madrid, 2018 (tese polic.).

g) Forma externa do contrato. – O art. 11.º do Regulamento de Roma I consagra o princípio, com larga tradição no Direito Internacional Privado, da aplicabilidade alternativa à forma externa dos contratos da lei do lugar da celebração ou da lei reguladora da substância do contrato; princípio esse que abrange também os contratos que tenham por objeto direitos de propriedade intelectual[983]. Aos contratos entre ausentes será ainda aplicável, nos termos do mesmo Regulamento, a lei de qualquer dos países onde as partes ou os seus representantes se encontravam aquando da conclusão do contrato ou onde as partes tinham a sua residência habitual nesse momento. Não são fundamentalmente diversas destas as disposições sobre a mesma matéria consignadas no art. 13.º da Convenção Interamericana.

Fundam-se estas regras numa ideia de *favor negotii*. Procura-se na verdade, através delas, promover o aproveitamento dos negócios jurídicos nas situações de cariz internacional em ordem a facilitar a contratação sobrefronteiras e a tutelar a confiança dos interessados.

Da validade formal do contrato importa distinguir a sua oponibilidade a terceiros. Esta depende, em certos países, da observância de determinadas formalidades tendentes a assegurar a publicidade do contrato – como, por exemplo, o averbamento das transmissões de direitos e das licenças de exploração num registo público da propriedade industrial[984]. Quando assim suceda, será exigível, independentemente do que dispõem as aludidas regras de conflitos sobre a forma do contrato, o cumprimento de tais formalidades a fim de que o contrato possa produzir efeitos *erga omnes*[985].

h) Alcance da referência à lei estrangeira. – Também a este propósito se pode perguntar se a remissão eventualmente feita pelas regras de conflitos que vimos examinando para uma lei estrangeira compreende tão-só as respetivas normas materiais ou também o seu Direito Internacional Privado, observando-se o

[983] Neste sentido se pronunciou a Cassação francesa, a respeito de um contrato de transmissão do direito de autor, no acórdão proferido em 28 de maio de 1963, relativo ao caso *Société Les Films Richebé c. Société Roy Export et Charlie Chaplin, RCDIP*, 1964, pp. 513 ss.

[984] É o que ocorre, por exemplo, em França e em Portugal: cfr., respetivamente, os arts. L. 613-9 do Código da Propriedade Intelectual francês e 30.º, n.º 2, do Código da Propriedade Industrial português.

[985] Neste sentido, veja-se Joanna Schmidt-Szalewski/Jean-Luc Pierre, *Droit de la proprieté industrielle*, cit., p. 437. À mesma conclusão chega, perante o Direito Internacional Privado alemão, Axel Metzger, «Transfer of Rights, License Agreements, and Conflict of Laws: Remarks on the Rome Convention of 1980 and the Current ALI Draft», *in* Jürgen Basedow/Josef Drexl/Annette Kur/Axel Metzger (orgs.), *Intellectual Property in the Conflict of Laws*, Tubinga, 2005, pp. 61 s. (p. 65).

eventual reenvio, ou devolução, operado por estas regras para outro sistema jurídico.

Ora, o art. 20.º do Regulamento de Roma I exclui em princípio, no seu domínio de aplicação, a admissibilidade do reenvio. O que bem se compreende: em primeiro lugar, porque quando as partes hajam validamente escolhido a lei aplicável ao contrato, a referência material é a única solução compatível com o respeito pela sua vontade; em segundo lugar, porque nos casos em que as regras de conflitos do Regulamento determinam a aplicação da lei que possuir a conexão mais estreita com o contrato, o reenvio seria incoerente com a *solução individualizadora* do conflito de leis que desse modo se pretende alcançar; em terceiro lugar, porque a aceitação do reenvio é desnecessária, nas relações entre os Estados partes do Regulamento, a fim de assegurar a harmonia de julgados, visto que nelas vigoram, pelo que respeita às obrigações contratuais, regras de conflitos uniformes.

i) Âmbito da lex contractus; *problemas de qualificação.* – A lei determinada nos termos das regras acima analisadas rege um vasto leque de matérias, que o art. 12.º do Regulamento de Roma I enuncia exemplificativamente: a interpretação do contrato; o cumprimento das obrigações dele decorrentes; as consequências do incumprimento dessas obrigações; as causas de extinção das obrigações, bem como a prescrição e a caducidade; e as consequências da invalidade do contrato.

Fora do escopo dessa lei ficam, no domínio dos contratos referentes a direitos sobre bens intelectuais, as questões relacionadas com a constituição, a duração e a extinção desses direitos, o conteúdo destes, as exceções e os limites aos mesmos, bem como a admissibilidade e as condições da sua transmissão e oneração, às quais terá de ser aplicada, sob pena de se quebrar a unidade de sentido da regulação substantiva dos direitos intelectuais, a lei determinada nos termos do parágrafo antecedente, i.é, na generalidade dos casos, a *lex loci protectionis*. Outro tanto pode dizer-se do regime das licenças obrigatórias e das utilizações livres de bens protegidos por direitos intelectuais[986].

[986] Pelo que respeita à transmissão de direitos, esta orientação é perfilhada pelos tribunais ingleses e alemães: cfr., respetivamente, as decisões do *High Court of Justice, Chancery Division*, de 13 de novembro de 1962, caso *Campbell Connelly & Co. Ltd. v. Noble* [1963] 1 All E.R. 237; e do *Bundesgerichtshof*, de 2 de outubro de 1997, caso *Spielbankaffaire, GRUR Int.*, 1999, pp. 152 ss. (em que se afirma expressamente que a suscetibilidade de transmissão de faculdades jusautorais é determinada pelo Direito do país de proteção), e de 2 de maio de 2002, caso *FROMMIA, GRUR Int.*, 2003, pp. 71 ss. (na qual se declara que o Direito alemão é aplicável, em conformidade com o princípio da territorialidade, à transmissão de uma marca alemã, ainda que realizada entre partes estrangeiras). Ver, sobre o ponto, Axel Metzger, «Germany», *in* Toshiyuki Kono (org.), *Intellectual Property and Private International Law: Comparative Perspectives*, Oxford/Portland, 2012, pp. 581 ss.

Em razão do exposto, a transmissão e a oneração de direitos intelectuais implicam frequentemente, nas situações com caráter internacional, a conjugação de diferentes leis.

Assim, por exemplo, se um dos coautores de um livro publicado em França transmite os seus direitos ao outro coautor, a questão de saber se a transmissão compreende o direito à paternidade da obra (e portanto a questão da admissibilidade da omissão do seu nome nos respetivos exemplares) terá de ser decidida pela *lex loci protectionis* (na espécie, a lei francesa, que, como vimos no capítulo I, não permite a transmissão do direito moral de autor) e não pela lei escolhida pelas partes a fim de reger o contrato (por hipótese, a lei do Estado de Nova Iorque, perante a qual semelhante transmissão seria válida).

Analogamente, a questão de saber se um dos coautores de uma obra literária pode, ao abrigo de um contrato, licenciar a sua exploração por terceiros sem o consentimento do outro ou dos outros coautores, como permite o Direito norte-americano, terá de ser aferida perante a lei do país onde essa exploração foi autorizada e não pela lei reguladora do contrato[987].

Nem sempre, todavia, tem sido isenta de dúvida a qualificação das normas materiais relevantes nas situações em apreço.

Estão neste caso as normas que, em alguns sistemas jurídicos (entre os quais o francês[988] e o português[989]), fazem depender a validade dos negócios de transmissão e oneração de direitos intelectuais da observância de certos requisitos formais, nomeadamente a sua redução a escrito.

Como se viu acima, a propósito do art. 11.º do Regulamento de Roma I, a forma do contrato tem, no Direito Internacional Privado, um estatuto próprio; mas as regras que estabelecem exigências especiais de forma para os referidos negócios acham-se, até do ponto de vista sistemático, estreitamente ligadas ao regime substantivo desses direitos – o qual se subordina, como sabemos, a uma lei autonomamente determinada.

Sempre que sejam divergentes as exigências feitas nesta matéria pela lei reguladora da forma do contrato e pela lei reguladora do direito intelectual, haverá que determinar qual delas disciplina a situação *sub judice*.

É o que sucede, *v.g.*, num contrato de licença de uma marca registada em Portugal celebrado entre uma empresa sedeada na Alemanha, que intervém como licenciante, e uma empresa sedeada em Portugal, beneficiária da licença:

(pp. 598 e 600). Consagra também a aplicação da *lex loci protectionis* à transmissibilidade dos direitos intelectuais o § 314 dos *Princípios* do *American Law Institute.*

987 Cfr. Melville B. Nimmer/David Nimmer, *Nimmer on Copyright*, s.l., s.d., § 17.07.

988 Cfr. os arts. L. 131-2 e L. 613-8 do Código da Propriedade Intelectual.

989 Cfr. os arts. 41.º, n.º 2, 43.º, n.º 2, e 44.º do Código do Direito de Autor e dos Direitos Conexos e 31.º, n.º 6, e 32.º, n.º 3, do Código da Propriedade Industrial.

enquanto que o Direito alemão consagra nesta matéria o princípio da liberdade de forma, o Direito português exige para o mesmo efeito a observância da forma escrita.

Para alguns autores, as normas sobre a forma dos contratos relativos à transmissão ou ao licenciamento da exploração de direitos de propriedade industrial sujeitos a registo não seriam reconduzíveis às regras de conflitos comuns sobre a forma dos contratos, atenta a circunstância de que a própria aquisição de tais direitos se encontra sujeita a registo e de que estão em jogo interesses do tráfico jurídico. Nesta matéria, aplicar-se-ia antes a lei reguladora do direito a que se refere o contrato: a *lex loci protectionis*[990].

Supomos, porém, que não há razão para afastar aqui liminarmente a aplicabilidade das regras de conflitos comuns[991]. Assim, sempre que a forma do ato não seja exigida em vista de qualquer interesse geral, mas tão-só a fim de tutelar o disponente contra a sua própria precipitação ou imprevidência, a norma que a estabelece será subsumível à regra de conflitos constante do art. 11.º do Regulamento de Roma I e será aplicável, por conseguinte, se pertencer a uma das leis aí designadas. É o caso, por exemplo, das prescrições de forma constantes dos arts. 41.º, 43.º e 44.º do Código português do Direito de Autor e dos Direitos Conexos.

Se assim não fosse, quando o direito transmitido ou onerado houvesse de ser exercido em diversos países, onde o bem intelectual se destinasse a ser explorado, o ato de transmissão ou oneração teria de conformar-se, a fim de ser plenamente válido e eficaz, com as regras de forma vigentes em todos eles; o que dificultaria sobremaneira o tráfico jurídico sobrefronteiras.

Não pode, todavia, excluir-se que certas prescrições de forma da *lex loci protectionis* pretendam aplicar-se, atento o seu objeto e fins, sempre que o contrato se refira a um direito intelectual conferido por essa lei[992].

Ora, o Direito Internacional Privado vigente tende a atribuir primazia às normas da lei da substância do ato jurídico que imponham a observância de

[990] Cfr. Ulmer, *Intellectual Property Rights and the Conflict of Laws*, cit., pp. 88 ss.; Friedrich-Karl Beier, «Das auf internationale Markenlizenzverträge anwendbare Recht», *GRUR Int.*, 1981, pp. 299 ss. (p. 306); Lima Pinheiro, «A lei aplicável aos direitos de propriedade intelectual», cit., p. 74, e *Direito Internacional Privado*, cit., vol. II, p. 635; e Fezer/Koos, *in Staudingers Kommentar, Einführungsgesetz zum Bürgerliche Gesetzbuche/IPR. Internationales Wirtschaftsrecht*, cit., pp. 462 s.

[991] Neste sentido também Fawcett/Torremans, *Intellectual Property and Private International Law*, cit., p. 795.

[992] Será esse o caso, segundo Pedro de Miguel Asensio, *Contratos internacionales sobre propiedad industrial*, cit., p. 173, do art. 74, n.º 2, da Lei de Patentes espanhola. Sobre as normas internacionalmente imperativas, veja-se ainda a rubrica seguinte.

certa forma, ainda que o mesmo haja sido celebrado no estrangeiro[993]. Constitui expressão desta doutrina, por exemplo, o art. 11.º, n.º 5, do Regulamento de Roma I. Aplicando-a à hipótese em apreço, diremos que, se o contrato de transmissão do direito ou de licenciamento de exploração se conformou com as exigências de forma da lei do lugar da celebração, mas não com as que a *lex loci protectionis* impõe, qualquer que seja o lugar da celebração, devem prevalecer estas últimas. O contrato deverá neste caso ser tido por inválido. Conduz ao mesmo resultado o art. 9.º daquele Regulamento, que examinaremos a seguir.

Os problemas de delimitação entre o estatuto contratual e o do direito intelectual e de qualificação sob eles de situações concretas podem ser eficazmente prevenidos através da sujeição ao primeiro, por *conexão acessória*, de certas matérias, como por exemplo a titularidade originária do direito quando a criação intelectual ocorra em cumprimento de contrato de empreitada ou de trabalho[994].

Naturalmente que esses problemas não se colocam no que respeita aos contratos que tenham por objeto a transmissão de *know-how*. Dado que nestes casos não está em jogo o exercício de um direito de exclusivo, mas tão-só de uma posição fáctica tutelada, como se deixou dito atrás, pelas regras da concorrência desleal, o âmbito da *lex contractus* não é limitado pelo do estatuto dos direitos intelectuais[995]

j) Limites à lei aplicável: normas internacionalmente imperativas. – Há, em todo o caso, limites à aplicação da lei do contrato, quer esta tenha sido ou não escolhida pelas partes.

Esses limites podem decorrer, desde logo, das normas internacionalmente imperativas de outros sistemas jurídicos, a que já nos referimos anteriormente[996], cuja eficácia se encontra disciplinada, pelo que respeita às obrigações contratuais, no art. 9.º do Regulamento de Roma I e no art. 11.º da Convenção Interamericana[997].

[993] Cfr. Isabel de Magalhães Collaço, *Da qualificação em Direito Internacional Privado*, Lisboa, 1964, p. 292; António Ferrer Correia, *Lições de Direito Internacional Privado*, cit., pp. 228 ss.

[994] Tal a solução a que conduz, por exemplo, o § 311 (1) (c) e (2) dos *Princípios* do *American Law Institute*, a que nos referimos acima (cfr. os §§ 15.º/I, alínea *f)*, e 15.º/II, alínea *d)*).

[995] Neste sentido, veja-se Pedro de Miguel Asensio, *Contratos internacionales sobre propiedad industrial*, cit., p. 188.

[996] Cfr. *supra*, § 15.º/I, alínea *k)*.

[997] Sobre a problemática das normas internacionalmente imperativas em matéria de obrigações contratuais, vejam-se, além dos estudos referidos no local desta obra citado na nota anterior: Wilhelm Wengler, «Die Anknüpfung des zwingenden Schuldrechts im internationalen Privatrecht. Eine rechtsvergleichende Studie», *ZvglRW*, 1941, pp. 168 ss.; Konrad Zweigert, «Nichterfüllung auf Grund ausländischer Leistungsverbote», *RabelsZ*, 1942, pp. 283 ss.; Trevor C. Hartley, «Mandatory Rules in International Contracts: the Common Law Approach», *Rec. cours*, vol. 266 (1997), pp. 337

Observe-se que nem todas as normas imperativas do Direito interno de cada país cabem naquela categoria. Trata-se apenas, consoante esclareceu o Tribunal de Justiça das Comunidades Europeias, no acórdão de 23 de novembro de 1999, relativo ao caso *Arblade*[998], das «disposições nacionais cuja observância foi considerada crucial para a salvaguarda da organização política, económica, social ou económica do Estado-Membro em causa, a ponto de impor o seu respeito a qualquer pessoa que se encontre no território nacional desse Estado-Membro ou a qualquer relação jurídica neste localizada».

Foi esta a orientação que o art. 9.º, n.º 1, do Regulamento de Roma I acolheu, ao definir as normas de aplicação imediata como «disposições cujo respeito é considerado fundamental por um país» (ou, poderá acrescentar-se, por uma entidade supranacional, como a União Europeia) «para a salvaguarda do interesse público, designadamente a sua organização política, social ou económica, ao ponto de exigir a sua aplicação em qualquer situação abrangida pelo seu âmbito de aplicação, independentemente da lei aplicável ao contrato, por força do presente regulamento».

O problema da eficácia destas normas é resolvido de modo diverso consoante se trate de normas do Estado do foro ou de terceiros Estados.

Referem-se às primeiras o n.º 2 do art. 9.º do Regulamento de Roma I e o § 1.º do art. 11.º da Convenção Interamericana. Por força destes preceitos, o julgador deve aplicar as disposições em apreço pertencentes ao Direito do Estado do foro sempre que as mesmas regulem imperativamente o caso concreto, qualquer que seja a lei aplicável ao contrato nos termos daqueles instrumentos jurídicos.

A aplicabilidade imperativa destas disposições pode resultar, designadamente, de uma regra de conflitos unilateral, que expressamente se lhes refira, ou ser inferida das finalidades, *v.g.* de política económica, por elas prosseguidas.

Às normas internacionalmente imperativas de ordenamentos jurídicos estrangeiros reporta-se o n.º 3 do art. 9.º do Regulamento, segundo o qual pode ser-lhes dada prevalência se pertencerem à lei do país em que as obrigações decorrentes do contrato devam ser ou tenham sido executadas e, por força delas, a execução do contrato for ilegal.

Mais sintética é a disposição correspondente da Convenção Interamericana, cujo art. 11, § 2.º, se limita a remeter para o foro a decisão sobre a aplicabilidade das disposições de outro Estado com o qual o contrato possua uma conexão estreita.

ss.; e Robert Freitag, *in* Christoph Reithmann/Dieter Martiny (orgs.), *Internationales Vertragsrecht*, cit., pp. 363 ss.

[998] *CJTJ*, 1999-I, pp. 8453 ss.

O problema da eficácia dessas normas assume particular relevância na matéria de que nos ocupamos neste estudo. Entre outras razões, pela circunstância de, nos Estados partes do Regulamento de Bruxelas I*bis*, os tribunais poderem com relativa frequência ter de julgar litígios relativos a contratos que tenham por objeto direitos de propriedade intelectual constituídos à sombra de um ordenamento jurídico estrangeiro, ou que devam ser executados num país estrangeiro, cujas disposições internacionalmente imperativas reclamam aplicação ao caso, ainda que seja outra a lei aplicável ao contrato segundo as regras de conflitos do Regulamento de Roma I.

Na base daquela regra do Regulamento de Roma I, haverá, designadamente, que reconhecer efeitos às normas de defesa da concorrência do Direito interno dos Estados-Membros da União Europeia, bem como do Direito Europeu, que proscrevem os acordos entre empresas (ainda que sujeitos à lei de um terceiro país por força de uma *electio iuris*) pelos quais estas visem repartir mercados entre si[999]. Delas poderá resultar, por exemplo, a invalidade de um contrato de edição que conceda ao editor o exclusivo da comercialização de uma obra literária no território de determinado país, obrigando-se esse sujeito a não exportar os exemplares da obra por si produzidos para o território de outro ou outros países, que o titular dos direitos reserva para si ou para outro editor[1000].

Análoga eficácia deve ser reconhecida, *v.g.*, às normas de Direito Internacional vigentes no país de execução de um contrato de licença de utilização de patentes, que cominem de nulidade cláusulas nele contidas nas quais se imponham ao beneficiário da licença, no que toca à produção ou comercialização dos produtos patenteados, restrições que não resultem dos direitos conferidos pela patente nem sejam necessárias à preservação desses direitos[1001]. Seria esse o caso, por exemplo, de uma proibição contratual da exportação de produtos fabricados ao abrigo da patente para certo ou certos Estados.

A circunstância de se ter disciplinado no art. 9.º, n.º 3, do Regulamento de Roma I, em termos uniformes, a eficácia das normas internacionalmente

[999] Haja vista ao art. 101.º, n.º 1, alínea *c)*, do TFUE. No sentido da aplicabilidade a um contrato regido pelo Direito de um terceiro Estado de disposições imperativas tidas por «essenciais para a ordem jurídica comunitária» numa situação estreitamente conexa com a Comunidade, veja-se o acórdão do Tribunal de Justiça das Comunidades Europeias de 9 de novembro de 2000, caso *Ingmar GB Ltd. c. Eaton Leonard Technologies Inc.*, *CJTJ*, 2000-I, pp. 9305 ss.

[1000] Ver, neste sentido, Aurora Hernández Rodríguez, *Los contratos de edición en el Derecho internacional privado español*, cit., pp. 158 ss.; Josef Drexl, «Which Law Protects Consumers and Competition in Conflict with Intellectual Property Rights?», cit., pp. 97 s.; Fawcett/Torremans, *Intellectual Property and Private International Law*, cit., p. 786.

[1001] Veja-se, neste sentido, o art. 37, n.º 1, do anexo I ao referido Acordo de Bangui de 1977, que criou a Organização Africana da Propriedade Intelectual.

imperativas estrangeiras veio reduzir consideravelmente a incerteza suscitada, designadamente, pelas reservas feitas pela Alemanha, por Portugal e pelo Reino Unido ao art. 7.º, n.º 1, da Convenção de Roma, que se ocupava da mesma matéria[1002]. Porquanto essas reservas, como referimos noutro lugar, suscitavam uma lacuna, que tinha de ser preenchida caso a caso pelos tribunais a que a questão fosse colocada[1003].

A verdade, porém, é que, no confronto com o que dispunha o art. 7.º, n.º 1, da Convenção de Roma, aquele preceito do Regulamento restringiu muito o âmbito das situações em que as normas em apreço podem ser atendidas pelo julgador[1004]. Com efeito, apenas se prevê nele, como referimos, a possibilidade de ser «dada prevalência» às normas de aplicação imediata da lei do país em que as obrigações decorrentes do contrato devam ser ou tenham sido executadas; e desde que, por força delas, a execução do contrato seja «ilegal». O que deixa em aberto a questão de saber qual a eficácia a reconhecer às normas da mesma índole pertencentes a outras leis ou que tenham outro objeto.

Estão neste caso, na Alemanha, os §§ 32 e 32a da *Urheberrechtsgesetz*, que conferem ao autor o direito a uma «remuneração adequada» (*angemessene Vergütung*) e a uma «participação adicional» (*weitere Beteiligung*) nos lucros extraordinários da exploração da obra, bem como, se for caso disso, à modificação do contrato em ordem a assegurar aqueles direitos[1005]. Segundo o § 32b da mesma lei (introduzido nela em 2002), os referidos preceitos são imperativamente aplicáveis: *a)* Quando ao contrato de licença fosse aplicável o Direito alemão, na falta de escolha pelas partes da lei aplicável (ou seja, quando o beneficiário da licença tenha na Alemanha a sua administração central); e *b)* Na medida em que constituam objeto do contrato licença atos de exploração compreendidos no âmbito espacial de aplicação da referida lei (ou seja, quando esses atos tenham lugar na Alemanha). Através desta regra de conflitos, o legislador alemão delimitou unilateralmente

[1002] Cfr. Francisco J. Garcimartín Alférez, «Rome Convention and Rome I Regulation (contractual obligations)», *in* Jürgen Basedow/Franco Ferrari/Pedro de Miguel Asensio/Giesela Rühl (orgs.), *Encyclopedia of Private International Law*, Cheltenham/Northampton, 2017, vol. 2, pp. 1553 ss. (p. 1561).

[1003] *Da responsabilidade pré-contratual em Direito Internacional Privado*, cit., p. 664, e a bibliografia aí citada.

[1004] Em sentido crítico quanto a essa restrição, veja-se Rui de Moura Ramos, *Estudos de Direito Internacional Privado da União Europeia*, cit., p. 97.

[1005] Ver Marcus von Welser, «Neue Eingriffsnormen im internationalen Urhebervertragsrecht», *IPRax*, 2002, pp. 364 ss.; Haimo Schack, «Internationally Mandatory Rules in Copyright Licensing Agreements», *in* Jürgen Basedow/Josef Drexl/Annette Kur/Axel Metzger (orgs.), *Intellectual Property in the Conflict of Laws*, Tubinga, 2005, pp. 107 ss.; e Silke Pütz, *Parteiautonomie im internationalen Urhebervertragsrecht. Eine rechtsdogmatische und rechtspolitische Betrachtung der Grenzen freier Rechtswahl im internationalen Urhebervertragsrecht unter besonderer Berücksichtigung des neuen deutschen Urherbervertragsrechts*, Frankfurt a. M., etc., 2005, pp. 153 ss.

o âmbito de aplicação espacial das normas referidas, tendo em vista assegurar ao autor nas situações internacionais, independentemente do estatuto contratual, a proteção que as mesmas lhe conferem. Tais normas podem, a esta luz, ser qualificadas como *internacionalmente imperativas*.

Outro exemplo de disposições deste tipo é-nos dado pelas normas do *Patent Act* inglês de 1977 (revisto em 2004) que conferem ao trabalhador por conta de outrem o direito a uma compensação pelas invenções feitas *in the course of his employment*. Essas disposições são aplicáveis, qualquer que seja a lei reguladora do contrato, quando o trabalhador tenha sido «principalmente empregado» (*mainly employed*) no Reino Unido ou, não podendo ser determinado o lugar do emprego principal, quando o empregador possua um estabelecimento no Reino Unido a que o trabalhador se encontre ligado[1006].

Pergunta-se pois: serão estas normas aplicáveis nos restantes Estados membros do Regulamento de Roma I, apesar de não pertencerem à lei do país de execução do contrato e de não resultar delas a ilegalidade deste?

Faltando um preceito que regule em termos gerais o reconhecimento de efeitos no Estado do foro às normas internacionalmente imperativas de terceiros Estados, terá de se buscar uma solução para o problema nos princípios gerais do Direito Internacional Privado. Entre estes sobressaem, como notámos a respeito da questão paralela que se suscita a respeito da lei aplicável ao direito de autor, a tutela da confiança nas situações plurilocalizadas e a harmonia internacional de julgados.

De todo o modo, não poderá deixar de se ter em conta na decisão sobre o reconhecimento de efeitos às normas em apreço o respetivo objeto e fins. Na verdade, uma vez que tais normas constituem frequentemente instrumentos da política económica internacional do Estado que as edita, não parece defensável o reconhecimento de eficácia às mesmas no Estado do foro se as finalidades por elas visadas forem contrárias a valores fundamentais tutelados pelo sistema jurídico local.

Eis por que, a nosso ver, pode ser recusado o reconhecimento de tais efeitos, designadamente, às normas internacionalmente imperativas estrangeiras que neguem ao autor o direito à exploração económica da sua obra com fundamento na violação pelo mesmo de restrições impostas à liberdade de expressão ou ao comércio externo.

Foi desta índole o problema que se suscitou no caso que, nos anos 70, opôs as editoras alemãs Müller e Luchterhand, a respeito dos direitos de publicação do romance *14 de agosto*, de Alexander Solzhenitsyn[1007]. Discutia-se, na espécie,

[1006] Cfr. *Dicey, Morris & Collins on the Conflict of Laws*, 14.ª ed., Londres, 2006, vol. 2, p. 1680.

[1007] Cfr. *Bundesgerichtshof*, sentença de 16 de abril de 1975, caso *August Vierzehn*, *BGHZ* 64, pp. 183 ss.

a validade da cessão dos direitos de publicação desta obra, feita por aquele autor russo à Luchterhand por intermédio de um advogado suíço que o mesmo constituíra seu procurador. A cessão violava normas imperativas ao tempo vigentes na Rússia, que conferiam ao Estado o monopólio do comércio externo. Todavia, segundo o Tribunal Federal alemão, tais normas apenas produziriam efeitos no território do Estado de que emanavam, não sendo, por conseguinte, aplicáveis na Alemanha.

Mais recentemente, coube ao *Court of Appeal* inglês julgar outro caso em que se suscitou a questão da aplicabilidade no Estado do foro de normas imperativas estrangeiras suscetíveis de privarem de efeitos uma transmissão contratual de direito de autor[1008]. Em causa estava, na espécie, a titularidade dos direitos sobre certas obras musicais da autoria de compositores cubanos, que estes haviam cedido à demandante por contratos celebrados entre 1930 e 1945. Uma lei cubana de 1960 sujeitara à aprovação de um instituto público os contratos que tivessem por objeto a cessão de direitos sobre obras de cidadãos nacionais. Como os contratos celebrados pela demandante com os referidos compositores não foram submetidos a essa aprovação, a demandante ficara, por força da mesma lei, privada dos seus direitos sobre as mencionadas obras. Subsequentemente, a *Editora Musical de Cuba*, que se arrogava a titularidade do direito de autor sobre as referidas obras, concedeu à demandada uma licença exclusiva de exploração destas. O tribunal inglês recusou, no entanto, quaisquer efeitos à referida lei cubana, que considerou confiscatória, na medida em que privara a demandante dos seus direitos sem qualquer indemnização; em consequência disso, declarou válidos os mencionados contratos.

Observe-se, por último, que os efeitos a reconhecer às normas em questão tanto podem traduzir-se na sua aplicação propriamente dita como na mera tomada em consideração das situações jurídicas constituídas com base nelas enquanto elementos de facto a valorar à luz da *lex contractus*[1009].

k) Continuação: reserva de ordem pública internacional. – Outro limite à aplicação da lei determinada nos termos das regras de conflitos acima examinadas deriva da *reserva de ordem pública internacional* do Estado do foro, consagrada, quanto a esta matéria, no art. 21.º do Regulamento de Roma I e no art. 18.º da Convenção Interamericana. Por força destes preceitos, poderá ser afastada a aplicação de uma disposição da lei designada nos termos destes instrumentos jurídicos, se essa aplicação for *manifestamente incompatível* com a ordem pública do foro.

[1008] Cfr. *Peer International Corporation v. Termidor Music Publishers Limited*, [2004] R.P.C. 23.

[1009] Cfr., sobre o ponto, para mais desenvolvimentos, o nosso *Da responsabilidade pré-contratual em Direito Internacional Privado*, cit., pp. 648 ss.

Estariam neste caso, por exemplo, as disposições da *lex contractus* que permitissem ao editor fixar unilateralmente as remunerações devidas ao autor pelo que respeita às reimpressões ou às novas edições das suas obras literárias. Ainda assim, para que o referido afastamento pudesse concretizar-se, seria exigível a existência de uma conexão suficiente com o Estado do foro (*Inlandsbeziehung*), consistente, por exemplo, na circunstância de o autor ser nacional desse Estado ou de a exploração da obra aí ter lugar.

l) Licenças sem lei? – Poderia supor-se que o problema da lei aplicável seria evitado através de licenças-tipo, destinadas a aplicarem-se universalmente, como as denominadas *Licenças Creative Commons*, que adquiriram recentemente certa projeção internacional, sendo não raro apresentadas como alternativas ao *copyright*[1010].

Estas licenças, porém, não eliminam o problema da lei aplicável.

Trata-se, na verdade, de autorizações de âmbito mundial para certas utilizações de obras protegidas pelo Direito de Autor (*v.g.* a criação de obras derivadas a partir delas), as quais, no entanto, se encontram sujeitas a determinadas restrições (por exemplo, no tocante à utilização comercial ou à aposição de medidas tecnológicas de proteção à obras derivadas produzidas a partir da obra em questão). A autorização dada cessa em caso de violação dos termos da licença; e é apenas concedida pelo tempo correspondente à vigência do direito de autor sobre a obra em causa.

Por aqui se vê que as licenças em questão não funcionam num vazio legal, antes se sujeitam a um *quadro regulador*, definido pelo Direito de Autor, o qual determinará, por exemplo, se a obra em questão é protegida (o que é, obviamente, um pressuposto da licença); em que termos o é (ou seja, quais os usos reservados ao seu criador, que este pode autorizar ou não a terceiros); quem é o titular do direito de autor (o único que pode licenciar o uso da obra); por quanto tempo aquela proteção vigora (o que é essencial para determinar a própria duração da licença); quais as utilizações livres por terceiros (que não podem ser vedadas pelo licenciante); etc.

II – Gestão coletiva dos direitos de autor e conexos

a) Posição do problema. – Resta dizer uma palavra acerca do Direito aplicável à gestão coletiva do direito de autor e dos direitos conexos.

[1010] Pode ver-se o respetivo clausulado-tipo em http://www.creativecommons.org. Para um comentário a diversas decisões jurisprudenciais relativas a essas licenças, cfr. Reto Mantz, «Creative Commons-Lizenzen im Spiegel internationaler Gerichtsverfahren», *GRUR Int.*, 2008, pp. 20 ss.

É matéria da maior atualidade, dada a globalização das formas de exploração das obras e prestações protegidas possibilitada pelas novas tecnologias. Esta trouxe consigo uma certa internacionalização das entidades de gestão coletiva, traduzida quer na constituição de novas entidades de âmbito internacional (como o GESAC – *Groupement Européen des Sociétés d'Auteurs et Compositeurs*) ou no aumento da dimensão das já existentes (*v.g.* a CISAC – *Conféderation Internationale des Sociétés d'Auteurs et Compositeurs*), quer na celebração de acordos entre diferentes entidades de âmbito nacional, visando facilitar a concessão de licenças sobrefronteiras (como os acordos *simulcast* entre entidades de gestão de direitos agindo por conta de editoras fonográficas).

Permanecem, todavia, consoante se viu acima, significativas divergências entre os sistemas jurídicos nacionais a respeito da regulação da atividade destas entidades. De tal sorte que não falta quem entenda ser «completamente impossível imaginar» a unificação dos sistemas jurídicos nesta matéria[1011].

Ora, a sujeição da gestão coletiva a um regime diferente consoante o país em que as entidades em causa hajam de exercê-la é potencialmente inibidora da prestação dos seus serviços fora do país em que se encontram estabelecidas e, por conseguinte, da concorrência no plano internacional; reflexamente, ela cerceia também a concessão de licenças transfronteiras, que importa facilitar em ordem a promover o acesso do público aos bens culturais e à informação[1012].

O problema põe-se de forma particularmente aguda no tocante às *obras multimédia*, que, enquanto obras compósitas, pressupõem a obtenção de uma multiplicidade de licenças junto dos titulares dos direitos sobre as obras nelas incorporadas[1013]. O mesmo pode dizer-se a respeito da difusão de sons e imagens através da Internet, por natureza internacional, a qual seria gravemente entravada se os provedores de conteúdos houvessem de obter licenças individuais para cada um dos países onde esses sons e imagens ficassem acessíveis ao público.

1011 *Sic,* Gunnar Karnell/Silke von Lewinski, «Collective Administration of Copyrights and Neighbouring Rights», *in IECL*, vol. XIV, *Copyright,* capítulo 6, p. 18.

1012 Ver, sobre o tema, Lucie Guibault, «À quand l'octroi de licences transfrontalières pour l'utilisation de droits d'auteur et de droits voisins en Europe?», *Cahiers de Propriété Intellectuelle*, 2004, pp. 189 ss.

1013 Sobre os problemas postos pela gestão coletiva neste domínio, vejam-se: Comissão Europeia, *Livro verde. O direito de autor e os direitos conexos na Sociedade da Informação*, documento COM (95) 382 final, Bruxelas, 1995, pp. 69 ss.; Frédérique Asseraf-Olivier/Éric Barbry, *Le droit du multimédia*, 2.ª ed., Paris, 2000, pp. 45 s.; Mihály Ficsor, *La gestion collective du droit d'auteur et des droits connexes*, Genebra, 2002, pp. 111 ss.

b) Lei reguladora do acesso e exercício da atividade de gestão coletiva. – Também nesta matéria há que distinguir diferentes categorias de questões, eventualmente submetidas a leis diversas.

Está em causa, em primeiro lugar, a determinação da lei que regula a constituição, organização, funcionamento e atribuições das entidades de gestão coletiva do direito de autor dos direitos conexos. Do que se disse acima resulta já que a aplicação nesta matéria da *lex loci protectionis* apresenta significativos inconvenientes: no limite, ela perpetua a divisão dos mercados em vez de fomentar a respetiva integração.

É, pois, a lei do país onde se encontra estabelecida a entidade de gestão (*hoc sensu*, a *lex originis* dos serviços de gestão coletiva) que, *de jure condendo*, constitui a melhor solução a fim de possibilitar a outorga de licenças de âmbito internacional, pelo menos quando a atividade em causa seja levada a cabo por entidades estabelecidas no território da União Europeia[1014].

Tal, de resto, a preocupação fundamental subjacente à citada Diretiva 2014/26/UE, relativa à gestão coletiva dos direitos de autor e direitos conexos e à concessão de licenças multiterritoriais de direitos sobre obras musicais para utilização em linha no mercado interno, em cujo considerando 4 se declara:

> «Quando estabelecidas na União, as organizações de gestão coletiva deverão poder usufruir das liberdades conferidas pelos Tratados, quando representam titulares de direitos que são residentes ou estão estabelecidos noutros Estados-Membros ou concedem licenças aos usuários que são residentes ou estão estabelecidos noutros Estados-Membros.»

Embora a Diretiva ressalve as gerais regras do Direito Internacional Privado[1015], não deixa de subordinar a entidades de gestão coletiva, no art. 36.º, n.º 1, à supervisão das autoridades competentes do Estado-Membro de estabelecimento; e prevê no art. 37.º, n.º 2, em caso de incumprimento das respetivas disposições legais, um mecanismo de prestação de informações às autoridades desse Estado pelas autoridades dos demais Estados em cujo território tais entidades exerçam a sua atividade.

A liberdade de prestação de serviços por entidades de gestão coletiva de direitos de autor e conexos estabelecidas noutros Estados-Membros da União

[1014] Ver, sobre o problema, Comissão das Comunidades Europeias, *Gestão do direito de autor e direitos conexos no mercado interno*, Bruxelas, 2004; e *Study on a Community Initiative on The Cross-Border Collective Management of Copyright*, Bruxelas, 2005.

[1015] Haja vista, a este respeito, ao respetivo considerando 56.

Europeia encontra-se acautelada em Portugal pela Lei n.º 26/2015, de 14 de abril[1016], que estabelece no seu art. 8.º:

«1. As entidades de gestão coletiva legalmente estabelecidas e habilitadas para o exercício da gestão coletiva de direitos noutro Estado membro da União Europeia ou do Espaço Económico Europeu podem prestar em território nacional serviços ocasionais ou temporários de gestão coletiva de direitos de autor e direitos conexos, para os quais se encontrem mandatadas em regime de livre prestação.

2. As entidades de gestão coletiva referidas no número anterior devem comunicar à IGAC, antes da sua primeira prestação de serviços em território nacional, que estão legalmente estabelecidas no Estado membro de origem.»

A lei portuguesa acolheu assim implicitamente, no n.º 2 deste preceito, a competência da *lex originis* quanto a esta matéria.

Não é outra a orientação subjacente ao art. 27(1) das *Diretrizes da ILA*, que sujeita à lei da sede da administração da entidade de gestão coletiva a definição dos requisitos aplicáveis à respetiva organização[1017].

c) Relações entre as entidades de gestão coletiva e os seus associados. – Em segundo lugar, importa determinar a lei aplicável às relações entre as entidades de gestão e os seus associados. O que nos remete para a questão da natureza do vínculo entre as entidades de gestão coletiva e os autores. Também esta não é uniforme nos diferentes sistemas jurídicos nacionais.

Na lei portuguesa, as entidades de gestão desempenham as suas funções como *representantes* dos titulares dos direitos, podendo a representação resultar da simples qualidade de sócio ou aderente ou da inscrição como beneficiário dos respetivos serviços ou de contrato de gestão e representaçãopara o efeito celebrado[1018]. Não parece ser outra, em França, a natureza do vínculo que resulta do «contrato de representação» celebrado entre os titulares de

[1016] Sobre a qual pode ver-se Lucas Serra, «As novas perspectivas da gestão colectiva do direito de autor e do licenciamento multiterritorial de obras protegidas», *RDI*, 2016/I, pp. 65 ss.

[1017] «The law of the State where a collective rights management organization has its actual seat of administration shall govern (a) the requirements for the specific corporate structure of collective rights management organizations».

[1018] Cfr. o art. 73.º, n.º 1, do Código do Direito de Autor e dos Direitos Conexos e o art. 32.º, n.º 1, da Lei n.º 26/2015. Sobre o ponto, *vide* José de Oliveira Ascensão, *Direito Civil. Direito de Autor e Direitos Conexos*, p. 694; Alexandre Dias Pereira, *Informática, direito de autor e propriedade tecnodigital*, Coimbra, 2001, p. 383; *idem*, «Gestão individual e coletiva do direito de autor e dos direitos conexos na sociedade da informação», *in* AAVV, *Direito da Sociedade da Informação*, vol. IV, Lisboa, 2003, pp. 433 s., pp. 439 s.; Luís Menezes Leitão, *Direito de Autor*, cit., pp. 175 ss.; e Alberto de Sá e Mello, *Manual de Direito de Autor e Direitos Conexos*, pp. 467 s.

direitos e as entidades de gestão[1019]. Em todo o caso, a outorga de poderes de representação através da adesão ou inscrição do autor ou artista na entidade de gestão, ou do referido contrato, não implica só por si a transmisssão dos seus direitos para esta. As disposições das leis portuguesa e francesa sobre esta matéria serão, por conseguinte, aplicáveis à gestão coletiva transfronteiras se essas leis forem designadas nos termos da Convenção Sobre a Lei Aplicável aos Contratos de Mediação e à Representação, concluída na Haia em 14 de março de 1978[1020]. Aí se manda aplicar às relações entre o representado e o representante a lei escolhida pelas partes (art. 5.º); e, na falta de escolha, a lei do lugar do estabelecimento profissional ou residência habitual do representante (art. 6.º)[1021].

Perante outros sistemas jurídicos, as entidades de gestão são, todavia, caracterizáveis como simples mandatárias dos autores e artistas, sem poderes de representação destes. As disposições relevantes desses sistemas jurídicos serão, assim, aplicáveis às relações entre as entidades de gestão e os seus associados se e na medida em que pertençam à lei reguladora dos contratos pelos quais estes lhes confiam a gestão dos direitos de que são titulares. Valerão nesta matéria as disposições do Regulamento de Roma I: em princípio, aplicar-se-á a lei escolhida pelas partes (art. 3.º); na falta de escolha, a lei do país em que a entidade de gestão tem a sua residência habitual (art. 4.º, n.º 1, alínea *b*)), salvo se o contrato apresentar uma conexão manifestamente mais estreita com um país diferente. Nos termos do art. 19.º do Regulamento, a residência habitual das sociedades e outras entidades dotadas ou não de personalidade jurídica é o local onde se situa a sua administração central; caso o contrato seja celebrado no âmbito da exploração de uma sucursal, agência ou qualquer outro estabelecimento, ou se, nos termos do contrato, o cumprimento, das obrigações dele decorrentes é da responsabilidade de tal sucursal, agência ou estabelecimento, considera-se que a residência habitual corresponde ao local onde se situa a sucursal, agência ou outro estabelecimento. Também neste caso, por conseguinte, se aplicará subsidiariamente a lei do país onde a entidade de gestão se encontra estabelecida, a qual verá deste modo todas as transações por si celebradas com autores ou artistas de diferentes países sujeitas à mesma lei.

[1019] Cfr. o Código da Propriedade Intelectual, art. L. 132-18 e, sobre esta disposição, André Bertrand, *Le droit d'auteur*, cit., pp. 408 s.

[1020] Aprovada para ratificação pelo Decreto n.º 101/79, de 18 de setembro. Entrou em vigor para Portugal em 1 de maio de 1992.

[1021] Veja-se, sobre esse instrumento internacional, Maria Helena Brito, *A representação nos contratos internacionais. Um contributo para o estudo do princípio da coerência em direito internacional privado*, Coimbra, 1999.

Parecem evidentes as vantagens que, do ponto de vista económico, se podem colher da sujeição dos contratos de gestão a essa lei.

Foi esta também a solução acolhida no art. 27(1)(b) e (c) das *Diretrizes da ILA*, em que se submete à lei do Estado da sede da entidade de gestão coletiva a definição dos direitos dos membros destas e, na ausência de escolha pelas partes da lei aplicável, do regime aplicável ao contrato pelo qual o titular de direitos confie a respetiva gestão a essa entidade[1022].

d) Relações entre diferentes entidades de gestão coletiva. – Constitui prática relativamente frequente a celebração entre entidades de gestão nacionais de contratos de representação recíproca pelos quais essas entidades se confiam mutuamente o direito de conceder, no território em que exercem a respetiva atividade, as autorizações necessárias para, por exemplo, a execução pública de obras musicais protegidas por direitos de autor ou direitos conexos dos membros da entidade cocontratante. Tais contratos permitem às entidades em questão apoiarem-se, pelo que respeita à proteção do respetivo repertório no território de um país estrangeiro, na organização instituída por uma entidade de gestão local. Aos utilizadores, esses contratos proporcionam um «balcão único» para a obtenção das autorizações de que carecem.

Mais recentemente, surgiram novos tipos de acordos recíprocos, que visam possibilitar a concessão pelas entidades de gestão coletiva de licenças ditas *multiterritoriais*, válidas para uma multiplicidade de países, as quais são indispensáveis, designadamente, para a difusão de música em «simulcast» através da Internet (donde a designação, já referida, de acordos *simulcast*). A elas se referem, em Portugal, os arts. 48.º-A a 48.º-H da Lei n.º 26/2015.

Ora, também estes contratos ficarão sujeitos à lei designada nos termos do Regulamento de Roma I. Afigura-se, todavia, mais difícil nestes casos a determinação da prestação característica, visto que as prestações de ambas as

[1022] Segundo o qual: «The law of the State where a collective rights management organization has its actual seat of administration shall govern [...] the rights, conditions and principles concerning the relationship of the rightsholder, as well as of another collective rights management organization representing rightholders, vis-à-vis a collective rights management organisation, such as (i) the right and conditions for becoming a member of this organization; (ii) the right and conditions for entrusting rights to this organization; (iii) the rights and conditions for withdrawing the management of rights from this organization; (iv) the requirements regarding the calculation and distribution of the organization's revenue to the rightholders and other collective rights management organizations representing rightholders; and (v) the rights and conditions on access to alternative dispute resolution to be offered by the collective rights management organisation; and (c) in absence of a choice of law by the parties, the contract under which the rightholder entrusts rights to this organization».

partes são, regra geral, substancialmente idênticas. Só em face das circunstâncias do caso concreto será, assim, possível determinar a conexão mais estreita e, por conseguinte, a lei aplicável na falta de escolha pelas partes.

Seja como for, devem considerar-se esses contratos sujeitos às disposições internacionalmente imperativas a que fizemos alusão anteriormente, nas condições especificadas no art. 9.º do Regulamento de Roma I. Entre essas disposições incluem-se as aludidas regras europeias sobre a defesa da concorrência, as quais se opõem, nomeadamente, a que se estipulem em tais contratos cláusulas de exclusividade pelas quais as entidades de gestão se comprometam reciprocamente a não conceder acesso direto ao respetivo repertório a utilizadores estabelecidos no estrangeiro[1023]. Neste sentido dispõe também o art. 27(4) das *Diretrizes da ILA*[1024].

e) Relações entre entidades de gestão coletiva e utilizadores. – Resta por determinar a lei aplicável às licenças concedidas pelas entidades de gestão aos utilizadores das obras e prestações dos respetivos associados. Em larga medida, este problema resolver-se-á de acordo com as regras gerais acima examinadas a respeito das licenças concedidas pelos próprios titulares de direitos. Também neste domínio há, por conseguinte, que distinguir a lei reguladora do contrato da que rege os direitos de autor e conexos. Ao primeiro, aplicar-se-á a lei designada nos termos do Regulamento de Roma I; aos segundos, a que for competente segundo as regras examinadas no parágrafo anterior, *maxime* a *lex protectionis*. A esta última caberá reger, designadamente, os poderes das entidades de gestão coletiva no tocante ao licenciamento da utilização de obras e as regras aplicáveis à fixação das tarifas de licenciamento[1025].

[1023] Veja-se neste sentido o acórdão proferido pelo Tribunal de Justiça das Comunidades Europeias de 13 de julho de 1989 no caso *François Lucazeau et autres c. SACEM, CJTJ*, 1989, pp. 2811 ss. Cfr. ainda, pelo que respeita à aplicação do art. 81.º do Tratado da Comunidade Europeia aos acordos *simulcast*, a Decisão 2003/300/CE, da Comissão Europeia, de 8 de outubro de 2002, *in JOCE*, n.º L 107, de 30 de abril de 2003, pp. 58 ss.

[1024] Segundo o qual: «This guideline applies without prejudice to the applicable competition law rules».

[1025] Ver, neste sentido, o art. 27(2) das *Diretrizes da ILA*, que dipõe: «The law of the State for which protection is sought shall govern (a) the presumption that a collective rights management organization is empowered to seek protection for certain works or subject-matter of related rights; (b) mandatory collective rights management; (c) the power of an individual collective rights management organization to grant licenses or collect statutory remuneration without prior consent of the rightholder; (d) the issue of whether and under which conditions a collective rights management organization has to license rights to users; and (e) the requirements regarding the calculation of the royalty rates and statutory remuneration».

§ 17.º Direito aplicável às obrigações extracontratuais resultantes da violação de direitos de propriedade intelectual e de atos de concorrência desleal e de violação de segredos de negócios

I – Obrigações extracontratuais resultantes da violação de direitos de propriedade intelectual

a) Posição do problema. – Ocupámo-nos até aqui da determinação da lei aplicável à existência e ao conteúdo dos direitos de propriedade intelectual, assim como à sua titularidade e às obrigações contratuais emergentes dos contratos a eles respeitantes. Ficou por examinar a lei reguladora da responsabilidade civil e das demais obrigações extracontratuais (*v.g.* de restituição do enriquecimento sem causa) que resultem da violação daqueles direitos. É o que faremos agora.

Recorde-se a este propósito que, embora a Diretiva 2004/48/CE, a que fizemos alusão acima, tenha prescrito a adoção pelos Estados-Membros da União Europeia de regras que assegurem ao titular do direito violado uma indemnização por perdas e danos adequada ao prejuízo por ele efetivamente sofrido devido à violação (art. 13.º, n.º 1), são muito escassas as disposições nela contidas sobre os pressupostos da obrigação de indemnizar e o conteúdo desta – matérias em que, como vimos, subsistem diferenças consideráveis entre os sistemas jurídicos nacionais[1026].

Mantém por isso todo o interesse, não obstante aquela Diretiva, a determinação da lei aplicável às obrigações extracontratuais emergentes da violação de direitos intelectuais.

A necessidade de autonomizar este problema relativamente aos que analisámos anteriormente não se terá porventura feito sentir de modo especial enquanto as normas da responsabilidade civil extracontratual operaram, nas situações plurilocalizadas, sob o signo da competência da *lex loci delicti*: tendencialmente, esta última e a *lex loci protectionis* coincidiam nas situações em que ocorria uma infração de direitos intelectuais. Pelo que, apesar de conceptualmente distintas, as duas matérias se achavam geralmente submetidas à mesma lei.

No entanto, a partir do momento em que – primeiro nos Estados Unidos e depois na Europa – a jurisprudência, as legislações nacionais e os instrumentos jurídicos internacionais começaram a distinguir, sob o ponto de vista da lei aplicável, diferentes categorias de ilícitos delituais, para os quais se gizaram diferentes elementos de conexão, a situação alterou-se e os direitos de propriedade intelectual deixaram de poder sujeitar-se sistematicamente à lei aplicável à

1026 Cfr. *supra*, capítulo I.

responsabilidade pela sua infração. No tocante à própria responsabilidade civil, tornou-se necessário criar regras de conflitos autónomas para os casos em que a mesma decorre da violação daqueles direitos. É, como veremos em seguida, esta a orientação que vingou recentemente na União Europeia.

Importará, em todo o caso, distinguir a este respeito as obrigações extracontratuais emergentes da violação de direitos intelectuais nacionais – as quais se subordinam em princípio a uma lei nacional – das que resultam da infração de direitos intelectuais comunitários – às quais pode também ser aplicado, como se verá, Direito Europeu. Examinaremos por isso separadamente estas matérias. Trataremos ainda neste parágrafo dos procedimentos de notificação e retirada que, em certas situações, permitem prevenir a imputação de danos pela violação de direitos de propriedade intelectual em situações com caráter internacional.

O problema é hoje da maior relevância social, dado o aumento exponencial que a violação de direitos intelectuais conheceu nos últimos anos (nomeadamente por via da reprodução e distribuição não autorizadas de exemplares de obras protegidas e da contrafação de marcas registadas), mercê da extraordinária evolução dos meios técnicos de reprodução, comunicação e distribuição dos bens protegidos. Frequentemente, estas atividades transcendem as fronteiras dos Estados, suscitando-se a questão do Direito aplicável aos meios de reparação dos danos assim causados.

b) Violação de direitos de propriedade intelectual nacionais: princípio geral. – O princípio geral que tradicionalmente tem dominado esta matéria é, como já se referiu, o da aplicabilidade da *lex loci delicti commissi.*

Na jurisprudência francesa, ele foi afirmado, em matéria de responsabilidade civil por violação de direitos de autor, no *arrêt de principe* proferido pelo Tribunal de Cassação em 22 de dezembro de 1959 sobre o caso *Le Chant du Monde,* a que já fizemos referência[1027].

Na ordem jurídica portuguesa, a aplicabilidade daquela lei resultava do disposto no art. 45.º do Código Civil, que consagra para a responsabilidade extracontratual fundada em ato ilícito uma regra de conflitos distinta da que, nos termos do art. 48.º do mesmo diploma legal, vale para a existência e o conteúdo dos direitos de propriedade intelectual.

Contudo, o art. 8.º, n.º 1, do Regulamento (CE) n.º 864/2007, do Parlamento Europeu e do Conselho, relativo à lei aplicável às obrigações extracontratuais

[1027] Cfr. *supra,* § 15.º/I, alínea *e).* Declara-se nesse aresto : «La protection civile contre les atteintes portées en France au droit [d'auteur] devait être exercée par application de la loi française». Cfr. *RCDIP,* 1960, pp. 361 ss.

(«Roma II»)[1028], aplicável desde 11 de janeiro de 2009, veio estabelecer uma regra de conflitos do seguinte teor:

> «A lei aplicável à obrigação extracontratual que decorra da violação de um direito de propriedade intelectual é a lei do país para o qual a proteção é reivindicada.»

Esta disposição é também aplicável, por força do disposto no art. 13.º do mesmo Regulamento, às obrigações extracontratuais fundadas no enriquecimento sem causa, que decorram da violação de um direito de propriedade intelectual.

Nas situações abrangidas por este ato europeu – que não são apenas as situações intraeuropeias, mas também as que se encontram conexas com terceiros Estados (razão por que as suas disposições se dizem de *aplicação universal*: art. 2.º) –, a lei aplicável à matéria em apreço é, pois, a *lex loci protectionis*: sempre que esta última tenha por verificada a violação de um direito intelectual, caber-lhe-á também determinar quais as obrigações extracontratuais daí resultantes para o infrator.

Introduziu-se assim um importante desvio à regra geral constante do art. 4.º do Regulamento, que submete as obrigações extracontratuais decorrentes da responsabilidade fundada em ato lícito, ilícito ou no risco à lei do país da residência habitual comum do agente e do lesado no momento do dano, caso esta exista, e, na falta dela, à lei do país onde ocorreu o dano (*lex damni*), sem prejuízo de, em ambos os casos, ser aplicada a lei de outro país com o qual a responsabilidade tenha uma conexão manifestamente mais estreita[1029].

1028 *In JOUE*, n.º L 199, de 31 de julho de 2007, pp. 40 ss. Sobre este ato europeu, veja-se a exposição de motivos constante da *Proposta de Regulamento do Parlamento Europeu e do Conselho Sobre a Lei Aplicável às Obrigações Extracontratuais ("Roma II")*, documento COM (2003) 427 final, Bruxelas, 2003.

1029 Para uma análise dessas regras e das disposições correspondentes da proposta de Regulamento, vejam-se: Karl Kreuzer, «Tort Liability in General», *in* Alberto Malatesta (org.), *The Unification of Choice of Law Rules on Torts and Other Non-Contractual Obligations in Europe. The «Rome II» Proposal*, Pádua, 2006, pp. 45 ss.; Gerhard Hohloch, «Place of the Injury, Habitual Residence, Closer Connection and Substantive Scope: The Basic Principles», *YPIL*, 2007, pp. 1 ss.; Symeon C. Symeonides, «Rome II: A Centrist Critique», *YPIL*, 2007, pp. 149 ss.; Luís de Lima Pinheiro, «O Direito de Conflitos das obrigações extracontratuais entre a comunitarização e a globalização – uma primeira apreciação do Regulamento Comunitário Roma II», *Dir.*, 2007, pp. 1027 ss.; *idem*, *Direito Internacional Privado*, vol. II, cit., pp. 478 ss.; Alfonso-Luis Calvo Caravaca/Javier Carrascosa González, *Las obligaciones extracontractuales en Derecho internacional privado. El Reglamento «Roma II»*, Granada, 2008, pp. 47 ss.; *idem*, *Derecho Internacional Privado*, vol. II, cit., pp. 1307 ss.; Peter Stone, *EU Private International Law*, 2.ª ed., Cheltenham/Northampton, 2010, pp. 376 ss.; Anabela de Sousa Gonçalves, *Da responsabilidade extracontratual em Direito Internacional Privado. A mudança de paradigma*, Coimbra, 2013, pp. 369 ss.; Rui de Moura Ramos, *Estudos de Direito Internacional*

Afasta-se de igual modo naquele preceito, pelo que respeita às violações de direitos intelectuais, a regra geral sobre a lei aplicável ao enriquecimento sem causa, consignada no art. 10.º do Regulamento[1030].

Concomitantemente, declara-se, no n.º 3 do art. 8.º, que a lei aplicável ao abrigo deste preceito não pode ser afastada por acordos celebrados em aplicação do art. 14.º, o qual permite às partes sujeitarem as obrigações extracontratuais à lei da sua escolha mediante convenção posterior ao facto que dê origem ao dano ou, caso todas as partes desenvolvam atividades económicas, também mediante convenção livremente negociada, anterior ao facto que deu origem ao dano.

Consagram regras de teor análogo ao disposto no n.º 1 do art. 8.º do Regulamento de Roma II os principais instrumentos de *soft law* que vimos considerando neste estudo[1031].

c) Continuação: fundamentos das soluções adotadas. – Agora pergunta-se: quais as razões daqueles desvios à regra geral sobre a lei aplicável à responsabilidade extracontratual?

No considerando 26 do Regulamento, pode ler-se, a este propósito, que «[n]o que diz respeito à violação dos direitos de propriedade intelectual, importa preservar o princípio universalmente reconhecido da *lex loci protectionis*».

A verdade, porém, é que, como vimos, a competência da *lex loci protectionis* nesta matéria está longe de ser universalmente reconhecida. Por outro lado, essa

Privado da União Europeia, Coimbra, 2016, pp. 114 ss.; Francisco J. Garcimartín Alférez, *Derecho Internacional Privado*, cit., pp. 397 ss.; Andrew Dickinson, «Rome II Regulation (non-contractual obligations)», *in* Jürgen Basedow/Franco Ferrari/Pedro de Miguel Asensio/Giesela Rühl (orgs.), *Encyclopedia of Private International Law*, Cheltenham/Northampton, 2017, vol. 2, pp. 1562 ss.; Abbo Junker, *Internationales Privatrecht*, cit., pp. 341 ss.; José Carlos Fernández Rozas/Sixto Sánchez Lorenzo, *Derecho Internacional Privado*, cit., pp. 686 ss.

1030 O qual manda aplicar, se o enriquecimento estiver associado a uma relação preexistente entre as partes, a lei que rege essa relação; na falta de tal relação, a lei do país da residência habitual comum das partes; e, subsidiariamente, a lei do país onde tenha ocorrido o enriquecimento sem causa; tudo sem prejuízo da aplicação da lei de outro país com que a obrigação extracontratual tenha uma conexão manifestamente mais estreita.

1031 *Princípios do American law Institute*, § 301 (1): «Except as otherwise provided in §§ 302 and 321-323, the law applicable to determine the existence, validity, duration, attributes, and infringement of intellectual property rights and the remedies for their infringement is: (a) for registered rights, the law of each State of registration; (b) for other intellectual property rights, the law of each State for which protection is sought»; *Princípios CLIP*, art. 3:601(1): «Unless otherwise provided in this Section, the law applicable to the infringement is the law of each State for which protection is sought»; *Diretrizes da ILA*, art. 25(1): «The law applicable to the infringement of an intellectual property right is the law of each State for which protection is sought».

lei é chamada a aplicar-se, nos instrumentos internacionais que examinámos, aos direitos intelectuais e não às obrigações extracontratuais resultantes da sua violação.

Uma coisa é, na verdade, o *direito de exclusivo* violado; outra, o *direito à reparação* dos danos causados por essa violação. O primeiro não se identifica com o segundo, pois também é exercido quando o seu titular autoriza a exploração da obra ou outro bem intelectual por um terceiro[1032].

Além disso, os interesses públicos ligados à definição da política económica de cada Estado, que reclamam a aplicação da *lex loci protectionis* à constituição, ao conteúdo, ao exercício e à transmissão dos direitos de monopólio sobre bens intelectuais, não são em princípio afetados pela aplicação da *lex communis*, da *lex damni* ou de qualquer outra lei (*v.g.* a escolhida pelas partes) à obrigação de indemnizar os danos sofridos em virtude da utilização não autorizada daqueles bens.

É certo que a responsabilidade civil, quando fundada na culpa, exerce também uma importante função preventiva e sancionatória dos atos ilícitos; e que, nesta medida, ela é uma componente relevante da tutela dos direitos intelectuais. Mas essas funções devem considerar-se subsidiárias relativamente à função primordial do dever de indemnizar, que é a reparação patrimonial de um dano. O interesse fundamental em jogo nesta matéria é, pois, um *interesse privado*: o da pessoa lesada. Daí que o direito à indemnização seja disponível, embora, como vimos, certos direitos intelectuais não o sejam nos sistemas ditos de *droit d'auteur*. Seria, sob este prisma, carecida de fundamento a sujeição do dever de indemnizar à lei reguladora do direito de exclusivo violado[1033].

Talvez por isso, o anteprojeto de uma proposta de Regulamento sobre a lei aplicável às obrigações não contratuais, divulgado pela Comissão Europeia em 2002[1034], não continha qualquer regra de conflitos especial sobre as violações

[1032] O Direito Internacional Privado português acolheu com muita nitidez esta distinção, ao sujeitar, como dissemos, a propriedade intelectual à lei designada nos termos do art. 48.º do Código Civil e a responsabilidade extracontratual fundada em ato ilícito à lei para que remete o art. 45.º do mesmo Código.

[1033] Ver, porém, no sentido de que a responsabilidade pela violação do direito é «inseparável» do sistema jurídico que o atribuiu, Jürgen Basedow/Axel Metzger, «Lex loci protectionis europea. Anmerkungen zu Art. 8 des Vorschlags der EG-Kommission für eine "Verordnung über das auf ausservertragliche Schuldverhältnisse anzuwendende Recht ("Rom II")», *in* Alexander Trunk/Rolf Knieper/Andrej G. Svetlanov (orgs.), *Russland im Kontext der internationalen Entwicklung: Internationales Privatrecht, Kulturgüterschutz, geistiges Eigentum, Rechtsvereinheitlichung. Festschrift für Mark Moiseevic Bugoslavskij*, Berlim, 2004, pp. 153 ss. (p. 155).

[1034] Cfr. *Consultation sur un avant-projet de proposition de règlement du Conseil sur la loi applicable aux obligations non contractuelles.*

de direitos de propriedade intelectual[1035]. Foi só no projeto de Regulamento publicado em 2003 que essa regra surgiu[1036].

A favor da regra constante do art. 8.º, n.º 1, pode, no entanto, invocar-se a necessidade de evitar um excessivo desmembramento (*dépeçage*) do regime jurídico desta matéria, mediante a sujeição do direito subjetivo e da responsabilidade pela sua violação à mesma lei. Esse desmembramento torna, com efeito, substancialmente mais complexa a determinação da lei aplicável. Nomeadamente, porque faz surgir a denominada *questão prévia* de Direito Internacional Privado sempre que a responsabilidade civil (questão principal) se encontre submetida a uma lei estrangeira e a existência e a validade do direito (questões prévias) sejam reguladas, segundo o Direito de Conflitos da *lex causae*, por uma legislação diversa da que o Direito de Conflitos do foro tem por competente[1037].

[1035] Solução que, contudo, foi objeto de reparo pelo *Hamburg Group for Private International Law*, no estudo intitulado «Comments on the European Commission's Draft Proposal for a Council Regulation on the Law Applicable to Non-Contractual Obligations», *RabelsZ*, 2003, pp. 1 ss. Em sentido diferente, sufragando a omissão de uma *Sonderanknüpfungsregel* no Regulamento «Roma II», pronunciou-se o Conselho Alemão de Direito Internacional Privado: cfr. Deutscher Rat für Internationales Privatrecht, *Stellungnahme der 2. Kommission des Deutschen Rates für Internationales Privatrecht zum Vorentwurf eines Vorschlags der Europaïschen Kommission für eine Verordnung des Rates über das auf ausservertragliche Schuldverhältnisse anzuwendende Recht*, Munique, 2002, p. 34.

[1036] Cfr. a Proposta de Regulamento do Parlamento Europeu e do Conselho Sobre a Lei Aplicável às Obrigações Extracontratuais («Roma II»), documento COM (2003) 427 final. Ver, sobre as disposições dessa proposta relativas à propriedade intelectual e à concorrência desleal, Claudia Hahn/Olivier Tell, «The European Commission's Agenda: The Future of "Rome I and II" Regulations», *in* Jürgen Basedow/Josef Drexl/Annette Kur/Axel Metzger (orgs.), *Intellectual Property in the Conflict of Laws*, Tubinga, 2005, pp. 7 ss.; e Benedikt Buchner, «Rom II und das Internationale Immaterialgüter- und Wettbewerbsrecht», *GRUR Int.*, 2005, pp. 1004 ss.

[1037] Sobre a questão prévia em Direito Internacional Privado podem ver-se, na doutrina mais recente: Wilhelm Wengler, *Internationales Privatrecht*, cit., vol. I, pp. 115 s. e 179 ss.; *idem*, «The Law Applicable to Preliminary (Incidental) Questions», *IECL*, vol. III, *Private International Law*, cap. 7; João Baptista Machado, *Lições de Direito Internacional Privado*, cit., pp. 287 ss.; Svenné Schmidt, «The Incidental Question in Private International Law», *Rec. cours*, t. 233 (1992-II), pp. 305 ss.; Henri Batiffol/Paul Lagarde, *Droit International Privé*, tomo I, 8.ª ed., Paris, 1993, pp. 509 ss.; Rhona Schuz, *A Modern Approach to the Incidental Question*, Londres/Haia/Boston, 1997; Tito Ballarino, *Diritto Internazionale Privato*, 3.ª ed., Pádua, 1999, pp. 266 ss.; António Ferrer Correia, *Lições de Direito Internacional Privado*, vol. I, cit., pp. 320 ss.; Dário Moura Vicente, *Da responsabilidade pré-contratual em Direito Internacional Privado*, cit., pp. 563 ss.; Kurt Siehr, *Das Internationale Privatrecht der Schweiz*, cit., pp. 580 ss.; Christian von Bar/Peter Mankowski, *Internationales Privatrecht*, vol. I, cit., pp. 670 ss.; Gerhard Kegel/Klaus Schurig, *Internationales Privatrecht*, cit., pp. 373 ss.; Yvon Loussouarn/Pierre Bourel/Pascal de Vareilles-Sommières, *Droit international privé*, cit., pp. 249 ss.; Jan Kropholler, *Internationales Privatrecht*, cit., pp. 221 ss.; *Cheshire, North & Fawcett Private International Law*, 14.ª ed., por James Fawcett e Janeen M. Carruthers (consultant editor: Peter

Admitamos, a fim de exemplificar, que numa ação de indemnização fundada na violação de uma patente é invocada pelo réu (como frequentemente sucede) a invalidade desta. A patente é, por hipótese, válida perante a *lex protectionis*, que o sistema de conflitos do Estado do foro designa a fim de regê-la; mas não em face da *lex damni*, que se reputa a si própria competente para disciplinar a questão da sua validade. À face de que lei deve o tribunal do Estado do foro verificar se foi validamente concedida a patente? Tal a questão prévia de Direito Internacional Privado.

Sucede que nenhuma das principais soluções gizadas pela doutrina para este problema – a *conexão autónoma* e a *conexão subordinada* – é inteiramente satisfatória.

A primeira, porque conduz potencialmente à aplicação de uma norma material estrangeira, mesmo que esta não se considere aplicável ao caso, por não estarem verificados todos os pressupostos da respetiva estatuição (*v.g.* porque, na hipótese acima referida, o ato em questão não era ilícito do ponto de vista da *lex damni*, dado a patente invocada pelo autor não ser por ela tida como válida). Segundo alguns, descaracterizar-se-ia assim essa norma, comprometendo-se do mesmo passo a harmonia de julgados entre o sistema jurídico do foro e o da *lex causae*.

A segunda, porque gera o risco de se amputarem certas situações jurídicas de uma parte substancial dos seus efeitos normais, como seria o caso de a violação de uma patente tida como válida no Estado do foro ser nele insuscetível de determinar a responsabilidade civil do infrator, por a lei reguladora desta última (ou a lei por ela designada) ter a patente por inválida[1038].

North), Oxford, 2008, pp. 51 ss.; Pierre Mayer/Vincent Heuzé, *Droit international privé*, cit., pp. 187 ss.; Luís de Lima Pinheiro, *Direito Internacional Privado*, vol. I, cit., pp. 608 ss.; Abbo Junker, *Internationales Privatrecht*, cit., pp. 166 ss.; Alfonso Calvo Caravaca/Javier Carrascoza González, *Derecho Internacional Privado*, vol. I, cit., pp. 223 ss. ; Bernard Audit/Louis d'Avout, *Droit international privé*, cit., pp. 288 ss.

[1038] Tal a razão por que mesmo alguns dos mais autorizados defensores da conexão subordinada subtraem esta categoria de situações à competência do Direito de Conflitos da *lex causae*, seja porque reconhecem que semelhante solução conduziria a uma grave perturbação da harmonia material (cfr. Wilhelm Wengler, «La responsabilità per fatto illecito nel diritto internazionale privato. Ricerca di una nuova sistematica», *in Annuario di diritto internazionale* 1966, pp. 1 ss., especialmente pp. 54 ss.; na tradução portuguesa, por Fernando Azevedo Moreira, sob o título *A responsabilidade por facto ilícito em Direito Internacional Privado. Tentativa de uma nova construção*, Coimbra, 1974, pp. 99 ss.; e Ferrer Correia, *Lições de Direito Internacional Privado*, cit., vol. I, p. 346), seja porque recusam, nestas hipóteses, a ocorrência de uma questão prévia, tal como a concebem (cfr., por exemplo, Tito Ballarino, *Diritto Internazionale Privato*, cit., p. 727, que caracteriza as situações deste tipo como uma *parte da questão principal*; e, na doutrina portuguesa, João Baptista Machado, *Lições de Direito Internacional Privado*, cit., pp. 307 e 375, que nega a ocorrência aqui de uma *referência pressuponente* da lei reguladora de uma situação jurídica condicionada a uma

Ora, este dilema pode ser evitado mediante a aplicação da mesma lei ao direito intelectual à obrigação extracontratual derivada da sua violação. É uma tal *conexão unitária* que o art. 8.º, n.º 1, do Regulamento estabelece[1039].

Evidentemente, nesta ordem de ideias, toda a reparação de danos causados mediante a violação de direitos subjetivos alheios deveria sujeitar-se à lei reguladora da existência e do conteúdo destes; o que faria perder muito do sentido útil da regra de conflitos sobre a responsabilidade extracontratual.

Por outro lado, importa notá-lo, nem sempre a competência da lei do *locus damni* conduziria à aplicação de uma lei diversa da que seria designada pela regra de conflitos que remete para a *lex protectionis*. Bastaria, para tanto, que aquele elemento de conexão fosse tomado como o local onde se deu a lesão do bem jurídico protegido.

d) Continuação: admissibilidade da escolha pelas partes da lei aplicável. – Mais difícil de justificar parece-nos ser a regra constante do n.º 3 do art. 8.º do Regulamento, segundo o qual a lei aplicável ao abrigo dos n.ºs 1 e 2 desse preceito não pode ser afastada por acordos celebrados em aplicação do art. 14.º. Pois se os interesses públicos em que se funda a aplicação da *lex protectionis* à propriedade intelectual não estão diretamente em jogo quando se cuida da reparação dos danos pela sua violação, porque não admitir a estipulação pelas partes – mais não seja, *ex post facto* – da lei aplicável a essa reparação?

Admite-o, ainda que em limitada medida, o art. 110, n.º 2, da Lei Federal suíça de Direito Internacional Privado[1040]. Mais longe vão nesta matéria os *Princípios* do *American Law Institute*, que permitem que as partes escolham a todo o tempo, mesmo depois do surgimento de um litígio, a lei que regerá a

situação jurídica condicionante e admite que a questão preliminar da existência e titularidade do direito subjetivo não é decidida pela lei designada através do art. 45.º do Código Civil, mas pela lei reguladora desse direito).

[1039] A sujeição à mesma lei dos direitos sobre bens imateriais e das pretensões emergentes da sua violação era já acolhida na proposta de regras sobre a matéria formulada por Eugen Ulmer em 1975: ver, deste autor, *Die Imaterialgüterrechte im Internationalen Privatrecht,* Munique, 1975, p. 38; e *Intellectual Property Rights and the Conflict of Laws,* Luxemburgo, 1978, p. 35. Sobre o ponto, cfr. ainda Dieter Martiny, «Verletzung von Immaterialgüterrechten im internationalen Privatrecht», *RabelsZ,* 1976, pp. 218 ss.; Christian von Bar/Peter Mankowski, *Internationales Privatrecht,* vol. II, *Besonderer Teil,* 2.ª ed., Munique, 2019, p. 369.

[1040] Nos termos do qual : «En ce qui concerne les prétentions consécutives à un acte illicite, les parties peuvent toujours convenir, après l'événement dommageable, de l'application du droit du for». Ver, sobre o alcance dessa disposição, Frank Vischer, *in* Daniel Girsberger e outros (orgs.), *Zürcher Kommentar zum IPRG,* cit., pp. 1154 s.; e Gion Jegher, *in* Heinrich Honsell e outros (orgs.), *Basler Kommentar. Internationales Privatrecht,* cit., p. 774.

totalidade ou parte do seu litígio[1041]. Outro tanto preveem os *Princípios CLIP*[1042] e as *Diretrizes da ILA*[1043].

Previa também a possibilidade de escolha da lei aplicável a proposta alterada do Regulamento de Roma II emanada do Parlamento Europeu, que, todavia, não vingou[1044]. Aí se declarava expressamente, em nota ao art. 2a (que disciplinava em termos gerais os acordos pelos quais as partes escolhem a lei aplicável): «Também não parece existir qualquer razão para que tais acordos não possam ser concluídos em relação à propriedade intelectual»[1045].

Na verdade, a escolha pelas partes da lei aplicável contribui relevantemente para a previsibilidade do regime jurídico aplicável às situações privadas internacionais e reforça a segurança no tráfico jurídico internacional. Possibilita, por outro lado, um maior ajustamento daquela lei aos interesses das partes. Não se vê, pois, razão decisiva para que numa matéria sujeita à sua livre disponibilidade, como a reparação dos danos pela violação de um direito intelectual, lhes esteja vedada essa escolha.

As vantagens de uma escolha pelas partes da lei aplicável são particularmente evidentes nos casos em que os ilícitos em questão tenham sido praticados em diversos países e o lesado não seja titular de um direito unitário, válido para o território de todos eles, mas antes de um *feixe de direitos* reconhecidos pelos sistemas jurídicos desses países (*v.g.* por força de patentes paralelas atribuídas para o mesmo invento). Em tais hipóteses, a competência da *lex protectionis* conduzirá necessariamente à *aplicação distributiva* das leis de diferentes países às consequências civis da infração em causa, o que constitui um fator de

1041 § 302: «(1) Subject to the other provisions of this Section, the parties may agree at any time, including after a dispute arises, to designate a law that will govern all or part of their dispute. (2) The parties may not choose the law that will govern the following issues: (a) the validity and maintenance of registered rights; (b) the existence, attributes, transferability, and duration of rights, whether or not registered; and (c) formal requirements for recordation of assignments and licenses. (3) Any choice-of-law agreement under subsection (1) may not adversely affect the rights of third parties».

1042 Art. 3:606(1): «In accordance with Article 3:501, the parties to a dispute concerning the infringement of an intellectual property right may agree to submit the remedies claimed for the infringement to the law of their choice by an agreement entered into before or after the dispute has arisen».

1043 Art. 25(2): «The law applicable to the remedies for the infringement may be chosen by the parties».

1044 Cfr. a Resolução do Parlamento Europeu publicada no *JOUE*, n.º C 157 E, de 6 de julho de 2006, p. 370.

1045 Cfr. *Report on the Proposal for a Regulation of the European Parliament and of the Council on the Law Applicable to Non-Contractual Obligations («Rome II»)*, documento A6-0211/2005, de 27 de junho de 2005 (relatora: Diana Wallis), para o qual remete a Resolução referida na nota anterior.

complexidade acrescida. Semelhante resultado poderia ser evitado através da escolha pelas partes da lei aplicável[1046].

e) Continuação: conexão acessória. – Supomos, por outro lado, que haveria vantagem, sob diversos pontos de vista, em admitir também no domínio em apreço a aplicabilidade à responsabilidade extracontratual da lei reguladora de um contrato previamente celebrado entre as partes, com o qual a obrigação de indemnizar os danos resultantes da violação do direito intelectual possua uma ligação estreita – *maxime* por isso que tal obrigação deriva da utilização de uma obra ou outro bem protegido para além dos termos convencionados pelo titular do direito e pelo infrator num contrato de licença.

Trata-se da denominada *conexão acessória* da responsabilidade civil extracontratual, que preconizámos, dentro de certos limites, noutro estudo[1047], e que a jurisprudência portuguesa[1048] e o art. 4.º, n.º 3, do Regulamento de Roma II, assim como os *Princípios CLIP*[1049], entretanto acolheram.

[1046] Em sentido favorável à escolha pelas partes da lei aplicável à reparação dos danos resultantes da violação de direitos intelectuais (se bem que não aos pressupostos do dever de indemnizar), *vide* Bernd von Hoffmann, *in Staudingers Kommentar zum Bürgerlichen Gesetzbuch mit Einführungsgesetze und Nebengesetzen, Einführungsgesetz zum Bürgerliche Gesetzbuche/IPR. Art. 38-42*, 13.ª ed., Berlim, 2001, p. 592; e Silke Pütz, *Parteiautonomie im internationalen Urhebervertragsrecht.*, cit., p. 101. Admitem igualmente, dentro de certos limites, a autonomia conflitual neste âmbito: Pilar Jimenez Blanco, *El derecho aplicable a la protección internacional de las patentes*, cit., pp. 97 ss.; Marta Pertegás Sender, *Cross-Border Enforcement of Patent Rights*, cit., pp. 220 s.; *idem*, «Intellectual Property and Choice of Law Rules», *in* Alberto Malatesta (org.), *The Unification of Choice of Law Rules on Torts and Other Non-Contractual Obligations in Europe. The «Rome II» Proposal*, Pádua, 2006, pp. 221 ss. (p. 237); Mireille van Eechoud, *Choice of Law in Copyright and Related Rights*, cit., pp. 213 s.; Frank Vischer, *in* Daniel Girsberger e outros (orgs.), *Zürcher Kommentar zum IPRG. Kommentar zum Bundesgesetz über das Internationale Privatrecht (IPRG) vom 18. Dezember 1987*, 2.ª ed., Zurique/Basileia/Genebra, 2004, pp. 1154 s.; Pedro de Miguel Asensio, «La *lex loci protectionis* tras el reglamento "Roma II"», *AEDIPr.*, 2007, pp. 375 ss. (p. 399); Nerina Boschiero, «Infringement of Intellectual Property Rights. A Commentary on Article 8 of the Rome II Regulation», *YPIL*, 2007, pp. 87 ss. (pp. 106 ss.); Th. M. de Boer, «Party Autonomy and its Limitations in the Rome II Regulation», *YPIL*, 2007, pp. 19 ss. (p. 26); e Stefan Leible, «Rechtswahl im IPR der ausservertraglichen Schuldverhältnisse nach der Rom II-Verordnung», *RIW*, 2008, pp. 257 ss. (p. 259). A opinião contrária é sustentada por Alfonso-Luis Calvo Caravaca/Javier Carrascosa González, *Las obligaciones extracontractuales en Derecho internacional privado. El Reglamento «Roma II»*, cit., p. 168.

[1047] Cfr. *Da responsabilidade pré-contratual em Direito Internacional Privado*, cit., pp. 497 ss.

[1048] Veja-se o acórdão do Supremo Tribunal de Justiça de 16 de outubro de 2001, *CJSTJ*, 2002, t. I, pp. 11 ss.

[1049] Art. 3:606(2): «If the infringement is closely connected with a pre-existing relationship between the parties, such as a contract, the law governing the pre-existing relationship shall also govern the remedies for the infringement, unless (a) the parties have expressly excluded the application of the law governing the pre-existing relationship with regard to the remedies

Na verdade, sempre que o ato ilícito determinante da obrigação de indemnizar consista simultaneamente na violação de deveres jurídicos gerais e de deveres especiais emergentes de um contrato preexistente entre o agente e o lesado, a lei que regula esse contrato corresponde presumivelmente a uma lei com que as partes podiam ou deviam contar. A sua aplicação satisfaz assim o ditame da *tutela da confiança* nas situações privadas internacionais. Além disso, ela corresponderá, por via de regra, à *vontade hipotética* das partes[1050]. Essa solução permitirá ainda evitar as antinomias normativas eventualmente decorrentes da distribuição por diferentes leis da competência legislativa para disciplinar relações conexas, conforme postula o referido *princípio da coerência* em Direito Internacional Privado[1051].

f) Violação de direitos de propriedade intelectual supranacionais. – O n.º 2 do art. 8.º do Regulamento de Roma II manda aplicar à violação de direitos de propriedade intelectual consignados num ato de Direito Europeu, como é o caso da marca da União Europeia e dos modelos e desenhos comunitários, atrás examinados, o disposto nesse ato e, subsidiariamente, a *lex loci delicti*. Trata-se de uma das disposições mais inovadoras do Regulamento. Diz-se nela:

> «No caso de obrigação extracontratual resultante da violação de um direito de propriedade intelectual comunitário com caráter unitário, a lei aplicável a qualquer questão que não seja abrangida pelo instrumento comunitário pertinente é a lei do país em que a violação tenha sido cometida.»

Também esta disposição é aplicável, por força do art. 13.º do Regulamento, às pretensões de restituição do enriquecimento sem causa fundadas na violação de direitos de propriedade intelectual.

for infringement, or (b) it is clear from all the circumstances of the case that the claim is more closely connected with another State».

1050 Neste sentido, pode ler-se no citado acórdão do Supremo Tribunal de Justiça de 16 de outubro de 2001: «Sendo os autores portugueses e a ré uma sociedade comercial portuguesa, e tendo todos acordado na deslocação dos primeiros para a Alemanha para aí trabalharem por conta desta, o acidente veio a ter lugar no período de execução deste contrato e dentro da instalação pela ré facultada aos autores para sua habitação, também na sequência do acordado. / Esta ligação entre o contrato e o acidente mostra que este teve lugar num circunstancialismo cujo enquadramento jurídico pressuposto pelas partes só poderia ser, razoavelmente, o derivado do direito português. / Por isso, a aplicação, ao caso, do direito substantivo alemão conduziria a uma solução diversa da que o direito substantivo português determinaria, solução essa que levaria a um resultado concreto acidental e inadequado».

1051 Cfr. *supra*, § 15.º/I, alínea *e)*.

Bem se compreende que não haja sido consagrada nesta matéria a aplicabilidade da lei do *locus protectionis*. Estando os direitos em questão diretamente submetidos ao Direito Europeu, não podiam os pressupostos e as consequências da sua violação deixar de ser aferidas, em primeira linha, à luz do que prescreve este último.

Assim sucede, por exemplo, no caso da marca da União Europeia. Como vimos[1052], os efeitos desta são em princípio exclusivamente determinados pelas disposições do Regulamento (UE) 2017/1001. Os factos suscetíveis de constituírem uma violação da marca da União Europeia hão de, por isso, ser aferidos com base nos preceitos deste que enunciam os direitos conferidos ao respetivo titular e os limites a que os mesmos se subordinam[1053]. Por outro lado, nos termos do Regulamento, sempre que um tribunal de marcas da União Europeia verifique que o réu contrafez ou ameaçou contrafazer uma da União Europeia, proferirá, salvo se tiver razões especiais para não o fazer, uma decisão proibindo-o de prosseguir os atos de contrafação ou de ameaça de contrafação[1054]. Às questões relativas a marcas comerciais não abrangidas pelo âmbito de aplicação do presente regulamento, os tribunais de marcas da União Europeia aplicam o direito nacional aplicável[1055].

Ora, sendo nestes casos o *locus protectionis* o território de toda a União, dificilmente se poderia achar esse Direito na base do critério enunciado no n.º 1 do art. 8.º do Regulamento de Roma II[1056]. Daí que o n.º 2 deste preceito remeta, nestes casos, para a *lex loci delicti*[1057].

A mesma doutrina encontra-se consignada no Regulamento (CE) n.º 6/2002, cujo art. 89.º, n.º 1, alínea *d)*, prevê a aplicação, nas ações de contrafação de desenhos e modelos comunitários, da legislação interna do Estado-Membro em que foram cometidos os atos de contrafação ou de ameaça de contrafação, incluindo o seu Direito Internacional Privado.

Uma técnica algo diversa, mas que não conduz necessariamente a resultados diversos, foi adotada nesta matéria pelo Regulamento (CE) n.º 2100/94, de 27 de julho de 1994, relativo ao regime comunitário de proteção das variedades vegetais. Nos termos do art. 97.º, n.º 1, deste ato, quando a parte responsável nos

1052 Cfr. *supra*, § 11.º/IX, alínea *c)*.

1053 Cfr. os arts. 9.º a 15.º.

1054 Cfr. o art. 130.º, n.º 1.

1055 Cfr. o art. 129.º, n.º 2.

1056 Cfr. Jürgen Basedow/Axel Metzger, est. cit. no *Festschrift Bugoslavskij*, p. 167.

1057 Diz este preceito: «No caso de obrigação extracontratual que decorra da violação de um direito de propriedade intelectual comunitário com carácter unitário, a lei aplicável a qualquer questão que não seja regida pelo instrumento comunitário pertinente é a lei do país em que a violação tenha sido cometida».

termos do artigo 94.º tiver, em virtude da violação de um direito comunitário de proteção das variedades vegetais, obtido qualquer benefício em detrimento do titular ou do legítimo detentor de uma licença, os tribunais competentes nos termos dos artigos 101.º e 102.º aplicarão à obrigação de restituir[1058] a sua legislação nacional, incluindo o seu Direito Internacional Privado. Ora, de acordo com o art. 101.º do Regulamento, os processos relativos a ações de infração podem ser instaurados, entre outros, nos tribunais do «local em que foi cometido o ato impugnado»[1059]. Será, pois, aplicável, nos casos em que a ação for submetida a estes tribunais, a lei local ou a que for por ela designada. O disposto no n.º 1 do art. 97.º é ainda aplicável, de acordo com o n.º 2 do mesmo preceito, a outras ações que possam ser intentadas por prática ou omissão de atos nos termos do art. 95.º, no período compreendido entre a publicação do pedido de reconhecimento do direito comunitário de proteção de uma variedade vegetal e a decisão do pedido. Em todos os outros aspetos, os efeitos dos direitos comunitários relativos a variedades vegetais são, como vimos acima, exclusivamente determinados de acordo com o referido Regulamento.

A tutela das violações dos direitos consignados nestes atos europeus está, assim, submetida a um *regime híbrido*, numa parte extraído destes atos e noutra do sistema jurídico nacional vigente no local da prática dessa violação ou da lei por ele designada[1060].

Também por aqui se vê que, como notámos acima[1061], a *lex loci delicti* e a *lex loci protectionis*, embora possam coincidir, não se confundem.

Quid iuris, porém, se a violação de um direito de propriedade intelectual europeu tiver sido concomitantemente praticada em diversos Estados-Membros

[1058] E não à «indemnização», como se lê na versão portuguesa desse preceito do Regulamento. Veja-se, por exemplo, a versão francesa, que dispõe : «Si l'auteur de la contrefaçon au sens de l'article 94 a tiré de cette contrefaçon un avantage quelconque au détriment du titulaire ou d'un licencié, les juridictions compétentes au sens de l'article 101 ou 102 appliquent, pour les actions en restitution, leur droit national, y compris leur droit international privé». Por seu turno, a versão inglesa diz: «Where the party liable pursuant to Article 94 has, by virtue of the infringement, made any gain at the expense of the holder or of a person entitled to exploitation rights, the courts competent pursuant to Articles 101 or 102 shall apply their national law, including their private international law, as regards restitution».

[1059] Sobre o ponto, *vide infra*, § 22.º.

[1060] Cfr. Winfried Tilman, «Community IP Rights and Conflict of Laws», *in* Jürgen Basedow/Josef Drexl/Annette Kur/Axel Metzger (orgs.), *Intellectual Property in the Conflict of Laws*, Tubinga, 2005, pp. 123 ss.; Annette Kur, Enforcement of unitary intellectual property rights: international jurisdiction and applicable law», *JIPLP*, 2015, pp. 468 ss.; e Christian Heinze, «Unitary intelectual property rights and private international law», *in* Jürgen Basedow/Franco Ferrari/Pedro de Miguel Asensio/Giesela Rühl (orgs.), *Encyclopedia of Private International Law*, Cheltenham/Northampton, 2017, vol. 2, pp. 1796 ss.

[1061] Cfr. *supra*, § 15.º/I, alínea *a)*.

da União Europeia, *v.g.*, porque são neles distribuídos produtos a que é aposta uma marca sem autorização do respetivo titular (*multistate torts; multinationale Verletzungen*)?

O Regulamento não dá qualquer resposta a esta questão; e debalde se procurará qualquer referência a ela no preâmbulo ou nos trabalhos preparatórios. Aparentemente, haveria que aplicar aos efeitos da violação perpetrada em cada Estado-Membro o Direito local. Mas essa solução levaria a uma multiplicação das leis aplicáveis, com todos os inconvenientes a isso associados, designadamente sob o ponto de vista dos custos que o titular do direito terá de suportar a fim de obter a reparação do direito violado. Afigura-se-nos, por outro lado, mais conforme com a natureza supranacional dos direitos intelectuais em causa e o sentido geral dos Regulamentos sobre a marca da União Europeia, os desenhos e modelos comunitários e o regime comunitário das variedades vegetais a aplicação a esses casos das regras de uma *única lei* – *v.g.* a do Estado-Membro em que se localiza a sede ou residência habitual do infrator ou a partir do qual a atividade ilícita em questão foi conduzida[1062].

Nesta linha de orientação se pronunciou o Tribunal de Justiça da União Europeia no acórdão de 27 de setembro de 2017, relativo ao caso *Nintendo c. Big Ben*[1063], em que afirmou:

> «O artigo 8.º, n.º 2, do Regulamento (CE) n.º 864/2007 do Parlamento Europeu e do Conselho, de 11 de julho de 2007, relativo à lei aplicável às obrigações extracontratuais («Roma II»), deve ser interpretado no sentido de que o conceito de «país em que a violação tenha sido cometida», na aceção desta disposição, visa o país do lugar onde ocorreu o facto que deu origem ao dano. Em circunstâncias nas quais a um mesmo demandado são imputados diversos atos de contrafação cometidos em diferentes Estados-Membros, para identificar o facto que deu origem ao dano, não há que atender a cada ato de contrafação individual que é imputado ao demandado, mas apreciar, de modo global, o comportamento do referido demandado, para determinar o lugar onde o ato de contrafação inicial, que está na origem do comportamento que lhe é imputado, foi cometido ou pode vir a ser cometido por este.»

[1062] Ver, neste sentido, a sentença do *Oberlandesgericht Hamburg* de 27 de janeiro de 2005, caso *The Home Depot/Bauhaus The Home Store*, *GRUR-RR*, 2005, pp. 251 ss., em que este tribunal sustentou a aplicabilidade do Direito alemão às violações de uma marca comunitária cometidas em diversos Estados-Membros da Comunidade Europeia por um grupo de empresas dirigido a partir da Alemanha. Na doutrina, preconizam também esta solução Karl-Heinz Fezer/Stefan Koos, *in Staudingers Kommentar zum Bürgerlichen Gesetzbuch mit Einführungsgesetze und Nebengesetzen, Einführungsgesetz zum Bürgerliche Gesetzbuche/IPR. Internationales Wirtschaftsrecht*, 13.ª ed., Berlim, 2006, p. 422.

[1063] Procs. apensos C-24/16 e C-25/16, ECLI:EU:C:2017:724.

Na espécie, a demandante alegava que a comercialização pelas demandadas, na Alemanha e em França, de determinados produtos fabricados por uma delas violava os direitos que lhe eram conferidos por desenhos e modelos comunitários registados, de que a primeira era titular. Intentou por isso no *Landgericht Düsseldorf* ações contra as demandadas, nas quais pedia que fosse declarada a violação, por estas, dos direitos que lhe eram conferidos pelos referidos desenhos e modelos. O *Oberlandesgericht Düsseldorf*, para o qual foi interposto recurso da decisão proferida por aquele tribunal, questionou o Tribunal de Justiça, neste contexto, a respeito da determinação do «país em que a violação tenha sido cometida» para os efeitos do artigo 8.º, n.º 2, do Regulamento de Roma II.

O Tribunal reiterou, a esse respeito, que este Regulamento visa, de acordo com os seus considerandos 6, 13, 14 e 16, «garantir a previsibilidade das decisões dos litígios, a segurança jurídica quanto à lei aplicável e a aplicação uniforme do referido regulamento em todos os Estados-Membros». Atendendo a estes objetivos, em circunstâncias nas quais são imputados ao mesmo demandado vários atos de contrafação abrangidos pelo conceito de «utilização», na aceção do artigo 19.º, n.º 1, do Regulamento n.º 6/2002, cometidos em diferentes Estados-Membros, não haveria, segundo o Tribunal, que reportar-se a cada ato de contrafação imputado para identificar o facto que deu origem ao dano, mas antes que apreciar, *de modo global*, o comportamento do demandado, para determinar o lugar onde o ato de contrafação inicial, que está na origem do comportamento que foi imputado, foi cometido ou pode vir a ser cometido. Segundo o Tribunal, tal interpretação permitiria ao órgão jurisdicional chamado a pronunciar-se identificar facilmente a lei aplicável através da utilização de um *critério de conexão único* associado ao lugar onde foi ou pode vir a ser cometido o ato de contrafação que está na origem de diversos atos imputados ao demandado, em conformidade com aqueles objetivos do Regulamento de Roma II. Esta interpretação permitiria igualmente garantir a previsibilidade da lei assim designada para todas as partes nos litígios relativos às violações dos direitos de propriedade intelectual da União[1064].

Também aqui se justificaria, por outro lado, a sujeição da responsabilidade civil à lei escolhida pelas partes ou à lei reguladora de uma relação contratual preexistente entre as partes.

g) Alcance da referência à lei estrangeira. – Importa ainda esclarecer qual o alcance da competência eventualmente atribuída pelo art. 8.º, n.ºs 1 e 2, do

[1064] Ver, praa uma análise deste aresto, Pedro de Miguel Asensio, «Infracciones de marcas de la Unión, modelos y dibujos comunitarios: avances en materia de competencia judicial y ley aplicable», *La Ley Unión Europea*, n.º 52, outubro 2017.

Regulamento de Roma II à lei de um país estrangeiro, a fim de disciplinar as obrigações extracontratuais resultantes da violação de direitos de propriedade intelectual.

O art. 24.º do Regulamento de Roma II exclui o reenvio nas matérias por ele abrangidas. Valem aqui, com as necessárias adaptações, as razões acima aduzidas em abono da mesma solução consagrada no Regulamento de Roma I.

Sucede, porém, que, como se viu acima, os Regulamentos sobre a marca da União Europeia, os desenhos e modelos comunitários e a proteção das variedades vegetais incluem expressamente na competência atribuída à lei por eles designada as respetivas normas de Direito Internacional Privado. Há assim, nesta matéria, uma contradição aparente entre o Regulamento de Roma II e estes atos comunitários.

Essa contradição assume particular relevo porque, nos termos do art. 27.º do Regulamento de Roma II, este não prejudica a aplicação das disposições do Direito Europeu que, em matérias específicas, estabelecem regras de conflitos de leis referentes a obrigações extracontratuais. Dir-se-ia assim que as referidas disposições dos atos europeus em questão, que consagram a referência global à *lex causae,* devem prevalecer, enquanto *leges speciales,* sobre o art. 8.º, n.º 2, do Regulamento de Roma II.

Supomos, porém, que esta solução levaria longe demais o pensamento subjacente ao art. 27.º: a ser exata, ela privaria de qualquer campo de aplicação o próprio art. 8.º, n.º 2. Caso se queira conferir a este algum sentido útil, não pode, por conseguinte, deixar de se atribuir primazia sobre os mencionados atos comunitários ao que se dispõe no Regulamento de Roma II. A referência à lei estrangeira feita por aquele preceito há de, assim, ser entendida como uma *referência material.*

À mesma conclusão se chegará, de resto, se se interpretar a referência às normas de Direito Internacional Privado da *lex causae,* constante dos regulamentos sobre a marca comunitária, os desenhos e modelos comunitários e as obtenções vegetais, como abrangendo o próprio Regulamento de Roma II, o qual, no seu domínio próprio de aplicação, prima sobre as regras de conflitos de fonte interna relativas às mesmas matérias.

Não duvidamos, por outro lado, que, *de jure condendo,* a solução preferível para o problema acima posto é a referência material, uma vez que, sempre que as normas de conflitos da *lex causae* consagrassem para o problema da responsabilidade civil por violação de direitos intelectuais a competência da *lex loci protectionis,* a referência global não permitiria, só por si, chegar a qualquer conclusão sobre a lei aplicável.

h) Âmbito da lei aplicável; problemas de qualificação. – Ao estatuto delitual, determinado nos termos das regras acima examinadas, é conferido pelo Regulamento de Roma II um vasto campo de aplicação. Compete-lhe reger, segundo o art. 15.º deste ato comunitário, designadamente, o fundamento e o âmbito da responsabilidade; as causas de exclusão da responsabilidade, bem como qualquer limitação e repartição desta; a existência, a natureza e a avaliação dos danos ou da reparação exigida; as medidas que o tribunal pode tomar para prevenir ou fazer cessar o dano ou assegurar a sua reparação; a transmissibilidade do direito de exigir a indemnização; as pessoas com direito a esta; a responsabilidade por atos de outrem; e as formas de extinção das obrigações, bem como as regras de prescrição e caducidade.

Não falta, perante o disposto neste preceito, quem entenda que as questões da existência, extinção, titularidade e conteúdo dos direitos de propriedade intelectual alegadamente infringidos devem também considerar-se compreendidas no âmbito de aplicação da lei determinada nos termos do art. 8.º. Essas questões subsumir-se-iam sem dificuldades especiais, diz-se, na alínea *a)* do art. 15.º. Outro tanto sucederia com as questões do esgotamento do direito de distribuição e da ocorrência de exceções ou limites aos direitos intelectuais, as quais caberiam na alínea *b)* do mesmo preceito[1065]. As questões prévias da responsabilidade seriam, assim, submetidas à *lex causae.*

A este entendimento pode, todavia, contrapor-se que, a ser ele exato, sempre que as mesmas questões – *maxime* a da titularidade do direito alegadamente infringido – se colocassem à margem de qualquer ação tendente à indemnização de danos causados pela respetiva violação, seriam potencialmente julgadas de acordo com outra lei. A harmonia jurídica interna ficaria assim inevitavelmente comprometida.

Por outro lado, na lógica do mesmo entendimento, também as questões da existência, titularidade e conteúdo dos direitos reais deveriam, sempre que se suscitassem no âmbito de uma ação de indemnização, ser reguladas pela *lex damni* ou pela *lex communis,* ao arrepio da regra, com longa tradição no Direito Internacional Privado, que manda submetê-las à *lex rei sitae*[1066]. Os interesses públicos e do tráfico jurídico que justificam essa regra seriam assim preteridos. E a harmonia internacional de julgados ficaria também, em muitos casos, prejudicada.

[1065] Neste sentido, vejam-se, referindo-se à disposição correspondente da proposta de Regulamento apresentada pela Comissão Europeia em 2003, Jürgen Basedow/Axel Metzger, est. cit. no *Festschrift Bugoslavskij*, p. 162.

[1066] Ver António Ferrer Correia, «Conflitos de leis em matéria de direitos sobre as coisas corpóreas», *in eiusdem, Temas de Direito Comercial e Direito Internacional Privado*, Coimbra, 1989, pp. 363 ss.

Eis por que se nos afigura que a lei designada nos termos do art. 8.º do Regulamento de Roma II deve ser chamada a regular tão-somente as obrigações extracontratuais resultantes da violação de direitos intelectuais (incluindo a determinação do devedor, as causas de exclusão e limitação da sua responsabilidade e as pessoas com direito à reparação) e não a existência, a titularidade e os demais aspetos do regime jurídico desses direitos[1067].

i) Limites à aplicação da lei competente: normas internacionalmente imperativas e reserva de ordem pública internacional. – Tal como vimos suceder no tocante à determinação da existência, do conteúdo e da titularidade dos direitos de propriedade intelectual e às obrigações contratuais a eles respeitantes, também na matéria em apreço existem limites à aplicação da lei em princípio competente, decorrentes, nomeadamente, da eficácia de normas internacionalmente imperativas e da reserva de ordem pública internacional.

Referem-se a estas figuras, respetivamente, os arts. 16.º e 26.º da Regulamento de Roma II. De acordo com o primeiro, o disposto no Regulamento «em nada afeta a aplicação das disposições da lei do país do foro que regulem imperativamente o caso concreto independentemente da lei normalmente aplicável à obrigação extracontratual»; nos termos do segundo, a aplicação de uma disposição da lei designada pelo Regulamento «só pode ser afastada se for manifestamente incompatível com a ordem pública do foro».

No tocante às normas internacionalmente imperativas estrangeiras, o Regulamento em análise mostra-se, assim, mais restritivo do que o Regulamento de Roma I, visto que não se contempla nele sequer a possibilidade de reconhecimento de efeitos a tais normas. No mais é, contudo, patente a semelhança das regras citadas com as que constam dos arts. 9.º, n.º 2, e 21.º do Regulamento de Roma I. Valem por isso quanto a estes preceitos, *mutatis mutandis*, as considerações feitas a respeito das disposições homólogas deste.

Entre as hipóteses em que a reserva de ordem pública internacional pode ser chamada a desempenhar um papel de relevo na regulação das obrigações extracontratuais decorrentes da violação de direitos intelectuais sobressaem aquelas em que, de acordo com a *lex loci protectionis*, sejam aplicáveis *punitive*

[1067] Este ponto de vista é compartilhado por Marta Pertegás, «Intellectual Property and Choice of Law Rules», *in* Alberto Malatesta (org.), *The Unification of Choice of Law Rules on Torts and Other Non-Contractual Obligations in Europe. The «Rome II» Proposal*, Pádua, 2006, pp. 221 ss. (p. 239), Pedro de Miguel Asensio, «La *lex loci protectionis* tras el reglamento "Roma II"», *AEDIPr.*, 2007, pp. 375 ss. (pp. 386 s.), e Luís de Lima Pinheiro, *Direito Internacional Privado*, vol. II, cit., p. 626. Em geral no sentido de que a existência e a titularidade do direito subjetivo violado devem ser decididas pela lei reguladora desse direito, *vide* João Baptista Machado, *Lições de Direito Internacional Privado*, cit., p. 375.

ou *exemplary damages*[1068]. Quando estes se mostrem excessivos, opõe-se à sua aplicação o *princípio da proporcionalidade*, por força do qual toda a intervenção num bem jurídico alheio, assim como toda a limitação da liberdade, deve cingir-se ao necessário para a proteção de outro bem ou de um interesse de maior relevo[1069]. Consagra esse princípio o Direito português, no qual tem dignidade constitucional[1070] e subjaz ao regime da responsabilidade civil constante de diversas disposições do Código Civil[1071]. Pelo que respeita às sanções aplicáveis à violação de direitos de propriedade intelectual, o mesmo princípio obteve acolhimento expresso nos arts. 210.º-I, n.º 2, do Código do Direito de Autor e dos Direitos Conexos e 348.º, n.º 2, do Código da Propriedade Industrial[1072].

j) Continuação: exclusão de responsabilidade; procedimentos de notificação e prevenção de conflitos. – Vimos acima que a *Recomendação Conjunta* da União de Paris e da OMPI procurou circunscrever, através de certos critérios nela enunciados, as situações em que pode considerar-se utilizado num Estado membro uma marca ou outro sinal distintivo utilizado na Internet[1073]. Ora, ainda que esse sinal possa ser tido por efetivamente utilizado nesse Estado, não haverá responsabilidade, nos termos do art. 9 da *Recomendação*, antes de o respetivo utilizador ter recebido uma *notificação de infração*, desde que se verifiquem cumulativamente os seguintes requisitos: *a)* O utilizador é titular de um direito sobre o sinal noutro Estado membro, ou utilizou o sinal com o consentimento do titular do direito, ou está autorizado a utilizar o sinal, da forma pela qual o mesmo foi utilizado na Internet, pela lei outro Estado membro com o qual o utilizador tem uma relação estreita; *b)* A aquisição do direito sobre o sinal, assim como o uso deste, tiveram lugar sem má-fé; e *c)* O utilizador forneceu, conjuntamente com o uso do sinal na Internet, informação razoavelmente suficiente a fim de ser contactado por correio, correio eletrónico ou telefax.

Recebida aquela notificação, o utilizador não será responsabilizado, de acordo com o art. 10 da *Recomendação*, se: *a)* Indicar à pessoa que envia a notificação que é titular de um direito sobre o sinal noutro Estado membro ou que utiliza

[1068] Cfr. *supra*, §§ 5.º/I, alínea *m)*, 6.º/I, alínea *d)*, e 7.º/I, alínea *e)*.

[1069] Assim, Karl Larenz, *Richtiges Recht. Grundzüge einer Rechtsethik*, Munique, 1979, p. 131. Sobre as incidências deste princípio na determinação da lei aplicável, veja-se o nosso *Da responsabilidade pré-contratual em Direito Internacional Privado*, cit., pp. 698 ss.

[1070] Haja vista, designadamente, aos arts. 18.º, n.º 2, 19.º, n.º 4, 266.º, n.º 2, e 270.º da Constituição.

[1071] Cfr., nomeadamente, os arts. 508.º, 562.º, 564.º, n.º 1, 566.º, n.º 2, 811.º, n.º 3, e 812.º, n.º 1, do Código Civil.

[1072] Ambos originariamente aditados a esses diplomas pela Lei n.º 16/2008, de 1 de abril, que transpôs a Diretiva 2004/48/CE.

[1073] Cfr. *supra*, § 15.º/II.

o sinal com o consentimento do titular do dito direito, ou está autorizado a utilizar o sinal, da forma pela qual o mesmo foi utilizado na Internet, pela lei outro Estado membro com o qual o utilizador tenha uma relação estreita; *b)* Proporcionar informação relevante sobre esse direito ou qualquer utilização permitida; e *c)* Tomar rapidamente medidas razoáveis e eficazes a fim de evitar um *efeito comercial* no Estado membro a que se faz referência na notificação, ou de evitar que se infrinja o direito referido na notificação.

Entre estas medidas inclui-se, nos termos do art. 12 da *Recomendação*, uma advertência de que o utilizador não tem qualquer relação com o titular do direito alegadamente infringido e não tenciona fornecer os produtos ou serviços que oferece a clientes domiciliados num Estado membro onde esse direito se encontra protegido.

Em qualquer caso, as sanções pela infração de direitos ou por atos de concorrência desleal praticados num Estado membro através do uso de um sinal na Internet deverão ser proporcionadas ao *efeito comercial* da utilização do sinal nesse Estado. Na sua fixação, a autoridade competente valorará os interesses, direitos e circunstâncias do caso. Ao utilizador do sinal será dada a oportunidade de propor à autoridade competente uma sanção eficaz antes da decisão de mérito (art. 13 da *Recomendação*).

As autoridades competentes devem aplicar preferentemente limitações ao uso das marcas na Internet destinadas a evitar efeitos comerciais no país em causa (incluindo «disclaimers») e não proibições a esse uso (art. 15 da *Recomendação*)[1074].

Dentro destes limites, é à lei do Estado membro onde a infração for tida por praticada nos termos da *Recomendação* (a *lex loci protectionis*) que compete determinar as sanções aplicáveis.

[1074] Este último aspeto está muito claramente expresso na decisão proferida em 1996 no caso *Playboy Enterprises, Inc., v. Chuckleberry Publishing, Inc., et al.*, pelo *United States District Court, S.D. New York*, 939 F. Supp. 1032 (1996). Aí se declara, com efeito: «The Internet is a world-wide phenomenon, accessible from every corner of the globe. Tattilo cannot be prohibited from operating its Internet site merely because the site is accessible from within one country in which the product is banned. To hold otherwise "would be tantamount to a declaration that this Court, and every other court throughout the world, may assert jurisdiction over all information providers on the global World Wide Web." Def. Mem. at 2. Such a holding would have a devastating impact on those who use this global service. The Internet deserves special protection as a place where public discourse may be conducted without regard to nationality, religion, sex, age, or to monitors of community standards of decency».

II – Obrigações extracontratuais resultantes de atos de concorrência desleal

a) A competência da lex mercatus. – Nos atos de concorrência desleal não está em jogo, como notámos acima, a violação de um direito subjetivo, mas tão só de disposições legais ou de regras jurisprudenciais ou consuetudinárias destinadas a proteger interesses alheios[1075].

Por conseguinte, não teria cabimento, na regulação desta matéria pelo Direito Internacional Privado, um *dépeçage* análogo ao estabelecido no tocante às obrigações extracontratuais resultantes da violação de direitos privativos da propriedade industrial, a respeito das quais, como vimos, se distinguem, por um lado, o direito subjetivo violado e, por outro, as obrigações de indemnizar e de restituir o enriquecimento sem causa que decorrem dessa violação.

Os atos de concorrência desleal são, do ponto de vista do Direito Internacional Privado, qualificáveis como ilícitos civis. Na falta de disposições especiais, valem assim, quanto à determinação da lei que lhes é aplicável, as regras de conflitos relativas à responsabilidade extracontratual e ao enriquecimento sem causa, *maxime* as que submetem a imputação delitual de danos à *lex loci delicti*[1076] e as que subordinam a obrigação de restituir o enriquecimento à lei com base na qual se verificou a transferência patrimonial a favor do enriquecido ou à lei do lugar onde se verificou a ofensa de um interesse protegido do empobrecido.

Contudo, a reparação dos danos causados a outrem mediante atos de concorrência desleal, assim como a restituição do enriquecimento sem causa através dela obtido, acham-se estreitamente conexas com as normas que reprimem esses atos, visto que é em parte através delas que tais normas adquirem eficácia nas relações entre privados[1077]. Essa conexão justifica que na definição da lei aplicável às obrigações extracontratuais emergentes de atos de concorrência desleal se atenda primordialmente aos interesses tutelados através das normas relativas

[1075] Cfr. José Oliveira Ascensão, *Concorrência desleal*, cit., p. 199; *idem*, *Portugal*, *in* Eugen Ulmer/Gerhard Schricker/Joseph Straus (orgs.), *Das Recht des unlauteren Wettbewerbs in den Mitgliedstaaten der Europäischen Wirtschaftsgemeinschaft*, vol. VIII, Munique, 2005, pp. 166 ss.

[1076] Neste sentido se pronunciou a Cassação francesa no *arrêt de principe* de 14 de janeiro de 1997, relativo ao caso *Société Gordon and Breach Science Publishers et autres c. Association The American Institute of Physics et autres*, *RCDIP*, 1997, pp. 504 ss.: à indemnização dos danos causados pela difusão em França de periódicos contendo artigos que visavam denegrir um concorrente seria aplicável a lei francesa, enquanto lei do lugar do facto gerador do dano, não obstante ambas as partes serem entidades norte-americanas e a publicação dos periódicos ter tido lugar originariamente nos Estados Unidos.

[1077] Razão por que se alude, a este propósito, a um *private enforcement* das normas sobre a concorrência desleal.

a esta última[1078]. Nesta medida, a concorrência desleal deve ter autonomia, no plano dos conflitos de leis no espaço, relativamente ao regime comum dos ilícitos civis.

Ora, as normas relativas à concorrência desleal instituem uma ordenação de condutas, essencialmente negativa ou proibitiva, destinada a assegurar a igualdade de oportunidades aos concorrentes (*par conditio concurrentium*). Indiretamente, protegem também os *interesses dos consumidores* contra atos fraudulentos. Nelas estão implicados, além disso, *interesses públicos* relativos ao funcionamento regular da economia. A função social dessas normas reclama, pois, a sua aplicação às condutas que sejam suscetíveis de produzir efeitos no *mercado* em que vigoram[1079]. Vista a questão sob outro ângulo, dir-se-á que as pretensões fundadas em atos de concorrência desleal devem subordinar-se à lei do lugar onde se dá o *conflito de interesses entre concorrentes*[1080], ou seja, do mercado que é afetado por esses atos (*v.g.* porque nele são publicitados ou comercializados certos produtos ou serviços): a *lex mercatus*[1081]. Também o Direito da Concorrência Desleal é, *hoc sensu*, de *aplicação territorial*, nisto se manifestando igualmente a sua estreita ligação com a propriedade industrial, a que aludíamos acima[1082].

[1078] *Vide*, na mesma linha fundamental de orientação, Christian Joerges, «Die klassische Konzeption des internationalen Privatrechts und das Recht des unlauteren Wettbewerbs», *RabelsZ*, 1972, pp. 421 ss. (especialmente pp. 467 ss.).

[1079] Neste sentido se pronunciou já Wilhelm Wengler, nos estudos «Die Gesetze über unlauteren Wettbewerb und das internationale Privatrecht», *RabelsZ*, 1954, pp. 401 ss. (pp. 415 s.), e «Laws Concerning Unfair Competition and the Conflict of Laws», *AJCL*, 1955, pp. 167 ss. (p. 180). Vejam-se também, preconizando *de jure condendo* a aplicação da lei do mercado à concorrência desleal, Jean-Marie Bischoff, «La concurrence déloyale en droit international privé», *TCFDIP*, 1969/71, pp. 53 ss. (p. 61) ; Adair Dyer, «Unfair Competition in Private International Law», *Rec. cours*, t. 211 (1988-IV), pp. 373 ss. (pp. 436 e 443) ; Frédéric Leclerc, «Concurrence déloyale et droit international privé», *in* Yves Serra (org.), *La concurrence déloyale*, Paris, 2001, pp. 77 ss. (p. 88); e Costanza Honorati, «The Law Applicable to Unfair Competition», *in* Alberto Malatesta (org.), *The Unification of Choice of Law Rules on Torts and Other Non-Contractual Obligations in Europe. The «Rome II» Proposal*, Pádua, 2006, pp. 127 ss. (pp. 148 ss.).

[1080] Assim, Kamen Troller, *Das internationale Privatrecht des unlauteren Wettbewerbs in vergleichender Darstellung der Rechte Deutschlands, Englands, Frankreichs, Italiens, der Schweiz und der USA*, Friburgo, 1962, pp. 127 ss.

[1081] Cfr. Bernd von Hoffmann, *in Staudingers Kommentar zum Bürgerlichen Gesetzbuch mit Einführungsgesetze und Nebengesetzen. Einführungsgesetz zum Bürgerliche Gesetzbuche/IPR. Art. 38-42*, 13.ª ed., Berlim, 2001, p. 558; Karl-Heinz Fezer/Stefan Koos, *in Staudingers Kommentar zum Bürgerlichen Gesetzbuch mit Einführungsgesetze und Nebengesetzen. Einführungsgesetz zum Bürgerliche Gesetzbuche/IPR. Internationales Wirtschaftsrecht*, 13.ª ed., Berlim, 2006, p. 208; Bernd von Hoffmann/Karsten Thorn, *Internationales Privatrecht*, 9.ª ed., Munique, 2007, p. 502; e Drexl, *in Münchener Kommentar zum Bürgerlichen Gesetzbuch*, vol. 12, cit., pp. 1470 ss.

[1082] Cfr. *supra*, § 8.º/I.

Nas últimas décadas, esta doutrina tem ganho crescente aceitação na jurisprudência e na lei. Consagrou-a primeiramente o Tribunal Federal alemão, na decisão proferida em 30 de junho de 1961 sobre o caso *Kindersaugflaschen*[1083]; ela corresponde desde então à jurisprudência constante deste tribunal[1084].

Posteriormente, vários sistemas jurídicos europeus acolheram conexões especiais nesta matéria, sujeitando-a à lei do país em cujo mercado o ato de concorrência produz ou pode produzir os seus efeitos. Contém uma regra deste teor, por exemplo, o § 48 (2) da lei austríaca de Direito Internacional Privado, segundo o qual «[a]s pretensões de indemnização e outras pretensões fundadas na concorrência desleal são reguladas pelo Direito do Estado em cujo mercado a concorrência produza efeitos»[1085]. Uma solução semelhante encontra-se consignada no art. 136, n.º 1, da Lei Federal suíça de Direito Internacional Privado, que dispõe: «As pretensões fundadas num ato de concorrência desleal são regidas pelo Direito do Estado em cujo mercado o resultado se produziu»[1086]. Em Espanha, o art. 4 da *Ley de Competencia Desleal*, de 1991, embora adotando uma técnica legislativa diferente, acolheu a mesma orientação fundamental. Determina esse preceito: «A presente lei será aplicável a todos os atos de concorrência desleal que produzam ou possam produzir efeitos no mercado espanhol»[1087]. Uma regra com uma formulação um tanto diversa das anteriores, mas que não conduz a resultados substancialmente diversos, figura no Código belga de Direito Internacional Privado, cujo art. 99, § 2.º, n.º 2, dispõe que «a obrigação emergente de um facto danoso é regida: [...] em caso de concorrência desleal

[1083] *GRUR*, 1962, pp. 243 ss.; *BGHZ* 35, pp. 329 ss. A autora, uma empresa sedeada nos Estados Unidos, reclamava na espécie, com fundamento na proscrição da imitação servil instituída pela lei alemã, a condenação da ré, uma sua concorrente estabelecida na Alemanha, a abster-se de prosseguir a comercialização, em diversos países estrangeiros, de biberões com características iguais aos por si fabricados, os quais eram também distribuídos com uma marca semelhante à sua; e bem assim a indemnizá-la pelos prejuízos causados através de semelhante prática. O Tribunal Federal rejeitou a aplicabilidade ao caso da lei alemã e determinou que a ilicitude dos atos em questão fosse aferida pelo tribunal *a quo* à luz das leis dos países onde os objetos em questão eram distribuídos pela ré.

[1084] Cfr., designadamente, as decisões proferidas em 20 de dezembro de 1963, caso *Stahlexport, GRUR*, 1964, pp. 316 ss.; em 23 de outubro de 1970, no caso *Tampax, GRUR*, 1971, pp. 153 ss.; e em 15 de novembro de 1990, no caso *Gran Canaria, IPRax*, 1992, pp. 45 ss.

[1085] «Schadenersatz- und andere Ansprüche aus unlauterem Wettbewerb sind nach dem Recht des Staates zu beurteilen, auf dessen Markt sich der Wettbewerb auswirkt».

[1086] «Les prétentions fondées sur un acte de concurrence déloyale sont régies par le droit de l'Etat sur le marché duquel le résultat s'est produit».

[1087] «La presente Ley será de aplicación a los atos de competencia desleal que produzcan o puedan producir efectos sustanciales en el mercado español».

ou de prática comercial restritiva, pelo Direito do Estado em cujo território o dano ocorreu ou ameaça ocorrer»[1088].

Paralelamente, afirmou-se em matéria de defesa da concorrência uma regra análoga, implicitamente acolhida na jurisprudência europeia[1089], que em Portugal figura hoje no art. 2.º, n.º 2, da Lei n.º 19/2012, de 8 de maio , segundo o qual: « Sob reserva das obrigações internacionais do Estado português, a presente lei é aplicável à promoção e defesa da concorrência, nomeadamente às práticas restritivas e às operações de concentração de empresas que ocorram em território nacional ou que neste tenham ou possam ter efeitos».

A aplicabilidade da *lex mercatus* à concorrência desleal foi também preconizada na Resolução adotada pelo *Instituto de Direito Internacional* na sessão de Cambridge[1090], realizada em 1983[1091].

Mais recentemente, a solução em apreço obteve acolhimento na proposta de Convenção Europeia Sobre a Lei Aplicável às Obrigações Não Contratuais, adotada pelo *Grupo Europeu de Direito Internacional Privado* em 1998[1092], cujo art. 4 manda presumir que a obrigação não contratual apresenta a conexão mais estreita, em caso de concorrência desleal ou de prática comercial restritiva, com o país cujo mercado é afetado pelo facto danoso[1093].

[1088] «[L]'obligation dérivant d'un fait dommageable est régie: [...] en cas de concurrence déloyale ou de pratique commerciale restrictive, par le droit de l'État sur le territoire duquel le dommage est survenu ou menace de survenir».

[1089] Cfr. o acórdão proferido pelo Tribunal de Justiça das Comunidades Europeias em 27 de setembro de 1988, no caso *A. Ahlström Osakeyhtiö et autres c. Commission des Communautés Européennes*, *CJTJ*, 1988, pp. 5193 ss.

[1090] Cfr. Institut de Droit International, «The conflict-of-laws rules on unfair competition. Les règles de conflit de lois en matière de concurrence déloyale», *Annuaire de l'Institut de Droit International*, vol. 60, parte II (1984), pp. 292 ss. Para uma explanação dos pressupostos desta Resolução, vejam-se Willis L. M. Reese, «The conflict-of-laws rules on unfair competition. Preliminary Exposé», *ibidem*, vol. 60, parte I (1983), pp. 107 ss., e Frank Vischer, «The conflict-of-laws rules on unfair competition. Report», *ibidem*, vol. 60, parte I (1983), pp. 117 ss.

[1091] Cujo art. II, n.º 1, dispõe: «Where injury is caused to a competitor's business in a particular market by conduct which could reasonably have been expected to have that effect, the internal law of the State in which that market is situated should apply to determine the rights and liabilities of the parties, whether such conduct occurs in that State or in some other State or States».

[1092] Cfr. Groupe européen de droit international privé, «Propositon pour une convention européenne sur la loi applicable aux obligations non contractuelles», *IPRax*, 1998, pp. 286 ss.

[1093] «Nonobstant les dispositions des paragraphes 2 et 3 de l'article 3 et sous reserve des paragraphes 4 et 5 de l'article 3, il est présumé que l'obligation non contractuelle a les liens les plus étroits: [...] b) en cas de concurrence déloyale ou de pratique commerciale restrictive, avec le pays dont le marché est concerné par le fait dommageable».

Ao mesmo resultado prático conduz a disposição constante dos *Princípios* em matéria de propriedade intelectual do *American Law Institute*, cujo § 301 (2) estabelece que a lei aplicável a uma obrigação não contratual emergente de um ato de concorrência desleal é a de cada Estado em que em ocorra ou possa ocorrer um «dano direto e substancial», independentemente do Estado ou Estados em que o ato gerador do dano haja ocorrido[1094], sendo esse Estado aquele em que a concorrência é afetada pelo ato em causa[1095].

A tendência contemporânea para a consagração de uma regra de conflitos autónoma em matéria de concorrência desleal obteve a sua expressão mais recente no art. 6.º, n.º 1, do Regulamento «Roma II», que estabelece:

> «A lei aplicável a uma obrigação extracontratual decorrente de um ato de concorrência desleal é a lei do país em que as relações de concorrência ou os interesses coletivos dos consumidores sejam afetados ou sejam suscetíveis de ser afetados.»

Embora este preceito (ao contrário do n.º 3, alínea *a)*, do mesmo artigo, relativo às obrigações extracontratuais decorrentes de uma restrição da concorrência), não se refira expressamente ao *mercado afetado*, não sofre dúvida que é este último que se tem em vista nele[1096].

Já se viu nesta regra uma mera especificação da que consta do art. 4.º do Regulamento[1097]: nos casos de concorrência desleal, o lugar do dano – para o qual, como vimos, se remete no n.º 1 desse preceito – seria aquele onde as relações

1094 «The law applicable to a noncontractual obligation arising out of an act of unfair competition is the law of each State in which direct and substantial damage results or is likely to result, irrespective of the State or States in which the act giving rise to the damage occurred».

1095 Neste sentido, veja-se o comentário oficial ao citado preceito, *in* American Law Institute, *Intellectual Property: Principles Governing Jurisdiction, Choice of Law, and Judgments in Transnational Disputes*, cit., p. 124.

1096 Cfr. a mencionada *Proposta de Regulamento do Parlamento Europeu e do Conselho Sobre a Lei Aplicável às Obrigações Extracontratuais ("Roma II")*, p. 17, onde se lê: «Trata-se do mercado em que os concorrentes atuam para ganhar a preferência dos clientes». No sentido do texto, vejam-se ainda: Costanza Honorati, est. cit., p. 149; Michael Hellner, «Unfair Competition and Acts Restricting Free Competition. A Commentary on Article 6 of the Rome II Regulation», *YPIL*, 2007, pp. 49 ss.; Walter F. Lindacher, «Die internationale Dimension lauterkeitsrechtlicher Unterlassungsansprüche : Marktterritorialität versus Universalität», *GRUR Int.*, 2008, pp. 453 ss. (p. 454); Christian Handig, «Neues im Internationalen Wettbewerbsrecht – Auswirkungen der Rom II-Verordnung», *GRURInt.*, 2008, pp. 24 ss. (p. 27); e *Cheshire, North & Fawcett Private International Law*, cit., p. 810.

1097 O próprio preâmbulo do Regulamento o inculca, pois no considerando 21 afirma-se: «A regra especial do artigo 6.º não constitui uma exceção à regra geral do n.º 1 do artigo 4.º, mas sim uma clarificação da mesma».

de concorrência ou os interesses coletivos dos consumidores são afetados ou suscetíveis de ser afetados. O preceito seria, nesta medida, inútil[1098].

Contudo, o art. 6.º, n.º 1, exclui implicitamente a aplicabilidade da lei da residência habitual comum do agente e do lesado, consignada no n.º 2 do art. 4.º do Regulamento, cujo âmbito de aplicação em matéria de concorrência desleal se cinge às relações bilaterais entre concorrentes. O que bem se compreende, pois a aplicação sem restrições da *lex communis* aos efeitos de um ato de concorrência desleal quando este seja suscetível de afetar o funcionamento regular do mercado num país distinto do da residência habitual comum das partes poderia comprometer a *par conditio concurrentium*. Se, por exemplo, a concorrência entre duas empresas alemãs num mercado estrangeiro fosse submetida à legislação alemã, mais rigorosa, sobre a matéria, essas empresas seriam, sob este prisma, prejudicadas relativamente aos seus rivais estrangeiros[1099]. Não parece, assim, procedente o mencionado reparo ao preceito em análise.

b) Problemas de concretização do elemento de conexão. – Pode-se ainda perguntar que lei deve ser aplicada se o mesmo ato afetar simultaneamente os mercados de diferentes países. É o que sucede, por exemplo, quando é distribuída em diversos países, através dos meios de comunicação social (jornais, televisão, Internet), publicidade enganosa relativa ao mesmo produto.

Nestes casos, duas soluções se afiguram possíveis: a *aplicação cumulativa* das leis dos diferentes países cujos mercados são afetados[1100]; e a *aplicação distributiva* dessas leis à aferição da ilicitude e à reparação dos danos decorrentes do ato em cada um dos países em questão[1101].

Supomos que só a segunda destas soluções se justifica à luz dos interesses que determinam a competência da *lex mercatus* em matéria de concorrência desleal. De outro modo, a conduta de um agente económico que oferece produtos ou serviços em diversos mercados nacionais (incluindo o do seu próprio estabelecimento) seria valorada, na totalidade dos seus efeitos, segundo a lei mais rigorosa dentre

[1098] Neste sentido, referindo-se ao anteprojeto de 2003, veja-se Cyril Nourissat/Edouard Treppoz, «Quelques observations sur l'avant-projet de proposition de règlement du Conseil sur la loi applicable aux obligations non contractuelles «Rome II»», *Clunet*, 2003, pp. 7 ss. (p. 30).

[1099] O exemplo é de Wengler, ests. cits. na *RabelsZ*, 1954, pp. 413 ss., e no *AJCL*, 1955, p. 178.

[1100] Solução tida como em princípio possível por Wengler, est. cit. no *AJCL*, 1955, p. 185. Consagrou-a a mencionada Resolução do Instituto de Direito Internacional de 1983, no art. II, n.º 2, em que se declara: «Where conduct causes injury to a competitor's business in a number of markets situated in different States, the applicable law should be the internal law of each State where such a market is situated».

[1101] Cfr. Allois Troller, «Unfair Competition», *in IECL*, vol. III, *Private International Law*, capítulo 34, p. 14; Frédéric Leclerc, «Concurrence déloyale et droit international privé», cit., p. 94.

as que vigoram nesses mercados; o que o colocaria em posição de desvantagem perante os seus concorrentes nos demais mercados.

Mesmo esta solução é, no entanto, suscetível de dificultar consideravelmente o denominado *marketing* internacional, visto que, a fim de não incorrerem em responsabilidade perante a lei de certo país, que proscreve determinada prática comercial, os agentes económicos poderão ter de se abster de a levar a cabo concomitantemente noutro ou noutros países onde ela é lícita.

Em qualquer caso, não nos parece que devam ter-se por afetadas as relações de concorrência no mercado de certo país em virtude da simples disponibilização ou distribuição no respetivo território de informação publicitária relativa a certos produtos ou serviços (*v.g.* através de um jornal nele vendido ou de um sítio Internet nele acessível). Será ainda de exigir, para o efeito, que a prática comercial em causa seja *destinada* a esse país[1102] – ou, dito de outro modo, apta a *promover nele* o fornecimento de tais produtos ou serviços[1103] –, o que há de aferir-se essencialmente na base de critérios objetivos, como a língua utilizada na informação, os endereços de contacto nela fornecidos, as eventuais declarações do publicitante sobre o âmbito geográfico da oferta de produtos ou serviços, etc. Porquanto só neste caso pode afirmar-se que se dá no país em questão o conflito de interesses entre concorrentes que o ato de concorrência desleal pressupõe.

c) Desvios: atos que afetem um concorrente específico. – Estabelece-se no n.º 2 do art. 6.º do Regulamento um importante desvio à competência imperativa da *lex mercatus* e à territorialidade do Direito da Concorrência Desleal, que lhe é inerente: se um ato de concorrência desleal apenas afetar (pelo menos diretamente) os interesses de um *concorrente específico* (*betriebsbezogene Wettbewerbsverstössen*) e não o mercado em geral (*marktbezogene Wettbewerbsverstössen*), a lei aplicável é a definida nos termos do art. 4.º[1104].

1102 Assim, Bernd von Hoffmann, *in Staudingers Kommentar zum Bürgerlichen Gesetzbuch mit Einführungsgesetze und Nebengesetzen. Einführungsgesetz zum Bürgerliche Gesetzbuche/IPR. Art. 38-42*, cit., pp. 570 s.

1103 Neste sentido, Drexl, *in Münchener Kommentar*, vol. 12, cit., pp. 1556 s.

1104 No sentido da aplicabilidade da lei alemã aos atos de concorrência desleal praticados por um nacional que afetem exclusivamente os interesses protegidos de um concorrente nacional pronunciara-se já o Tribunal Federal alemão na decisão proferida em 1963 no caso *Stahlexport*, cit. *supra*. Para uma pormenorizada análise do art. 6.º, n.º 2, do Regulamento de Roma II, veja-se Matthias Leistner, «Unfair Competition Law Protection Against Imitations: A Hybrid under the Future Art. 5 Rome II Regulation?», *in* Jürgen Basedow/Josef Drexl/Annette Kur/Axel Metzger (orgs.), *Intellectual Property in the Conflict of Laws*, Tubinga, 2005, pp. 129 ss. (pp. 143 ss.).

É o que sucede, *v.g.*, nos casos de aliciamento dos trabalhadores de uma empresa a rescindirem os respetivos contratos, a fim de serem recrutados por uma empresa concorrente.

Este desvio baseia-se no pressuposto de que a aplicação imperativa da lei do mercado apenas se impõe quando estejam em jogo, além dos interesses dos concorrentes, os *interesses gerais* tutelados pela concorrência desleal, *maxime* os dos consumidores. Se tudo se passa entre concorrentes determinados, cuja conduta não afeta aqueloutros interesses, nada se opõe à aplicação às consequências civis do ato em questão da lei da residência habitual das partes ou da de outro país com o qual a situação tenha uma conexão manifestamente mais estreita[1105].

Nesta ordem de ideias, sempre que um ato de concorrência desleal se dirija contra um concorrente determinado, mas, não obstante isso, lese os interesses de outros concorrentes ou dos consumidores (*v.g.* porque, ao denegrir um concorrente, o infrator viciou as opções feitas pelos consumidores no mercado em que ambos operam), o desvio em apreço não opera.

De todo o modo, está excluída no art. 6.º, n.º 4, do Regulamento a possibilidade de escolha pelas partes da lei aplicável – solução esta cuja coerência com o disposto no n.º 2 não é isenta de dúvida nas hipóteses em que estejam em causa os interesses de um único concorrente[1106].

d) Continuação: a cláusula do mercado interno. – No tocante às práticas comerciais desleais das empresas face aos consumidores no mercado interno europeu, mormente no domínio da publicidade, há em todo o caso que ter em conta a harmonização de legislações empreendida por diversos atos de Direito Europeu, entre os quais se destaca a Diretiva 2005/29/CE, de cujo teor demos conta acima[1107].

Poder-se-á, com efeito, perguntar se esta circunstância não justificaria, no domínio objeto de harmonização por esses atos, um outro desvio à competência da *lex mercatus* e ao princípio da territorialidade, no sentido da aplicabilidade da lei do país do estabelecimento do agente económico a que é imputada certa

[1105] O mesmo entendimento está na base do art. IV da Resolução do Instituto de Direito Internacional de 1983, que estabelece: «Rights and liabilities resulting from unfair competition in situations that are not covered by the rules stated in Article II should be determined by the internal law of the State which has the most significant relationship with the parties, their conduct and the injury». Como exemplo de uma situação abrangida por este preceito, aduz-se na Resolução a hipótese de os empregados de um concorrente serem aliciados a abandonar o respetivo emprego, sem que isso afete o mercado local.

[1106] Admitiam a escolha pelas partes da lei aplicável tanto a citada proposta do GEDIP como a proposta de Regulamento emanada da Comissão Europeia em 2003.

[1107] Cfr. *supra*, § 13.º/III.

prática comercial desleal, contanto que esse estabelecimento se situe no território da União Europeia (*lex originis, home-country rule*).

Em abono de semelhante solução pode aduzir-se que as regras de conflitos de leis no espaço não devem ser insensíveis ao grau de harmonização de legislações existente no domínio a que respeitam. Na medida em que os interesses dos consumidores e dos concorrentes tutelados através das normas reguladoras da concorrência desleal se encontrem suficientemente acautelados através da harmonização de legislações empreendida neste domínio, nada pareceria opor-se à referida solução. Pelo contrário: a sua adoção conferiria aos agentes económicos que fornecem bens e serviços no mercado interno e os publicitam nele a possibilidade de conformarem a sua atividade com uma única lei, reduzindo desse modo os custos da sua atividade, o que reverteria em benefício dos próprios consumidores[1108].

Nas matérias em que não se haja verificado a referida harmonização de legislações, a *home-country rule* poderá, decerto, implicar alguma limitação à *par conditio concurrentium*, visto que importa a aplicabilidade aos atos praticados no mesmo mercado de diferentes leis, em função do país de origem daquele que os praticou. A prazo, essa limitação pode, no entanto, ter um efeito benéfico, na medida em que induz um certo grau de competição entre os sistemas jurídicos nacionais («*regulatory competition*»), que proporciona a adaptação do Direito às necessidades da vida económica e a correção de eventuais erros legislativos; o que pode levar, por seu turno, a uma harmonização desses sistemas independentemente de acordo entre os Estados nesse sentido[1109].

Nesta linha de pensamento se inseria a proposta de Diretiva relativa às práticas comerciais desleais apresentada em 2003 pela Comissão Europeia, cujo art. 4.º, n.º 1, determinava expressamente a aplicação exclusiva, no domínio coordenado, das disposições da lei do país de estabelecimento do profissional ou da empresa[1110].

[1108] Ver Andreas Piekenbrock, «Die Bedeutung des Herkunftslandprinzips im europäischen Wettbewerbsrecht», *GRUR Int.*, 2007, pp. 997 ss. (p. 1000).

[1109] Sobre o ponto, *vide*, para mais desenvolvimentos, o nosso *Direito Comparado*, vol. I, *Introdução e parte geral*, cit., pp. 542 ss., e a demais bibliografia aí citada.

[1110] Cfr. o documento COM (2003) 356 final, de 18 de junho de 2003. Era o seguinte o teor esse preceito: «1. Os profissionais apenas deverão cumprir as disposições, no domínio sujeito a uma aproximação por força da presente diretiva, da ordem jurídica nacional do Estado-Membro em que se encontrarem estabelecidos. O Estado-Membro de estabelecimento do profissional deverá zelar pelo referido cumprimento. 2. Os Estados-Membros não deverão restringir a livre prestação de serviços nem a livre circulação de mercadorias por razões ligadas ao domínio que é objeto de aproximação por força da presente diretiva».

Mais longe ia a proposta formulada em 2003 pelo *Hamburg Group for Private International Law* de uma disposição do Regulamento «Roma II» relativa à concorrência desleal, na qual a competência deferida à *lex originis* não se cingia aos domínios já harmonizados ou em curso de harmonização pelo Direito Europeu[1111].

A verdade, porém, é que, como se notou acima, a Diretiva 2005/29/CE não logrou induzir uma harmonização integral do regime das práticas comerciais desleais. À uma, porque a sua disposição nuclear (o art. 5.º) é uma cláusula geral cuja aplicação uniforme nos Estados-Membros não pode ser facilmente assegurada. Depois, porque apenas se aplica às práticas comerciais desleais nas relações com consumidores, e não entre empresas.

Compreende-se assim que o Regulamento de Roma II, embora apresente como justificação precípua das suas disposições o bom funcionamento do mercado interno[1112], não haja consagrado a competência da *lex originis*; e que a própria *cláusula do mercado interno* constante da Diretiva 2005/29/CE tenha ficado muito aquém dela. Dispõe, na verdade, o art. 4.º deste ato europeu:

> «Os Estados-Membros não podem restringir a livre prestação de serviços nem a livre circulação de mercadorias por razões ligadas ao domínio que é objeto de aproximação por força da presente diretiva.»

Esta disposição inibe, decerto, os Estados-Membros União Europeia de invocarem a sua legislação em matéria de concorrência desleal a fim de obstarem à importação de produtos ou serviços fornecidos por empresas estabelecidas noutros Estados-Membros. Mas não nos parece que se possa retirar dela a aplicação exclusiva da *lex originis* às práticas comerciais alegadamente desleais desses agentes económicos. À luz de quanto nela se dispõe, não está, com efeito, excluído que os tribunais e autoridades administrativas apliquem a *lex mercatus* às situações abrangidas pela Diretiva, contanto que daí não resulte qualquer restrição à livre circulação de serviços e mercadorias no mercado. Na formulação constante da Diretiva 2005/29/CE, a cláusula do mercado interno tem, por conseguinte, *alcance material*, e não conflitual. As regras de Direito Internacional Privado aplicáveis à concorrência desleal permanecem, nesta medida, intactas.

[1111] Cfr. «Comments on the European Commission's Draft Proposal for a Council Regulation on the Law Applicable to Non-Contractual Obligations», *RabelsZ*, 2003, pp. 1 ss. (pp. 19 s.). Dispunha o art. 6.º, n.º 2, desse texto: «Where the elements relevant to the situation at the time of publication are exclusively connected with one or more Member States of the European Union and subject to article 7, non-contractual obligations arising from unfair advertising are governed by the law of the Member State where the advertising company has its principal place of business».

[1112] *Vide* o considerando 6.

A mesma cláusula, posto que com diversa formulação, obteve acolhimento em duas outras Diretivas europeias.

Assim, a Diretiva 2000/31/CE, de 8 de junho de 2000, relativa a certos aspetos legais dos serviços da sociedade de informação, em especial do comércio eletrónico, no mercado interno («Diretiva sobre o comércio eletrónico»)[1113], dispõe, no art. 3.º, que cada Estado-Membro assegurará que os serviços da sociedade da informação prestados por um prestador estabelecido no seu território cumpram as disposições nacionais aplicáveis nesse Estado-Membro que se integrem no domínio coordenado (n.º 1), e que os Estados-Membros não podem, por razões que relevem do domínio coordenado, restringir a livre circulação dos serviços da sociedade da informação provenientes de outro Estado-Membro (n.º 2)»[1114].

Por seu turno, a Diretiva 2010/13/UE, do Parlamento Europeu e do Conselho, de 10 de março de 2010, relativa à coordenação de certas disposições legislativas, regulamentares e administrativas dos Estados-Membros respeitantes à oferta de serviços de comunicação social audiovisual (Diretiva «Serviços de Comunicação Social Audiovisual»)[1115], estabelece no art. 2.º, n.º 1:

> «Cada Estado-Membro deve assegurar que todos os serviços de comunicação social audiovisual prestados por fornecedores de serviços de comunicação social sob a sua jurisdição respeitem as regras da ordem jurídica aplicável aos serviços de comunicação social audiovisual destinados ao público nesse Estado-Membro.»

Consideram-se sob a jurisdição de um Estado-Membro, para os efeitos desta Diretiva, os fornecedores de serviços de comunicação audivisual nele

[1113] Publicada no *JOCE*, n.º L 178, de 17 de julho de 2000, pp. 1 ss. Foi transposta na Alemanha pela Lei do Comércio Eletrónico (*Elektronischer Geschäftsverkehr-Gesetz*), de 20 de dezembro de 2001, no Reino Unido pelas *Electronic Commerce (EC Directive) Regulations 2002*, em Portugal pelo D.L. n.º 7/2004, de 7 de janeiro de 2004, e em França pela Lei n.º 2004-575, de 21 de junho de 2004 (*Loi pour la confiance dans l'économie numérique*).

[1114] Nesta conformidade, estabelece a Lei n.º 7/2004 que «[o]s prestadores de serviços da sociedade da informação estabelecidos em Portugal ficam integralmente sujeitos à lei portuguesa relativa à atividade que exercem, mesmo no que concerne a serviços da sociedade da informação prestados noutro país comunitário» (art. 4.º, n.º 1) e que «[o]s prestadores de serviços da sociedade da informação não estabelecidos em Portugal mas estabelecidos noutro Estado membro da União Europeia é aplicável, exclusivamente no que respeita a atividades em linha, a lei do lugar do estabelecimento: *a)* Aos próprios prestadores, nomeadamente no que respeita a habilitações, autorizações e notificações, à identificação e à responsabilidade; *b)* Ao exercício, nomeadamente no que respeita à qualidade e conteúdo dos serviços, à publicidade e aos contratos» (art. 5.º, n.º 1).

[1115] Publicada no *JOUE* n.º L 95, de 15 de abril de 2010, pp. 4 ss. Revogou a Diretiva n.º 89/552/CEE, de 3 de outubro de 1989.

estabelecidos e os que utilizam uma ligação ascendente terra-satélite situada nesse Estado-Membro ou uma capacidade de satélite pertencente a esse Estado-Membro (art. 2.º, n.ºs 2 a 4)[1116].

O art. 3.º do mesmo ato europeu acrescenta, no seu n.º 1, que:

> «Os Estados-Membros devem assegurar a liberdade de receção e não colocar entraves à retransmissão nos seus territórios de serviços de comunicação social audiovisual provenientes de outros Estados-Membros por razões que relevem dos domínios coordenados pela presente diretiva.»

Como é bom de ver, estas regras não andam longe, nem na letra nem no espírito, daquilo que dispunha a proposta de Diretiva relativa às práticas comerciais desleais, apresentada em 2003, de que demos notícia acima: visa-se através delas assegurar a livre prestação de serviços no mercado interno mediante o reconhecimento mútuo das situações jurídicas validamente constituídas ao abrigo da *lex originis*[1117].

Neste sentido, aduz o considerando 22 da Diretiva 2000/31/CE, por um lado, que o controlo dos serviços da sociedade da informação «deve ser exercido na fonte da atividade, a fim de garantir uma proteção eficaz dos interesses gerais»;

[1116] Em conformidade com estas disposições, estabelece o art. 3.º da Lei n.º 27/2007, de 30 de julho (Lei da Televisão): «1. Estão sujeitos às disposições da presente lei: *a)* Os serviços de programas televisivos transmitidos por operadores que prossigam a actividade de televisão sob jurisdição do Estado Português; *b)* Os serviços audiovisuais a pedido disponibilizados por operadores que procedam à sua oferta sob jurisdição do Estado Português. 2. Consideram-se sob jurisdição do Estado Português os operadores de televisão e os operadores de serviços audiovisuais a pedido que satisfaçam os critérios definidos no artigo 2.º da Diretiva n.º 89/552/CEE, do Conselho, de 3 de outubro, alterado pelas Diretivas n.ºs 97/36/CE, do Parlamento e do Conselho, de 30 de junho, e 2007/65/CE, do Parlamento e do Conselho, de 11 de dezembro».

[1117] Cfr., sobre o sentido da controversa disposição da Diretiva 2000/31/CE citada no texto, entre muitos, Peter Mankowski, «Das Herkunftslandprinzip als Internationales Privatrecht der e-commerce-Richtlinie», *ZvglRWiss.*, 2001, pp. 137 ss.; Luís de Lima Pinheiro, «Direito aplicável à responsabilidade extracontratual na Internet», *RFDUL*, 2001, pp. 825 ss. (pp. 833 s.); Stefan Grundmann, «Das Internationale Privatrecht der E-Commerce-Richtlinie – was ist categorial anders im Kollisionsrecht des Binnenmarkts und warum?», *RabelsZ*, 2003, pp. 246 ss.; Martina Blasi, *Das Herkunftslandprinzip der Fernseh- und der E-Commerce-Richtlinie*, Colónia/Berlim/Munique, 2004; Alexandre Cruquenaire, «Transposition of the e-commerce Directive: Some Critical Comments», *in* AAVV, *Direito da Sociedade da Informação*, vol. V, Coimbra, 2004, pp. 97 ss. (pp. 107 ss.); Dário Moura Vicente, *Problemática internacional da sociedade da informação*, cit., pp. 208 ss.; *idem*, «Liberdades comunitárias e Direito Internacional Privado», *in Direito Internacional Privado. Ensaios*, vol. III, Coimbra, 2010, pp. 7 ss.; e Rui de Moura Ramos, «Le droit international privé communautaire des obligations extracontractuelles», *in Estudos de Direito Internacional Privado e de Direito Processual Civil Internacional*, vol. II, Coimbra, 2007, pp. 79 ss. (p. 97).

e, por outro, que «a fim de garantir a eficácia da livre circulação de serviços e a segurança jurídica para os prestadores e os destinatários, esses serviços devem estar sujeitos, em princípio, à legislação do Estado-Membro em que o prestador se encontra estabelecido».

Na mesma linha fundamental de orientação, declara o considerando 33 da Diretiva 2010/13/EU expressamente que:

> «O princípio do país de origem deverá ser considerado como o cerne da presente diretiva, dado ser essencial para a criação de um mercado interno. Este princípio deverá ser aplicado a todos os serviços de comunicação social audiovisual, a fim de garantir segurança jurídica aos fornecedores de serviços de comunicação social, como base necessária para novos modelos de negócio e para a oferta desses serviços. Este princípio é igualmente essencial para garantir a livre circulação da informação e de programas audiovisuais no mercado interno.»

E o considerando 36 acrescenta a este respeito:

> «A obrigação do Estado-Membro de origem de se assegurar de que as emissões são conformes com a legislação nacional, tal como coordenada pela presente diretiva, é suficiente, no que diz respeito ao direito da União, para garantir a livre circulação das emissões, sem que seja necessário um segundo controlo pelos mesmos motivos nos Estados-Membros recetores. No entanto, o Estado-Membro recetor pode, a título excepcional e em condições específicas, suspender provisoriamente a retransmissão de emissões televisivas.»

Ora, a publicidade insere-se no domínio coordenado por ambas as Diretivas[1118]. Por conseguinte, quando sejam difundidas pela televisão ou disponibilizadas em linha, respetivamente por fornecedores de serviços de comunicação audiovisual sob a jurisdição dos Estados-Membros da União Europeia ou por prestadores de serviços da sociedade da informação neles estabelecidos, mensagens publicitárias alegadamente enganosas ou comparativas, estas encontram-se abrangidas pela referência feita naqueles textos à *lex originis*[1119]. As disposições mais rigorosas

[1118] Cfr. os arts. 2.º, alínea *h)*, subalínea *i)*, segundo travessão, da Diretiva 2000/31/CE e 1.º, n.º 1, alínea i), da Diretiva 2010/13/EU. A citada lei portuguesa sobre o comércio eletrónico inclui expressamente a publicidade no elenco das matérias submetidas à lei do lugar do estabelecimento do prestador de serviços da sociedade da informação: *vide* o art. 5.º, n.º 1, alínea *b)*.

[1119] Ver, neste sentido, pelo que respeita à Diretiva 89/552/CEE, Harry Duintjer Tebbens, «Les conflits de lois en matière de publicité déloyale à l'épreuve du droit communautaire», *RCDIP*, 1994, pp. 451 ss. (pp. 469 s.); e, no tocante à Diretiva 2000/31/CE, Hans-Georg Landfermann,

sobre a matéria porventura constantes da *lex mercatus* não podem, assim, ser feitas valer contra esses agentes económicos[1120].

Esta conclusão é corroborada pela decisão proferida pelo Tribunal de Justiça da União Europeia em 25 de outubro de 2011 no caso *e-Date Advertising c. Martinez*[1121], em que se declara:

> «O artigo 3.º da Diretiva 2000/31/CE do Parlamento Europeu e do Conselho, de 8 de Junho de 2000, relativa a certos aspectos legais dos serviços da sociedade da informação, em especial do comércio electrónico, no mercado interno («Diretiva sobre o comércio electrónico»), deve ser interpretado no sentido de que não impõe uma transposição sob a forma de regra específica de conflito de leis. Contudo, no que respeita ao domínio coordenado, os Estados-Membros devem assegurar que, sem prejuízo das derrogações autorizadas segundo as condições previstas no artigo 3.º, n.º 4, da Diretiva, o prestador de um serviço do comércio electrónico não seja sujeito a exigências mais estritas do que as que estão previstas pelo direito material aplicável no Estado-Membro onde esse prestador de serviços está estabelecido.»

e) Âmbito da lei aplicável. – À lei designada nos termos do art. 6.º do Regulamento de Roma II compete disciplinar as matérias enunciadas no art. 15.º deste ato europeu, a que já fizemos alusão[1122]. De quanto se dispõe na alínea *a)* deste último preceito resulta que é à luz da *lex mercatus* (ou de uma das demais leis aplicáveis nos termos daquela regra de conflitos) que há de aferir-se a ilicitude do ato de concorrência em questão; o que está de acordo com o princípio geral de que, em matéria de responsabilidade extracontratual, cabe à *lex causae* regular os pressupostos da obrigação de indemnizar[1123]. Trata-se, como é bom de ver, de um aspeto do maior relevo, pois como notámos oportunamente são ainda assaz diversas as orientações adotadas a este respeito pelas legislações nacionais.

f) Concurso entre as normas da concorrência desleal e as que disciplinam os direitos privativos da propriedade industrial. – Não raro, o mesmo ato configura simultaneamente um ilícito de concorrência desleal e a violação de um direito

«Internet-Werbung und IPR», *in* Jürgen Basedow e outros (orgs.), *Aufbruch nach Europa. 75 Jahre Max-Planck-Institut für Privatrecht*, Tubinga, 2001, pp. 503 ss. (p. 512).

1120 Reconhecem-no mesmo os autores que negam às disposições citadas a natureza de regras de conflitos: cfr. Karl-Heinz Fezer e Stefan Koos, *in Staudingers Kommentar zum Bürgerlichen Gesetzbuch mit Einführungsgesetze und Nebengesetzen. Einführungsgesetz zum Bürgerliche Gesetzbuche/ IPR. Internationales Wirtschaftsrecht*, cit., p. 294; e Drexl, *in Münchener Kommentar*, vol. 12, cit., pp. 1503 ss.

1121 ECLI:EU:C:2011:685.

1122 Cfr. *supra*, § 17.º/I, alínea *h)*.

1123 Ver, neste sentido, João Baptista Machado, *Lições de Direito Internacional Privado*, cit., p. 375.

industrial. É, por exemplo, o que sucede se uma marca registada for utilizada sem autorização do seu titular para assinalar produtos idênticos comercializados por um concorrente, originando confusão entre os consumidores.

Frequentemente, o mercado afetado por esse ato será o do próprio país para cujo território é reclamada a proteção do direito industrial. Assim sucederia, naquela hipótese, se a marca houvesse sido registada no mesmo país onde os produtos em questão foram comercializados. As regras de conflitos do Regulamento «Roma II» não conduziriam, nessa hipótese, à aplicabilidade de leis diferentes.

Quando, porém, assim não suceda, *maxime* porque a marca imitada está registada num país e os produtos a que ela se refere são comercializados noutro, verificar-se-á um *concurso de normas* aplicáveis à situação da vida privada internacional: a mesma situação fáctica preenche, *prima facie*, as previsões de duas ou mais normas materiais pertencentes a sistemas jurídicos diferentes, ambas as quais dispõem de um título de aplicação no Estado do foro, por força de outras tantas regras de conflitos nele vigentes, às quais aquelas normas materiais são subsumíveis[1124].

O que se pergunta, nessas hipóteses, é se as normas materiais e de conflitos em presença devem ser cumulativamente aplicadas (hipótese em que estaremos perante um *concurso real*) ou se a proteção conferida por uma ou mais delas consome a que resulta da outra ou outras (*concurso aparente*).

Na resposta a este quesito, importará atentar na relação entre os direitos privativos da propriedade industrial e a concorrência desleal. Onde essa relação for de *subsidiariedade* das regras sobre a concorrência desleal face às do Direito Industrial, supomos que o concurso se deverá resolver por uma hierarquização das regras de conflitos em presença: terá primazia a regra de conflitos relativa aos direitos de propriedade industrial sobre a que disciplina a concorrência desleal.

É precisamente daquela índole a relação que se estabelece entre o regime da concorrência desleal e dos direitos industriais nos sistemas jurídicos alemão e português. Na verdade, como nota Oliveira Ascensão[1125], a tutela por um direito privativo esgota a que pudesse ser outorgada pela concorrência desleal: ela representa um *estádio reforçado* de proteção, em que basta a violação de um exclusivo para que a tutela ocorra[1126].

1124 Ver, sobre o tema, o nosso *Da responsabilidade pré-contratual em Direito Internacional Privado*, cit., pp. 511 ss., e a bibliografia aí citada.

1125 *Concorrência desleal*, cit, p. 348. Ver também, do mesmo autor, *Portugal*, cit., pp. 53 ss.

1126 Na mesma linha fundamental de orientação, veja-se, referindo-se ao Direito italiano, Tullio Ascarelli, *Teoria della concorrrenza e dei beni immateriali. Istituzioni di diritto industriale*, 3.ª ed., Milão, 1960, pp. 186 ss., que alude, a este propósito, a uma *função integrativa* da disciplina da concorrência desleal relativamente à dos direitos privativos da propriedade industrial.

g) Relevância dos usos do comércio internacional. – Conforme vimos, a concorrência desleal é definida pela Convenção de Paris como «qualquer ato de concorrência contrário aos usos honestos em matéria industrial ou comercial». Nas relações mercantis internacionais, está assim legitimado o recurso pelos tribunais aos usos do comércio internacional em ordem a aferirem a licitude dos atos de concorrência. Esses usos fornecem aos julgadores uma pauta valorativa gerada e aceite no próprio meio em que os atos em questão são praticados.

Entre as suas fontes incluem-se os instrumentos de autorregulação elaborados por associações empresariais internacionais. Deles é exemplo o *Código Consolidado da CCI Sobre Práticas de Publicidade e Comunicação Comercial*[1127], publicado em 2006 pela Câmara de Comércio Internacional (mas cuja primeira versão remonta a 1937), no qual se contém um pormenorizado acervo de regras a observar pelas empresas na promoção dos seus produtos e serviços.

Será em todo o caso necessário, a fim de que tais regras possam ser aplicadas pelos tribunais, que preencham duas condições: em primeiro lugar, que sejam conformes com as disposições imperativas da *lex causae*, determinada nos termos atrás definidos; em segundo lugar, que se demonstre corresponderem a verdadeiros usos, i.é, a práticas reiteradamente observadas nos meios económicos relevantes, e não apenas ao juízo pessoal dos seus autores ou das entidades que as promovem acerca do modo preferível de regular as questões neles versadas.

III – Obrigações extracontratuais resultantes da violação de segredos de negócios

a) A qualificação como concorrência desleal. – A determinação da lei aplicável às obrigações extracontratuais emergentes da violação de segredos de negócios suscita um problema de qualificação.

Sendo a tutela desses segredos levada a cabo, consoante determina o art. 39.º do Acordo TRIPS, através das regras que visam sancionar a concorrência desleal, essa lei será determinada, nas situações a que se aplique o Regulamento de Roma II, nos termos do respetivo art. 6.º.

O n.º 1 deste preceito manda em princípio aplicar às obrigações extracontratuais decorrentes de atos de concorrência desleal, como se viu acima, a lei do país em que as relações de concorrência sejam afetadas ou suscetíveis de o serem. Se, portanto, o infrator de segredo de negócio alheio obtém por essa via uma vantagem competitiva relativamente a todos os seus concorrentes em determinado mercado, será aplicável a lei que nele vigora[1128].

[1127] Disponível em http://www.iccwbo.org.

[1128] Neste sentido, Fawcett/Torremans, *Intellectual Property and Private International Law*, cit., p. 901.

Já se a infração afetar apenas os interesses de um concorrente – como frequentemente sucede no caso de violação de segredos de negócios – o disposto no art. 4.º[1129]. A esta solução não deixou, todavia, de se apontar a sua inadequação aos segredos de negócios. É que a determinação da *lex damni*, que o art. 4.º, n.º 1, do Regulamento de Roma II manda em princípio aplicar à responsabilidade extracontratual, suscita neste domínio consideráveis dificuldades; e conduz potencialmente a uma significativa fragmentação do regime aplicável à reparação do dano, dada a multiplicidade de lugares em que esses segredos, uma vez ilicitamente acedidos e divulgados, podem ser comercializados[1130].

b) A qualificação como quase exclusivo. – Seja porém como for, a tutela dos segredos de negócios não se reconduz necessariamente, nos atuais sistemas jurídicos da União Europeia e dos Estados Unidos da América, a uma forma de sancionar a concorrência desleal, até porque pode ser neles reclamada por sujeitos que não se encontrem numa relação de concorrência entre si[1131]. Aliás, já assim sucedia em Itália antes da adoção da Diretiva (UE) 2016/943, relativa à proteção de *know-how* e informações comerciais confidenciais, como se viu acima[1132].

Nesses casos parece afastar a qualificação dos segredos de negócios sob o art. 6.º do Regulamento de Roma II; conclusão que é reforçada por os segredos de negócios beneficiarem de mecanismos de *enforcement* análogos aos que valem para os direitos de propriedade intelectual.

Nos sistemas jurídicos mencionados, os interesses deste modo tutelados não se cingem, com efeito, à salvaguarda das normas e usos honestos dos diferentes ramos da atividade económica e da *par conditio concurrentium*, antes se prendem com a proteção do investimento feito pelo respetivo titular na aquisição, desenvolvimento e aplicação do *know-how* e das informações comerciais.

Os segredos de negócios constituem, nesta perspetiva, um *meio de apropriação* dos resultados da inovação, alternativo aos direitos de propriedade intelectual[1133]. Daqui que, como se viu acima, devam atualmente ser caracterizados, nos sistemas jurídicos europeus e norte-americano, como *quase exclusivos*.

[1129] Solução preconizada, por exemplo, por Drexl, *in Münchener Kommentar*, vol. 12, cit., pp. 1327 e 1550 ss.; e Alfonso-Luis Calvo Caravaca/Javier Carrascosa González, *Derecho Internacional Privado*, vol. II, cit., p. 1257.

[1130] Cfr., neste sentido, Christopher Wadlow, «Trade Secrets and the Rome II Regulation on the Law Applicable to Non-Contractual Obligations», *EIPR*, 2008, pp. 309 ss.

[1131] Cfr. *supra*, § 13.º/III, alínea *b)*.

[1132] Cfr. *supra*, § 8.º/III, alínea *f)*.

[1133] Assim o considerando 1 da Diretiva (UE) 2016/943.

No novo regime, ainda que não haja um direito de propriedade intelectual sobre o segredo de negócio, há um *interesse legalmente protegido* em termos análogos aos direitos de propriedade intelectual.

Esta conclusão pode justificar que, do ponto de vista do Direito Internacional Privado, as normas materiais que disciplinam os segredos de negócios sejam reconduzidas, na base de uma qualificação funcional, às regras de conflitos reguladoras dos exclusivos sobre bens intelectuais.

Será então à luz do art. 8.º, n.º 1, do Regulamento de Roma II que deverá determinar-se a lei aplicável, a qual será, por via de regra, a do país para o qual a sua proteção for reivindicada.

Esta solução pode também mostrar-se adequada sob o prisma jurídico-político, porquanto cabe nas atribuições de soberania de cada Estado definir, à luz dos interesses em presença, em que termos admite que seja vedado no respetivo território, e nele sancionado civilmente, o acesso não autorizado de terceiros à informação comercial, ainda que o respetivo titular não detenha sobre esta um exclusivo de utilização e exploração oponível *erga omnes*.

Qualquer que seja a lei aplicável aos segredos de negócios, esta encontra-se sujeita aos limites gerais para o efeito estabelecidos pelo Direito Internacional Privado, entre os quais avulta a reserva de ordem pública internacional. Esta obstará em Portugal, por exemplo, à aplicação de disposições de Direito estrangeiro que tutelem os segredos de negócios em detrimento de direitos fundamentais, como a liberdade de expressão e de informação[1134].

§ 18.º Direito aplicável aos meios jurisdicionais de tutela da propriedade intelectual

a) Posição do problema. – A efetividade de qualquer sistema de tutela da propriedade intelectual depende em última análise da existência de meios jurisdicionais que a assegurem eficazmente. Ocuparam-se desta matéria, recentemente, o Acordo TRIPS, que a ela dedica a sua Parte III (arts. 41.º a 50.º), respeitante à «aplicação efetiva dos direitos de propriedade intelectual», e a citada Diretiva 2004/48/CE, de 29 de abril de 2004, relativa ao «respeito dos direitos de propriedade intelectual».

Ambos estes instrumentos normativos visam reforçar a tutela internacional da propriedade intelectual, combatendo, através de medidas preventivas e

[1134] Que a Diretiva (UE) 2016/943 expressamente ressalva no art. 1.º, n.º 2, alínea *a)*, outro tanto sucedendo, na esteira desse ato europeu, no art. 351.º, n.º 1, alínea *a)*, do Código da Propriedade Industrial português.

sancionatórias, o tráfico de produtos e serviços baseados na contrafação de bens intelectuais. No caso da Diretiva, pretende-se ainda corrigir alegadas distorções no funcionamento do mercado interno, que resultariam das disparidades entre os Direitos nacionais sobre a matéria[1135].

Nenhum desses textos procede, todavia, a uma unificação dos Direitos nacionais nesta matéria: ambos se limitam, com efeito, a estabelecer *regras mínimas*, que os Estados partes se obrigam a introduzir na respetiva ordem interna pela forma e pelos meios que entenderem mais adequados e que podem completar ou desenvolver através de disposições mais exigentes.

Bem se compreende, de resto, que assim seja. À uma, porque não foi até hoje conseguida, como se viu acima, uma unificação das regras de Direito substantivo a que se pretende conferir efetividade através desses textos: daí, por exemplo, que o direito moral de autor não seja abrangido pelas regras do Acordo TRIPS e da Diretiva. Depois, porque não haveria justificação para uma reforma do Processo Civil circunscrita à propriedade intelectual, a qual quebraria a unidade deste ramo do Direito. Finalmente, porque o processo se encontra estreitamente ligado a outros aspetos mais profundos da ordem jurídica, incluindo a organização do Estado e o modo como este se relaciona com os cidadãos, os quais se encontram por ora submetidos, na União Europeia, ao Direito interno dos Estados-Membros. Talvez por isso, o art. 41.º, n.º 5, do Acordo TRIPS declara expressamente que este instrumento internacional «não cria qualquer obrigação, para assegurar a aplicação efetiva dos direitos de propriedade intelectual, de instituir um sistema judicial distinto do regime geral de aplicação da lei, nem afeta a capacidade dos Membros de aplicarem a sua lei em geral».

Levanta-se, assim, a questão de saber qual a lei aplicável a esta matéria. Dela nos ocuparemos agora.

b) A competência da lex fori. – De acordo com uma regra clássica do Direito Internacional Privado, as questões processuais devem reger-se pela *lex fori*: é esta lei que disciplina, nomeadamente, as ações admissíveis perante os tribunais de cada país, os trâmites processuais a seguir nelas, os pressupostos processuais exigíveis, etc. Não serão, por certo, muitas as disposições legais que consagram

[1135] *Vide* o considerando 8 da Diretiva. Não é todavia pacífica, sob este ponto de vista, a justificação deste ato comunitário, cuja compatibilidade com o princípio da subsidiariedade seria, para alguns, questionável: *vide* William Cornish/Josef Drexl/Reto Hilty/Annette Kur, «Procedures and Remedies for Enforcing IPRs: the European Commission's Proposed Directive», *EIPR*, 2003, pp. 447 ss.; Jean-Christophe Galloux, «La directive relative au respect des droits de propriété intellectuelle», *Revue Trimmestrielle de Droit Commercial*, 2004, pp. 698 ss.

expressamente essa regra[1136]; mas ela é largamente consensual na doutrina[1137]. Acolheu-a expressamente a resolução da AIPPI de 2003, a que vimos fazendo referência[1138].

Já as convenções internacionais atrás examinadas se ocupam muito escassamente do tema.

A Convenção de Berna, por exemplo, apenas dispõe a este respeito que a apreensão da obra contrafeita se verificará «em conformidade com a lei de cada país», i. é, a lei do país onde a apreensão tem lugar (art. 16, n.º 3).

Por seu turno, a Convenção de Paris limita-se a estabelecer sobre o assunto que os países da União se obrigam a «adotar providências que permitam aos sindicatos e associações de industriais, produtores e comerciantes cuja existência não for contrária às leis dos seus países promover em juízo ou junto das autoridades administrativas a repressão dos atos previstos nos artigos 9.º, 10.º e 10.º-*bis*, na medida em que a lei do país em que a proteção é requerida o permite aos sindicatos e associações desse país» (art. 10.º-*ter*).

Também os atos comunitários, atrás examinados, que disciplinam a marca comunitária, o regime comunitário de proteção das variedades vegetais e os desenhos ou modelos comunitários consagram a competência da *lex fori* para reger as questões processuais suscitadas nas ações cíveis respeitantes aos títulos de propriedade intelectual neles previstos; mas só a título subsidiário[1139].

São várias as justificações avançadas para a regra em apreço.

Por um lado, diz-se, estando em causa questões instrumentais relativamente à composição dos conflitos, os interesses em jogo não impõem quanto a elas a aplicação de uma lei estrangeira. Pelo contrário: esta iria possivelmente entorpecer a ação dos tribunais, não só pelas dificuldades da averiguação do seu conteúdo, mas também por os juízes de cada Estado não serem normalmente versados em leis estrangeiras. O interesse na boa administração da justiça deveria ser tido, nesta matéria, por prevalecente.

[1136] Vejam-se, no entanto, o art. 3.º da *Ley de Enjuiciamiento Civil* espanhola e o art. 12 da Lei italiana de Direito Internacional Privado.

[1137] Cfr. João Baptista Machado, *Lições de Direito Internacional Privado*, cit., pp. 17 s.; Gerhard Kegel/Klaus Schurig, *Internationales Privatrecht*, cit., pp. 1055 ss.; Yvon Loussouarn/Pierre Bourel/Pascal de Vareilles-Sommières, *Droit international privé*, cit., p. 676; Pierre Mayer/Vincent Heuzé, *Droit international privé*, cit., p. 86; e Alfonso-Luis Calvo Caravaca/Javier Carrascosa González, *Derecho Internacional Privado*, vol. I, cit., pp. 525 ss.

[1138] Cfr. Association Internationale Pour la Protection de la Propriété Intellectuelle, *Juridiction et loi applicable en cas de contrefaçon transfrontalière (actes de contrefaçon) des droits de propriété intellectuelle Résolution*, cit., art. 2.º, § 3.º: «La loi du tribunal saisi (lex fori) doit régir la conduite de la procédure».

[1139] Cfr. os Regulamentos (CE) n.ºs 40/94, art. 97.º, n.º 3; 2100/94, art. 103.º; e 6/2002, art. 88.º, n.º 3.

Por outro lado, estando o processo perante as jurisdições estaduais apenas em limitada medida na disponibilidade das partes, não seria curial que estas pudessem escolher livremente as regras processuais aplicáveis.

Há muito, porém, que a referida regra perdeu validade geral[1140]. As questões do Direito probatório material, por exemplo, regem-se pela lei aplicável ao mérito da causa[1141]; e a capacidade judiciária das partes, na medida em que depende da capacidade de exercício, encontra-se sujeita à lei pessoal desses sujeitos[1142].

c) A competência da lex protectionis. – Nada impõe, por conseguinte, nos referidos instrumentos internacionais e comunitários, a aplicação da *lex fori* a todas as questões suscitadas a respeito da tutela jurisdicional da propriedade intelectual.

Parece, por outro lado, inequívoco que os meios de tutela disponíveis para a defesa de um direito intelectual se acham estreitamente ligados à regulação substantiva deste, pois é através deles que se exerce o *ius prohibendi* em que esse direito se traduz.

Pode assim legitimamente duvidar-se de que esta matéria haja de ser imperativamente regida pela *lex fori*.

A este respeito, o art. 15.º do Regulamento «Roma II» dá-nos uma indicação importante. Com efeito, entre as matérias submetidas à lei aplicável às obrigações extracontratuais incluem-se, de acordo com a alínea *d)* desse preceito:

> «Nos limites dos poderes conferidos ao tribunal pelo seu direito processual, as medidas que um tribunal pode tomar para prevenir ou fazer cessar o dano ou assegurar a sua reparação.»

Conjugando este preceito com o art. 8.º, n.º 1, do Regulamento, conclui-se que as medidas de tutela ao dispor dos titulares dos direitos intelectuais se regem pela *lex protectionis*. Caberá a esta, por conseguinte, definir a admissibilidade, neste âmbito, não só da responsabilidade civil e da restituição do enriquecimento sem causa, mas também da inibição de certas condutas e da decretação de providências cautelares.

Já as questões atinentes ao processo a observar pelo tribunal em ordem à prolação dessas medidas, incluindo as que cabem no domínio do Direito

1140 Cfr. Haimo Schack, *Internationales Zivilverfahrensrecht*, 4.ª ed., Munique, 2006, pp. 13 s.

1141 Haja vista, designadamente, ao art. 18.º, n.º 1, do Regulamento de Roma I.

1142 Cfr., em Portugal, o art. 9.º, n.º 2, do Código de Processo Civil.

probatório formal, devem ser regidas pela lei do Estado do foro, em conformidade com o referido princípio *forum regit processum*[1143].

d) A competência da lex mercatus. – A regra do Regulamento «Roma II» a que acabamos de fazer alusão é ainda aplicável às medidas tendentes a prevenir ou a fazer cessar condutas que configurem atos de concorrência desleal. A *lex mercatus* será assim correspondentemente aplicável a essas medidas, atento o disposto no art. 6.º, n.º 1, do Regulamento.

[1143] Veja-se, nesta linha fundamental de orientação, Marta Pertegás Sender, *Cross Border Enforcement of Patent Rights. An Analysis of the Interface Between Intellectual Property and Private International Law*, cit., pp. 264 ss.; *idem*, «Patent Infringement, Choice of Laws, and the Forthcoming Rome II Regulation», *in* Jürgen Basedow/Josef Drexl/Annette Kur/Axel Metzger (orgs.), *Intellectual Property in the Conflict of Laws*, Tubinga, 2005, pp. 159 ss. (pp. 169 s.); e «Intellectual Property and Choice of Law Rules», *in* Alberto Malatesta (org.), *The Unification of Choice of Law Rules on Torts and Other Non-Contractual Obligations in Europe. The «Rome II» Proposal*, Pádua, 2006, pp. 221 ss. (pp. 240 s.).

Capítulo IV
O tribunal competente e o reconhecimento de decisões estrangeiras em matéria de propriedade intelectual, de concorrência desleal e de segredos de negócios

§ 19.º Preliminares

I – Posição do problema; interesses em jogo

A análise empreendida nos capítulos antecedentes permitiu verificar que, por ora, só muito limitadamente existem direitos de propriedade intelectual de escopo internacional ou supranacional; e que a tutela dos bens intelectuais se faz ainda, no essencial, através do reconhecimento por cada sistema jurídico nacional de *direitos independentes* sobre as mesmas criações intelectuais.

No entanto, a exploração daqueles bens faz-se hoje frequentemente à escala internacional, o que constitui por vezes a única forma de recuperar os investimentos exigidos pela sua produção. Dada a regra que submete as violações dos direitos intelectuais à lei do país ou dos países para cujo território é reclamada a respetiva proteção, serão distributivamente aplicáveis, nessas situações, diferentes leis às violações dos direitos paralelos constituídos sobre as mesmas criações.

Uma das preocupações fundamentais que este *statu quo* suscita, pelo que respeita à definição do tribunal ou dos tribunais internacionalmente competentes para julgarem os litígios relativos à violação de direitos de propriedade intelectual, consiste em evitar que o desmembramento das situações privadas internacionais no tocante ao Direito aplicável se converta num desmembramento paralelo da competência judiciária, dados os elevados custos a isso inerentes e atento também o risco de decisões contraditórias daí resultante.

Importa, pois, assegurar a possibilidade de *concentração de litígios* em matéria de propriedade intelectual perante o mesmo tribunal. Este, por conseguinte, o primeiro dos interesses a atender na definição do tribunal competente no domínio em apreço.

A ele se contrapõe, todavia, a salvaguarda da *soberania dos Estados*, cuja compatibilidade com a aferição da validade dos atos de concessão de direitos exclusivos para o respetivo território pelos tribunais ou autoridades administrativas de um Estado estrangeiro, bem como com o decretamento por estes de providências cautelares relativas àqueles direitos, é frequentemente questionada.

De novo deparamos com a tensão entre os princípios da *universalidade* e da *territorialidade* em matéria de propriedade intelectual – agora referidos à determinação do tribunal competente.

É desta problemática que nos ocuparemos a seguir. Estreitamente conexa com ela encontra-se a do reconhecimento de decisões estrangeiras, que em parte depende da prolação destas por um tribunal com legitimidade para o efeito (*hoc sensu*, internacionalmente competente); o que justifica o seu tratamento também neste capítulo.

II – Fontes a considerar

a) Enunciado. – Tal como nas matérias examinadas no capítulo anterior, relevam na regulamentação desta temática fontes normativas de diversa índole: internacionais, europeias e nacionais.

Entre as primeiras contam-se as convenções que, no plano mundial ou regional, disciplinam a competência judiciária e o reconhecimento de decisões em matéria civil e comercial: *a)* O Protocolo Sobre a Competência Judiciária e o Reconhecimento de Decisões Relativas ao Direito à Concessão de uma Patente Europeia, anexo à Convenção Sobre a Patente Europeia, concluído em 5 de outubro de 1973[1144]; *b)* A Convenção Relativa à Competência Judiciária, ao Reconhecimento e à Execução de Decisões em Matéria Civil e Comercial concluída em Lugano em 30 de outubro de 2007[1145] (a qual substituiu a Convenção de Lugano de 1988 relativa à mesma matéria após a sua entrada em vigor,

[1144] Disponível em http://www.epo.org.

[1145] *In JOUE*, n.º L 339, de 21 de dezembro de 2007, pp. 3 ss. Veja-se também a Decisão do Conselho 2007/712/CE, de 15 de outubro de 2007, que autorizou a assinatura, em nome da Comunidade Europeia, da Convenção Relativa à Competência Judiciária, ao Reconhecimento e à Execução de Decisões em Matéria Civil e Comercial, *in ibidem*, pp. 1 ss.

ocorrida a 1 de janeiro de 2010); e *c)* a Convenção Sobre os Acordos de Eleição do Foro Competente, concluída na Haia em 30 de junho de 2005 (em vigor desde 1 de outubro de 2015)[1146].

Já a Convenção da Haia de 2 de julho de 2019 Sobre o Reconhecimento e a Execução de Sentenças Estrangeiras em Matéria Civil e Comercial[1147] não pode ser incluída neste elenco, visto que excluiu expressamente a propriedade intelectual do respetivo âmbito de aplicação (art. 2, n.º 1, alínea *m)*).

Tão-pouco parece legítimo extrair das convenções internacionais em matéria de propriedade intelectual atrás examinadas qualquer regra respeitante à competência internacional dos tribunais dos respetivos Estados contratantes[1148]. Confirma-o, de resto, a Convenção de Paris, cujo art. 2.º, n.º 3, expressamente ressalva as disposições da legislação de cada um dos respetivos Estados membros relativas ao processo judicial e à competência.

Entre as fontes europeias sobressaem nesta matéria: *a)* O Regulamento (UE) n.º 1215/2012, do Parlamento Europeu e do Conselho, de 12 de dezembro de 2012, relativo à competência judiciária, ao reconhecimento e à execução de decisões em matéria civil e comercial («Regulamento de Bruxelas I*bis*»)[1149], que substituiu a partir de 10 de janeiro de 2015, nas relações entre os Estados que dele são partes, o Regulamento (CE) n.º 44/2001, de 22 de dezembro de 2000, relativo à competência judiciária, ao reconhecimento e à execução de decisões em matéria civil e comercial («Regulamento de Bruxelas I»)[1150], o qual por seu turno sucedeu à Convenção Relativa à Competência Judiciária e à Execução de Decisões em Matéria Civil e Comercial celebrada em Bruxelas em 27 de setembro de 1968[1151]; *b)* O Regulamento (CE) n.º 2100/94, de 27 de julho de 1994, relativo ao regime comunitário de proteção das variedades vegetais, cujo art. 101.º manda aplicar as disposições da Convenção de Lugano às ações cíveis fundadas na violação do direito do obtentor vegetal, naquilo que o próprio Regulamento não disciplina; *c)* O Regulamento (CE) n.º 6/2002, de 12 de dezembro de 2001, relativo aos desenhos ou modelos comunitários, que remete, no art. 79.º, para a Convenção de Bruxelas, a cuja aplicação estabelece também certas limitações; e *d)* O Regulamento (UE) n.º 2017/1001, de 14 de junho de 2017, sobre a marca da União Europeia, cujo art. 122.º submete os processos relativos a esta, com certas adaptações, ao Regulamento de Bruxelas I*bis*.

1146 Disponível em http://www.hcch.net.

1147 Disponível em http://www.hcch.net.

1148 Neste sentido, *vide* Fawcett/Torremans, *Intellectual Property and Private International Law*, cit., pp. 13 s.

1149 *In JOUE*, n.º L 351, de 20 de dezembro de 2012, pp. 1 ss.

1150 *In JOCE*, n.º L 12, de 16 de janeiro de 2001, pp. 1 ss.

1151 Cuja versão consolidada foi publicada no *JOCE*, n.º C 27, de 26 de janeiro de 1998, pp. 1 ss.

Entre as fontes nacionais incluem-se, na Alemanha, os §§ 12 e seguintes e 328 da *Zivilprozessordnung*; nos Estados Unidos, o *Uniform Foreign Money-Judgments Recognition Act*; em França, os arts. 14 e 15 do Código Civil e 42 e seguintes do Código de Processo Civil; em Portugal, os arts. 59.º e seguintes e 978.º e seguintes do Código de Processo Civil; no Brasil, os arts. 21 e seguintes e 960 e seguintes do Código de Processo Civil; e, no Reino Unido, as *Civil Procedure Rules*.

Avultam ainda nesta matéria, tal como na que foi objeto do capítulo anterior, fontes internacionais sem caráter normativo, como os já referidos *Princípios* do *American Law Institute*, adotados em 2007, os *Princípios CLIP*, de 2018, e as *Diretrizes da ILA*, primeiramente divulgadas em 2018.

b) Articulação. – Não é linear o modo como as fontes mencionadas se articulam entre si.

No tocante às relações entre as diferentes convenções internacionais relevantes neste domínio, haverá que atender ao *princípio da especialidade* que, de um modo geral, estas consagram. Assim, por exemplo, o Protocolo Anexo à Convenção Sobre a Patente Europeia prevê que nas relações entre os Estados contratantes as respetivas disposições primam sobre as disposições contrárias de outras convenções relativas à competência judiciária ou ao reconhecimento de decisões (art. 11.º, n.º 1). Por seu turno, o art. 24.º, n.º 4, § 2.º, do Regulamento de Bruxelas I*bis* ressalva expressamente, no tocante às questões atinentes ao registo ou à validade de uma patente europeia, a competência do Instituto Europeu de Patentes, cuja Câmara de Recurso examina os recursos interpostos das decisões da Secção de Receção, da Divisão de Exame, das Divisões de Oposição e da Divisão Jurídica, nos termos do art. 110.º da referida Convenção. Uma regra idêntica consta da Convenção de Lugano, que substitui, nas matérias a que é aplicável, certas convenções anteriormente celebradas entre os Estados que dela são partes (art. 65.º); mas que não prejudica as convenções a que as partes e os Estados contratantes dela estejam vinculados e que, em matérias especiais, regulem a competência judiciária, o reconhecimento e a execução de decisões (art. 67.º, n.º 1). Também a Convenção de Haia ressalva a aplicabilidade das convenções especiais celebradas entre os respetivos Estados partes ou entre estes e terceiros Estados (art. 26.º).

Mais complexas são as relações entre as fontes convencionais e europeias.

O Regulamento de Bruxelas I*bis* substituiu, nas relações entre os respetivos Estados-Membros[1152], a Convenção de Bruxelas, à exceção dos territórios dos

[1152] Isto é, todos os Estados-Membros da Comunidade com exceção da Dinamarca. Pelo acordo celebrado em Bruxelas em 19 de outubro de 2005 (*in JOUE*, n.º L 299, de 16 de novembro de 2005, pp. 62 ss.), o Regulamento de Bruxelas I foi, no entanto, estendido às relações entre a Comunidade Europeia e a Dinamarca. Nos termos do considerando 41 do Regulamento de Bruxelas I*bis*, «a Dinamarca não participa na aprovação do presente regulamento, não fica por ele vinculada

Estados-Membros que dele ficaram excluídos por força do art. 355.º do TFUE (art. 68.º, n.º 1).

Quanto às relações entre o Regulamento de Bruxelas I*bis* e a Convenção de Lugano, valem as seguintes regras, que o art. 64.º da Convenção consagra. A Convenção aplica-se exclusivamente: *a)* À determinação do tribunal competente, quando o requerido se encontre domiciliado no território de um dos Estados partes da Convenção que não se encontram vinculados pelo Regulamento (os «Estados Lugano»: a Suíça, a Noruega e a Islândia), quando forem exclusivamente competentes, nos termos da Convenção, os tribunais de um desses Estados e quando as partes houverem escolhido esses tribunais; *b)* À resolução das questões de litispendência e conexão, quando as ações em apreço forem instauradas num «Estado Lugano» e num dos demais Estados vinculados pela Convenção (os «Estados Bruxelas»); e *c)* Ao reconhecimento de decisões estrangeiras, quando o Estado de origem ou o Estado requerido for um «Estado Lugano». Nos demais casos, os «Estados Bruxelas» aplicam o Regulamento de Bruxelas I*bis*, que não é prejudicado pela Convenção de Lugano.

As regras do Protocolo anexo à Convenção Sobre a Patente Europeia prevalecem sobre as do Regulamento de Bruxelas I*bis*, nos termos do art. 71.º, n.º 1, deste.

Pelo que respeita às relações entre as fontes internacionais e europeias, por um lado, e as nacionais, por outro, avulta o princípio do *primado do Direito Internacional e Europeu*. Por força dele, as fontes nacionais têm hoje um âmbito de aplicação residual, aplicando-se apenas às situações não compreendidas no âmbito de aplicação das fontes internacionais e europeias.

Assim, no domínio em apreço, as fontes nacionais relevam exclusivamente para a determinação do tribunal internacionalmente competente nas ações em matéria civil e comercial intentadas contra pessoas não domiciliadas nos Estados partes da Convenção de Lugano e do Regulamento de Bruxelas I*bis* (haja vista ao art. 4.º, n.º 1, do primeiro destes instrumentos e ao art. 6.º, n.º 1, do segundo) e bem assim para o reconhecimento de decisões judiciais oriundas de países terceiros (arts. 32.º e 2.º, alínea *a)*, respetivamente). Ressalva-se, todavia, nos arts. 4.º, n.º 1, e 6.º, n.º 1, da Convenção e do Regulamento, respetivamente, a aplicabilidade naquelas ações das regras de competência constantes dos arts. 22.º e 23.º da Convenção e 24.º e 25.º do Regulamento, de manifesta importância, como se verá, no domínio abrangido por este estudo.

nem sujeita à sua aplicação, sem prejuízo da possibilidade de a Dinamarca aplicar as alterações ao Regulamento (CE) n.º 44/2001, de acordo com o disposto no artigo 3.º do Acordo de 19 de outubro de 2005 entre a Comunidade Europeia e o Reino da Dinamarca relativo à competência judiciária, ao reconhecimento e à execução de decisões em matéria civil e comercial». As alterações legislativas necessárias para o efeito entraram em vigor em 1 de junho de 2013.

Mais longe ainda vai o Protocolo anexo à Convenção Sobre a Patente Europeia, que estabelece, como veremos, uma *disciplina total* da competência internacional, a qual não deixa, no seu domínio de aplicação, qualquer espaço às regras de competência de fonte interna.

Eis, em suma, por que privilegiaremos na exposição subsequente as fontes internacionais e europeias.

§ 20.º Tribunal competente para os litígios relativos a direitos de propriedade intelectual

I – Universalidade e territorialidade na determinação do tribunal competente em matéria de propriedade intelectual

a) O princípio da universalidade. – Nos termos do Regulamento de Bruxelas I*bis*, as ações relativas a direitos de propriedade intelectual podem ser intentadas, salvo estando em causa a inscrição ou validade de direitos sujeitos a depósito ou a registo, nos tribunais do Estado-Membro do domicílio do réu (art. 4.º, n.º 1), ao qual são equiparadas, pelo respeita às pessoas coletivas, a sua sede social, a sua administração central e o seu estabelecimento principal (art. 63.º, n.º 1).

Consagra-se assim, como critério geral de competência internacional, a regra *actor sequitur forum rei*, também acolhida na maior parte das ordens jurídicas nacionais[1153]. Regra essa que se funda, por um lado, na preocupação de proteger o réu, eximindo-o ao ónus de conduzir a lide num país diverso daquele onde

[1153] Nomeadamente a alemã (§ 13 da *Zivilprozessordnung*, aplicável à determinação da competência internacional dos tribunais alemães nos termos da doutrina dita da *dupla funcionalidade*), a francesa (art. 42 do Código de Processo Civil, extensível, segundo a jurisprudência francesa, à fixação da competência internacional) e a portuguesa (art. 80.º, n.º 1, do Código de Processo Civil, aplicável à aferição da competência internacional dos tribunais portugueses por força do disposto no art. 62.º, alínea *a)*, do mesmo Código) e a brasileira (art. 21, inciso I, do Código de Processo Civil). Sobre o sentido e alcance das regras nacionais sobre a matéria, vejam-se, face ao Código de Processo Civil anterior, Miguel Teixeira de Sousa, *Estudos sobre o novo Processo Civil*, Lisboa, 1997, pp.116 ss.; Rui de Moura Ramos, *A reforma do Direito Processual Civil Internacional*, Coimbra, 1998, pp. 14 ss.; António Ferrer Correia, *Lições de Direito Internacional Privado*, cit., vol. I, pp. 441 ss.; Dário Moura Vicente, «A competência internacional no Código de Processo Civil revisto: aspetos gerais», *in eiusdem, Direito Internacional Privado. Ensaios*, vol. I, Coimbra, 2002, pp. 243 ss.; e Luís de Lima Pinheiro, *Direito Internacional Privado*, vol. III, tomo I, Lisboa, 2019, pp. 329 ss. Com especial referência ao Código de Processo Civil de 2013, *vide* Rui Manuel de Moura Ramos, «O Direito Processual Civil Internacional no Novo Código de Processo Civil», *RLJ*, 143.º (2013), pp. 82 ss.; e «O Direito Processual Civil Internacional nas recentes codificações portuguesa e brasileira». *BFDUC*, 2017, pp. 557 ss. Quanto ao Direito brasileiro, veja-se Carmen Tiburcio, *Extensão e limites da jurisdição brasileira. Competência internacional e imunidade de jurisdição*, Salvador, 2016. Para um estudo comparativo dos regimes nacionais sobre a matéria, *vide* Toshiyuki Kono

que se encontra estabelecido; e, por outro, na tutela do interesse do autor, que assim pode intentar a ação no país onde, com alto grau de probabilidade, a sentença que for proferida terá de ser coercivamente executada, caso não seja cumprida pelo réu *sponte sua*[1154].

Em alternativa, as referidas ações podem ainda ser intentadas, à escolha do autor: *a)* Nos tribunais do lugar onde foi ou deva ser cumprida a obrigação em questão, pelo que respeita aos litígios emergentes de contratos de licença ou de transmissão de direitos (art. 7.º, n.º 1, alínea *a)*); *b)* Nos do lugar onde ocorreu ou poderá ocorrer o facto danoso, no tocante às ações de contrafação e outras fundadas na violação de direitos de propriedade intelectual (art. 7.º, n.º 2); e *c)* Nos do lugar da situação de uma sucursal, agência ou qualquer outro estabelecimento, se o litígio for relativo à exploração deste (art. 7.º, n.º 5)[1155].

Além disso, tais ações podem ser instauradas nos tribunais do lugar onde qualquer dos réus se encontra domiciliado, contanto que os pedidos contra eles deduzidos se achem entre si ligados por um nexo tão estreito (*v.g.* porque respeitam a patentes sobre os mesmos produtos ou processos e são formulados contra sociedades em relação de grupo) que haja interesse em que sejam instruídos e julgados simultaneamente para evitar soluções que poderiam ser inconciliáveis se as causas fossem julgadas separadamente (art. 8.º, n.º 1).

São ainda competentes (exceto, uma vez mais, em matéria de registo ou validade de patentes, marcas, desenhos e modelos e direitos análogos sujeitos a depósito ou a registo) os tribunais de um Estado-Membro que tenham sido escolhidos pelas partes (art. 25.º) e o tribunal perante o qual o réu compareça sem contestar a respetiva competência, desde que não haja outro tribunal com competência exclusiva (art. 26.º)[1156].

e Paulius Jurcys, «General Report», *in* Toshiyuki Kono (org.), *Intellectual Property and Private International Law: Comparative Perspectives*, cit., pp. 19 ss.

1154 A respeito da justificação da regra em apreço, *vide* Arthur Taylor von Mehren, «Theory and Practice of Adjudicatory Authority in Private International Law: A Comparative Study of the Doctrine, Policies and Practices of Common- and Civil-Law Systems. General Course on Private International Law (1996)», *Rec. cours*, t. 295 (2002), pp. 9 ss. (pp. 179 ss.); *idem*, «Should Plaintiffs or Defendants Be Jurisdictionally Preferred? Herein of the *Actor Sequitur Rei* Maxim, The Hague Conference's Service Convention of 1965, and the Brussels Regulation of 2002», *in* Florian Faust/ Gregor Thüsing (orgs.), *Beyond Borders: Perspectives on International and Comparative Law. Symposium in Honour of Hein Kötz*, Colónia, 2006, pp. 75 ss.; e Carmen Tiburcio, «The Current Practice of International Co-operation in Civil Matters», *Rec. Cours*, vol. 393 (2018), pp. 9 ss. (pp. 66 ss.)

1155 Regras que têm correspondência, em Portugal, no disposto nos arts. 71.º e 81.º, n.º 2, do Código de Processo Civil, aplicáveis à determinação da competência internacional por força do art. 62.º, *a)*; e, no Brasil, no art. 21, incisos I e II e § único, do Código de Processo Civil.

1156 Outro tanto sucedendo em Portugal, por força do art. 94.º do Código citado; e no Brasil, nos termos do art. 21, inciso III, do mesmo Código.

Da referência feita no art. 7.º, n.º 2, do Regulamento ao lugar onde «poderá ocorrer o facto danoso» resulta que se compreendem na competência do tribunal aí designado as providências cautelares tendentes a inibir a violação de um direito intelectual (*v.g.* a apreensão de bens que alegadamente infrinjam o direito de autor ou o direito do titular da patente). Estas podem também ser requeridas aos tribunais dos Estados-Membros que se julguem competentes para tal, segundo o respetivo Direito interno, mesmo que, nos termos do Regulamento, fossem outros os tribunais competentes para a ação principal (art. 35.º).

Estas regras são igualmente aplicáveis, com certas adaptações, às ações judiciais relativas às marcas da União Europeia e aos desenhos ou modelos comunitários[1157]. Nos termos dos regulamentos europeus que disciplinam estas matérias, as ações relativas à marca da União Europeia e aos desenhos ou modelos comunitários devem, com efeito, ser intentadas: *a)* Nos tribunais do Estado-Membro em que o réu tenha o seu domicílio ou, subsidiariamente, um estabelecimento; *b)* Se o réu não tiver domicílio nem estabelecimento num Estado-Membro, nos tribunais do Estado-Membro em cujo território o autor tenha o seu domicílio ou, subsidiariamente, um estabelecimento; *c)* Se nenhuma das partes tiver domicílio nem estabelecimento na União, nos tribunais do Estado--Membro da sede do Instituto da Propriedade Intelectual da União Europeia (i. é, os tribunais espanhóis); *d)* Em outro tribunal de marcas, desenhos ou modelos comunitários a que as partes hajam atribuído competência ou perante o qual o réu compareça; *e)* Pelo que respeita às ações de contrafação, também os tribunais do Estado-Membro em que o ilícito foi cometido ou esteja em vias de sê-lo. As ações de declaração de nulidade a título principal, bem como a extinção ou anulação da marca da União Europeia ou dos desenhos ou modelos comunitários registados são, porém, da competência exclusiva do referido Instituto[1158].

Regras praticamente idênticas às do Regulamento de Bruxelas I*bis* figuram na Convenção de Lugano de 2007, sendo, por conseguinte, também aplicáveis à determinação do tribunal competente quando o réu se encontre domiciliado

[1157] Cfr., respetivamente, os arts. 122.º e seguintes do Regulamento sobre a marca da União Europeia e os arts. 79.º e seguintes do Regulamento relativo aos desenhos ou modelos Comunitários; as referências feitas neste último ato europeu à Convenção de Bruxelas devem hoje considerar-se dirigidas ao Regulamento (UE) n.º 1215/2012. Ver, sobre a competência jurisdicional nesta matéria, André Huet, «La marque communautaire: la compétence des juridictions des États membres pour connaître de sa validité et de sa contrefaçon (Règlement (CE) n.º 40/94 du Conseil, du 20 décembre 1993)», *Clunet*, 1994, pp. 623 ss. ; e Francesco Seatzu, «La disciplina della giurisdizione nel regolamento CE N. 6/2002 sui disegni e modelli comunitari», *RDIPP*, 2004, pp. 1279 ss.

[1158] *Vide* os arts. 59.º e seguintes do Regulamento sobre a marca da União Europeia e 24.º e seguintes e 52.º do Regulamento relativo aos desenhos ou modelos comunitários. O art. 81.º deste Regulamento atribui, no entanto, competência aos tribunais nacionais para julgarem as ações de declaração de nulidade de desenhos ou modelos comunitários não registados.

na Suíça, na Noruega ou na Islândia. Esta Convenção é aplicável, além disso, às ações relativas a violações do direito comunitário de proteção das variedades vegetais. O regulamento sobre esta matéria estabelece, no entanto, certas disposições complementares da Convenção. Estas atribuem competência para julgar essas ações aos tribunais do Estado-Membro em que o réu se encontre domiciliado, sedeado ou estabelecido; se esta condição não se achar preenchida, aos tribunais do Estado-Membro em que o autor se encontre domiciliado, sedeado ou estabelecido; e se também esta condição não se verificar, aos tribunais do Estado-Membro da sede do Instituto Comunitário das Variedades Vegetais (a França). Essas ações podem, além disso, ser intentadas nos tribunais do local em que foi cometido o ato impugnado[1159].

Por seu turno, o Protocolo Sobre a Competência Judiciária e o Reconhecimento de Decisões Sobre o Direito à Obtenção da Patente Europeia, anexo à Convenção Sobre a Patente Europeia, atribuiu competência, no tocante às «ações intentadas contra o titular de um pedido de patente europeia, que visem fazer valer o direito à obtenção da patente europeia para um ou mais Estados contratantes»: *a)* Aos tribunais do Estado contratante em que o réu tem o seu domicílio ou sede (art. 2.º); *b)* Aos tribunais do Estado contratante em que o autor tiver o seu domicílio ou sede, quando o réu não se encontrar domiciliado ou sedeado em qualquer desses Estados (art. 3.º); *c)* Aos tribunais do Estado contratante cuja lei for aplicável à ação que oponha um empregador a um empregado pelo que respeita a uma invenção deste (art. 4.º)[1160]; *d)* Aos tribunais do Estado contratante cujos tribunais houverem sido escolhidos pelas partes num diferendo relativo ao direito à obtenção de uma patente europeia (art. 5.º, n.º 1); e *e)* Aos tribunais da República Federal da Alemanha, nos demais casos, i. é, se nem o réu nem o autor estiverem domiciliados num Estado contratante (art. 6.º). A competência destes tribunais não prejudica, todavia, a do Instituto Europeu de Patentes no tocante às questões suscitadas a respeito das inscrições feitas no Registo Europeu de Patentes.

A referida Convenção de Haia de 2005 permite também a escolha do tribunal competente para os litígios relativos a direitos de propriedade intelectual, com duas exceções: os litígios que digam respeito à validade de direitos que não sejam direitos de autor e conexos (art. 2.º, n.º 2, alínea *n)*); e os relativos à contrafação de direitos distintos dos direitos de autor e conexos, salvo se se fundarem na violação de um contrato entre as partes relativo a tais direitos (art. 2.º, n.º 2, alínea *o)*). A circunstância de estas matérias serem suscitadas a título incidental não exclui a aplicabilidade da Convenção (art. 2.º, n.º 3).

[1159] Cfr. o art. 101.º do Regulamento relativo ao regime comunitário de proteção das variedades vegetais.

[1160] Sobre a determinação da lei a que alude este preceito, veja-se *supra*, no § 15.º/II, alínea *d)*.

Os *Princípios* do *American Law Institute* consagram igualmente, pelo que respeita aos litígios relativos à propriedade intelectual, a competência internacional dos tribunais do país da residência do réu (§ 201). São ainda competentes, nos termos desse texto: *a)* O tribunal escolhido pelas partes, contanto que o mesmo tenha competência em razão da matéria segundo o Direito local (§ 202); *b)* O tribunal perante o qual o réu compareça sem contestar a sua competência (§ 203); *c)* Os tribunais do Estado onde o réu «agiu substancialmente» ou realizou atos preparatórios com vista a uma alegada infração ou para onde «dirigiu atividades» que hajam dado azo a um pedido fundado numa infração (§ 204); *d)* Os tribunais do Estado de exploração de um direito de propriedade intelectual, pelo que respeita às pretensões fundadas na violação de um acordo de transmissão ou de licença de propriedade intelectual (§ 205); e *e)* Os tribunais do Estado de residência de um dos réus, no tocante a pedidos formulados contra réus não residentes nesse Estado, sempre que estes tenham com o que foi deduzido contra o primeiro uma conexão de tal modo estreita que devam ser decididos conjuntamente, a fim de evitar o risco de decisões contraditórias (§ 206).

Na mesma linha fundamental de orientação, os *Princípios CLIP* estabelecem no art. 2:101:

> «Subject to these Principles, a person may be sued in the courts of any State in which the person is habitually resident (Article 2:601).»

À imagem dos instrumentos anteriormente referidos, os *Princípios CLIP* consagram igualmente, como critérios especiais de competência internacional, o foro do lugar do cumprimento da obrigação contratual controvertida (art. 2:201), o foro do lugar da infração de direito de propriedade intelectual em questão (art. 2:202), o foro da conexão (art. 2:206) e o foro escolhido pelas partes (art. 2:301) ou no qual o réu compareça sem contestar a respetiva competência (art. 2:302). Salvo nos casos em que os *Princípios* o estabelecem expressamente, a competência destes tribunais não está limitada às utilizações de bens intelectuais ocorridas no Estado do foro, sendo *hoc sensu* universal.

Mas a expressão porventura mais nítida da ideia de universalidade no exercício da competência internacional no tocante aos litígios em matéria de propriedade intelectual encontra-se nas *Diretrizes da ILA*, cujo art. 2 estabelece:

> «Unless otherwise provided for in these Guidelines, the defendant should be subject to jurisdiction to the courts of the State in which he or she is habitually resident. *The courts' jurisdiction shall be territorially unlimited.*»[1161]

[1161] O sublinhado é nosso.

Em matéria de infração de direitos exclusivos, o art. 5 dessas *Diretrizes* acrescenta:

> «In case of an alleged infringement a person may be sued: (a) In the courts of the States where the alleged infringer has acted to initiate or further the alleged infringement; *the courts' jurisdiction to award remedies arising from those acts shall be territorialily unlimited* [...].»[1162]

As *Diretrizes* contemplam ainda no art. 9 a escolha pelos interessados do tribunal competente, o que fazem nos seguintes moldes:

> «The parties to a particular relationship may designate in an agreement a court to have jurisdiction over any dispute that has arisen or may arise in connection with that relationship. *The chosen court shall have jurisdiction to decide all contractual and non-contractual obligations and all other claims arising from that legal relationship unless the parties express their intent to restrict the court's jurisdiction.* Such jurisdiction shall be exclusive unless the parties have agreed otherwise.»[1163]

Por força das regras que acabamos de referir, o réu pode, pois, ser demandado, numa ação respeitante a direitos propriedade intelectual (*v.g.* dirigida à sua condenação a abster-se de determinada prática, à indemnização do autor pelos danos sofridos em consequência da violação do seu direito ou à declaração de inexistência dessa violação), num país diverso daquele para cujo território a proteção é reivindicada, contanto que esse país seja o do domicílio do réu ou de um dos réus, o do lugar onde o infrator praticou atos que integram a alegada violação daqueles direitos ou aquele cujos tribunais foram escolhidos, expressa ou tacitamente, pelas partes.

Não falta, por isso, quem tenha sustentado que a assinatura da Convenção de Bruxelas, cujas regras o Regulamento de Bruxelas I*bis* e a Convenção de Lugano em larga medida replicaram, marcou, no domínio das patentes, o início de uma verdadeira «revolução cultural»[1164].

Não há, com efeito, nem no Protocolo Anexo à Convenção de Munique, nem na Convenção de Lugano, nem tão-pouco no Regulamento de Bruxelas I*bis* ou na Convenção da Haia – tal como não havia na Convenção de Bruxelas – um *paralelismo* («*Gleichlauf*») entre a lei aplicável e o tribunal competente em matéria

[1162] *Idem.*

[1163] *Idem.*

[1164] Assim, Pierre Véron, «Trente ans d'application de la Convention de Bruxelles à l'action en contrefaçon de brevet d'invention», *Clunet*, 2001, pp. 805 ss. (p. 808).

de propriedade intelectual. O que bem se compreende: as considerações em que se funda a competência judiciária em matéria de propriedade intelectual são, em geral, independentes das que estão na base da determinação da lei aplicável. A aplicação efetiva (*enforcement*) dos direitos de propriedade intelectual pode, assim, ser solicitada aos tribunais de um país distinto daquele que os atribuiu[1165]. Nesta medida, os instrumentos mencionados admitem que esses tribunais exerçam a sua jurisdição *extraterritorialmente* ou *universalmente*[1166].

Acolheu este entendimento a Resolução adotada em 2003 pela AIPPI, na qual se declara expressamente que os tribunais de cada país devem ser autorizados a decidir sobre atos de infração relativos a direitos de propriedade intelectual cometidos em qualquer outro país. Apenas se ressalvam, no mesmo texto, as hipóteses em que uma decisão sobre alguns desses direitos possa ter particular impacto sobre «questões de interesse público» no país afetado. Por outro lado, subordina-se a possibilidade conferida a um tribunal nacional de decidir sobre atos de infração praticados fora da sua jurisdição territorial à existência de uma «conexão objetiva suficiente» com o território desse tribunal; esta ocorre principalmente, nos termos da Resolução, quando o réu tem o seu domicílio no território do tribunal[1167].

Pode ver-se uma aplicação jurisprudencial deste entendimento na decisão proferida em 2003 pelo Tribunal Federal suíço, que admitiu, ao abrigo da Convenção de Lugano, a competência dos tribunais locais para julgarem uma

[1165] Como observa Marta Pertegás Sender, «o princípio de que um tribunal não exercerá a sua competência quando não possa proferir uma decisão ao abrigo do Direito local é contrário aos fundamentos das regras de competência [...]. Os interesses da justiça e da comodidade são mais bem servidos, admitindo-se que um tribunal local pode conferir efeitos a direitos subjetivos constituídos de acordo com uma lei estrangeira». Cfr., da autora, *Cross-Border Enforcement of Patent Rights*, cit., p. 25.

[1166] Neste sentido, veja-se Christopher Wadlow, *Enforcement of Intellectual Property in European and International Law. The New Private International Law of Intellectual Property in the United Kingdom and the European Community*, Londres, 1998, pp. 7 ss.

[1167] Cfr. Association Internationale Pour la Protection de la Propriété Intellectuelle, *Juridiction et loi applicable en cas de contrefaçon transfrontalière (actes de contrefaçon) des droits de propriété intellectuelle Résolution*, cit., art. 1.º: «§ 1. Les tribunaux d'un pays donné devraient être autorisés à statuer sur des actes de contrefaçon relatifs à certains droits de propriété intellectuelle commis dans tout autre pays, sous reserve des conditions mentionnées aux paragraphes 2 à 5. § 2. Il n'en va pas nécessairement ainsi pour tous les droits de propriété intellectuelle dans la mesure où une décision sur certains de ces droits peut avoir un impact particulier sur des questions d'intérêt public dans le pays affecté. § 3. La possibilité donnée à un tribunal national de statuer sur des actes de contrefaçon commis hors de son ressort doit être subordonnée à l'existence d'un lien objectif avec le territoire de ce tribunal. § 4. Un tel lien existe principalement lorsque le défendeur a son domicile dans le territoire de ce tribunal. § 5. Les pays devraient harmoniser leurs règles de conflits de juridiction, notamment par le biais d'accords régionaux».

ação intentada contra uma sociedade sedeada na Suíça, visando a declaração de inexistência de violação de uma patente europeia concedida para diversos países estrangeiros (a Alemanha, a Bélgica, a Espanha, a França, a Inglaterra, a Itália e a Suécia), mas não para o Estado do foro[1168].

A decisão proferida pelo Supremo Tribunal do Reino Unido em 27 de julho de 2011 no caso *Lucasfilm Limited and others v. Ainsworth*[1169] ilustra o impacto desta orientação na jurisprudência de um país tradicionalmente muito relutante, como se verá a seguir, em admitir o *enforcement* extraterritorial de direitos intelectuais. O caso dizia respeito a uma alegada infração de direito de autor norte-americano, praticada pelo réu nos Estados Unidos, onde havia vendido sem autorização do titular desse direito exemplares de certos artefactos por si originariamente produzidos para o primeiro filme da série *Star Wars*, nomeadamente capacetes utilizados por personagens deste. Na decisão que proferiu sobre o caso, o Supremo Tribunal do Reino Unido concluiu que, contanto exista uma base para o exercício da jurisdição *in personam* sobre o réu, como sucedia na espécie, uma vez que este se encontrava domiciliado no Reino Unido, um tribunal inglês pode julgar uma infração do referido tipo[1170].

b) O princípio da territorialidade. – Este exercício «universal», ou «extraterritorial», da competência jurisdicional em matéria de propriedade intelectual não era, todavia, admitido até recentemente em diversos países.

Assim sucedia, por exemplo, em Inglaterra, dado o entendimento que prevalecia na jurisprudência inglesa acerca do princípio da territorialidade dos direitos intelectuais antes da adesão deste país à Convenção de Bruxelas, nos termos do qual os tribunais ingleses não podiam julgar ações respeitantes à violação de direitos intelectuais constituídos de acordo com legislações estrangeiras[1171].

[1168] Acórdão de 21 de fevereiro de 2003, *BGE* 129, III, pp. 295 ss.

[1169] [2011] UKSC 39.

[1170] Cfr. a *opinion* de Lordes Walker e Collins, n.º 105: «We have come to the firm conclusion that, in the case of a claim for infringement of copyright of the present kind, the claim is one over which the English court has jurisdiction, provided that there is a basis for in personam jurisdiction over the defendant, or, to put it differently, the claim is justiciable».

[1171] No sentido de que a regra que preclude os tribunais ingleses de julgarem ações fundadas na violação de direito de autor ocorrida num país estrangeiro (*foreign copyright*) foi revogada pela Convenção de Bruxelas, pelo que respeita às situações compreendidas no respetivo âmbito de aplicação, veja-se a decisão proferida pelo *English High Court, Chancery Division,* em 7 de março de 1997, no caso *Pearce v. Ove Arup Partnership,* [1998] I.L.Pr. 10. Na doutrina inglesa, *vide,* sobre o ponto, Richard Fentiman, «Justiciability, Discretion and Foreign Rights», *in* Arnaud Nuyts (org.), *International Litigation in Intellectual Property and Information Technology,* Austin, etc., 2008, pp. 151 ss.; Adrian Briggs, *Agreements on Jurisdiction and Choice of Law,* cit., p. 55; *Cheshire, North*

Outro tanto pode dizer-se, ainda hoje, dos Estados Unidos da América[1172], onde, em 2007, o Tribunal de Apelação para o Circuito Federal, competente em matéria de patentes, considerou inadmissível o julgamento por um tribunal norte-americano de uma ação relativa à violação de uma patente estrangeira[1173].

O acolhimento dado ao princípio da universalidade no Regulamento de Bruxelas *Ibis* e na Convenção de Lugano é, em todo o caso, temperado pela atribuição de *competência exclusiva* aos tribunais do país de registo ou depósito, no tocante aos direitos de propriedade intelectual que estejam sujeitos a estas formalidades.

Com efeito, o art. 22.º, n.º 4, da Convenção de Lugano e o art. 24.º, n.º 4, do Regulamento de Bruxelas *Ibis* atribuem competência exclusiva, em matéria de registo ou validade de patentes, marcas, desenhos e modelos e direitos análogos sujeitos a depósito ou a registo, aos tribunais do Estado-Membro onde o depósito ou registo do direito tiver sido requerido, efetuado ou considerado efetuado (§ 1.º). No caso da patente europeia, essa competência é deferida aos tribunais do Estado-Membro para o qual a mesma foi emitida, sem prejuízo da competência do Instituto Europeu de Patentes (§ 2.º).

A competência exclusiva dos tribunais do país de registo deve considerar-se extensiva, atento o disposto no art. 22.º, n.º 3, da Convenção e no art. 24.º, n.º 3, do Regulamento, às questões relativas à validade de inscrições em registos públicos de bens intelectuais não abrangidos pelo n.º 4 dos mesmos preceitos, quer essas inscrições tenham caráter constitutivo[1174], quer sejam meramente enunciativas[1175].

Acolhe-se, assim, pelo que respeita a estas matérias, o *princípio da territorialidade* da competência judicial.

No tocante às patentes nacionais, essa solução funda-se, de acordo com o relator da Convenção de Bruxelas (que consagrava uma solução idêntica no art. 16.º, n.º 4), na circunstância de a sua concessão constituir uma manifestação

& Fawcett Private International Law, cit., pp. 489 s.; Christopher Wadlow, «United Kingdom», *in* Toshiyuki Kono (org.), *Intellectual Property and Private International Law: Comparative Perspectives*, Oxford/Portland, 2012, pp. 1061 ss.; Gregory Bacon e Katie Booth, «Justiciability and litigation of foreign patents in the English courts», *JIPLP*, 2017, pp. 851 ss.; *Tritton on Intellectual Property in Europe*, cit., p. 1294; e *Sterling on World Copyright Law*, cit., pp. 128 ss.

1172 Cfr. Melville B. Nimmer/David Nimmer, *Nimmer on Copyright*, s.l., s.d., § 17.02.

1173 Cfr. a decisão proferida pelo *United States Court of Appeals for the Federal Circuit*, em 1 de fevereiro de 2007, no caso *Jan K. Voda, M.D., v. Cordis Corporation, GRUR Int.*, 2007, pp. 442 ss.

1174 Como é o caso, em Portugal, dos títulos de jornais e outras publicações periódicas: veja-se o art. 214.º, alínea *b)*, do Código do Direito de Autor e dos Direitos Conexos.

1175 Consoante sucede, em Portugal, com os factos que importem a constituição, transmissão, oneração, alienação modificação ou extinção do direito de autor: cfr. os arts. 213.º e 215.º, alínea *a)*, do Código do Direito de Autor e dos Direitos Conexos.

da soberania nacional[1176]. Para o Tribunal de Justiça da União Europeia, ela justifica-se ainda pelo facto de os tribunais do Estado de depósito ou registo serem os mais bem colocados para conhecer os casos em que o litígio incide sobre a validade de uma patente ou a existência do depósito ou registo[1177].

Deparamos aqui, segundo certo ponto de vista, com um corolário do respeito devido pelo *act of state* em que se traduz a concessão de um direito privativo de propriedade industrial[1178]: o Regulamento e a Convenção teriam acolhido nos preceitos citados a doutrina – oriunda, como se sabe, da jurisprudência norte-americana, mas com certa projeção também em Inglaterra – conforme a qual os tribunais devem abster-se de se pronunciar sobre a validade de atos de Estados estrangeiros adotados no respetivo território e no âmbito da sua soberania[1179].

Contudo, a doutrina do *act of state* não logrou obter plena aceitação nos sistemas de *Civil Law*. Entre outras razões, porque a circunstância de estarem em jogo interesses públicos do Estado de que emana o ato em causa não justifica, por si só, a imunidade desses atos nos tribunais dos demais Estados, dada a necessidade de tutelar também os interesses dos particulares afetados por tais atos[1180]. É justamente o que sucede, como veremos a seguir, quando a questão da validade da patente se suscita a título incidental numa ação tendente a fazer valer o *ius prohibendi* do respetivo titular perante terceiros.

Não pode, por outro lado, deixar de notar-se que, num vasto número de casos, a concessão de direitos de exclusivo sobre marcas, inventos e outros bens de propriedade industrial não radica hoje num ato praticado por uma administração nacional, mas antes em decisões de entidades supranacionais, como o referido Instituto da Propriedade Intelectual da União Europeia (pelo

[1176] Cfr. Paul Jenard, «Relatório sobre a convenção relativa à competência judiciária e à execução de decisões em matéria civil e comercial», *JOCE*, n.º C 189, de 28 de julho de 1990, pp. 122 ss. (p. 154).

[1177] Cfr. o acórdão de 15 de novembro de 1983, caso *Duijnstee c. Goderbauer*, *CJTJ*, 1983, pp. 3663 ss., n.º 22.

[1178] Assim, Masato Dogauchi, *Private International Law and Intellectual Property Rights. A Civil Law Overview*, Genebra, 2001 (polic.), pp. 13 ss. A doutrina do *act of state* foi também invocada pelo *United States Court of Appeals for the Federal Circuit*, na referida decisão proferida em 2007 sobre o caso *Voda v. Cordis*, em ordem a fundamentar a incompetência dos tribunais norte-americanos para julgarem ações de violação de patentes estrangeiras.

[1179] Cfr., neste sentido, a secção 443 (1) do *Restatement of the Law Third, Foreign Relations Law of the United States*, de 1987, segundo o qual: «In the absence of a treaty or other unambiguous agreement regarding controlling legal principles, courts in the United States will generally refrain from examining the validity of a taking by a foreign State of property within its territory, or from sitting in judgment other acts of a governmental character done by a foreign State within its own territory and applicable there». Sobre a doutrina do *act of state* nos Estados Unidos, vejam-se Eugene F. Scoles/Peter Hay/Patrick J. Borchers/Symeon C. Symeonides, *Conflict of Laws*, 4.ª ed., St. Paul, Minn., 2004, pp. 504 s.

[1180] Cfr. Rui de Moura Ramos, *Da lei aplicável ao contrato de trabalho internacional*, cit., pp. 285 ss.

que respeita à marca da União Europeia e aos desenhos e modelos comunitários), o Instituto Europeu de Patentes (no tocante às patentes europeias) e o Instituto Comunitário das Variedades Vegetais (relativamente ao direito comunitário de proteção das variedades vegetais). A conexão entre o direito privativo e determinado Estado, em que se funda a atribuição de competência exclusiva aos respetivos tribunais, desvanece-se então consideravelmente.

c) Questões que suscita a articulação dos dois princípios. – A articulação dos princípios da universalidade e da territorialidade no tocante à competência jurisdicional em matéria de propriedade intelectual suscita hoje diversas questões, que se encontram na ordem do dia dos debates acerca desta matéria.

Em primeiro lugar, pergunta-se pelos limites a que se subordina o princípio da territorialidade, em particular nos casos em que o objeto do litígio consista na titularidade de um direito intelectual: encontra-se esta igualmente sujeita à competência exclusiva dos tribunais do país do registo do direito ou pode a correspondente ação ser intentada noutro país, *maxime* o do domicílio do réu?

Em segundo lugar, pergunta-se como deve interpretar-se, para este efeito, o conceito de *lugar do facto danoso* consignado no art. 5.º, n.º 3, da Convenção de Lugano e no art. 7.º, n.º 2, do Regulamento de Bruxelas I*bis* e, em particular, se só podem ser tidos como competentes a este título, a fim de julgarem os litígios emergentes da violação de direitos intelectuais, os tribunais do país para cujo território o autor pede a proteção ou se podem também sê-lo os de outro ou outros países em que hajam alegadamente sido praticadas atividades que integram a violação do direito alegado em juízo. Estreitamente ligadas a esta questão encontram-se as de saber como deve concretizar-se o mesmo conceito pelo que respeita aos litígios relativos a ilícitos cometidos através de meios de comunicação com caráter ubíquo e qual o âmbito da competência do tribunal do *locus damni*.

Em terceiro lugar, o disposto nos arts. 6.º, n.º 1, e 22.º, n.º 4, da Convenção e 8.º, n.º 1, e 24.º, n.º 1, do Regulamento suscita o problema de saber se o tribunal do Estado onde ocorreu o facto danoso, perante o qual a ação por violação de determinado direito de propriedade intelectual foi instaurada, pode estender a sua competência, por um lado, ao julgamento de pedidos deduzidos contra diferentes réus, aos quais se imputa a violação de *direitos paralelos* registados em outros países; e, por outro, ao julgamento da *exceção de invalidade* do direito em questão (frequentemente deduzida pelo réu nesse tipo de ações), não obstante este ter sido registado num país estrangeiro.

Em quarto lugar, coloca-se o problema de saber se, no caso de serem instaurados *processos paralelos* relativos ao mesmo litígio fundamental (i.é, de litispendência ou conexão entre ações submetidas a tribunais diferentes), os tribunais em que os mesmos decorrem podem suspendê-los ou declinar a sua competência a favor de um deles e, se sim, em que termos.

Finalmente, há que esclarecer se e em que condições é dado aos tribunais dos Estados partes do Regulamento e da Convenção decretarem *providências cautelares* relativas aos litígios em apreço quando os direitos em causa estejam registados num Estado membro distinto daquele a que é pedida a providência.

São, pois, estas as questões que iremos examinar de seguida. Noutro lugar desta obra, ocupar-nos-emos dos problemas suscitados pelas cláusulas de escolha do tribunal competente e pela determinação do *forum executionis*, cujo campo de eleição são os litígios emergentes de contratos[1181].

II – Litígios relativos à titularidade de direitos intelectuais

A primeira questão acima colocada diz respeito, como dissemos, aos litígios em que se discuta se determinada pessoa foi validamente inscrita num registo público como titular de certo direito intelectual: também esses litígios se encontram submetidos à competência exclusiva dos tribunais do país do registo ou podem igualmente ser dirimidos por outros tribunais, incluindo o do domicílio do réu ou aquele que para o efeito for escolhido pelas partes?

O Tribunal de Justiça da União Europeia teve oportunidade de se debruçar sobre esta questão em pelo menos duas ocasiões.

Na primeira delas, discutia-se se a titularidade dos direitos sobre certa patente era de um trabalhador, autor do invento para o qual a mesma fora solicitada e obtida, ou do seu empregador[1182]. O Tribunal, após ter observado que a competência exclusiva para os litígios em matéria de inscrição ou validade de patentes, atribuída aos órgãos jurisdicionais dos Estados contratantes da Convenção de Bruxelas em cujo território foi solicitado ou efetuado o depósito ou o registo da patente, se justifica pela circunstância de esses tribunais se encontrarem em melhores condições para conhecer dos casos em qye o próprio litígio versa sobre a validade da patente ou a existência do depósito ou registo, observou:

> «Se, pelo contrário, o objeto do próprio litígio não é a validade da patente ou a existência do depósito ou do registo, há que considerar que não existe razão particular a favor da atribuição de competência exclusiva aos tribunais do Estado contratante em que se solicitou ou atribuíu a patente e que, por conseguinte, o referido litígio não está compreendido no n.º 4 do artigo 16.º.»

[1181] Cfr. *infra*, § 21.º/I.

[1182] Acórdão de 15 de novembro de 1983, caso *Duijnstee c. Goderbauer*, cit. *supra*.

«Num caso como o dos autos», prosseguiu o Tribunal, «nem a validade da patente nem a regularidade da sua inscrição em diferentes países foi impugnada pelas partes no litígio principal. A solução do litígio depende, com efeito, unicamente da questão de saber se o titular o direito de patente é o Senhor Goderbauer ou a sociedade em insolvência BV Schroefboutenfabriek, o que terá de determinar-se com base nas relações jurídicas que existiram entre os interessados. Não há, por isso, que aplicar a regra do foro especial que figura no n.º 4 do artigo 16».

Daqui concluiu o Tribunal que:

> «O conceito de litígio "em matéria de inscrição ou validade de patentes" não compreende um litígio entre um empregado, autor de um invento para o qual foi solicitada ou obtida uma patente, e um empresário, quando o objeto do litígo forem os respetivos direitos resultantes da sua relação laboral.»

Numa decisão mais recente[1183], curava-se da competência internacional para uma ação intentada pela demandante no tribunal do domicílio da demandada, em que aquela invocava o enriquecimento sem causa desta, nos termos do § 812 do Código Civil alemão, e pedia que fosse ordenado à demandada que declarasse no Instituto Benelux da Propriedade Intelectual – junto do qual a demandada obtivera a sua inscrição como única titular de certa marca, mediante a apresentação de um certificado comprovativo de que era a única herdeira do seu primitivo titular – não lhe conferia direitos, uma vez que essa marca havia entretanto sido objeto de diversas transferências e já não fazia parte do património do seu titular inicial aquando do seu falecimento, e que renunciava à inscrição do seu nome enquanto titular da mesma.

O Tribunal transpôs para este caso a interpretação do art. 16.º, n.º 4, da Convenção de Bruxelas acolhido no caso *Duijnstee*, salientando que, na espécie decidenda, o litígio no processo principal «não diz respeito à validade nem ao registo da marca, mas [...] tem unicamente por objeto a questão de saber se uma pessoa cujo nome foi inscrito enquanto titular tem efetivamente essa qualidade».

«Com efeito», prosseguiu o Tribunal, «um litígio em que não seja posto em causa o registo da marca enquanto tal ou a validade desta é alheio quer aos termos de litígio "em matéria de inscrição ou de validade de [...] marcas" que figuram no artigo 22.º, ponto 4, do Regulamento n.º 44/2001 quer ao objetivo desta disposição».

A este respeito, observou o Tribunal que «a questão de saber a que património pessoal pertence um título de propriedade intelectual não apresenta, em regra

[1183] Acórdão de 5 de outubro de 2017, proc. C-341/16, *Hanssen Beleggingen BV v. Tanja Prast-Knipping*, ECLI:EU:C:2017:738.

geral, um vínculo de proximidade material ou jurídica com o lugar do registo desse título».

Seria este concretamente o caso dos autos, uma vez que o litígio *sub judice* tinha por objeto a propriedade de uma marca na sequência do falecimento do seu titular originário; o que exigia que se determinasse se essa marca fazia parte do património deste no momento do seu falecimento. Um tal litígio não seria, portanto, abrangido pelo referido preceito do Regulamento de Bruxelas I.

O Tribunal declarou por isso:

> «O artigo 22.º, ponto 4, do Regulamento (CE) n.º 44/2001 do Conselho, de 22 de dezembro de 2000, relativo à competência judiciária, ao reconhecimento e à execução de decisões em matéria civil e comercial, deve ser interpretado no sentido de que não se aplica aos litígios que se destinem a determinar se uma pessoa foi acertadamente inscrita enquanto titular de uma marca.»

O princípio da territorialidade conhece, assim, um importante limite no que respeita à aferição da competência judiciária, no âmbito do sistema de Bruxelas, para as ações relativas a direitos de propriedade intelectual, decorrente da própria *ratio legis* do preceito que o consagra: sempre que o objeto do litígio não seja a validade ou existência do depósito ou do registo do direito em questão, não há lugar à aplicação da regra que consagra a competência exclusiva dos tribunais do país onde estes foram requeridos ou efetuados.

Naturalmente que a questão de saber se o efeito pretendido pelo demandante pode ser obtido numa ação declarativa, como sucedia no caso acima referido em segundo lugar, em que a pretensão *sub judice* se fundava no alegado enriquecimento sem causa da demandada, ou tão-só numa ação constitutiva dirigida à anulação do registo do direito, é matéria que cabe à *lex loci protectionis* decidir. A aplicabilidade ou não da referida regra de competência exclusiva pode assim pressupor a resolução de uma questão de qualificação à luz daquela lei.

III – Determinação do lugar do facto danoso nos litígios fundados na violação de direitos intelectuais

a) Lugar do facto danoso nos litígios fundados na violação de direitos intelectuais. – Consoante referimos, nos termos do art. 5.º, n.º 3, da Convenção de Lugano e do art. 7.º, n.º 2, do Regulamento de Bruxelas I*bis,* é competente, em matéria extracontratual, «o tribunal do lugar onde ocorreu ou poderá ocorrer o facto danoso».

A favor desta solução pode invocar-se o interesse na boa administração da justiça, porquanto o tribunal do lugar do facto danoso (*v.g.* o fabrico ou a comercialização de produtos que infringem direitos de propriedade intelectual alheios) será, muitas vezes, aquele que mais próximo se encontra dos elementos de prova relevantes e o que, por conseguinte, está em melhores condições de julgar a lide[1184].

O conceito de lugar do facto danoso não é, todavia, definido pelo preceito em apreço. Importa, por isso, esclarecer o seu significado nos casos de violação de direitos intelectuais.

Ora, nestas hipóteses o facto danoso traduz-se, por via de regra, em atos de utilização ou exploração (a reprodução de exemplares de uma obra literária ou artística, o fabrico de produtos objeto de uma patente, modelo de utilidade ou topografia, a reprodução de uma marca registada, etc.), que, de acordo com a lei de certo país, se encontram reservados ao titular do direito e que, sendo praticados sem o consentimento deste, são ilícitos.

Pelo que respeita aos direitos de propriedade intelectual de fonte nacional, esse facto apenas pode, por conseguinte, ocorrer no país para cujo território foi atribuído o direito de exclusivo. Um ato praticado em Portugal, por exemplo, não pode constituir violação de uma marca registada em Espanha, se esta não estiver também registada no nosso país (salvo tratando-se de uma marca notória ou de prestígio). O *forum delicti* corresponde pois, nestes casos, ao *forum protectionis*[1185].

Contra o referido ponto de vista já se aduziu que o facto em que se traduz a violação de um direito intelectual também pode ocorrer fora do território do Estado em que esse direito se encontra normativamente localizado[1186].

1184 Cfr. o acórdão do Tribunal de Justiça das Comunidades Europeias de 1 de outubro de 2002, proferido no caso *Verein für Konsumenteninformation c. Karl Heinz Henkel*, *CJTJ*, 2002-I, pp. 8111 ss.

1185 Nesta linha de orientação pronunciam-se: Stefania Bariatti, «La giurisdizione e l'esecuzione delle sentenze in materia di brevetti di invenzione nell'ambito della C.E.E.», *RDIPP*, 1982, pp. 484 ss. (p. 518); Marta Pertegás Sender, *Cross-Border Enforcement of Patent Rights*, cit., pp. 115 s.; Jerôme Passa, *Territorialité de la marque et protection contre un signe exploité sur un site Internet étranger*, s.l., 2005, p. 4 (disponível em http://www.juriscom.net); Haimo Schack, *Internationales Zivilverfahrensrecht*, 4.ª ed., Munique, 2006, p. 113; Fernández Rozas/Arenas Garcia/de Miguel Asensio, *Derecho de los negocios internacionales*, cit., pp. 123 e 142; Nerina Boschiero, «Il principio di territorialità in matéria di proprietà intelletuale: conflitti di leggi e giurisdizione», *AIDA*, 2007, pp. 34 ss. (p. 80); Annette Kur, Enforcement of unitary intellectual property rights: international jurisdiction and applicable law», *JIPLP*, 2015, pp. 468 ss. (p. 472); *Tritton on Intellectual Property in Europe*, p. 1300.

1186 Cfr. Arnaud Nuyts, «Suying at the Place of Infringement: The Application of Article 5 (3) of Regulation 44/2001 to IP Matters and Internet Disputes», *in* Arnaud Nuyts (org.), *International Litigation in Intellectual Property and Information Technology*, Austin, etc., 2008, pp. 105 ss. (pp. 115 ss.).

Assim sucederia, por exemplo, se um produto fabricado em determinado país se destinasse a ser distribuído noutro com uma marca nele registada a favor de um terceiro ou se uma obra fosse reproduzida num país e os seus exemplares fossem distribuídos noutro[1187].

Supomos, porém, que não pode ter-se como praticada num país uma infração a um direito intelectual, e admitir que os tribunais locais sejam competentes para conhecer dela, se o ato em que a mesma alegadamente se consubstancia é livre de acordo com o respetivo sistema jurídico. De outro modo, a liberdade individual ficaria seriamente comprometida e toda a previsibilidade dos efeitos jurídicos das condutas individuais se desvaneceria. Do art. 5.º, n.º 3, da Convenção e do art. 7.º, n.º 2, do Regulamento não pode, assim, resultar a atribuição de competência aos tribunais de um país cujo sistema jurídico não confira proteção ao direito alegadamente infringido.

Nesta linha de orientação, o Tribunal de Justiça da União Europeia interpretou, no acórdão *Wintersteiger*[1188], o conceito de «lugar da materialização do dano», para os efeitos do disposto no art. 5.º, n.º 3, do Regulamento de Bruxelas I (correspondente ao atual art. 7.º, n.º 2, do Regulamento de Bruxelas I*bis*) no sentido de que esse lugar corresponde, em caso de violação de uma marca nacional, ao «Estado-Membro em que o direito em causa é protegido».

Outro não é o entendimento que prevaleceu nos *Princípios CLIP*, cujo art. 2:203 estabelece a este respeito:

> «Subject to paragraph 2, a court whose jurisdiction is based on Article 2:202 shall have jurisdiction in respect of infringements that occur or may occur within the territory of the State in which that court is situated.»

b) Ilícitos praticados através de redes eletrónicas. – Pode-se ainda perguntar quais as conexões exigíveis em ordem a fundar, nos termos do art. 5.º, n.º 3, da Convenção de Lugano e do art. 7.º, n.º 2, do Regulamento de Bruxelas I*bis*, a competência dos tribunais nacionais para julgar um litígio referente à utilização não autorizada, numa rede eletrónica, de obras intelectuais, produtos patenteados

[1187] Ver, neste sentido, Rebekka Hye-Knudsen, *Marken-, Patent- und Urheberrechtsverletzungen im europäischen Internationalen Zivilprozessrecht*, Tubinga, 2005, pp. 72 s.; Michael Wilderspin, «La compétence juridictionnelle en matière de litiges concernant la violation des droits de propriété intellectuelle. Les arrêts de la Cour de justice dans les affaires C-4/03, *GAT c. LUK* et C-539/03, *Roche Nederland c. Primus et Goldberg*», *RCDIP*, 2006, pp. 777 ss. (p. 794); e Peter Mankowski, *in* Ulrich Magnus/Peter Mankowski (orgs.), *Brussels I Regulation*, Munique, 2007, p. 201.

[1188] Proc. C-523/10, ECLI:EU:C:2012:220. Sobre esse acórdão, *vide* Torsten Bjorn Larsen, «*Wintersteiger v. Coty Prestige*: The place of infringement under the forum delicti rule», *JIPLP*, 2018, pp. 179 ss.

ou sinais distintivos de comércio alheios (*v.g.* como nomes de domínio, *metatags* ou palavras-chave de motores de busca ou a fim de assinalar produtos ou serviços comercializados num sítio Internet).

Duas soluções fundamentais se afiguram à partida possíveis: de acordo com a primeira, ter-se-á por localizada a atividade danosa no lugar a partir do qual são colocados em rede (*uploaded*) conteúdos que infringem direitos intelectuais alheios, sendo por conseguinte competentes os tribunais locais[1189]; nos termos da segunda, aquela atividade localiza-se antes no lugar ou nos lugares onde esses conteúdos ficam acessíveis ao público e onde podem ser descarregados (*downloaded*)[1190].

Nenhuma destas soluções pode, todavia, ser aceite sem certas restrições. Vejamos porquê.

O lugar de colocação em rede de conteúdos lesivos de direitos intelectuais, contanto que coincida com o de um estabelecimento estável do réu, possui inequívoca relevância nesta matéria: é nele que ocorre o *evento causal* do dano, na terminologia adotada pelo Tribunal de Justiça das Comunidades Europeias no acórdão *Bier c. Mines de Potasse d'Alsace*[1191], em que esta jurisdição considerou integrarem o conceito de lugar do facto danoso tanto o lugar daquele evento, i. é, a atividade ou omissão que deu origem ao dano, como o da ocorrência deste, podendo o autor escolher entre eles para efeitos da propositura da ação. Não assim, porém, quando o réu apenas possua nesse lugar o equipamento técnico necessário à colocação de conteúdos em rede, sob pena de se possibilitar aos interessados a manipulação dos fatores de competência internacional.

1189 Neste sentido, Fawcett/Torremans, *Intellectual Property and Private International Law*, cit., p. 549.

1190 Veja-se, nesta linha de orientação, o acórdão da Cassação francesa, 1.ª Câmara Civil, de 9 de dezembro de 2003, *RCDIP*, 2004, pp. 632 ss. (caso *Société Castellblanch c. Société Champagne Louis Roederer*). A sociedade espanhola Castellblanch havia promovido no seu sítio Internet, colocado à disposição do público a partir de Espanha, determinados vinhos com a marca «Cristal», de que aquela sociedade era titular em Espanha. A sociedade francesa Louis Roederer, titular da mesma marca em França, demandou-a, perante tribunais franceses, a fim de obter a cessação da difusão publicitária assim realizada e a reparação do prejuízo que alegadamente sofrera. Em sede de recurso, a Cassação aprovou o acórdão da *Cour d'Appel* de Reims que havia julgado competentes os tribunais franceses a fim de conhecerem da causa, com fundamento em que o mencionado sítio Internet «era acessível em território francês, de tal forma que o prejuízo alegado em virtude dessa difusão não era nem virtual nem eventual». Para uma apreciação crítica deste acórdão, *vide* a anotação de Olivier Cachard, *in ibidem*, pp. 634 ss.; Marie-Élodie Ancel, «Contrefaçon de marque sur un site web: quelle compétence intracommunautaire pour les tribunaux français?», *in* AAVV, *Droit et technique. Études à la mémoire du Professeur Xavier Linant de Bellefonds*, Paris, 2007, pp. 1 ss. ; e Hélène Gaudemet-Tallon/Marie-Élodie Ancel, *Compétence et exécution des jugements en Europe. Règlements 44/2001 et 1215/2012. Conventions de Bruxelles (1968) et de Lugano (1988 et 2007)*, 6.ª ed., Paris, 2018, pp. 346 s.

1191 Proferido em 30 de novembro de 1976, *CJTJ*, 1976, pp. 1735 ss.

Por seu turno, a *simples acessibilidade* dos referidos conteúdos no território do Estado do foro deve ser tida como insuficiente a fim de se atribuir competência aos tribunais locais, ainda que o demandante seja titular de uma marca registada nesse Estado, idêntica à que é utilizada sem o seu consentimento na Internet. De outro modo, alargar-se-ia demasiado o leque dos tribunais competentes para julgarem os ilícitos cometidos em rede, agravando-se injustamente a posição do réu, dada a imprevisibilidade dos tribunais em que este teria de se defender; e cercear-se-ia também desse modo, inevitavelmente, a sua liberdade de expressão. Consagrar-se-ia assim, em suma, uma modalidade de *forum actoris* não prevista nas regras legais aplicáveis.

Se, porém, o país onde ficaram acessíveis ao público os conteúdos ilícitos em questão tiver sido *especificamente visado (ciblé, targeted, gezielt)*[1192], ou, noutra

[1192] Foi este o critério adotado pela Câmara Comercial da Cassação francesa a fim de ajuizar da competência internacional dos tribunais franceses nas situações em apreço. *Vide* o acórdão de 11 de janeiro de 2005, caso *Société Hugo Boss c. Société Reemstma Cigarettenfabriken Gmbh,* disponível em http://www.juriscom.net. Na espécie, era imputada à ré a reprodução da marca «Hugo Boss», pertencente à autora, num sítio Internet de que a primeira era titular. O tribunal salientou, porém, que os produtos anunciados nesse sítio não se encontravam disponíveis em França, razão por que não podia considerar-se que o mesmo visava o público francês. Não haveria, assim, violação da marca em causa no território francês. À conclusão oposta chegou o *Oberster Gerichtshof* (Supremo Tribunal) austríaco, na sentença de 29 de maio de 2001, relativa ao caso *BOSS-Zigarretten, in GRUR Int.,* 2002, pp. 344 ss. Curava-se aí de saber se os tribunais austríacos seriam competentes para julgar a alegada violação da marca «BOSS», registada na Áustria a favor da autora, em virtude da publicitação, num sítio Internet, de cigarros com essa marca, os quais eram comercializados pela ré em diversos países, posto que não na Áustria. Para o referido tribunal, a circunstância de os produtos em questão serem anunciados em língua alemã e estarem disponíveis num país vizinho da Áustria (a Eslovénia) seria bastante para fundar a conclusão de que a publicidade em causa se dirigia aos utilizadores da Internet de nacionalidade austríaca, razão por que os tribunais locais seriam competentes para julgar a causa. *Vide* ainda o acórdão da Cassação francesa de 10 de julho de 2007, caso *Buttress BV et autre c. L'Oréal Produits de Luxe France, RCDIP,* 2008, pp. 323 ss., em que o mesmo tribunal recusou a ocorrência em França de contrafação da marca «Nutri-Rich», de que a autora era titular, na medida em que a utilização pela ré da marca «Nutri-Riche» a fim de designar produtos de beleza por si anunciados num sítio Internet não visava o público francês, pois tais produtos não eram oferecidos em França, nem se encontravam aí disponíveis. Na mesma linha se pronunciou a Chambre commerciale da Cassação, entre outros, no acórdão de 13 de julho de 2010, n.º 06-20230, caso *Google,* disponível em https://www.legifrance.gouv.fr, em que foi anulada a decisão recorrida com fundamento em que, ao julgar competentes os tribunais franceses relativamente a alegados atos de contrafação de marca e concorrência desleal, consistentes na utilização de *adwords* nos resultados das pesquisas efetuadas através dos motores de busca da *Google* que associavam o nome de determinada empresa à marca Louis Vuitton, de que aquela não era titular, com fundamento em que o sítio Internet em que figuravam tais resultados era acessível em França, «sans rechercher si les annonces litigieuses étaient destinées au public de France, la cour d'appel n'a pas donné de base légale à sa décision». Já no acórdão de 3 de maio de 2012, n.º 11-10505, caso *e-Bay,* disponível em

formulação, se o réu tiver *direcionado as suas atividades* para esse território (*«targeting approach»*)[1193], não nos parece que possa opor-se à competência dos tribunais locais qualquer objeção válida[1194].

Foi o que sucedeu no caso *Hotel Maritime*[1195], em que o *Bundesgerichtshof* considerou competentes os tribunais alemães para julgarem o litígio, ao abrigo do art. 5.º, n.º 3, da Convenção de Bruxelas, com fundamento em que a alegada violação pela ré de uma marca da autora registada a seu favor na Alemanha teria ocorrido através da sua utilização como nome de domínio de um sítio Internet, que se dirigia também a utilizadores situados em território alemão (entre outras razões, porque a publicidade nele contida estava redigida em língua alemã), apesar de os serviços hoteleiros oferecidos pela ré apenas serem prestados na Dinamarca[1196].

Outras formas, mais discricionárias, de limitar a competência desses tribunais consistem em exigir que os atos praticados em linha correspondam ao exercício de atividades comerciais (*«doing business»*) no Estado do foro[1197], possuam uma

https://www.legifrance.gouv.fr, a mesma instância admitiu a competência internacional dos tribunais franceses com fundamento em que «la cour d'appel, qui a fait ressortir, sans méconnaître les termes du litige, que le site ebay.uk s'adressait directement aux internautes français, a légalement justifié sa décision de retenir la compétence des juridictions françaises pour connaître de l'activité de ce site». Os mesmos princípios são aplicáveis à violação de patentes em linha: cfr. Pierre Véron/Margerie Véron, «The Internet: A Fourth Procedural Dimension for Infringement Litigation», *in* Dietrich Beier/Laurence Brüning-Petit/Christopher Heath (orgs.), *Festschrift für Jochen Pagenberg*, Colónia, etc., 2006, pp. 363 ss.

1193 Adota esta linha de orientação o § 204 (2) dos *Princípios* do *American Law Institute*: «A person may be sued in any State in which its activities give rise to an infringement claim, if it reasonably can be seen as having directed those activities to that State. The court's jurisdiction extends to claims respecting injuries occurring in that State». Neste sentido se haviam já pronunciado anteriormente, nos Estados Unidos, o *United States Court of Appeals for the Ninth Circuit*, no caso *Panavision International vs. Dennis Toeppen*, 141 F.3d 1316 (1998), e o *United States Court of Appeals for the Fourth Circuit*, no caso *ALS Scan, Incorporated, v. Digital Service Consultants*, 293 F.3d 707 (2002). Cfr. ainda, na doutrina norte-americana, Graeme B. Dinwoodie, *Private International Aspects of the Protection of Trademarks*, Genebra, 2001 (polic.), p. 18.

1194 Na doutrina alemã, veja-se, preconizando o critério em apreço, Rebekka Hye-Knudsen, *Marken-, Patent- und Urheberrechtsverletzungen im europäischen Internationalen Zivilprozessrecht*, cit., p. 105.

1195 Cfr. *supra*, §§ 1.º/III, alínea *b)*, e 15.º/II, alínea *f)*.

1196 A circunstância de ter sido negada, na espécie, a ocorrência de uma violação do direito à marca registada na Alemanha a favor da autora para assinalar os hotéis de que aí era proprietária, não afetava, no entender do Tribunal Federal, a competência dos tribunais alemães, na medida em que bastaria para fundar esta última que fosse alegada em juízo uma violação e esta não pudesse ser liminarmente excluída.

1197 Neste sentido, veja-se a *seminal opinion* sobre o caso *Zippo Manufacturing Company v. Zippo Dot Com, Inc.*, decidido em 16 de janeiro de 1997 pelo *United States District Court, W. D. Pennsylvania*, 952 F. Supp. 1119.

conexão suficiente com este[1198] ou sejam suscetíveis de ter um *impacto económico*[1199] ou um *efeito substancial* nele[1200].

Uma combinação dos critérios em apreço foi tentada na proposta apresentada pelo *Max-Planck-Institut* em 2004, tendo em vista a Convenção da Haia Sobre a Competência e o Reconhecimento de Sentenças Estrangeiras[1201], nos termos da qual se deveria considerar que ocorreu uma infração no Estado Contratante em que o direito existe, desde que: *a)* A atividade ou omissão por força da qual o direito se considera infringido tem um efeito comercial ou um impacto

[1198] Cfr. o acórdão da *Cour d'Appel* de Paris de 26 de abril de 2006, caso *Fernand S., Normalu c. Acet,* disponível em http://www.legalis.net, em que este tribunal declarou que, a fim de determinar a competência internacional dos tribunais franceses, importa «investigar e caracterizar», em cada caso particular, um *nexo suficiente, substancial ou significativo* («un lien suffisant, substantiel ou significatif»), entre os factos que tiveram como suporte técnico a Internet e o dano alegado. Considerando que, na espécie, o sítio Internet explorado pela ré a partir do Líbano, não obstante ser acessível em França, se encontrava redigido em língua inglesa, não oferecendo aos consumidores franceses qualquer produto à venda em França, e que a simples reprodução parcial naquele sítio de uma marca da autora não bastava para existir o referido nexo, a *Cour d'Appel* entendeu não serem competentes para o julgar o caso os tribunais franceses.

[1199] Assim a *ordonnance* proferida pelo *Tribunal de Grande Instance de Paris,* em 16 de maio de 2008, no caso *L'Oréal et autres c. eBay et autres,* disponível em http://www.legalis.net. Discutia-se, na espécie, a alegada contrafação das marcas de perfumes de que eram titulares as autoras, mediante a difusão, feita pelas rés, de mensagens publicitárias na Internet contendo essas marcas. O tribunal entendeu que «quando uma infração dos direitos de propriedade intelectual foi cometida por uma difusão na rede Internet, o facto danoso produz-se em todos os lugares onde as informações litigiosas foram colocadas à disposição dos utilizadores do sítio»; mas acrescentou, em ordem a fundamentar a decisão de que seriam competentes os tribunais franceses, que «os factos incriminados são suscetíveis de ter um impacto económico sobre o público francês». Na mesma linha fundamental de orientação, veja-se a *ordonnance* do mesmo tribunal, proferida na mesma data no caso *Rueducommerce c. Carrefour Belgium* (disponível em *ibidem*). Estava igualmente em causa, nestoutro processo, a utilização não autorizada pela ré, num sítio Internet, de uma marca de que a autora era titular. O tribunal entendeu que, encontrando-se esse sítio redigido em francês e sendo o mesmo acessível a partir do território francês, os factos imputados à ré eram «suscetíveis de ter impacto económico sobre o público francês e de causar à sociedade autora um prejuízo no território nacional»; razão por que os tribunais franceses seriam competentes nos termos do art. 5.º, n.º 3, do Regulamento n.º 44/2001. Como é bom de ver, a aplicação feita deste critério não conduziu, nos casos referidos, a resultados substancialmente diferentes daqueles a que levaria o critério da mera acessibilidade dos conteúdos ilícitos no Estado do foro.

[1200] Cfr., neste sentido, *McBee v. Delica Co.,* United States Court of Appeals for the 1st Circuit, 417 F.3d 107 (2005).

[1201] Reproduzida em Josef Drexl/Annette Kur (orgs.), *Intellectual Property and Private International Law. Heading for the Future,* Oxford/Portland, 2005, pp. 309 ss.

substancial nesse Estado Contratante; ou *b)* A atividade pela qual se alega ter sido infringido o direito é intencionalmente dirigida ao Estado Contratante[1202].

Outro tem sido, no entanto, o entendimento prevalecente na jurisprudência do Tribunal de Justiça da União Europeia[1203], que se ocupou desta questão nos casos *Pinckney c. Mediatech,* julgado em acórdão de 3 de outubro de 2013[1204], e *Pez Hejduk c. Energie Agentur GmbH,* julgado em acórdão de 22 de janeiro de 2015[1205].

O Tribunal adaptou a estes casos a sua jurisprudência sobre violações *online* de direitos de personalidade[1206]. Neste sentido, declarou no caso *Pinckney*:

> «O artigo 5.º, n.º 3, do Regulamento (CE) n.º 44/2001 [...] deve ser interpretado no sentido de que, em caso de alegada violação dos direitos patrimoniais de autor garantidos pelo Estado-Membro do órgão jurisdicional chamado a decidir, este é competente para conhecer de uma ação de responsabilidade intentada pelo autor de uma obra contra uma sociedade estabelecida noutro Estado-Membro e que reproduziu, nesse Estado-Membro, a referida obra num suporte material que é vendido em seguida, por sociedades estabelecidas num Estado-Membro terceiro, através de um sítio Internet acessível também no território do órgão jurisdicional chamado a decidir.»

O critério adotado pelo Tribunal de Justiça a fim de aferir, para os efeitos da citada disposição do Regumaneto de Bruxelas I, a *materialização do dano* no território do Estado em que se situa o tribunal em que a ação foi proposta é, assim, o da *acessibilidade* no território desse Estado dos conteúdos protegidos por direitos alegadamente infringidos («*acessibility approach*»). Se estes conteúdos forem protegidos de acordo com o Direito desse Estado, os tribunais locais serão competentes para julgar a causa.

Analogamente, o Tribunal de Justiça afirmou no acórdão *Hejduk*:

1202 Art. 12A, § 6, n.º 1: «For the application of paragraph 4, 2nd sentence, an infringement is held to occur in a Contracting State where the right exists, provided that a) the activity or omittance by which the right is claimed to be infringed has commercial effect or, if commercial effect is lacking, a substantial impact in that Contracting State, or b) the activity by which the right is claimed to be infringed is intentionally directed towards the Contracting State».

1203 Cfr., sobre o tema, para maiores desenvolvimentos, o nosso estudo «O tribunal competente no contexto digital: desenvolvimentos recentes», *RDI,* 2016, pp. 171 ss.

1204 ECLI:EU:C:2013:635. Cfr. a descrição dos factos que deram origem ao acórdão *supra,* § 1.º/III/d).

1205 ECLI:EU:C:2015:28.

1206 Cfr. o acórdão *e-Date Advertising c. Martinez,* de 25 de outubro de 2011, proc. C-509/09, ECLI:EU:C:2011:685, cit. *supra,* § 17.º/I, alínea *d).*

«O artigo 5.º, ponto 3, do Regulamento (CE) n.º 44/2001 [...] deve ser interpretado no sentido de que, no caso de uma violação alegada dos direitos de autor e dos direitos conexos com o direito de autor garantidos pelo Estado-Membro do órgão jurisdicional chamado a decidir, este é competente, a título do lugar da materialização do dano, para conhecer de uma ação fundada em responsabilidade por violação desses direitos em virtude da colocação em linha de fotografias protegidas num sítio Internet acessível na sua jurisdição.»

A simples acessibilidade de um conteúdo colocado na Internet afigura-se-nos, contudo, uma conexão insuficiente para fundar a competência dos tribunais do país onde ela se verifica. É que essa acessibilidade ocorre hoje em praticamente todos os países do mundo, o que gera uma potencial multiplicação *ad infinitum* dos tribunais competentes. Basta, com efeito, que num país haja infração, à luz da lei local, para que o autor da colocação em linha de um conteúdo alegadamente protegido nesse país possa ser aí judicialmente perseguido. Facilita-se assim o *forum shopping* e fomenta-se a imprevisibilidade, para o demandado, do foro onde a ação movida pelo titular de direitos será instaurada, com o risco de se coartar indevidamente a sua liberdade de expressão e de iniciativa económica[1207].

A esta ordem de preocupações procuram atender os *Princípios CLIP*, cujo art. 2:202 dispõe:

«In disputes concerned with infringement of an intelectual property right, a person may be sued in the courts of the State where the alledged infringement occurs or may occur, unless the alledged infringer has not acted in that State to initiate or further the infringement and her or his activity cannot reasonably be seen as having been directed to that State.»

[1207] Ver, exprimindo igualmente reservas quanto à decisão proferida pelo Tribunal de Justiça da União Europeia no caso *Pinckney*, Pedro de Miguel Asensio, *Derecho Privado de Internet*, cit., pp. 613 s. e 845 ss.; «El lugar del daño como fundamento de la competencia internacional en los litigios sobre derechos de autor», *in* Dário Moura Vicente *et al.* (coordenadores), *Estudos de Direito Intelectual Estudos de Direito Intelectual em Homenagem ao Prof. Doutor José de Oliveira Ascensão*, Coimbra, 2015, pp. 511 ss.; e «Internet, jurisdiction», *in* Jürgen Basedow/Franco Ferrari/Pedro de Miguel Asensio/Giesela Rühl (orgs.), *Encyclopedia of Private International Law*, Cheltenham/Northampton, 2017, vol. 2, pp. 989 ss. (p. 997). O autor observa pertinentemente a este propósito, na obra referida em primeiro lugar: «cabe plantear si no hubiera sido apropiado recoger la exigencia, para fijar el lugar de la materialización del daño, de que no sólo el sitio a través del cual se venden las copias esté accesible en el Estado para el que se reclama protección sino que además a través del mismo se vendan copias en ese Estado. Se trata de una matización relevante, pues muchos sitios de Internet están accesibles en todo mundo, pero sólo comercializan sus servicios o productos en algún o algunos Estados».

Os *Princípios CLIP* socorrem-se assim de uma *cláusula de exceção* em ordem a afastar a competência dos tribunais do *locus delicti* quando a atividade do alegado infrator não tenha sido dirigida ao território do Estado em que se situam esses tribunais. O critério do *direcionamento de atividades*, acima referido, é, pois, também adotado nesta regra, embora com uma formulação negativa. Exclui-se deste modo a competência jurisdicional nos casos em que a mera acessibilidade se revele uma conexão insuficiente com o Estado do foro. A direção de atividades tem de manifestar-se nas comunicações eletrónicas ou no sítio Internet em causa (*v.g.* pela utilização da língua local, pela referência à moeda local, etc.).

Nesta matéria, a jurisprudência alemã acima citada e os *Princípios CLIP* apresentam, a nosso ver, a solução preferível, ao conjugarem o requisito da *acessibilidade* no Estado do foro dos conteúdos alegadamente em infração com o *direcionamento da atividade* do infrator para esse Estado; solução essa que, aliás, encontrou adesões de relevo na doutrina especializada[1208].

Neste sentido se pronunciara, aliás, o Advogado-Geral Niilo Jääskinen no caso *Pinckney*, ao preconizar que fossem consideradas competentes, na espécie, as «jurisdições do E.M. para onde o sítio em causa direciona a sua atividade»; e ao rejeitar expressamente o critério da simples acessibilidade[1209]:

> «Com efeito», escreveu o Advogado-Geral, «este elemento de conexão encoraja a escolha do foro mais favorável («forum shopping»), contrariando a jurisprudência do Tribunal de Justiça, que consistentemente tentou conter este risco na sua interpretação do Regulamento n.º 44/2001.»

O Tribunal não atendeu, todavia, a esta opinião nos casos referidos, tendo optado pelo critério da *mera acessibilidade* em ordem a aferir a competência jurisdicional, ainda que limitando-a, como se verá a seguir, através da respetiva restrição aos danos sofridos pela vítima no Estado do foro.

[1208] Vejam-se, preconizando *de jure condendo* esta solução, James J. Fawcett/Paul Torremans, *Intellectual Property and Private International Law*, cit., p. 559, que escrevem: «The question is whether the website is directed towards a Member State. If it is, that constitutes a place of distribution, and jurisdiction should be allocated to that Member State». Na mesma linha fundamental de orientação, cfr. ainda Pedro de Miguel Asensio, *Derecho Privado de Internet*, cit., pp. 612 ss.; Thomas Hoeren, *Internetrecht*, cit., p. 22; e Eleonora Rosati, *Copyright and the Court of Justice of the European Union*, cit., p. 170. Em sentido diverso, veja-se Nataliya Hitsevitch, «The accessibility of a website as a basis of jurisdiction in the case of IPR infringement over the internet», *JIPLP*, 2016, pp. 846 ss,

[1209] Conclusões apresentadas em 13 de junho de 2013, n.º 68.

Um acórdão mais recente, proferido no caso *AMS Neve e outros c. Heritage Audio SL*[1210], revela, porém, uma certa evolução na orientação seguida pelo Tribunal de Justiça da União Europeia a este respeito.

Curava-se na espécie do tribunal competente para julgar uma ação de infração de uma marca da União Europeia, relativamente à qual a primeira demandante, uma sociedade com sede no Reino Unido, era titular de uma licença exclusiva. A primeira demandada era uma sociedade com sede em Espanha, que comercializava equipamentos áudio e que havia alegadamente contrafeito a referida marca.

Os demandados eram acusados de terem disponibilizado para venda, a consumidores no Reino Unido, imitações de produtos da primeira demandante com um sinal idêntido ou semelhante a essa marca.

Esses produtos eram comercializados através do sítio Internet e das contas Facebook e Twitter da primeira demandada. As respetivas ofertas de venda estavam redigidas em língua inglesa e uma rubrica do resptivo sítio Internet intitulada «*where to buy*» enumerava distribuidores estabelecidos em diferentes países, incluindo o Reino Unido. Resultava além disso das condições gerais de venda que essa demandada aceitava encomendas provenientes de qualquer Estado-Membro da União Europeia.

A ação foi intentada perante um tribunal do Reino Unido, tendo os demandados deduzido a exceção de incompetência daquele. O *Court of Appeal* de Inglaterra e Gales submeteu ao Tribunal de Justiça da União Europeia a seguinte questão prejudicial respeitante à interpretação do art. 97.º, n.º 5, do Regulamento (CE) n.º 207/2009, relativo à Marca Comunitária (correspondente ao atual art. 125.º, n.º 5, do Regulamento (UE) n.º 2017/1001, relativo à Marca da União Europeia), por força do qual as ações de contrafação podem ser intentadas nos tribunais dos Estados-Membros em cujo território a infração «tenha sido cometida, ou esteja em vias de ser cometida»:

> «Quando uma empresa estabelecida e com sede no Estado-Membro A tenha tomado medidas nesse território para anunciar e oferecer para venda produtos com um sinal idêntico ao de uma marca da União Europeia num sítio [Internet] destinado a comerciantes e consumidores no Estado-Membro B: i) um tribunal de marcas da União Europeia no Estado-Membro B é competente para conhecer de uma ação de contrafação de uma marca da União Europeia relativa ao anúncio e oferta de venda dos produtos nesse território? [...].»

[1210] Acórdão de 5 de setembro de 2019, proc. C-172/18, ECLI:EU:C:2019:674.

A este respeito, o Advogado-Geral Szpunar aduzira, em opinião de 28 de março de 2019:

«the internet is, by nature, worldwide and found everywhere. If the fact that a website is accessible from the territory of a Member State is regarded as sufficient to confer jurisdiction on the courts of that Member State, this would lead to a considerable increase in the number of fora with jurisdiction as regards infringement of EU trade marks.»

E daqui inferiu:

«the place from which a website may be accessed is not a sufficient criterion to establish the jurisdiction of the courts of that Member State under Article 97(5) of Regulation No 207/2009.»

Como alternativa ao critério da mera acessibilidade através ds Internet do sinal protegido, preconizou o Advogado-Geral, na sua opinião, o *direcionamento da atividade* do infrator para certo Estado:

«where the defendant is accused of acts consisting in an advertisement and an offer for sale on a website, the criterion which enables the jurisdiction of EU trade mark courts to be established on the basis of Article 97(5) of Regulation No 207/2009 is the public targeted by that advertising and that offer for sale, namely the public of the Member State concerned.»

Ora, esta orientação foi desta vez seguida pelo Tribunal de Justiça, que no seu acórdão declarou:

«O artigo 97.º, n.º 5, do Regulamento (CE) n.º 207/2009 do Conselho, de 26 de fevereiro de 2009, sobre a marca [da União Europeia], deve ser interpretado no sentido de que o titular de uma marca da União Europeia, que se considera lesado pela utilização sem o seu consentimento, por um terceiro, de um sinal idêntico a essa marca em anúncios e ofertas de venda publicados por via eletrónica relativamente a produtos idênticos ou semelhantes àqueles para os quais a referida marca está registada, pode intentar uma ação de contrafação contra esse terceiro num tribunal de marcas da União Europeia do Estado-Membro em cujo território se encontram os consumidores e os profissionais a que se destinam esses anúncios ou essas ofertas de venda, não obstante o facto de o referido terceiro ter tomado as decisões e as medidas tendo em vista essa publicação eletrónica noutro Estado-Membro.»

O tribunal do Reino Unido pode, assim, conhecer da ação relativa à infração da marca, não obstante o alegado infrator encontrar-se sediado em Espanha; mas isto apenas se e na medida em que se demonstre que os anúncios e ofertas de vendas deste *se destinavam a consumidores ou profissionais situados naquele primeiro país*, isto é, *que foram por ele visados*.

A jurisprudência mais recente do Tribunal de Justiça parece reconhecer a superioridade desta solução sob o prisma da desejável conciliação dos interesses em jogo; do mesmo passo que se afasta do entendimento anteriormente expresso pelo mesmo Tribunal, segundo o qual o elemento de conexão previsto na referida disposição do Regulamento da Marca Comunitária «visa o território do Estado-Membro em que o evento que origina a alegada contrafação ocorreu ou poderá ocorrer e não o território do Estado-Membro em que a referida contrafação produz os seus efeitos»[1211].

c) Âmbito da competência do tribunal do locus damni. – Na competência do tribunal do lugar do facto danoso, prevista no art. 7.º, n.º 2, do Regulamento de Bruxelas I*bis*, compreende-se qualquer ação que pretenda desencadear a responsabilidade do réu e que não esteja relacionada com a matéria contratual, na aceção do n.º 1 do mesmo preceito[1212].

Uma questão se coloca, porém, a este propósito: a de saber quais os danos compreendidos na competência do tribunal do país da atividade danosa. Também a este respeito se podem conceber diversas soluções.

De acordo com a primeira, o referido tribunal tem competência ilimitada, podendo, por conseguinte, conhecer da totalidade dos danos resultantes da infração em causa, onde quer que estes se hajam registado.

Nos termos da segunda, esse tribunal apenas pode conhecer dos danos causados no Estado em que a ação foi proposta, sem prejuízo de o foro do evento causal poder conhecer da totalidade dos danos sofridos pela vítima. Assim o entendeu o Tribunal de Justiça das Comunidades Europeias, pelo que respeita à lesão de direitos de personalidade, no caso *Fiona Shevill e outros c. Presse Alliance*[1213].

1211 Cfr. o acórdão *Coty Germany GmbH c. First Note Perfumes N*, decidido em 2014, proc. C-360/12, ECLI:EU:C:2014:1318, n.º 34.

1212 Assim o acórdão do Tribunal de Justiça das Comunidades Europeias de 27 de setembro de 1988, caso *Kalfelis c. Schröder*, *CJTJ*, 1988, pp. 5565 ss.

1213 Cfr. o acórdão de 7 de março de 1995, *CJTJ*, 1995, I, pp. 415 ss., em que o Tribunal declarou: «a expressão "lugar onde ocorreu o facto danoso", utilizada no artigo 5.º, n. 3, da convenção de 27 de setembro de 1968 relativa à competência judiciária e à execução de decisões em matéria civil e comercial, após as alterações introduzidas pela convenção de 9 de outubro de 1978 relativa à adesão do Reino da Dinamarca, da Irlanda e do Reino Unido da Grã-Bretanha e da Irlanda do

Em conformidade com a terceira, o tribunal do *locus damni* apenas pode conhecer dos danos resultantes da violação de um direito protegido pelo sistema jurídico do Estado do foro, ainda que hajam sido concomitantemente violados direitos protegidos por outros sistemas jurídicos[1214].

Trata-se, como é bom de ver, de uma questão de particular relevância nos casos de violações de direitos intelectuais cometidas através da Internet, dada a multiplicidade de países onde aquela atividade é suscetível de produzir efeitos danosos. Mas o problema pode pôr-se relativamente à generalidade das ações de contrafação e outras fundadas na violação de direitos de propriedade intelectual.

De novo se nos afigura que nenhuma das soluções apontadas é inteiramente satisfatória.

A primeira, porque leva longe demais o princípio da ubiquidade, favorecendo indevidamente o *forum shopping*, o que teria consequências potencialmente muito gravosas, nomeadamente, para a viabilidade do comércio eletrónico, pela inibição de colocação de conteúdos em rede que poderia provocar.

A segunda e a terceira, porque dão origem a uma fragmentação excessiva da competência judiciária, particularmente melindrosa quando o réu se encontre domiciliado ou estabelecido num país distante (porventura um «paraíso informático»), a que a vítima tenha difícil acesso ou cujos tribunais sejam indevidamente restritivos na condenação dos infratores de direitos intelectuais alheios.

De jure condendo, justificar-se-ia assim, nos ilícitos cometidos à distância, uma *via media* entre as soluções referidas. Esta consistiria em admitir a competência

Norte e pela Convenção de 25 de outubro de 1982 relativa à adesão da República Helénica, em caso de difamação através de um artigo de imprensa divulgado em vários Estados contratantes, deve ser interpretada no sentido de que a vítima pode intentar uma ação de indemnização contra o editor ou nos órgãos jurisdicionais do Estado contratante do lugar de estabelecimento do editor da publicação difamatória, competentes para reparar a integralidade dos danos resultantes da difamação, ou nos órgãos jurisdicionais de cada Estado contratante em que a publicação foi divulgada e onde a vítima alega ter sofrido um atentado à sua reputação, *competentes para conhecer apenas dos danos causados no Estado do tribunal onde a ação foi proposta*» (sublinhado nosso). No caso *Epoux Wegmann c. Société Elsevier science Ltd*, esta solução jurisprudencial foi estendida pelo Tribunal da Cassação francês à contrafação de uma obra literária realizada através da imprensa: cfr. o acórdão de 16 de julho de 1997, *Clunet*, 1998, pp. 136 ss. Tendo a ré, uma sociedade constituída de acordo com o Direito inglês, editado no Reino Unido uma revista científica em que omitiu o nome dos autores, os tribunais franceses apenas seriam competentes para julgar o pedido de reparação dos prejuízos causados mediante a respetiva distribuição em França; só os tribunais ingleses seriam competentes para conhecer da totalidade dos danos resultantes da contrafação, incluindo os sofridos noutros países onde a mesma revista fora distribuída. Veja-se ainda, no mesmo sentido, o segundo período do § 204 (2) dos *Princípios do American Law Institute*, citado acima.

[1214] Nesta linha de orientação, referindo-se ao Direito de Autor alemão, pronuncia-se Katzenberger, *in* Schricker (org.), *Urheberrecht. Kommentar*, cit., p. 2144.

dos tribunais atrás considerados para conhecerem da totalidade do dano desde que uma *parte substancial* da atividade ilícita em questão haja sido praticada no Estado do foro, *v.g.* por se situar nele o mercado a que os produtos ou serviços oferecidos pelo réu eram principalmente dirigidos. Assim se conciliariam adequadamente os interesses em jogo nesta matéria: o autor não teria que demandar o réu numa pluralidade de países a fim de obter o ressarcimento integral do seu dano e o réu não poderia ser demandado, numa ação tendente a esse ressarcimento, perante um tribunal cuja competência fosse imprevisível ou em que lhe fosse excessivamente oneroso defender-se.

O Tribunal de Justiça pronunciou-se, todavia, pela segunda das orientações referidas. Assim, no caso *Pinckney*, o Tribunal declarou, na linha do acórdão *Shevill*:

> «Esse órgão jurisdicional só é competente para conhecer do dano causado no território do Estado-Membro em que se encontra.»

O que significa que se o demandante quiser acionar o infrator pela totalidade dos danos que sofreu terá de fazê-lo perante os tribunais do país do domicílio daquele. Este entendimento foi reiterado *ipsis verbis* no caso *Hejduk*.

A limitação da competência do *forum delicti*, nestes casos, aos danos produzidos localmente origina contudo – cumpre notá-lo – uma fragmentação excessiva da competência judiciária, particularmente melindrosa quando o réu se encontre domiciliado num país distante, a que a vítima tenha difícil acesso ou cujos tribunais sejam indevidamente restritivos na condenação de infratores de direitos intelectuais alheios. A vítima terá então de demandar o autor do ilícito perante os tribunais de uma pluralidade de países a fim de obter o ressarcimento dos danos sofridos, com os custos e as dificuldades a isso inerentes.

Daí que os *Princípios CLIP* admitam que o tribunal do *locus damni* exerça a sua competência quanto à totalidade dos danos sofridos pela vítima, e não apenas os que hajam sido padecidos localmente, sempre que uma *parte substancial* da atividade ilícita ou dos danos sofridos pela vítima tenha tido lugar no Estado do foro.

Procura-se assim evitar à vítima os incómodos ou inconvenientes inerentes a ter de demandar o autor do ilícito pela totalidade dos danos sofridos no país do seu domicílio.

Nesse sentido, dispõe o art. 2:203(2) desse instrumento jurídico:

> «In disputes concerned with infringement carried out through ubiquitous media such as the Internet, the court whose jurisdiction is based on article 2:202 shall also have jurisdiction in respect of infringements that occur or may occur

within the territory of any other State, provided that the activities giving rise to the infringement have no substantial effect in the State, or any of the States, where the infringer is habitually resident and: (a) substantial activities in furtherance of the infringement in its entirety have been carried out within the territory of the State in which the court is situated, or (b) the harm caused by the infringement in the State where the court is situated is substantial in relation to the infringement in its entirety.»

IV – Extensão da competência

a) O problema. – A jurisprudência dos tribunais de diversos Estados-Membros da União Europeia foi, durante algum tempo, favorável tanto à junção, ao abrigo do art. 6.º, n.º 1, da Convenção de Bruxelas (correspondente ao art. 8.º, n.º 1, do Regulamento de Bruxelas I*bis*), de ações relativas à violação de direitos intelectuais registados em diferentes países, como ao reconhecimento de competência aos tribunais do lugar do facto danoso para decidirem a questão incidental da validade do direito, suscitada pelo réu a título de exceção, não obstante o disposto nos arts. 16.º, n.º 4, da Convenção e 24.º, n.º 4, do Regulamento.

Nesta linha de orientação se inseria, designadamente, a teoria da «aranha na teia» (*spin in het web*), formulada pelo Tribunal de Apelação da Haia, nos termos da qual seria competente, ao abrigo do art. 6.º, n.º 1, da Convenção de Bruxelas, para uma ação de contrafação intentada contra sociedades em relação de grupo, que levem a cabo uma estratégia comum de comercialização de determinado produto, mas que se encontrem sedeadas em diferentes países, o tribunal do país onde se encontra sedeada a sociedade que dirigiu a atividade ilícita em questão, ainda que a mesma haja sido executada por sociedades distintas dela[1215].

b) A jurisprudência europeia. – Duas decisões do Tribunal de Justiça da União Europeia vieram, todavia, pôr em causa este entendimento.

Assim, no acórdão proferido em 13 de julho de 2006, no caso *Gesellschaft für Antriebstechnik mbH & Co. KG contra Lamellen und Kupplungsbau Beteiligungs KG*[1216], o Tribunal de Justiça considerou incompatível com o art. 16.º, n.º 4, da Convenção

[1215] Cfr. *Gerechthof's-Gravenhage*, decisão de 23 de abril de 1998, caso *Expandable Grafts Partnership* e outros c. *Boston Scientific BV* e outros, *NIPR*, 1998, pp. 389 ss. Para um confronto da jurisprudência holandesa sobre esta matéria com a do Tribunal de Justiça da União Europeia, *vide* Th. C. J. A. Engelen, «Jurisdiction and Applicable Law in Matters of Intellectual Property», *Electronic Journal of Comparative Law*, vol. 14.3 (dezembro de 2010); e Sierd Schaafsma, «Multiple defendants in intellectual property litigation», *NIPR*, 2016, pp. 696 ss.

[1216] Publicado *in CJTJ*, 2006-I, pp. 6509 ss., e *in IPRax*, 2007, pp. 36 ss. Ver *supra*, § 1.º/III, alínea *c*).

de Bruxelas o julgamento por um tribunal de um Estado-Membro diverso do de depósito ou registo de uma patente, da questão da validade desta, ainda que a mesma haja de ser apreciada a título meramente incidental, na base de uma exceção deduzida pelo réu. Esta orientação jurisprudencial obteve, entretanto, acolhimento expresso na Convenção de Lugano de 2007 e no Regulamento de Bruxelas I*bis*, cujos arts. 22.º, n.º 4, e 24.º, n.º 4, respetivamente, atribuem competência exclusiva aos tribunais do país de depósito ou registo, em matéria de inscrição ou de validade de patentes, marcas, desenhos e modelos e de direitos análogos, «independentemente de a questão seja suscitada por via de ação ou por via de exceção» (o que nem a Convenção de Bruxelas nem o Regulamento de Bruxelas I estabeleciam expressamente).

Noutro acórdão proferido na mesma data, relativo ao caso *Roche Nederland BV e outros contra Frederick Primus e Milton Goldenberg*[1217], o Tribunal rejeitou a junção de ações de contrafação, ao abrigo do art. 6.º, n.º 1, da Convenção de Bruxelas, contra sociedades em relação de grupo, fundada na violação por estas, de forma concertada, de um feixe de patentes europeias concedidas para diversos Estados Contratantes da Convenção de Munique. Para tanto, invocou o Tribunal que: *a)* As ações em apreço não visariam a mesma situação de facto, visto que os réus eram diferentes e os atos de contrafação que lhes eram imputados haviam sido praticados em Estados distintos, não havendo, por conseguinte, o risco de as decisões que sobre elas viessem a ser proferidas serem contraditórias; *b)* A concentração de ações conduziria a uma multiplicação de fatores de competência, que afetaria a previsibilidade das regras de competência da Convenção, fomentando o *forum shopping*; e *c)* Essa concentração de ações não evitaria, de todo o modo, o fracionamento do contencioso em matéria de patentes sempre que fosse suscitada a título incidental a questão da validade destas, a qual, no entender do Tribunal, integra a competência exclusiva prevista no art. 16.º, n.º 4, da Convenção.

A estas decisões – assim como ao *atomized approach* ou à *compartmentalized vision* que lhes subjaz no tocante à determinação da competência internacional em matéria de propriedade intelectual – objetou-se que não tomaram suficientemente em conta o interesse em evitar o fracionamento da competência para julgar questões privadas internacionais por um número excessivo de tribunais nacionais e os reflexos negativos que este fenómeno é suscetível de ter sobre os custos do acesso à justiça e a coerência das decisões judiciais[1218].

1217 Publicado *in CJTJ*, 2006-I, pp. 6535 ss., e *in IPRax*, 2007, pp. 38 ss.

1218 Razão por que foram criticadas por boa parte da doutrina: ver, entre outros, Christian Heinze/Esther Roffael, «Internationale Zuständigkeit für Entscheidungen über die Gültigkeit ausländischer Immaterialgüterrechte», *GRUR Int.*, 2006, pp. 787 ss.; Annete Kur, «A Farewell to Cross-Border Injunctions? The ECJ Decisions *GAT v. LuK* and *Roche Nederland v. Primus and Goldenberg*», *IIC*,

Alude-se, por outro lado, a uma «reterritorialização» do Direito da Propriedade Industrial resultante do acórdão *GAT c. LuK*[1219].

Na verdade, da primeira das decisões referidas resulta que o titular de um feixe de patentes paralelas, relativas ao mesmo invento, infringidas através dos mesmos atos e pela mesma pessoa ou grupo de pessoas, terá de discutir com estas, perante os tribunais de cada um dos países para os quais as patentes foram concedidas, a sua alegada invalidade, ainda que esta apenas haja sido suscitada pelo réu ou réus a título de exceção. E da segunda decorre a necessidade de o titular desse feixe de patentes demandar separadamente os respetivos infratores, sempre que estes atuem em diferentes países, ainda que o façam concertadamente e praticando o mesmo tipo de atos.

Ora, a economia processual e a harmonia de julgados recomendariam uma interpretação restritiva dos arts. 16.º, n.º 4, da Convenção de Bruxelas e do art. 22.º, n.º 4, do Regulamento de Bruxelas I, nos termos da qual apenas ficariam reservadas aos tribunais do Estado-Membro de depósito ou registo as questões relativas à inscrição ou validade de direitos de propriedade industrial que fossem levantadas a título principal. Assim se possibilitaria ao titular do direito concentrar perante um único tribunal (*v.g.* o do domicílio do réu) as ações fundadas na respetiva violação[1220]. Depõem, aliás, neste sentido as versões francesa e portuguesa dos arts. 19.º e 25.º, respetivamente, da Convenção e do Regulamento, nos termos

2006, pp. 844 ss.; Michael Wilderspin, «La compétence juridictionelle en matière de litiges concernant la violation des droits de propriété intellectuelle», *RCDIP*, 2006, pp. 777 ss.; Jens Adolphsen, «Renationalisierung von Patentstreitigkeiten in Europa», *IPRax*, 2007, pp. 15 ss.; Peter Schlosser, *JZ*, 2007, pp. 305 ss.; Pedro de Miguel Asensio, «Cross-Border Adjudication of Intellectual Property Rights and Competition between Jurisdictions», *AIDA*, 2007, pp. 105 ss. (pp. 124 ss.); Arnaud Nuyts/Katarzyna Szychowska/Nikitas Hatzimihail, «Cross-Border Litigation in IP/IT Matters in the European Union: The Transformation of the Jurisdictional Landscape», *in* Arnaud Nuyts (org.), *International Litigation in Intellectual Property and Information Technology*, Austin, etc., 2008, pp. 1 ss. (pp. 26 ss.); Paul Torremans, «The Widening Reach of Exclusive Jurisdiction: Where Can You Litigate IP Rights after GAT?», *in ibidem*, pp. 61 ss.; Cristina Gonzalez Beilfuss, «Is There Any Web for the Spider? Jurisdiction over Co-Defendants after *Roche Nederland*», *in ibidem*, pp. 79 ss.; Fawcett/Torremans, *Intellectual Property and Private International Law*, cit., pp. 348 ss.; Toshiyuki Kono e Paulius Jurcys, «General Report», *in* Toshiyuki Kono (org.), *Intellectual Property and Private International Law: Comparative Perspectives*, cit., pp. 39 ss. e 78 ss.; *Tritton on Intellectual Property in Europe*, cit., p. 1314; Hélène Gaudemet-Tallon/Marie-Élodie Ancel, *Compétence et exécution des jugements en Europe. Règlements 44/2001 et 1215/2012. Conventions de Bruxelles (1968) et de Lugano (1988 et 2007)*, cit., p. 164.

[1219] Assim Marie-Élodie Ancel, «France», *in* Toshiyuki Kono (org.), *Intellectual Property and Private International Law: Comparative Perspectives*, Oxford/Portland, 2012, pp. 525 ss. (p. 544).

[1220] A interpretação restritiva do art. 16.º, n.º 4, da Convenção de Bruxelas foi, de resto, preconizada pelo próprio Tribunal de Justiça no acórdão proferido em 15 de novembro de 1983, no caso *Duijnstee c. Goderbauer*, cit. *supra* (n.º 23).

dos quais apenas tem de declarar-se oficiosamente incompetente o juiz de um Estado-Membro perante o qual tiver sido proposta «a título principal» (*à titre principal*) uma ação relativamente à qual tenha competência exclusiva um tribunal de outro Estado-Membro, por força dos arts. 16.º e 22.º. O que implica que, se a questão de que depende a competência exclusiva for suscitada a título incidental, como exceção, não tem o tribunal de declarar-se oficiosamente incompetente[1221].

O interesse na economia processual e na harmonia de julgados justificaria, por outro lado, que o *forum connexitatis* previsto no art. 6.º, n.º 1, do Regulamento e da Convenção, abrangesse também os litígios respeitantes a uma violação concertada por diversas pessoas de patentes que, embora submetidas ao Direito de Estados diferentes, hajam sido concedidas na base de um exame único e cujo âmbito de proteção se subordine a regras uniformes (conforme sucede com as patentes europeias[1222]).

Tal como o concebe o Tribunal de Justiça, o regime vigente, pelo risco de multiplicação de litígios que lhe é inerente, enfraquece o sistema de patentes na União Europeia[1223]. Pode, além disso, duvidar-se da sua conformidade com as regras do Acordo TRIPS e da Diretiva 2004/48/CE que impõem aos Estados-Membros a obrigação de preverem nos seus sistemas jurídicos processos destinados a assegurar a aplicação efetiva dos direitos intelectuais que não sejam «desnecessariamente complexos ou dispendiosos»[1224].

[1221] Neste sentido, *vide* Miguel Teixeira de Sousa/Dário Moura Vicente, *Comentário à Convenção de Bruxelas de 27 de setembro de 1968 Relativa à Competência Judiciária e à Execução de Decisões em Matéria Civil e Comercial e textos complementares*, Lisboa, 1994, pp. 128 s., e a demais bibliografia aí citada. A mesma opinião foi expendida por Stefania Bariatti, «La giurisdizione e l'esecuzione delle sentenze in materia di brevetti di invenzione nell'ambito della C.E.E.», cit., pp. 519 ss.; Marta Pertegás Sender, *CrossBorder Enforcement of Patent Rights*, cit., p. 166; e Fawcett/Torremans, *Intellectual Property and Private International Law*, 1.ª ed., Oxford, 1998, p. 203. A versão alemã dos arts. 19.º da Convenção de Bruxelas e 25.º do Regulamento de Bruxelas I não contém, é certo, a restrição aludida no texto. Isso não impediu, todavia, diversos autores alemães de a preconizarem: cfr. Reinhold Geimer/Rolf A. Schütze, *Europäisches Zivilverfahrensrecht*, Munique, 2004, pp. 315 e 435; Jan Kropholler, *Europäisches Zivilprozessrecht. Kommentar zu EuGVO, Lugano-Übereinkommen und Europäischem Vollstreckungstitel*, 8.ª ed., Frankfurt a.M., 2005, pp. 247 e 270 s.; Rebekka Hye-Knudsen, *Marken-, Patent- und Urheberrechtsverletzungen im europäischen Internationalen Zivilprozessrecht*, cit., pp. 45 s.; e Peter Mankowski, *in* Thomas Rauscher (org.), *Europäisches Zivilprozessrecht. Kommentar*, 2.ª ed., Munique, 2006, pp. 376 ss.

[1222] Cfr. os arts. 69.º e 90.º e seguintes da Convenção da Patente Europeia.

[1223] Reconhece-o a própria Comissão Europeia, na *Comunicação da Comissão ao Parlamento Europeu e ao Conselho. Melhoria do sistema de patentes na Europa*, documento COM (2007) 165 final, de 3 de abril de 2007, p. 6.

[1224] Cfr. os arts. 41.º, n.º 2, do Acordo TRIPS e 3.º, n.º 1, da Diretiva 2004/48/CE.

Os referidos limites à concentração de ações não valem, em todo o caso, quanto às marcas da União Europeia e aos desenhos e modelos comunitários: sendo deduzido um pedido reconvencional de declaração de nulidade destes numa ação fundada na respetiva violação, pode o tribunal julgá-lo, contanto que informe disso o Instituto da Propriedade Intelectual da União Europeia[1225]. Outro tanto sucede pelo que respeita às marcas internacionais[1226].

Por outro lado, consoante o admitiu o Tribunal de Justiça no acórdão proferido em 1 de dezembro de 2011 no caso *Painer*[1227], o simples facto de as ações intentadas contra vários demandados, por violações de direitos de autor substancialmente idênticas, terem bases legais nacionais que diferem segundo os Estados-Membros não obsta à aplicação do atual art. 8.º, n.º 1 (ex-art. 6.º, n.º 1), do Regulamento de Bruxelas I*bis*. Segundo o Tribunal de Justiça, incumbe nesses casos ao órgão jurisdicional nacional, tendo em conta todos os elementos dos autos, apreciar a existência de um risco de decisões inconciliáveis, se as ações fossem julgadas separadamente.

O Tribunal de Justiça tornou a flexibilizar a sua interpretação do art. 6.º, n.º 1, do Regulamento de Bruxelas I no acórdão proferido no caso *Solvay*[1228], em que observou que, a fim de apreciar a existência de um *nexo de conexão* entre os diferentes pedidos que lhe são apresentados e, por conseguinte, do *risco de decisões inconciliáveis* caso esses pedidos sejam julgados separadamente, o órgão jurisdicional nacional deve ter em conta a circunstância de, por um lado, os demandados no processo principal serem acusados, separadamente, dos mesmos atos de contrafação relativamente aos mesmos produtos e de, por outro, tais atos de contrafação terem sido cometidos nos mesmos Estados-Membros, violando assim as mesmas partes nacionais da patente europeia em causa. Admitindo nesta base a concentração do contencioso relativo a diferentes partes nacionais da mesma patente europeia perante uma das jurisdições nacionais competentes, declarou o tribunal:

[1225] Cfr. os arts. 128.º do Regulamento da Marca da União Europeia e 86.º do Regulamento relativo aos Desenhos e Modelos Comunitários.

[1226] Cfr. o acórdão do Tribunal Federal suíço de 4 de abril de 2007, relativo ao caso *Eurojobs Personaldienstleistungen, S.A. c. Eurojob A.G.*, disponível em http://www.decisions.ch. Tendo sido deduzido perante os tribunais suíços, numa ação fundada na alegada violação da marca internacional «Eurojobs», originariamente registada no Liechtenstein, um pedido reconvencional de declaração de nulidade desta, por a mesma ser desprovida de caráter distintivo, o referido tribunal aprovou a decisão do Tribunal de Comércio de Zurique, onde a ré se encontrava domiciliada, que se havia considerado competente para julgar a causa ao abrigo da Convenção de Lugano.

[1227] Proc. C-145/10, ECLI:EU:C:2011:798.

[1228] Proc. C-616/10, ECLI:EU:C:2012:445.

«O artigo 6.º, ponto 1, do Regulamento (CE) n.º 44/2001 do Conselho, de 22 de dezembro de 2000, relativo à competência judiciária, ao reconhecimento e à execução de decisões em matéria civil e comercial, deve ser interpretado no sentido de que uma situação em que duas ou mais sociedades estabelecidas em diferentes Estados-Membros são acusadas, separadamente, num processo pendente num órgão jurisdicional de um desses Estados-Membros, de contrafação da mesma parte nacional de uma patente europeia, tal como está em vigor noutro Estado-Membro, devido a atos reservados relativos ao mesmo produto, é suscetível de conduzir a soluções inconciliáveis se as causas forem julgadas separadamente, na aceção desta disposição. Incumbe ao órgão jurisdicional de reenvio apreciar a existência desse risco, atendendo a todos os elementos pertinentes dos autos.»

Por último, no já referido acórdão de 27 de setembro de 2017, proferido no caso *Nintendo*[1229], respeitante a uma ação de contrafação de um desenho e modelo comunitário intendada contra réus domiciliados em diferentes Estados-Membros, o Tribunal de Justiça voltou a admitir a aplicação do art. 6.º, n.º 1, do Regulamento de Bruxelas, agora com fundamento em que «é o direito exclusivo de utilizar o desenho ou modelo comunitário, de que é titular, e de proibir qualquer utilização sem o seu consentimento, consagrado no artigo 19.º do Regulamento n.º 6/2002, que este titular visa proteger quando intenta uma ação de contrafação. Uma vez que esse direito produz os mesmos efeitos em todo o território da União, a circunstância de algumas das decisões que o órgão jurisdicional competente poder vir a proferir para garantir o respeito desse direito dependerem das disposições do direito nacional não é relevante no que respeita à existência de uma mesma situação de direito para efeitos da aplicação do artigo 6.º, ponto 1, do Regulamento n.º 44/2001»[1230].

Neste pressuposto, declarou o Tribunal no referido acórdão:

«O Regulamento (CE) n.º 6/2002 do Conselho, de 12 de dezembro de 2001, relativo aos desenhos ou modelos comunitários, lido em conjugação com o artigo 6.º, ponto 1, do Regulamento (CE) n.º 44/2001 do Conselho, de 22 de dezembro de 2000, relativo à competência judiciária, ao reconhecimento e à execução de decisões em matéria civil e comercial, deve ser interpretado no sentido de que, em circunstâncias como as dos processos principais, nas quais a competência internacional de um tribunal de desenhos ou modelos comunitários chamado a julgar uma ação de contrafação assenta, relativamente a um primeiro demandado, no artigo 82.º, n.º 1, do Regulamento n.º 6/2002 e, relativamente a um segundo

[1229] Procs. apensos C-24/16 e C-25/16, ECLI:EU:C:2017:724.

[1230] N.º 49 do acórdão.

demandado estabelecido noutro Estado-Membro, nesse artigo 6.º, ponto 1, lido em conjugação com o artigo 79.º, n.º 1, do Regulamento n.º 6/2002, atendendo a que este segundo demandado fabrica e fornece ao primeiro os produtos que este último comercializa, este tribunal pode, a pedido da parte demandante, proferir decisões relativamente ao segundo demandado respeitantes às medidas previstas no artigo 89.º, n.º 1, e no artigo 88.º, n.º 2, do Regulamento n.º 6/2002, que abranjam igualmente comportamentos deste segundo demandado distintos dos que estão associados à cadeia de distribuição acima mencionada e que têm um âmbito que se estende a todo o território da União Europeia.»

c) A jurisprudência norte-americana. – Uma orientação convergente, nos resultados a que chegou, com a que foi expressa pelo Tribunal de Justiça da União Europeia nas decisões proferidas nos casos *GAK* e *Roche* foi adotada pelo *United States Court of Appeals for the Federal Circuit*, no já referido caso *Voda v. Cordis*[1231].

Também aí estava em causa a violação de diversas patentes, nos Estados Unidos e em países estrangeiros (a Alemanha, o Canadá, a França e o Reino Unido), referentes ao mesmo invento. O autor, domiciliado no Ocklahoma, demandara com esse fundamento a ré, uma sociedade constituída na Flórida, perante um tribunal daquele primeiro Estado. A ré contestara a competência do tribunal para julgar as alegadas violações de patentes estrangeiras.

Em sede de recurso, o tribunal de apelação do Circuito Federal entendeu que a primeira instância exercera indevidamente a *supplemental jurisdiction* que a lei federal norte-americana confere aos *district courts* pelo que respeita a «quaisquer outras pretensões que estejam de tal forma relacionadas com as pretensões deduzidas na ação que formem parte do mesmo caso ou controvérsia»[1232]. Para tanto, invocou o tribunal cinco ordens de considerações. Em primeiro lugar, nos

[1231] Cfr. *supra*, § 20.º/I, alínea *b)*. Para um comentário desta decisão e o seu confronto com as decisões comunitárias referidas no texto, vejam-se: Marko Schauwecker, «Zur internationalen Zuständigkeit bei Patentverletzungsklagen – Der Fall *Voda v. Cordis* im Lichte europäischer und internationaler Entwicklungen», *GRUR Int.*, 2007, pp. 96 ss.; e Marta Pertegás Sender, «The Appropriate Venue for Cross-Border Patent Disputes: Heading (Far) West?», *in* Arnaud Nuyts (org.), *International Litigation in Intellectual Property and Information Technology*, Austin, etc., 2008, pp. 89 ss.

[1232] Cfr. United States Code, Título 28 («Judiciary and Judicial Procedure») secção 1367 (a): «Except as provided in subsections (b) and (c) or as expressly provided otherwise by Federal statute, in any civil action of which the district courts have original jurisdiction, the district courts shall have supplemental jurisdiction over all other claims that are so related to claims in the action within such original jurisdiction that they form part of the same case or controversy under Article III of the United States Constitution. Such supplemental jurisdiction shall include claims that involve the joinder or intervention of additional parties».

termos da Convenção de Paris, a que os Estados Unidos aderiram em 1970, as patentes concedidas em cada país são independentes das dos demais países; e nada nessa Convenção, nem no PCT e no Acordo TRIPS, permite aos tribunais de um Estado julgar a validade e as violações das patentes atribuídas pelos demais. Em segundo lugar, a «cortesia» (*comity*) nas relações com Estados estrangeiros não consentiria o exercício pelo *district court* da referida *supplemental jurisdiction* relativamente à alegada violação de patentes estrangeiras, porquanto isso faria perigar a uniformidade da aplicação da lei de cada país em matéria de patentes. Em terceiro lugar, o exercício da jurisdição pelos tribunais norte-americanos seria contrário à economia processual (*judicial economy*), dada a inexistência de um tratado internacional que assegure o reconhecimento das decisões desses tribunais nos países estrangeiros que concederam as patentes *sub judice*. Em quarto lugar, o *district court* seria, no caso em apreço, «foro inconveniente» (*forum non conveniens*), dados nomeadamente os custos que implicaria a obtenção e a tradução dos meios de prova necessários ao julgamento das questões relativas às patentes estrangeiras. Em quinto lugar, a doutrina do *act of state* reclamaria que os tribunais norte-americanos se abstivessem de apreciar a validade de patentes estrangeiras, pelo que se lhes fosse dado julgar a sua alegada violação teriam de presumi-la, o que poderia traduzir-se em injustiça para o alegado infrator.

Também estes argumentos não são incontestáveis. No seu voto de vencido, o juiz Newman salientou, em primeiro lugar, que as patentes em causa tinham uma origem e textos comuns, visto que haviam sido concedidas na base de um pedido formulado ao abrigo do PCT, sendo também idênticos os desenhos e as especificações que as integravam; a decisão de uma causa relativa a essas patentes não se revestiria, por conseguinte, de uma complexidade tal que a tornasse inacessível a um tribunal americano. Em segundo lugar, nada permitiria supor que a multiplicação de ações referentes a essas patentes, mediante a sua propositura em cada um dos países que as concederam, acautelaria melhor a economia processual. Em terceiro lugar, a concessão de uma patente não constituiria, na perspetiva daquele magistrado, um *act of state*, visto que não se trataria aqui de um ato reservado ao poder executivo nem as questões internacionais dela emergentes teriam de ser necessariamente resolvidas pela via diplomática; pelo que essa doutrina não seria relevante na decisão do caso. Em quarto lugar, nenhum dos tratados internacionais invocados pela maioria dos juízes (a Convenção de Paris, o PCT e o TRIPS) proíbe a resolução pelos tribunais dos respetivos Estados contratantes de litígios entre privados referentes a direitos sobre patentes estrangeiras. Finalmente, a doutrina da *comity* não impediria os tribunais norte-americanos de julgarem casos relativos a patentes sujeitas a Direitos estrangeiros, assim como não tem impedido tribunais estrangeiros de julgarem causas relativas a patentes submetidas ao Direito dos Estados Unidos.

d) Propostas de reforma legislativa e instrumentos de soft law. – As reservas acima expressas quanto à eficácia do atual sistema de tutela jurisdicional de propriedade intelectual, tal como o configuram as decisões descritas, tiveram eco nas propostas de reforma do Regulamento de Bruxelas I formuladas pelo *European Max-Planck Group for Conflict of Laws in Intellectual Property* e nos *Princípios CLIP*.

Nos termos da primeira[1233], o art. 6.º, n.º 1, do Regulamento de Bruxelas I deveria passar a prever que uma pessoa domiciliada num Estado-Membro pode também ser demandada, quando for um dentre vários réus, nos tribunais do lugar onde qualquer deles se encontra domiciliado, desde que os pedidos se encontrem tão estreitamente conexos que seja conveniente instruí-los e julgá-los conjuntamente a fim de evitar o risco de decisões inconciliáveis resultante de processos separados. Para os efeitos dessa disposição, considerar-se-ia que o risco de decisões inconciliáveis existe em litígios que envolvam «essencialmente a mesma situação jurídica e de facto». Não seria excluída uma decisão de que os litígios envolvem a mesma situação jurídica pelo simples facto de serem aplicáveis diferentes leis nacionais aos processos separados, contanto que as regras aplicáveis das leis nacionais relevantes se encontrem harmonizadas num grau considerável por legislação comunitária ou seja aplicável uma convenção internacional a cada um desses processos.

Esta proposta viria a ser posteriormente refletida nos *Princípios CLIP*, cujo art. 2:206 estabelece, no tocante às hipóteses de «multiple defendants»:

> (1) A person who is one of a number of defendants may also be sued in the courts of the State where any of the defendants is habitually resident, provided the claims are so closely connected that it is appropriate to hear and determine them together to avoid the risk of incompatible judgments resulting from separate proceedings.
>
> (2) For the purposes of paragraph 1, a risk of incompatible judgments requires a risk of divergence in the outcome of the actions against the different defendants which arises in the context of essentially the same situation of law and fact. In particular in infringement disputes and subject to the individual circumstances of the case, (a) disputes involve essentially the same factual situation if the defendants have, even if in different States, acted in an identical or similar manner in accordance with a common policy; (b) disputes may involve essentially the same legal situation even if different national laws are applicable to the claims against the different defendants, provided that the relevant national laws are harmonised to a significant

[1233] Cfr. «Exclusive Jurisdiction and Cross Border IP (Patent) Infringement. Suggestions for Amendment of the Brussels I Regulation», *EIPR*, 2007, pp. 193 ss.; *vide* também, da mesma entidade, «Intellectual Property and the Reform of Private International Law – Sparks from a Difficult Relationship», *IPRax*, 2007, pp. 284 ss.

degree by rules of a regional economic integration organisation or by international conventions which are applicable to the disputes in question.»

Por seu turno, o art. 22.º, n.º 4, do Regulamento deveria passar a prever, segundo a proposta do *European Max-Planck Group*, que a competência exclusiva dos tribunais do Estado-Membro em que o registo tiver sido efetuado, pelo que respeita aos processos que tenham por objeto o registo ou a validade de patentes, não se aplica quando as questões relativas à validade ou ao registo não sejam suscitadas num pedido principal ou numa reconvenção. Em qualquer caso, as decisões proferidas em tais processos não afetariam a validade ou o registo de tais direitos perante terceiros.

Também esta proposta achou acolhimento nos *Princípios CLIP*, cujo art. 2:401 dispõe, sob a epígrafe «registration and invalidity»:

> «(1) In disputes having as their object a judgment on the grant, registration, validity, abandonment or revocation of a patent, a mark, an industrial design or any other intellectual property right protected on the basis of registration, the courts in the State where the right has been registered or is deemed to have been registered under the terms of an international Convention shall have exclusive jurisdiction.
>
> (2) Paragraph 1 does not apply where validity or registration arises in a context other than by principal claim or counterclaim. The decisions resulting from such disputes do not affect the validity or registration of those rights as against third parties.»

Consagra-se assim nos *Princípios CLIP* um entendimento da competência exclusiva dos tribunais do país do registo dos direitos de propriedade intelectual substancialmente mais restritivo do que aquele que resulta da jurisprudência do Tribunal de Justiça da União Europeia[1234].

Na mesma linha fundamental de orientação se inserem os *Princípios* do *American Law Institute*. De acordo com este texto, o demandante que instaurar uma ação contra uma pessoa residente em determinado Estado pode também demandar nele outras pessoas que não residam nele, contanto que os pedidos deduzidos contra o réu residente e os demais réus se encontrem tão estreitamente conexos que devam ser julgados conjuntamente a fim de evitar o risco de decisões incompatíveis. Requer-se, todavia, para este efeito, que exista uma conexão

[1234] Cfr. Christian Heize, «A Framework for International Enforcement of territorial Rights: The CLIP Principles on Jurisdiction», *in* Jürgen Basedow, Toshiyuki Kono e Axel Metzger (orgs.), *Intellectual Property in the Global Arena: Jurisdiction, Applicable Law, and the Recognition of Judgments in Europe, Japan and the US*, Tubinga, 2010, pp. 53 ss. (pp. 59 ss.).

substancial, direta e previsível entre os direitos de propriedade intelectual do Estado do foro e cada um dos réus não residentes nele ou, em alternativa, que não exista um foro mais estreitamente conexo com o litígio[1235].

Por outro lado, um tribunal é competente, de acordo com os *Princípios*, para decidir pedidos e exceções em matéria de propriedade intelectual fundados em leis estrangeiras. Contudo, uma decisão sobre a validade de direitos registados no estrangeiro apenas produz efeitos entre as partes[1236]. O tribunal pode, além disso, decidir pedidos reconvencionais e exceções resultantes do mesmo facto em que se baseia o pedido do autor, independentemente da origem territorial dos direitos em causa ou da parte que os invoca, mas relativamente a cada pedido deve ter competência em razão da matéria de acordo com o Direito local e competência em razão do território nos termos dos *Princípios*[1237]. Uma ação tendente à declaração de invalidade do registo de direitos atribuídos por diversos Estados pode ser instaurada no Estado da residência do réu; os efeitos da decisão sobre direitos registados no estrangeiro limitam-se, todavia, às partes na ação[1238].

Conduz ao mesmo resultado o já referido art. 2.º, n.º 3, da Convenção de Haia Sobre os Acordos de Eleição do Foro Competente, por força do qual as questões excluídas do âmbito de aplicação dessa Convenção (entre as quais se inclui a

[1235] § 206 (1): «A plaintiff bringing an action against a person in a State in which that person is resident may also proceed in that State against one or more nonresident defendants if the claims against the resident defendant and such other defendants are so closely connected that they should be adjudicated together to avoid a risk of inconsistent judgments, and if: (a) there is a substantial, direct, and foreseeable connection between the forum's intellectual property right at issue and each nonresident defendant; or (b) as between the forum and the States in which the added defendants are resident, there is no forum that is more closely related to the entire dispute».

[1236] § 211: «(1) Except as provided in subsection (2), a court is competent to adjudicate claims arising under foreign laws pertaining to the subject matter of theses Principles. However, with respect to each asserted claim, the court must have subject-matter jurisdiction under its local law and personal jurisdiction under §§ 201-207. (2) A judgment holding registered rights granted under the laws of another State invalid is effective only to resolve the dispute between or among the parties to the action».

[1237] § 212 (1): «A court may determine all claims and defenses among the parties arising out of the transaction, occurrence, or series of occurrences on which the original claim is based, regardless of the territorial source of the rights at issue or of the party that asserts them. However, with respect to each asserted claim, the court must have subject-matter jurisdiction under its local law and personal jurisdiction under §§ 201-207».

[1238] § 213 (3): «An action to declare the invalidity of the registration of rights arising in multiple States may be brought in the State or States in which the defendant is resident, but the effect of the judgment on rights registered in States other than the forum will be limited to the parties to the action».

validade dos direitos de propriedade intelectual sujeitos a registo) poderão ser julgadas por um tribunal competente ao abrigo das regras convencionais se forem suscitadas a título incidental[1239].

Mais recentemente, as *Diretrizes da ILA* acolheram também a orientação fundamental em apreço. Assim, em matéria de consolidação de ações, dispõe o art. 7 desse texto:

> «A plaintiff bringing an action against a defendant in a court of the State in which the defendant is habitually resident in accordance with Guideline 3 may proceed in that court against other defendants not habitually resident in that State if – (a) The dispute involves the same or substantially related intellectual property rights granted for one or more States, and (b) The claims against the defendant habitually resident in that State and the other defendants are so closely connected that they should be adjudicated together to avoid a serious risk of inconsistent judgments, and (c) As to each defendant not habitually resident in that State, there should be a substantial connection between the intellectual property rights at issue and the dispute involving that defendant.»

Por seu turno, o art. 11 estabelece no tocante à competência em matéria de validade dos direitos intelectuais:

> «(1) In proceedings which have as their main object the grant, registration, validity, abandonment, or revocation of a registered intellectual property right the court of the State of registration shall have exclusive jurisdiction.
>
> (2) Any other court having jurisdiction may decide on these matters when they arise in proceedings other than those referred to in paragraph 1. However, the resulting decision shall not have any effect on third parties.»

Os textos em apreço procuram, em suma, mediante a *concentração de ações* num único tribunal, possibilitar uma certa economia de processos em matéria de propriedade intelectual, tida como essencial à constituição e ao funcionamento eficaz de um mercado global neste domínio da atividade económica.

A fim de compatibilizar este desiderato com os interesses – tidos como não menos relevantes – que subjazem à territorialidade da competência judicial para os litígios emergentes de direitos intelectuais, distingue-se nos referidos textos, pelo que respeita aos efeitos das sentenças, entre os que se produzem

[1239] «Notwithstanding paragraph 2, proceedings are not excluded from the scope of the Convention where a matter excluded under that paragraph arises merely as preliminary question and not as an object of the proceedings. In particular, the mere fact that a matter excluded under paragraph 2 arises by way of defence does not exclude proceedings from this Convention, if that matter is not an object of the proceedings».

exclusivamente *inter partes* e os que têm lugar relativamente a terceiros. Assim, a questão da validade dos direitos de propriedade intelectual sujeitos a depósito ou registo poderia ser decidida por qualquer tribunal competente nos termos gerais; porém, se a sentença for proferida por um tribunal situado fora do país de depósito ou de registo só produz efeitos, no que respeita à validade daqueles direitos, entre as partes na ação.

Semelhante solução, na medida em que confere ao autor a possibilidade de escolher entre demandar o alegado infrator do seu direito no país de depósito ou de registo ou no país de domicílio do réu, não prejudica os interesses daquele; e também não agrava injustamente a situação do réu. Em contrapartida, recomendam-na a economia processual, a celeridade do julgamento da causa e a harmonia de julgados[1240].

Nem todos os sistemas jurídicos nacionais admitem, contudo, uma decisão sobre a questão incidental da validade de um direito de propriedade intelectual com efeitos restritos às partes[1241]. Uma pronúncia *incidenter tantum* sobre a questão da validade do direito depende assim, necessariamente, da sua admissibilidade perante a *lex fori*. Quando esta não a consinta, restará ao tribunal perante o qual decorre a ação fundada na violação do direito suspender o processo até que haja sido proferida na sede própria uma decisão sobre a questão da validade do direito ou até que haja decorrido o prazo fixado ao réu para intentar a competente ação.

V – Litispendência e conexão

Não menos complexos são os problemas postos pela litispendência e conexão entre ações em matéria de propriedade intelectual, um fenómeno que assume particular relevância e frequência em virtude das já referidas projeções do princípio da territorialidade na definição da competência internacional[1242].

1240 Cfr. Annette Kur, «Jurisdiction and Enforcement of Foreign Judgments – The General Structure of the MPI Proposal», *in* Josef Drexl/Annette Kur (orgs.), *Intellectual Property and Private International Law*, Oxford/Portland, 2005, pp. 21 ss. (pp. 29 ss.).

1241 Perante o Direito português, pronuncia-se atualmente no sentido de que a invalidade de direitos de propriedade industrial não pode ser arguida por exceção Luís Couto Gonçalves, *Manual de Direito Industrial*, cit., p. 130. No Brasil estabelece, todavia, a este respeito a Lei da Propriedade Industrial, no art. 56: «A ação de nulidade poderá ser proposta a qualquer tempo da vigência da patente, pelo INPI ou por qualquer pessoa com legítimo interesse. § 1º A nulidade da patente poderá ser argüida, a qualquer tempo, como matéria de defesa Em Espanha, o art. 120, n.º 1, da *Ley de Patentes* dispõe, por seu turno: «La persona frente a la que se ejercite una acción por violación de los derechos derivados de una patente podrá alegar, en toda clase de procedimientos, por vía de reconvención o por vía de excepción, la nulidad total o parcial de la patente del actor, de conformidad con las normas del Derecho procesal común». Voltaremos a este ponto adiante, no § 25.º/II, alínea *b)*.

1242 Cfr., para uma visão de conjunto acerca desta matéria, Campbell McLachlan, *Lis Pendens in International Litigation*, Leiden/Boston, 2009.

As Convenções de Bruxelas (arts. 21.º a 23.º) e Lugano (arts. 27.º a 30.º), assim como o Regulamento de Bruxelas I*bis* (arts. 29.º a 34.º), consagram nesta matéria um princípio de *prevenção da jurisdição*: o tribunal a que a ação foi submetida em segundo lugar suspende oficiosamente a instância até que seja estabelecida a competência do tribunal a que a ação foi submetida em primeiro lugar; quando estiver estabelecida a competência deste, o segundo tribunal declara-se incompetente a favor do primeiro. No caso de litispendência, este procedimento tem caráter obrigatório[1243]; no de conexão entre ações, é meramente facultativo.

A consagração deste princípio correspondeu a um inequívoco progresso relativamente à irrelevância da litispendência estrangeira consignada nos sistemas jurídicos de diversos países[1244]. Ele pode, todavia, suscitar dificuldades em matéria de propriedade intelectual.

Suponha-se que *A*, autor de certo invento, desejando explorá-lo na União Europeia, o patenteia em diversos Estados-Membros. *B*, que pretende explorar o mesmo invento sem obter para o efeito as necessárias licenças, intenta de má-fé num daqueles Estados uma ação em que pede a declaração de que a sua atividade não viola as patentes de *A* e de que, por conseguinte, não é responsável por quaisquer danos que aquele porventura venha a sofrer em razão da exploração do invento por *B*. Por força dos preceitos citados e da interpretação que lhes tem sido dada pelo Tribunal de Justiça da União Europeia[1245], *A* fica inibido, até estar decidida a ação intentada por *B*, de demandar este nos tribunais de qualquer outro Estado parte dos mencionados instrumentos em ordem a obter a sua condenação na reparação dos prejuízos causados pela violação das patentes de que é titular.

Como em certos países europeus (entre os quais se destacava, pelo menos até recentemente, a Itália) as ações judiciais, assim como a própria decisão interlocutória sobre a competência do tribunal, podem demorar largos anos, a aplicação estrita do princípio da prevenção da jurisdição pode

1243 Salvo, nos termos do art. 31.º, n.º 2, do Regulamento de Bruxelas I*bis*, se for demandado um tribunal de um Estado-Membro ao qual tenha sido atribuída competência exclusiva por um pacto de jurisdição, caso em que o tribunal demandado em primeiro lugar deve suspender a instância até que o tribunal designado nesse pacto declare que não é competente. Esta regra não figurava, contudo, nos textos anteriores do sistema de Bruxelas.

1244 Haja vista, por exemplo, ao art. 580.º, n.º 3, do Código de Processo Civil português.

1245 Cfr. o acórdão proferido pelo Tribunal em 6 de dezembro de 1994 no caso *Tatry*, *CJTJ*, 1994-I, pp. 5439 ss., no qual pode ler-se que o art. 21.º da Convenção de Bruxelas «deve ser interpretado no sentido de que uma ação que visa fazer declarar que o réu é responsável por um prejuízo, e a sua condenação no pagamento de uma indemnização por perdas e danos tem a mesma causa de pedir e o mesmo objeto que uma ação anterior desse réu que visa fazer declarar que não é responsável pelo referido prejuízo».

transformar-se num instrumento ao serviço de uma modalidade especialmente nefasta de *forum shopping*, que tem sido expressivamente denominada *torpedo italiano*[1246].

Foi justamente a fim de esconjurar este tipo de expedientes que o projeto de Convenção da Haia Sobre a Competência e o Reconhecimento de Decisões Estrangeiras em Matéria Civil e Comercial, de 1999[1247], previu no n.º 6 do seu art. 21.º, com a epígrafe *lis pendens*, que:

> «Se na ação intentada em primeiro lugar o autor requerer a declaração de que não tem qualquer obrigação perante o réu e for posteriormente intentada uma ação de condenação – *a)* as disposições dos n.ºs 1 a 5 deste artigo não se aplicam à ação intentada em segundo lugar, e *b)* o tribunal a que foi submetida a ação intentada em primeiro lugar suspenderá o processo a pedido de uma das partes se for de esperar que o tribunal em que se encontra pendente a ação intentada em segundo lugar profira uma decisão suscetível de ser reconhecida ao abrigo da presente Convenção.»[1248]

1246 Cfr. Mario Franzosi, «Worldwide Patent Litigation and the Italian Torpedo», *EIPR*, 1997, pp. 382 ss.; Pierre Véron, «Innovations apportées dans le contentieux de la propriété industrielle par le règlement 44/2001 du 22 décembre 2000», *Revue du Droit de la propriété intellectuelle*, março de 2001, n.º 121, pp. 4 ss. (pp. 6 ss.); Trevor Hartley, «How to Abuse the Law and (Maybe) Come Out on Top: Bad-Faith Proceedings Under the Brussels Jurisdiction and Judgments Convention», *in* James A. R. Nafziger/Symeon C. Symeonides (orgs.), *Law and Justice in a Multistate World. Essays in Honor of Arthur T. von Mehren*, Ardsley, 2002, pp. 73 ss. (pp. 77 ss.); *idem*, «Jurisdiction and Judgments: The English Point of View», *in* Luís de Lima Pinheiro (org.), *Seminário internacional sobre a comunitarização do Direito Internacional Privado (Direito de Conflitos, competência internacional e reconhecimento de decisões estrangeiras)*, Coimbra, 2005, pp. 45 ss. (pp. 49 ss.); *idem*, «The Modern Approach to Private International Law. International Litigation and Transactions from a Common-Law Perspective. General Course on Private International Law», *Rec. cours*, t. 319 (2006), pp. 9 ss. (pp. 177 ss.); Anna Gardella, «*Torpedoes* and Actions for Negative Declarations in International IP Law Litigation», *in* Arnaud Nuyts (org.), *International Litigation in Intellectual Property and Information Technology*, Austin, etc., 2008, pp. 181 ss.

1247 Disponível em http://www.hcch.net. Sobre as implicações desse projeto em matéria de propriedade intelectual, *vide* Andrea Schulz, «The Hague Conference Project for a Global Convention on Jurisdiction, Recognition and Enforcement in Civil and Commercial Matters: An Update», *in* Josef Drexl/Annette Kur (orgs.), *Intellectual Property and Private International Law. Heading for the Future*, Oxford/Portland, 2005, pp. 5 ss.; Toshiyuki Kono e Paulius Jurcys, «General Report», *in* Toshiyuki Kono (org.), *Intellectual Property and Private International Law: Comparative Perspectives*, cit., pp. 93 ss.

1248 «If in the action before the court first seised the plaintiff seeks a determination that it has no obligation to the defendant, and if an action seeking substantive relief is brought in the court second seized – *a)* the provisions of paragraphs 1 to 5 above shall not apply to the court second seised, and *b)* the court first seised shall suspend the proceedings at the request of a

O referido projeto não chegou a ser aprovado, pelo que esta disposição não entrou em vigor. A ideia que lhe subjaz foi, porém, retomada nos *Princípios* do *American Law Institute*, que preveem a possibilidade de o tribunal a que for submetida uma ação de condenação (*coercive action*) por violação de um direito de propriedade intelectual ignorar a pendência de uma ação de simples apreciação (*declaratory claim*) tendo como objeto a declaração de inexistência de responsabilidade pela violação do mesmo direito (*suit for a declaration of non-liability*), que se encontre a correr entre as mesmas partes num tribunal de outro Estado[1249]. Por outro lado, prevê-se nos *Princípios* do *American Law Institute* a possibilidade de a concentração de processos, em caso de litispendência ou conexão, ter lugar num tribunal distinto daquele que preveniu a jurisdição, admitindo-se para tanto que este decline a sua competência ou suspenda o processo a favor do tribunal do Estado que, no seu entender, tiver a conexão mais estreita com o litígio ou que possua uma competência mais ampla[1250]. Este instrumento confere assim aos tribunais nacionais – na linha, aliás, da tradição de *Common Law* – uma larga margem de apreciação em matéria de litispendência e conexão entre ações.

Uma solução mais próxima do sistema de Bruxelas, mas que não deixa de prever as salvaguardas necessárias a fim de evitar o *forum shopping*, encontra-se consignada nos *Princípios CLIP*, cujo art. 2:701 estabelece em matéria de litispendência:

> «(1) Where proceedings involving the same cause of action and between the same parties are brought in the courts of different States, any court other than the court first seised shall stay its proceedings unless (a) the court later seised has exclusive jurisdiction under these Principles, or (b) it is manifest that the judgment from the court first seised will not be recognised under these Principles.
>
> (2) Any court other than the court first seised may terminate the stay of its proceedings if (a) the proceedings in the court first seised do not proceed within reasonable time, or (b) the court first seised has decided not to hear the case.»

party if the court second seised is expected to render a decision capable of being recognised under the Convention».

[1249] É o que resulta do disposto no § 221 (5), segundo o qual: «A court seized with a coercive action seeking substantive relief is "first seized" when: [...] (b) no other court had previously been seized with a coercive action seeking substantive relief [...]».

[1250] § 222 (4): «If the court determines that consolidation of all or part of the dispute is appropriate, the court must next decide, in a timely manner, whether to retain jurisdiction over the consolidated action or instead to suspend the proceedings in favour of another court. Considerations bearing on this matter include: (a) which State has the closest connection to the dispute [...]; (b) which court has authority to adjudicate the fullest scope of the consolidated action, taking into account the court's authority over the subject matter and the parties [...]».

Por seu turno, o art. 2:702 dispõe em matéria de conexão entre ações:

> «(1) Where related proceedings are pending in the courts of different States, any court other than the court first seised may stay its proceedings.
>
> (2) In determining whether to stay proceedings according to paragraph 1, the court or the courts later seised shall take all relevant factors into account, in particular (a) which court seised is best placed to adjudicate the fullest scope of the related proceedings under these Principles; (b) which State has the closest connection to the dispute; (c) the procedural efficiency of centralised adjudication versus procedural efficiency of cooperation in multistate proceedings.
>
> (3) For the purposes of this Section, proceedings are deemed to be related where they are so closely connected that it is appropriate to hear and determine them together in order to avoid the risk of inconsistent holdings or judgments. »

A prioridade absoluta do tribunal a que a ação é submetida em primeiro lugar, consagrada nas Convenções de Bruxelas e Lugano e no Regulamento de Bruxelas I*bis*, é deste modo um tanto relativizada nestes textos; e é correspondentemente limitado o poder de determinar o desfecho ou o andamento do litígio conferido pelos referidos instrumentos jurídicos europeus ao litigante que primeiro submeter a ação aos tribunais de um dos respetivos Estados-Membros.

O anteprojeto de *Diretrizes da ILA* procura atender à diversidade de orientações adotadas quanto a esta matéria nos sistemas de *Civil* e de *Common Law*. Para o efeito, diferencia-se, no art. 17(1), quanto às situações de litispendência, consoante o tribunal demandado em segundo lugar pertença à primeira ou à segunda dessas famílias jurídicas:

> «Where proceedings between the same parties on the same cause of action are brought in the courts of more than one State, they shall consider the coordination of proceedings in the following terms: (a) Where the court that is not first seized has authority to do so on grounds of *lis pendens*, it shall suspend its proceedings until such time as the jurisdiction of the court first seized is established, and thereafter it shall terminate its proceedings. A suspension may be lifted if the proceeding in the court first seized does not proceed within a reasonable time or this court concludes that it is not the appropriate forum to hear the dispute. (b) Where the court that is not first seized has authority to dismiss on *forum non conveniens* grounds or to transfer to a more convenient forum, it shall consider which court is the most convenient forum, taking into account the private interests of the litigants, the interests of the public, and administrative issues. If the court first seized is more convenient, the court second seized shall dismiss or transfer the case unless the court first seized has dismissed or transferred the case.»

No tocante às situações de mera conexão entre ações, o art. 18 das *Diretrizes* confere aos tribunais em presença uma larga margem de discricionariedade na adoção das medidas adequadas em ordem a promover a condução eficiente do processo:

> «Where related proceedings are pending in the courts of more than one State, any of the courts may take any step permitted by its own procedures that will promote the fair and efficient resolution of the related proceedings considered as a whole. The scope of this guideline includes both consolidating proceedings in one court and coordinating the conduct of proceedings in different courts.»

VI – Providências cautelares

As providências cautelares assumem particular importância em matéria de propriedade intelectual: uma vez que esta consiste basicamente em *direitos de exclusão*, é essencial o reconhecimento aos seus titulares da possibilidade de obterem em juízo as medidas necessárias a fim de impedir a utilização não autorizada por terceiros dos bens objeto desses direitos ou a fazê-la cessar. Por outro lado, dada a facilidade com que atualmente se disseminam bens incorpóreos, será essa, por vezes, a única forma de evitar a lesão de direitos sobre tais bens. Tal a razão por que tanto o Acordo TRIPS como a Diretiva 2004/48/CE sobre a aplicação efetiva dos direitos de propriedade intelectual impõem expressamente aos Estados-Membros a consagração de tais medidas nos respetivos sistemas jurídicos[1251].

Ora, também nesta matéria se põe a questão da admissibilidade do exercício extraterritorial da jurisdição. O tema ganhou particular acuidade no final dos anos oitenta em virtude do decretamento frequente, por tribunais dos Países-Baixos, de providências cautelares em litígios relativos a marcas e patentes registadas noutros Estados-Membros da União Europeia, no âmbito do processo sumário que naquele país é designado por *kort geding*[1252].

[1251] Cfr. os arts. 50.º do Acordo TRIPS e 9.º da Diretiva 2004/48/CE.

[1252] Cfr. a decisão proferida pelo *Hoge Raad* (Supremo Tribunal) em 24 de novembro de 1989, no caso *Interlas c. Lincoln*, *NJ*, 1992, pp. 1597 ss. Declarou o tribunal: «Uma interpretação mais restritiva do que a defendida pela secção não tem apoio no Direito e conduziria, numa época de crescentes contactos internacionais, ao resultado, indesejável para a prática, de que no caso de atos ilícitos com caráter internacional – como a violação de direitos de propriedade intelectual e atos de concorrência desleal em mais do que um país ou poluição ambiental transfronteiras – o lesado holandês poderia ser forçado a dirigir-se aos juízes de todos os países afetados». Cfr. ainda a decisão do *Gerechtshof 'sGravenhage* (Tribunal de Apelação da Haia) de 3 de fevereiro de 1994, caso *Applied Research Systems N.V. c. Organon et al.*, *GRUR Int.*, 1995, pp. 253 ss. Na doutrina, veja-se sobre esta jurisprudência Heleen Bertrams, «The Cross-Border Prohibitory Injunction in Dutch Law», *IIC*, 1995, pp. 618 ss.

Este último tornou-se especialmente atraente para os titulares de direitos intelectuais em virtude não só do alto grau de discricionariedade de que gozam os juízes na decisão a proferir sobre a providência solicitada, mas também da circunstância de a sua eficácia não ficar dependente da propositura dentro de certo lapso de tempo da ação principal, como sucede em outros países: se a providência não for impugnada pela parte contra a qual foi requerida, pode vigorar por tempo indefinido.

Contudo, também a respeito dessa prática nos podemos interrogar, sobretudo após as decisões proferidas pelo Tribunal de Justiça das Comunidades Europeias nos casos *GAT c. LUK* e *Roche c. Primus,* sobre se a mesma será conforme com o disposto no art. 22.º, n.º 4, da Convenção de Lugano e 24.º, n.º 4, do Regulamento[1253].

Supomos que as razões, atrás aduzidas, que depõem a favor do reconhecimento de competência internacional a tribunais de países distintos daquele à sombra de cujo sistema jurídico se constituiu o direito de propriedade intelectual disputado, valem igualmente para o decretamento por esses tribunais de medidas cautelares (*cross-border injunctions*)[1254].

No entanto, pelo que respeita aos direitos sujeitos a registo ou depósito, isso apenas será possível na medida em que se admita que o funcionamento do art. 31.º da Convenção de Lugano e 35.º do Regulamento de Bruxelas I*bis* não é limitado pela competência exclusiva dos tribunais do país de registo ou depósito, atento, designadamente, o caráter provisório das medidas a que essa disposição diz respeito. Depõe neste sentido, a nosso ver, o facto de que, a fim de decretar uma providência cautelar em matéria de propriedade intelectual, o tribunal apenas exige que o requerente forneça os elementos de prova para demonstrar que é titular do direito, ou de que está autorizado a utilizá-lo, e de que se verifica ou está iminente a sua violação, não tendo lugar, no procedimento para aquele efeito instaurado, a discussão da sua validade[1255]. A jurisprudência do Tribunal de Justiça das Comunidades Europeias no caso *GAT* não afeta, nesta medida, o exercício da competência jurisdicional em matéria de providências cautelares[1256].

1253 Sobre o problema, veja-se Christian Heinze, *Einstweiliger Rechtsschutz im europäischen Immaterialgüterrecht*, Tubinga, 2007, pp. 200 ss.

1254 Cfr. Marcus Norrgard, «Provisional Measures and Multiple Defendants in the MPI Proposal», *in* Josef Drexl/Annette Kur (orgs.), *Intellectual Property and Private International Law. Heading for the Future,* Oxford/Portland, 2005, pp. 35 ss.

1255 Cfr., pelo que respeita ao Direito português, os arts. 210.º-G do CDADC e 345.º do CPI.

1256 À mesma conclusão chega Katarzyna Szychowska, «Jurisdiction to Grant Provisional and Protective Measures in Intellectual Property Matters», *in* Arnaud Nuyts (org.), *International Litigation in Intellectual Property and Information Technology*, Austin, etc., 2008, pp. 207 ss. (p. 217).

As medidas provisórias e cautelares decretadas ao abrigo do art. 31.º da Convenção e 35.º do do Regulamento podem, assim, ter *eficácia extraterritorial*, desde que se verifique na espécie o «elemento de conexão real» entre o objeto dessas medidas e o Estado do foro exigido pelo Tribunal de Justiça das Comunidades Europeias no acórdão *Van Uden*[1257].

De todo o modo, se as providências em causa forem decretadas sem contraditório não serão suscetíveis de reconhecimento além-fronteiras nos termos do Regulamento e da Convenção. Voltaremos a este ponto adiante[1258].

Nos *Princípios* do *American Law Institute* atribui-se também competência para decretar providências cautelares a qualquer tribunal que tenha competência quanto ao mérito da causa[1259]. Concomitantemente, admite-se que as partes requeiram tais providências aos tribunais do país de registo e da situação de quaisquer bens corpóreos, ainda que não seja neste que a ação se encontra pendente ou deve ser intentada; as respetivas decisões terão contudo efeitos limitados ao território desse país[1260]. Soluções análogas encontram-se consagradas nos *Princípios CLIP*[1261].

VII – Tribunais supranacionais

Uma outra ordem de soluções para os problemas em apreço, de alcance consideravelmente mais vasto, consiste na criação de tribunais supranacionais com competência para os litígios relativos a títulos supranacionais de propriedade intelectual, como é o caso da patente europeia de efeito unitário. Visa-se deste modo instituir um sistema integrado (*«one-stop shop»*) não apenas no tocante ao exame e à concessão dessas patentes, mas também pelo que respeita aos processos judiciais subsequentes à concessão.

A criação de um sistema unificado de resolução de litígios em matéria de patentes enfrentou, contudo, dificuldades significativas na União Europeia. O sistema atual, favorecendo a multiplicação de processos paralelos perante os tribunais nacionais, implica acréscimos de custos que minam a respetiva

1257 Acórdão de 17 de novembro de 1998, caso *Van Uden Maritime BV contra Kommanditgesellschaft in Firma Deco-Line e o.*, *CJTJ*, 1998-I, pp. 7091 ss.

1258 Cfr. *infra*, § 23.º/II, alínea *c)*.

1259 § 214 (1): «A court has jurisdiction to order any provisional or protective measures consistent with its authority under §§ 201-207 and §§ 221-223 of these Principles».

1260 § 214 (2): «The courts in any States in which intellectual property is registered or in which tangible property is located have jurisdiction to order any provisional or protective measures with respect to that property. The measure must be limited to the territory of that State».

1261 Cfr. o art. 2:501, que dispõe: «(1) A court having jurisdiction in accordance with Articles 2:101 to 2:401 also has jurisdiction to order any provisional, including protective, measures. (2) Provisional, including protective, measures may also be ordered by the courts of a State (a) where the measure is to be enforced, or (b) for which protection is sought.»

eficiência sempre que se suscite um contencioso relacionado com a violação ou a validade da patente[1262].

Efetivamente, como acabamos de ver, nos termos do Regulamento de Bruxelas I*bis*, têm competência exclusiva em matéria de inscrição ou validade de patentes os tribunais do Estado-Membro em cujo território o respetivo depósito tiver sido requerido ou efetuado; e têm competência alternativa, nas ações de violação da patente, os tribunais do país do domicílio do réu e do lugar onde o facto danoso ocorreu ou possa ocorrer. Ao feixe de direitos que incidem sobre as mesmas invenções corresponde, assim, um *feixe de tribunais competentes* para os litígios a elas respeitantes.

Ora, a criação de um sistema jurisdicional integrado em matéria de patentes permitiria eliminar os acréscimos de custos inerentes à condução de processos paralelos relativos às mesmas invenções.

Nesta linha de orientação, o regime da patente europeia de efeito unitário contempla a criação de um Tribunal Unificado de Patentes (TUP)[1263]. Esta parece, com efeito, imprescindível, atentos os resultados manifestamente insatisfatórios a que conduz a preservação, quanto a essa patente, da competência dos tribunais nacionais. Nessa eventualidade, ou a anulação da patente por esses tribunais só produz efeitos no respetivo território, quebrando-se assim a unidade do direito do seu titular; ou, como se previa no Acordo do Luxemburgo de 1989, ela produz efeitos para toda a União, o que os Estados-Membros não aceitaram e foi a principal razão de ser do fracasso da Convenção da Patente Comunitária. A única solução eficaz para este

[1262] Recorde-se, a título de exemplo, a saga da patente europeia relativa ao Seroquel SR, um medicamento de elevado sucesso comercial utilizado no tratamento da depressão, da doença bipolar e da esquizofrenia. Essa patente, de que é titular a AstraZeneca, foi tida como inválida, por falta de atividade inventiva, pelos tribunais do Reino Unido e da Alemanha em 2012 e de Espanha em 2013; e válida pelos dos Países Baixos, assim como por tribunais arbitrais portugueses em 2013. Em consequência disso, o acesso ao mercado dos medicamentos genéricos com a mesma substância ativa (a *quetiapina*) é hoje livre naqueles primeiros países, mas encontra-se vedado nos segundos até à caducidade da patente. Veja-se sobre o assunto, por último, a decisão proferida pelo *England and Wales Court of Appeal (Civil Division)* em 30 de abril de 2013 no caso *Astrazeneca AB v. Hezal Ag & Ors*, [2013] EWCA Civ 454.

[1263] Sobre o qual podem ver-se: Matthias Brandi-Dohrn, «Some Critical Observations on the Competence and Procedure of the Unified Patent Court», *International Review of Intellectual Property and Competition Law*, 2012, pp. 372 ss.; Fernand de Visscher, «European Unified Court: Another More Realistic and More Equitable Approach Should be Examined», *GRUR Int.*, 2012, pp. 214 ss.; Pedro Sousa e Silva, «O Tribunal Unificado de Patentes», *RDI*, 2014/I, pp. 243 ss.; e Hans Ullrich, «The European Patent and Its Courts: An Uncertain Prospect and an Unfinished Agenda», *International Review of Intellectual Property and Competition Law*, 2015, pp. 1 ss.

problema parece, pois, ser a criação de uma instância supranacional, ainda que descentralizada.

Neste sentido depõe, aliás, a lição do Direito Comparado, visto que nos Estados Unidos da América a competência em matéria de patentes é dos tribunais federais e não dos tribunais estaduais, tendo sido criada em 1982 uma instância de recurso especializada, o *United States Court of Appeals for the Federal Circuit*, com jurisdição nacional em matéria de patentes. A verdade é que os litígios referentes a um direito privativo supranacional, como será o caso da patente europeia de efeito unitário, não podem ser adequadamente resolvidos por tribunais nacionais.

Para o referido efeito, foi apresentado em 2 de setembro de 2011 pelo Conselho da União Europeia um projeto de Acordo Sobre um Tribunal Unificado de Patentes e um projeto de Estatuto desse Tribunal a ele anexo. Esse acordo foi assinado em Bruxelas em 19 de fevereiro de 2013 pelos Estados participantes na cooperação reforçada (com exceção, porém, da Polónia e a inclusão da Itália, que não integra aquela) e foi publicado em 20 de junho de 2013[1264].

O Acordo destina-se a entrar em vigor, segundo o art. 89.º, n.º 1, em 1 de janeiro de 2014, ou no primeiro dia do quarto mês após o depósito do 13.º instrumento de ratificação ou adesão nos termos do art. 84.º, incluindo os três Estados-Membros que contavam maior número de patentes europeias em vigor no ano anterior ao da assinatura do Acordo (a Alemanha, a França e o Reino Unido), ou no primeiro dia do quarto mês após a data de entrada em vigor das alterações ao Regulamento de Bruxelas I*bis* no que respeita à relação deste com o Acordo, consoante a data que for posterior.

Estas alterações foram, entretanto, aprovadas pelo Regulamento (UE) n.º 542/2014, do Parlamento Europeu e do Conselho, de 15 de maio de 2014, que altera o Regulamento (UE) n.º 1215/2012[1265]. Esse Regulamento equiparou o TUP aos tribunais dos Estados-Membros pelo que respeita à aplicação das regras de competência internacional, litispendência e conexão e de reconhecimento de decisões estrangeiras constantes daquele segundo Regulamento. O TUP será, assim, competente quando, nos termos do Regulamento n.º 1215/2012, os tribunais de um Estado-Membro que seja parte no Acordo que o estabeleceu forem competentes nas matérias por ele regidas. Os arts. 29.º a 32.º do Regulamento n.º 1215/2012, relativos à litispendência e à conexão, são aplicáveis a processos intentados no TUP e num tribunal de um Estado-Membro que não seja parte do Acordo que o estabelece. As decisões por ele proferidas serão reconhecidas e

[1264] No *JOUE*, n.º C175, pp. 1 ss.

[1265] Publicado no *JOUE*, n.º L 163, de 29 de maio de 2014, pp. 1 ss.

executadas num Estado-Membro que não seja parte no Acordo que o estabelece nos termos do Regulamento n.º 1215/2012[1266].

O Acordo prevê a criação de um tribunal único para a resolução de litígios referentes não apenas a patentes europeias de efeito unificado, mas também a patentes europeias; esse tribunal é um órgão jurisdicional comum aos Estados-Membros contratantes e como tal sujeito às mesmas obrigações nos termos do Direito da União Europeia que qualquer órgão jurisdicional nacional desses Estados[1267].

O TUP compreende um Tribunal de Primeira Instância, um Tribunal de Recurso e uma secretaria[1268]. O Tribunal de Primeira Instância desdobra-se, por seu turno, numa Divisão Central (com sede em Paris e secções em Londres e Munique[1269]) e em Divisões Regionais[1270]. Podem ser criadas Divisões Locais nos Estados-Membros a pedido destes[1271]. O Tribunal de Recurso tem sede no Luxemburgo[1272].

O Acordo procura assim estabelecer um equilíbrio entre, por um lado, o interesse do titular da patente na tutela jurisdicional efetiva do seu direito e, por outro, o dos utilizadores da tecnologia em poderem defender-se perante tribunais que lhes sejam convenientes. Contudo, como se verá adiante, o regime adotado no Acordo quanto à competência para o pedido de anulação da patente deduzido na ação por violação da mesma põe de alguma sorte em risco esse equilíbrio.

1266 Ver, sobre o tema, Pedro Miguel Asensio, «Tribunal Unificado de Patentes: Competencia Judicial y Reconocimiento de Resoluciones», *RDI*, 2014/II, pp. 243 ss.; *idem*, «The Unified Patent Court Agreement and the Amendment to the Brussels I Regulation (Recast)», *in* Costanza Honorati (org.), *Luci e ombre del nuovo Sistema UE di tutela brevettuale*, Turim, 2014, pp. 153 ss.; Stefan Luginbühl/Dieter Stauder, «Application of Revised Rules on Jurisdiction under Brussels I Regulation to Patent Lawsuits», *JIPLP*, 2015, pp. 135 ss.; Michael Kant, «The Unified Patent Court and the Brussels I *bis* Regulation», *NIPR*, 2016, pp. 706 ss.

1267 Art. 1.º.

1268 Art. 6.º.

1269 A distribuição de processos dentro da Divisão Central é feita nos termos do Anexo II ao Acordo, segundo o qual cabem à sede o Gabinete do Presidente e os processos relacionados com técnicas industriais diversas, transportes, têxteis, papel, construções fixas, física e eletricidade; à secção de Londres os processos referentes a necessidades humanas, química e metalurgia; e à secção de Munique os processos relacionados com engenharia mecânica, iluminação, aquecimento, armamento e explosão.

1270 Art. 7.º.

1271 Encontra-se por ora prevista a existência de Divisões Locais na Alemanha (Düsseldorf, Hamburgo, Mannheim e Munique), na Áustria, na Bélgica, na Dinamarca, em França e na Irlanda.

1272 Art. 9.º, n.º 5.

O TUP aplica, segundo o art. 24.º, o Direito da União, o Acordo que o criou, a Convenção da Patente Europeia, os acordos internacionais vinculativos para os Estados-Membros e o Direito nacional aplicável segundo as regras de Direito Internacional Privado. O Tribunal deve submeter as questões de interpretação dos Tratados e de validade dos atos europeus ao Tribunal de Justiça da União Europeia, cujas decisões serão vinculativas para ele[1273].

O Acordo que institui o TUP consagra ainda, nos arts. 25.º a 30.º e 62.º a 69.º, disposições de caráter substantivo, nas quais se disciplinam, *inter alia*, os efeitos da patente europeia de efeito unitário, as limitações a esses efeitos (*v.g.* no tocante a atos de uso privado do invento patenteado e à sua utilização para fins experimentais), os direitos baseados na utilização anterior da invenção, o esgotamento dos direitos conferidos pela patente, os efeitos dos certificados complementares de proteção e a aplicação efetiva desses direitos (mormente as medidas provisórias, cautelares e inibitórias aplicáveis aos infratores e à indemnização por estes devida). Estando as regras relativas a estas matérias consignadas num instrumento de Direito Internacional, a sua interpretação e validade ficaram, assim, subtraídas à competência do Tribunal de Justiça da União Europeia. A opção que não é incontroversa[1274], tendo sido aparentemente ditada pelas reservas formuladas em certos meios forenses quanto à *expertise* desse Tribunal nesta matéria[1275].

O Tribunal tem competência exclusiva no tocante a violações ou ameaças de violação das patentes sob a sua jurisdição, à declaração de não violação, a medidas provisórias, a ações de extinção de patentes, a ações de indemnização, a ações fundadas no uso da invenção antes da concessão da patente e a ações de indemnização por licenças[1276]. A Divisão Local ou Regional competente é

[1273] Art. 21.º.

[1274] Cfr. Manuel Desantes Real, est. cit., pp. 620 ss. e 665; Alain Strowel *et al.*, *L'Union ne peut pas être dépouillée de ses compétences par les États membres : le dangereux précédent du brevet*, disponível em https://www.uclouvain.be; Mauricio Troncoso, «European Union Patents: A Mission Impossible? An Assessment of the Historical and Current Approaches», *Marquette Intellectual Property Law Review*, 2013, pp. 231 ss.

[1275] Veja-se, a este respeito, a resolução da European Patent Lawyers Association aprovada em 29 de outubro de 2011 (disponível em http://www.eplawpatentblog.com), na qual se declara: «Users request an efficient and predictable procedure before highly experienced judges which they would not get in proceedings which would include referrals on substantive law to the ECJ». Cfr. também o discurso proferido por Lord Justice Kitchin em outubro 2012, em que este magistrado britânico afirmou perante uma assembleia de *patent attorneys*: «The CJEU has no real patent expertise and its track record in IP cases does not inspire confidence» (texto reproduzido em http://www.cipa.org.uk).

[1276] Art. 32.º.

fixada em função do local de violação ou ameaça de violação[1277] ou do domicílio ou estabelecimento do requerido[1278].

Sendo apresentado um pedido reconvencional de extinção da patente perante a Divisão Local ou Regional onde corre a ação de violação, esta pode, ouvidas as partes: *a)* Dar seguimento à ação por violação e ao pedido reconvencional, solicitando ao Presidente do Tribunal de Primeira Instância que destaque um juiz com formação técnica, qualificações e experiência na área tecnológica em questão; *b)* Remeter o pedido reconvencional de extinção à Divisão Central, para decisão, suspendendo ou dando seguimento à ação por violação; ou *c)* Com o acordo das partes, remeter a ação à Divisão Central para decisão[1279].

Procurou-se assim estabelecer, no tocante à definição da competência para os pedidos de extinção da patente, um compromisso entre o princípio germânico da *separação da competência* para a ação de violação da patente e o pedido reconvencional de extinção desta (*Trennungsprinzip*) e o da unidade dessa competência, consagrado no Direito dos demais Estados-Membros. A margem de discricionariedade de que o tribunal em que pende a ação por violação da patente dispõe nesta matéria pode no entanto gerar alguma incerteza a respeito do tribunal competente para conhecer da validade da patente; e é também suscetível de gerar um fenómeno de *forum shopping* por parte dos demandantes, que tenderão a dirigir-se à Divisão Local em que antecipem que obterão mais facilmente uma decisão condenatória do alegado infrator, ou uma medida cautelar contra este, sem terem de discutir a validade da patente[1280].

O Acordo relativo ao TUP será complementado por um Regulamento Processual, cuja aprovação compete ao Comité Administrativo do Tribunal, integrado por um representante de cada Estado-Membro Contratante[1281].

VIII – Balanço

A análise até aqui empreendida permite concluir que a Convenção de Bruxelas, bem como o Regulamento de Bruxelas I*bis* e a Convenção de Lugano na esteira dela, conduziram a uma certa superação da territorialidade no exercício da competência jurisdicional em matéria de propriedade intelectual, na medida em que permitem que as questões a esta respeitantes sejam julgadas por tribunais de países diversos daquele à face de cujo sistema jurídico o direito se constituiu.

[1277] Art. 33.º, n.º 1, *a)*.

[1278] Art. 33.º, n.º 1, *b)*.

[1279] Art. 33.º, n.º 3.

[1280] Em sentido crítico relativamente a esta solução, veja-se também Fernand de Visscher, est. cit. *supra*, p. 216.

[1281] Art. 41.º. Cfr. o respetivo projeto, intitulado *Rules of Procedure of the Unified Patent Court*, disponível em https://www.unified-patent-court.org.

Contudo, nem as Convenções nem o Regulamento lograram instituir um sistema em que a competência para as ações em matéria de direitos de propriedade intelectual relativos às mesmas criações intelectuais seja centralizada num único tribunal, cujas decisões produzam efeitos relativamente a todos os direitos nacionais constituídos na base dessas criações: sobretudo no tocante a direitos registados ou depositados, as questões referentes à sua validade continuam a ter de ser disputadas país a país, em razão da competência exclusiva concedida aos tribunais do país de registo ou depósito, ainda que sejam suscitadas a título meramente incidental.

Como notámos oportunamente, ao já referido *feixe de direitos* constituído sobre a mesma criação intelectual corresponde, pois, nos instrumentos referidos, um *feixe de tribunais* internacionalmente competentes. A Convenção de Lugano de 2007 e o Regulamento de Bruxelas I*bis* consagraram este entendimento, como se viu, respetivamente, nos arts. 22.º, n.º 4, e 24.º, n.º 4.

Os interesses ligados à economia de custos no *enforcement* dos direitos de propriedade intelectual e de prevenção do risco de decisões contraditórias sobre as mesmas situações da vida privada internacional, a que aludimos acima, não se encontram, por conseguinte, plenamente satisfeitos no regime vigente.

Dir-se-á que apenas um sistema de tribunais supranacionais, como aquele que se encontra projetado na Europa, permitirá dar plena satisfação a esses interesses[1282].

Seria, no entanto, erróneo supor que a criação desses tribunais suprimirá todos os problemas relacionados com a repartição de competências entre tribunais nacionais em matéria de propriedade intelectual. À uma, porque a competência daqueles tribunais se cinge às patentes, ficando, portanto, à margem dela todos os demais títulos de propriedade intelectual. Depois, porque os atos normativos para o efeito concluídos têm tão-somente por objeto a futura patente europeia de efeito unitário, deixando, por conseguinte, aos tribunais nacionais a competência para julgar os litígios relativos às patentes concedidas pelos Estados-Membros.

Eis por que, não obstante esses atos normativos, se mostra necessária uma revisão dos instrumentos internacionais e europeus vigentes, que facilite a concentração de ações em matéria de propriedade intelectual perante os tribunais dos respetivos Estados-Membros.

[1282] Ver, nesta linha de entendimento, o parecer do Advogado-Geral Philippe Léger no caso *Roche Nederland*, cit., n.ºs 140 ss.

§ 21.º Tribunal competente para os litígios relativos a contratos sobre bens intelectuais

I – O regime dos pactos de jurisdição

a) Regras aplicáveis. – A competência exclusiva em matéria de propriedade intelectual não é, de acordo com a jurisprudência do Tribunal de Justiça da União Europeia, extensiva aos litígios relativos a direitos sobre bens intelectuais resultantes de uma relação contratual[1283].

Assumem neste domínio especial relevância os acordos de escolha do tribunal competente (pactos de jurisdição). Com efeito, uma elevada proporção dos contratos de licença celebrados nos setores da comunicação social, das telecomunicações e da informática contém uma cláusula de escolha do tribunal competente, ao qual é frequentemente atribuída pelas partes competência exclusiva. Bem se compreende que assim seja: a escolha do tribunal competente contribui relevantemente para a segurança jurídica e permite reduzir custos mediante a concentração de litígios num só tribunal.

A celebração desses pactos é admitida com certa amplitude nos arts. 23.º da Convenção de Lugano de 2007 e 25.º do Regulamento de Bruxelas I*bis*[1284].

Eles constituem, por outro lado, o objeto precípuo da Convenção de Haia de 2005 Sobre os Acordos de Eleição do Foro Competente. Estão em todo o caso subtraídos ao âmbito de aplicação desta os litígios respeitantes a contratos de consumo e de trabalho (art. 2.º, n.º 1).

Significa isto que também em matéria contratual – e até em maior medida do que no tocante aos litígios resultantes da violação de direitos intelectuais – é possível, com base nos instrumentos mencionados, que um só tribunal seja competente para julgar diferentes pretensões respeitantes a uma criação intelectual, independentemente do país onde os correspondentes direitos se encontrem registados.

b) Questões que suscitam. – Entre as questões que os pactos de jurisdição suscitam no domínio em apreço sobressaem as que se prendem com a delimitação

[1283] Cfr. neste sentido, referindo-se a um litígio entre o autor de uma invenção e o seu empregador, o acórdão de 15 de novembro de 1983, caso *Duijnstee c. Goderbauer, CJTJ*, 1983, pp. 3663 ss.

[1284] Ver, sobre o tema, Adrian Briggs, *Agreements on Jurisdiction and Choice of Law*, cit., pp. 237 ss.; Hélène Gaudemet-Tallon/Marie-Élodie Ancel, *Compétence et exécution des jugements en Europe. Règlements 44/2001 et 1215/2012. Conventions de Bruxelles (1968) et de Lugano (1988 et 2007)*, cit., pp. 175 ss.; e, na doutrina portuguesa, Sofia Henriques, *Os pactos de jurisdição no Regulamento (CE) n.º 44/2001*, Coimbra, 2006; Luís de Lima Pinheiro, *Direito Internacional Privado*, vol. III, tomo I, 3.ª ed., Lisboa, 2019, pp. 219 ss.

do âmbito da competência do tribunal escolhido. Colocam-se a este propósito, designadamente, os problemas de saber se esse tribunal pode também julgar a ação delitual fundada na alegada violação pelo beneficiário da licença do direito intelectual a que esta se refere, ao exceder os limites da utilização acordados no contrato; e se cabe na sua competência o julgamento da exceção de invalidade do direito do licenciante, não raro deduzida pelo beneficiário da licença na ação de incumprimento do contrato.

Pelo que respeita ao primeiro problema, não havendo interesses públicos especiais a acautelar, a preocupação dominante terá de ser o respeito pela vontade das partes. Supomos, por isso, que será de admitir a competência do tribunal escolhido pelas partes, pelo menos, quando estas hajam abrangido no pacto de jurisdição todos os litígios conexos com o contrato. Neste sentido depõe a estreita ligação existente entre o contrato e o delito alegado pelo autor e a economia de tempo e recursos possibilitada pela concentração de processos[1285].

Quanto ao segundo problema mencionado, valem as considerações anteriormente feitas a respeito do problema paralelo que se coloca nas ações fundadas na violação do direito; também aqui se nos afigura dever admitir-se, *de jure condendo*, a competência do tribunal em que a ação se encontra pendente para julgar a questão incidental da validade do direito, contanto que a decisão a proferir sobre esta apenas produza efeitos *inter partes*[1286].

II – A competência do foro do lugar do cumprimento da obrigação

Na falta de escolha pelas partes do tribunal competente, e bem assim quando este não disponha de competência exclusiva, valem também quanto aos litígios em apreço, nos termos da Convenção de Lugano e do Regulamento de Bruxelas I*bis*, a regra *actor sequitur forum rei*, já examinada, e a que atribui competência aos tribunais do «lugar onde foi ou deva ser cumprida a obrigação contratual em questão», consignada nos respetivos arts. 5.º, n.º 1, e 7.º, n.º 1.

Estas disposições suscitam, pelo que respeita aos contratos de licença de exploração ou de transmissão de direitos intelectuais, duas ordens de questões: por um lado, a de saber como deve determinar-se, para os efeitos da sua aplicação,

[1285] Neste sentido se pronuncia também Alexander Peukert, «Contractual Jurisdiction Clauses and Intellectual Property», *in* Josef Drexl/Annette Kur (orgs.), *Intellectual Property and Private International Law. Heading for the Future*, Oxford/Portland, 2005, pp. 55 ss. (pp. 78 ss.). Admitem igualmente que o tribunal escolhido pelas partes possa decidir a título incidental a questão da validade do direito de propriedade intelectual, ainda que a decisão proferida sobre a matéria não seja suscetível de reconhecimento ao abrigo da Convenção Toshiyuki Kono e Paulius Jurcys, «General Report», *in* Toshiyuki Kono (org.), *Intellectual Property and Private International Law: Comparative Perspectives*, cit., p. 126.

[1286] Cfr. *supra*, § 20.º/III.

o lugar do cumprimento da «obrigação em questão»; por outro, qual o âmbito da competência do tribunal designado nos termos desse preceito, quando a mesma se funde exclusivamente nele.

Pelo que respeita ao primeiro ponto, supomos que, quando a obrigação em questão (*hoc sensu*, a que serve de fundamento ao pedido formulado pelo autor e que, por conseguinte, integra o objeto do litígio) consistir em facultar o uso ou exploração por um terceiro de certo bem intelectual ou em transmitir a outrem a titularidade deste, o lugar do seu cumprimento é, na falta de estipulação das partes em contrário, o país para cujo território se autorizam os atos de utilização ou exploração contemplados no contrato ou em que se encontra normativamente localizado o direito transmitido. Se a referida obrigação consistir no pagamento de *royalties*, será o país onde o mesmo for devido, nos termos do contrato ou da lei aplicável, aquele em que a ação deve ser proposta (em Portugal, o domicílio do credor).

Para este efeito, importa ter presente que, consoante decidiu o Tribunal de Justiça da União Europeia no acórdão proferido em 23 de abril de 2009 no caso *Falco*[1287], «um contrato, mediante o qual o titular de um direito de propriedade intelectual concede ao seu co-contratante a faculdade de explorar tal direito em contrapartida do pagamento de uma remuneração, não é um contrato de prestação de serviços» na acepção da alínea b), segundo travessão, das disposições acima referidas do Regulamento de Bruxelas. Neste sentido aduziu o Tribunal que «o conceito de serviços implica, pelo menos, que a parte que os presta efectue uma actividade determinada em contrapartida de uma remuneração»; e que «o contrato mediante o qual o titular de um direito de propriedade intelectual concede ao seu co-contratante a faculdade de explorar tal direito em contrapartida do pagamento de uma remuneração não implica tal actividade», porquanto «mediante tal contrato, o titular do direito concedido obriga-se unicamente, face ao seu co-contratante, a não contestar a exploração desse direito por este último»[1288].

No tocante à segunda questão acima mencionada, importa notar que o conceito de «matéria contratual», através do qual se delimita o âmbito da competência do tribunal designado pelo preceito em análise, está longe de ter um sentido unívoco nos Estados partes dos instrumentos jurídicos em causa[1289]. Compreende-se assim que o Tribunal de Justiça da União Europeia tenha sustentado que o mesmo conceito, consignado na disposição correspondente da Convenção de

[1287] Proc. C-533/07, ECLI:EU:C:2009:257. Ver, sobre esse aresto, Benedetta Ubertazzi, «Licence Agreements Relating to IP Rights and the EC Regulation on Jurisdiction», *IIC*, 2009, pp. 913 ss.

[1288] Cfr. os n.ºs 29 a 31 do acórdão.

[1289] Ver, para uma análise comparativa do conceito de contrato, o nosso *Da responsabilidade pré-contratual em Direito Internacional Privado*, cit., pp. 158 e ss.

Bruxelas, deve ser tido como uma *noção autónoma*, a interpretar com referência ao sistema e aos objetivos dessa Convenção, em ordem a que fique assegurada a sua plena eficácia[1290]. Supomos que a mesma diretriz é válida no tocante ao Regulamento de Bruxelas e à Convenção de Lugano, pois também relativamente a estes textos importa evitar disparidades na sua interpretação pelos tribunais nacionais, sob pena de ficar comprometida a uniformização do regime de determinação dos tribunais competentes em matéria civil e comercial através deles visada. O conceito de matéria contratual não pode, por isso, ser interpretado por referência ao Direito interno do Estado do foro ou de qualquer outro Estado.

Qual, porém, o sentido que deve ser imputado a esse conceito, no quadro de uma interpretação autónoma do mesmo?

De acordo com o Tribunal de Justiça da União Europeia, o conceito de «matéria contratual» não pode ser entendido como abrangendo uma situação em que não existe nenhum «compromisso livremente assumido» por uma parte perante a outra[1291]. Assim, por exemplo, a obrigação de indemnizar o prejuízo resultante de uma rutura injustificada de negociações, uma vez que se baseia na violação de regras jurídicas, nomeadamente a que impõe às partes o dever de agir de boa-fé durante as negociações para a formação do contrato[1292], não reveste natureza contratual, razão por que se integra no domínio extracontratual, na aceção do art. 5.º, n.º 3, e 7.º, n.º 2, da Convenção de Lugano e do Regulamento de Bruxelas I*bis*, respetivamente[1293].

Havemos, assim, de concluir que, no domínio em apreço neste estudo, a competência do tribunal designado nos termos do art. 5.º, n.º 1, alínea *a)*, da Convenção de Lugano e 7.º, n.º 1, alínea *a)*, do Regulamento de Bruxelas I*bis* abrange tão-somente os litígios emergentes dos *compromissos livremente assumidos* pelas partes nos contratos de licença e de transmissão de direitos intelectuais, ficando dela excluídos, em princípio, os litígios que se prendem com o cumprimento de deveres legais de conduta a cargo das partes.

Cremos, no entanto, que se poderia ir mais longe nesta matéria. Não raro, a ação fundada no incumprimento de obrigações resultantes de um contrato de licença ou de transmissão de direitos intelectuais visará também a condenação do réu no ressarcimento dos danos emergentes da violação desses direitos. É o que ocorre, nomeadamente, quando o réu haja excedido os limites da utilização

[1290] Cfr. o acórdão proferido em 22 de março de 1983, no caso *Peters c. ZNAV*, *CJTJ*, 1983, pp. 987 ss.

[1291] Neste sentido se pronunciou o Tribunal, a propósito da Convenção de Bruxelas, designadamente no acórdão proferido em 17 de setembro de 2002 no caso *Fonderie Officine Meccaniche Tacconi SpA c. Heinrich Wagner Sinto Maschinenfabrik GmbH*, *CJTJ*, 2002-I, pp. 10087 ss.

[1292] Constante, designadamente, do § 311 (1) do Código Civil alemão e do art. 227.º, n.º 1, do Código Civil português.

[1293] Cfr. o acórdão do Tribunal de Justiça de 17 de setembro de 2002, cit. *supra*.

autorizada no contrato pelo titular do direito. Quando assim suceda, julgamos que haveria toda a conveniência, sob o ponto de vista da celeridade do julgamento da causa, da economia de processos e da harmonia de julgados, em que o tribunal competente nos termos dos citados preceitos pudesse também julgar as pretensões delituais fundadas na violação pelo réu do direito intelectual de que é titular o autor. Essa solução teria, além disso, a vantagem de promover um certo paralelismo entre o tribunal competente e a lei aplicável, na medida em que se admitisse nestes casos, nos termos da *conexão acessória* que preconizámos acima, que esta fosse também a lei do contrato[1294].

III – A proteção da parte mais fraca

a) Contratos celebrados por consumidores. – Pelo que respeita aos contratos celebrados por consumidores, importa ter presentes as regras especiais de competência constantes dos arts. 15.º e seguintes da Convenção de Lugano e 17.º e seguintes do Regulamento de Bruxelas I*bis* (ex-arts. 15.º e seguintes do Regulamento de Bruxelas I).

Com efeito, consagra-se excecionalmente, no art. 16.º e 18.º desses instrumentos normativos, respetivamente, em benefício do consumidor, a competência do *forum actoris*, podendo o consumidor, nos termos desses preceitos, demandar o respetivo cocontratante não apenas no país do domicílio deste, mas também no do seu próprio domicílio[1295]. Esta regra aplica-se, nos termos do art. 15.º, n.º 1, alínea *c)*, da Convenção e 17.º, n.º 1, alínea *c)*, do Regulamento, também nos casos em que um profissional «dirige a sua atividade», por qualquer meio, ao Estado-Membro do domicílio do consumidor, ou a vários Estados incluindo esse Estado-Membro, e o contrato concluído entre as partes seja abrangido por essa atividade.

Numa declaração relativa aos arts. 15.º e 73.º do Regulamento de Bruxelas I, o Conselho de Ministros e a Comissão Europeia esclareceram que, para ser aplicável o n.º 1, alínea *c)*, do primeiro destes preceitos, não basta que uma empresa dirija as suas atividades para o Estado-Membro onde o consumidor está domiciliado, ou para vários Estados incluindo esse Estado-Membro; é preciso também que tenha sido celebrado um contrato no âmbito dessas atividades. Por outro lado, o simples facto de um sítio da Internet ser acessível não basta para tornar aplicável o artigo 15.º, sendo também necessário que esse sítio Internet

[1294] Cfr. *supra*, § 17.º/I, alínea *b)*.

[1295] Solução análoga acha-se consagrada no art. 22, inciso II, do Código de Processo Civil brasileiro, que atribui competência à autoridade judiciária brasileira para processar e julgar as ações decorrentes de relações de consumo, quando o consumidor tiver domicílio ou residência no Brasil.

convide à celebração de contratos à distância e que tenha efetivamente sido celebrado um contrato à distância, por qualquer meio[1296].

Mais recentemente, o Tribunal de Justiça da União Europeia pronunciou-se sobre a interpretação dos referidos preceitos do Regulamento de Bruxelas I nos seguintes termos[1297]:

> «Para determinar se um comerciante que apresenta a sua actividade no seu sítio na Internet ou no sítio de um intermediário "dirige" a sua actividade ao Estado-Membro do domicílio do consumidor, na acepção do artigo 15.º, n.º 1, alínea c), do Regulamento n.º 44/2001, é necessário apurar se, antes da eventual celebração de um contrato com o consumidor, resulta desses sítios na Internet e da actividade global do comerciante que este pretendia estabelecer relações comerciais com consumidores domiciliados num ou vários Estados-Membros, incluindo o do domicílio do consumidor, no sentido de que estava disposto a com eles contratar. / Os elementos seguintes, cuja enumeração não é exaustiva, podem constituir indícios que permitem considerar que o comerciante dirige a sua actividade ao Estado-Membro do domicílio do consumidor: a natureza internacional da actividade, a menção de itinerários a partir de outros Estados-Membros para chegar ao local onde o comerciante está estabelecido, a utilização de uma língua ou moeda diferentes das habitualmente utilizadas no Estado-Membro em que o comerciante está estabelecido, com a possibilidade de reservar e confirmar a reserva nessa língua, a menção de números de telefone com a indicação de um indicativo internacional, a realização de despesas num serviço de referenciação na Internet para facilitar aos consumidores domiciliados noutros Estados-Membros o acesso ao sítio do comerciante ou a um sítio do seu intermediário, a utilização de um nome de domínio de primeiro nível diferente do do Estado-Membro em que o comerciante está estabelecido e a menção de uma clientela internacional constituída por clientes domiciliados em diferentes Estados-Membros. Cabe ao juiz nacional apurar se existem esses indícios./ Pelo contrário, é insuficiente a simples acessibilidade do sítio na Internet do comerciante ou do intermediário no Estado-Membro do domicílio do consumidor. O mesmo se aplica à menção de um endereço electrónico e de outros elementos ou à utilização de uma língua ou moeda que sejam habitualmente utilizadas no Estado-Membro em que o comerciante está estabelecido.»

Reencontramos aqui, por conseguinte, a distinção entre a *simples acessibilidade* e a *direção de atividades* como critérios de competência quanto a litígios emergentes

1296 Texto disponível em http://ue.eu.int/newsroom.

1297 Acórdão de 7 de dezembro de 2010, casos *Pammer c. Reederei Karl Schlüter GmbH & Co KG*, proc. C-585/08, e *Hotel Alpenhof GesmbH c. Oliver Heller*, proc. C-144/09, ECLI:EU:C:2010:740.

da colocação de conteúdos em linha, a que já fizéramos alusão anteriormente[1298]. À luz da declaração transcrita, assim como deste acórdão, também nesta matéria se há de ter por insuficiente o primeiro desses critérios como fundamento de competência internacional[1299].

b) Contratos individuais de trabalho. – Sendo a ação intentada pelo autor ou inventor assalariado contra o seu empregador, a Convenção de Lugano e o Regulamento de Bruxelas I*bis* permitem, respetivamente nos arts. 19.º e 21.º, que a lide seja instaurada, em alternativa, perante os tribunais do Estado-Membro em que a entidade patronal tem o seu domicílio, perante o tribunal do lugar onde o trabalhador efetua habitualmente o seu trabalho ou perante o do lugar onde efetuou mais recentemente o seu trabalho; e ainda, se o trabalhador não efetuar ou não houver efetuado habitualmente o seu trabalho no mesmo país, perante o tribunal do lugar onde se situa ou situava o estabelecimento que contratou o trabalhador. Já a entidade patronal só pode intentar a ação, nos termos dos arts. 20.º e 22.º da Convenção e do Regulamento, respetivamente, perante os tribunais do Estado-Membro em cujo território o trabalhador tiver domicílio. Consagra-se assim nestes instrumentos um certo *favor laboratoris*, que tem correspondência com aquele que, como vimos, o Regulamento de Roma I acolhe em matéria de lei aplicável. Esse princípio tem igualmente expressão no regime dos pactos de jurisdição celebrados entre trabalhadores por conta de outrem e empregadores: estes apenas são válidos, de acordo com o art. 21.º da Convenção e 23.º do Regulamento, se forem posteriores ao surgimento do litígio ou se permitirem ao trabalhador recorrer a tribunais que não sejam os indicados nos preceitos anteriores.

§ 22.º Tribunal competente para os litígios relativos a atos de concorrência desleal e a violações de segredos de negócios

I – Tribunal competente para os litígios relativos a atos de concorrência desleal

Em matéria de concorrência desleal, são competentes os tribunais designados pelas regras já examinadas da Convenção de Lugano e do Regulamento de Bruxelas I*bis* (com uma importante exceção, porém, na medida em que o art. 22.º, n.º 4, da Convenção e 24.º, n.º 4, do Regulamento são inaplicáveis nesta matéria).

1298 Ver *supra*, § 20.º/II, alínea *b)*.

1299 Sobre o ponto, *vide* Luís de Lima Pinheiro, «Contratos celebrados através da internet – Tribunais internacionalmente competentes e Direito aplicável», *RDC*, 2018, pp. 743 ss. (pp. 752 s.).

Estão nesse caso, desde logo, os tribunais do Estado do domicílio do réu, *ex vi* dos arts. 2.º do primeiro e 4.º e do segundo desses instrumentos.

Por outro lado, no conceito de facto danoso, a que se referem os arts. 5.º, n.º 3, e 7.º, n.º 2, dos mesmos instrumentos, compreendem-se os atos de concorrência desleal[1300]. O fator de competência consagrado neste preceito vale tanto para as pretensões fundadas na responsabilidade civil como para as que visem a condenação do réu na abstenção de certa prática. Em matéria de concorrência desleal, deve entender-se como «lugar onde ocorreu ou poderá ocorrer o facto danoso», para os efeitos daquela disposição, o mercado onde as práticas desleais em questão produziram, ou são suscetíveis de produzir, os seus efeitos (*v.g.* porque aí foram publicitados ou oferecidos ao público certos produtos ou serviços).

Ao invés do que vimos suceder no domínio dos conflitos de leis no espaço, não existe base normativa para a competência exclusiva dos tribunais do país cujo mercado é afetado pelo ato de concorrência desleal. O *princípio da ubiquidade* formulado pelo Tribunal de Justiça da União Europeia vale, por conseguinte, também em matéria de concorrência desleal: quando o dano e o evento causal se verifiquem em países diferentes, a vítima poderá intentar a ação perante os tribunais de qualquer deles[1301]. Tendo-se verificado danos em diversos países, a competência dos tribunais de cada um deles cingir-se-á, de acordo com a jurisprudência *Shevill,* às ações relativas aos danos locais[1302].

Em qualquer caso, não basta, a fim de se ter por praticado um ato de concorrência desleal no Estado do foro, que a publicidade enganosa ou de produtos que constituam a imitação servil de criações alheias se encontre *acessível* no território daquele Estado, *maxime* por força da sua disponibilização em linha[1303]: será ainda de exigir, tal como sustentámos a respeito da violação

[1300] Neste sentido se pronunciou o Tribunal Federal alemão, na decisão proferida em 13 de outubro de 2004 no caso *Maritim, in GRUR Int.*, 2005, pp. 431 ss.

[1301] Assim, Frédéric Leclerc, «Concurrence déloyale et droit international privé», *in* Yves Serra (org.), *La concurrence déloyale*, Paris, 2001, pp. 77 ss. (p. 83); Maksymilian Pazdan/Maciej Szpunar, «Cross-Border Litigation of Unfair Competition over the Internet», *in* Arnaud Nuyts (org.), *International Litigation in Intellectual Property and Information Technology*, Austin, etc., 2008, pp. 131 ss. (p. 138); e Walter F. Lindacher, «Die internationale Dimension lauterkeitsrechtlicher Unterlassungsansprüche : Marktterritorialität versus Universalität», *GRUR Int.*, 2008, pp. 453 ss. (p. 454).

[1302] Cfr. *supra*, § 20.º/II, alínea *c)*.

[1303] Ver porém, neste sentido, o acórdão da *Cour de Cassation* francesa, Câmara Comercial, de 20 de março de 2007, no caso *Soc. HSM Schuhmarketing c. Soc. Gep Industries, RCDIP,* 2008, pp. 323 ss. A autora, *Gep Industries,* sedeada em França, demandara a ré, *HSM Schuhmarketing*, com sede na Alemanha, perante um tribunal francês, imputando-lhe a comercialização de um modelo de sapatos que constituía a cópia servil de um produto fabricado pela autora. Embora a ré não tivesse domicílio em França, nem aí houvesse vendido os respetivos produtos, a Cassação aprovou

de direitos intelectuais, que esse território (*rectius:* os consumidores nele localizados) haja sido *especificamente visado* nessa publicidade[1304]. De outro modo, uma pessoa domiciliada num dos Estados-Membros da Convenção de Lugano ou do Regulamento de Bruxelas poderia ser demandada, com aquele fundamento, em qualquer outro Estado-Membro. Seria assim impossível aos agentes económicos preverem o foro em que poderão ser demandados, agindo em conformidade; o que, com alto grau de probabilidade, afetaria negativamente o comércio eletrónico transfronteiras.

No acórdão de 5 de junho de 2014[1305], o Tribunal de Justiça interpretou o art. 5.º, n.º 3, do Regulamento de Bruxelas I no sentido de que, sendo alegada publicidade comparativa ilícita ou imitação desleal de um sinal protegido por uma marca comunitária, proibidas pela lei alemã contra a concorrência desleal, essa disposição permitia determinar, com base no lugar da materialização do dano, a competência jurisdicional dos tribunais alemães a fim de conhecerem de uma ação de responsabilidade fundada na referida lei, intentada contra uma pessoa estabelecida noutro Estado-Membro e que alegadamente cometera nele um ato que *provocara ou podia provocar um dano* na área de jurisdição do órgão jurisdicional chamado a decidir.

Na espécie, a ré, uma sociedade estabelecida na Bélgica, havia vendido um perfume a um terceiro cujo estabelecimento comercial se situava na Alemanha e que, em seguida, o revendera em território alemão. A autora intentou uma ação contra a ré perante os tribunais alemães, alegando que a distribuição pela ré do referido perfume num frasco análogo àquele que era objeto de uma marca comunitária detida pela autora constituía contrafação de marca, publicidade comparativa ilícita e imitação desleal.

O Tribunal de Justiça fez neste caso depender a competência dos tribunais alemães de um *requisito de causalidade* dos atos do alegado infrator relativamente ao dano sofrido pelo demandante no Estado do foro. A fim de determinar a verificação desse requisito, caberia ao órgão jurisdicional chamado a decidir, segundo o Tribunal de Justiça, apreciar, atendendo aos elementos de que dispunha, em que medida a venda do produto em causa no território belga poderia violar as disposições da lei alemã contra a concorrência desleal e poderia, por

o acórdão da *Cour d'Appel* de Angers, que considerara competentes os tribunais franceses para julgarem a causa com fundamento na circunstância de a ré ter representado os seus produtos no respetivo sítio Internet e de os atos de concorrência desleal que lhe eram imputados serem suscetíveis de causar prejuízo à autora. Para uma crítica deste aresto, veja-se a anotação de Edouard Treppoz *in RCDIP*, 2008, pp. 328 ss.

1304 Ver, neste sentido, Peter Mankowski, *in* Ulrich Magnus/Peter Mankowski (orgs.), *Brussels I Regulation*, cit., p. 212.

1305 Proc. C-360/12, *Coty Germany GmbH c. First Note Perfumes N*, ECLI:EU:C:2014:1318.

conseguinte, conduzir a um dano na área de jurisdição desse órgão jurisdicional. Qualquer agente económico integrado numa cadeia de distribuição, situado a montante do ato de comercialização de um produto, pode, hipoteticamente, satisfazer esse requisito[1306].

Os pactos de jurisdição são em princípio válidos em matéria de concorrência desleal. A sua importância prática é, porém, limitada neste domínio; ela far-se-á sentir sobretudo nos casos em que os concorrentes em litígio se encontram vinculados por um contrato e um pacto de jurisdição dele constante abranja os litígios extracontratuais.

II – Tribunal competente para os litígios relativos a violações de segredos de negócios

Seja qual for a natureza que se atribua aos segredos de negócios, a sua violação, consistente designadamente no acesso, divulgação ou utilização não autorizadas de informação confidencial, constitui um *facto ilícito* suscetível de gerar a obrigação de indemnizar a cargo do infrator.

Nesta medida, as ações destinadas a obter a condenação do demandado nessa indemnização são reconduzíveis ao conceito de «matéria extracontratual» para os efeitos do disposto nos arts. 5.º, n.º 3, e 7.º, n.º 2, da Convenção de Lugano e do Regulamento de Bruxelas I*bis*, que, tal como no tocante à concorrência desleal, lhes são aplicáveis a par dos arts. 2.º e 4.º desses instrumentos, respetivamente[1307].

Conforme notámos acima[1308], o conceito de «matéria extracontratual», a que se referem aqueles dois primeiros preceitos, é interpretado de forma muito ampla pelo Tribunal de Justiça da União Europeia, que o definiu no acórdão *Kalfelis* como uma noção autónoma na qual se compreende qualquer ação que vise desencadear a responsabilidade do réu e não esteja relacionada com a matéria contratual, na aceção do n.º 1 dos mesmos preceitos.

Não parecem assim suscitar-se dúvidas de que os litígios relativos a violações de segredos de negócios, sempre que se destinem a efetivar o direito do demandante a uma indemnização não fundada num contrato são subsumíveis às referidas disposições do sistema de Bruxelas.

Nelas se atribui competência ao tribunal do lugar onde ocorreu ou poderá ocorrer o facto danoso. Tem por isso interesse determinar onde deve ter-se por verificado este último nos casos de violação de segredos de negócios.

[1306] Neste sentido, *Tritton on Intellectual Property in Europe*, cit., p. 1302.

[1307] Neste sentido também Drexl, *in Münchener Kommentar zum Bürgerlichen Gesetzbuch*, vol. 12, cit., p. 1563.

[1308] Cfr. § 20.º/III, alínea *c)*.

Já sabemos também que, de acordo com a jurisprudência daquele Tribunal, desde o caso *Bier c. Mines de Potasse d'Alsace,* integram o conceito de lugar do facto danoso tanto o lugar do *evento causal,* i. é, a atividade ou omissão que deu origem ao dano, como o *lugar da ocorrência do dano*[1309].

Ora, o *evento causal,* nas hipóteses de violação de segredos de negócios, consiste no acesso, na divulgação ou na utilização não autorizadas da informação em causa. O *dano,* por seu turno, traduz-se na lesão do interesse económico protegido através das normas que salvaguardam o segredo de negócios; onde, portanto, este haja sido difundido ou explorado comercialmente sem o consentimento do respetivo titular, em detrimento daquele interesse, deve ter-se por verificado o dano relevante para este efeito. Outro tanto não pode dizer-se do lugar onde o demandante houver indiretamente sofrido uma diminuição patrimonial resultante da conduta ilícita, o qual pode não ter qualquer conexão relevante com os factos da lide[1310].

§ 23.º Reconhecimento de decisões estrangeiras em matéria de propriedade intelectual, de concorrência desleal e de segredos de negócios

I – Sistemas de reconhecimento

O impacto do exercício extraterritorial da competência jurisdicional em litígios relativos a direitos intelectuais constituídos de acordo com um sistema jurídico estrangeiro – que, conforme referimos acima, é em alguma medida admitido pela Convenção de Lugano e pelo Regulamento de Bruxelas I*bis* – é reforçado pelo sistema do *reconhecimento automático* das decisões estrangeiras em matéria civil e comercial, que os mesmos instrumentos consagram dentro de certos limites. Encontra-se este sistema previsto nos arts. 33.º, n.º 1, da Convenção e 36.º do Regulamento, segundo o qual as decisões proferidas num Estado-Membro destes instrumentos são em princípio reconhecidas nos outros Estados-Membros sem quaisquer formalidades[1311].

[1309] Cfr. *supra,* § 20.º/II, alínea *b).*

[1310] Neste sentido, Fawcett/Torremans, *Intellectual Property and Private International Law,* cit., pp. 520 s.

[1311] Ver, sobre esta matéria, Miguel Teixeira de Sousa/Dário Moura Vicente, *Comentário à Convenção de Bruxelas,* cit., pp. 45 ss. e 137 ss.; Peter Schlosser, *EU-Zivilprozessrecht,* 2.ª ed., Munique, 2003, pp. 215 ss.; Reinhold Geimer/Rolf A. Schütze, *Europäisches Zivilverfahrensrecht,* cit., pp. 492 ss.; Jan Kropholler, *Europäisches Zivilprozessrecht,* cit., anotação ao art. 33; Thomas Rauscher (org.), *Europäisches Zivilprozessrecht. Kommentar,* cit., vol. I, pp. 545 ss.; Ulrich Magnus/Peter Mankowski (orgs.), *Brussels I Regulation,* cit., pp. 547 ss.; Rui de Moura Ramos, *Estudos de Direito Internacional Privado da União Europeia,* cit., pp. 311 ss.; Michael Bogdan, *Concise Introduction to EU Private*

Outro tanto sucede no tocante às decisões relativas à obtenção de uma patente europeia, por força do disposto no art. 9.º, n.º 1, do Protocolo Sobre a Competência Judiciária e o Reconhecimento de Decisões Sobre o Direito à Obtenção da Patente Europeia, anexo à Convenção Sobre a Patente Europeia, a que fizemos referência acima.

Bem se compreende esse sistema: encontrando-se unificadas, por força do regulamento e das convenções referidas, as regras de competência internacional sobre as matérias abrangidas por estes instrumentos, vigentes nos respetivos Estados membros, parte-se do princípio de que o tribunal que proferiu uma decisão sobre essas matérias tinha, *hoc sensu*, legitimidade para o efeito. Pode assim admitir-se que essa decisão produza efeitos no Estado do foro independentemente de um controlo prévio da competência internacional do tribunal de origem. Visa-se assim facilitar a *livre circulação* das decisões judiciais através das fronteiras[1312].

Diferentemente, pelo que respeita às decisões proferidas pelos tribunais de terceiros países ao abrigo das regras de competência de fonte interna, o reconhecimento automático nos Estados partes daqueles instrumentos não está, por via de regra, assegurado.

Nestes casos, é antes o sistema da *revisão prévia* que se encontra consagrado nos países, como a Alemanha, a França e Portugal e, fora da Europa, no Brasil, em que se exige o controlo da decisão estrangeira por um tribunal nacional – ainda que circunscrito à sua regularidade extrínseca ou formal – a fim de que a mesma possa produzir na ordem interna os seus efeitos próprios enquanto ato jurisdicional, *maxime* o efeito executivo e o efeito de caso julgado[1313].

II – Fundamentos de recusa do reconhecimento

a) Ordem pública internacional. – Ao reconhecimento das decisões estrangeiras podem ser opostos, no sistema de Bruxelas, certos fundamentos de recusa. Estes têm, decerto, caráter muito restrito; não obstante isso, alguns assumem

Internatonal Law, 3.ª ed., Groningen, pp. 71 ss.; José Carlos Fernández Rozas/Sixto Sánchez Lorenzo, *Derecho Internacional Privado*, cit., pp. 209 ss.; Alfonso-Luis Calvo Caravaca/Javier Carrascosa González, *Derecho Internacional Privado*, cit., vol. II, pp. 1369 ss. ; Hélène Gaudemet-Tallon/Marie-Élodie Ancel, *Compétence et exécution des jugements en Europe. Règlements 44/2001 et 1215/2012. Conventions de Bruxelles (1968) et de Lugano (1988 et 2007)*, cit., pp. 549 ss.; e Luís de Lima Pinheiro, *Direito Internacional Privado*, vol. III, tomo II, *Reconhecimento de decisões estrangeiras*, pp. 71 ss.

1312 Neste sentido, veja-se o acórdão do Tribunal de Justiça das Comunidades Europeias de 28 de março de 2000, caso *Dieter Krombach c. André Bamberski*, *CJTJ*, 2000-I, pp. 1935 ss. (n.º 19).

1313 Ver Haimo Schack, *Internationales Zivilverfahrensrecht*, cit., pp. 314 ss.

relevância específica na matéria de que aqui nos ocupamos. Importa, por isso, analisá-los.

Entre esses fundamentos destaca-se a circunstância, prevista no art. 34.º, n.º 1, da Convenção e 45.º, n.º 1, alínea *a)*, do Regulamento, de o reconhecimento da decisão estrangeira ser manifestamente contrário à ordem pública internacional do Estado requerido.

Nesta base, uma decisão estrangeira que negue ao autor de uma obra literária o gozo de certo direito moral pode ver recusado o respetivo reconhecimento nos países onde os direitos morais são atribuídos aos autores por normas legais imperativas e tidos como indisponíveis. Outro tanto pode dizer-se de uma decisão estrangeira que reconheça efeitos a uma patente sobre uma invenção cuja exploração comercial se mostre, para o sentimento ético-jurídico prevalecente no Estado do foro, ofensiva da dignidade humana.

Nem toda a divergência entre os sistemas jurídicos nacionais quanto aos bens suscetíveis de serem protegidos por direitos de propriedade intelectual pode, no entanto, justificar a intervenção da reserva de ordem pública internacional.

Assim, por exemplo, uma decisão proferida por um tribunal de um Estado-Membro da União Europeia que reconheça a existência de um direito de propriedade intelectual sobre elementos da carroçaria de veículos automóveis e que confira ao titular deste direito uma proteção que lhe permita proibir terceiros, nomeadamente operadores económicos estabelecidos noutro Estado-Membro, de fabricarem, venderem, transportarem, importarem ou exportarem desse Estado contratante os referidos elementos de carroçaria não pode ser considerada, consoante entendeu o Tribunal de Justiça das Comunidades Europeias no caso *Régie nationale des usines Renault SA c. Maxicar SpA e Orazio Formento*[1314], como contrária à ordem pública.

Em causa estava, na espécie, uma decisão proferida por um tribunal francês, que condenara as rés, duas sociedades sedeadas em Itália, a pagar uma indemnização à autora, uma sociedade com sede em França, pelos prejuízos causados em virtude da contrafação de certos elementos de carroçaria destinados a veículos automóveis da marca Renault. As rés opuseram-se ao reconhecimento dessa decisão em Itália, por considerarem que a mesma violava a ordem pública, na aceção do art. 27.º n.º 1, da Convenção de Bruxelas (correspondente aos arts. 34.º, n.º 1, da Convenção de Lugano e 45.º, n.º 1, alínea *a)*, do Regulamento de Bruxelas I*bis*). Invocaram, para tanto, que o Direito italiano não reconhece direitos de propriedade intelectual sobre peças sobressalentes destinadas a veículos automóveis, o que corresponderia, no seu entender, a um princípio de

[1314] Acórdão de 11 de maio de 2000, *CJTJ*, 2000-I, pp. 2973 ss.

ordem pública económica. O reconhecimento daqueles direitos seria, além disso, incompatível com os princípios comunitários da livre circulação de mercadorias e da livre concorrência.

O Tribunal de Justiça rejeitou, porém, esta alegação por, no seu entender, não estar em causa a «violação manifesta de uma regra de Direito essencial na ordem jurídica do Estado requerido».

Em contrapartida, deve ser tido como contrário à ordem pública internacional o reconhecimento de uma decisão estrangeira que condene o réu a pagar ao autor *punitive* ou *exemplary damages* cujo montante exceda manifestamente o dano por este sofrido em consequência da violação dos seus direitos de propriedade intelectual e que, por este motivo, se revele desconforme com o princípio da proporcionalidade da sanção do ato ilícito, que informa as ordens jurídicas de diversos países europeus[1315].

Nesta linha fundamental de orientação se pronunciaram, nos últimos anos, o Tribunal Federal alemão[1316] e o Tribunal de Cassação italiano[1317], em casos relativos ao reconhecimento de sentenças norte-americanas.

Este problema não tem, aliás, passado despercebido ao próprio Supremo Tribunal dos Estados Unidos, que em decisão recente procurou estabelecer limites máximos ao *quantum* dos *punitive damages*[1318].

[1315] Sobre o ponto, *vide* o que dissemos acima, no § 17.º/I, alínea *i)*, e a bibliografia aí mencionada.

[1316] Veja-se, recusando o reconhecimento de uma decisão norte-americana que condenava o réu, um bi-nacional alemão e norte-americano, a pagar à vítima uma indemnização por danos não patrimoniais de montante largamente superior aos limites máximos estabelecidos pelo Direito alemão para situações do mesmo género, acrescida de *punitive damages*, a sentença de 4 de junho de 1992, *BGHZ* 118, caso *G.D.S. c. E.S.*, pp. 312 ss., em que se aduz neste sentido o disposto no § 328 (1), n.º 4, da *Zivilprozessordnung*, nos termos do qual «[o] reconhecimento da sentença de um tribunal estrangeiro é excluído [...] quando o reconhecimento da sentença conduza a um resultado manifestamente incompatível com princípios fundamentais do Direito alemão, em especial quando o reconhecimento seja incompatível com os direitos fundamentais».

[1317] Cfr. a sentença proferida no caso *Parrott c. Fimez SpA*, em 19 de janeiro de 2007, *LNGCC*, 2007, pp. 981 ss., em que a *Corte di Cassazione* confirmou uma decisão do Tribunal de Apelação de Veneza que negara, por incompatível com a ordem pública italiana, a delibação de uma sentença de um Tribunal do Alabama, que condenava a ré, uma sociedade sedeada em Itália, no pagamento à autora de um milhão de dólares a título de *punitive damages*, instituto que, no dizer daquele primeiro tribunal, «si caratterizza per un'ingiustificata sproporzione tra l'importo liquidato e il danno effettivamente subito».

[1318] Veja-se a sentença proferida em 25 de junho de 2008 no caso *Exxon Shipping Co. et al. v. Baker et al.*, 554 U.S. 471 (2008), em que o Supremo reduziu de 2,5 biliões de dólares para 500 milhões de dólares a indemnização punitiva devida às vítimas da poluição mar'tima causada pelo acidente ocorrido em 1989 ao largo do Alasca com o petroleiro *Exxon Valdez*, com fundamento num rácio

Compreende-se, assim, que o art. 11.º, n.º 1, da Convenção de Haia de 2005 Sobre os Acordos de Eleição do Foro Competente haja previsto expressamente que o reconhecimento ou a execução de uma decisão podem ser recusados «se e na medida em que a decisão atribua uma indemnização, incluindo danos exemplares ou punitivos, que não compensem uma parte pela perda ou prejuízo reais sofridos»[1319].

Também que os já referidos *Princípios* do *American Law Institute* estabelecem, a este propósito, que «a decisão do tribunal *a quo* que atribua uma indemnização não compensatória, incluindo danos exemplares ou punitivos, deve ser executada pelo menos na medida em que uma indemnização semelhante ou comparável pudesse ser atribuída no Estado do tribunal de execução»[1320].

Os *Princípios CLIP*, por seu turno preveem que o reconhecimento e a execução de uma sentença podem ser recusados «se, e apenas na medida em que, a sentença atribua uma indemnização, incluindo *exemplary* ou *punitive damages*, que não compense uma parte pelo dano efetivamente sofrido e exceda o montante da indemnização que teria sido atribuída pelos tribunais do país onde o reconhecimento é solicitado»[1321]. Uma regra análoga figura nas *Diretrizes da ILA*[1322].

A recusa do reconhecimento da sentença estrangeira com o aludido fundamento apenas deve, pois, ter lugar na parte em que a mesma atribua ao autor o direito a receber do réu montantes pecuniários que não visem compensá-lo

de 1:1 entre a indemnização compensatória e a indemnização punitiva, que o tribunal considerou apropriado neste tipo de casos.

[1319] «La reconnaissance ou l'exécution d'un jugement peut être refusée si, et dans la mesure où, le jugement accorde des dommages et intérêts, y compris des dommages et intétrêts exemplaires ou punitifs, qui ne compensent pas une partie pour la perte ou le préjudice réels subis». Sobre esta disposição, vejam-se Masato Dogauchi/Trevor C. Hartley, *Preliminary Draft Convention on Exclusive Choice of Court Agreements. Draft Report*, Haia, 2004, n.ºs 192 ss.

[1320] § 411 (2): «The rendering court's order awarding noncompensatory damages, including exemplary or punitive damages, should be enforced at least to the extent that similar or comparable damages could have been awarded in the State of the enforcement court [...]».

[1321] Art. 4:402(1): «Recognition and enforcement of a judgment may be refused if, and only to the extent that, the judgment awards damages, including exemplary or punitive damages, that do not compensate a party for actual loss or harm suffered and exceed the amount of damages that could have been awarded by the courts of the State where enforcement is sought».

[1322] Art. 35(2): «If a foreign judgment awards non-compensatory, including exemplary or punitive, damages that are not available under the law of the requested State, recognition and enforcement may be refused if, and only to the extent that, the judgment awards damages that do not compensate a party for actual loss or harm suffered and exceed the amount of damages that could have been awarded by the courts of the requested State».

do dano sofrido e que excedam os valores que lhe seriam atribuídos em virtude dos mesmos factos no Estado do foro[1323].

Também nos Estados Unidos o reconhecimento de sentenças europeias em matéria de propriedade intelectual se tem defrontado com objeções fundadas na reserva de ordem pública internacional – designadamente por esse reconhecimento implicar uma restrição da liberdade de expressão consignada na primeira emenda à Constituição norte-americana e bem assim da doutrina do *fair use* que procura compatibilizar o exercício dessa liberdade com a propriedade intelectual.

Foi o que sucedeu no caso *SARL Louis Feraud International, S.A. Pierre Balmain, v. Viewfinder, Inc.*[1324]. Discutia-se, na espécie, a admissibilidade do reconhecimento nos Estados Unidos de uma sentença francesa, que condenara a ré a indemnizar as autoras pelos prejuízos causados em virtude da divulgação não autorizada, no sítio Internet de que a primeira era titular (com o endereço «firstView.com»), de fotografias tiradas em desfiles de moda organizados pelas autoras, mediante as quais se revelavam ao público desenhos de novas coleções de alta costura protegidos em França pelo Direito de Autor. O Tribunal Federal de Apelação do 2.º Circuito admitiu que se essa divulgação integrasse, no caso em apreço, o conceito de *fair use,* o reconhecimento da sentença estrangeira repugnaria à ordem pública internacional do Estado de Nova Iorque, devendo por isso ser recusado. Com este fundamento, reenviou o processo ao tribunal de primeira instância, a fim de serem apurados por este os factos necessários à formulação daquele juízo.

Mais recentemente, a ordem pública norte-americana foi também invocada no *caso Picasso,* acima descrito[1325]. Confrontado com um pedido de reconhecimento de uma sentença francesa que condenava os demandados, editores de uma obra intitulada *The Picasso Project,* no pagamento de uma *astreinte* no valor de dois milhões de euros por violação de direito de autor em virtude da reprodução não autorizada nessa obra de fotografias extraídas de um conhecido catálogo alusivo à obra de Pablo Picasso, o United States District Court Northern District of California San Jose Division decidiu, em sentença de 12 de setembro de 2019, rejeitar esse pedido com fundamento em que a sentença estrangeira seria «repugnante» à ordem pública norte-americana, uma vez que a utilização

[1323] Cfr. Pedro de Miguel Asensio, «Recognition and Enforcement of Judgments in Intellectual Property Litigation: The CLIP Principles», *in* Jürgen Basedow, Toshiyuki Kono e Axel Metzger (orgs.), *Intellectual Property in the Global Arena: Jurisdiction, Applicable Law, and the Recognition of Judgments in Europe, Japan and the US*, Tubinga, 2010, pp. 239 ss. (pp. 283 ss.).

[1324] Cfr. *SARL Louis Feraud International, S.A. Pierre Balmain, v. Viewfinder, Inc.*, United States Court of Appeals for the Second Circuit, 489 F.3d 1474 (2007).

[1325] Cfr. *supra*, §1.º/III, alínea *e)*.

feita pelos demandados, na obra por si publicada, das fotografias constantes do referido catálogo se encontrava compreendida na exceção de *fair use*, dado que a mesma se destinava a bibliotecas, instituições académicas e colecionadores de arte, reproduzia menos de dez por cento das fotografias constantes do catálogo e não competia com este. Reflete-se aqui, de forma particularmente nítida, a diversidade de conceções do direito de autor que opõe os sistemas de *droit d'auteur* e de *copyright*, a que aludimos atrás.

b) Falta de citação ou notificação do réu. – Em matéria de propriedade intelectual, são frequentemente decretadas providências cautelares sem audição da parte contrária, tendo em conta os prejuízos irreparáveis que qualquer demora na decisão pode implicar para o titular do direito: admite-o, por exemplo, a Diretiva 2004/48/CE, relativa ao respeito dos direitos de propriedade intelectual, no art. 9.º, n.º 4.

Porém, de acordo com os arts. 34.º, n.º 2, da Convenção de Lugano e 45.º, n.º 1, alínea *b)*, do Regulamento de Bruxelas I*bis*, se o documento que iniciou a instância, ou documento equivalente, não tiver sido comunicado ou notificado ao requerido revel, em tempo útil e de modo a permitir-lhe a defesa, a decisão que for proferida não será reconhecida além-fronteiras nos termos desses instrumentos, a menos que o requerido não tenha interposto recurso contra ela embora tivesse a possibilidade de o fazer. O mesmo limite ao reconhecimento resulta do disposto no art. 10.º, alínea *a)*, do Protocolo anexo à Convenção Sobre a Patente Europeia.

Eis por que as providências em apreço, embora não estejam em princípio excluídas do regime de reconhecimento e da execução instituído pela Convenção e pelo Regulamento[1326], não beneficiam desse regime, segundo a jurisprudência do Tribunal de Justiça das Comunidades Europeias, se forem decretadas *inaudita altera pars*[1327].

A mesma doutrina figura nos referidos *Princípios* do *American Law Institute*: também aí se estabelece que as decisões proferidas em procedimentos cautelares sem que o réu haja sido atempadamente notificado da pendência do processo são insuscetíveis de reconhecimento além-fronteiras[1328]. Outro tanto sucede

[1326] Cfr. Joaquim J. Forner Delaygua, «The Impact of the Enforcement Directive on the Brussels I Regime», *in* Arnaud Nuyts (org.), *International Litigation in Intellectual Property and Information Technology*, Austin, etc., 2008, pp. 257 ss. (pp. 282 ss.).

[1327] Cfr. o acórdão proferido em 21 de maio de 1980, no caso *Denilauler c. Couchet Frères*, *CJTJ*, 1980, pp. 1553 ss., a propósito da Convenção de Bruxelas.

[1328] § 403 (1): «The enforcement court must not recognize or enforce a judgment if it determines that: [...] (c) the judgment was rendered without notice reasonably calculated to inform the defendant of the pendency of the proceedings in a timely manner».

nos *Princípios CLIP*, que expressamente recusam o reconhecimento e a execução de medidas provisórias decretadas sem audição prévia da parte requerida[1329], e nas *Diretrizes da ILA*[1330].

c) Decisões inconciliáveis. – O reconhecimento de uma decisão estrangeira pode também ser recusado, nos termos dos arts. 34.º, n.º 3, da Convenção e 45.º, n.º 1, alínea *c)*, do Regulamento, se a mesma for inconciliável com outra decisão proferida entre as mesmas partes no Estado requerido. Será esse o caso, por exemplo, se a decisão cujo reconhecimento houver sido solicitado condenar o réu no pagamento de uma indemnização com fundamento na contrafação de uma marca cujo registo tiver sido anulado por uma decisão proferida no Estado requerido.

A incompatibilidade da decisão em causa com outra anteriormente proferida num Estado-Membro ou num Estado terceiro entre as mesmas partes é também fundamento de recusa do respetivo reconhecimento, contanto que respeite a uma ação com o mesmo pedido e a mesma causa de pedir, desde que a decisão proferida anteriormente reúna as condições necessárias para ser reconhecida no Estado requerido (arts. 34.º, n.º 4, da Convenção e 45.º, n.º 1, alínea *d)*, do Regulamento).

O reconhecimento das decisões proferidas num Estado membro da Convenção Sobre a Patente Europeia no que respeita ao direito à obtenção de uma tal patente deve outrossim ser recusado se o titular de um pedido de patente demonstrar que uma decisão proferida num Estado membro no termo de um processo que oponha as mesmas partes e instaurado anteriormente ao que conduziu à decisão cujo reconhecimento é solicitado é inconciliável com esta última decisão (art. 10.º, alínea *b)*, do Protocolo anexo à Convenção).

d) Competência internacional do tribunal de origem. – Outro fundamento de recusa do reconhecimento das decisões estrangeiras, da maior relevância no que respeita aos direitos intelectuais, é a violação pelo tribunal *a quo* da competência exclusiva dos tribunais de outro país, decorrente do disposto no art. 22.º, n.º 4, da Convenção e 24.º, n.º 4, do Regulamento.

Se, por exemplo, a decisão estrangeira em causa anulou uma patente registada noutro país, a mesma não será reconhecida nesse ou em qualquer outro Estado

[1329] Art. 4 :301: «Provisional, including protective, measures adopted without prior hearing of the adverse party and enforceable without prior service of process to that party shall not be recognized or enforced».

[1330] Art. 32(3): «Provisional and protective measures adopted without prior hearing of the adverse party and enforceable without prior service of process to that party shall not be recognized or enforced».

parte destes instrumentos, pelo menos na parte viciada (visto que nos termos da Convenção e do Regulamento é possível um reconhecimento parcial), atento o preceituado no art. 35.º, n.º 1, da Convenção e 45.º, n.º 1, alínea *e)*, subalínea *ii)*, nos termos dos quais as decisões não serão reconhecidas se tiver sido desrespeitado o disposto na secção 6 do capítulo II da Convenção e do Regulamento (referente às competências exclusivas). À luz da jurisprudência *GAT* do Tribunal de Justiça das Comunidades Europeias, atrás referida, se numa ação por violação de patente o tribunal do lugar do facto danoso se houver pronunciado sobre a exceção de invalidade da patente deduzida pelo réu, a decisão proferida por esse tribunal não deve, por conseguinte, ser reconhecida nos Estados partes daqueles instrumentos.

Ressalvadas estas hipóteses, o facto de ter sido um tribunal estrangeiro a decidir sobre as consequências de atos de violação de direitos de propriedade intelectual ocorridos no Estado do foro não constitui, por si só, um motivo válido de recusa do reconhecimento de uma sentença abrangida pelos referidos instrumentos jurídicos[1331].

Não tem, assim, fundamento legal, no âmbito de aplicação dos instrumentos jurídicos em análise, o ponto de vista conforme o qual, dada a territorialidade dos direitos de propriedade intelectual, é inadmissível o reconhecimento de medidas inibitórias da violação desses direitos num país diverso daquele em que as mesmas foram proferidas[1332].

[1331] Veja-se, neste sentido, a citada Resolução da AIPPI, cujo art. 3, § 3, dispõe: «Le simple fait que c'est un Tribunal étranger qui a statué sur des actes de contrefaçon qui se sont déroulés dans le pays affecté ne doit pas constituer un motif de refus d'exécution».

[1332] Ver, porém, neste sentido, Riccardo Luzzatto, «Problemi internazionalprivatistici del diritto di autore», *RDIPP*, 1989, pp. 273 ss. (p. 280).

Capítulo V
Os meios extrajudiciais de tutela da propriedade intelectual

§ 24.º Generalidades

Ocupámo-nos até aqui, fundamentalmente, dos problemas suscitados pela tutela internacional da propriedade intelectual quando esta é solicitada aos tribunais integrados na organização judiciária do Estado. Essa tutela pode, no entanto, também ser pedida a entidades de outra natureza, entre as quais avultam os tribunais arbitrais.

É bem sabido que a especificidade das questões suscitadas pelas relações comerciais internacionais, a conveniência em submetê-las a um foro «neutro» relativamente aos interesses em jogo, a confidencialidade do processo arbitral, a possibilidade de neste as partes escolherem os seus próprios julgadores e os estrangulamentos que atualmente se registam nos sistemas públicos de justiça de muitos países têm levado com frequência os particulares a optarem por meios extrajudiciais (igualmente ditos «alternativos») de resolução de litígios.

Também assim sucede no domínio da propriedade intelectual – de resto em conformidade com uma diretriz da AIPPI[1333]. Uma parte dos litígios nesta matéria não chega, por isso, a ser submetida aos tribunais estaduais, ou porque é resolvida por árbitros à margem desses tribunais ou porque as partes lhes

[1333] Cfr. a Resolução adotada em 1992, intitulada *Possibility of Arbitration of Intellectual Property Disputes Between Private Parties*, disponível em http://www.aippi.org.

põem termo através de uma transação obtida pela mediação ou conciliação de um terceiro.

A este último fenómeno não são alheios: *a)* O alto grau de especialização de que este domínio do Direito hoje se reveste e a necessidade de se confiar a resolução os litígios que nele se suscitam a pessoas com a formação e a experiência apropriadas; *b)* A crescente internacionalização da exploração da propriedade intelectual e a possibilidade, que os referidos meios facultam às partes, de concentrarem num único processo, submetido a regras por si escolhidas, o julgamento das questões suscitadas pela utilização de bens intelectuais regidos pelas leis de diversos países; e *c)* A necessidade de os litígios em matéria de propriedade intelectual serem resolvidos num lapso de tempo compatível com os ciclos de vida, cada vez mais curtos, dos produtos e serviços patenteados ou assinalados com marcas[1334].

Compreende-se assim o surgimento, nos últimos anos, de diversas instituições que oferecem serviços de resolução extrajudicial de litígios neste domínio, entre as quais sobressai o centro de mediação e arbitragem criado pela OMPI em 1994[1335].

Mais recentemente, diversos atos normativos europeus preveem a possibilidade de certas categorias de litígios respeitantes à propriedade intelectual serem resolvidos através de procedimentos alternativos de resolução de litígios[1336].

A tendência para a «desjudiciarização» dos conflitos sociais, que caracteriza as sociedades contemporâneas, estendeu-se, deste modo, à propriedade intelectual.

1334 Para uma discussão das vantagens e inconvenientes do recurso à arbitragem em matéria de propriedade intelectual, vejam-se David D. Caron, «The World of Intellectual Property and the Decision to Arbitrate», *Arbitration International*, 2003, pp. 441 ss.; e William W. Park, «Irony in Intellectual Property Arbitration», *ibidem*, pp. 451 ss.

1335 Cfr. Francis Gurry, «Les projets de l'Organisation mondiale de la propriété intellectuelle», *in* AAVV, *Arbitrage et propriété intellectuelle*, Paris, 1994, pp. 29 ss.

1336 Estão neste caso: *a)* A Diretiva n.º 2014/26/UE, relativa à gestão coletiva dos direitos de autor e direitos conexos e à concessão de licenças multiterritoriais de direitos sobre obras musicais para utilização em linha no mercado interno, pelo que respeita aos litígios entre organizações de gestão coletiva, membros de organizações de gestão coletiva, titulares de direitos ou usuários (art. 34.º); *b)* O Regulamento (UE) 2017/1001 do Parlamento Europeu e do Conselho, de 14 de junho de 2017, sobre a marca da União Europeia, que institui a possibilidade de mediação relativamente aos litígios respeitantes à marca da União Europeia (arts. 151.º, n.º 3, e 170.º); e *c)* A Diretiva (UE) n.º 2019/790, relativa aos direitos de autor e conexos no mercado único digital, no tocante aos litígios respeitantes à obrigação de transparência a cargo daqueles a quem os autores e artistas intérpretes e executantes concedam licenças ou para quem estes transfiram os seus direitos, e bem assim ao mecanismo de modificação contratual instituído para os casos em que a remuneração inicialmente acordada se revele desproporcionadamente baixa relativamente às receitas decorrentes da exploração das obras ou prestações (art. 21.º).

São vários os meios a que os particulares recorrem para este efeito: além da arbitragem, da mediação e da conciliação, avultam ainda os meios *sui generis* em matéria de nomes de domínio, o sistema de resolução de litígios instituído pela Organização Mundial de Comércio e os procedimentos relativos à intervenção de autoridades aduaneiras.

Ora, o recurso a esses meios em matéria de propriedade intelectual coloca em evidência um dos problemas centrais com que a resolução extrajudicial de litígios hoje se debate: a medida e as formas pelas quais se deve atender no âmbito dela aos interesses públicos e de terceiros implicados na relação material litigada.

É, pois, fundamentalmente desta temática que se cuidará no presente capítulo.

§ 25.º Arbitragem

I – Posição do problema

A arbitragem assenta fundamentalmente, como se sabe, na *autonomia privada*: é esta que, por toda a parte, molda o essencial do seu regime. A escolha dos árbitros, a definição do objeto do litígio, a determinação das regras processuais e materiais aplicáveis, etc., são, em maior ou menor grau, geralmente confiadas às próprias partes.

Ora, a circunstância de a propriedade intelectual ser tradicionalmente o domínio por excelência do *princípio da territorialidade*, em razão dos interesses públicos implicados na concessão de monopólios de utilização e exploração de bens imateriais, suscita, sempre que se encare a resolução por esta via dos litígios a ela respeitantes, pelo menos três ordens de problemas: *a)* Em que medida podem os litígios que tenham por objeto direitos de propriedade intelectual ser validamente cometidos a árbitros? *b)* Encontram-se esses litígios imperativamente sujeitos à *lex loci protectionis*? *c)* Em que condições podem ser reconhecidas sentenças arbitrais estrangeiras relativas a questões de propriedade intelectual?

São estes, por conseguinte, os problemas que iremos examinar em seguida.

II – Arbitrabilidade dos litígios relativos a direitos de propriedade intelectual

a) Razão de ordem. – Consideraremos em primeiro lugar o problema da arbitrabilidade dos litígios relativos a direitos de propriedade intelectual.

A este respeito, importa distinguir as diferentes categorias de questões cuja sujeição a árbitros pode estar em causa. São elas: *a)* A existência e validade de direitos de propriedade intelectual; *b)* A titularidade destes direitos; *c)* As obrigações contratuais emergentes da transmissão ou do licenciamento da exploração de bens intelectuais e o seu incumprimento ou cumprimentos defeituoso; *d)* As obrigações extracontratuais resultantes da contrafação e de outras formas de violação desses direitos, bem como de atos de concorrência desleal e de violação de segredos de negócios; e *e)* A violação de regras atinentes à proteção de investimentos estrangeiros, quando estes tenham por objeto bens protegidos através de direitos de propriedade intelectual ou segredos de negócios.

b) A existência e validade de direitos de propriedade intelectual. – São muito díspares as regras vigentes a respeito da primeira destas questões nos diferentes sistemas jurídicos nacionais[1337].

Na Alemanha, por exemplo, aduz-se contra a arbitrabilidade da existência e validade de direitos resultantes de patentes que a declaração de nulidade destas é da competência exclusiva do Tribunal Federal de Patentes[1338].

Noutros países, todavia, observa-se um reconhecimento mais amplo da arbitrabilidade das questões relativas à validade de direitos de propriedade intelectual.

Assim sucede, nomeadamente, nos Estados Unidos[1339], onde a lei declara válidas e vinculativas as convenções de arbitragem relativas a qualquer litígio em

[1337] Para uma comparação de Direitos sobre esta matéria, vejam-se: François Perret, «L'arbitrabilité des litiges de propriété industrielle – II. En droit comparé : Suisse/Allemagne/Italie», *in* AAVV, *Arbitrage et propriété intellectuelle*, Paris, 1994, pp. 73 ss.; Ina Anne Frost, *Schiedsgesrichtsbarkeit im Bereich des geistigen Eigentums nach deutschem und US-amerikanischem Schiedsrecht*, Munique, 2001; Bernard Hanotiau, «L'arbitrabilité», *Rec. cours*, t. 296 (2002), pp. 27 ss. (pp. 205 ss.); Jean-François Poudret/Sébastien Besson, *Droit comparé de l'arbitrage international*, Zurique/Paris/Bruxelas, 2002, pp. 322 ss.; Julian Lew/Loukas Mistelis/Stefan Kröll, *Comparative International Commercial Arbitration*, Haia/Londres/Nova Iorque, 2003, pp. 209 ss. ; e Dário Moura Vicente, «Arbitrability of Intellectual Property Disputes: a Comparative Survey», *Arbitration International*, 2015, pp. 151 ss.

[1338] Cfr. Jochen Pagenberg, «L'arbitrabilité des litiges de propriété intellectuelle en Allemagne», *in* AAVV, *Colloque mondial sur l'arbitrage des litiges de propriété intellectuelle*, Genebra, 1994, pp. 77 ss. (pp. 82 s.); Daniel Paul Simms, «Arbitrability of Intellectual Property Disputes in Germany», *Arbitration International*, 1999, pp. 193 ss.; Karl Heinz Schwab/Gerhard Walter, *Schiedsgerichtsbarkeit*, 6.ª ed., Munique, 2000, p. 39. Um ponto de vista diverso é, no entanto, expendido por Peter Schlosser, *Das Recht der internationalen privaten Schiedsgerichtsbarkeit*, 2.ª ed., Tubinga, 1989, p. 232.

[1339] Ver David Plant, «Arbitrability of Intellectual Property Issues in the United States», *in* AAVV, *Objective Arbitrability. Antitrust Disputes. Intellectual Property Disputes*, s.l., 1994, pp. 121 ss. ; *idem*, «L'arbitrabilité des litiges de propriété intellectuelle aux États-Unis d'Amérique», *in* AAVV, *Colloque mondial sur l'arbitrage des litiges de propriété intellectuelle*, Genebra, 1994, pp. 27 ss.; Christine Lécuyer-Thieffry, «L'arbitrabilité des litiges de propriété industrielle – II. En droit comparé : États-Unis», *in* AAVV, *Arbitrage et propriété intellectuelle*, Paris, 1994, pp. 83 ss.

matéria de validade de patentes ou da sua violação que se suscite no contexto de um contrato[1340]. No entanto, a decisão arbitral proferida sobre esta matéria apenas produz efeitos *inter partes*[1341]. Tratar-se-á, pois, mais de declarar a *inoponibilidade* do direito controvertido entre determinadas pessoas do que propriamente de julgar a sua validade.

Em França, a validade dos títulos de propriedade industrial é tida como indisponível e a sujeição a árbitros das questões a ela atinentes incompatível com a origem privada dos seus poderes: o árbitro, juiz privado, pode declarar o Direito entre as partes que o nomearam e de cuja vontade retira o seu poder jurisdicional, mas as suas decisões apenas gozam de eficácia relativa, não se impondo a terceiros[1342].

Não obstante isso, a *Cour d'appel de Paris* declarou, em acórdão proferido em 28 de fevereiro de 2008 no caso *Société Liv Hidravlika D.O.O v. S.A. Diebolt*[1343]:

> «la question de la validité du brevet débattue de manière incidente à l'occasion d'un litige de nature contractuelle peut, ainsi que le relève l'arbitre, lui être soumise, l'invalidité éventuellement constatée n'ayant, pas plus que s'il s'agissait de la décision d'un juge, d'autorité de la chose jugée car elle ne figure pas au dispositif, qu'elle n'a d'effet qu'à l'égard des parties, de même d'ailleurs qu'une décision en faveur de la validité, les tiers pouvant toujours demander la nullité du brevet pour les mêmes causes.»

Podem assim os tribunais arbitrais sedeados em França conhecer da validade de uma patente, ainda que a eficácia da respetiva decisão seja, neste como em todos os demais aspetos, restrita às partes no processo arbitral.

[1340] Cfr. a secção 294, alínea *a)*, do *Patent Act*, que dispõe: «A contract involving a patent or any right under a patent may contain a provision requiring arbitration of any dispute relating to the patent validity or infringement arising under the contract».

[1341] *Ibidem*, alínea *c)*: «An award by an arbitrator shall be final and binding between the parties to the arbitration but shall have no force or effect on any other persons».

[1342] Cfr. Patrice Level, «L'arbitrabilité», *Rev. arb.*, 1992, pp. 213 ss. (pp. 228 s.) ; e Georges Bonet/ Charles Jarrosson, «L'arbitrabilité des litiges de propriété industrielle – I. En droit français», *in* AAVV, *Arbitrage et propriété intellectuelle*, Paris, 1994, pp. 61 ss. (p. 64) ; Pierre Véron, «Arbitration of Intellectual Property Disputes in France», *International Business Lawyer*, março 1995, pp. 132 ss. (p. 133).

[1343] Reproduzido em *Petites affiches/Chronique droit de l'arbitrage*, 2008, pp. 3 ss., com anotação de Valérie-Laure Benabou; e em *Revue de l'arbitrage*, 2009, pp. 169 ss., com anotação de Tristan Azzi. Para uma detida análise desse acórdão, *vide* ainda Mehmet Polat Kalafatoglu, *L'arbitrabilité en matière de propriété industrielle. Étude en droit de l'arbitrage international*, Paris, 2018, pp. 165 ss.

Orientação semelhante vingava já anteriormente em Itália[1344], onde a *Corte di Cassazione* declarou em acórdão de 3 de outubro de 1956:

«Quando la nullità o la decadenza del brevetto venga fatta valere in via di eccezione, gli arbitri possono conoscere, in via incidentale, senza eficacia di giudicato, dato che in tale ipotesi non è obbligatorio l'intervento del Pubblico ministerio.»

Em Portugal, pese embora a liberalidade com que se admite na lei, desde 2003, a sujeição a árbitros do contencioso relativo às decisões administrativas que concedam ou recusem direitos de propriedade industrial[1345], a declaração de nulidade ou a anulação dos títulos de propriedade industrial só podem resultar de decisão judicial[1346]; o que implica a exclusão da arbitrabilidade dessa matéria a título principal e com efeitos *erga omnes*[1347]. A este regime não é alheio o interesse público na supressão de títulos inválidos, que justifica em Portugal a atribuição de legitimidade para intentar a ação de anulação ou de declaração de nulidade ao Ministério Público e a qualquer interessado[1348].

Mas isso não impede que a alegada invalidade de um título de propriedade industrial seja conhecida *a título incidental*, como exceção, por um tribunal arbitral[1349]; e que, caso a mesma seja tida como demonstrada, aquele o julgue *inoponível* entre as partes no processo que lhe compete julgar.

A exclusão da arbitrabilidade da declaração de nulidade e da anulação de títulos de propriedade industrial decorrente do art. 34.º do Código da Propriedade Industrial apenas vale, deste modo, para a sua apreciação a título principal e com efeitos *erga omnes*; não para uma pronúncia *incidenter tantum*[1350].

1344 Ver, neste sentido, Mauro Rubino-Sammartano, *Il diritto dell'arbitrato. Disciplina comune e regimi speciali*, vol. II, 6.ª ed., Pádua, 2010, pp. 1491 ss.

1345 Cfr. o art. 47.º do Código da Propriedade Industrial.

1346 *Ibidem*, art. 34.º, n.º 1.

1347 Neste sentido, Ana Perestrelo de Oliveira, *Arbitragem de litígios com entes públicos*, 2.ª ed., Coimbra, 2015, pp. 47 s.

1348 Código da Propriedade Industrial, art. 34.º, n.º 2.

1349 Assim o entendeu o Tribunal Constitucional no acórdão n.º 251/2017, de 24 de maio de 2017. Em sentido diverso, veja-se, porém, o acórdão do Supremo Tribunal de Justiça de 14 de dezembro de 2016.

1350 Neste sentido nos pronunciámos, ainda na vigência do CPI de 2003, em «O regime especial de resolução de conflitos em matéria de patentes (Lei n.º 62/2011)», *ROA*, 2012, pp. 971 ss. No mesmo sentido, vejam-se, na literatura posterior: João Paulo Remédio Marques, «A arbitrabilidade dos litígios e a dedução de providências cautelares por empresas de medicamentos de referência, na sequência da aprovação de medicamentos genéricos», *RDI*, 2014, pp. 33 e ss.; *idem*, «A arbitrabilidade da exceção de invalidade de patente no quadro da Lei nº 62/2011. Anotação ao acórdão da relação

Foi justamente este o regime consignado no art. 3.º, n.º 3, da Lei n.º 62/2011, de 12 de dezembro, pelo que respeita às arbitragens que tenham por objeto litígios emergentes de direitos de propriedade industrial quando estejam em causa medicamentos de referência e medicamentos genéricos, aquando da sua revisão através do Decreto-Lei n.º 110/2018, de 10 de dezembro[1351]. Ali se dispõe agora, com efeito:

> «No processo arbitral pode ser invocada e reconhecida a invalidade da patente com meros efeitos *inter partes*.»

Mais longe vai o Direito suíço nesta matéria, pois mesmo aquela limitação quanto aos efeitos da decisão arbitral não tem consagração nele: uma decisão arbitral sobre a validade de uma marca ou de uma patente é reconhecida pelo *Institut fédéral de la propriété intellectuelle* desde que haja sido declarada executória por um tribunal suíço[1352].

de Lisboa, de 13 de fevereiro de 2014 (proc. n.º 1053/13.7YRLSB-2)», *RDI*, 2014, pp. 211 ss.; *idem*, «*Bis in idem*: em torno da competência dos tribunais arbitrais necessários para apreciar a questão da invalidade da patente com efeitos *inter partes* – anotação ao acórdão do STJ de 14 de dezembro de 2016 (proc. nº 1248/14.6YRLSB.S1)», *RDI*, 2017, pp. 305 ss.; Alexandre Soveral Martins, «Arbitragem e propriedade industrial: medicamentos de referência e medicamentos genéricos», *RLJ*, ano 144.º (2015), pp. 418 ss. (p. 427); Ana Perestrelo de Oliveira, *Arbitragem de litígios com entes públicos*, cit., pp. 46 s.; José Alberto Vieira, «A competência de tribunal arbitral necessário para apreciar a exceção de invalidade de patente registada arbitral estrangeira, a lei aplicável é a *lex fori*. Anotação ao acórdão da Relação de Lisboa de 13 de janeiro de 2015», *RDI*, 2015, pp. 195 ss.; *idem*, «Comentário breve ao acórdão nº 251/2017 do Tribunal Constitucional», *RDI*, 2018, pp. 257 ss.; e Manuel Pereira Barrocas, *Estudos de Direito e prática arbitral*, Coimbra, 2017, p. 56. Em sentido diverso pronunciaram-se Manuel Oehen Mendes, «Breves considerações sobre a incompetência dos tribunais arbitrais portugueses para apreciarem a questão da invalidade das patentes e dos Certificados Complementares de Proteção para Medicamentos», *in* Dário Moura Vicente *et al.* (coordenadores), *Estudos de Direito Intelectual em Homenagem ao Prof. Doutor José de Oliveira Ascensão*, Coimbra, 2015, pp. 927 ss.; Evaristo Mendes, «Arbitragem Necessária. Invalidade de Patente, Direito a uma Tutela Jurisdicional Efetiva e Questões Conexas», *Propriedades Intelectuais*, 2015, n.º 3, pp. 103 ss.; Margarida Sameiro, «Lei 62/2011: algumas questões controversas na perspetiva do titular do direito», *RDI*, 2015, pp. 309 ss.; António Menezes Cordeiro, *Tratado da Arbitragem em Comentário à Lei n.º 63/2011, de 14 de dezembro*, Coimbra, , 2015, p. 97; e Luís Couto Gonçalves, «A questão da competência do tribunal arbitral necessário para apreciar a invalidade da patente com eficácia *inter partes*. Anotação ao acórdão do Supremo Tribunal de Justiça de 14 de dezembro de 2016», *RDI*, 2017, pp. 363 ss.

[1351] Ver, para uma análise desse preceito legal e dos respetivos antecedentes, Moura Vicente, «O novo regime da arbitragem em matéria de patentes», *RDI*, 2019/I, pp. 37 ss.

[1352] Tal a posição oficial expressa pelo referido Instituto (então denominado *Office Féderal de la Propriété Intellectuelle*) em 15 de dezembro de 1975, publicada na *Revue Suisse de la Propriété Intellectuelle*, 1976, pp. 36 ss. Ver François Dessemontet, «Arbitrage, Propriété Intellectuelle et

A plena arbitrabilidade dos litígios em matéria de patentes é igualmente admitida pela lei belga[1353]. O art. 51, § 1, da Lei de Patentes de 1984 (*Loi sur les brevets d'invention*) estabelece, com efeito, a este propósito que:

> «Lorsqu'un brevet est annulé, en totalité ou en partie, par un jugement ou un arrêt ou par une sentence arbitrale, la décision d'annulation a contre tous l'autorité de la chose jugée sous réserve de la tierce opposition. Les décisions d'annulation passées en force de chose jugée sont inscrites au Registre.»

O art. 73, § 6, da mesma lei (relativo à competência exclusiva de certos tribunais belgas em matéria de propriedade intelectual) esclarece ainda o seguinte:

> «Les dispositions du présent article ne font toutefois pas obstacle à ce que les contestations relatives à la propriété d'une demande de brevet ou d'un brevet, à la validité ou à la contrefaçon d'un brevet ou à la fixation de l'indemnité visée à l'article 29 ainsi que celles relatives aux licences de brevets autres que les licences obligatoires soient portées devant les tribunaux arbitraux.»

Idêntica solução é defendida *de jure condendo* em face do Direito francês[1354].

Os litígios relativos a direitos de propriedade intelectual não sujeitos a registo, como o direito de autor, são comummente tidos por arbitráveis, dentro dos limites gerais.

É certo que, tanto nos sistemas jurídicos que excluem a arbitrabilidade dos litígios relativos a direitos indisponíveis (como o francês[1355]), como naqueles que adotam, nesta matéria, o critério da patrimonialidade do litígio (como o suíço[1356]), porventura complementado pelo da disponibilidade do direito

Droit de la Concurrence», *in* AAVV, *Objective Arbitrability. Antitrust Disputes. Intellectual Property Disputes*, s.l., 1994, pp. 55 ss.; Kamen Troller, «Specific Aspects of Intellectual Property Disputes in Arbitration. The Swiss Perspective», *in ibidem*, pp. 155 ss.; Robert Brinner, «L'arbitrabilité des litiges de propriété intellectuelle, en Suisse notamment», *in* AAVV, *Colloque mondial sur l'arbitrage des litiges de propriété intellectuelle*, Genebra, 1994, pp. 55 ss. ; Marc Blessing, «Arbitrability of Intellectual Property Disputes», *Arbitration International*, 1996, pp. 191 ss. (pp. 198 ss.) ; Jacques de Werra, «Arbitrating International Intellectual Property Disputes: Time to Think Beyond the Issue of (Non-) Arbitrability», *International Business Law Journal*, 2012, pp. 299 ss. (nota 27).

1353 Ver Philippe de Bournonville, *Droit judiciaire : L'arbitrage*, Bruxelas, 2000, p. 127.

1354 Cfr. Mehmet Polat Kalafatoglu, *L'arbitrabilité en matière de propriété industrielle*, cit., pp. 197 ss.

1355 Cfr. o art. 2059 do Código Civil.

1356 Cfr. o art. 177, n.º 1, da Lei Federal de Direito Internacional Privado.

(como o alemão[1357] e o português[1358]), a sujeição a árbitros de litígios referentes a direitos morais de autor sofre certas limitações.

Tal não significa, porém, que tais litígios sejam em absoluto insuscetíveis de serem cometidos a árbitros. Como vimos acima, os direitos morais ou pessoais de autor são, nos sistemas de *droit d'auteur*, inalienáveis e irrenunciáveis. Mas tais direitos não se encontram, mesmo nesses sistemas, completamente subtraídos à autonomia privada. Admite-se, por exemplo, que o autor dê o seu consentimento à modificação da obra por terceiros[1359] ou à sua publicação sem revelar a respetiva autoria[1360]. Podem, por isso, ser celebrados negócios jurídicos relativos à modificação da obra e à identificação do seu autor. Através destes, o autor não dispõe dos seus direitos à integridade nem à paternidade da obra, pois não os aliena nem renuncia a eles; permite tão-somente certos atos de terceiros que afetam a obra ou a identificação do autor, sem que fique excluída a possibilidade de ele próprio vir a praticá-los. Tais negócios, na medida em que correspondam a atos de *exercício* e não de *disposição* dos direitos morais de autor, são compatíveis com a proibição legal de cessão ou renúncia a estes[1361]. Os litígios resultantes desses negócios são, assim, arbitráveis nos mesmos termos em que o são os litígios emergentes do exercício de direitos patrimoniais[1362].

Por outro lado, tendo ocorrido uma violação dos direitos à integridade ou à paternidade da obra, a responsabilidade extracontratual daí resultante, embora decorra da lesão de um direito moral, é também suscetível de constituir objeto de arbitragem: o que o critério da disponibilidade do direito, enquanto medida da arbitrabilidade, impede ao seu titular é que este submeta a julgamento por árbitros os litígios respeitantes ao próprio direito indisponível; não os que se refiram ao direito à reparação dos danos causados pela sua violação[1363].

[1357] § 1030, n.º 1, do Código de Processo Civil.

[1358] Cfr. o art. 1.º, n.ºs 1 e 2, da Lei da Arbitragem Voluntária de 2011.

[1359] Cfr. os arts. 15.º, n.º 2, 45.º, n.º 2, 59.º, n.º 1, e 115.º, n.º 3, do Código português do Direito de Autor e dos Direitos Conexos.

[1360] Cfr. o art. 30.º do Código português.

[1361] Neste sentido, José de Oliveira Ascensão, *Direito de autor e direitos conexos*, cit., p. 193, que considera semelhantes negócios sujeitos ao regime das faculdades patrimoniais, e não dos direitos pessoais de autor.

[1362] À mesma conclusão chega Michele Bertani, «Arbitrabilità delle controversie sui diritti d'autore», *AIDA*, 2006, pp. 23 ss. (p. 54).

[1363] Ver, neste sentido, Bruno Oppetit, «L'arbitrabilité des litiges de droit d'auteur et droits voisins», *in* AAVV, *Arbitrage et propriété intellectuelle*, Paris, 1994, pp. 121 ss. (pp. 129 s.); e André Lucas/Henri-Jacques Lucas, *Traité de la propriété littéraire et artistique*, cit., pp. 629 s.

No tocante aos litígios relativos ao direito patrimonial de autor, apenas aqueles que se prendem com o *direito de sequência* – que, como vimos, é indisponível em certos sistemas jurídicos, como o francês e o português[1364] – devem considerar-se excluídos do objeto possível da arbitragem voluntária nos países onde prevalece nesta matéria o critério da disponibilidade do direito disputado. De facto, nos sistemas jurídicos em que o conteúdo patrimonial do direito de autor pode ser livremente transmitido ou onerado pelo seu titular nenhuma razão de interesse público justifica que os litígios a ele atinentes sejam subtraídos ao domínio da arbitragem. Aliás, nalguns casos a lei portuguesa impõe mesmo o recurso à arbitragem a fim de dirimir os litígios que tenham por objeto direitos patrimoniais de autor[1365].

c) A titularidade dos direitos de propriedade intelectual. – A titularidade dos direitos em causa é matéria arbitrável, ainda que estejam sujeitos a registo ou depósito. Com efeito, sempre que o Estado admita (como sucede em Portugal) a transmissão desses direitos entre particulares – podendo deste modo a sua titularidade ser definida por simples negócio jurídico – nenhuma consideração de interesse público parece justificar que se exclua do domínio possível da arbitragem voluntária o julgamento dessa questão[1366]. Em França, entende-se, todavia, que a titularidade das patentes sobre invenções de assalariados não é arbitrável, visto tratar-se de matéria que releva do Direito do Trabalho e é, portanto, de ordem pública[1367].

d) As obrigações contratuais emergentes da transmissão ou do licenciamento da exploração de bens intelectuais. – A generalidade dos sistemas jurídicos tem os litígios emergentes de contratos de licença ou de transmissão de direitos de propriedade intelectual por suscetíveis de constituírem objeto da arbitragem

[1364] *Vide supra*, § 5.º/I, alínea *c)*.

[1365] Cfr. os arts. 5.º, n.º 2, e 6.º, n.º 2, do D.L. n.º 332/97, de 27 de novembro (no tocante aos direitos remuneração pelo aluguer e comodato de obras protegidas pelo Direito de Autor); no art. 7.º, n.º 3, do D.L. n.º 333/97, da mesma data (quanto ao direito de autorizar ou proibir a retransmissão por cabo de obras protegidas pelo Direito de Autor); no art. 5.º, n.º 4, da Lei n.º 62/98, de 1 de setembro, alterado por último pelo D.L. n.º 100/2017, de 23 de agosto (em matéria de distribuição da compensação equitativa pela cópia privada de obras e prestações protegidas); e no art. 221.º, n.º 4, do Código do Direito de Autor e dos Direitos Conexos (a respeito da utilização de medidas de caráter tecnológico).

[1366] Vejam-se, neste sentido, Francis Gurry, «Objective Arbitrability. Antitrust Disputes. Intellectual Property Disputes», *in* AAVV, *Objective Arbitrability. Antitrust Disputes. Intellectual Property Disputes*, s.l., 1994, pp. 110 ss. (p. 119) ; Pierre Véron, est. cit., p. 133.

[1367] Cfr. Bonet/Jarrosson, est. cit., p. 67.

voluntária. É, de resto, esta a matéria em que o recurso à arbitragem se revela mais frequente no domínio em apreço[1368].

e) As obrigações extracontratuais resultantes da contrafação e de outras infrações. – Igualmente arbitráveis são os litígios referentes às obrigações extracontratuais (*v.g.* de indemnização e de restituição do enriquecimento sem causa) resultantes da violação de direitos de propriedade intelectual e de atos de concorrência desleal ou de violação de segredos de negócios. Com efeito, a imposição de tais obrigações, nomeadamente a de reparar o dano causado a outrem, afeta fundamentalmente interesses patrimoniais privados; ela deve pois ser tida como pertinente ao domínio da livre disponibilidade[1369], o que pode assumir relevância, *v.g.*, nos casos em que a uma ou ambas as partes importe preservar a confidencialidade do litígio em ordem a salvaguardar a reputação dos produtos ou serviços que coloca no mercado ou os segredos de negócios nele envolvidos.

No que respeita a estas duas últimas categorias de litígios, suscita-se, porém, o problema de saber se e em que medida a sujeição a árbitros da questão prévia da validade dos direitos de propriedade industrial sujeitos a depósito ou registo é conforme com a competência exclusiva atribuída ao *forum protectionis* pelo art. 24.º, n.º 4, do Regulamento de Bruxelas I*bis* e 22.º, n.º 4, da Convenção de Lugano[1370].

A interpretação dada a esta regra pelo Tribunal de Justiça da União Europeia no acórdão *GAT c. Luk* parece excluir a admissibilidade da sujeição a árbitros daquela questão, ainda que a mesma seja suscitada a título meramente incidental numa ação tendente a efetivar a sua responsabilidade pelo incumprimento de um contrato de licença ou pela violação de um direito intelectual.

Contra semelhante entendimento podem, todavia, aduzir-se, para além da circunstância de o Regulamento de Bruxelas I*bis e* a Convenção de Lugano não se aplicarem à arbitragem, por força do disposto no art. 1.º, n.º 2, alínea *d)*, de ambos esses textos, que a excluem do seu âmbito material de aplicação, os argumentos que invocámos anteriormente a respeito da questão homóloga que se suscita quanto à determinação do tribunal competente[1371].

[1368] *Vide*, a este respeito, Pedro Alberto de Miguel Asensio, «Arbitraje y contratos internacionales sobre propriedad industrial en el Derecho español», *RCEA*, 1992, pp. 27 ss.; Mehmet Polat Kalafatoglu, *L'arbitrabilité en matière de propriété industrielle*, cit., pp. 65 ss.

[1369] Assim, Joanna Schmidt-Szalewski/Jean-Luc Pierre, *Droit de la proprieté industrielle*, cit., p. 85.

[1370] Sobre a qual *vide supra*, § 20.º/I/ alínea *b)*.

[1371] Cfr. *supra*, § 20.º/IV, alínea *b)*.

Em particular, a circunstância de os direitos em apreço serem atribuídos pelo Estado não parece justificar, por si só, a exclusão da arbitrabilidade da referida questão incidental, contanto que a decisão sobre ela proferida apenas produza efeitos *inter partes* e a lei do país de proteção admita (como vimos acima ser o caso de vários sistemas jurídicos europeus) a alegação pelo demandado, a título de exceção, da invalidade do direito invocado em juízo pelo demandante[1372].

f) A violação de regras atinentes à proteção de investimentos estrangeiros. – Os litígios referentes à à tutela internacional de direitos intelectuais têm também sido submetidos, em casos de grande relevo, a arbitragem de investimentos, com fundamento na alegada violação pelos Estados de acolhimento destes das regras convencionais que os protegem[1373].

Essa forma de resolução de litígios encontra-se, com efeito, expressamente contemplada num largo número de tratados bilaterais e multilaterais de promoção e proteção recíproca de investimentos. Ora, a propriedade intelectual é comummente definida como uma das categorias de bens passíveis de constituírem investimentos protegidos por esses tratados[1374].

Ocorrendo uma violação das regras constantes desses tratados relativas aos padrões de proteção assegurados a investidores estrangeiros, *v.g.*, pelo que respeita à expropriação dos seus investimentos, ao tratamento justo e equitativo destes e

[1372] Admitem também a cognição pelos árbitros, a título incidental, de questões atinentes à validade de direitos de propriedade industrial, não obstante o disposto no Regulamento de Bruxelas, Luigi Fumagalli, «Arbitrato IP e diritto internazionale processuale privato», *AIDA*, 2006, pp. 136 ss. (p. 149); e Pedro de Miguel Asensio, «Alcance de la arbitrabilidad de los litígios sobre derechos de propiedad industrial», *Arbitraje*, 2014, pp. 81 ss. (p. 92).

[1373] Foi o que sucedeu, nomeadamente, nos casos *Philip Morris Asia Limited (Hong Kong) v. The Commonwealth of Australia*, caso PCA n.º 2012-12, decidido por sentença de 17 de dezembro de 2015, disponível em https://www.italaw.com; *Philip Morris Brand Sàrl (Switzerland), Philip Morris Products S.A. (Switzerland) and Abal Hermanos S.A. (Uruguay) v. Oriental Republic of Uruguay*, caso ICSID n.º ARB/10/7, decidido por sentença de 8 de julho de 2016, disponível em https://www.italaw.com; *Eli Lilly and Company v. The Government of Canada*, caso ICSID n.º UNCT/14/2, decidido por sentença de 16 de março de 2017, disponível em https://www.italaw.com; e *Bridgestone Licensing Services, Inc. and Bridgestone Americas, Inc. v. Republic of Panama*, caso ICSID n.º ARB/16/34, disponível em https://www.italaw.com.

[1374] Haja vista, a título de exemplo, ao Acordo de Cooperação entre a República Portuguesa e a República de Angola sobre a Promoção e a Proteção Recíproca de Investimentos, aprovado pelo Decreto n.º 48/98, de 17 de dezembro, cujo art. 1.º, n.º 1, estabelece: «O termo "investimentos" compreenderá toda a espécie de bens e direitos investidos por investidores de uma das Partes Contratantes no território da outra Parte Contratante, incluindo, em particular mas não exclusivamente: [...] *d)* Direitos de propriedade intelectual, tais como direitos de autor, patentes, desenhos industriais, marcas, denominações comerciais, segredos comerciais e industriais, processos técnicos, *know-how* e clientela (aviamento)».

à sua plena proteção e segurança no Estado de acolhimento, podem as cláusulas atinentes à resolução de litígios por arbitragem ser acionadas pelos investidores.

Foi o que sucedeu, por exemplo, no referido caso *Philip Morris v. Uruguai*, em que o requerente alegava que as regras uruguaias sobre a apresentação de embalagens de tabaco e os avisos obrigatórios sobre os efeitos do consumo deste na saúde humana tinham caráter expropriatório e violavam o seu direito ao tratamento justo e equitativo, dado que limitavam a utilização nessas embalagens da marca «Marlboro» e diminuíam o valor desta.

A fonte da arbitrabilidade do litígio é, nesses casos, o tratado que prevê a sua resolução por este meio[1375].

h) Direito aplicável à arbitrabilidade dos litígios relativos a direitos de propriedade intelectual. – A inexistência nos sistemas jurídicos nacionais atrás examinados de regras uniformes sobre a questão da arbitrabilidade dos litígios em apreço suscita o problema da determinação do Direito com base no qual ela há de ser aferida. Ora, a este respeito importa fazer a seguinte distinção.

Se a questão da arbitrabilidade do objeto do litígio for suscitada perante o tribunal arbitral, nomeadamente por este ser solicitado a pronunciar-se sobre a sua própria competência, e esse tribunal se encontrar sedeado num país, como a França ou Portugal, que sujeite as decisões arbitrais proferidas em arbitragens realizadas no seu território a anulação pelos tribunais locais com fundamento em o litígio não ser suscetível de resolução pela via arbitral[1376] ou por a convenção de arbitragem ser nula[1377], é à lei desse país – a *lex arbitri* – que o tribunal arbitral deve fundamentalmente referir-se: tal, com efeito, a solução que melhor acautela a eficácia da sua decisão, não apenas localmente, mas também em qualquer outro país onde seja solicitado posteriormente o seu reconhecimento[1378]. A localização da arbitragem pode, assim, influir sobre a arbitrabilidade do objeto do litígio.

Quid iuris, porém, se a *lex arbitri* não coincidir com a *lex loci protectionis*? O problema assume particular acuidade se for solicitado a um tribunal arbitral sedeado em certo país que se pronuncie, ainda que a título incidental, sobre a questão da validade de um direito de propriedade industrial registado noutro país. A aplicação de uma lei diversa da *lex protectionis* poderia determinar a ineficácia da decisão arbitral, que seria eventualmente insuscetível de reconhecimento pelos órgãos competentes do país de registo. Eis por que se nos afigura que,

[1375] Ver, sobre o tema, Clara Ducimetière, «Intellectual Property under the Scrutiny of Investor-State Tribunals: Legitimacy and New Challenges», *JIPITEC*, 2018, n.º 3, pp. 266 ss.

[1376] Cfr. o art. 46.º, n.º 3, alínea *b)*, subalínea *i)*, da Lei portuguesa da Arbitragem Voluntária.

[1377] Ver o art. 1504 do Código de Processo Civil francês.

[1378] Cfr. *infra*, § 25.º/IV, alínea *a)*.

nessas hipóteses, o tribunal arbitral deve atender também à *lex loci protectionis* no tocante à questão da arbitrabilidade[1379].

Se a questão for suscitada perante os tribunais estaduais, quer mediante a invocação da exceção de preterição de tribunal arbitral, quer numa ação de anulação da decisão arbitral, é também à *lex arbitri* que aqueles devem em princípio atender. Tal o resultado a que conduz, designadamente, o disposto no art. 61.º da Lei portuguesa da arbitragem voluntária, que manda aplicar este diploma às arbitragens que tenham lugar em território nacional: sempre que a questão da arbitrabilidade de litígios em matéria de propriedade intelectual seja submetida a um tribunal português é, pois, com base nos critérios de arbitrabilidade enunciados no art. 1.º da LAV que esse tribunal deve decidir. Se a questão for suscitada aquando do reconhecimento de uma sentença arbitral estrangeira, a lei aplicável é a *lex fori*. É a solução que se encontra acolhida, por exemplo, na Convenção de Nova Iorque de 1958 Sobre o Reconhecimento e a Execução de Sentenças Arbitrais Estrangeiras[1380], cujo art. V, n.º 2, alínea *a)*, expressamente dispõe que poderão ser recusados o reconhecimento e a execução de uma sentença arbitral se a autoridade competente do país em que estes forem pedidos constatar que, de acordo com a lei desse país, o objeto do litígio não é suscetível de ser resolvido por via arbitral. Essa lei coincidirá com a *lex protectionis* sempre que o reconhecimento e a execução da sentença estrangeira forem requeridos no Estado para o qual é reivindicada a proteção do direito em causa.

Foi essencialmente esta a linha de orientação que achou acolhimento no art. 31 das *Diretrizes da ILA*, em que se manda tomar em consideração, a fim de aferir a arbitrabilidade de litígios respeitantes a direitos de propriedade intelectual, a *lei da arbitragem*, na medida em que os direitos em disputa tenham com ela uma conexão estreita, e a *lei do Estado de proteção*, especialmente na medida em que a sentença arbitral deva ser reconhecida e executada nesse Estado[1381].

[1379] Admitem também, nestes casos, a aplicabilidade da *lex loci protectionis*: Philippe Fouchard, «Les conflits de lois en matière d'arbitrabilité des litiges de propriété industrielle», *Rev. arb.*, 1977, pp. 63 ss. (p. 65); e Pedro de Miguel Asensio, *Contratos internacionales sobre propiedad industrial*, cit., p. 185.

[1380] Cfr., sobre esta, *infra*, § 25.º/IV.

[1381] «When assessing the arbitrability of disputes concerning intellectual property rights, courts and arbitral tribunals shall take into consideration the law of the arbitration, to the extent that the rights in dispute have a close connection with it, and that of the State of protection, particularly insofar as the award has to be recognized and enforced in that State».

III – Direito aplicável ao mérito da causa

a) Regras gerais sobre o modo de determinação do Direito aplicável. – Pese embora a relevância que o princípio da autonomia privada assume em matéria de arbitragem, esta não se situa, como observou Bruno Oppetit[1382], numa zona de «não-Direito» subtraída a toda a heteronomia. Pelo contrário: a arbitragem está subordinada a regras de organização e funcionamento e as jurisdições arbitrais devem em princípio resolver os litígios que lhes são submetidos por referência a critérios normativos.

Ora, no tocante à determinação destes, destaca-se na generalidade dos instrumentos internacionais e das leis nacionais a regra segundo a qual as partes podem escolhê-los[1383].

A respeito do objeto possível dessa escolha têm, todavia, vingado nos sistemas jurídicos aqui considerados orientações muito diversas. De acordo com uma delas, a *professio iuris* apenas pode incidir sobre um Direito, i.é, um sistema jurídico: é a solução acolhida, *v.g.*, no *Arbitration Act* inglês[1384]. Para outra, ela pode também recair sobre regras de Direito autonomamente consideradas: assim o estabelecem, por exemplo, o Código de Processo Civil francês[1385] a lei brasileira[1386], a *Zivilprozessordnung* alemã[1387] e a lei portuguesa[1388]. Consoante as regras de conflitos a que a arbitragem internacional se subordine, assim se definirá, por conseguinte, o objeto da autonomia privada neste domínio.

Subsidiariamente, compete ao tribunal arbitral a determinação do Direito aplicável. Também esta pode ser feita segundo vários métodos. Entre estes mencionem-se: *a)* O que postula, para o efeito, a intermediação necessária de

1382 *Théorie de l'arbitrage*, Paris, 1998, p. 83.

1383 Cfr., sobre o tema, que não pode ser aqui aprofundado, Peter Schlosser, *Das Recht der internationalen privaten Schiedsgerichtsbarkeit*, cit., pp. 526 ss.; Dário Moura Vicente, *Da arbitragem comercial internacional. Direito aplicável ao mérito da causa*, Coimbra, 1990, pp. 101 ss.; Isabel de Magalhães Collaço, «L'arbitrage international dans la recente loi portugaise sur l'arbitrage volontaire (Loi no. 31/86, du 29 août 1986). Quelques réflexions», *in* AAVV, *Droit international et droit communautaire. Actes du colloques Paris, 5-6 Avril 1990*, Paris, 1991, pp. 55 ss.; Philippe Fouchard/Emmanuel Gaillard/Berthold Goldman, *Traité de l'arbitrage commercial international*, Paris, 1996, pp. 793 s.; António Ferrer Correia, «O Direito aplicável pelo árbitro internacional ao fundo da causa», *BFDUC*, 2001, pp. 1 ss.; Jacob Dolinger/Carmen Tiburcio, *Arbitragem comercial internacional*, Rio de Janeiro e São Paulo, 2003, pp. 91 ss.; e Luís de Lima Pinheiro, *Arbitragem transnacional*, cit., pp. 234 ss.

1384 Secção 46, n.º 1, alínea *a)*.

1385 Art. 1511, 1.º §.

1386 Lei n.º 9.307/96, de 23 de setembro de 1996, art. 2.º, § 1.º.

1387 § 1051, n.º 1.

1388 Art. 52.º, n.º 1.

uma regra de conflitos, sendo supletivamente aplicável o Direito designado pelas regras de conflitos que o árbitro considere aplicáveis ao caso[1389]; *b)* O que manda o tribunal arbitral aplicar o Direito que apresentar, à luz do conjunto das circunstâncias, a conexão mais estreita com a relação material litigada[1390]; e *c)* O que admite que o árbitro aplique o Direito, ou as regras de Direito, que considerar, em «via direta» *(voie directe)*, mais apropriados ao litígio[1391].

Sendo o litígio submetido a arbitragem de que decorra sob a égide do Centro Internacional Para a Resolução de Diferendos Relativos a Diferendos, haverá que atender ao disposto no art. 42.º, n.º 1, da *Convenção Para a Resolução de Diferendos Relativos a Investimentos Entre Estados e Nacionais de Outros Estados*, celebrada em Washington, D.C., em 1965[1392], que instituiu e regula o funcionamento desse Centro.

À imagem do que sucede com a atual lei portuguesa da arbitragem voluntária, aquele preceito começa por declarar que o tribunal julgará o diferendo em conformidade com as regras de Direito acordadas entre as partes; o que significa que as partes podem escolher não apenas o Direito estadual, mas também o Direito Internacional Público e regras consuetudinárias internacionais aplicáveis ao ramo da atividade económica em que se inserem o contrato e o litígio.

Na falta de escolha pelas partes das regras aplicáveis, determina a citada disposição que «o tribunal deverá aplicar a lei do Estado Contratante parte no diferendo (incluindo as regras referentes aos conflitos de leis), bem como os princípios de direito internacional aplicáveis». Prevê-se, assim, a aplicação concorrente do Direito do Estado parte e do Direito Internacional Público; o que visa dar resposta a dois interesses contraditórios que estão em jogo nesta matéria: por um lado, o do Estado parte no diferendo em ver aplicado o seu próprio Direito, que naturalmente melhor salvaguardará o interesse público implicado num investimento estrangeiro; e, por outro, o interesse do investidor privado em ver-se acautelado contra eventuais modificações unilaterais do regime jurídico aplicável ao investimento por parte daquele Estado. Por força desta regra, se a lei do Estado contratante lhe permitir a expropriação ou a nacionalização sem indemnização dos bens do investidor estrangeiro, a regra de Direito Internacional Público que reclama o pagamento dessa indemnização prevalecerá sobre as disposições do Direito nacional do Estado contratante.

1389 *Arbitration Act*, secção 46, n.º 3.

1390 § 1051, n.º 2, da *Zivilprozessordnung* e art. 52.º, n.º 2, da Lei portuguesa.

1391 Código francês, art. 1511, 1.º §.

1392 Ratificada, em Portugal, pelo Decreto do Governo n.º 15/84, de 3 de abril.

b) Problemas que suscita a determinação do Direito aplicável aos litígios em matéria de propriedade intelectual. – A determinação do Direito aplicável ao mérito da causa nas arbitragens em matéria de propriedade intelectual deve, em princípio, ser feita segundo as regras gerais acabadas de referir. Porém, sempre que as partes hajam submetido a arbitragem ao regulamento de uma instituição especializada, os árbitros devem obediência ao que nele se dispõe sobre o Direito aplicável.

Sobressai, nesta matéria, o regulamento de arbitragem da OMPI, cujo art. 59, alínea *a)*, consagra a este respeito uma solução eclética. Nos termos deste preceito, o tribunal deve, em princípio, decidir o mérito da causa de acordo com o Direito ou as regras de Direito escolhidas pelas partes. Na falta de escolha pelas partes, o tribunal aplica o Direito ou as regras de Direito que entender apropriados. Em qualquer caso, terá em atenção os termos de qualquer contrato relevante e tomará em consideração os usos do comércio[1393].

Suscita-se a este propósito a questão de saber como se articulam as regras acima referidas com as que examinámos no capítulo III, nomeadamente as que determinam a aplicação imperativa aos direitos intelectuais da *lex loci protectionis*.

Importa, em especial, determinar se se compreendem no objeto das regras de conflitos que consagram o princípio da autonomia privada todas as matérias suscetíveis de serem cometidas à decisão de árbitros ou tão-somente aquelas relativamente às quais as regras de conflitos comuns também consagram esse princípio.

De um modo geral, não parece justificar-se que as questões relativas à propriedade intelectual sejam decididas segundo leis diferentes consoante sejam julgadas por árbitros ou por juízes.

As razões pelas quais os Estados consentem (e promovem) a criação de tribunais arbitrais, conferindo efeitos na ordem interna às decisões por estes proferidas, assim como as que determinam os particulares a recorrer a eles, prendem-se sobretudo, como resulta do que se disse acima, com as vantagens deste instituto no plano processual; não tanto com a consecução de uma justiça materialmente diferente.

[1393] É do seguinte teor o preceito referido no texto: «The Tribunal shall decide the substance of the dispute in accordance with the law or rules of law chosen by the parties. Any designation of the law of a given State shall be construed, unless otherwise expressed, as directly referring to the substantive law of that State and not to its conflict of laws rules. Failing a choice by the parties, the Tribunal shall apply the law or rules of law that it determines to be appropriate. In all cases, the Tribunal shall decide having due regard to the terms of any relevant contract and taking into account applicable trade usages. The Tribunal may decide as amiable compositeur or *ex aequo et bono* only if the parties have expressly authorized it to do so».

Por outro lado, se a autonomia da vontade tivesse um âmbito mais vasto, sendo o litígio submetido a árbitros, do que se este fosse objeto de decisão pelos tribunais estaduais, gerar-se-ia uma modalidade de *forum shopping* de duvidoso fundamento. Na verdade, sendo a decisão arbitral proferida nesses termos dotada dos mesmos efeitos que uma sentença judicial, tornar-se-iam na prática *facultativas* as regras de conflitos comuns, com inevitável prejuízo para os interesses e valores através delas tutelados. Situações materialmente idênticas seriam, assim, julgadas segundo critérios diferentes consoante a jurisdição competente; o que poria em causa a própria unidade da ordem jurídica.

O facto de na arbitragem voluntária apenas estarem em causa direitos disponíveis (nos países que adotam este critério de arbitrabilidade) não prejudica este ponto de vista. Pois também em matéria de direitos disponíveis há conexões imperativas – mormente as que submetem a existência, a validade e o conteúdo dos direitos de propriedade intelectual à *lex loci protectionis* –, que visam dar satisfação a interesses públicos, da parte mais fraca na relação jurídica e de terceiros. Entre estes contam-se, por exemplo, os que se ligam à proteção das obras literárias e artísticas enquanto bens culturais. Eis por que numa arbitragem internacional a lei escolhida pelas partes não deve considerar-se aplicável a estas questões, ainda que se suscitem a título incidental; em contrapartida, assiste-lhes, tal como no que respeita aos litígios submetidos aos tribunais judiciais[1394], a faculdade de escolherem o Direito aplicável pelos árbitros às obrigações emergentes dos contratos de licença ou de transmissão de direitos entre si celebrados[1395].

Também a circunstância de os árbitros poderem decidir segundo a equidade não afeta a referida conclusão. Porquanto em vários países aos juízes é igualmente dado decidir segundo critérios de equidade[1396]; e isso não tem impedido o legislador de impor limites materiais à autonomia da vontade em Direito Internacional Privado (como os que decorrem do disposto no art. 3.º, n.º 1, do Regulamento de Roma I), mesmo nos domínios em que o recurso àqueles critérios é legítimo. Em qualquer caso, importa notá-lo, a equidade está longe de ser um critério de decisão livre (*hoc sensu*, independente de qualquer referência a normas preexistentes): ainda que se lhe confira a função de *elemento corretor* da solução legal, porventura inadequada ao caso de espécie, o julgador *ex aequo et bono* não está dispensado de qualificar juridicamente os factos em apreço,

[1394] Cfr. *supra*, § 16.º/I, alínea *b)*.

[1395] Neste sentido, *vide* Ina Anne Frost, ob. cit., pp. 79 e 107; e Andrea Bonomi, «Il diritto applicabile nel merito negli arbitrati internazionali in materia di proprietà intellettuale», *AIDA*, 2006, pp. 117 ss. (p. 123).

[1396] Haja vista, designadamente, ao art. 4.º, alínea *b)*, do Código Civil português.

subsumindo-os a uma ou mais normas. Poderá, quando isso se justifique, aplicar-lhes uma sanção diversa da que estas preveem, atendendo às circunstâncias do caso singular; mas, para tanto, cumpre-lhe indicar as razões de conveniência, de oportunidade e de justiça concreta em virtude das quais se afasta da solução consignada na norma aplicável.

Mais ponderoso é o argumento que, em sentido contrário, pode extrair-se da circunstância de a decisão arbitral não poder ser anulada com fundamento em a causa ter sido decidida por aplicação de uma lei diversa da que as regras de conflitos vigentes no Estado do foro têm por aplicável[1397]. Ainda assim, importa ter presente que o reconhecimento e a execução da decisão arbitral podem ser recusados se se mostrarem contrários à ordem pública internacional do Estado do foro[1398]; e que os árbitros devem empregar todos os esforços a fim de assegurar a eficácia da decisão que proferirem[1399].

Na falta de escolha pelas partes do Direito aplicável, será o tribunal arbitral a determiná-lo. Também aqui há que tomar em consideração, qualquer que seja o método adotado para o efeito, as regras de conflitos comuns[1400]. Entre estas avultam, no tocante à existência e conteúdo dos direitos intelectuais, as que mandam aplicar a lei do país para cujo território a proteção é reclamada e, relativamente às obrigações emergentes de contratos que visem a transmissão ou o licenciamento da utilização de bens intelectuais, as que os submetem à lei do devedor da prestação característica no contrato.

IV – Reconhecimento de sentenças arbitrais estrangeiras

a) O regime da Convenção de Nova Iorque. – A fonte primordial (posto que não exclusiva) do regime jurídico do reconhecimento de sentenças arbitrais estrangeiras é hoje a *Convenção Sobre o Reconhecimento e a Execução de Sentenças Arbitrais Estrangeiras*, celebrada em Nova Iorque em 1958[1401]. Esta é aplicável, nos Estados contratantes que hajam formulado a reserva fundada no princípio da reciprocidade prevista no art. I, n.º 3, como é o caso de Portugal, apenas

[1397] É o que sucede no Direito português, em razão do disposto no art. 46.º da Lei da Arbitragem Voluntária.

[1398] Cfr. *infra*, § 25.º/IV, alínea *b)*.

[1399] Como determina, por exemplo, o art. 42 do Regulamento de Arbitragem da Câmara de Comércio Internacional de 2017, que dispõe: «In all matters not expressly provided for in the Rules, the Court and the arbitral tribunal shall act in the spirit of the Rules and shall make every effort to make sure that the award is enforceable at law».

[1400] No mesmo sentido, Bonomi, est. cit., p. 132.

[1401] Ratificada, em Portugal, pelo Decreto do Presidente da República n.º 52/94, de 8 de julho; promulgada, no Brasil, pelo Decreto do Presidente da República n.º 4.311, de 23 de julho de 2002.

ao reconhecimento de sentenças arbitrais proferidas no território de outros Estados contratantes[1402].

Consideraremos aqui unicamente as incidências do seu regime em matéria de propriedade intelectual. Ora, em virtude do disposto no art. V, n.º 2, alínea *a)*, da Convenção, o reconhecimento e a execução da sentença arbitral estrangeira podem ser recusados se a autoridade competente do país em que esse reconhecimento ou execução forem pedidos verificar que, de acordo com a lei desse país, o objeto do litígio não é suscetível de ser resolvido por via arbitral. Dadas as diferenças que, como vimos, subsistem entre os sistemas jurídicos nacionais quanto a esta matéria, esse preceito pode revelar-se um obstáculo de tomo à eficácia transfronteiras das decisões arbitrais no domínio da propriedade intelectual. Eis por que alguém já lhe chamou *o elo mais fraco* na cadeia da arbitragem internacional[1403].

Não é, aliás, inequívoca a justificação desse regime. A insuscetibilidade de resolução por árbitros de determinada categoria de questões reflete, como nota Albert Jan van den Berg[1404], um interesse nacional específico na resolução pela via judicial dos litígios a ela referentes. Esse interesse apenas pode reportar-se, todavia, ao julgamento de tais litígios pelos tribunais locais. Sempre que esteja em causa o reconhecimento de uma sentença arbitral estrangeira e os tribunais do Estado de *exequatur* não sejam exclusivamente competentes para julgar a causa, as razões de política legislativa que fundamentam o preceito em apreço não permitem sustentar a recusa do reconhecimento da sentença.

A Convenção ressalva, em todo o caso, o direito de invocar a sentença arbitral que qualquer das partes interessadas possa ter nos termos da lei ou dos tratados do país em que for invocada (art. VII, n.º 1). Assim, sempre que um tratado bilateral ou multilateral vigente no Estado onde é pedido o reconhecimento estabeleça, pelo que respeita à aferição da arbitrabilidade do objeto do litígio de uma sentença arbitral estrangeira, um regime mais favorável do que o instituído pela Convenção de Nova Iorque (*v.g.* submetendo esta matéria à *lex arbitri*), será esse o regime aplicável.

De notar ainda que o regime da arbitrabilidade do objeto do litígio estabelecido pela *lex arbitri* pode também relevar, cumulativamente com o da *lex fori*, caso a sentença arbitral haja sido anulada no país onde, ou de acordo com lei do qual,

[1402] Os quais ascendem, atualmente, a 160: cfr. o estado das ratificações da Convenção em http://www.uncitral.org.

[1403] Cfr. Marc Blessing, «Objective Arbitrability – Antitrust Disputes – Intellectual Property Disputes», *in* AAVV, *Objective Arbitrability. Antitrust Disputes. Intellectual Property Disputes*, s.l., 1994, pp. 13 ss. (p. 19).

[1404] Cfr. *The New York Arbitration Convention of 1958. Towards a Uniform Judicial Interpretation*, Deventer, etc., 1981, p. 369.

foi proferida: neste caso, o reconhecimento da sentença pode ser recusado, nos termos do art. V, n.º 1, alínea *e)*, da Convenção de Nova Iorque[1405]. O que está em sintonia com o que dissemos acima a respeito da aplicabilidade dessa lei nesta matéria[1406].

No quadro dos poderes que lhe são conferidos pela lei e pela convenção de arbitragem, pode o tribunal arbitral ordenar, na decisão que proferir sobre o mérito da causa, um vasto conjunto de medidas, nas quais se compreendem, *v.g.*, a condenação no pagamento de indemnizações, a proibição de certas condutas, a apreensão de bens, a constituição de garantias, a prestação de informações, etc.[1407].

A execução de tais medidas compete, no entanto, aos tribunais judiciais. Esta, assim como o reconhecimento da decisão arbitral, pode ser recusada, nos termos do art. V, n.º 2, alínea *b)*, da Convenção de Nova Iorque, se for contrária à ordem pública do país em que for pedida.

Por ordem pública deve entender-se, para os efeitos deste preceito, a *ordem pública internacional*, e não a ordem pública interna, que tem um alcance muito mais vasto do que aquela, na medida em que abrange não apenas os princípios fundamentais do Direito do Estado do foro, mas também todas as demais normas que forem inderrogáveis por efeito da vontade dos interessados[1408].

Mesmo com esta limitação, a disposição em apreço obsta, por exemplo, ao reconhecimento e à execução de decisões arbitrais estrangeiras em matéria de propriedade intelectual que apliquem sanções desproporcionadas relativamente à gravidade do ilícito e aos danos sofridos pelo lesado[1409].

b) O regime da Convenção de Washington. – Um tanto diferente deste é o regime de reconhecimento das sentenças estrangeiras consignado na referida Convenção de Washington de 1965. Acolhe-se nela, com efeito, o *reconhecimento automático* das decisões arbitrais proferidas no âmbito do ICSID (art. 54.º): os Estados contratantes devem reconhecer a obrigatoriedade da sentença dada em

[1405] Neste sentido, van den Berg, ob. e loc. cits. À luz da disposição citada no texto, parece-nos não ter razão Emmanuel Gaillard, quando sustenta que a Convenção de Nova Iorque permaneceu «completamente neutra» a respeito da relevância da lei do lugar da arbitragem no tocante à eficácia da decisão arbitral: cfr. *Aspects philosophiques du droit de l'arbitrage international*, Leiden/Boston, 2008, p. 100, nota 182.

[1406] Cfr. *supra*, § 25.º/II, alínea *b)*.

[1407] Veja-se, sobre o ponto, o art. 46 do Regulamento de Arbitragem da OMPI. No sentido do texto, cfr. O. L. O. De Witt Wijnen, «La sentence et son exécution», *in* AAVV, *Colloque mondial sur l'arbitrage des litiges de propriété intellectuelle*, Genebra, 1994, pp. 213 ss. (p. 223).

[1408] Assim também van den Berg, ob. cit., p. 361.

[1409] Ver, sobre o problema homólogo suscitado a respeito do reconhecimento de sentenças judiciais estrangeiras, *supra*, § 23.º/II, alínea *b)*.

conformidade com a Convenção e assegurar a execução no seu território como se fosse uma decisão final de um tribunal desse Estado – independentemente, portanto, de qualquer processo de revisão e confirmação prévias. A parte interessada no reconhecimento e execução tem apenas de fornecer ao tribunal competente ou outra autoridade desse Estado, para esse efeito, uma cópia da sentença autenticada pelo Secretário-Geral do ICSID.

A possibilidade de a parte requerida contestar o reconhecimento de uma sentença abrangida pela Convenção de Washington, atinente a questões de propriedade intelectual, *maxime* com fundamento na ausência de arbitrabilidade do objeto do litígio ou na ofensa da ordem pública internacional do Estado do foro, fica assim restrita aos casos em que o Direito interno deste a preveja em sede de oposição à execução da sentença. É o que sucede em Portugal, por força do disposto no art. 48.º, n.º 1, da Lei da Arbitragem Voluntária.

§ 26.º Mediação e conciliação

I – Conceito, fontes de regulação e problemas que suscitam em matéria de propriedade intelectual

a) Conceito e fontes de regulação. – Para além da arbitragem, outros meios de resolução extrajudicial de litígios têm vindo ultimamente a ganhar relevo em matéria de propriedade intelectual. Entre eles incluem-se a mediação e a conciliação, de que se ocupam certos instrumentos jurídicos supra- e internacionais recentes. Estão neste caso a Lei-Modelo Sobre Conciliação Comercial Internacional, adotada pela Comissão das Nações Unidas Para o Direito do Comércio Internacional (CNUDCI) em 2002[1410], a Diretiva 2008/52/CE, do Parlamento Europeu e do Conselho, de 21 de maio de 2008, relativa a certos aspetos da mediação em matéria civil e comercial[1411] e a Convenção das Nações Unidas Sobre os Acordos Internacionais de Transação Resultantes de Mediação («Convenção de Singapura Sobre Mediação»)[1412].

[1410] Cujo texto se encontra disponível em http://www.uncitral.org.

[1411] *In JOUE* n.º L 136, de 24 de maio de 2008, pp. 3 ss. Foi transposta para a ordem jurídica portuguesa pela Lei n.º 29/2009, de 29 de junho. Ver o nosso estudo «A Diretiva sobre a mediação em matéria civil e comercial e a sua transposição para a ordem jurídica portuguesa», *RIAC*, 2009, pp. 125 ss. O regime instituído por aquela Lei foi, entretanto, substituído pela Lei n.º 29/2013, de 19 de abril, que estabelece os princípios gerais aplicáveis à mediação realizada em Portugal, bem como os regimes jurídicos da mediação civil e comercial, dos mediadores e da mediação pública.

[1412] Aprovada pela Resolução da Assembleia Geral das Nações Unidas n.º 73/198, de 20 de dezembro de 2018 e aberta à assinatura em Singapura em 7 de agosto de 2019 (texto disponível em https://uncitral.un.org/en/texts/mediation/conventions/international_settlement_agreements)

Consiste a mediação ou conciliação, na aceção em que estes textos se lhe referem, num processo através do qual as partes procuram, com a assistência de um ou mais terceiros por elas escolhidos, alcançar um acordo a fim de porem termo a um litígio[1413]. Diferentemente do que sucede na arbitragem, o terceiro não dispõe neste caso de poderes para impor uma solução às partes: pode, quando muito, propô-la.

Nesta medida, o controlo que as partes exercem sobre o processo de resolução do litígio é muito maior na mediação ou conciliação do que na arbitragem: são elas próprias quem, na realidade, dá origem à solução do litígio. Na mediação ou conciliação, as oportunidades de *criação de valor*, mediante uma solução em que ambas as partes saiam beneficiadas («*win-win solution*») são por isso, como nota David Plant[1414], ilimitadas.

Pode, pelo exposto, afirmar-se que a mediação ou conciliação é um meio de *autorregulação* de litígios, ainda que levada a cabo com o auxílio de terceiros, ao passo que a arbitragem corresponde a uma forma de *heteroregulação* de litígios.

Entre a mediação e a conciliação não existem, nos instrumentos jurídicos citados, diferenças fundamentais de regime: todos admitem, aliás, a aplicabilidade das suas disposições a processos que visem as mesmas finalidades, ainda que sejam designados de outra forma nas legislações nacionais[1415].

É certo que alguns sistemas jurídicos reservam ao mediador a possibilidade de apresentar às partes desavindas propostas de solução do litígio[1416]. O mediador teria, nesta perspetiva, um papel mais ativo do que o conciliador. Outra é, porém, a solução consagrada na Lei-Modelo da CNUDCI, cujo art. 6, n.º 4, prevê expressamente que o conciliador pode, em qualquer estado do processo, formular propostas de resolução do litígio. Pressuporemos, por conseguinte, na exposição subsequente, a equivalência, no essencial, dos dois conceitos em apreço.

b) Problemas que suscitam em matéria de propriedade intelectual. – São vários os problemas que suscita a aplicação destas figuras à resolução de litígios em matéria de propriedade intelectual: desde logo, o da sua admissibilidade neste domínio; depois, o das regras aplicáveis aos processos de mediação ou conciliação que

[1413] Cfr. os arts. 1, n.º 3, da Lei-Modelo da CNUDCI; 3.º, alínea *a)*, da Diretiva 2008/52/CE; e 2, n.º 3, da Convenção de Singapura Sobre Mediação.

[1414] Cfr., do autor, *Resolving International Intellectual Property Disputes*, Paris, 1999, p. 101; e *We Must Talk Because We Can. Mediating International Intellectual Property Disputes*, Paris, 2008, p. 16.

[1415] Haja vista aos arts. 1, n.º 3, da Lei-Modelo da CNUDCI; 3.º, alínea *a)*, da Diretiva 2008/52/CE e 2, n.º 1, alínea (a), da Convenção de Singapura Sobre Mediação.

[1416] Assim sucede em Portugal na mediação laboral: cfr. o art. 527.º do Código do Trabalho.

incidam sobre aqueles litígios; finalmente, o da eficácia internacional dos acordos concluídos pelas partes no termo de processos de conciliação ou mediação. São estes, por conseguinte, os problemas de que trataremos em seguida.

II – Admissibilidade e adequação aos litígios em matéria de propriedade intelectual

a) Admissibilidade. – Certos atos de concessão de direitos intelectuais são, como já sabemos, praticados por órgãos do Estado ou outros entes públicos, agindo no exercício de poderes de soberania. É o caso, designadamente, dos direitos de propriedade industrial sujeitos a depósito ou registo. Vimos, por outro lado, que alguns dos direitos em apreço são indisponíveis. Pode-se perguntar, por isso, se a resolução de litígios a eles atinentes é suscetível de constituir objeto da mediação ou conciliação.

Ora, a Lei-Modelo da CNUDCI apenas se aplica aos litígios emergentes de relações comerciais, ainda que de natureza não contratual (art. 1, n.º 1, nota *b)*). Por sua vez, a Diretiva 2008/52/CE aplica-se aos litígios transfronteiriços em matéria civil e comercial, mas excluem-se do seu âmbito de aplicação os direitos indisponíveis e os *ata iure imperii* (art. 1.º, n.º 2). A Convenção de Singapura, por seu turno, apenas se aplica a processos de mediação respeitantes a litígios comerciais (art. 1, n.º 1).

Estas limitações refletem a estreita ligação que existe entre a mediação ou conciliação e a transação para que estas tendem: em princípio, apenas se admite a celebração de um acordo visando a instauração de um processo de mediação ou conciliação nos domínios em que as partes podem transigir sobre os seus direitos.

Estão, por outro lado, subtraídos ao regime instituído pela Lei-Modelo, pela Diretiva europeia e pela Convenção de Singapura os atos praticados pelos órgãos do Estado ou por outras entidades públicas no exercício do seu *ius imperii*. As questões suscitadas pela concessão ou recusa de direitos de propriedade industrial não terão, por conseguinte, de integrar o objeto possível da mediação ou conciliação nos Estados-Membros desses instrumentos em virtude da Diretiva, embora nada os impeça de preverem essa possibilidade no respetivo Direito interno.

Verifica-se, assim, que a admissibilidade da mediação ou conciliação de litígios em matéria de propriedade intelectual se encontra subordinada, ao menos em parte, a restrições análogas às que vigoram a respeito da arbitragem voluntária. O que bem se compreende, pois em ambos os casos está em jogo a definição da esfera de ação da autonomia privada no tocante à composição de litígios e as razões de decidir são fundamentalmente as mesmas.

Não obstante o esforço de harmonização de legislações representado pela Lei-Modelo e pela Diretiva, também nesta matéria não é de excluir uma certa diversidade das soluções nacionais; o que suscita o problema de saber à luz de que lei se há de aferir a admissibilidade da mediação ou conciliação. Esse problema pode colocar-se, designadamente, quando um tribunal judicial se interrogue sobre os efeitos processuais de um acordo de mediação ou conciliação e, nomeadamente, sobre a suscetibilidade de este determinar a suspensão, interrupção ou extinção da instância. Dado que a questão contende com o exercício pelos tribunais judiciais da respetiva competência, terá a mesma de ser resolvida à luz do que dispõe a *lex fori*.

b) Adequação. – Mesmo nos casos em que são admissíveis, a mediação e a conciliação nem sempre se revelam adequadas à resolução de litígios em matéria de propriedade intelectual. É o que sucede, designadamente, nas situações em que uma das partes carece de tutela imediata dos seus direitos, *v.g.*, através do decretamento de providências cautelares que determinem a inibição de certas condutas ou a apreensão de bens.

Já no que respeita aos litígios emergentes de contratos de licenciamento ou de transmissão de direitos, a mediação ou conciliação pode revelar-se o meio mais apropriado, tendo em consideração, nomeadamente: *a)* Os seus baixos custos (pelo menos em confronto com aqueles que geralmente qualquer processo judicial ou arbitral implica); *b)* Os riscos mínimos que envolve para as partes (visto que, como dissemos, se trata de um meio de composição de litígios que lhes permite reter um elevado grau de controlo sobre o processo e o respetivo resultado); *c)* A perspetiva de se preservarem as relações comerciais entre as partes, que a confrontação gerada por um processo judicial ou arbitral não raro inviabiliza; e *d)* A possibilidade de se obter através dela uma solução global para o litígio (evitando-se, pelo que respeita a direitos sobre as mesmas criações intelectuais, a necessidade de propor ações paralelas em diferentes países).

O êxito da mediação ou conciliação implica, em todo o caso, uma certa predisposição das partes para efetuarem concessões recíprocas. Onde esta não existir – o que, não raro, é fruto de fatores culturais, como a maior ou menor propensão de certas sociedades para o recurso aos tribunais –, essas figuras não têm interesse como meios de composição de litígios.

III – Regras aplicáveis

O regime da mediação ou conciliação encontra-se, no essencial, submetido à *autonomia privada*: as partes e, subsidiariamente, o mediador ou conciliador, podem definir os trâmites do respetivo processo, diretamente ou por remissão para um regulamento de mediação. É o que prevê, por exemplo, o art. 6 da Lei-Modelo da CNUDCI.

Em matéria de propriedade intelectual, importa, todavia, ter presente que esses processos podem implicar a revelação pelas partes, uma à outra e ao mediador ou conciliador, de segredos de negócio e outras informações não divulgadas ao público, dotadas de alto valor económico. Há, por isso, que acautelar a confidencialidade de tais informações. Disso depende também, como é bom de ver, a confiança dos interessados nestes meios de composição de litígios.

Ora, tanto a Lei-Modelo da CNUDCI como a Diretiva consagram um amplo *dever de confidencialidade* a cargo das partes, do mediador ou conciliador e dos demais sujeitos processuais, relativamente às informações de que tomem conhecimento no decurso da mediação ou conciliação. Outro tanto estabelecem o Código Deontológico Europeu dos Mediadores[1417] e, de forma particularmente pormenorizada, o Regulamento de Mediação da OMPI[1418]. No Direito português, esse dever encontra-se plasmado no art. 5.º da Lei n.º 29/2013.

O regime desse dever analisa-se em três traços fundamentais: *a)* Toda a informação relativa ao processo de mediação ou conciliação é confidencial, não devendo, por conseguinte, ser transmitida à outra parte ou a terceiros sem autorização; *b)* As partes no processo de mediação ou conciliação, o mediador ou conciliador e os terceiros que nele participem não podem produzir qualquer prova, num processo arbitral ou judicial, respeitante a informações obtidas no decurso da mediação ou conciliação; *c)* São dispensadas do dever de confidencialidade as informações cuja revelação seja autorizada pela parte que as prestou, imposta por preceito legal ou razões de ordem pública ou necessária à aplicação ou execução do acordo obtido por via de mediação ou conciliação.

IV – Eficácia transfronteiras dos acordos celebrados em processos de mediação ou conciliação

Concluído, no termo de um processo de mediação ou conciliação, um acordo que ponha termo ao litígio, suscita-se a questão de saber qual a sua eficácia, aquém e além das fronteiras do país onde foi celebrado e eventualmente homologado. Trata-se de outro aspeto crucial do regime da mediação ou conciliação.

Neste ponto é mais restrito o alcance dos instrumentos de harmonização de legislações a que aludimos.

Com efeito, a Lei-Modelo da CNUDCI limita-se a prever, no art. 14, que se as partes concluírem um acordo pondo termo ao seu litígio, este será obrigatório e suscetível de execução nos termos que cada Estado definir.

1417 Disponível em http://www.ejn.eu.

1418 Disponível em http://www.wipo.int.

Por sua vez, a Diretiva europeia que vimos analisando determina, no art. 6.º, que os Estados-Membros devem assegurar que as partes tenham a possibilidade de requerer que o conteúdo de um acordo escrito obtido por via de mediação seja declarado executório. A declaração de executoriedade pode, no entanto, ser recusada se o acordo for contrário ao Direito do Estado-Membro onde foi feito o respetivo pedido (incluindo, acrescenta-se no preâmbulo da Diretiva, o seu Direito Internacional Privado) ou se o Direito desse Estado-Membro não previr a executoriedade do acordo. O *exequatur* é concedido por sentença, decisão ou ato autêntico de um tribunal ou de outra autoridade competente. São aplicáveis ao respetivo reconhecimento e execução noutro Estado-Membro as disposições relevantes do Direito Europeu e do Direito interno, entre as quais se incluem as do Regulamento de Bruxelas I.

Nos termos da Lei-Modelo e da Diretiva, os acordos em apreço não são, em suma, títulos executivos independentemente da declaração de um tribunal ou outra autoridade que lhes confira essa eficácia. As regras constantes desses textos ficam, nesta medida, aquém do que estabelecem os arts. 703, n.º 1.º, alínea *b)*, e 706.º, n.º 2, do Código de Processo Civil português. Em todo o caso, elas representam um progresso relativamente aos sistemas jurídicos que não preveem a possibilidade de concessão *ope judicis* de força executiva às transações extrajudiciais.

O salto qualitativo fundamental nesta matéria foi dado pela Convenção de Singapura, que expressamente instituiu, no seu art. 3, n.º 1, o princípio conforme o qual:

> «Cada Parte na Convenção executará o acordo de transação em conformidade com as suas regras processuais e nas condições estabelecidas na presente Convenção.»

Em ordem a prevalecer-se desta regra num Estado Membro da Convenção, deve a parte interessada fornecer à autoridade competente desse Estado o acordo de transação assinado pelas partes e a prova de que o mesmo resultou de um processo de mediação, consistente, por exemplo, na assinatura do mediador aposta no acordo, num documento assinado pelo mediador indicando que foi levada a cabo uma mediação ou numa certidão emitida pela instituição que administrou a mediação (art. 4, n.º 1).

A execução do acordo apenas pode ser recusada pela autoridade competente de um Estado Membro da Convenção se a parte contra a qual ela é requerida fornecer a prova de que: *a)* Uma das partes no acordo era incapaz; *b)* O acordo é nulo ou ineficaz segundo a lei a que as partes validamente o submeteram ou à lei tida como competente pela referida autoridade, não é vinculativo ou definitivo segundo os seus próprios termos ou foi posteriormente modificado; *c)* As obrigações decorrentes do acordo foram cumpridas ou não são claras ou inteligíveis; *d)* A execução seria contrária aos termos do acordo; *e)* Houve uma violação grave pelo mediador dos padrões aplicáveis a si ou à mediação sem a qual a parte requerida não teria celebrado o acordo; ou *f)* O mediador não revelou às partes circunstâncias que suscitam fundadas dúvidas quanto à sua imparcialidade e independência e essa omissão teve um impacto relevante ou influência indevida sobre uma das partes, sem o que essa parte não teria celebrado o acordo (art. 5, n.º 1).

A execução pode ainda ser recusada pela autoridade competente do Estado Membro onde for requerida se esta considerar que a mesma seria contrária à ordem pública desse Estado ou o objeto do litígio não era suscetível de constituir validamente objeto de uma mediação segundo o Direito desse Estado (art. 5, n.º 2).

§ 27.º Outros meios de tutela extrajudicial da propriedade intelectual

I – Preliminares

Além da arbitragem e da mediação ou conciliação, outros meios de resolução extrajudicial de litígios, insuscetíveis de serem reconduzidos a qualquer daquelas categorias, assumem hoje certo relevo no domínio dos direitos intelectuais.

Estão neste caso os meios *sui generis* de resolução de litígios relativos a nomes de domínio, o sistema de resolução de litígios instituído pela Organização Mundial de Comércio e os procedimentos relativos à intervenção de autoridades aduaneiras.

É, pois, destas figuras que nos ocuparemos agora.

II – Meios *sui generis* de resolução de litígios relativos a nomes de domínio

a) Fontes de regulação e traços gerais do seu regime. – Demos conta anteriormente da importância que hoje têm os nomes de domínio como sinais distintivos de atividades económicas[1419]. O êxito conquistado por esta nova categoria de bens intelectuais deve-se, em boa parte, ao sistema *sui generis* de resolução de litígios que lhe está associado. Importa, pois, dar conta dos traços fundamentais desse sistema[1420].

[1419] Cfr. *supra*, § 12.º/IV.

[1420] Vejam-se, sobre o tema, Pierre Lastenouse, «Le règlement ICANN de résolution uniforme des litiges relatifs aux noms de domaine», *Rev. arb.*, 2001, pp. 95 ss.; David Lametti, «The Form

Na origem dele encontra-se a necessidade de acautelar os riscos de registo abusivo de nomes de domínio suscitados pelo princípio da prioridade temporal (*first come, first served*) e pela ausência de qualquer controlo prévio da titularidade das marcas correspondentes a esses nomes. São, com efeito, frequentemente registadas como nomes de domínio marcas pertencentes a terceiros, apenas no intuito de extrair vantagens patrimoniais da sua posterior cedência a estes: é o fenómeno a que se convencionou chamar *cybersquatting*. Tornou-se, por isso, indispensável um mecanismo célere e eficaz de resolução dos potenciais conflitos entre titulares de nomes de domínio e de marcas.

Esse sistema foi instituído em 1999, através da denominada «Política Uniforme de Resolução de Litígios Sobre Nomes de Domínio» (*Uniform Domain Name Dispute Resolution Policy* ou UDRP)[1421], emanada do ICANN. Um vasto número de contratos relativos ao registo de nomes de domínio (nomeadamente aqueles que são registados sob os domínios de topo «.com», «.net» e «.org») incorporou entretanto, por referência, essa *política uniforme*, que assim passou a vincular os titulares desses nomes de domínio.

Subsequentemente, o Regulamento (CE) n.º 874/2004, de 28 de abril de 2004[1422], estabeleceu também um «procedimento alternativo de resolução de litígios» (PARL), exclusivamente aplicável aos nomes de domínio registados sob o domínio de topo «.eu», que se inspira manifestamente na *política* do ICANN.

Por força dessa *política*, os titulares dos nomes de domínio a que a mesma é aplicável obrigam-se a aceitar a sujeição a um «procedimento administrativo» (*administrative proceeding*), levado a efeito sob a égide de uma entidade credenciada pelo ICANN[1423], dos litígios que os oponham aos titulares de marcas que aleguem

and Substance of Domain Name Arbitration», *Lex Electronica*, vol. 7, n.º 2 (2002), disponível em http://www.lex-electronica.org; Alexandre Cruquenaire, *Le règlement extrajudiciaire des litiges relatifs aux noms de domaine*, Bruxelas, 2002; Anri Engel, «International Domain Name Disputes: (Rules and Practice of the UDRP)», *EIPR*, 2003, pp. 351 ss.; Carlos Affonso Pereira de Souza, «A Resolução de Conflitos entre a Marca e Nome de Domínio na Organização Mundial de Propriedade Intelectual», *in* Ricardo Ramalho de Almeida (coordenador), *Arbitragem interna e internacional (Questões de doutrina e da prática)*, Rio de Janeiro/São Paulo, 2003, pp. 171 ss.; e Pedro de Miguel Asensio, «Exclusión de los procedimientos sobre nombres de dominio del recurso de anulación contra laudos arbitrales», *Arbitraje: Revista de arbitraje y de inversiones*, 2008, pp. 43 ss.; *idem*, *Derecho Privado de Internet*, cit., pp. 485 ss.

[1421] Disponível em http://www.icann.org.

[1422] *In JOUE*, n.º L 162, de 30 de abril de 2004, pp. 40 ss. O Regulamento n.º 874/2004 foi subsequentemente alterado pelo Regulamento (CE) n.º 1654/2005, de 10 de outubro de 2005, *in JOUE*, n.º L 266, de 11 de outubro de 2005, pp. 35 ss.

[1423] Entre as quais se incluem a Organização Mundial da Propriedade Intelectual, o Tribunal Arbitral Checo, o Centro Asiático de Resolução de Litígios em Matéria de Nomes de Domínio (*Asian Domain Name Dispute Resolution Centre*) e o Foro Nacional de Arbitragem (*National Arbitration Forum*). Todas estas entidades adotaram regras complementares da UDRP.

perante essa entidade que: *a)* O nome de domínio em causa é suscetível de causar confusão com uma marca de produtos ou de serviços sobre a qual o reclamante tem direitos; *b)* O titular do nome de domínio não tem qualquer direito ou interesse legítimo no mesmo; e *c)* O nome de domínio foi registado e é usado de má-fé. Para os titulares de marcas, o procedimento em questão é opcional, sendo-lhes dado, por conseguinte, acionar o alegado infrator do seu direito perante os tribunais estaduais[1424].

A decisão proferida neste procedimento apenas pode consistir na rejeição da reclamação que lhe deu origem, no cancelamento do registo do nome de domínio ou na sua transferência para o reclamante. A entidade que procedeu ao registo do nome de domínio em causa obriga-se a executar a decisão, no prazo de dez dias contados da respetiva notificação, salvo se receber, no prazo de dez dias contados da notificação da decisão do «painel», a prova documental de que foi instaurada pelo titular do nome de domínio uma ação judicial contra o reclamante, perante um tribunal a que este se tenha submetido na sua reclamação.

Também o Regulamento (CE) n.º 874/2004 prevê que qualquer das partes pode dar início a um «procedimento alternativo» de resolução de litígios decorrentes de registos de nomes de domínio tidos como especulativos ou abusivos[1425]. Os direitos conflituantes com nomes de domínio cuja alegada violação por estes é suscetível de desencadear o procedimento PARL são, no entanto, consideravelmente mais vastos do que aqueles a que se refere a *política* do ICANN, pois compreendem as marcas nacionais registadas, as marcas comunitárias, as indicações geográficas ou designações de origem e, na medida em que se encontrem protegidos pelo Direito nacional no respetivo Estado-Membro, as marcas comerciais não registadas, os nomes comerciais, os identificadores de empresas, os nomes de empresas, os nomes de família e os títulos de obras literárias ou artísticas protegidas.

Sendo o procedimento instaurado contra o titular de um nome de domínio, o «painel PARL» decide que este será anulado se considerar que o registo é especulativo ou abusivo. O nome de domínio é transferido para o queixoso se este se candidatar ao mesmo e satisfizer os critérios gerais de eligibilidade previstos no Regulamento (CE) n.º 733/2002. Sendo o procedimento instaurado contra o

[1424] A preferência por esse procedimento é, todavia, manifesta: até 2019, foram submetidos ao Centro de Arbitragem e Mediação da OMPI, ao abrigo da Política da ICANN, 3477 casos: cfr. as informações disponíveis em https://www.wipo.int.

[1425] I.é, nos termos do art. 21.º do Regulamento (CE) n.º 874/2004, aqueles que sejam idênticos ou suscetíveis de serem confundidos com um nome em relação ao qual a legislação nacional ou comunitária reconheça ou estabeleça um direito e que, além disso, tenham sido registados pelo seu titular sem direitos ou interesse legítimo ou forem utilizados de má-fé.

registo, o painel determina se uma decisão tomada pelo mesmo viola qualquer dos dois regulamentos comunitários sobre a matéria; na hipótese afirmativa, o painel anula a decisão e pode determinar a transferência, anulação ou atribuição de um nome de domínio. As decisões tomadas no âmbito do procedimento em apreço são vinculativas para as partes e para o registo, exceto se forem iniciados procedimentos judiciais no prazo de 30 dias após a sua notificação às partes.

b) Qualificação. – O procedimento gizado nas regras do ICANN e no Regulamento comunitário compreende, pois, uma decisão, susceptível de ser imediatamente executada mediante o cancelamento, a transferência ou a modificação do registo do nome de domínio; dá-se, pois, nesse processo a resolução de um litígio por um terceiro, o que exclui a sua qualificação como uma forma de mediação ou conciliação.

Tão-pouco se trata, a nosso ver, de uma arbitragem.

É certo que em alguns ordenamentos jurídicos a arbitragem assumiu certa importância como forma de composição de litígios em matéria de nomes de domínio, tanto nas relações entre os titulares destes e os respetivos provedores de serviços de registo, como nas questões que os oponham a terceiros[1426].

Porém, os textos acima citados não impedem os interessados recorrerem aos tribunais judiciais a fim de obterem a resolução do litígio, antes, durante ou mesmo depois da conclusão do processo neles previstos. Ora, na arbitragem, mesmo que a competência do tribunal arbitral seja concorrente com a dos tribunais judiciais, uma vez feita a opção pelo primeiro, não pode o autor intentar de novo a mesma ação perante os segundos.

Por outro lado, nas «Regras para a Política Uniforme de Resolução de Litígios sobre Nomes de Domínio», que complementam a UDRP, estabelece-se que, no caso de ser iniciado um processo judicial antes ou durante o procedimento previsto nesta, relativo a um litígio sobre um nome de domínio que tenha sido objeto de uma reclamação, o painel pode suspender, extinguir ou prosseguir o procedimento. No caso do PARL, qualquer das partes pode instaurar um processo judicial sobre o mesmo litígio no prazo de 30 dias após a notificação da decisão proferida no âmbito daquele.

A instauração de um litígio nos termos da UDRP e do Regulamento (CE) n.º 874/2004 é, por isso, insuscetível de fundar a exceção de preterição do tribunal arbitral; e a decisão sobre ele proferida não possui a força de caso

[1426] É o que sucede em Portugal, por força das *Regras do Registo de Nomes de Domínio de .PT* da Associação DNS.PT, cujo art. 38.º, n.º 1, estabelece: «Em caso de conflito sobre nomes de domínios, os titulares dos mesmos, podem comprometer-se a recorrer à arbitragem voluntária institucionalizada nos termos da Lei da Arbitragem Voluntária».

julgado que é da essência da decisão arbitral, nem constitui título executivo (ainda que possa ser executada extrajudicialmente).

Eis, em suma, por que a figura em apreço não pode ser reconduzida nem à mediação ou conciliação nem à arbitragem. Trata-se, como reconheceu a *Cour d'Appel de Paris* em acórdão de 17 de junho de 2004[1427], de um meio *sui generis* de resolução extrajudicial de litígios, que escapa à sua qualificação sob qualquer dos procedimentos até aqui existentes[1428].

c) Direito aplicável. – Também nos procedimentos em matéria de nomes de domínio se pode suscitar a questão do Direito aplicável ao mérito da causa, *v.g.*, em ordem a aferir se o reclamante é titular do direito à marca alegadamente violada (quer por força de um registo, quer por efeito do seu mero uso, como sucede nos Estados Unidos e no Reino Unido, onde este último é também, como vimos, constitutivo de direitos) ou se o titular do nome de domínio com ela conflituante tem algum direito ou interesse legítimo na sua utilização (por exemplo, para fins de crítica dos produtos ou serviços assinalados pela marca, a qual é mais amplamente admitida nos países, como os Estados Unidos, onde existe uma longa tradição de liberdade de expressão constitucionalmente protegida).

Ora, em face do que dispõem as regras do ICANN e do Regulamento (CE) n.º 874/2004, o painel administrativo não está vinculado, na fixação do Direito aplicável aos litígios em matéria de nomes de domínio, às regras de conflitos de qualquer país em especial; o que bem se compreende, atenta a circunstância de, ao contrário do que sucede na arbitragem, o fundamento da sua competência ser puramente contratual e de a decisão que for proferida sobre o mérito da causa não ser vinculativa para as partes, salvo se nenhuma delas repuser a questão perante os tribunais judiciais, nem suscetível de execução por estes.

No relatório da Organização Mundial da Propriedade Intelectual sobre a gestão dos nomes de domínio, publicado em 1999[1429], recomenda-se, a este propósito, que o mérito de uma reclamação ao abrigo de um procedimento administrativo seja decidido de acordo com a definição de registo abusivo formulada no relatório e que na aplicação dessa definição o painel de decisores aplique, na medida do necessário, «o Direito ou as regras de Direito que considere apropriados, tendo em conta todas as circunstâncias do caso». Exemplificando a aplicação desta

[1427] Caso *Le Parmentier c. Association internationale des concours de beauté pour les pays francophones, in Clunet*, 2005, pp. 1165 ss.

[1428] No mesmo sentido nos pronunciámos já no nosso estudo «Problemática internacional dos nomes de domínio», reproduzido *in Direito Internacional Privado. Ensaios*, vol. I, Coimbra, 2002, pp. 167 ss. (pp. 176 s.).

[1429] Cfr. Organização Mundial da Propriedade Intelectual, *The Management of Internet Names and Addresses: Intellectual Property Issues. Final Report of the WIPO Internet Domain Name Process*, s.l., 1999.

diretriz, o relatório refere que se as partes residirem no mesmo país, o nome de domínio se achar registado através de um provedor de serviços de registo situado nesse país e houver provas de um registo de má fé e do uso do nome de domínio relacionado com atividade desenvolvida nesse país, será apropriado que o decisor se refira ao Direito desse país na aplicação da mencionada regra.

Nesta ordem de ideias, os painéis administrativos que funcionem ao abrigo das regras do ICANN devem ter em consideração, no julgamento do mérito da causa: *a)* em primeira linha, a própria *política uniforme* emanada daquele (e porventura a interpretação dela feita, em decisões anteriores, por outros painéis); *b)* na medida em que esta não forneça uma solução para a questão em apreço, o Direito ou as regras de Direito nacionais que o painel tiver por apropriados, à luz das *conexões espaciais* que estes apresentem com a relação material litigada.

Em caso de conflito entre a *política uniforme* e o Direito nacional, prevalecerá sempre o segundo, dada a possibilidade de as partes recorrerem aos tribunais nacionais, que a primeira expressamente ressalva.

Apesar da índole acentuadamente supra- ou transnacional destes procedimentos de resolução de litígios, a determinação das regras neles aplicáveis subordina-se, pois, a uma *metodologia de cariz conflitual*, típica das disposições de Direito Internacional Privado.

Esta orientação tem encontrado certo eco na jurisprudência dos painéis que funcionam sob a égide da Organização Mundial da Propriedade Intelectual. Com efeito, esses painéis têm aplicado a *lex loci protectionis* a fim de determinar se o nome pessoal do reclamante pode ser protegido ao abrigo da *política uniforme* do ICANN, como marca não registada alegadamente violada pelo titular de um nome de domínio.

Foi o que sucedeu, por exemplo, nas decisões proferidas em 22 de maio de 2000, no caso *Jeanette Winterson v. Mark Hogarth*[1430], e em 26 de março de 2001, no caso *Louis de Bernieres v. Old Barn Studios Limited*[1431], em que os painéis administrativos aplicaram as regras inglesas sobre o *passing off* em ordem a aferir se os reclamantes, ambos autores de obras literárias e residentes em Inglaterra, possuíam direitos sobre marcas não registadas correspondentes aos respetivos nomes. Orientação análoga foi seguida na decisão de 29 de maio de 2000, relativa ao caso *Julia Roberts v. Russell Boyd*[1432], em que o painel entendeu que o nome «Julia Roberts» se achava suficientemente associado à reclamante, uma conhecida atriz norte-americana, para que esta pudesse ser considerada, ao

1430 Caso n.º D2000-0235, disponível em http://www.wipo.int.

1431 Caso n.º D2001-0122, disponível em *ibidem*.

1432 Caso n.º D2000-0210, disponível em *ibidem*.

abrigo do Direito de Marcas norte-americano, titular de *common law trademark rights* sobre o mesmo. Outro tanto sucedeu na decisão de 4 de março de 2003, sobre o caso *Sibyl Avery Jackson v. Jan Teluch*[1433], em que o painel entendeu que o nome da reclamante havia granjeado suficiente *goodwill* no domínio literário para poder ser caracterizado como marca não registada.

O mesmo entendimento fundamental tem sido observado a fim de apurar se o reclamante é titular de uma marca correspondente a certa denominação geográfica. O problema colocou-se, por exemplo, no caso *Her Majesty the Queen v. Virtual Countries, Inc.*, decidido em 27 de Novembro de 2002[1434]. Tratava-se, na espécie, de uma reclamação apresentada em nome da Rainha de Inglaterra contra *Virtual Countries, Inc.*, motivada pelo registo e utilização pela requerida do nome de domínio «newzealand.com», em alegada violação de alegados direitos da reclamante sobre a marca «New Zealand». Em ordem a fundamentar a rejeição dessa reclamação, o painel invocou o Direito da Nova Zelândia, nos termos do qual a reclamante não seria titular de qualquer marca com esse teor. Sorte análoga teve a reclamação apresentada no caso *Puerto Rico Tourism Company v. Virtual Countries, Inc.*, decidido em 14 de abril de 2003[1435], em que o painel invocou, a fim de julgá-la improcedente, a secção 2.ª do *Lanham Trademark Act* norte-americano (vigente em Porto Rico), que não permite o registo de marcas correspondentes a nomes de lugares geográficos, como seria o caso de «Puerto Rico». Já no caso *Bundesrepublik Deutschland v. RJG Engineering, Inc.*, decidido em 1 de outubro de 2004[1436], o painel administrativo entendeu, por aplicação do § 4 (2) da *Markengesetz* alemã, que a República Federal da Alemanha era titular de uma marca de facto correspondente à sua designação, em virtude do uso desta como tal, tendo por conseguinte determinado a transferência para a reclamante do nome de domínio «federalrepublicofgermany.biz».

A justificação destas referências aos Direitos nacionais deu-a o painel que decidiu o caso *Antonio de Felipe v. Registerfly.com,* julgado em 19 de dezembro de 2005[1437], em que se observa que «[o]s direitos sobre marcas não registadas não existem de forma nebulosa no conjunto dos países onde o reclamante demonstrar que tem reputação. Tais direitos derivam das leis nacionais e não existem divorciados de tais leis. Eles dependem, por conseguinte, da medida em que as leis de determinado país reconheçam ou não que as atividades do reclamante lhe conferem direitos não registados nesse país».

[1433] Caso n.º D2002-1180, disponível em *ibidem*.

[1434] Caso n.º D2002-0754, disponível em *ibidem*.

[1435] Caso n.º D2003-1129, disponível em *ibidem*.

[1436] Caso n.º D2004-0676, disponível em *ibidem*.

[1437] Caso n.º D2005-0969, disponível em *ibidem*.

Na mesma linha de orientação se pronunciou o painel administrativo no caso *1066 Housing Association Ltd. v. Mr. D. Morgan*, julgado em 18 de janeiro de 2008[1438]. Aí se declara, com efeito: «As marcas são por natureza (com algumas exceções) direitos nacionais com um âmbito nacional. É difícil ver como possam a existência e o conteúdo dos direitos sobre marcas ser aferidos senão por referência a um Direito local».

Ao mesmo resultado conduz a remissão feita, no art. 10.º, n.º 1, do Regulamento (CE) n.º 874/2004, para o Direito nacional do Estado-Membro respetivo, quanto à questão de saber se são protegidos contra a sua utilização como nomes de domínio as marcas comerciais não registadas, os nomes comerciais, os identificadores de empresas, os nomes de empresas, os nomes de família e os títulos distintivos de obras literárias e artísticas protegidas.

Também em matéria de litígios relativos a nomes de domínio a competência da *lex loci protectionis* no tocante aos direitos de propriedade intelectual assume, pois, certa relevância. O que tem duas consequências fundamentais.

Por um lado, a *política* do ICANN, ao contrário do que a sua designação oficial inculca, é insuscetível de uma aplicação inteiramente *uniforme*[1439]. Outro tanto sucede, aliás, com o mencionado Regulamento comunitário.

Por outro, os direitos sobre marcas e outros sinais distintivos, na medida em que podem obstar à utilização, em qualquer lugar do mundo, de nomes de domínio com os quais sejam confundíveis, adquirem, em virtude daquela política, assim como do regulamento comunitário, um alcance verdadeiramente *universal*.

Este último resulta ainda da eficácia internacional de que são dotadas as decisões dos painéis administrativos, de que daremos conta a seguir.

d) Eficácia internacional. – Consoante dissemos, os procedimentos em apreço culminam em princípio numa decisão que será vinculativa para as partes se estas não instaurarem o litígio perante o tribunal competente dentro de certo prazo. Essa decisão não goza, todavia, de força de caso julgado, nem de efeito executivo, pelo que não pode ser reconhecida nem executada além-fronteiras nos mesmos termos que as sentenças arbitrais.

Criou-se, no entanto, um *mecanismo de execução extrajudicial de âmbito supranacional*, que dispensa a necessidade de as decisões proferidas ao abrigo da UDRP e do Regulamento serem objeto de qualquer revisão ou confirmação por uma autoridade judicial a fim de serem executadas. Assim, os provedores

[1438] Caso n.º D2007-1461, disponível em *ibidem*.

[1439] Como, de resto, se reconhece na decisão proferida em 4 de março de 2003, no caso n.º D2002-1180, *Sibyl Avery Jackson v. Jan Teluch*, disponível em *ibidem*.

de serviços de registo de nomes de domínio acham-se obrigados a anulá-los, a transferi-los para o reclamante ou a alterá-los, se forem notificados de uma decisão nesse sentido proferida por um painel que haja decidido um processo ao abrigo da UDRP ou do Regulamento (CE) n.º 874/2004.

Trata-se aqui de outro traço original deste sistema de resolução de litígios. A ele se deve também a *superação da territorialidade* dos direitos intelectuais lograda pelos instrumentos que o consagram.

III – O sistema de resolução de litígios da Organização Mundial de Comércio

a) Noção e modo de funcionamento. – Entre as funções desempenhadas pela Organização Mundial de Comércio destaca-se a resolução dos litígios entre os respetivos Estados membros, resultantes do incumprimento por estes das regras constantes do acordo que a instituiu, bem como dos acordos comerciais multilateriais a ele anexos. A matéria é disciplinada pelo *Memorando de Entendimento Relativo às Regras e Procedimentos que Regem a Resolução de Litígios*, que constitui o anexo 2 àquele acordo[1440].

Este texto prevê a existência de um Órgão de Resolução de Litígios, integrado por representantes dos Estados membros, cuja função consiste em administrar o sistema de resolução de litígios da OMC. Esse órgão, cuja composição é a mesma do Conselho Geral desta Organização, pode, a pedido de qualquer Estado membro, constituir «grupos especiais», ou «painéis» (*panels*) *ad hoc*, compostos em princípio por três pessoas qualificadas e independentes, às quais compete dar parecer sobre os litígios relativos à execução dos referidos acordos pelos Estados membros. Desses pareceres há recurso, em matéria de Direito, para um Órgão Permanente de Apelação, constituído por sete peritos independentes. A fim de adquirirem força vinculativa, os referidos pareceres, assim como as decisões do Órgão de Apelação, têm de ser previamente adotados

[1440] Sobre o sistema instituído por esse *Memorando*, podem ver-se: Ernst-Ulrich Petersmann, *The GATT/WTO Dispute Settlement System: International Law, International Organizations and Dispute Settlement*, Londres, 1998; Richard Diamond, «A resolução de litígios no âmbito da OMC», *in* AAVV, *A Organização Mundial do Comércio e a resolução de litígios*, Lisboa, 1998, pp. 37 ss.; Luís Máximo dos Santos, «O mecanismo de resolução de litígios da OMC: um elogio merecido?», *in ibidem*, pp. 53 ss.; Frieder Roessler, «A evolução do sistema de resolução de litígios do GATT/OMC», *in ibidem*, pp. 67 ss.; Teresa Moreira, «O novo mecanismo de resolução de litígios da OMC. A perspetiva de Portugal», *in ibidem*, pp. 81 ss.; Éric Canal-Forgues, *Le règlement des différends à l'OMC*, Bruxelas, 2003; Elizabeth Accioly, *Sistema de solução de controvérsias em blocos econômicos*, Coimbra, 2004, pp. 166 ss.; Federico Ortino/Ernst-Ulrich Petersmann (orgs.), *The WTO Dispute Settlement System: 1995-2003*, Haia, 2004; Luís Morais (org.), *Direito Internacional Económico. Uma introdução*, cit., pp. 357 ss.; e Jean-Michel Jacquet/Philippe Delebecque/Sabine Corneloup, *Droit du commerce international*, Paris, 2007, pp. 125 ss.

pelo Órgão de Resolução de Litígios. Tal só não acontece, porém, se se formar a esse respeito um «consenso negativo» (*reverse consensus*); o que, conferindo um caráter quase automático à adoção dos pareceres e decisões, impede a parte vencida de bloqueá-la.

As recomendações contidas nos pareceres e as decisões emanadas do referido órgão são vinculativas para as partes. Se não forem cumpridas num «prazo razoável» (fixado pelo órgão, pelas próprias partes ou por arbitragem), pode haver lugar a compensações pela parte vencida ou à suspensão pela parte vencedora de concessões ou outras obrigações resultantes dos acordos da OMC. A garantia do sistema em apreço reconduz-se assim, em última análise, à suscetibilidade de aplicação de medidas de autotutela, ainda que sob a vigilância do Órgão de Resolução de Litígios[1441]. Na maior parte dos casos, porém, os pareceres e decisões adotados por este órgão são cumpridos voluntariamente pelos Estados membros da OMC[1442].

b) Aplicação aos litígios relativos ao Acordo TRIPS. – Este sistema de resolução de litígios é aplicável às questões suscitadas a respeito do Acordo TRIPS, por força do disposto no art. 64.º deste último. Na previsão dessa aplicabilidade radica, aliás, uma das motivações fundamentais da transferência da sede principal da produção normativa internacional em matéria de propriedade intelectual da OMPI para a OMC, operada por aquele Acordo.

Embora as recomendações e decisões adotadas pelo Órgão de Resolução de Litígios apenas sejam vinculativas para as partes nos processos que lhes deram origem, e não tenham por isso, tecnicamente, o valor de precedentes, a aplicação deste sistema gerou uma importante jurisprudência relativa ao Acordo TRIPS[1443], que contribui relevantemente para o desenvolvimento supranacional do Direito da Propriedade Intelectual[1444].

Por força do sistema de resolução de litígios da OMC, uma organização internacional assumiu, assim, uma preponderância sem precedentes na definição dos padrões exigíveis de proteção da propriedade intelectual. Encontramos aqui, por conseguinte, novos limites à soberania dos Estados sobre

[1441] Para uma apreciação crítica deste sistema, *vide* Olivier Blin, «Les sanctions dans l'Organisation mondiale du commerce», *Clunet*, 2008, pp. 441 ss.

[1442] Neste sentido, Canal-Forgues, *Le règlement des différends à l'OMC*, cit., p. 85.

[1443] Disponível em http://www.wto.org. Para uma análise de diversos casos decididos neste âmbito, cfr. Frederick M. Abbott, «WTO Dispute Settlement Practice Relating to the Agreement on Trade-Related Intellectual Property Rights», *in* Federico Ortino/Ernst-Ulrich Petersmann (orgs.), *The WTO Dispute Settlement System: 1995-2003*, cit., pp. 421 ss.

[1444] Neste sentido, Jane Ginsburg, «Toward Supranational Copyright Law? The WTO Panel Decision and the "Three-Step Test" for Copyright Exceptions», *RIDA*, 2001, n.º 187, pp. 3 ss.

a concessão e o exercício de direitos de propriedade intelectual no respetivo território. O sistema de resolução de litígios instituído pelo Acordo da OMC constitui, nesta medida, outro elemento de relevo na superação do princípio da territorialidade.

c) O procedimento europeu relativo aos entraves ao comércio internacional. – Como resulta do exposto, o recurso ao sistema de resolução de litígios da OMC apenas está aberto aos Estados. No entanto, o Regulamento (CE) n.º 3286/94 do Conselho, de 22 de dezembro de 1994[1445], que estabeleceu procedimentos comunitários no domínio da política comercial comum para assegurar o exercício pela Comunidade dos seus direitos ao abrigo das regras do comércio internacional, nomeadamente as estabelecidas sob os auspícios da Organização Mundial do Comércio, instituiu um mecanismo tendente a facultar aos particulares a possibilidade de suscitarem, no âmbito da União Europeia, o funcionamento daquele sistema. Esse Regulamento foi entretanto substituído pelo Regulamento (UE) 2015/1643, sobre a mesma matéria, que codificou as alterações que nele haviam sido introduzidas[1446].

Nos termos deste Regulamento, qualquer pessoa singular ou coletiva e qualquer associação que atue em nome de uma indústria da União pode apresentar uma denúncia por escrito se considerar que sofreu um prejuízo resultante de entraves ao comércio que tenham efeitos no mercado da União; a mesma faculdade é concedida a qualquer empresa da União ou associação que atue em nome de uma ou mais empresas da União e que considere que estas sofreram efeitos prejudiciais no comércio em consequência de entraves ao comércio que tenham efeitos no mercado de um país terceiro.

Entendem-se por «entraves ao comércio», para este efeito, quaisquer práticas de comércio adotadas ou mantidas por um país terceiro contra as quais as regras do comércio internacional (as quais são essencialmente, nos termos do Regulamento, as estabelecidas sob os auspícios da OMC) conferem um direito de ação.

A denúncia é dirigida à Comissão Europeia. Sempre que esta considere que existem elementos de prova suficientes que o justifiquem, dá início a um processo de exame em cooperação com os Estados-Membros.

Se concluir, em resultado desse processo, que é necessária uma ação no interesse da União para assegurar o exercício dos direitos desta ao abrigo das regras do comércio internacional, a Comissão adota as medidas adequadas. Estas compreendem: a suspensão ou retirada de qualquer concessão resultante

[1445] *In JOCE*, n.º L 349, de 31 de dezembro de 1994, pp. 71 ss.
[1446] *In JOCE*, n.º L272, de 16 de outubro de 2015, pp. 1 ss.

de negociações de política comercial; o aumento de direitos aduaneiros ou a introdução de outros encargos à importação; e a instituição de restrições quantitativas ou outra medida que altere as condições de importação ou de exportação ou que de outro modo afete as trocas comerciais com o país terceiro em causa.

Se, porém, as obrigações internacionais da União lhe impuserem a participação prévia num procedimento internacional de consulta ou de resolução de litígios, como aquele que se encontra previsto no *Memorando de Entendimento* anexo ao acordo da OMC, tais medidas só serão decididas após o termo desse procedimento e tendo em consideração os seus resultados.

Entre as situações que deram azo à instauração do procedimento em apreço conta-se a alegada violação do Acordo TRIPS pela secção 110 (5) do *Copyright Act* dos Estados Unidos da América, que isentava de proteção pelo Direito de Autor certas formas de comunicação ao público de obras musicais[1447].

IV – Procedimentos relativos à intervenção de autoridades aduaneiras

Igualmente relevante como forma de tutela extrajudicial da propriedade intelectual é o procedimento instituído pelo Regulamento (CE) n.º 1383/2003 do Conselho, de 22 de julho de 2003, relativo à intervenção das autoridades aduaneiras em relação às mercadorias suspeitas de violarem certos direitos de propriedade intelectual[1448], a que sucedeu o Regulamento (UE) 608/2013, de 12 de junho de 2013, relativo à intervenção das autoridades aduaneiras para assegurar o cumprimento da legislação sobre os direitos de propriedade intelectual[1449].

Nos termos deste ato europeu, o titular de um direito de propriedade intelectual, assim como qualquer outra pessoa autorizada a utilizá-lo, pode apresentar ao serviço aduaneiro competente de um Estado-Membro um pedido de intervenção das autoridades aduaneiras quanto a mercadorias suspeitas de violação de direitos de propriedade intelectual que sejam declaradas para introdução em livre prática, exportação ou reexportação ou sejam descobertas por ocasião de controlos de mercadorias que entrem ou saiam do território aduaneiro da União.

O serviço aduaneiro competente deve examinar o pedido de intervenção e comunicar por escrito a sua decisão ao requerente num prazo de 30 dias úteis a contar da data de receção do mesmo.

[1447] Cfr. a Decisão da Comissão n.º 98/731/CE, de 11 de dezembro de 1998, adotada ao abrigo das disposições do Regulamento (CE) n.º 3286/94 do Conselho, relativa ao n.º 5 da secção 110 do Copyright Act dos Estados Unidos da América, *JOCE* n.º L 346 de 22 de dezembro de 1998, pp. 60 ss.

[1448] *JOUE*, n.º L 196, de 2 de agosto de 2003, pp. 7 ss.

1449 *JOUE*, n.º L 181, de 29 de junho de 2013, pp. 15 ss..

Quando uma autoridade aduaneira à qual tenha sido comunicada a decisão de deferimento do pedido do titular do direito suspeitar de que as mercadorias em causa violam um direito de propriedade intelectual abrangido por aquela decisão, suspende a autorização de saída das mesmas ou procede à sua detenção.

As mercadorias que sejam consideradas em situação de violação de um direito de propriedade intelectual, no termo do procedimento perante a autoridade aduaneira, não podem ser introduzidas no território aduaneiro da Comunidade nem exportadas ou reexportadas dele. Podem, além disso, nas situações previstas no Regulamento, ser destruídas.

Se, porém, num prazo de 10 dias úteis a contar da data de receção da notificação da suspensão da autorização de saída ou da retenção, a autoridade aduaneira não tiver sido notificada do início de um processo destinado a determinar se houve violação de um direito de propriedade intelectual ao abrigo do Direito nacional, é concedida a autorização de saída das mercadorias ou, se for caso disso, cessa a sua detenção.

A fim de determinar se houve violação de um direito de propriedade intelectual, é aplicável, em virtude do disposto no art. 2.º, n.ºs 5 a 7, do Regulamento, a lei do Estado-Membro em cujo território se encontram as mercadorias declaradas para introdução em livre prática, exportação ou reexportação. Acolhe-se assim, para este efeito, a aplicabilidade da *lex loci protectionis*. A competência desta lei deve, no entanto, considerar-se subordinada aos limites gerais atrás examinados.

Conclusões

§ 28.º Conclusões

I

A análise empreendida neste estudo revela que, não obstante os esforços no sentido da harmonização e da unificação de legislações no domínio da propriedade intelectual empreendidos ao longo de mais de um século, se mantêm nesta matéria significativas divergências entre os sistemas jurídicos nacionais.

Entre essas divergências avultam, no tocante ao direito de autor, as que se prendem com o regime de atribuição originária dos direitos sobre obras criadas por conta de outrem (os quais são, na Europa continental, em princípio conferidos ao criador, ao passo que no Reino Unido e nos Estados Unidos o são preferentemente ao comitente ou empregador); o objeto da proteção jusautoral (que abrange nos sistemas romanistas certos bens a ela não submetidos nos sistemas de *Common Law* e vice-versa); o reconhecimento de direitos morais (apenas limitadamente aceites pelos sistemas de *copyright*); o escopo dos direitos patrimoniais (que compreendem, nos sistemas de *droit d'auteur*, todas as formas possíveis de utilização das obras intelectuais, incluindo as que apenas no futuro venham a ser conhecidas, ao passo que nos de *copyright* estão sujeitos a um princípio de tipicidade legal); a disposição ou oneração contratual de direitos (sujeita a muitas restrições nos sistemas jurídicos continentais); e as exceções e os limites a esses direitos (objeto de uma ampla cláusula geral, dita de *fair use* ou *fair dealing*, nos sistemas de *Common Law*, tipificados na lei nos de *Civil Law*).

Sobressaem ainda, no que respeita à propriedade industrial, entre outras, as diferenças de regime que atualmente separam os sistemas jurídicos nacionais quanto aos modos possíveis de aquisição do direito à marca (baseada no uso, nos sistemas anglo-saxónicos, e no registo, nos Direitos continentais); aos pressupostos da violação do direito à marca (que nos Estados Unidos, ao contrário do que sucede na Europa, apenas se tem por verificada caso seja demonstrada a probabilidade de confusão); ao esgotamento do direito à marca e à admissibilidade das chamadas importações paralelas (consentidas com maior latitude nos Estados Unidos do que na Europa); às denominações de origem (que só certos países, como a França e Portugal, protegem através de títulos especiais); à titularidade originária do direito à patente (atribuída, até recentemente, ao primeiro inventor nos Estados Unidos e ao primeiro a depositar o respetivo pedido na maioria dos restantes países); ao âmbito da proteção conferida pela patente (mais ampla na Alemanha, por exemplo, do que no Reino Unido e nos Estados Unidos); e à admissibilidade da concessão de modelos de utilidade ou «pequenas patentes» (por ora rejeitada tanto pelo Reino Unido como pelos Estados Unidos).

Não menos relevantes são as diferenças de regime que se verificam entre os ordenamentos jurídicos nacionais em matéria de concorrência desleal, a qual não é objeto de uma disciplina normativa autónoma em diversos sistemas de *Common Law*, sendo neles também significativamente mais restrito o âmbito dos atos suscetíveis de serem sancionados com esse fundamento.

O sistema vigente de tutela da propriedade intelectual, embora dotado de elementos comuns aos diferentes Estados, caracteriza-se, assim, pela inexistência de um regime uniforme. O ideal de uma *proteção universal* da propriedade intelectual, de conteúdo unitário, está ainda em larga medida por realizar.

Dado que as diferenças de regime referidas são, como se procurou demonstrar, fruto de divergências filosóficas, culturais e económicas, não é de supor que elas se desvaneçam a curto prazo. O debate acerca da propriedade intelectual é hoje – como sempre foi – essencialmente um debate acerca de *valores*: trata-se, em última análise, da delimitação dos bens intelectuais que devem pertencer ao domínio público relativamente aos que podem constituir objeto de monopólios de utilização e exploração comercial por particulares. De um modo geral, esses monopólios revelam-se mais restritos quando conferidos pelos sistemas de *Common Law* do que quando o são pelos sistemas romano-germânicos. Correspondentemente, é também mais restrito o âmbito da repressão da concorrência desleal naqueles primeiros sistemas do que nos segundos. A liberdade de comércio e a concorrência entre agentes económicos aparentam, assim, ser mais altamente valoradas pelos sistemas de *Common Law* do que pelos romano-germânicos.

II

Esta circunstância permite compreender com maior nitidez por que razão a tutela internacional da propriedade intelectual se baseia ainda hoje nos princípios da *independência dos direitos* conferidos ao abrigo das legislações nacionais – nos termos do qual a concessão, recusa ou extinção de direitos de exclusivo sobre bens intelectuais em determinado país não obriga à sua concessão, recusa ou extinção nos demais – e da *territorialidade* – por força do qual a proteção dos direitos intelectuais em situações plurilocalizadas é regida pela lei do país para cujo território a mesma é reclamada (i. é, a *lex loci protectionis*). É que só deste modo é possível a cada Estado assegurar que os monopólios de utilização e exploração de bens intelectuais constituídos e exercidos no respetivo território se conformam com os interesses públicos implicados na regulação da matéria.

Paralelamente, afirmou-se no tocante à concorrência desleal uma outra forma de territorialidade, traduzida na competência imperativa da lei do mercado em que as condutas em questão produziram ou são suscetíveis de produzir os respetivos efeitos (*lex mercatus*).

No plano da competência jurisdicional, aqueles princípios determinaram a atribuição de competência exclusiva aos tribunais do país de registo ou depósito, no que se refere aos litígios respeitantes a direitos de propriedade intelectual que estejam sujeitos a estas formalidades. Competência essa cuja observância é acautelada, além do mais, pela previsão legal da possibilidade de recusa do reconhecimento das sentenças estrangeiras com fundamento na violação pelo tribunal *a quo* da competência exclusiva, em matéria de direitos intelectuais, dos tribunais de outro país.

III

Não obstante o exposto, a evolução contemporânea do Direito da Propriedade Intelectual revela uma nítida tendência no sentido de uma progressiva superação da estrita territorialidade que originariamente o caracterizava.

Nesta evolução destacaram-se inicialmente o acolhimento, nas convenções internacionais sobre a matéria, dos princípios do *tratamento nacional,* da *prioridade* e da *proteção mínima*.

Conferiu-se ainda nessas convenções certa eficácia internacional às marcas registadas nos respetivos Estados membros, mormente por via do reconhecimento de efeitos, na ordem interna, às *marcas notórias e de prestígio* estrangeiras e da admissão a registo da marca *telle quelle*, i. é, conforme foi registada pela primeira vez num desses Estados. Eficácia essa que foi estendida, na Convenção de Paris, ao *nome comercial estrangeiro*, o qual é protegido independentemente de registo no Estado em que é reivindicada a sua proteção; e, no Acordo de Lisboa, às denominações de origem, as quais são protegidas no território dos Estados que dele são partes contanto que sejam reconhecidas e protegidas como tal no país de origem, não podendo ser tidas como genéricas neles enquanto se encontrarem protegidas como tais nesse país.

Posteriormente, instituíram-se em outros instrumentos internacionais sistemas e organismos destinados a possibilitar a realização de *pedidos ou registos internacionais* de direitos sobre bens intelectuais.

Mais recentemente, consagrou-se na União Europeia – primeiro na jurisprudência do Tribunal de Justiça e depois no Direito derivado – um princípio de *esgotamento comunitário* dos direitos de autor e conexos, bem como dos direitos de propriedade industrial, do qual resulta uma inequívoca limitação ao princípio da territorialidade desses direitos; e criaram-se *direitos privativos supranacionais*, extensivos a todo o território da União, sobre marcas, desenhos e modelos, obtenções vegetais e patentes.

Passaram, entretanto, a ser atribuídos *direitos de escopo universal* sobre uma nova categoria de sinais distintivos: os *nomes de domínio*. Reflexamente, a própria eficácia internacional dos direitos sobre marcas e outros sinais conflituantes com esses nomes foi consideravelmente ampliada, na medida em que, por força de certos instrumentos jurídicos supra- e internacionais, os titulares daquelas podem opor-se, nas condições previstas nestes, à sua utilização como nomes de domínio em qualquer lugar do mundo.

A jurisprudência recente revela também exemplos de superação da territorialidade do Direito da Propriedade Intelectual, por via da tutela concedida pelos tribunais nacionais a direitos de exclusivo outorgados pela ordem jurídica interna contra violações total ou parcialmente ocorridas no estrangeiro: é o que tem sucedido, designadamente, em matéria de obras e prestações protegidas, sinais distintivos e patentes de invenção cuja utilização se encontra conexa com diversos países, *v.g.*, por força da distribuição *online* de produtos ou serviços que infrinjam os correspondentes direitos.

IV

Esta evolução é, em larga medida, reclamada pelas economias contemporâneas, baseadas nas trocas internacionais, nas quais a exploração dos bens intelectuais se faz crescentemente à escala mundial, que uma estrita compartimentação territorial dos direitos de propriedade intelectual necessariamente dificultaria.

Mais do que uma unificação dos regimes jurídicos nacionais em matéria de propriedade intelectual, de difícil concretização pelas razões apontadas, importa, todavia, assegurar uma *coordenação* desses regimes, que concilie a salvaguarda da soberania dos Estados – inevitavelmente implicada, como se disse, na concessão de monopólios sobre a exploração de bens incorpóreos – com os interesses ligados à facilitação do comércio internacional. Este o desafio fundamental que o tema em exame hoje coloca ao Direito Internacional Privado.

Nesta linha de orientação se inserem certos desvios e limites à competência da *lex loci protectionis*, previstos tanto nos Direitos nacionais como em instrumentos internacionais e supranacionais contemporâneos. Entre estes sobressaem a sujeição, em alguns sistemas jurídicos, da titularidade originária dos direitos autorais à lei do país de primeira publicação da obra ou da nacionalidade do autor; a aplicação da *lex contractus* à determinação dos direitos de propriedade intelectual sobre obras literárias e artísticas, patentes de invenção e obtenções vegetais criadas por assalariados; a aplicação da lei do país de origem do sinal à radiodifusão por satélite de obras e prestações protegidas; e a aplicação da lei do país de estabelecimento da entidade que procede à utilização *online* de obras e prestações protegidas por direitos de autor e conexos à determinação da licitude e efeitos dessa utilização, recentemente prevista em Diretivas europeias de relevo.

Na mesma senda se inscrevem os recentes textos de *soft law* que preconizam a aplicação às violações de direitos intelectuais ocorridas através de meios de comunicação ubíquos, como a Internet, da lei que possuir a *conexão mais estreita* com a infração.

O mesmo fenómeno é observável no domínio da concorrência desleal. Também nesta matéria a territorialidade decorrente do princípio da aplicação da lei do mercado se encontra hoje consideravelmente atenuada, quer pela aplicabilidade da *lei da residência habitual comum* do agente e do lesado quando o ato de concorrência desleal afete apenas os interesses de um concorrente específico, quer pelo imperativo comunitário do *reconhecimento mútuo* de situações jurídicas validamente constituídas de acordo com o Direito de outro Estado-Membro.

Não menos relevante é a atribuição de competência internacional para a aplicação efetiva (*enforcement*) de direitos de propriedade intelectual a tribunais de países distintos daquele que os concedeu ou para cujo território é reclamada a respetiva proteção – *maxime* os do país de domicílio do réu –, e a circunstância de às decisões desses tribunais serem reconhecidos efeitos além-fronteiras.

V

Cumpre, no entanto, reconhecer os limites da evolução apontada.

Por um lado, a regulação dos direitos de propriedade intelectual cabe ainda predominantemente aos Estados, que se reservam a prerrogativa de disciplinar a sua aquisição, exercício e extinção no território sobre o qual exercem poderes de soberania em conformidade com a sua própria ponderação dos interesses em jogo.

Por outro, os desvios à competência da *lex mercatus* em matéria de concorrência desleal têm, por ora, caráter manifestamente excecional.

Em regra, os poderes de exclusão em que se traduzem os direitos sobre bens intelectuais apenas podem, por conseguinte, ser exercidos relativamente a atos praticados no território do Estado que os concedeu. A tutela civil destes direitos pode, é certo, ser solicitada aos tribunais de um Estado diverso daquele, ou mesmo a órgãos extrajudiciais com caráter supranacional. Mas a estes caberá então aplicar a lei do Estado em conformidade com a qual tais direitos foram adquiridos e para cujo território é reivindicada a respetiva proteção.

Paralelamente, a cada Estado continua a pertencer, em princípio, a ordenação das relações de concorrência no seu território.

A tutela internacional da propriedade intelectual e a repressão da concorrência desleal subordinam-se, nesta medida, a uma *territorialidade mitigada*.

Não será porventura inteiramente satisfatória esta situação sob o prisma de alguns dos interesses atrás referidos, *maxime* os dos titulares de direitos.

Isso é particularmente nítido nos casos em que a exploração de criações intelectuais é feita, quer pelo seu titular, quer por terceiros com a sua autorização, concomitantemente em diversos países. Pois em tais hipóteses decorre do princípio da territorialidade a aplicação de uma multiplicidade de leis à utilização das mesmas obras, bem como a competência de diversos tribunais para os litígios a elas respeitantes; o que dificulta potencialmente a exploração daquelas criações à escala internacional. Esta reclama, idealmente, a aplicação da lei de um único país (*v.g.* o do país de estabelecimento do titular dos direitos sobre o bem intelectual em causa) e a possibilidade de concentração das ações tendentes a assegurar a sua tutela perante um só tribunal.

Dificuldades análogas se suscitam a respeito das práticas comerciais dos agentes económicos que fornecem produtos e serviços no mercado interno e que os publicitam nele, aos quais conviria terem a possibilidade de conformar a sua atividade com uma única lei (*maxime* a do país do respetivo estabelecimento), reduzindo desse modo os custos da sua atividade.

Não parece, contudo, possível ir mais longe na superação da territorialidade dos direitos de propriedade intelectual e do regime da concorrência desleal sem uma harmonização de legislações que, embora preservando a diversidade destas, as torne, sob o prisma dos interesses sociais prosseguidos nesta matéria, *funcionalmente equivalentes* entre si.

Essa harmonização, dadas as implicações da matéria em apreço no funcionamento da economia, no bem-estar das populações e no acesso do público ao conhecimento, não é, todavia, de esperar senão em espaços geográficos relativamente homogéneos do ponto de vista económico, social e cultural; e a formação destes, num mundo ainda caracterizado por profundas disparidades de desenvolvimento e por graves conflitos civilizacionais, permanece, por ora, excecional.

BIBLIOGRAFIA

Aalto, Sakari, e Antti Seppälä – «Technological Protection Measures. Has the Copyright Directive Resulted in Harmonization?», *CRi*, 2005, pp. 103 ss.

AAVV – «Protection du nom commercial en France et en divers autres pays», *RIPIA*, 1962, pp. 145 ss. – *Study on Trade Secrets and Confidential Business Information in the Internal Market*, s.l., 2013 (disponível em http://ec.europa.eu).

AAVV – «Commentary on Principles of Private International Law on Intellectual Property Rights (Joint Proposal Drafted by Members of the Private International Law Association of Korea and Japan)», *The Quarterly Review of Corporation Law and Society*, 2011, pp. 112 ss. (disponível em http://www.win-cls.sakura.ne.jp/pdf/28/08.pdf).

Abbott, Frederick M. – «The Doha Declaration on the TRIPS Agreement and Public Health: Lighting a Dark Corner at the WTO», *J. Int'l Econ. L.*, 2002, pp. 469 ss. – «WTO Dispute Settlement Practice Relating to the Agreement on Trade-Related Intellectual Property Rights», *in* Federico Ortino/Ernst-Ulrich Petersmann (orgs.), *The WTO Dispute Settlement System: 1995-2003*, Haia, Kluwer, 2004, pp. 421 ss. –, Thomas Cottier e Francis Gurry – *International Intellectual Property in an Integrated World Economy*, Austin, etc., Aspen Publishers, 2007.

Abreu, Jorge Manuel Coutinho de – *Curso de Direito Comercial*, vol. I, *Introdução, atos de comércio, comerciantes, empresas, sinais distintivos*, 4.ª ed., reimpressão, Coimbra, Almedina, 2003.

Accioly, Elizabeth – *Sistema de solução de controvérsias em blocos econômicos*, Coimbra, Almedina, 2004.

Adam, Thomas – *Der sachliche Schutzbereich des Patents in Grossbritanien und Deutschland*, Berlim, etc., Carl Heymanns, 2003.

Adams, John N. – «Industrial Property in a Globalised Environment: Issues of Jurisdiction and Choice of Law», *in* Charles E. F. Rickett e Graeme W. Austin (orgs.), *International*

Intellectual Property and the Common Law World, Oxford, Portland, Oregon, 2000, pp. 251 ss.

Adolphsen, Jens – «Renationalisierung von Patentstreitigkeiten in Europa», *IPRax*, 2007, pp. 15 ss.

Ahrens, Claus – *Gewerblicher Rechtsschutz*, Tubinga, Mohr Siebeck, 2008.

D'Agostino, Giuseppa – *The Globalisation of Copyright: A Comparative Analysis of the Anglo-American and Continental European Copyright Laws in Relation to the Author*, disponível em http://users.ox.ac.uk.

Akester, Patrícia – *Direito de Autor em Portugal, nos PALOP, na União Europeia e nos Tratados Internacionais*, Coimbra, Almedina, 2013.

Alford, William P. – «Don't Stop Thinking About...Yesterday. Why there Was No Indigenous Counterpart to Intellectual Property Law in Imperial China», *Journal of Chinese Law*, 1993, pp. 3 ss.

Almeling, David S. – «Seven Reasons Why Trade Secrets Are Increasingly Important», *Berkeley Technology Law Journal*, 2012, pp. 1091 ss.

Almeida, Alberto Francisco Ribeiro de – *Denominação de origem e marca*, Coimbra, Coimbra Editora, 1999. – «Indicação geográfica, indicação de proveniência e denominação de origem (os nomes geográficos na propriedade industrial)», *in* AAVV, *Direito Industrial*, vol. I, Coimbra, Almedina, 2001, pp. 5 ss. – «Denominações geográficas e marca», *in* AAVV, *Direito Industrial*, vol. II, Coimbra, Almedina, 2002, pp. 341 ss. – «Denominações geográficas», *in* AAVV, *Direito Industrial*, vol. III, Coimbra, Almedina, 2003, pp. 275 ss. – «Os princípios estruturantes do Acordo TRIP's: um contributo para a liberalização do comércio mundial», *ROA*, 2004, pp. 257 ss. – «Responsabilidade civil pela violação de direitos subjetivos da propriedade intelectual – as influências anglo-saxónicas», *RDI*, 2014/II, pp. 165 ss.

Almeida, Geraldo da Cruz – «O direito pessoal de autor no Código de Direito de Autor e Direitos Conexos», *in* AAVV, *Estudos em homenagem ao Professor Doutor Manuel Gomes da Silva*, Lisboa, Coimbra Editora, 2001, pp. 1055 ss.

American Law Institute – *Restatement of the Law Unfair Competition. As Adopted and Promulgated by the American Law Institute at Washington, D.C., May 11, 1993*, St. Paul, Minnesota, American Law Institute Publishers, 1995. – *Intellectual Property. Principles Governing Jurisdiction, Choice of Law, and Judgments in Transnational Disputes. As Adopted and Promulgated by the American Law Institute at San Francisco, California May 14, 2007*, St. Paul, Minnesota, American Law Institute Publishers, 2008.

Amorim, Ana Clara Azevedo de – *A tutela da lealdade nas relações de mercado. A propósito do ilícto publicitário*, Coimbra, Almedina, 2017. – «A Concorrência Desleal à luz da jurisprudência do Supremo Tribunal de Justiça: revisitando o tema dos interesses protegidos», *Revista Electrónica de Direito*, junho 2017, n.º 2.

Ancel, Marie-Élodie – *La prestation caractéristique du contrat*, Paris, Economica, 2002. – «Contrefaçon de marque sur un site web: quelle compétence intracommunautaire pour les tribunaux français?», *in* AAVV, *Droit et technique. Études à la mémoire du Professeur Xavier Linant de Bellefonds,* Paris, LexisNexis/Litec, 2007, pp. 1 ss. – «Loi applicable à la contrefaçon de droit d'auteur. Inquiétant retour à l'origine», *Comm. Com. Electr.*, 2008, pp. 5 ss. – «France», *in* Toshiyuki Kono (org.), *Intellectual Property and Private International Law: Comparative Perspectives,* Oxford/Portland, Hart Publishing, 2012, pp. 525 ss.

Ann, Christoph – «EU-Richtlinie zum Schutz vertraulichen Know-hows – Wann kommt das neue deutsche Recht, wie sieht es aus, was is noch offen?», *GRUR Prax,* 2016, pp. 465 ss.

Araújo, Alexandra, «O Regulamento (UE) n.º 1151/2012 do Parlamento Europeu e do Conselho, de 21 de novembro de 2012, relativo aos regimes de qualidade dos produtos agrícolas e dos géneros alimentícios», *Revista da Faculdade de Direito e Ciência Política da Universidade Lusófona do Porto,* vol. 2 (2013), n. 2.

Araújo, Fernando – *Introdução à Economia,* 2.ª ed., Coimbra, Almedina, 2005. – *A tragédia dos baldios e dos antibaldios. O problema económico do nível ótimo de apropriação,* Coimbra, Almedina, 2008.

Araujo, Nádia – *Contratos Internacionais: Autonomia da Vontade, Mercosul e Convenções Internacionais,* 3.ª ed., Rio de Janeiro/São Paulo/Recife, Renovar, 2004. – *Direito Internacional Privado. Teoria e Prática Brasileira,* 4.ª ed., Rio de Janeiro/São Paulo/Recife, Renovar, 2008. – «A necessária mudança do artigo 9.º da LINDB: O avanço que faltava para a consagração da autonomia da vontade no DIPr brasileiro», *in* André de Carvalho Ramos (org.), *Direito Internacional Privado. Questões controvertidas,* Belo Horizonte, Arraes, 2016, pp. 289 ss.

Ascarelli, Tulio – *Teoria della concorrenza e dei beni immateriali. Istituzioni di diritto industriale,* Milão, Giuffrè, 1960.

Ascensão, José de Oliveira – *A tipicidade dos direitos reais,* Lisboa, 1968. – «Responsabilidade e pena civil na tutela do direito de autor», *in* AAVV, *Estudos Jurídicos em homenagem ao Professor Orlando Gomes,* Rio de Janeiro, Forense, 1979, pp. 3 ss. – «O confisco realizado no estrangeiro e a titularidade de marca registada em Portugal», *CJ,* ano XI (1986), tomo II, pp. 16 ss. – «O direito ao espetáculo», *in Estudos em memória do Professor Doutor Paulo Cunha,* Lisboa, 1989, pp. 133 ss. – «Territorialidade dos direitos de autor e conexos e Direito Comunitário», *ROA,* 1990, pp. 313 ss. – *Direito Civil – Direito de autor e direitos conexos,* Coimbra, Coimbra Editora, 1992. – *Direito Comercial,* vol. II, *Direito Industrial,* Lisboa, 1994 (polic.). – «A aplicação do artigo 8.º da Convenção da União de Paris nos países que sujeitam a registo o nome comercial», *ROA,* ano 56 (1996), pp. 439 ss. – *Direito Autoral,* 2.ª ed., Rio de Janeiro, 1997. – *Direito Civil. Teoria Geral,* Coimbra, Coimbra Editora, vol. I, *Introdução. As pessoas, Os bens,* 1997; vol. II, *Ações e factos jurídicos,* 2.ª ed., 2003; vol. III, *Relações e situações jurídicas,* 2002. – *Estudos sobre Direito da Internet e da Sociedade da Informação,* Coimbra, Almedina, 2001. – «Bases de dados eletrónicas: o estado da questão em Portugal e na Europa», *RFDUL*, 2001, pp. 735 ss., e *in* AAVV, *Direito da Sociedade da Informação*, vol. III, Coimbra, Coimbra Editora, 2002, pp. 9 ss. – «Direito intelectual, exclusivo e liberdade», *ROA*, 2001, pp. 1195 ss. – *Concorrência desleal*, Coimbra, Almedina, 2002. – «A marca comunitária», *in* AAVV, *Direito Industrial*, vol. II, Coimbra, Almedina, 2002, pp. 5 ss. – «A marca comunitária e a marca nacional – Parte II – Portugal», *in* AAVV, *Direito Industrial*, vol. II, Coimbra, Almedina, 2002, pp. 39 ss. – «O futuro do "direito moral"», *Direito e Justiça*, 2004, pp. 41 ss. – *Portugal*, *in* Eugen Ulmer, Gerhard Schricker e Joseph Straus (orgs.), *Das Recht des unlauteren Wettbewerbs in den Mitgliedstaaten der Europäischen Wirtschaftsgemeinschaft*, vol. VIII, Munique, C.H. Beck, 2005. – «Questões problemáticas em sede de indicações geográficas e denominações de origem», *in* AAVV, *Direito Industrial*, vol. V, Coimbra, Almedina, 2008, pp. 69 ss. – «O Direito de Autor e a Internete. Em particular as recentes orientações da Comunidade Europeia», *in* AAVV, *Direito da Sociedade da Informação*, vol. VII, Coimbra, Coimbra Editora, 2008, pp. 9 ss.

Association Internationale Pour la Protection de la Propriété Intellectuelle – *Protection du nom commercial. Résolution*, 1970, disponível em http://www.aippi.org. – *Protection of Unregistered But Well-Known Trademarks (Art. 6bis Paris Convention) and Protection of Highly Renown Trademarks. Resolution*, 1991, disponível em http://www.aippi.org. – *Possibility of Arbitration of Intellectual Property Disputes Between Private Parties. Resolution*, 1992, disponível em http://www.aippi.org. – *Harmonization of the Existing Utility Model Protection Systems*, 1999, disponível em http://www.aippi.org.– *Juridiction et loi applicable en cas de contrefaçon transfrontalière (actes de contrefaçon) des droits de propriété intellectuelle. Résolution*, 2003, disponível em http://www.aippi.org.

Audit, Bernard, e Louis d'Avout – *Droit international privé*, Paris, LGDJ, 2018.

Aureliano, Nuno – «O logótipo – um novo sinal distintivo de comércio», *in* AAVV, *Direito Industrial*, Coimbra, Almedina, vol. IV, 2005, pp. 357 ss., e vol. V, 2008, pp. 89 ss.

Austin, Graeme – «Copyright Across (and Within) Domestic Borders», *in* Charles E. F. Rickett e Graeme W. Austin (orgs.), *International Intellectual Property and the Common Law World*, Oxford, Portland, Oregon, 2000, pp. 105 ss. – *Private International Law and Intellectual Property Rights. A Common Law Overview*, Genebra, 2001 (polic.).

Azéma, Jacques, e Jean-Christophe Galloux – *Droit de la propriété industrielle*, 6.ª ed., Paris, Dalloz, 2006 (obra fundada por Albert Chavanne e Jean-Jacques Burst).

Azzi, Tristan – *Recherche sur la loi applicable aux droits voisins du droit d'auteur en droit international privé*, Paris, LGDJ, 2005. – «Les contrats d'exploitation des droits de propriété littéraire et artistique en droit international privé : état des questions», *RIDA*, 2007, vol. 214, pp. 3 ss.

Bacon, Gregory, e Katie Booth – «Justiciability and litigation of foreign patents in the English courts», *JIPLP*, 2017, pp. 851 ss.

Baeumer, Ludwig – «Anmerkungen zum Territorialitätsprinzip im internationalen Patent- und Markenrecht», *in* Bernhard Grossfeld e outros (orgs.), *Festschrift für Wolfgang Fikentscher zum 70. Geburtstag*, Tubinga, Mohr Siebeck, 1998, pp. 803 ss.

Baker, Dean, Arjun Jayadev e Joseph Stiglitz – *Intellectual Property and Development. A Better Set of Approaches for the 21st Century*, s.l., 2017.

Baker McKenzie – *The Board Ultimatum: Protect and Preserve. The Rising Importance of Safeguarding Trade Secrets*, disponível em https://www.bakermckenzie.com.

Ballarino, Tito – *Diritto Internazionale Privato*, 3.ª ed., Pádua, CEDAM, 1999. – *Manuale breve di Diritto Internazionale Privato*, Pádua, CEDAM, 2002.

Bar, Christian von – «Kollisionsrecht, Fremdenrecht und Sachrecht für internationale Sachverhalte im Internationalen Urheberrecht», *UFITA*, 1988, pp. 27 ss. – e outros (orgs.) – *Principles, Definitions and Model Rules on EC Private Law. Draft Common Frame of Reference. Interim Outline Edition*, Munique, Sellier, 2008. – e Peter Mankowski, – *Internationales Privatrecht*, Munique, C.H. Beck, vol. I, *Allgemeine Lehren*, 2.ª ed., 2003; vol. II, *Besonderer Teil*, 2.ª ed., 2019.

Bär, Rolf – «Das Internationale Privatrecht (Kollisionsrecht) des Immaterialgüterrechts und des Wettbewerbsrechts», *in* Roland von Büren e Lucas David (orgs.), *Schweizerisches Immaterialgüter- und Wettbewerbsrecht*, vol. I, *Allgemeiner Teil*, Basileia/Frankfurt a.M., Helbing & Lichtehahn, 1995, pp. 87 ss.

Barbosa, Denis Borges – *Tratado da Propriedade Intelectual*, 4 tomos, 2.ª ed., Rio de Janeiro, Lumen Iuris, 2017-2018.

Bariatti, Stefania – «La giurisdizione e l'esecuzione delle sentenze in materia di brevetti di invenzione nell'ambito della C.E.E.», *RDIPP*, 1982, pp. 484 ss. – «The Law Applicable to Security Interests in Intellectual Property Rights», *Journal of Private International Law*, 2010, pp. 395 ss. – «Classification (characterization)», *in* Jürgen Basedow/Franco Ferrari/Pedro de Miguel Asensio/Giesela Rühl (orgs.), *Encyclopedia of Private International Law*, Cheltenham/Northampton, Edward Elgar, 2017, vol. 1, pp. 357 ss.

Bartin, Etienne – «La localisation territoriale des monopoles intellectuels (propriété littéraire et artistique, propriété industrielle)», *Clunet*, 1934, pp. 781 ss.

Barrocas, Manuel Pereira – *Estudos de Direito e prática arbitral*, Coimbra, Almedina, 2017.

Basedow, Jürgen – «Introduction», *in* Jürgen Basedow, Josef Drexl, Annette Kur e Axel Metzger (orgs.), *Intellectual Property in the Conflict of Laws*, Tubinga, Mohr Siebeck, 2005, pp. 1 ss. – e Axel Metzger – «Lex loci protectionis europea. Anmerkungen zu Art. 8 des Vorschlags der EG-Kommission für eine "Verordnung über das auf ausservertragliche Schuldverhältnisse anzuwendende Recht ("Rom II")», *in* Alexander Trunk, Rolf Knieper e Andrej G. Svetlanov (orgs.), *Russland im Kontext der internationalen Entwicklung: Internationales Privatrecht, Kulturgüterschutz, geistiges Eigentum, Rechtsvereinheitlichung. Festschrift für Mark Moiseevic Bugoslavskij*, Berlim, Berliner Wissenschafts-Verlag, 2004, pp. 153 ss. – «Foundations of Private

International Law in Intellectual Property», *in* Jürgen Basedow, Toshiyuki Kono e Axel Metzger (orgs.), *Intellectual Property in the Global Arena: Jurisdiction, Applicable Law, and the Recognition of Judgments in Europe, Japan and the US*, Tubinga, JCB Mohr, 2010, pp. 3 ss. – *The Law of Open Societies. Private Ordering and Public Regulation in the Conflict of Laws*, Haia, Brill/Nijhoff, 2015.

Basheer, Shamnad, e T. Prashant Reddy – *Section 3 (D) of the Indian Patents Act. Crude, Yet Constitutional*, s.d., disponível em http://ssrn.com.

Basso, Maristela – «Os fundamentos atuais do Direito Internacional da Propriedade Intelectual», *Revista CEJ*, n.º 21, abril/junho 2003, pp. 16 ss. – *Propriedade intelectual e importação paralela*, São Paulo, Atlas, 2011. – *Curso de Direito Internacional Privado*, 5.ª ed., São Paulo, Atlas, 2016.

Bastian, Eva-Marina, Roland Knaak e Gerhard Schricker (orgs.) – *Gemeischaftsmarke und Recht der EU-Mitgliedstaaten*, Munique, C.H. Beck, 2006.

Batiffol, Henri, e Paul Lagarde – *Droit international privé*, Paris, L.G.D.J., vol. I, 8.ª ed., 1993; vol. II, 7.ª ed., 1983.

Beard, Lucy, Valérie Budd, Arnd Haller, Marc Schuler, Ingrid Silver e Jörg Wimmers – «Harmonization of Copyright Law in the European Community. A comparative overview of the implementation of the Copyright Directive 2001/29/EC) in France, Germany and the United Kingdom», *CRi*, 2004, pp. 33 ss.

Beier, Friedrich-Karl – «Das auf internationale Markenlizenzverträge anwendbare Recht», *GRUR Int.*, 1981, pp. 299 ss. – «The European Patent System», *Vand. J. Trans'l L.*, 1981, pp. 1 ss. – «One Hundred Years of International Cooperation – The Role of the Paris Convention in the Past, Present and Future», *IIC*, 1984, pp. 1 ss.

Beilfuss, Cristina Gonzalez – «Is There Any Web for the Spider? Jurisdiction over Co-Defendants after *Roche Nederland*», *in* Arnaud Nuyts (org.), *International Litigation in Intellectual Property and Information Technology*, Austin, etc., Wolters Kluwer, 2008, pp. 79 ss.

Bellefonds, Xavier Linant de – *Droits d'auteur et droits voisins*, Paris, Dalloz, 2002 [com a colaboração de Célia Zolynski].

Benacchio, Giannantonio – *Diritto privato della Comunità Europea. Fonti, modelli, regole*, 3.ª ed., Pádua, Cedam, 2004.

Benhamu, Françoise, e Joëlle Farchy – *Droit d'auteur et copyright*, La Découverte, Paris, 2007.

Bennett, Annabelle, e Sam Granata – *When Private International Law meets Intellectual Property Law – A Guide for Judges*, Genebra/Haia, Organização Mundial da Propriedade Intelectual/Conferência da Haia de Direito de Internacional Privado, 2019.

Bentley, Lionel, e outros – «Creativity stifled? A Joint Academic statement on the Proposed Copyright term Extension for Sound Recordings», *EIPR*, 2008, pp. 341 ss. – e Brad Sherman – *Intellectual Property Law*, 2.ª ed., Oxford, Oxford University Press, 2004.

Berg, Albert Jan van den – *The New York Arbitration Convention of 1958. Towards a Uniform Judicial Interpretation*, Deventer, etc., Kluwer, 1981.

Bergé, Jean-Sylvestre – *La protection internationale et communautaire du droit d'auteur. Essai d'une analyse conflictuelle*, Paris, LGDJ, 1996. – «Droit d'auteur, conflit de lois et réseaux numériques: rétrospective et prospective», *RCDIP*, 2000, pp. 357 ss. – «The Community Framework for Cross-Border Intellectual Property and Information Technology Litigation», *in* Arnaud Nuyts (org.), *International Litigation in Intellectual Property and Information Technology*, Austin, etc., Wolters Kluwer, 2008, pp. 49 ss.

Berlit, Wolfgang – *Markenrecht*, 6.ª ed., Munique, C.H. Beck, 2005.

Bernasconi, Christophe – *Der Qualifikationsprozess im internationalen Privatrecht*, Zurique, Schulthess, 1997.

Bertani, Michele – «Arbitrabilità delle controversie sui diritti d'autore», *AIDA*, 2006, pp. 23 ss.

Bertrams, Heleen – «The Cross-Border Prohibitory Injunction in Dutch Law», *IIC*, 1995, pp. 618 ss.

Bertrand, André – *Le droit d'auteur et les droits voisins*, 2.ª ed., Paris, Dalloz, 1999. – *Droit des marques. Signes distinctifs – Noms de domaine*, 2.ª ed., Paris, Dalloz, 2005.

Bettinger, Torsten – «Trademark Law in Cyberspace – The Battle for Domain Names», *IIC*, 1997, pp. 508 ss. – «Der lange Arm amerikanischer Gerichte: Personal Jurisdiction im Cyberspace. Bericht über die neuere Rechtsprechung amerikanischer Gerichte zur intelokalen und internationalen Zuständigkeit bei Kennzeichkonflikten im Internet», *GRUR Int.*, 1998, pp. 660 ss. – e Dorothee Thum – «Territorial Trademark Rights in the Global Village – International Jurisdiction, Choice of Law and Substantive Law for Trademark Disputes on the Internet», *IIC*, 2000, pp. 162 ss., 285 ss.

Binctin, Nicolas – *Droit de la propriété intellectuelle*, 5.ª ed., Paris, LGDJ, 2018.

Birk, Rolf – «Der angestellte Urheber im Kollisionsrecht», *UFITA*, vol. 108/1988, pp. 101 ss.

Bischoff, Jean-Marie – «La concurrence déloyale en droit international privé», *TCFDIP*, 1969/71, pp. 53 ss.

Blasi, Martina – *Das Herkunftslandprinzip der Fernseh- und der E-Commerce-Richtlinie*, Colónia, Berlim, Munique, Carl Heymanns Verlag KG, 2004.

Blessing, Marc – «Objective Arbitrability – Antitrust Disputes – Intellectual Property Disputes», *in* AAVV, *Objective Arbitrability. Antitrust Disputes. Intellectual Property Disputes*, s.l., Association Suisse de l'Arbitrage, 1994, pp. 13 ss. – «Arbitrability of Intellectual Property Disputes», *Arbitration International*, 1996, pp. 191 ss.

Blin, Olivier – «Les sanctions dans l'Organisation mondiale du commerce», *Clunet*, 2008, pp. 441 ss.

Blumer, Fritz – *Patent Law and International Private Law on Both Sides of the Atlantic*, Genebra, 2001 (polic.).

Bodenhausen, Georg Hendrik Christiaan – «Problèmes actuels du droit international de la propriété industrielle, littéraire et artistique», *Rec. cours*, t. 74 (1949), pp. 379 ss. – *Guide to the Application of the Paris Convention for the Protection of Industrial Property as Revised at Stockholm in 1967*, Genebra, Organização Mundial da Propriedade Intelectual, reimpressão, 1991.

Boer, Th. M. de – «Party Autonomy and its Limitations in the Rome II Regulation», *YPIL*, 2007, pp. 19 ss.

Bonet, Georges, e Charles Jarrosson – «L'arbitrabilité des litiges de propriété industrielle – I. En droit français», *in* AAVV, *Arbitrage et propriété intellectuelle*, Paris, Litec, 1994, pp. 61 ss.

Bogdan, Michael – *Concise Introduction to EU Private Internatonal Law*, 3.ª ed., Groningen, Europa Publishing, 2016.

Bonomi, Andrea – *Le norme imperative nel diritto internazionale privato. Considerazione sulla convenzione europea sulla legge applicabile alle obbligazioni contrattuali del 19 giugno 1980 nonché sulle leggi italiana e svizzera di diritto internazionale privato*, Zurique, Schulthess, 1998. – «Il diritto applicabile nel merito negli arbitrati internazionali in materia di proprietà intellettuale», *AIDA*, 2006, pp. 117 ss.

Borrás, Alegría – «Interactions between Community Instruments and International Conventions (Including the Draft New Lugano Convention) in Intellectual Property Matters», *in* Arnaud Nuyts (org.), *International Litigation in Intellectual Property and Information Technology*, Austin, etc., Wolters Kluwer, 2008, pp. 237 ss.

Boschiero, Nerina – «Il principio di territorialità in matéria di proprietà intelletuale: conflitti di leggi e giurisdizione», *AIDA*, 2007, pp. 34 ss. – «Infringement of Intellectual Property Rights. A Commentary on Article 8 of the Rome II Regulation», *YPIL*, 2007, pp. 87 ss. – e Benedetta Ubertazzi – «Italy», *in* Toshiyuki Kono (org.), *Intellectual Property and Private International Law: Comparative Perspectives*, Oxford/Portland, Hart Publishing, 2012, pp. 707 ss.

Bouche, Nicolas – *Le principe de territorialité de la propriété intellectuelle*, Paris/Budapeste/Turim, L'Harmattan, 2002.

Bournonville, Philippe de – *Droit judiciaire: L'arbitrage*, Bruxelas, Larcier, 2000.

Brandi-Dohrn, Matthias – «Some Critical Observations on the Competence and Procedure of the Unified Patent Court», *International Review of Intellectual Property and Competition Law*, 2012, pp. 372 ss.

Briggs, Adrian – *Agreements on Jurisdiction and Choice of Law*, Oxford, Oxford University Press, 2008.

Brinner, Robert – «L'arbitrabilité des litiges de propriété intellectuelle, en Suisse notamment», *in* AAVV, *Colloque mondial sur l'arbitrage des litiges de propriété intellectuelle*, Genebra, Organização Mundial da Propriedade Intelectual, 1994, pp. 55 ss.

Brito, Maria Helena – *A representação nos contratos internacionais. Um contributo para o estudo do princípio da coerência em direito internacional privado*, Coimbra, Almedina,

1999. – *Direito do Comércio Internacional*, Coimbra, Almedina, 2004. – «O princípio do direito único como instrumento jurídico da coerência em Direito Internacional Privado», *in Estudos em Memória do Conselheiro Artur Maurício*, Coimbra, Coimbra Editora, 2014, pp. 977 ss. – *Direito Internacional Privado sob influência do Direito Europeu*, Lisboa, Âncora, 2017.

Broglie, Gabriel de – *Le droit d'auteur et l'internet*, 2.ª ed., Paris, PUF, 2001.

Bucher, Andreas – «L'ordre public et le but social des lois en droit international privé», *Rec. cours*, t. 239 (1993-II), pp. 9 ss.

Buchner, Benedikt – «Rom II und das Internationale Immaterialgüter- und Wettbewerbsrecht», *GRUR Int.*, 2005, pp. 1004 ss.

Bureau, Dominique, e Horatia Muir-Watt – *Droit international privé*, 2 vols., Paris, P.U.F., 2007.

Busche, Jan, e Peter-Tobias Stoll (orgs.) – *TRIPs – Internationales und europäisches Recht des geistigen Eigentums. Kommentar*, Berlim/Munique, Carl Heymanns, 2007.

Buydens, Mireille – *La propriété intellectuelle. Évolution historique et philosophique*, Bruxelas, Bruylant, 2012.

Calabrese, Bernardo – «European Patent with unitary effect but with variable law: regulating the right to patent for transnational inventions», *Revista Lex Mercatoria*, 2018, pp. 29 ss.

Calvo Caravaca, Alfonso-Luis, e Javier Carrascosa González – *Conflictos de Leyes y Conflictos de Jurisdicción en Internet*, Madrid, Colex, 2001. – *Las obligaciones extracontractuales en Derecho internacional privado. El Reglamento «Roma II»*, Granada, Editorial Comares, 2008. – *Derecho Internacional Privado*, 2 vols., 18.ª ed., 2018, Granada, Editorial Comares.

Câmara de Comércio Internacional – *Questões atuais e emergentes de propriedade intelectual para as empresas. O mapa do caminho para as empresas e os legisladores*, 8.ª ed., Paris, 2007.

Canal-Forgues, Éric – *Le règlement des différends à l'OMC*, Bruxelas, Bruylant, 2003.

Canotilho, José Joaquim Gomes – «Liberdade e exclusivo na Constituição», *in Direito Industrial*, vol. IV, Coimbra, Almedina, 2005, pp. 57 ss. – e Paulo Jorge Canelas de Castro, «Do efeito direto do artigo 33.º do Acordo TRIPS», *in* AAVV, *Homenagem ao Prof. Doutor André Gonçalves Pereira*, Lisboa, 2006, pp. 747 ss.

Carbonneau, Thomas E. – «Cartesian Logic and Frontier Politics: French and American Concepts of Arbitrability», *Tul. J. Int'l & Comp. L.*, 1994, pp. 193 ss.

Cardoso, Augusto Lopes – «Invenções biotecnológicas», *Direito Industrial*, vol. IV, Coimbra, Almedina, 2005, pp. 129 ss.

Caron, David D. – «The World of Intellectual Property and the Decision to Arbitrate», *Arbitration International*, 2003, pp. 441 ss.

Carrascosa González, Javier – *La propiedad intelectual en Derecho internacional privado español*, Granada, Editorial Comares, 1994. – «Contratos en el setor audiovisual e informático», *in* Alfonso-Luis Calvo Caravaca/Luís Fernández de la Gándara

(Diretores) e Pilar Blanco-Morales Limones (coordenadora), *Contratos internacionales*, Madrid, Tecnos, 1997, pp. 1644 ss. –«Conflicts of laws in a centenary convention: Berne convention 9th September 1886 for the protection of literary and artistic Works», *in* Heinz-Peter Mansel, Thomas Pfeiffer, Herbert Kronke, Christian Kohler e Rainer Hausmann (orgs.), *Festchrift für Erik Jayme*, vol. I, Munique, Sellier, 2004, pp. 105 ss.

Carvalho, Maria Miguel Rocha Morais de – *Merchandising de marcas (A comercialização do valor sugestivo das marcas)*, Coimbra, Almedina, 2003. – «O novo regime jurídico da marca da União Europeia», *Scientia Iuridica*, 2016, pp. 435 ss. – «A nova diretiva europeia sobre marcas e a sua transposição para a ordem jurídica portuguesa», *RDI*, 2017/II, pp. 89 ss.

Carvalho, Orlando de – «Direitos de personalidade do autor», *in* AAVV, *Num novo Mundo do Direito de Autor?*, Lisboa, Cosmos/ DGESP/Arco Íris, 1994, vol. II, pp. 539 ss.

Carvalhosa, Sofia Barros e – *O direito de imagem do praticante desportivo profissional*, Lisboa, Universidade Lusíada, 2008.

Castelli, Thais – *Propriedade intelectual. O princípio da territorialidade*, São Paulo, Quartier Latin, 2006.

Cheney, Kenneth C. – «Patentability of Stem Cell Research Under TRIPS : Can Morality-Based Exclusions Be Better Defined by Emerging Customary International Law ?», *Loyola of Los Angeles International and Comparative Law Review*, 2007, pp. 503 ss.

Cheshire, North & Fawcett Private International Law, 14.ª ed., por James Fawcett e Janeen M. Carruthers (consultant editor: Peter North), Oxford, Oxford University Press, 2008.

Chinellato, Silmara – «Direito moral de autor na sociedade da comunicação. Relevância e desafios», *RDI*, 2019/I, pp. 7 ss.

Chow, Daniel C. K. – *The Legal System of the People's Republic of China*, St. Paul, Minnesota, Thomson West, 2003.

Christie, Andrew F. – *Private International Law Issues in Online Intellectual Property Infringement Disputes with Cross-Border Elements. An Analysis of National Approaches*, Genebra, OMPI, 2015.

Cigoj, Stojan – «Internationalprivatrechtliche Aspekte der Urheberrechte», *in* Dieter Henrich/Bernd von Hoffmann (orgs.), *Festschrift für Karl Firsching zum 70. Geburtstag*, Munique, C.H. Beck, 1985, pp. 53 ss.

Coelho, Francisco Pereira – *O enriquecimento e o dano*, reimpressão, Coimbra, Almedina, 1999.

Coelho, José Gabriel Pinto – «A proteção da marca "notoriamente conhecida"», *RLJ*, ano 84.º (1951/52), pp. 129 ss., 161 ss., 196 ss., 209 ss., 337 ss. e 353 ss. – «O "nome comercial" na Convenção da União de Paris (1883) e no Código da Propriedade Industrial», *RLJ*, ano 95.º (1962/63), pp. 81 ss. e 87 ss. – «A proteção do "nome do estabelecimento" estrangeiro. Interpretação do artigo 8.º da Convenção da União», *RLJ*, ano 97.º (1964/65), pp. 65 ss., 81 s., 97 ss. e 129 ss.

Coing, Helmut – *Europäisches Privatrecht*, vol. II, *19. Jahrhundert. Überblick über die Entwicklung des Privatrechts in den ehemals gemeinrechtlichen Ländern*, Munique, C.H. Beck, 1989.

Collaço, Isabel de Magalhães – *Direito Internacional Privado*, 3 vols., Lisboa, AAFDL, 1958-59 (polic.; existe reedição do vol. I, de 1966). – *Da qualificação em Direito Internacional Privado*, Lisboa, 1964. – «No centenário da Convenção de Berna para a Proteção das Obras Literárias e Artísticas», *in* AAVV, *Centenário da Convenção de Berna. Sessão comemorativa da Academia das Ciências de Lisboa*, Lisboa, Sociedade Portuguesa de Autores, 1987, pp. 9 ss. – «L'arbitrage international dans la recente loi portugaise sur l'arbitrage volontaire (Loi no. 31/86, du 29 août 1986). Quelques réflexions», *in* AAVV, *Droit international et droit communautaire. Actes du colloques Paris, 5-6 Avril 1990*, Paris, Fundação Calouste Gulbenkian, 1991, pp. 55 ss.

Colombet, Claude – *Grands principes du droit d'auteur et des droits voisins dans le monde. Approche de droit comparé*, Paris, Litec/UNESCO, 1990.

Comissão Europeia – *Livro verde. O direito de autor e os direitos conexos na Sociedade da Informação*, doc. COM (95) 382 final, de 19 de julho de 1995. – *Seguimento do Livro Verde Sobre o Direito de Autor e os Direitos Conexos na Sociedade da Informação*, doc. COM (96) 568 final. – *Green Paper on the Community Patent and the Patent System in Europe*, doc. COM (97) 314 final, de 24 de junho de 1997. – *Proposta de Regulamento do Parlamento Europeu e do Conselho Sobre a Lei Aplicável às Obrigações Extracontratuais* ("Roma II"), documento COM (2003) 427 final, Bruxelas, 2003. – *Gestão do direito de autor e direitos conexos no mercado interno*, documento COM (2004) 261 final, Bruxelas, 2004. – *Commission Staff Working Paper on the Review of the EC Legal framework in the field of copyright and related rights*, Bruxelas, 2004. – *Study on a Community Initiative on The Cross-Border Collective Management of Copyright*, Bruxelas, 2005. – *Comunicação da Comissão ao Parlamento Europeu e ao Conselho. Melhoria do sistema de patentes na Europa*, documento COM (2007) 165 final, de 3 de abril de 2007. – *Comunicação da Comissão ao Parlamento Europeu, ao Conselho e ao Comité Económico e Social europeu. Um mercado único para a Europa do século XXI*, documento COM (724) final, de 20 de novembro de 2007. – *Proposta de Diretiva do Parlamento Europeu e do Conselho que altera a Diretiva 2006/116/CE do Parlamento Europeu e do Conselho relativa ao prazo de proteção do direito de autor e de certos direitos conexos*, documento COM (2008) 464/3. – *Comunicação da Comissão ao Parlamento Europeu, ao Conselho e ao Comité Económico e Social europeu. Uma estratégia europeia para os direitos de propriedade intelectual*, documento COM (2008) 465 final, de 16 de julho de 2008. – *Livro verde. O Direito de Autor na Economia do Conhecimento*, documento COM (2008) 466/3, de 16 de julho de 2008. – *Comunicação da Comissão ao Parlamento Europeu, ao Conselho, ao Comité Económico e Social Europeu e ao Comité das Regiões intitulada Estratégia para o Mercado Único Digital na Europa*, doc. COM (2015) 192 final, de 6 de maio de 2015.

Cook, Trevor – «The Future of Copyright Protection in the European Union», *Journal of Intellectual Property Rights*, 2013, pp. 181 ss.

Cordeiro, António Menezes – *Tratado da Arbitragem em Comentário à Lei n.º 63/2011, de 14 de dezembro*, Coimbra, Almedina, 2015. – *Tratado de Direito Civil*, III, *Parte geral. Coisas*, 4.ª ed. (com a colaboração de A. Barreto Menezes Cordeiro), Coimbra, Almedina, 2019.

Cordeiro, Pedro João Fialho Costa – *Direito de autor e radiodifusão. Um estudo sobre o direito de radiodifusão desde os primórdios até à tecnologia digital*, Coimbra, Almedina, 2004.

Cornish, William – «Copyright Across the Quarter-Century», *IIC*, 1995, pp. 801 ss. – «Intellectual Property Infringement and Private International Law: Changing the Common Law Approach», *GRUR Int.*, 1996, pp. 285 ss. – «Technology and Territoriality: A new Confrontation for Intellectual Property», *in* Olaf Werner, Peter Häberle, Zentaro Kitagawa e Ingo Saenger (orgs.), *Brücken für die Rechtsvergleichung. Festschrift für Hans G. Leser zum 70. Geburtstag*, Tubinga, Mohr Siebeck, 1998, pp. 298 ss. – *Cases and Materials on Intellectual Property*, 5.ª ed., Londres, Sweet & Maxwell, 2006. – e Josef Drexl, Reto Hilty e Annette Kur – «Procedures and Remedies for Enforcing IPRs: the European Commission's Proposed Directive», *EIPR*, 2003, pp. 447 ss. – e David Llewelyn – *Intellectual Property: Patents, Copyright, Trade Marks and Allied Rights*, 6.ª ed., Londres, Sweet & Maxwell, 2007.

Correa, Carlos M. – *Trade Related Aspects of Intellectual Property Rights. A Commentary on the TRIPS Agreement*, Oxford, Oxford University Press, 2007. – *Implications of the Doha Declaration on the TRIPS Agreement and Public Health*, Buenos Aires, 2002 (disponível em https://www.who.int/medicines/areas/policy/WHO_EDM_PAR_2002.3.pdf?ua=1).

Correia, António Ferrer – *Lições de Direito Comercial*, vol. I, Coimbra, 1973. – «Conflitos de leis em matéria de direitos sobre as coisas corpóreas», *in eiusdem, Temas de Direito Comercial e Direito Internacional Privado*, Coimbra, Almedina, 1989, pp. 363 ss. – *Lições de Direito Internacional Privado*, vol. I, Coimbra, Almedina, 2000. – «O Direito aplicável pelo árbitro internacional ao fundo da causa», *BFDUC*, 2001, pp. 1 ss.

Costa, José Augusto Fontoura, e Vivian Daniele Rocha Gabriel - «Direito Internacional Privado e ordem pública», *in* André de Carvalho Ramos (org.), *Direito Internacional Privado. Questões controvertidas*, Belo Horizonte, Arraes, 2016, pp. 48 ss.

Cottier, Thomas – «L'épuisement mondial», *in* AAVV, *Quel droit de la propriété industrielle pour le 3e millénaire? Colloque organisé par le Centre Paul Roubier à l'occasion de son 30e anniversaire. Lyon, 10 et 11 mai 2000*, Paris, Litec, 2001, pp. 317 ss. e Pierre Veron (orgs.) – *Concise International and European IP Law. TRIPS, Paris Convention, European Enforcement and Transfer of Technology*, Kluwer Law International, Alphen aan den Rijn, 2008.

Cruquenaire, Alexandre – *Le règlement extrajudiciaire des litiges relatifs aux noms de domaine*, Bruxelas, Bruylant, 2002. – «Transposition of the e-commerce Directive: Some

Critical Comments», *in* AAVV, *Direito da Sociedade da Informação*, vol. V, Coimbra, Coimbra Editora, 2004, pp. 97 ss.

Cruz, António Corte-Real – «O conteúdo e extensão do direito à marca: a marca de *grande prestígio*», *in* AAVV, *Direito Industrial*, vol. I, Coimbra, Almedina, 2001, pp. 79 ss.

Cruz, Maria Clara – «Regime internacional da marca», *Revista de Estudos da Propriedade Industrial*, 1996, pp. 85 ss.

Cukier, Kenneth – «A market for ideas. A survey of patents and technology», *The Economist*, 22 de outubro de 2005.

Cunha, Paulo e Pitta e – «A Organização Mundial de Comércio na Estrutura da Ordem Económica Internacional», », *in* AAVV, *A Organização Mundial do Comércio e a resolução de litígios*, Lisboa, Fundação Luso-Americana Para o Desenvolvimento, 1998, pp. 25 ss.

Cunha Filho, Alexandre da, e outros (orgs.) – *Lei de Introdução às Normas do Direito Brasileiro – Anotada*, 2 vols., São Paulo, Quartier Latin, 2019.

Delaygua, Joaquim J. Forner – «The Impact of the Enforcement Directive on the Brussels I Regime», *in* Arnaud Nuyts (org.), *International Litigation in Intellectual Property and Information Technology*, Austin, etc., Wolters Kluwer, 2008, pp. 257 ss.

Desantes Real, Manuel – «La patente comunitaria y la crisis del principio de territorialidad», *REDI*, 1991, pp. 323 ss. – «Le 'paquet européen des brevets', paradigme du chemin à rebours: de la logique institutionnelle à la logique intergouvernementale», *Cahiers de droit européen*, 2013, pp. 577 ss.

Desbois, Henri – «Les droits d'auteur et le droit international privé français», *in* AAVV, *Eranion in honorem Georgii S. Maridakis*, vol. III, *Ius Gentium. Varia*, Atenas, 1964, pp. 29 ss. – *Le droit d'auteur en France*, 3.ª ed., Paris, Dalloz, 1978.

Dessemontet, François – «Transfer of Technology Under UNCTAD and EEC Draft Codifications: A European View on Choice of Law in Licensing», *J. Int'l L. & Econ.*, 1977, pp. 12 ss. – «Les contrats de licence en droit international privé», *in* Bernard Dutoit, Josef Hofstetter e Paul Piotet (orgs.), *Mélanges Guy Flattet. Recueil de travaux offerts à M. Guy Flattet Professeur honoraire à l'Université de Lausanne*, Lausanne, Payot, 1985, pp. 435 ss. – «Arbitrage, Propriété Intellectuelle et Droit de la Concurrence», *in* AAVV, *Objective Arbitrability. Antitrust Disputes. Intellectual Property Disputes*, s.l., Association Suisse de l'Arbitrage, 1994, pp. 55 ss. – «Internet, la propriété intellectuelle et le droit international privé», *in* Katharina Boele-Woelki/Catherine Kessedjian (orgs.), *Internet. Which Court Decides? Which Law Applies?*, Haia, etc., Kluwer, 1998, pp. 47 ss. – «Conflicts of Laws for Intellectual Property in Cyberspace», *J.Int'l.Arb.*, 2001, pp. 487 ss. – «A European Point of View on the ALI Principles – Intellectual Property: Principles Governing Jurisdiction, Choice of Law, and Judgments in Transnational Disputes», *Brook. J. Int'l L.*, 2005, pp. 850 ss. – «Protection of Trade Secrets and Confidential Information», *in* Carlos Correa/Abdulqawi Yusuf (orgs.), *Intellectual*

Property and International Trade: the TRIPS Agreement, 2.ª ed., Wolters Kluwer, Alphen aan den Rijn, 2008, pp. 281 ss. – «The ALI Principles: Intellectual Property in Transborder Litigation», *in* Jürgen Basedow, Toshiyuki Kono e Axel Metzger (orgs.), *Intellectual Property in the Global Arena: Jurisdiction, Applicable Law, and the Recognition of Judgments in Europe, Japan and the US*, Tubinga, JCB Mohr, 2010, pp. 31 ss.

Deutscher Rat für Internationales Privatrecht – *Stellungnahme der 2. Kommission des Deutschen Rates für Internationales Privatrecht zum Vorentwurf eines Vorschlags der Europaïschen Kommission für eine Verordnung des Rates über das auf ausservertragliche Schuldverhältnisse anzuwendende Recht*, Munique, 2002 (polic.).

Diamond, Richard – «A resolução de litígios no âmbito da OMC», *in* AAVV, *A Organização Mundial do Comércio e a resolução de litígios*, Lisboa, Fundação Luso-Americana Para o Desenvolvimento, 1998, pp. 37 ss.

Dicey, Morris & Collins on the Conflict of Laws, 14.ª ed., 2 vols., Londres, Sweet & Maxwell, 2006 (*General Editor*: Lawrence Collins); *First supplement to the fourteenth edition*, 2007.

Dickinson, Andrew – «Rome II Regulation (non-contractual obligations)», *in* Jürgen Basedow/Franco Ferrari/Pedro de Miguel Asensio/Giesela Rühl (orgs.), *Encyclopedia of Private International Law*, Cheltenham/Northampton, Edward Elgar, 2017, vol. 2, pp. 1562 ss.

Dietz, Adolf – *Das Droit Moral des Urhebers im neuen französischen und deutschen Urheberrecht*, Munique, C.H. Beck, 1968. – Le droit d'auteur dans la communauté européenne. Analyse comparative des législations nationales relatives au droit d'auteur face aux dispositions du traité instituant la Communauté économique européenne, Bruxelas, Office des puclications officieles des Communautés européennes, 1978. – «Some experiences of legislation of Western and Eastern European States», *in* AAVV, *Gestão coletiva do dirito de autor e direitos conexos no ambiente digital*, Lisboa, Gabinete do Direito de Autor, 2001, pp. 93 ss.

Dinwoodie, Graeme B. – *Private International Aspects of the Protection of Trademarks*, Genebra, 2001 (polic.). – «International Intellectual Property Litigation: A Vehicle for Resurgent Comparativist Thought?», *AJCL*, 2001, pp. 429 ss. – «Conflicts and International Copyright Litigation: The Role of International Norms», *in* Jürgen Basedow, Josef Drexl, Annette Kur e Axel Metzger (orgs.), *Intellectual Property in the Conflict of Laws*, Tubinga, Mohr Siebeck, 2005, pp. 195 ss. –, William O. Hennessey e Shira Perlmutter – *International and Comparative Patent Law*, Nova Iorque, Lexis Nexis/Matthew Bender, 2002.

Dittrich, Robert – «Anwendung ausländischen Urheberrechts – Ein Verstoss gegen die ordre public?», *in* Werner Ogris e Walter Rechberger (orgs.), *Gedächtnisschrift Herbert Hofmeister*, Viena, Manz, 1996, pp. 117 ss.

Dogauchi, Masato – «Law Applicable to Torts and Copyright Infringement Through the Internet», *in* Jürgen Basedow e Toshiyuki Kono, *Legal Aspects of Globalisation. Conflict of Laws, Internet, Capital Markets and Insolvency in a Global Economy*, Haia/Londres/Boston, 2000, pp. 49 ss. – *Private International Law and Intellectual Property Rights. A Civil Law Overview*, Genebra, 2001 (polic.). – e Trevor C. Hartley – *Preliminary Draft Convention on Exclusive Choice of Court Agreements. Draft Report*, Haia, 2004.

Dolinger, Jacob – *Direito Internacional Privado (Parte Especial). Direito Civil Internacional*, vol. II, *Contratos e obrigações no Direito Internacional Privado*, Rio de Janeiro, São Paulo e Recife, Renovar, 2007 – e Carmen Tiburcio – *Arbitragem comercial internacional*, Rio de Janeiro e São Paulo, Renovar, 2003. – *Direito Internacional Privado*, 14.ª ed., Rio de Janeiro, Forense, 2018.

Draetta, Ugo – «Conflitti di leggi in materia di contratti di licenza brevettuale», *Diritto Internazionale*, 1964, 279 ss. – *Internet et commerce électronique en droit international des affaires* (tradução do original italiano por Pierre Lévi e Carine Mocquart), Paris/Bruxelas, Forum Européen de la Communication/Bruylant, 2003. – *Internet e commercio elettronico nel diritto internazionale dei privati*, 2.ª ed., Milão, Giuffrè, 2005.

Drahos, Peter – «The Universality of Intellectual Property Rights: Origins and Development», *in Intellectual Property and Human Rights*, Genebra, OMPI, 1999, pp. 13 ss.

Dreier, Thomas, e Bernt Hugenholtz – *Concise European Copyright Law*, 2.ª ed., Haia, Kluwer, 2016.

Drexl, Josef – «Europarecht und Urheberkollisionsrecht», *in* Peter Ganea, Christian Heath e Gerhard Schricker (orgs.), *Urheberrecht Gestern – Heute – Morgen. Festschrift für Adolf Dietz zum 65. Geburtstag*, Munique, C.H. Beck, 2001, pp. 461 ss. «Which Law Protects Consumers and Competition in Conflict with Intellectual Property Rights?», *in* Jürgen Basedow, Josef Drexl, Annette Kur e Axel Metzger (orgs.), *Intellectual Property in the Conflict of Laws*, Tubinga, Mohr Siebeck, 2005, pp. 79 ss. «The Proposed Rome II Regulation: European Choice of Law in the Field of Intellectual Property», *in* Josef Drexl e Annette Kur (orgs.), *Intellectual Property and Private International Law. Heading for the Future*, Oxford/Portland, Hart Publishing, 2005, pp. 151 ss. – e Silke von Lewinski – «The Digitising of Literary and Artistic Works», *EJCL*, vol. 11.3 (dezembro de 2007), disponível em http://www.ejcl.org.

Dreyfuss, Rochelle C. – «The ALI Principles on Transnational Intellectual Property Disputes: Why Invite Conflicts?», *Brook. J. Int'l L.*, 2005, pp. 819 ss. – e Jane Ginsburg – «Principles Governing Jurisdiction, Choice of Law, and Judgments in Transnational Disputes. Aim, scope and approach of the American Law Institute project on intellectual property», *CRi*, 2003, pp. 33 ss.

Drobnig, Ulrich – «Originärer Erwerb und Übertragung von Immaterialgüterrechten im Kollisionsrecht», *RabelsZ*, 1976, pp. 195 ss.

Drummond, Victor Gameiro – *A tutela jurídica das expressões culturais tradicionais*, São Paulo, Almedina, 2017.

Dubler, César – *Les clauses d'exception en droit international privé*, Genebra, Georg, 1983.

Ducimetière, Clara – «Intellectual Property under the Scrutiny of Investor-State Tribunals: Legitimacy and New Challenges», *JIPITEC*, 2018, n.º 3, pp. 266 ss.

Duinttjer Tebbens, Harry – «Les conflits de lois en matière de publicité déloyale à l'épreuve du droit communautaire», *RCDIP*, 1994, pp. 451 ss.

Dutfield, Graham, e Uma Suthersanen – *Global Intellectual Property Law*, Cheltenham/Northampton, Edward Elgar, 2008.

Dutoit, Bernard – *Droit international privé suisse. Commentaire de la loi fédérale du 18 décembre 1987*, 2.ª ed., Basileia/Frankfurt a.M., Helbing & Lichtenhahn, 1997.

Dyer, Adair – «Unfair Competition in Private International Law», *Rec. cours*, t. 211 (1988-IV), pp. 373 ss.

Eck, Matthias – «Europäisches Einheitspatent und Einheitspatentgericht – Grund zum Feiern?», *GRUR Int.*, 2014, pp. 114 ss.

Eechoud, Mireille van – *Choice of Law in Copyright and Related Rights. Alternatives to the Lex Protectionis*, Haia/Londres/Nova Iorque, Kluwer, 2003. – «Alternatives to the *lex protectionis* as the Choice-of-Law Rule for Initial Ownership of Copyright», *in* Josef Drexl e Annette Kur (orgs.), *Intellectual Property and Private International Law. Heading for the Future*, Oxford/Portland, Hart Publishing, 2005, pp. 289 ss. – «Bridging the gap: Private international law principles for intellectual property law», *NIPR*, 2016, pp. 716 ss.

Ellins, Julia – *Copyright Law, Urheberrecht und ihre Harmonisierung in der Europäischen Gemeinschaft. Von den Anfängen bis ins Informationszeitalter*, Berlim, Duncker & Humblot, 1997.

Emmerich, Volker – *Unlauterer Wettbewerb*, 7.ª ed., Munique, C.H. Beck, 2004.

Engel, Anri – «International Domain Name Disputes: (Rules and Practice of the UDRP)», *EIPR*, 2003, pp. 351 ss.

Engelen, Th. C. J. A. – «Jurisdiction and Applicable Law in Matters of Intellectual Property», *Electronic Journal of Comparative Law*, vol. 14.3 (dezembro de 2010).

Ensthaler, Jürgen – *Gewerblicher Rechtsschutz und Urheberrecht*, 2.ª ed., Berlim, Springer, 2003. –, Wolfgang Bosch e Stefan Völker (orgs.) – *Handbuch Urheberrecht und Internet*, Heidelberga, Verlag Recht und Wirtschaft, 2002.

Erauw, J., M. Fallon, E. Guldix, J. Meeusen, M. Pertegás, H. van Houtte, N. Watté, P. Wautelet (orgs.) – *Het Wetboek Internationaal Privaatrecht Becommentarieerd. Le Code de Droit International Privé Commenté*, Antuérpia/Oxford/Bruxelas, Intersentia/Bruylant, 2006.

European Max-Planck Group on Conflict of Laws in Intellectual Property (CLIP) – «Comments on the European Commission's Proposal for a Regulation on the Law Applicable to Contractual Obligations («Rome I») of December 15 2005 and the European Parliament Committee on Legal Affairs' Draft Report on the Proposal of August 22, 2006», *IIC*, 2006, pp. 471 ss. – «Exclusive Jurisdiction and Cross

Border IP (Patent) Infringement. Suggestions for Amendment of the Brussels I Regulation», *EIPR*, 2007, pp. 193 ss. – «Intellectual Property and the Reform of Private International Law – Sparks from a Difficult Relationship», *IPRax*, 2007, pp. 284 ss. – *Conflict of Laws in Intellectual Property. The CLIP Principles and Commentary*, Oxford, Oxford University Press, 2013.

European Patent Office – *Annual Report 2018*, disponível em https://www.epo.org/about-us/annual-reports-statistics/annual-report/2018.html.

European Patent Office/European Union Intellectual Property Office – *Intellectual property rights intensive industries and economic performance in the European Union*, 2.ª ed., s.l., 2016.

Farkas, Thomas, e Peter Koch – «The disclosure-fair trial dilemma when enforcing trade secrets in civil court proceedings», *JIPLP*, 2016, pp. 901 ss.

Fawcett, James, e Paul Torremans – *Intellectual Property and Private International Law*, 2.ª ed., Oxford, Oxford University Press, 2011.

Fentiman, Richard – «Choice of Law and Intellectual Property», *in* Josef Drexl e Annette Kur (orgs.), *Intellectual Property and Private International Law. Heading for the Future*, Oxford/Portland, Hart Publishing, 2005, pp. 129 ss. – «Justiciability, Discretion and Foreign Rights», *in* Arnaud Nuyts (org.), *International Litigation in Intellectual Property and Information Technology*, Austin, etc., Wolters Kluwer, 2008, pp. 151 ss.

Fernandes, Cybelle Carneiro – *Tutela jurídica dos conhecimentos tradicionais*, Lisboa, 2007, polic.

Fernandes, Maria João Matias – *A cláusula de desvio no Direito de Conflitos. Das condições de acolhimento da cláusula de desvio geral no Direito português*, Coimbra, Almedina, 2007.

Fernández-Novoa, Carlos – *Tratado sobre Derecho de Marcas*, 2.ª ed., Madrid, Marcial Pons, 2004.

Fernández Rozas, José Carlos, e Sixto Sánchez Lorenzo – *Derecho Internacional Privado*, 10.ª ed., Madrid, Civitas, 2018.

Fernández Rozas, José Carlos, Rafael Arenas Garcia e Pedro Alberto de Miguel Asensio – *Derecho de los negocios internacionales*, Madrid, Iustel, 2007.

Festas, David Oliveira – *Do conteúdo patrimonial do direito à imagem. Contributo para um estudo do seu aproveitamento consentido e inter vivos*, Coimbra, Coimbra Editora, 2009.

Ficsor, Mihaly – «Celebração do centenário da Convenção de Berna e do 75.º aniversário da adesão de Portugal», *in* AAVV, *Centenário da Convenção de Berna. Sessão comemorativa da Academia das Ciências de Lisboa*, Lisboa, Sociedade Portuguesa de Autores, 1987, pp. 21 ss. – Collective management of copyright in the international environment», *in* AAVV, *Culture, Copyright and Information Society*, s.l., Hellenic Ministry of Culture, 2004, pp. 43 ss. – *The Law of Copyright and the Internet: The 1996 WIPO Treaties, Their Interpretation and Implementation*, Oxford, Oxford University Press, 2002.

Fidalgo, Vítor Palmela – *As licenças compulsórias de direitos de propriedade industrial*, Coimbra, Almedina, 2016.

Fikentscher, Wolfgang – *The Draft International Code of Conduct on the Transfer of Technology*, Weinheim, Verlag Chemie, 1980.

Fisher III, William W. – «Geistiges Eigentum – Ein ausufernder Rechtsbereich. Die Geschichte des Ideenschutzes in den Vereinigten Staaten», *in* Hannes Siegrist/David Sugarman (orgs.), *Eigentum im internationalen Vergleich. 18.-20. Jahrhundert*, Göttingen, Vandehoeck und Ruprecht, 1999, pp. 265 ss.

Fischer, Reinhard – «Wie frei ist der freie Stand der Technik? – Wettbewerbsrechtlicher Nachahmungsschutz bei technischen Erzeugnissen», *GRUR*, 2015, pp. 1160 ss.

Fitzgerald, Brian – «Copyright 2010: The Future of Copyright», *EIPR*, 2008, pp. 43 ss.

Forrester, Ian S. – «The Role of Comparative Law in the Development of European Law on Intellectual Property», *in* AAVV, *Le rôle du droit comparé dans l'avènement du droit européen. The Role of Comparative Law in the Emergence of European Law*, Zurique, Schulthess, 2002, pp. 87 ss.

Fouchard, Philippe – «Les conflits de lois en matière d'arbitrabilité des litiges de propriété industrielle», *Rev. arb.*, 1977, pp. 63 ss. –, Emmanuel Gaillard e Berthold Goldman – *Traité de l'arbitrage commercial international*, Paris, Litec, 1996.

Foyer, Jean – «Problèmes internationaux contemporains des brevets d'invention», *Rec. cours*, t. 171 (1981-II), pp. 343 ss.

Franceskakis, Phocion – *La théorie du renvoi et les conflits de systèmes en droit international privé*, Paris, Sirey, 1958. «Quelques précisions sur les "lois d'application immédiate" et leurs rapports avec les règles de conflits de lois», *RCDIP*, 1966, pp. 1 ss. «Lois d'application immédiate et règles de conflit», *RDIPP*, 1967, pp. 691 ss.

Françon, André – «Le droit d'auteur au-delà des frontières: une comparaison des conceptions civiliste et de common law », *RIDA*, 1991, n.º 149, pp. 3 ss. – *Le droit d'auteur. Aspects internationaux et comparatifs*, Cowansville (Quebeque), Éditions Yvon Blais, 1992. – «La propriété intellectuelle», *in* AAVV, *Le rôle du droit comparé dans l'avènement du droit européen. The Role of Comparative Law in the Emergence of European Law*, Zurique, Schulthess, 2002, pp. 77 ss.

Frankel, Susy, e Daniel J. Gervais – *Advanced Introduction to International Intellectual Property*, Cheltenham, Edward Elgar, 2016.

Franzina, Pietro – «Il regolamento "Roma II" sulla legge applicabile alle obligazioni extracontrattuali», *in* Alfonso-Luis Calvo Caravaca/Esperanza Castellanos Ruiz (diretores), *La Unión Europea ante el derecho de la globalización*, Madrid, Colex, 2008, pp. 299-370.

Franzosi, Mario – «Worldwide Patent Litigation and the Italian Torpedo», *EIPR*, 1997, pp. 382 ss.

Friedman, Milton – *Capitalism and Freedom*, reimpressão, Chicago/Londres, The University of Chicago Press, 2002.

Friedmann, Danny – «EU opens door for sound marks: will scent marks follow?», *JIPLP*, 2015, pp. 931 ss.

Frohlich, Claus Wilhelm – *The Private International Law of Non-Contractual Obligations According to the Rome-II Regulation. A Comparative Study of the Choice of Law Rules in Tort Under European, English and German Law,* Hamburgo, Verlag Dr. Kovac, 2008.

Frontier Economics (org.) – *The Economic Impacts of Counterfeiting and Piracy,* s.l., 2017.

Frost, Ina Anne – *Schiedsgesrichtsbarkeit im Bereich des geistigen Eigentums nach deutschem und US-amerikanischem Schiedsrecht,* Munique, C.H. Beck, 2001.

Fumagalli, Luigi – «Arbitrato IP e diritto internazionale processuale privato», *AIDA*, 2006, pp. 136 ss.

Gaillard, Emmanuel – *Aspects philosophiques du droit de l'arbitrage international,* Leiden/Boston, Martinus Nijhoff Publishers, 2008.

Galloux, Jean-Christophe – *Le droit de la propriété industrielle,* 2.ª ed., Paris, Dalloz, 2003. – «La directive relative au respect des droits de propriété intellectuelle», *Revue Trimmestrielle de Droit Commercial,* 2004, pp. 698 ss.

García Vidal, Ángel – «A Recomendação Conjunta da União de Paris e da OMPI sobre a Proteção das Marcas e outros Direitos de Propriedade Industrial sobre Sinais na Internet», *SI,* 2003, pp. 317 ss.

Garcimartín Alférez, Francisco J. – *Derecho Internacional Privado,* 3.ª ed., s.l., Civitas/Thomson Reuters, 2016. – «Rome Convention and Rome I Regulation (contractual obligations)», *in* Jürgen Basedow/Franco Ferrari/Pedro de Miguel Asensio/Giesela Rühl (orgs.), *Encyclopedia of Private International Law,* Cheltenham/Northampton, Edward Elgar, 2017, vol. 2, pp. 1553 ss.

Gardella, Anna – «*Torpedoes* and Actions for Negative Declarations in International IP Law Litigation», *in* Arnaud Nuyts (org.), *International Litigation in Intellectual Property and Information Technology,* Austin, etc., Wolters Kluwer, 2008, pp. 181 ss.

Gaudemet-Tallon, Hélène – «Le pluralisme en droit international privé (le funambule et l'arc-en-ciel). Cours général», *Rec. Cours,* t. 312 (2005), pp. 9 ss. – e Marie-Élodie Ancel, *Compétence et exécution des jugements en Europe. Règlements 44/2001 et 1215/2012. Conventions de Bruxelles (1968) et de Lugano (1988 et 2007),* 6.ª ed., Paris, LGDJ, 2018.

Gautier, Pierre-Yves – «Du droit applicable dans le "village planétaire" au titre de l'usage immatériel des oeuvres», *Recueil Dalloz-Sirey* 1996, Chronique, pp. 131 ss. – *Propriété littéraire et artistique,* 5.ª ed., Paris, PUF, 2004.

Geimer, Reinhold, e Rolf A. Schütze – *Europäisches Zivilverfahrensrecht,* Munique, C.H. Beck, 2004.

Geller, Paul Edward – «From Patchwork to Network: Strategies for International Intellectual Property in Flux», *Duke Journal of Comparative and International Law,*

1998, pp. 69 ss. (disponível em http://www-rfc.usc.edu/~pgeller/patchnet.htm). – «Internationales Immaterialgüterrecht, Kollisionsrecht und gerichtliche Sanktionen im Internet», *GRUR Int.*, 2000, pp. 659 ss. – «Droit de la propriété intellectuelle, droit international privé et sanctions internet», *Cahiers de Propriété Intellectuelle*, n.º 12 (1999), n.º 1, pp. 227 ss. (disponível em http://www.robic.com/cpi/Cahiers/12-1/12-1%20 11GellerPaul.htm). – «International Intellectual Property, Conflicts of Laws, and Internet Remedies», *EIPR*, vol. 22 (2000), n.º 3, pp. 125 ss. (disponível em http://www-ref.usc.edu/~pgeller/ipconflicts.htm). – «International Copyright: An Introduction», *in* Paul Edward Geller e Melville B. Nimmer (orgs.), *International Copyright Law and Practice*, vol. I, s.l., Lexis Nexis [folhas móveis, atualizado até 2007].

Gervais, Daniel – *The TRIPS Agreement: Drafting History and Analysis*, Londres, Sweet & Maxwell, 2.ª ed., 2003. – «*Feist* Goes Global: A Comparative Analysis of the Notion of Originality in Copyright Law», *J. Copyr. Soc.*, 2002, pp. 949 ss. – «Irreconcilable Differences? The Geneva Act of the Lisbon Agreement and the Common Law», *Houston Law Review*, 2015, pp. 339 ss.

Gierke, Otto von – *Deutsches Privatrecht*, vol. I, *Allgemeiner Teil und Personenrecht*, Leipzig, Duncker & Humblot, 1895.

Ginsburg, Jane – «La loi applicable à la titularité du droit d'auteur dans les rapports entre l'auteur de l'œuvre d'art et le propriétaire de son support», *RCDIP*, 1994, pp. 603 ss. –«A Tale of Two Copyrights: Literary Property in Revolutionary France and America», *Tul. L.R.*, 1990, pp. 991 ss. «Copyright, Common Law, and Sui Generis Protection of Databases in the United States and Abroad», *University of Cincinnati Law Review*, vol. 66 (1997/1998), pp. 151 ss. – «The Private International Law of Copyright in an Era of Technological Change», *Rec. cours*, t. 273 (1998), pp. 239 ss. – *Private International Law Aspects of the Protection of Works and Objects of Related Rights Transmitted Through Digital Networks*, Genebra, 1998 (polic.). – «Die Rolle des nationalen Urheberrechts im Zeitalter der internationalen Urheberrechtnormen», *GRUR Int.*, 2000, pp. 97 ss. *Private International Law Aspects of the Protection of Works and Objects of Related Rights Transmitted Through Digital Networks (2000 Update)*, Genebra, 2001 (polic.). «Toward Supranational Copyright Law? The WTO Panel Decision and the "Three-Step Test" for Copyright Exceptions», *RIDA*, 2001, n.º 187, pp. 3 ss. – «The Concept of Authorship in Comparative Copyright Law», *DePaul Law Review*, 2003, pp. 1063 ss. – «Copyright, E-Commerce and Conflicting National Norms: Judicial and Legislative Competence», *in* Andrea Schulz (org.), *Legal Aspects of an E-Commerce Transaction. International Conference in The Hague. 26 and 27 October 2004*, Munique, Sellier, 2006, pp. 33 ss. e Edouard Treppoz, *International Copyright Law. U.S. and E.U. Perspectives. Text and Cases*, Chelthenham/Northampton, Edward Elgar, 2015. – e Myriam Gauthier – «The Celestial Jukebox and Earthbound Courts: Judicial Competence in The European Union and the United States over Copyright Infringements in Cyberspace», *RIDA*, 1997, pp. 61 ss. e Pierre Sirinelli – «Auteur, création et adaptation en droit international privé et en droit interne. Réflexions à partir de l'affaire Huston», *RIDA*, 1991, n.º 150, pp. pp. 3 ss.

Girsberger, Daniel, Anton Heini, Max Keller, Jolanta Kosttkeiwicz, Kurt Siehr, Frank Vischer e Paul Volken (orgs.) – *Zürcher Kommentar zum IPRG. Kommentar zum Bundesgesetz über das Internationale Privatrecht (IPRG) vom 18. Dezember 1987*, 2.ª ed., Zurique/Basileia/Genebra, Schulthess, 2004.

Glenn, Michael A., e Peter J. Nagle – «Article I and the first inventor to file: patent reform or doublespeak?», *IDEA–The Intellectual Property Law Review*, 2010, pp. 441 ss.

Godenhielm, Berndt – «Employee Inventions», *in IECL*, vol. XIV, *Copyright and Industrial Property*, capítulo 7, Tubinga/Haia/Paris, s.d.

Goldman, Berthold – «Frontières du droit et lex mercatoria», *Archives de Philosophie du Droit*, 1964, pp. 177 ss.

Goldstein, Paul – *International Copyright. Principles, Law, and Practice*, Oxford, University Press, 2001. – *Copyright, Patent, Trademark, and Related State Doctrines: Cases and Materials on the Law Of Intellectual Property*, Nova Iorque, Foundation Press, 5.ª ed., 2002.

Gómez Segade, José Antonio – «Actividad inventiva y doctrina de los equivalentes», *Direito Industrial*, vol. IV, Coimbra, Almedina, 2005, pp. 41 ss. – «Utility Models – Lost in Translation», *IIC*, 2008, pp. 135 ss.

Gonçalves, Anabela Susana de Sousa – *Da responsabilidade extracontratual em Direito Internacional Privado. A mudança de paradigma*, Coimbra, Almedina, 2013.

Gonçalves, Luís Couto – *Função distintiva da marca*, Coimbra, Almedina, 1999. – «A "marca" do Tribunal de Justiça no Direito de Marcas»», *in* Rui Manuel de Moura Ramos, Carlos Ferreira de Almeida, António Marques dos Santos, Pedro Pais de Vasconcelos, Luís de Lima Pinheiro, Maria Helena de Brito e Dário Moura Vicente (coordenadores), *Estudos em homenagem à Professora Doutora Isabel de Magalhães Collaço*, vol. II, Coimbra, Almedina, 2002, pp. 79 ss. – «Concorrência desleal», *in* Jorge Miranda, Luís de Lima Pinheiro e Dário Moura Vicente (coordenadores), *Estudos em memória do Professor Doutor António Marques dos Santos*, vol. I, Coimbra, Almedina, 2005, pp. 1025 ss. – «O uso da marca», *in* AAVV, *Direito Industrial*, vol. V, Coimbra, Almedina, 2008, pp. 369 ss. – «A competência do Tribunal de Justiça para interpretar o ADPIC e o efeito direto do artigo 33.º deste Acordo», *Cadernos de Direito Privado*, 2008, pp. 17 ss. – «A questão da competência do tribunal arbitral necessário para apreciar a invalidade da patente com eficácia *inter partes*. Anotação ao acórdão do Supremo Tribunal de Justiça de 14 de dezembro de 2016», *RDI*, 2017, pp. 363 ss. – *Manual de Direito Industrial*, 8.ª ed., Coimbra, Almedina, 2019.

González Vaqué, Luis – *La Diretiva 2005/29/CE relativa a las prácticas comerciales desleales. Entre el objetivo de una armonizción total y el enfoque de plena armonización en matéria de protección de los consumidores*, polic., s.d.

Götting, Horst-Peter – «Der Begriff des Geistigen Eigentums», *GRUR*, 2006, pp. 353 ss. – *Gewerblicher Rechtsschutz. Patent-, Gebrauchsmuster-, Design- und Markenrecht. Ein Studienbuch*, 10.ª ed., Munique, C.H. Beck, 2014.

Gowers, Andrew – *Gowers Review of Intellectual Property*, Londres, Her Majesty's Stationery Office, 2006.

Grundmann, Stefan – *Qualifikation gegen die Sachnorm.Deutsch-portugiesische Beiträge zur Autonomie des internationalen Privatrechts*, Munique, C.H. Beck, 1985. –«Das Internationale Privatrecht der E-Commerce-Richtlinie – was ist categorial anders im Kollisionsrecht des Binnenmarkts und warum?», *RabelsZ*, 2003, pp. 246 ss.

Guibault, Lucie – «Le tir manqué de la Directive européenne sur le droit d'auteur dans la société de l'information», *Cahiers de propriété intellectuelle*, 2003, pp. 537 ss. – «À quand l'octroi de licences transfrontalières pour l'utilisation de droits d'auteur et de droits voisins en Europe?», *Cahiers de Propriété Intellectuelle*, 2004, p. 189 ss.

Gummow, W. M. C. – «International Intellectual Property and the Common Law World – Introduction», *in* Charles E. F. Rickett e Graeme W. Austin (orgs.), *International Intellectual Property and the Common Law World*, Oxford, Portland, Oregon, 2000, pp. 1 ss.

Gurry, Francis – «Objective Arbitrability. Antitrust Disputes. Intellectual Property Disputes», *in* AAVV, *Objective Arbitrability. Antitrust Disputes. Intellectual Property Disputes*, s.l., Association Suisse de l'Arbitrage, 1994, pp. 110 ss. – «Les projets de l'Organisation mondiale de la propriété intellectuelle», *in* AAVV, *Arbitrage et propriété intellectuelle*, Paris, Litec, 1994, pp. 29 ss.

Hacon, Richard, e Jochen Pagenberg – *Concise European Patent Law*, Haia, Kluwer, 2007.

Hahn, Claudia, e Olivier Tell – «The European Commission's Agenda: The Future of "Rome I and II" Regulations», *in* Jürgen Basedow, Josef Drexl, Annette Kur e Axel Metzger (orgs.), *Intellectual Property in the Conflict of Laws*, Tubinga, Mohr Siebeck, 2005, pp. 7 ss.

Halpern, Sheldon W., Craig Allen Nard e Kenneth L. Port – *Fundamentals of United States Intellectual Property Law: Copyright, Patent, Trademark*, 2.ª ed., Alphen aan den Rijn, Kluwer Law International, 2007.

Hamburg Group for Private International Law – «Comments on the European Commission's Draft Proposal for a Council Regulation on the Law Applicable to Non-Contractual Obligations», *RabelsZ*, 2003, pp. 1 ss.

Handig, Christian – «Neues im Internationalen Wettbewerbsrecht – Auswirkungen der Rom II-Verordnung», *GRURInt.*, 2008, pp. 24 ss.

Hanotiau, Bernard – «L'arbitrabilité», *Rec. cours*, t. 296 (2002), pp. 27 ss.

Hartley, Trevor C. – «Mandatory Rules in International Contracts: the Common Law Approach», *Rec. cours*, t. 266 (1997), pp. 337 ss. – «How to Abuse the Law and

(Maybe) Come Out on Top : Bad-Faith Proceedings Under the Brussels Jurisdiction and Judgments Convention», *in* James A. R. Nafziger/Symeon C. Symeonides (orgs.), *Law and Justice in a Multistate World. Essays in Honor of Arthur T. von Mehren*, Ardsley, Transnational Publishers, 2002, pp. 73 ss. – «Jurisdiction and Judgments: the English Point of View», *in* Luís de Lima Pinheiro (org.), *Seminário internacional sobre a comunitarização do Direito Internacional Privado (Direito de Conflitos, competência internacional e reconhecimento de decisões estrangeiras)*, Coimbra, Almedina, 2005, pp. 45 ss. – «The Modern Approach to Private International Law. International Litigation and Transactions from a Common-Law Perspective. General Course on Private International Law», *Rec. cours*, t. 319 (2006), pp. 9 ss.

Hatzimihail, Nikitas – «Concluding Remarks: Territoriality, International Governance and Cross-Border Litigation of Intellectual Property Claims», *in* Arnaud Nuyts (org.), *International Litigation in Intellectual Property and Information Technology*, Austin, etc., Wolters Kluwer, 2008, pp. 303 ss.

Hauck, Ronny – «Geheimnisschutz im Zivilprozess – was bringt die neue EU-Richtlinie für das deutsche Recht?», *NJW*, 2016, pp. 2218 ss.

Heath, Christopher, e Anselm Kamperman Sanders (orgs.) – *Intellectual Property and International Dispute Resolution*, Kluwer Law International, 2019.

Hegel, Georg Friedrich – *Princípios da Filosofia do Direito*, Lisboa, Guimarães Editores, 1980 (tradução de Orlando Vitorino).

Heinze, Christian – *Einstweiliger Rechtsschutz im europäischen Immaterialgüterrecht*, Tubinga, Mohr Siebeck, 2007. – e Esther Roffael – «Internationale Zuständigkeit für Entscheidungen über die die Gültigkeit ausländischer Immaterialgüterrechte», *GRUR Int.*, 2006, pp. 787 ss. – «A Framework for International Enforcement of territorial Rights: The CLIP Principles on Jurisdiction», *in* Jürgen Basedow, Toshiyuki Kono e Axel Metzger (orgs.), *Intellectual Property in the Global Arena: Jurisdiction, Applicable Law, and the Recognition of Judgments in Europe, Japan and the US*, Tubinga, JCB Mohr, 2010, pp. 53 ss. – «Unitary intelectual property rights and private international law», *in* Jürgen Basedow/Franco Ferrari/Pedro de Miguel Asensio/Giesela Rühl (orgs.), *Encyclopedia of Private International Law*, Cheltenham/Northampton, Edward Elgar, 2017, vol. 2, pp. 1796 ss.

Hellner, Michael – «Unfair Competition and Acts Restricting Free Competition. A Commentary on Article 6 of the Rome II Regulation», *YPIL*, 2007, pp. 49 ss.

Hellstadius, Asa, e Wolf Meier-Ewert – «Jurisdiction and Choice of Law in Intellectual Property Matters – Perspectives for the Future (EU and Worldwide)», *IIC*, 2005, pp. 313 ss.

Henriques, Samuel Dias – *O âmbito da patente e a doutrina dos equivalentes*, Coimbra, Almedina, 2019.

Henriques, Sofia – *Os pactos de jurisdição no Regulamento (CE) n.º 44/2001*, Coimbra, Coimbra Editora, 2006.

Hernández Rodríguez, Aurora – *Los contratos de edición en el Derecho internacional privado español*, Granada, Editorial Comares, 2002.

Hess, Burkhard – «Preservation and Taking of Evidence in Cross-Border Proceedings – Comparative Remarks in the Context of IP Litigation», *in* Arnaud Nuyts (org.), *International Litigation in Intellectual Property and Information Technology*, Austin, etc., Wolters Kluwer, 2008, pp. 289 ss.

Hilty, Reto M., e Alexander Peukert – «Das neue deutsche Urhebervertragsrecht im internationalen Kontext», *GRURInt.*, 2002, pp. 643 ss. e Christophe Geiger (orgs.) – *Impulse für eine europäische Harmonisierung des Urherberrechts. Urheberrecht im deutsch-französischen Dialog. Perspectives d'harmonisation du droit d'auteur en Europe. Rencontres franco-allemandes*, Berlim/Heidelberga/Nova Iorque, Springer, 2007.

Hitsevitch, Nataliya – «The accesibility of a website as a basis of jurisdiction in the case of IPR infringement over the internet», *JIPLP*, 2016, pp. 846 ss.

Hoeren, Thomas – *Grundzüge des Internetrechts*, 2.ª ed., Munique, C. H. Beck, 2002. – *Internet- und Kommunikationsrecht. Praxis-Lehrbuch*, Colónia, Otto Schmidt, 2008. – *Internetrecht. Ein Grundriss*, 3.ª ed., Berlim/Boston, Walter de Gruyter, 2018.

Hoffman, Bernd von – «Verträge über gewerbliche Schutzrechte im Internationalen Privatrecht», *RabelsZ*, 1976, pp. 208 ss. – e Karsten Thorn – *Internationales Privatrecht einschliesslich der Grundzüge des internationalen Zivilverfahrenrechts*, 9.ª ed., Munique, C.H. Beck, 2007.

Hohloch, Gerhard – «Place of the Injury, Habitual Residence, Closer Connection and Substantive Scope: The Basic Principles», *YPIL*, 2007, pp. 1 ss.

Honorati, Costanza – «The Law Applicable to Unfair Competition», *in* Alberto Malatesta (org.), *The Unification of Choice of Law Rules on Torts and Other Non-Contractual Obligations in Europe. The «Rome II» Proposal*, Pádua, CEDAM, 2006, pp. 127 ss.

Honsell, Heinrich, Nedim Peter Vogt, Anton K. Schnyder, Stephen V. Berti (orgs.) – *Basler Kommentar. Internationales Privatrecht*, 2.ª ed., Basileia, Helbing Lichtenhahn Verlag, 2007.

Hubmann, Heinrich – «Imannuel Kants Urheberrechtstheorie», *UFITA*, vol. 106 (1987), pp. 145 ss.

Huet, André – «La marque communautaire: la compétence des juridictions des États membres pour connaître de sa validité et de sa contrefaçon (Règlement (CE) n.º 40/94 du Conseil, du 20 décembre 1993)», *Clunet*, 1994, pp. 623 ss.

Hugenholtz, Bernd (org.) – *The Future of Copyright in a Digital Environment. Proceedings of the Royal Academy Colloquium organized by the Royal Netherlands Academy of Sciencies (KNAW) and the Institute for Information Law (Amsterdam, 6-7 July 1995)*, Haia/Londres/Boston, Kluwer Law International, 1996. –, Lucie Guibault e Sjoerd van Geffen – «Why the Copyright Directive is Unimportant, and Possibly Invalid», *EIPR*, 2000, pp. 501 s. – *The Future of Levies in a Digital Environment*, Amesterdão, 2003.

Hugues, Justin – «The Philosophy of Intellectual Property», *Geo.L. J.*, vol. 77 (1988-89), pp. 287 ss.

Hye-Knudsen, Rebekka – *Marken-, Patent- und Urheberrechtsverletzungen im europäischen Internationalen Zivilprozessrecht*, Tubinga, Mohr Siebeck, 2005.

Ilardi, Alfredo – *Propriété intellectuelle. Principes et dimension internationale*, Paris, L'Hartmann, 2005. – e Michael Blakeney (orgs.) – *International Encyclopaedia of Intellectual Property Treaties*, Oxford, Oxford University Press, 2004.

Ilias, Shayerah, e Ian F. Fergusson – *Intellectual Property Rights and International Trade*, Nova Iorque, Nova Science Publishers, 2008.

Institut de Droit International – «The conflict-of-laws rules on unfair competition. Les règles de conflit de lois en matière de concurrence déloyale», resolução adotada na sessão de Cambridge, 1983, *Annuaire de l'Institut de Droit International*, vol. 60, parte II (1984), pp. 292 ss.

Instituto Comunitário das Variedades Vegetais – *Rapport annuel 2007*, Luxemburgo, 2008.

International Institute for the Unification of Private Law – *Unidroit Principles of International Commercial Contracts*, 2.ª ed., Roma, 2004.

International Law Association – *Intellectual Property and Private International Law. Fourth Committee Report*, 2018 (disponível em http://www.ila-hq.org).

Intveen, Carsten – *Internationales Urheberrecht und Internet. Zur Frage des anzuwendenden Urheberrechts bei grenzüberschreitenden Datenübertragungen*, Baden-Baden, Nomos Verlagsgesellschaft, 1999.

Jacquet, Jean-Michel, Philippe Delebecque e Sabine Corneloup – *Droit du commerce international*, Paris, Dalloz, 2007.

Jaeger, Thomas – «Back to Square One? – An Assessment of the Latest Proposals for a Patent and Court for the Internal Market and Possible Alternatives», *International Review of Intellectual Property and Competition Law*, 2012, pp. 287 ss.

Jayme, Erik – *Methoden der Konkretisierung des ordre public im Internationalen Privatrecht*, Heidelberga, C.F. Müller, 1989. – «Identité culturelle et intégration: le droit international privé postmoderne. Cours général de droit international privé», *Rec. cours*, t. 251 (1995), pp. 9 ss. e Christian Kohler – «Europäisches Kollisionsrecht 2006: Eurozentrismus ohne Kodifikationsidee?», *IPRax*, 2006, pp. 537 ss. «Europäisches Kollisionsrecht 2007: Windstille im Erntefeld der Integration», *IPRax*, 2007, pp. 493 ss.

Jenard, Paul – «Relatório sobre a convenção relativa à competência judiciária e à execução de decisões em matéria civil e comercial», *JOCE*, n.º C 189, de 28 de setembro de 1990, pp. 122 ss.

Jimenez Blanco, Pilar – *Las denominaciones de origen en el Derecho del comercio internacional*, Madrid, Eurolex, 1996. – *El derecho aplicable a la protección internacional de las patentes*, Granada, Editorial Comares, 1998.

Jiménez Gomez, Briseida – *Las garantías reales sobre derechos de propiedad industrial e intelectual en Derecho Internacional Privado*, Madrid, 2018 (tese polic.).

Joerges, Christian – «Die klassische Konzeption des internationalen Privatrechts und das Recht des unlauteren Wettbewerbs», *RabelsZ*, 1972, pp. 421 ss.

Josselin-Gall, Muriel – *Les contrats d'exploitation du droit de propriété littéraire et artistique. Étude de droit comparé et de droit international privé*, Paris, GLN/Joly Éditions, 1995.

Junker, Abbo – *Internationales Privatrecht*, 2.ª ed., Munique, C.H. Beck, 2017.

Junker, Markus – *Anwendbares Recht und internationale Zuständigkeit bei Urheberrechtsverletzungen im Internet*, Kassel, Kassel University Press, 2002.

Jurcys, Paulius – «International Jurisdiction in Intellectual Property Disputes. CLIP, ALI Principles and other Legislative Proposals in a Comparative Perspective», *JIPITEC*, 2012, pp. 174 ss.

Kalafatoglu, Mehmet Polat – *L'arbitrabilité en matière de propriété industrielle. Étude en droit de l'arbitrage international*, Paris, L'Harmattan, 2018.

Kampf, Achim – «EU-Dienstleistungsrichtlinie und Kollisionsrecht», *IPRax*, 2008, pp. 101 ss.

Kant, Immanuel – «Von der Unrechtmässigkeit des Büchernachdrucks», republicado em *UFITA*, vol. 106 (1987), pp. 137 ss.

Kant, Michael – «The Unified Patent Court and the Brussels I *bis* Regulation», *NIPR*, 2016, pp. 706 ss.

Kapczynski, Amy – «The Access to Knowledge Mobilization and the New Politics of Intellectual Property», *Yale L. J.*, 2008, pp. 804 ss.

Karnell, Gunnar, e Silke von Lewinski – «Collective Administration of Copyrights and Neighbouring Rights», *in IECL*, vol. XIV, *Copyright*, Tubinga/Leiden/Boston, Mohr Siebeck/Martinus Nijhoff, 2007, capítulo 6.

Katzenberger, Paul – «Urheberrechtsfragen der elektronischen Textkommunikation», *GRUR Int.*, 1983, pp. 895 ss. – «General Principles of the Berne and the Universal Copyright Conventions», *in* Friedrich-Karl Beier/Gerhard Schricker (orgs.), *GATT or WIPO ? New Ways in the International Protection of Intellectual Property*, Weinheim, 1989, VCH Verlagsgesellschaft, pp. 45 ss. «Inländerbehandlung nach dem Rom-Abkommen», *in* Peter Ganea, Christian Heath e Gerhard Schricker (orgs.), *Urheberrecht Gestern – Heute – Morgen. Festschrift für Adolf Dietz zum 65. Geburtstag*, Munique, C.H. Beck, 2001, pp. 481 ss. e Annette Kur – «TRIPS and Intellectual Property», *in* Friedrich-Karl Beier e Gerhard Schriker (orgs.), *From GATT to TRIPS – The Agreement on Trade-Related Aspects of Intellectual Property Rights*, Munique, Max Planck Institute for Foreign and International Patent, Copyright and Competition Law, 1996, pp. 1 ss.

Kegel, Gerhard, e Schurig, Klaus – *Internationales Privatrecht*, 9.ª ed., Munique, C.H. Beck, 2004.

Kerly's Law of Trade Marks and Trade Names, 14.ª ed., por David Kitchin, David Llewelyn, James Mellor, Richard Meade, Thomas Moody-Stuart e David Keeling, Londres, Sweet & Maxwell, 2005.

Kessedjian, Catherine – «Current International Developments in Choice of Law: An Analysis of the ALI Draft», *in* Jürgen Basedow, Josef Drexl, Annette Kur e Axel Metzger (orgs.), *Intellectual Property in the Conflict of Laws*, Tubinga, Mohr Siebeck, 2005, pp. 19 ss.

Kieninger, Eva-Maria – «Internationale Zuständigkeit bei der Verletzung ausländischer Immaterialgüterrechte: Common Law auf dem Prüfstand des EuGVÜ. Zugleich Anmerkung zu *Pearce v. Ove Arup Partnership Ltd. And others* (Chancery Division) und *Coin Controls Ltd. V. Suzo International (U.K.) Ltd. and others* (Chancery Division)», *GRUR Int.*, 1998, pp. 280 ss.

Kirry, Antoine – «Arbitrability: Current Trends in Europe», *Arbitration International*, 1996, pp. 373 ss.

Klass, Nadine – «Das Urheberkollisionsrecht der ersten Inhaberschaft –Plädoyer für einen univesralen Ansatz», *GRUR Int.*, 2007, pp. 373 ss.

Knight, Victoria L. – «Unfair Competition: a Comparative Study of its Role in Common and Civil Law Systems», *Tul. L.R.*, 1978, pp. 164 ss.

Kohler, Christian – «Kollisionsrechtliche Anmerkungen zur Verordnung über die Gemeinschaftsmarke», *in* Ole Due, Marcus Lutter e Jürgen Schwarze (orgs.), *Festschrift für Ulrich Everling*, vol. I, Baden-Baden, 1995, Nomos Verlagsgesellschaft, pp. 651 ss.

Kok, Wim, e outros – *Facing the Challenge. The Lisbon Strategy For Growth and Development*, Luxemburgo, 2004.

Kokkini-Iatridou, Dimitra (org.) – *Les clauses d'exception en matière de conflits de lois et conflits de juridiction – ou le principe de proximité*, Dordrecht/Boston/Londres, Nijhoff, 1994.

Kono, Toshiyuki (org.) – *Intellectual Property and Private International Law: Comparative Perspectives*, Oxford/Portland, Hart Publishing, 2012.

Köster, Thomas – «Urheberkollisionsrecht im Internet – Aufweichung des "Territorialitätsprinzips" durch das europäische "Ursprungslandprinzip"?», *in* Horst-Peter Götting (org.), *Multimedia, Internet und Urheberrecht*, Dresden, Dresden University Press, 1998, pp. 153 ss.

Koumantos, Georges – «Sur le Droit International Privé du Droit d'Auteur», *Il Diritto di Autore*, 1979, pp. 617 ss. – «Reflections on the Concept of Intellectual Property», *in* Jan J. C. Kabel e Gerard J. H. M. Mom (orgs.), *Intellectual Property and Information Law. Essays in Honour of Herman Coehen Jehoram*, Haia/Londres/Boston, Kluwer Law International, 1998, pp. 39 ss.

Kreuzer, Karl – «Tort Liability in General», *in* Alberto Malatesta (org.), *The Unification of Choice of Law Rules on Torts and Other Non-Contractual Obligations in Europe. The «Rome II» Proposal*, Pádua, CEDAM, 2006, pp. 45 ss.

Kronke, Herbert – «Applicable Law in Torts and Contracts in Cyberspace», *in* Katharina Boele-Woelki/Catherine Kessedjian (orgs.), *Internet. Which Court Decides? Which Law Applies?*, Haia, etc., Kluwer, 1998, pp. 65 ss.

Kropholler, Jan – *Europäisches Zivilprozessrecht. Kommentar zu EuGVO, Lugano-Übereinkommen und Europäischem Vollstreckungstitel*, 8.ª ed., Frankfurt am Main, Verlag Recht und Wirtschaft, 2005. – *Internationales Privatrecht*, 6.ª ed., Tubinga, Mohr Siebeck, 2006.

Kur, Annette – «Die WIPO-Empfehlung zur Benutzung von Marken im Internet», *GRUR Int.*, 2001, pp. 961 ss. – «Trademark Conflicts on the Internet: Territoriality Redifined?», *in* Jürgen Basedow, Josef Drexl, Annette Kur e Axel Metzger (orgs.), *Intellectual Property in the Conflict of Laws. Heading for the Future*, Tubinga, Mohr Siebeck, 2005, pp. 175 ss. – «Jurisdiction and Enforcement of Foreign Judgments – The General Structure of the MPI Proposal», *in* Josef Drexl e Annette Kur (orgs.) – *Intellectual Property and Private International Law*, Oxford/Portland, Hart Publishing, 2005, pp. 21 ss. – «Applicable Law: An Alternative Proposal for International Regulation – The Max-Planck Project on International Jurisdiction and Choice of Law», *Brook. J. Int'l L.*, 2005, pp. 951 ss. – «A Farewell to Cross-Border Injunctions? The ECJ Decisions *GAT v. LuK* and *Roche Nederland v. Primus and Goldenberg*», *IIC*, 2006, pp. 844 ss. – e Thomas Dreier, *European Intellectual Property Law. Text, Cases & Materials*, Cheltenham/Northampton, Edward Elgar, 2013. – «What to Protect, and How? Unfair Competition, Intellectual Property, or Protection Sui Generis», *in Nari Lee et al.* (orgs.), *Intellectual property, unfair competition and publicity: convergences and development*, Cheltenham, Elgar, 2014, pp. 11 ss. – «Enforcement of unitary intellectual property rights: international jurisdiction and applicable law», *JIPLP*, 2015, pp. 468 ss.

Laddie, Hugh – «The Insatiable Appetite for Intellectual Property Rights», *in* Robin Jacob (org.), *The Sir Hugh Laddie Lectures*, Cambridge, etc., Intersentia, 2019, pp. 1 ss.

Lagarde, Paul – «Approche critique de la lex mercatoria», *in* AAVV, *Le droit des relations internationales. Études offertes à Berthold Goldman*, Paris, Litec, 1982, pp. 125 ss. – «Le principe de proximité dans le droit international privé contemporain. Cours général de droit international privé», *Rec. cours*, t. 196 (1986-I), pp. 9 ss. – «Public Policy», *in IECL*, vol. III, capítulo 11. – «Remarques sur la proposition de règlement de la Commission européenne sur la loi applicable aux obligations contractuelles (Rome I)», *RCDIP*, 2006, pp. 331 ss.

Lametti, David – «The Form and Substance of Domain Name Arbitration», *Lex Electronica*, vol. 7, n.º 2 (2002), disponível em http://www.lex-electronica.org.

Landes, William M., e Richard A. Posner – «Trademark Law: An Economic Perspective», *J. L. & Econ.*, 1987, pp. 265 ss. – *The Economic Structure of Intellectual Property Law*, Cambridge, Massachussets/Londres, Harvard University Press, 2003.

Landfermann, Hans-Georg – «Internet-Werbung und IPR», *in* Jürgen Basedow *et al.* (orgs.), *Aufbruch nach Europa. 75 Jahre Max-Planck-Institut für Privatrecht*, Tubinga, Mohr Siebeck, 2001, pp. 503 ss.

Lando, Ole, e outros (orgs.) – *Principles of European Contract Law. Parts I and II Combined and Revised*, Haia/Londres/Boston, Kluwer, 2000; *Part III*, Haia/Londres/Nova Iorque, Kluwer, 2003.

Lange, Paul – «The System of Trademark Protection in the Case Law of the European Court of Justice – An Attempt at Interpretation», *in Direito Industrial*, vol. IV, Coimbra, Almedina, 2005, pp. 21 ss.

Larenz, Karl – *Richtiges Recht. Grundzüge einer Rechtsethik*, Munique, C.H. Beck, 1979.

Larsen, Torsten Bjorn – «*Wintersteiger v. Coty Prestige*: The place of infringement under the forum delicti rule», *JIPLP*, 2018, pp. 179 ss.

Lastenouse, Pierre – «Le règlement ICANN de résolution uniforme des litiges relatifs aux noms de domaine», *Rev. arb.*, 2001, pp. 95 ss.

Leclerc, Frédéric – «Concurrence déloyale et droit international privé», *in* Yves Serra (org.), *La concurrence déloyale*, Paris, Dalloz, 2001, pp. 77 ss.

Lécuyer-Thieffry, Christine – «L'arbitrabilité des litiges de propriété industrielle – II. En droit comparé : États-Unis», *in* AAVV, *Arbitrage et propriété intellectuelle*, Paris, Litec, 1994, pp. 83 ss.

Lehman, Michael – «Property and Intellectual Property – Property Rights as Restrictions on Competition in Furtherance of Competition», *IIC*, 1989, pp. 1 ss.

Leible, Stefan (org.) – *Die Bedeutung des Internationalen Privatrechts im Zeitalter der neuen Medien*, Estugarda/Munique/Hanôver/Berlim/Weimar/Dresden, Boorberg Verlag, 2003. – «Rechtswahl im IPR der ausservertraglichen Schuldverhältnisse nach der Rom II–Verordnung», *RIW*, 2008, pp. 257 ss. – e Matthias Lehmann – «Die Verordnung über das auf vertragliche Schuldverhältnisse anzuwendende Recht (« Rom I »)», *RIW*, 2008, pp. 528 ss.

Leistner, Matthias – «Traditional Knowledge», *in* Silke von Lewinski (org.), *Indigenous Heritage and Intellectual Property. Genetic Ressources, Traditional Knowledge and Folklore*, Haia/Londres/Nova Iorque, 2004, Kluwer Law International, pp. 49 ss. – «Unfair Competition Law Protection Against Imitations: A Hybrid under the Future Art. 5 Rome II Regulation?», *in* Jürgen Basedow, Josef Drexl, Annette Kur e Axel Metzger (orgs.), *Intellectual Property in the Conflict of Laws*, Tubinga, Mohr Siebeck, 2005, pp. 129 ss. – «Comments: The Rome II Regulation Proposal and its Relation to the European Country-of-Origin Principle», *in* Josef Drexl e Annette Kur (orgs.), *Intellectual Property and Private International Law. Heading for the Future*, Oxford/Portland, Hart Publishing, 2005, pp. 177 ss.

Leitão, Adelaide Menezes – *Estudo de Direito Privado sobre a cláusula geral de concorrência desleal*, Coimbra, Almedina, 2000. – «Publicidade comparativa e concorrência desleal», *in* AAVV, *Direito Industrial*, vol. IV, Coimbra, 2005, pp. 239. – «A tutela dos direitos de propriedade intelectual na Diretiva 2004/48/CE», *in* AAVV, *Direito da Sociedade da Informação*, vol. VII, Coimbra, 2008, pp. 173 ss. – «Responsabilidade civil por violação de direito de autor», *Jurismat*, 2014, pp. 201 ss.

Leitão, Luís Menezes – *A responsabilidade do gestor perante o dono do negócio no Direito Civil português*, reimpressão, Coimbra, Almedina, 2005. – *O enriquecimento sem causa no Direito Civil. (Estudo dogmático sobre a viabilidade da configuração unitária do instituto, face à contraposição entre as diferentes categorias de enriquecimento sem causa)*, reimpressão, Coimbra, Almedina, 2005. – «Nome e insígnia de estabelecimento», *in* AAVV, *Direito Industrial*, vol. I, Coimbra, Almedina, 2001, pp. 157 ss. – «A transposição da Diretiva 2004/48/CE sobre a aplicação efetiva dos direitos de propriedade intelectual efetuada pela Lei 16/2008, de 1 de abril», *in* AAVV, *Direito da Sociedade da Informação*, vol. VIII, Coimbra, Almedina, 2009, pp. 281 ss. – *Direito de Autor*, 2.ª ed., Coimbra, Almedina, 2018. – *Direito das Obrigações*, vol. I, 15.ª ed., Coimbra, Almedina, 2018.

Lemley, Mark A. – «The Suprising Virtues of Treating Trade Secrets and IP Rights», *Stanford Law Review*, 2008, pp. 324 ss.

Level, Patrice – «L'arbitrabilité», *Rev. arb.*, 1992, pp. 213 ss.

Levine, David S., e Christopher B. Seaman – «The DTSA at one: An Empirical Study of the First Year of Litigation Under the Defend Trade Secrets Act», *Wake Forest Law Review*, 2018, pp. 105 ss.

Lew, Julian, Loukas Mistelis e Stefan Kröll – *Comparative International Commercial Arbitration*, Haia, Londres e Nova Iorque, Kluwer Law International, 2003.

Lewinski, Silke von – «National Treatment, Reciprocity and Retorsion – The Case of of Public Lending Right», *in* Friedrich-Karl Beier/Gerhard Schricker (orgs.), *GATT or WIPO ? New Ways in the International Protection of Intellectual Property*, Weinheim, 1989, VCH Verlagsgesellschaft, pp. 45 ss. – «Final considerations», *in* Silke von Lewinski (org.), *Indigenous Heritage and Intellectual Property. Genetic Ressources, Traditional Knowledge and Folklore*, Haia/Londres/Nova Iorque, Kluwer Law International, 2004, pp. 379 ss. –«Neighbouring Rights – Comparison of Laws», *in IECL*, vol. XIV, *Copyright*, Tubinga/Leiden/Boston, Mohr Siebeck/Martinus Nijhoff, 2007, capítulo 5. *International Copyright Law and Policy*, Oxford, Oxford University Press, 2008.

Lima, Fernando Andrade Pires de, e João de Matos Antunes Varela – *Código Civil anotado*, vol. III, 2.ª ed., Coimbra, 1984 (com a colaboração de Manuel Henrique Mesquita).

Lindacher, Walter F. – «Die internationale Dimension lauterkeitsrechtlicher Unterlassungsansprüche : Marktterritorialität versus Universalität», *GRUR Int.*, 2008, pp. 453 ss.

Lipstein, Kurt – «Characterization», *in IECL*, vol. III, cap. 5, Tubinga, etc., 1999.

Litman, Jessica – *Digital Copyright*, Nova Iorque, Prometheus Books, 2001.

López-Tarruela Martínez, Aurelio – «La ley aplicable a la propiedad industrial e intelectual en la Propuesta de Reglamento Roma II», *Gaceta Juridica*, janeiro/fevereiro 2005, pp. 23 ss.

Loussouarn, Yvon, Pierre Bourel e Pascal de Vareilles-Sommières - *Droit International Privé*, 8.ª ed., Paris, Dalloz, 2004.

Lucas, André – *Droit d'auteur et numérique*, Paris, Litec, 1998. – *Aspects de droit international privé de la protection d'oeuvres et d'objets de droits connexes transmis par réseaux numériques mondiaux*, Genebra, 2001 (polic.). – «Libres propos sur l'harmonisation communautaire du droit d'auteur et des droits voisins», *in* Ansgar Ohly, Theo Bodewig, Thomas Dreier, Horst-Peter Götting, Maximilian Haedicke e Michael Lehmann (orgs.), *Perspektiven des Geistigen Eigentums und Wettbewerbsrechts. Festschrift für Gerhard Schricker zum 70. Geburtstag*, Munique, C.H. Beck, 2005, pp. 435 ss. – Jean Devèze e Jean Frayssinet – *Droit de l'informatique et de l'Internet*, Paris, PUF, 2001. – e Henri-Jacques Lucas – *Traité de la propriété littéraire et artistique*, 3.ª ed., Paris, Lexis Nexis/Litec, 2006.

Lucas-Schloetter, Agnès – «Folklore», *in* Silke von Lewinski (org.), *Indigenous Heritage and Intellectual Property. Genetic Ressources, Traditional Knowledge and Folklore*, Haia/Londres/Nova Iorque, Kluwer Law International, 2004, pp. 259 ss.

Luginbühl, Stefan – «The Relationship Between Regional (Patent) Judiciary Systems in Europe and International Conventions – Smooth Coexistence or Confusion?», *in* Josef Drexl e Annette Kur (orgs.), *Intellectual Property and Private International Law. Heading for the Future*, Oxford/Portland, Hart Publishing, 2005, pp. 101 ss. – «Das europäische Patent mit einheitlicher Wirkung (Einheitspatent)», *GRUR Int.*, 2013, pp. 305 ss. – e Dieter Stauder, «Application of Revised Rules on Jurisdiction under Brussels I Regulation to Patent Lawsuits», *JIPLP*, 2015, pp. 135 ss.

Luzzatto, Riccardo – «Problemi internazionalprivatistici del diritto di autore», *in Studi in onore di Mário Giuliano*, Pádua, CEDAM, 1989, pp. 589 ss. (também publicado em *RDIPP*, 1989, pp. 273 ss.). – «Proprietà intellettuale e diritto internazionale», *in* AAVV, *Studi di diritto industriale in onore di Adriano Vanzetti. Proprietà intellettuale e concorrenza*, t. I, Milão, Giuffrè, 2004, pp. 895 ss.

Machado, João Baptista – *Lições de Direito Internacional Privado*, 2.ª ed., Coimbra, Almedina, 1982. – e Rui de Moura Ramos – «Direito Internacional Privado», *CJ*, ano X (1985), t. V, pp. 11 ss.

MacQueen, Hector, e Charlotte Waelde – «UK Copyright in the Digital Environment», *Electronic Journal of Comparative Law*, 2006.

Magnus, Ulrich, e Peter Mankowski (orgs.) – *Brussels I Regulation*, Munique, Sellier, 2007.

Makeen, Makeen Fouad – *Copyright in a Global Information Society*, Haia/Londres/Boston, Kluwer, 2000.

Mankowski, Peter – «Das Internet im Internationalen Vertrags- und Deliktsrecht», *RabelsZ*, 1999, pp. 203 ss. – «Das Herkunftslandprinzip als Internationales Privatrecht der e-commerce-Richtlinie», *ZvglRWiss.*, 2001, pp. 137 ss. – «Art. 5 des Vorschlags für eine Rom I-Verordnung – Revolution im Internationalen Verbrauchervertragsrecht?», *ZvglRW*, 2006, pp. 120 ss.

Mansani, Luigi – «Arbitrabilità e privative titolate comunitarie», *AIDA*, 2006, pp. 16 ss.

Mantz, Reto – «Creative Commons-Lizenzen im Spiegel internationaler Gerichtsverfahren», *GRUR Int.*, 2008, pp. 20 ss.

Marques, João Paulo Remédio – «Introdução ao problema das invenções biotecnológicas. Algumas considerações», *Direito Industrial*, vol. I, Coimbra, Almedina, 2001, pp. 177 ss. – «Patentes biotecnológicas e direitos do obtentor de variedades vegetais. Diferenças de regime e pistas para a respetiva articulação», *Direito Industrial*, vol. II, Coimbra, Almedina, 2002, pp. 163 ss. – «Patentes de genes humanos?», *Direito Industrial*, vol. III, Coimbra, Almedina, 2003, pp. 107 ss. – *Medicamentos* versus *patentes. Estudos de propriedade industrial*, Coimbra, Coimbra Editora, 2008. – e M. Nogueira Serens, «Direito de patente: sucessão de leis no tempo e proibição da outorga de patentes nacionais sobre produtos químicos ou farmacêuticos no domínio do CPI de 1940 – o aditamento de reivindicações de produto químico ou farmacêutico, no quadro do CPI de 1995, nos procedimentos de proteção pendentes na data de adesão à Convenção da patente Europeia e ao Acordo TRIPS», *Dir.*, 2006, pp. 1011 ss. – *Biotecnologia(s) e propriedade intelectual*, Coimbra, Almedina, 2007. – «A arbitrabilidade dos litígios e a dedução de providências cautelares por empresas de medicamentos de referência, na sequência da aprovação de medicamentos genéricos», *RDI*, 2014, pp. 33 e ss. – «A arbitrabilidade da exceção de invalidade de patente no quadro da Lei nº 62/2011. Anotação ao acórdão da relação de Lisboa, de 13 de fevereiro de 2014 (proc. n.º 1053/13.7YRLSB-2)», *RDI*, 2014, pp. 211 ss. – «*Bis in idem*: em torno da competência dos tribunais arbitrais necessários para apreciar a questão da invalidade da patente com efeitos *inter partes* – anotação ao acórdão do STJ de 14 de dezembro de 2016 (proc. nº 1248/14.6YRLSB.S1)», *RDI*, 2017, pp. 305 ss.

Marques, Roberta Silva Melo Fernandes Remédio – *Patente farmacêutica & medicamento genérico. A tensão jurídica entre o direito exclusivo e a livre utilização*, Curitiba, Juruá, 2013.

Marsh, Norman – «Unlauterer Wettbewerb und Englishes Recht. Eine Einführung unter besonderer Berücksichtigung des passing off», *GRUR Int.*, 1964, pp. 493 ss.

Martins, Alexandre Soveral – «Arbitragem e propriedade industrial: medicamentos de referência e medicamentos genéricos», *RLJ*, ano 144.º (2015), pp. 418 ss.

Martinez, Pedro Romano – «Tutela da atividade criativa do trabalhador», *RDES*, 2000, pp. 225 ss.

Martiny, Dieter – «Verletzung von Immaterialgüterrechten im internationalen Privatrecht», *RabelsZ*, 1976, pp. 218 ss.

Matulionytė, Rita – «IP and Applicable Law in Recent International Proposals: Report for the International Law Association», *JIPITEC*, 2012, pp. 263 ss.

Max Planck Institute for Comparative and Private International Law – «Comments on the European Commission's Proposal for a Regulation of the European Parliament and the Council on the Law Applicable to Contractual Obligations (Rome I)», *RabelsZ*, 2007, pp. 225 ss.

Mayer, Pierre – «Le phénomene de la coordination des ordres juridiques étatiques en droit privé. Cours général de droit international privé (2003)», *Rec. cours*, t. 327 (2007), pp. 9 ss. – e Vincent Heuzé – *Droit international privé*, Paris, LGDJ, 11.ª ed., 2014.

McGuire, Mary-Rose – «Der Schutz von Know-how im System des Immaterialgüterrechts», *GRUR*, 2016, pp. 1000 ss.

McLachlan, Campbell – *Lis Pendens in International Litigation*, Leiden/Boston, Brill, 2009.

McManis, Charles R. – *Intellectual Property and Unfair Competition*, 5.ª ed., St. Paul, Minnesota, Thompson West, 2004.

Mehren, Arthur Taylor von – «Theory and Practice of Adjudicatory Authority in Private International Law: A Comparative Study of the Doctrine, Policies and Practices of Common- and Civil-Law Systems. General Course on Private International Law (1996)», *Rec. cours*, t. 295 (2002), pp. 9 ss. – «Should Plaintiffs or Defendants Be Jurisdictionally Preferred? Herein of the *Actor Sequitur Rei* Maxim, The Hague Conference's Service Convention of 1965, and the Brussels Regulation of 2002», *in* Florian Faust e Gregor Thüsing (orgs.), *Beyond Borders: Perspectives on International and Comparative Law. Symposium in Honour of Hein Kötz*, Colónia, Carl Heymanns Verlag, 2006, pp. 75 ss.

Mello, Alberto Sá e – «Tutela jurídica das bases de dados (A transposição da Diretriz 96/9/CE)», *in* AAVV, *Direito da Sociedade da Informação*, vol. I, Coimbra, Coimbra Editora, 1999, pp. 111 ss. – «A telecomunicação eletrónica em rede de obras intelectuais na "sociedade da informação". A Diretriz 2001/29/CE e a sua transposição em Portugal pela Lei n.º 50/2004», *in* AAVV, *Direito da Sociedade da Informação*, vol. VII, Coimbra, Coimbra Editora, 2008, pp. 279 ss. – «Direito pessoal (dito "moral") de autor nos ordenamentos jurídicos português e espanhol», *RDI*, 2017/I, pp. 7 ss. – *Manual de Direito de Autor e Direitos Conexos*, 3.ª ed., Coimbra, Almedina, 2019.

Mendes, Evaristo – «Arbitragem Necessária. Invalidade de Patente, Direito a uma Tutela Jurisdicional Efetiva e Questões Conexas», *Propriedades Intelectuais*, 2015, n.º 3, pp. 103 ss.

Mendes, Manuel Oehen – *Da proteção do nome comercial estrangeiro em Portugal. A propósito do Ac. STJ de 11 de dezembro de 1979 («El Corte Inglês»)*, Coimbra, Almedina, 1982. – *Direito Industrial – I (Sumário das lições ao 4.º ano/1983-84)*, Coimbra, Almedina, s.d. – «Propriedade industrial», *in Polis – Enciclopédia Verbo da Sociedade e do Estado*, vol. 4, Lisboa/São Paulo, Verbo, s.d., cols. 1652 ss. – «Tutela jurídica das topografias dos circuitos integrados», *in* AAVV, *Direito da Sociedade da Informação*, vol. I, Coimbra, 1999, pp. 89 ss. –«Breves considerações sobre a incompetência dos tribunais arbitrais portugueses para apreciarem a questão da invalidade das patentes e dos Certificados Complementares de Proteção para Medicamentos», *in* Dário Moura Vicente *et al.* (coordenadores), *Estudos de Direito Intelectual em Homenagem ao Prof. Doutor José de Oliveira Ascensão*, Coimbra, Almedina, 2015, pp. 927 ss. – «Os efeitos do Brexit sobre a proteção da propriedade industrial – algumas reflexões preliminares», *RDI*, 2016/II, pp. 87 ss.

Metzger, Axel – «Transfer of Rights, License Agreements, and Conflict of laws: Remarks on the Rome Convention of 1980 and the Current ALI Draft», *in* Jürgen Basedow, Josef Drexl, Annette Kur e Axel Metzger (orgs.), *Intellectual Property in the Conflict of Laws*, Tubinga, Mohr Siebeck, 2005, pp. 61 ss. – «Community Rights & Conflict of Laws: Community Trademark, Community Design, Community Patent – Applicable Law for Claims of Damages», *in* Josef Drexl e Annette Kur (orgs.), *Intellectual Property and Private International Law. Heading for the Future*, Oxford/Portland, Hart Publishing, 2005, pp. 215 ss. – «Zum anwendbaren Urheberrecht bei grenzüberschreitendem Rundfunk», *IPRax*, 2006, pp. 242 ss. – «Applicable law under the CLIP Principles: A Pragmatic Revaluation of Territoriality», *in* Jürgen Basedow, Toshiyuki Kono e Axel Metzger (orgs.), *Intellectual Property in the Global Arena: Jurisdiction, Applicable Law, and the Recognition of Judgments in Europe, Japan and the US*, Tubinga, JCB Mohr, 2010, pp. 157 ss. – «Germany», *in* Toshiyuki Kono (org.), *Intellectual Property and Private International Law: Comparative Perspectives*, Oxford/Portland, Hart Publishing, 2012, pp. 581 ss.

Miguel Asensio, Pedro Alberto de – «Arbitraje y contratos internacionales sobre propriedad industrial en el Derecho español», *RCEA*, 1992, pp. 27 ss. – *Contratos internacionales sobre propiedad industrial*, 2.ª ed., Madrid, Civitas, 2000. – «Cross-Border Adjudication of Intellectual Property Rights and Competition between Jurisdictions», *AIDA*, 2007, pp. 105 ss. – «Exclusión de los procedimientos sobre nombres de dominio del recurso de anulación contra laudos arbitrales», *Arbitraje: Revista de arbitraje y de inversiones*, 2008, pp. 43 ss. – «La *lex loci protectionis* tras el reglamento "Roma II"», *AEDIPr.*, 2007, pp. 375 ss. – «Recognition and Enforcement of Judgments in Intellectual Property Litigation: The CLIP Principles», *in* Jürgen Basedow, Toshiyuki Kono e Axel Metzger (orgs.), *Intellectual Property in the Global Arena: Jurisdiction, Applicable Law, and the Recognition of Judgments in Europe, Japan and the US*, Tubinga, JCB Mohr, 2010, pp. 239 ss. – «Alcance de la arbitrabilidad de los litígios sobre derechos de propiedad industrial», *Arbitraje*, 2014, pp. 81 ss. – «Tribunal Unificado de Patentes: Competencia Judicial y Reconocimiento de Resoluciones», *RDI*, 2014/II, pp. 243 ss. – «The Unified Patent Court Agreement and the Amendment to the Brussels I Regulation (Recast)», *in* Costanza Honorati (org.), *Luci e ombre del nuovo Sistema UE di tutela brevettuale*, Turim, Giappichelli, 2014, pp. 153 ss. – *Derecho Privado de Internet*, 5.ª ed., Madrid, Civitas, 2015. – «El lugar del daño como fundamento de la competencia internacional en los litigios sobre derechos de autor», Dário Moura Vicente *et al.* (coordenadores), *Estudos de Direito Intelectual Estudos de Direito Intelectual em Homenagem ao Prof. Doutor José de Oliveira Ascensão*, Coimbra, Almedina, 2015, pp. 511 ss. – «La patente europea con efecto unitario y su régimen jurídico», *RDI*, 2016/I, pp. 143 ss. – «CLIP», *in* Jürgen

Basedow/Franco Ferrari/Pedro de Miguel Asensio/Giesela Rühl (orgs.), *Encyclopedia of Private International Law*, Cheltenham/Northampton, Edward Elgar, 2017, vol. 1, pp. 365 ss. – «Internet, jurisdiction», *in ibidem*, vol. 2, pp. 989 ss. – «Internet, liability», *in ibidem*, vol. 2, pp. 998 ss. – «Infracciones de marcas de la Unión, modelos y dibujos comunitarios: avances en materia de competencia judicial y ley aplicable», *La Ley Unión Europea*, n.º 52, outubro 2017. – «Implicaciones del Brexit sobre los derechos de propiedad industrial e intellectual», *La Ley Union Europea*, n.º 60, junho 2018. – «Mercado único digital y propiedad intelectual: las Directivas 2019/789 y 2019/790», *La Ley Union Europea*, n.º 71, junho 2019.

Miller, Arthur R., e Michael H. Davis – *Intellectual Property. Patents, Trademarks, and Copyright*, 4.ª ed., St. Paul, Minnesota, Thomson/West, 2007.

Miranda, Jorge, e Jorge Bacelar Gouveia – «A duração da patente no Acordo TRIPS e no novo Código da Propriedade Industrial à luz da Constituição portuguesa», *ROA*, 1997, pp. 249 ss.

Modiano, Giovanna – «Internacional Patent Licensing Agreements and Conflict of Laws», *Northwestern Journal of Internacional Law and Business*, 1980, pp. 11 ss.

Morais, Luís (org.) – *Direito Internacional Económico. Uma introdução*, Lisboa, AAFDL, 2007.

Moreira, Teresa – «O novo mecanismo de resolução de litígios da OMC. A perspetiva de Portugal», *in* AAVV, *A Organização Mundial do Comércio e a resolução de litígios*, Lisboa, Fundação Luso-Americana Para o Desenvolvimento, 1998, pp. 81 ss.

Moritz, Hans-Werner, e Thomas Dreier (orgs.) – *Rechts-Handbuch zum E-Commerce*, Colónia, Dr. Otto Schmidt, 2002.

Moro Almaraz, Maria Jesus (diretora) – *Autores, consumidores y comercio eletrónico*, Madrid, Colex, 2004.

Mosconi, Franco – «Exceptions to the Operation of Choice of Law Rules», *Rec. cours*, t. 217 (1989-V), pp. 9 ss. – «Qualche considerazione sugli effetti dell'eccezione di ordine pubblico», *RDIPP*, 1994, pp. 5 ss.

Mota, Pedro Infante – *O sistema GATT/OMC. Introdução histórica e princípios fundamentais*, Coimbra, Almedina, 2005.

Müller-Stoy, Tilman, e Florian Paschold – «European patent with unitary effect as a property right», *JIPLP*, 2014, pp. 848 ss.

Münchener Kommentar zum Bürgerlichen Gesetzbuch, vol. 12, *Internationales Privatrecht II. Internationales Wirtschaftsrecht. Art. 50-253) EGBGB*, 7.ª ed., Munique, C. H. Beck, 2017.

Neuhaus, Paul Heinrich – «Freiheit und Gleichheit im internationalen Immaterialgüterrecht», *RabelsZ*, 1976, pp. 191 ss.

Nerenz, Jochen – *Urheberschutz bei grenzüberschreitenden Datentransfers: Lex Loci Protectionis und Forum Delicti*, Konstança, Hartung-Gorre Verlag, 2000.

Niboyet, Marie-Laure, e Géraud de Geouffre de la Pradelle – *Droit international privé*, Paris, L.G.D.J., s.d.

Nicolai, Thomas R. – «First-to-File vs. First-to-Invent: A Comparative Study Based on German and United States Patent Law», *IIC*, 1972, pp. 103 ss.

Niebel, Rembert, Lorenzo de Martinis e Birgit Clark – «The EU Trade Secrets Directive: all change for trade secret protection in Europe?», *JIPLP*, 2018, pp. 445 ss.

Niemann, Ingo – *Geistiges Eigentum in konkurrierenden völkerrechtlichen Vertragsordnungen. Das Verhältnis zwischen WTO/TRIPS und WIPO*, Berlim/Heidelberga/Nova Iorque, Springer, 2007.

Nimmer, Melville B. – «Who is the Copyright Owner when Laws Conflict?», *GRUR Int.*, 1973, pp. 302 ss. e David Nimmer – *Nimmer on Copyright*, Lexis Nexis, s.l., s.d. [folhas móveis; atualizado até 2007].

Nordemann, Wilhelm, Kai Vinck e Paul W. Hertin – *International Copyright and Neighboring Rights Law. Commentary with special emphasis on the European Community*, versão inglesa por Gerald Meyer, Weinheim, VCH Verlagsgesellschaft, 1990.

Norrgard, Marcus – «Provisional Measures and Multiple Defendants in the MPI Proposal», *in* Josef Drexl e Annette Kur (orgs.), *Intellectual Property and Private International Law. Heading for the Future*, Oxford/Portland, Hart Publishing, 2005, pp. 35 ss.

Nourissat, Cyril, e Edouard Treppoz – «Quelques observations sur l'avant-projet de proposition de règlement du Conseil sur la loi applicable aux obligations non contractuelles "Rome II"», *Clunet*, 2003, pp. 7 ss.

Nuyts, Arnaud – «Suying at the Place of Infringement: The Application of Article 5 (3) of Regulation 44/2001 to IP Matters and Internet Disputes», *in* Arnaud Nuyts (org.), *International Litigation in Intellectual Property and Information Technology*, Austin, etc., Wolters Kluwer, 2008, pp. 105 ss. –, Katarzyna Szychowska e Nikitas Hatzimihail – «Cross-Border Litigation in IP/IT Matters in the European Union: The Transformation of the Jurisdictional Landscape», *in* Arnaud Nuyts (org.), *International Litigation in Intellectual Property and Information Technology*, Austin, etc., Wolters Kluwer, 2008, pp. 1 ss.

Nygh, Peter – *Autonomy in International Contracts*, Oxford, Oxford University Press, 1999.

Obergfell, Eva Inés – «Das Schutzlandprinzip und "Rom II". Bedeutung und Konsequenzen für das Internationale Urheberrecht», *IPRax*, 2005, pp. 9 ss.

Ohly, Ansgar – *Richterrecht und Generalklausel im Recht des unlauteren Wettbewerbs*, Colónia, Berlim, Bona, Munique, Carl Heymanns Verlag, 1997. – «Geistiges Eigentum?», *JZ*, 2003, pp. 545 ss. – «Kennzeichenkonflikte im Internet», *in* Stefan Leible (org.), *Die Bedeutung des Internationalen Privatrechts im Zeitalter der neuen Medien*, Estugarda, etc., 2003, pp. 135 ss. «Choice of Law in the Digital Environment – Problems and Possible Solutions», *in* Josef Drexl e Annette Kur (orgs.), *Intellectual Property and Private International Law. Heading for the Future*, Oxford/Portland, Hart Publishing,

2005, pp. 241 ss. – «Der Geheimnisschutzrecht im deutschen Recht: heutiger Stand und Perspektiven», *GRUR*, 2014, pp. 1 ss. – «Auf dem Weg zum Einheitspatent und zum Einheitlichen Patentgericht. Licht am Ende des Tunnels oder Tunnel am Ende des Lichts?», *ZGE*, 2012, pp. 419 ss.

Olavo, Carlos – «Importações paralelas e esgotamento de direitos de propriedade industrial: questões e perspetivas», *ROA*, 2001, pp. 1413 ss. – «Desenhos e modelos: evolução legislativa», *in* AAVV, *Direito Industrial*, vol. III, Coimbra, Almedina, 2003, pp. 45 ss. – *Propriedade Industrial*, vol. I, *Sinais distintivos do comércio. Concorrência desleal*, 2.ª ed., Coimbra, Almedina, 2005. – «O TRIPS e a duração das patentes», *ROA*, 2006, pp. 915 ss. – «Os desenhos ou modelos comunitários», *in* AAVV, *Direito Industrial*, vol. V, Coimbra, Almedina, 2008, pp. 451 ss.

Olavo, Fernando – «O nome comercial e o artigo 8.º da Convenção da União de Paris», *CJ*, ano IX (1984), t. V, pp. 21 s.

Oliveira, Ana Perestrelo de – *Arbitragem de litígios com entes públicos*, 2.ª ed., Coimbra, Almedina, 2015.

Oliveira, Elsa Dias – *Da responsabilidade civil extracontratual por violação de direitos de personalidade em Direito internacional Privado*, Coimbra, Almedina, 2012. – «A relevância do *right of publicity* no âmbito da propriedade intelectual», *in* Dário Moura Vicente *et al.* (coordenadores), *Estudos de Direito Intelectual em Homenagem ao Prof. Doutor José de Oliveira Ascensão*, Coimbra, Almedina, 2015, pp. 209 ss.

Ollier, Pierre-Dominique, e Jean-Pierre Le Gall – «Various Damages», *in IECL*, vol. XI, *Torts*, capítulo 10.

Oppetit, Bruno – «L'arbitrabilité des litiges de droit d'auteur et droits voisins», *in* AAVV, *Arbitrage et propriété intellectuelle*, Paris, Litec, 1994, pp. 121 ss. – *Théorie de l'arbitrage*, Paris, PUF, 1998.

Organização de Cooperação e de Desenvolvimento Económico – *Intellectual Property Practices in the Field of Biotechnology*, s.l., 1999 (disponível em http://www.oecd.org).

Organização Mundial da Propriedade Intelectual – *Guide de la Convention de Berne pour la protection des oeuvres littéraires et artistiques (Acte de Paris, 1971)*, Genebra, 1978. – *Guide to the Rome Convention and to the Phonograms Convention*, s.l., 1981. – *Character Merchandising*, Genebra, 1994. *The Management of Internet Names and Addresses: Intellectual Property Issues. Final Report of the WIPO Internet Domain Name Process*, s.l., 1999. *Intellectual Property on the Internet: a Survey of Issues*, Genebra, 2002. *Consolidated Analysis of the Legal Protection of Traditional Cultural Expressions*, Genebra, 2003. *Consolidated Survey of Intellectual Property Protection of Traditional Knowledge*, Genebra, 2003. *Comparative Summary of Sui Generis Legislation for the Protection of Traditional Cultural Expressions*, Genebra, 2003. *Patentability of Computer Software and Business Methods*, Genebra, 2003. *WIPO Intellectual Property Handbook: Policy, Law and Use*, 2.ª ed., reimpressão, Genebra, 2006. *Wipo Patent Report. Statistics on Worldwide Patent Activities*, Genebra, 2007. *Revised Provisions for the Protection of Traditional*

Knowledge, Genebra, 2007. *The International Patent System in 2006. PCT Yearly Review*, Genebra, s.d. *Intellectual Property and Traditional Knowledge*, Genebra, s.d. *Revised Draft Provisions for the Protection of Traditional Cultural Expressions/ Expressions of Folklore*, Genebra, s.d. – *WIPO Studies on the Economic Contribution of the Copyright Industries. Overview*, Genebra, 2014. – *World Intellectual Property Indicators 2018*, Genebra, 2018. – *Patent Cooperation Tretay. Yearly Review 2019*, Genebra, 2019.

Organização Mundial de Comércio – *Review under article 24.2 of the Application of the Provisions of the Section of the TRIPS Agreement on Geographical Indications. Summary of the Responses to the Checklist of Questions. Note by the Secretariat*, s.l., 2001, disponível em http://www.wto.org.

Ortino, Federico, e Ernst-Ulrich Petersmann (orgs.) – *The WTO Dispute Settlement System: 1995-2003*, Haia, Kluwer, 2004.

Ortuño Baeza, Maria Teresa – «Contratos ligados a la propiedad industrial. Licencia de marca. Franquicia», *in* Alfonso-Luis Calvo Caravaca/Luís Fernández de la Gándara (Diretores) e Pilar Blanco-Morales Limones (coordenadora), *Contratos internacionales*, Madrid, Tecnos, 1997, pp. 1505 ss.

Pahlow, Louis – «Grundlagen und Grundfragen des Geistigen Eigentums. Zur Einführung», *in* Louis Pahlow e Jens Eisfeld (orgs.), *Grundlagen und Grundfragen des Geistigen Eigentums*, Tubinga, Mohr Siebeck, 2008, pp. 1 ss.

Pagenberg, Jochen – «L'arbitrabilité des litiges de propriété intellectuelle en Allemagne», *in* AAVV, *Colloque mondial sur l'arbitrage des litiges de propriété intellectuelle*, Genebra, Organização Mundial da Propriedade Intelectual, 1994, pp. 77 ss.

Palandt – *Bürgerliches Gesetzbuch*, 66.ª ed., Munique, C.H. Beck, 2007.

Pallao Moreno, Guillermo – «Propriedade intelectual e Direito Internacional Privado na União Europeia», *in* Marcos Wachowicz (org.), *Estudos de Direito da Propriedade Intelectual*, Curitiba, GEDAI, 2015, pp. 67 ss.

Park, William W. – «Irony in Intellectual Property Arbitration», *Arbitration International*, 2003, pp. 451 ss.

Passa, Jerôme – *Territorialité de la marque et protection contre un signe exploité sur un site Internet étranger. Breves remarques à propos de l'arrêt Hugo Boss de la Cour de Cassation*, s.l., 2005, disponível em http://www.juriscom.net.

Pattishall, Beverly W. – «Trade-Marks and the Monopoly Phobia», *Mich.L.R.*, 1952, pp. 967 ss. –, David C. Hilliard e Joseph Nye Welch, II – *Trademarks and Unfair Competition*, 6.ª ed., Newark/S. Francisco/Charlottesville, Lexis Nexis, 2005.

Patry, William F. – «Choice of Law and International Copyright», *AJCL*, 2000, pp. 383 ss.

Paúl, Jorge Patrício – «Concorrência desleal e segredos de negócio», *in* AAVV, *Direito Industrial*, vol. II, Coimbra, 2002, pp. 139 ss.

Pazdan, Maksymilian, e Maciej Szpunar – «Cross-Border Litigation of Unfair Competition over the Internet», *in* Arnaud Nuyts (org.), *International Litigation in*

Intellectual Property and Information Technology, Austin, etc., Wolters Kluwer, 2008, pp. 131 ss.

Pereira, Alexandre Dias – Recensão a Julia Ellins, *Copyright Law, Urheberrecht und ihre Harmonisierung in der Europäischen Gemeinschaft. Von den Anfängen bis ins Informationszeitalter*, *BFDUC*, 1998, pp. 801 ss. – *Informática, Direito de Autor e Propriedade Tecnodigital*, Coimbra, Coimbra Editora, 2001. «Merchandising e Propriedade Intelectual: Sobre a exploração mercantil de personagens protegidas pelo direito de autor», *Revista de Propriedade Industrial*, n.º 20, pp. 11 ss. «Patentes de software. Sobre a patenteabilidade dos programas de computador», *in* AAVV, *Direito Industrial*, vol. I, Coimbra, Almedina, 2001, pp. 385 ss. «Gestão individual e coletiva do direito de autor e dos direitos conexos na sociedade da informação», *in* AAVV, *Direito da Sociedade da Informação*, vol. IV, Coimbra, Coimbra Editora, 2003, pp. 433 ss. «Proteção jurídica e exploração negocial de programas de computador», *BFDUC – Volume comemorativo do 75.º tomo*, 2003, pp. 453 ss. «A revisão do Acordo ADPIC/TRIPS (alguns tópicos)», *in* AAVV, *Direito da Sociedade da Informação*, vol. VI, Coimbra, Coimbra Editora, 2006, pp. 373 ss. – *Direitos de autor e liberdade de informação*, Coimbra, Almedina, 2008. – «Portugal», *in* Toshiyuki Kono (org.), *Intellectual Property and Private International Law: Comparative Perspectives*, Oxford/Portland, Hart Publishing, 2012, pp. 877 ss. – «A modernização do Direito de Autor na União Europeia – O pacote legislativo da Comissão», *RDI*, 2017/II, pp. 7 ss.

Pereira, António Maria – «Propriedade literária e artística – Conceito e tipos legislativos», *ROA*, 1980, pp. 485 ss. – «Problemática internacional do Direito de Autor», *ROA*, 1995, pp. 567 ss.

Perret, François – «L'arbitrabilité des litiges de propriété industrielle – I. En droit comparé : Suisse/Allemagne/Italie», *in* AAVV, *Arbitrage et propriété intellectuelle*, Paris, Litec, 1994, pp. 73 ss.

Perlmutter, Shira – «Towards a Global Copyright Law?», *in* Robin Jacob (org.), *The Sir Hugh Laddie Lectures*, Cambridge, etc., Intersentia, 2019, pp. 175 ss.

Pertegás Sender, Marta – *Cross-Border Enforcement of Patent Rights. An Analysis of the Interface Between Intellectual Property and Private International Law*, Oxford, University Press, 2002. «Patent Infringement, Choice of Laws, and the Forthcoming Rome II Regulation», in Jürgen Basedow, Josef Drexl, Annette Kur e Axel Metzger (orgs.), *Intellectual Property in the Conflict of Laws*, Tubinga, Mohr Siebeck, 2005, pp. 159 ss. «Intellectual Property and Choice of Law Rules», *in* Alberto Malatesta (org.), *The Unification of Choice of Law Rules on Torts and Other Non-Contractual Obligations in Europe. The «Rome II» Proposal*, Pádua, CEDAM, 2006, pp. 221 ss. «The Appropriate Venue for Cross-Border Patent Disputes: Heading (Far) West?», *in* Arnaud Nuyts (org.), *International Litigation in Intellectual Property and Information Technology*, Austin, etc., Wolters Kluwer, 2008, pp. 89 ss.

Pessach, Guy – «An International-Comparative Perspective on Peer-to-Peer File-Sharing and Third Party Liability in Copyright Law: Framing the Past, Present, and Next Generations' Questions», *Vanderbilt Journal of Transnational Law*, 2007, pp. 87 ss.

Petersen, Troy – «U.S. Infringement Liability for Foreign Sellers of Infringing Products», *Duke Law and Technology Review*, 2003 (disponível em http://www.law.duke.edu/journals/dltr/articles/2003dltr0032.html).

Petersmann, Ernst-Ulrich – *The GATT/WTO Dispute Settlement System : International Law, International Organizations and Dispute Settlement*, Londres, Kluwer, 1998.

Peukert, Alexander – «Contractual Jurisdiction Clauses and Intellectual Property», *in* Josef Drexl e Annette Kur (orgs.) – *Intellectual Property and Private International Law. Heading for the Future*, Oxford/Portland, Hart Publishing, 2005, pp. 55 ss. – «Vereinheitlichung des Immaterialgüterrechts: Strukturen, Akteure, Zwecke», *RabelsZ*, 2017, pp. 158 ss.

Picard, Robert G., Timo E. Toivonen e Mikko Grönlund – *The Contribution of Copyright and Related Rights to the European Economy*, Turku, 2003.

Piekenbrock, Andreas – «Die Bedeutung des Herkunftslandprinzips im europäischen Wettbewerbsrecht», *GRUR Int.*, 2007, pp. 997 ss.

Pierson, Matthias, Thomas Ahrens e Karsten Fischer – *Recht des geistigen Eigentums. Patente, Marken, Urheberrecht, Design*, Munique, Franz Vahlen, 2007.

Pimenta, Eduardo – *Princípios de direitos autorais*, Rio de Janeiro, Lumen Iuris, 2004.

Pinheiro, Luís de Lima – *Contrato de empreendimento comum* (joint venture) *em Direito Internacional Privado*, Lisboa, Cosmos, 1998. – «A lei aplicável aos direitos de propriedade intelectual», *RFDUL*, 2001, pp. 63 ss. – «Direito aplicável à responsabilidade extracontratual na Internet», *RFDUL*, 2001, pp. 825 ss. – *Arbitragem transnacional. A determinação do estatuto da arbitragem*, Coimbra, Almedina, 2005. – «O Direito de Conflitos das obrigações extracontratuais entre a comunitarização e a globalização – uma primeira apreciação do Regulamento Comunitário Roma II», *Dir.*, 2007, pp. 1027 ss. – *Direito Internacional Privado*, vol. I, 3.ª ed., Coimbra, Almedina, 2014; vol. II, 4.ª ed., Coimbra, Almedina, 2015; vol. III/tomos I e II, Lisboa, AAFDL, 2019. – «Contratos celebrados através da internet – Tribunais internacionalmente competentes e Direito aplicável», *RDC*, 2018, pp. 743 ss.

Pinto, Carlos Alberto Mota – *Teoria geral do Direito Civil*, 4.ª ed., por António Pinto Monteiro e Paulo Mota Pinto, Coimbra, Coimbra Editora, 2005.

Piotraut, Jean-Luc – «An Authors' Rights-Based Copyright Law: The Fairness and Morality of French Law and American Law Compared», *Cardozo Arts & Entertainment Law Journal*, 2006, pp. 549 ss. – *La propriété intellectuelle en droit international et comparé (France, Allemagne, Royaume-Uni, États-Unis)*, Paris, Tec & Doc/Lavoisier, 2007.

Plaisant, Marcel – «De la protection internationale de la propriété industrielle», *Rec. cours*, t. 39 (1932-I), pp. 351 ss.

Plant, David W. – «Arbitrability of Intellectual Property Isssues in the United States», *in* AAVV, *Objective Arbitrability. Antitrust Disputes. Intellectual Property Disputes*, s.l., Association Suisse de l'Arbitrage, 1994, pp. 121 ss. – «L'arbitrabilité des litiges de propriété intellectuelle aux États-Unis d'Amérique», *in* AAVV, *Colloque mondial sur l'arbitrage des litiges de propriété intellectuelle*, Genebra, Organização Mundial da Propriedade Intelectual, 1994, pp. 27 ss. – *Resolving International Intellectual Property Disputes*, Paris, Câmara de Comércio Internacional, 1999. – *We Must Talk Because We Can. Mediating International Intellectual Property Disputes*, Paris, International Chamber of Commerce, 2008.

Pocar, Fausto – «Concluding Remarks», *in* Alberto Malatesta (org.), *The Unification of Choice of Law Rules on Torts and Other Non-Contractual Obligations in Europe. The «Rome II» Proposal*, Pádua, CEDAM, 2006, pp. 301 ss. –, Tullio Treves, Sérgio Maria Carbone, Andrea Giardina, Riccardo Luzzatto, Franco Mosconi, e Roberta Clerici – *Commentario del nuovo diritto internazionale privato*, Pádua, CEDAM, 1996.

Pollaud-Dulian, Frédéric – *Le droit d'auteur*, Paris, Economica, 2005.

Poudret, Jean-François, e Sébastien Besson – *Droit comparé de l'arbitrage international*, Zurique, Paris e Bruxelas, Schulthess, LGDJ e Bruylant, 2002.

Prosser and Keeton on the Law of Torts, 5.ª ed., por W. Page Keeton, Dan Dobbs, Robert Keeton e David Owen, St. Paul, Minnesota, West Publishing Co., 1984.

Pütz, Silke – *Parteiautonomie im internationalen Urhebervertragsrecht. Eine rechtsdogmatische und rechtspolitische Betrachtung der Grenzen freier Rechtswahl im internationalen Urhebervertragsrecht unter besonderer Berücksichtigung des neuen deutschen Urherbervertragsrechts*, Frankfurt a. M., etc., Peter Lang, 2005.

Quadros, Fausto de – «O caráter *self-executing* de disposições de tratados internacionais. O caso concreto do acordo TRIPS», *ROA*, 2001, pp. 1269 ss.

Rabaçal, Tomás Castro Rodrigues – *Interpretação actualista da cláusula geral da concorrência desleal*, Coimbra, Almedina, 2017.

Rachman, Marc J., Sara L. Edelman e David S. Greenberg – «Punitive Damages Available For Infringement?», *New York Law Journal*, 2005.

Ramalho, Ana Bárbara – «Ensaio sobre a construção de um conteúdo normativo do direito de autor europeu», *in* Dário Moura Vicente *et al.* (coordenadores), *Estudos de Direito Intelectual em Homenagem ao Prof. Doutor José de Oliveira Ascensão*, Coimbra, Almedina, 2015, pp. 95 ss.

Ramos, André de Carvalho – *Curso de Direito Internacional Privado*, São Paulo, Saraiva, 2017. – e Erik Frederico Gramstrup – *Comentários à Lei de Introdução às Normas do Direito Brasileiro*, São Paulo, Saraiva, 2016.

Ramos, Rui de Moura – *Direito Internacional Privado e Constituição*, Coimbra, Coimbra Editora, 1980. – *Da lei aplicável ao contrato de trabalho internacional*, Coimbra, Almedina,

1991. – *Das relações privadas internacionais. Estudos de Direito Internacional Privado*, Coimbra, Coimbra Editora, 1995. – *A reforma do Direito Processual Civil Internacional*, Coimbra, Coimbra Editora, 1998. – *Estudos de Direito Internacional Privado e de Direito Processual Civil Internacional*, Coimbra, Coimbra Editora, vol. I, 2002; vol. II, 2007. – *Estudos de Direito Internacional Privado da União Europeia*, Coimbra, Imprensa da Universidade de Coimbra, 2016. – «O Direito Processual Civil Internacional nas recentes codificações portuguesa e brasileira». *BFDUC*, 2017, pp. 557 ss.

Rato, Gonçalo Moreira – *La protection des marques notoires et de haute renomée au Portugal*, Estrasburgo, 1988 (polic.). – «O nome de domínio ".eu"», *in* AAVV, *Direito da Sociedade da Informação*, vol. VII, Coimbra, Coimbra Editora, 2008, pp. 417 ss.

Rauscher, Thomas (org.) – *Europäisches Zivilprozessrecht. Kommentar*, 2 vols., 2.ª ed., Munique, Sellier, 2006.

Raynaud, Jacques – *Droit d'auteur et conflits de lois. Essai sur la nature juridique du droit d'auteur*, Paris, Litec, 1990.

Rebello, Luiz Francisco – «Portugal e a Convenção de Berna», *in* AAVV, *Centenário da Convenção de Berna. Sessão comemorativa da Academia das Ciências de Lisboa*, Lisboa, Sociedade Portuguesa de Autores, 1987, pp. 29 ss. – *Introdução ao Direito de Autor*, vol. I, Lisboa, Sociedade Portuguesa de Autor, 1994. – *Código do Direito de Autor e dos Direitos Conexos anotado*, 3.ª ed., s.l., Âncora Editora, 2002. – «As personagens literárias e artísticas e o direito de autor», *in* AAVV, *Estudos em homenagem a Francisco José Velozo*, Braga, 2002, pp. 613 ss. – «A transposição da Diretiva n.º 2001/29/CE: um comentário crítico», *in* AAVV, *Direito da Sociedade da Informação*, vol. VII, Coimbra, Coimbra Editora, 2008, pp. 433 ss.

Reese, Willis L. M. – «The conflict-of-laws rules on unfair competition. Preliminary Exposé», *Annuaire de l'Institut de Droit International*, vol. 60, parte I (1983), pp. 107 ss.

Rehbinder, Manfred, e Alexander Peukert – *Urheberrecht und verwandte Schutzrechte. Ein Studienbuch*, 17.ª ed., Munique, C.H. Beck, 2018.

Reichman, Jerome H. – «Legal Hybrids Between the Patent and Copyright Paradigms», *Columbia L. R.*, 1994, pp. 2432 ss. – «Charting the Collapse of the Patent-Copyright Dichotomy: Premises for a Restructured International Intellectual Property System», *Cardozo Arts & Entertainment Law Journal*, vol. 13 (1994/95), pp. 475 ss. – e Pamela Samuelson – «Intellectual Property Rights in Data?», *Vanderbilt Law Review*, 1997, pp. 49 ss.

Reinbothe, Jörg – «The Acquis Communautaire and the Future of Copyright in the European Union», *in* AAVV, *Culture, Copyright and Information Society*, s.l., Hellenic Ministry of Culture, 2004, pp. 26 ss. – «Der acquis communautaire des Europäischen Urheberrechts: Stand und Entwicklung der Rechtsangleichung und Harmonisierungskonzept», *EWS*, 2007, pp. 193 ss. – e Silke von Lewinski – *The WIPO Treaties 1996. The WIPO Copyright Treaty and the WIPO Performances and Phonograms Treaty. Commentary and Legal Analysis*, reimpressão, Londres, Tottel Publishing, 2007.

Reithmann, Christoph, e Dieter Martiny – *Internationales Vertragsrecht. Das internationale Privatrecht der Schuldverträge*, 6.ª ed., Colónia, Verlag Dr. Otto Schmidt, 2004.

Remy, Benjamin – *Exception d'ordre public et mécanisme des lois de police en droit international privé*, Paris, Dalloz, 2008.

Ricket, Charles E. F., e Graeme W. Austin (orgs.) – *International Intellectual Property and the Common Law World*, Oxford/Portland, Oregon, 2000.

Ricketson, Sam – *The Berne Convention for the Protection of Literary and Artistic Works: 1886-1986*, Londres, Kluwer, 1987. – e Jane Ginsburg – *International Copyright and Neighbouring Rights. The Berne Convention and Beyond*, 2 vols., 2.ª ed., Oxford, Oxford University Press, 2006.

Rigaux, François, e Marc Fallon – *Droit International Privé*, 3.ª ed., Bruxelas, Larcier, 2005.

Rimmer, Matthew – *Intellectual Property and Biotechnology. Biological Inventions*, Cheltenham/Northampton, Edward Elgar Publishing, 2008.

Rodrik, Dani – *The Globalization Paradox*, Oxford, Oxford University Press, 2011.

Roessler, Frieder – «A evolução do sistema de resolução de litígios do GATT/OMC», *in* AAVV, *A Organização Mundial do Comércio e a resolução de litígios*, Lisboa, Fundação Luso-Americana Para o Desenvolvimento, 1998, pp. 67 ss.

Rosati, Eleonora – *Copyright and the Court of Justice of the European Union*, Oxford, Oxford University Press, 2019.

Rosário, A. Simões do, e Raul Cordeiro – «Circuito», *in Enciclopédia Verbo Século XXI*, vol. 6, Lisboa/São Paulo, 1998, cols. 1355 s.

Ross, Terence P. – *Intellectual Property. Damages and Remedies*, Nova Iorque, Law Journal Press, 2000.

Roubier, Paul – *Le droit de la propriété industrielle*, 2 vols. Paris, Sirey, 1952/54.

Rubino-Sammartano, Mauro – *Il diritto dell'arbitrato. Disciplina comune e regimi speciali*, 6.ª ed., Pádua, Cedam, 2010.

Sabido Rodríguez, Mercedes – *La creación intelectual como objeto de intercambios comerciales internacionales*, Cáceres, Universidad de Extremadura, 2000.

Saint-Gal, Yves – «Der internationale Schutz des Handelsnamens», *GRUR Int.*, 1964, pp. 289 ss.

Sameiro, Margarida – «Lei 62/2011: algumas questões controversas na perspetiva do titular do direito», *RDI*, 2015, pp. 309 ss.

Samuelson, Pamela – «Creating a New Kind of Intellectual Property: Applying the Lessons of the Chip Law to Computer Programs», *Minnesota Law Review*, vol. 70 (1985/1986), pp. 471 ss.

Santos, António Marques dos – *Tranferência internacional de tecnologia, economia e direito. Alguns problemas gerais*, Lisboa, Centro de Estudos Fiscais, 1984. – *As normas de aplicação imediata no Direito Internacional Privado. Esboço de uma teoria geral*, 2 vols., Coimbra, Almedina, 1991. – *Direito Internacional Privado. Introdução*, vol. I, Lisboa,

AAFDL, 2001. – «Algumas considerações sobre a autonomia da vontade no Direito Internacional Privado em Portugal e no Brasil», *in* Rui de Moura Ramos *et al.* (orgs.), *Estudos em homenagem à Professora Doutora Isabel de Magalhães Collaço*, vol. I, Coimbra, Almedina, 2002, pp. 379 ss. – *Estudos de Direito Internacional Privado e de Direito Público*, Coimbra, Almedina, 2004.

Santos, Luís Máximo dos – «O mecanismo de resolução de litígios da OMC: um elogio merecido?», *in* AAVV, *A Organização Mundial do Comércio e a resolução de litígios*, Lisboa, Fundação Luso-Americana Para o Desenvolvimento, 1998, pp. 53 ss.

Santos Júnior, Eduardo – *Da responsabilidade civil de terceiro por lesão do direito de crédito*, Coimbra, Almedina, 2003.

Sato, Ikumi – «Study on Governing Law on Security Rights in Intellectual Property», *IIP Bulletin* 2013, pp. 1 ss.

Schaafsma, Sierd – *Intellectuele eigendom in het conflictenrecht: de verborgen conflictregel in het beginsel van nationale behandeling*, Deventer, Kluwer, 2009. – «Private international law and intellectual property», *NIPR*, 2016, pp. 685 s. – «Multiple defendants in intellectual property litigation», *NIPR*, 2016, pp. 696 ss.

Schack, Haimo – *Zur Anknüpfung des Urheberrechts im internationalen Privatrecht*, Berlim, Duncker & Humblot, 1979. – «Die grenzüberschreitende Verletzung allgemeiner und Urheberpesönlichkeutsrechte», *UFITA*, 1988, pp. 51 ss. – «Neue Techniken und Geistiges Eigentum», *JZ*, 1998, pp. 753 ss. – «Europäisches Urheberrecht im Werden», *ZEuP*, 2000, pp. 799 ss. – «Internationale Urheber-, Marken- und Wettbewerbsrechtsverletzungen im Internet. Internationales Privatrecht», *MMR*, 2000, pp. 59 ss. – «Internationale Urheber-, Marken- und Wettbewerbsrechtsverletzungen im Internet. Internationales Zivilprozessrecht», *MMR*, 2000, pp. 135 ss. – «Copyright Licensing in the Internet Age: Choice of Law and Forum», *in* Theodor Baums/Klaus Hopt/Norbert Horn (orgs), *Corporations, Capital Markets and Business Law. Liber Amicorum Richard M. Buxbaum*, Haia, Kluwer, 2000, pp. 489 ss. – «Internationally Mandatory Rules in Copyright Licensing Agreements», *in* Jürgen Basedow, Josef Drexl, Annette Kur e Axel Metzger (orgs.), *Intellectual Property in the Conflict of Laws*, Tubinga, Mohr Siebeck, 2005, pp. 107 ss. *Internationales Zivilverfahrensrecht*, 4.ª ed., Munique, C.H. Beck, 2006. *Urheber- und Urhebervertragsrecht*, 4.ª ed., Tubinga, Mohr Siebeck, 2007.

Schaper, Eike – «Choice-of-Law Rules in the EU – Special Issues with Respect to Community Rights – Infringement of Community Trade Marks and Applicable Law», *in* Josef Drexl e Annette Kur (orgs.), *Intellectual Property and Private International Law. Heading for the Future*, Oxford/Portland, Hart Publishing, 2005, pp. 201 ss.

Schauwecker, Marko – «Zur internationalen Zuständigkeit bei Patentverletzungsklagen – Der Fall *Voda v. Cordis* im Lichte europäischer und internationaler Entwicklungen», *GRUR Int.*, 2008, pp. 96 ss. – «Tagungsbericht Internationaler Conference "Intellectual Property and Private International Law"», *GRUR Int.*, 2008, pp. 491 ss.

Schechter, Frank I. – «The Rational Basis of Trademark Protection», *Harvard Law Review*, 1926-27, pp. 813 ss.

Schechter, Roger E. – *Intellectual Property*, 3.ª ed., St. Paul, Minnesota, Thomson/West, 2006. – (org.) – *Selected Intellectual Property and Unfair Competition. Statutes, Regulations and Treaties*, St. Paul, Minnesota, Thomson/West, 2007. – e John R. Thomas – *Intellectual Property. The Law of Copyrights, Patents and Trademarks*, St. Paul, Minnesota, West, 2003.

Schlosser, Peter – *Das Recht der internationalen privaten Schiedsgerichtsbarkeit*, 2.ª ed., Tubinga, J.C.B. Mohr, 1989. – *EU-Zivilprozessrecht*, 2.ª ed., Munique, C.H. Beck, 2003. – Anotação ao acórdão do Tribunal de Justiça das Comunidades Europeias de 13 de julho de 2006, *JZ*, 2007, pp. 305 ss.

Schmidt, Svenné – «The Incidental Question in Private International Law», *Rec. cours*, t. 233 (1992-II), pp. 305 ss.

Schmidt-Szalewski, Joanna – «The International Protection of Trademarks after the TRIPS Agreement», *Duke Journal of Comparative & International Law*, 1998, pp. 189 ss. – e Jean-Luc Pierre – *Droit de la proprieté industrielle*, 3.ª ed., Paris, Litec, 2003.

Schmitthoff, Clive – «The Law of International Trade, its Growth, Formulation and Operation», *in eiusdem* (org.), *The Sources of the Law of International Trade*, Londres, Stevens, 1964, pp. 3 ss.

Schonning, Peter – «Points of attachment in the field of neighbouring rights», *in* AAVV, *Culture, Copyright and Information Society*, s.l., Hellenic Ministry of Culture, 2004, pp. 144 ss.

Schricker, Gerhard (org.) – *Urheberrecht. Kommentar*, 3.ª ed., Munique, C.H. Beck, 2006.

Schulz, Andrea – «The Hague Conference Project for a Global Convention on Jurisdiction, Recognition and Enforcement in Civil and Commercial Matters: An Update», *in* Josef Drexl e Annette Kur (orgs.) – *Intellectual Property and Private International Law. Heading for the Future*, Oxford/Portland, Hart Publishing, 2005, pp. 5 ss.

Schurig, Klaus – «Zwingendes Recht, "Eingriffsnormen" und neues IPR», *RabelsZ*, 1990, pp. 217 ss.

Schuz, Rhona – *A Modern Approach to the Incidental Question*, Londres/Haia/Boston, Kluwer, 1997.

Schwab, Karl Heinz, e Gerhard Walter – *Schiedsgerichtsbarkeit*, 6.ª ed., Munique, C.H.Beck, 2000.

Scoles, Eugene F., Peter Hay, Patrick J. Borchers e Symeon C. Symeonides – *Conflict of Laws*, 4.ª ed., St. Paul, Minn., Thomson West, 2004.

Seatzu, Francesco – «La disciplina della giurisdizione nel regolamento CE N. 6/2002 sui disegni e modelli comunitari», *RDIPP*, 2004, pp. 1279 ss.

Serra, Lucas – «As novas perspectivas da gestão colectiva do direito de autor e do licenciamento multiterritorial de obras protegidas», *RDI*, 2016/I, pp. 65 ss.

Siehr, Kurt – «Das Urheberrecht in neuren IPR-Kodifikationen», *UFITA*, 1988, pp. 9 ss. – *Internationales Privatrecht*, Heidelberga, C.F. Müller, 2001. – *Das Internationale Privatrecht der Schweiz*, Zurique, Schulthess, 2002.

Silva, Ana Maria Pereira da – «A nova Diretiva sobre Marcas e a sua transposição para Portugal», *RDI*, 2018/I, pp. 77 ss.

Silva, Miguel Moura e – «Modelos de utilidade – breves notas sobre a revisão do Código da Propriedade Industrial», *Direito Industrial*, vol. III, Coimbra, 2003, pp. 229 ss. – *Direito da concorrência*, Lisboa, AAFDL, 2018.

Silva, Nuno Sousa e – «What exactly is a trade secret under the proposed Directive?», *JIPLP*, 2014, pp. 923 ss. – «Um retrato do regime português dos segredos de negócio», *ROA*, 2015, pp. 223 ss. – *Os atos de aproveitamento de imateriais: concorrência desleal e propriedade intelectual*, Porto, Universidade Católica Portuguesa, 2018 (polic.).

Silva, Pedro Sousa e – *Direito Comunitário e Propriedade Industrial. O princípio do esgotamento dos direitos*, Coimbra, Coimbra Editora, 1996. – «O princípio da especialidade das marcas. A regra e a exceção: as marcas de grande prestígio», *ROA*, 1998, pp. 377 ss. – «O "esgotamento" de direitos industriais», *in* AAVV, *Direito Industrial*, vol. I, Coimbra, Almedina, 2001, pp. 453 ss. – «"E depois do adeus". O "esgotamento do Direito Industrial e os direitos subsistentes após a colocação no mercado», *in* AAVV, *Direito Industrial*, vol. III, Coimbra, Almedina, 2003, pp. 201 ss. – «A patenteabilidade dos métodos comerciais», *ROA*, 2003, pp. 313 ss. – «O Tribunal Unificado de Patentes», *RDI*, 2014/I, pp. 243 ss. – *A proteção jurídica do Design*, Coimbra, Almedina, 2017. – *Direito Industrial*, 2.ª ed., Coimbra, Almedina, 2019.

Silveira, Newton – *Propriedade intelectual*, 6.ª ed., São Paulo, Menole, 2018.

Simms, Daniel Paul – «Arbitrability of Intellectual Property Disputes in Germany», *Arbitration International*, 1999, pp. 193 ss.

Sirinelli, Pierre, Bertrand Warusfel e Sylviane Durrande – *Code de la propriété intellectuelle commenté*, 7.ª ed., Paris, Dalloz, 2007.

Smith, Bradford – «The Third Industrial Revolution: Law and Policy for the Internet», *Rec. Cours*, t. 282 (2000), pp. 229 ss.

Smith, Bridget A. O'Leary – «*NTP, INC. v. RESEARCH IN MOTION, LTD.*: Losing Control and Finding the Locus of Infringing Use», *Jurimetrics*, 2005, pp. 437 ss.

Sookman, Barry – «Case Comment: Society of Composers, Authors and Music Publishers of Canada v. Canadian Association of Internet Service Providers», *Canadian Journal of Law and Technology*, 2004, pp. 149 ss.

Sousa, Miguel Teixeira de – *Estudos sobre o novo Processo Civil*, Lisboa, Lex, 1997. – e Dário Moura Vicente – *Comentário à Convenção de Bruxelas de 27 de setembro de 1968 Relativa à Competência Judiciária e à Execução de Decisões em Matéria Civil e Comercial e textos complementares*, Lisboa, Lex, 1994.

Souza, Carlos Affonso Pereira de – «A Resolução de Conflitos entre a Marca e Nome de Domínio na Organização Mundial de Propriedade Intelectual», *in* Ricardo Ramalho de Almeida (coordenador), *Arbitragem interna e internacional (Questões de doutrina e da prática)*, Rio de Janeiro/São Paulo, Renovar, 2003, pp. 171 ss.

Spickhoff, Andreas – *Der ordre public im Internationalen Privatrecht. Entwicklung – Struktur – Konkretisierung*, Neuwied/Frankfurt a. M., Metzner, 1989.

Squillante, Francesca – «La tutela dei marchi nel commercio elettronico: problemi di giurisdizione», *RDIPP*, 2000, pp. 689 ss.

Staudingers Kommentar zum Bürgerlichen Gesetzbuch mit Einführungsgesetze und Nebengesetzen, 13.ª ed., Sellier/De Gruyter, Berlim, *Einführungsgesetz zum Bürgerliche Gesetzbuche/IPR. Art. 38-42*, 2001 (por Bernd von Hoffmann); *Einführungsgesetz zum Bürgerliche Gesetzbuche/IPR. Internationales Wirtschaftsrecht*, 2006 (por Karl-Heinz Fezer e Stefan Koos).

Steindorff, Ernst – *Sachnormen im Internationalen Privatrecht*, Frankfurt a.M., Vittorio Klostermann, 1958.

Sterling on World Copyright Law, por J. A. L. Sterling e Trevor Cook, 5.ª ed., Londres, Sweet & Maxwell, 2018.

Stiglitz, Joseph E. – *Knowledge as a Global Public Good*, disponível em http://www.worldbank.org. – *Making Globalization Work*, Londres, Allan Lane/Penguin, 2006. – *Globalization and Its Discontents Revisited: Anti-Globalization in the Era of Trump*, Nova Iorque, Norton & Company, 2018.

Stone, Peter – *EU Private International Law*, 2.ª ed., Cheltenham/Northampton, Edward Elgar, 2010.

Straus, Joseph – «Neighbouring Rights – National and International Developments», *in IECL*, vol. XIV, *Copyright*, Tubinga/Leiden/Boston, Mohr Siebeck/Martinus Nijhoff, 2007, capítulo 4. – e Nina-Sophie Klunker – «Harmoniserung des internationalen Patentrechts», *GRUR Int.*, 2007, pp. 91 ss.

Street, F. Lawrence, e Mark P. Grant – *Law of the Internet*, s.l., LexisNexis, 2002.

Strömholm, Stig – *Le droit moral de l'auteur en droit allemand, français et scandinave avec un aperçu de l'évolution internationale*, Estocolmo, Norstedt, 1967. – «The immovable *lex loci delicti* in international copyright law – traditional or rational?», *in* Jürgen Basedow e outros (orgs.), *Aufbruch nach Europa. 75 Jahre Max-Planck-Institut für Privatrecht*, Tubinga, Mohr Siebeck, 2001, pp. 517 ss. – «Alte Fragen in neuer Gestalt – das internationale Urheberrecht im IT-Zeitalter», *in Festschrift Dietz*, 2001, pp. 533 ss. – «Copyright – National and International Development», *in IECL*, vol. XIV, *Copyright*, Tubinga/Leiden/Boston, Mohr Siebeck/Martinus Nijhoff, 2007, capítulo 2. – «Copyright – Comparison of Laws», *in IECL*, vol. XIV, *Copyright*, Tubinga/Leiden/Boston, Mohr Siebeck/Martinus Nijhoff, 2007, Tubinga/Leiden/Boston, Mohr Siebeck/Martinus Nijhoff, 2007, capítulo 3. – *Copyright and the Conflict of Laws: A Comparative Survey*, Colónia, Carl Heymanns Verlag 2010.

Strowel, Alain – *Droit d'auteur et copyright. Divergences et convergences. Etude de droit comparé*, Bruxelas/Paris, Bruylant/LGDJ, 1993. – e Estelle Derclaye – *Droit d'auteur et numérique:*

logiciels, bases de données, multimédia. Droit belge, européen et comparé, Bruxelas, Bruylant, 2001. – e outros – *L'Union ne peut pas être dépouillée de ses compétences par les États membres : le dangereux précédent du brevet,* disponível em https://www.uclouvain.be.

Suthersanen, Uma – «A Brief Tour of «Utility Model» Law», *EIPR,* 1998, pp. 44 ss. – «The legislative experiences in the European Union Member States», *in* AAVV, *Gestão coletiva do dirito de autor e direitos conexos no ambiente digital,* Lisboa, Gabinete do Direito de Autor, 2001, pp. 111 ss.

Symeonides, Symeon C. – *Party Autonomy and Private-Law Making in Private International Law: The Lex Mercatoria that Isn't,* disponível em http://search.ssrn.com. – «Rome II: A Centrist Critique», *YPIL,* 2007, pp. 149 ss.

Szychowska, Katarzyna – «Jurisdiction to Grant Provisional and Protective Measures in Intellectual Property Matters», *in* Arnaud Nuyts (org.), *International Litigation in Intellectual Property and Information Technology,* Austin, etc., Wolters Kluwer, 2008, pp. 207 ss.

Teles, Eugénia Galvão – «A prestação característica: um novo conceito para determinar a lei subsidiariamente aplicável aos contratos internacionais. O artigo 4.º da Convenção de Roma sobre a Lei Aplicável às Obrigações Contratuais», *Dir.* 1995, pp. 71 ss.

Thoma, Ioanna – «Public policy (*ordre public*)», *in* Jürgen Basedow/Franco Ferrari/Pedro de Miguel Asensio/Giesela Rühl (orgs.), *Encyclopedia of Private International Law,* Cheltenham/Northampton, Edward Elgar, 2017, vol. 2, pp. 1453 ss.

Thomann, Felix H. – «Internationaler Urheberrechtsschutz und Verwertung von Urheberrechten auf dem Internet», *sic!,* 1997, pp. 529 ss.

Thum, Dorothee – «Internationalprivatrechtliche Aspekte der Verwertung urheberrechtlich geschützte Werke im Internet. Zugleich Bericht über eine WIPO-Expertensitzung in Genf», *GRUR Int.,* 2001, pp. 9 ss. – «Who Decides on the Colours of Films on the Internet? Drafting of Choice-of-Law Rules for the Determination of Initial Ownership of Film Works vis-à-vis Global Acts of Exploitation on the Internet», *in* Josef Drexl e Annette Kur (orgs.), *Intellectual Property and Private International Law. Heading for the Future,* Oxford/Portland, Hart Publishing, 2005, pp. 265 ss.

Tiburcio, Carmen – *Extensão e limites da jurisdição brasileira. Competência internacional e imunidade de jurisdição,* Salvador, Juspodium, 2016. – «The Current Practice of International Co-operation in Civil Matters», *Rec. Cours,* vol. 393 (2018), pp. 9 ss.

Tilman, Winfried – «Community IP Rights and Conflict of Laws», *in* Jürgen Basedow, Josef Drexl, Annette Kur e Axel Metzger (orgs.), *Intellectual Property in the Conflict of Laws,* Tubinga, Mohr Siebeck, 2005, pp. 123 ss. – «Gemeinschaftsmarke und Internationales Privatrecht», *GRUR Int.,* 2001, pp. 673 ss.

Torremans, Paul – «Copyright in English Private International Law in the Light of Recent Cases and Developments», *IPRax,* 1998, pp. 495 ss. – «Private International Law

Aspects of IP – Internet Disputes», *in* L. Evans/C.Waelde (orgs.), *Law & the Internet: a Framework for Electronic Commerce*, Hart Publishing, 2000, pp. 245 ss. – *Holyoak and Torremans Intellectual Property Law*, 4.ª ed., Oxford, Oxford University Press, 2005. – «Authorship, Ownership of Right and Works Created by Employees. Which Law Applies?», *EIPR*, 2005, pp. 220 ss. – «The Legal Aspects of an E-Commerce Transaction: The Pre-Contractual Phase», *in* Andrea Schulz (org.), *Legal Aspects of an E-Commerce Transaction. International Conference in The Hague. 26 and 27 October 2004*, Munique, Sellier, 2006, pp. 3 ss. «The Widening Reach of Exclusive Jurisdiction: Where Can You Litigate IP Rights after GAT?», *in* Arnaud Nuyts (org.), *International Litigation in Intellectual Property and Information Technology*, Austin, etc., Wolters Kluwer, 2008, pp. 61 ss. – «The law applicable to copyright infringement on the Internet», *NIPR*, 2016, pp. 687 ss.

Tosi, Tommaso – «La tutela della proprietà industriale», *in* Emilio Tosi (org.), *I Problemi Giuridici di Internet*, 2.ª ed., Milão, Giuffrè, 2001, pp. 219 ss.

Trabuco, Cláudia – *O direito de reprodução de obras literárias e artísticas no ambiente digital*, Coimbra, Coimbra Editora, 2006. – «A interoperabilidade entre o Direito de Autor e o Direito da Concorrência. Acórdão do Tribunal de Primeira Instância de 17.9.2007, Proc. T-201/04», *Cadernos de Direito Privado*, 2008, pp. 28 ss.

Treppoz, Édouard – «Étude comparée des príncipes de l'American Law Institute et du Max Planck Institut sur le droit international privé et la propriété intellectuelle», *in* Cyril Nourissat/Édouard Treppoz (orgs.), *Droit international privé et propriété intellectuelle. Un nouveau cadre pour de nouvelles stratégies*, Rueil-Malmaison, Lamy, 2010, pp. 271 ss. – «Le paradoxe du principe de territorialité en droit européen de la propriété intellectuelle», *in* Marie-Elodie Ancel, Louis d'Avout, José Carlos Fernández Rozas, Marie Goré e Jean-Michel Jude (orgs.), *Le droit à l'épreuve des siècles et des frontières. Mélanges en l'honneur du Professeur Bertrand Ancel*, Paris/Madrid, LGDJ/Iprolex, 2018, pp. 1495 ss.

Trimble, Marketa – «The Multiplicity of Copyright Laws on the Internet», *Fordham Intellectual Property, Media and Entertainment Law Journal*, 2015, pp. 339 ss.

Tritton on Intellectual Property in Europe, por Richard Davis, Thomas St. Quintin, 5.ª ed., Londres, Sweet & Maxwell, 2018.

Troller, Allois – *Das internationale Privat- und Zivilprozessrecht im gewerblichen Rechtsschutz und Urheberrecht*, Basileia, Verlag für Recht und Gesellschaft, 1952. – «The legal protection of know-how – General Report», *in* Herman Cohen Jehoram (org.), *The Protection of Know-How in 13 Countries. Reports to the VIIIth International Congress of Comparative Law*, Deventer, Kluwer, 1972, pp. 149 ss.– «Unfair Competition», *in IECL*, vol. III, *Private International Law*, capítulo 34. *Immaterialgüterrecht. Patentrecht, Markenrecht, Urheberrecht Muster- u. Modellrecht, Wettbewerbsrecht*, vol. I, 3.ª ed., Basileia/Frankfurt a.M., Helbing & Lichtenhahn, 1983. e Patrick Troller – *Kurzlehrbuch des Immaterialgüterrechts. Patentrecht. Markenrecht, Urheberrecht, Muster- und Modellrecht,*

Wettbewerbsrecht, Firmenrecht, 3.ª ed. (por Patrick Troller), Basileia/Frankfurt a.M., Helbing & Lichtenhahn, 1989.

Troller, Kamen – *Das internationale Privatrecht des unlauteren Wettbewerbs in vergleichender Darstellung der Rechte Deutschlands, Englands, Frankreichs, Italiens, der Schweiz und der USA*, Friburgo, Universitätsverlag, 1962. – «Specific Aspects of Intellectual Property Disputes in Arbitration. The Swiss Perspective», *in* AAVV, *Objective Arbitrability. Antitrust Disputes. Intellectual Property Disputes*, s.l., Association Suisse de l'Arbitrage, 1994, pp. 155 ss. – «Industrial and Intellectual Property», *in IECL*, vol. III, *Private International Law*, capítulo 23. – *Précis du droit suisse des biens immatériels*, 2.ª ed., Basileia, etc., Helbing & Lichtenhahn, 2006.

Troncoso, Mauricio – «European Union Patents: A Mission Impossible? An Assessment of the Historical and Current Approaches», *Marquette Intellectual Property Law Review*, 2013, pp. 231 ss.

Ubertazzi, Benedetta – *Il regolamento Roma I sulla legge applicabile alle obbligazioni contrattuali*, Milão, Giuffrè, 2008. – «Licence Agreements Relating to IP Rights and the EC Regulation on Jurisdiction», *IIC*, 2009, pp. 913 ss.

Ubertazzi, Giovanni – «Osservazioni per uno studio intorno ai diritti sui beni inmateriali nel diritto internazionale privato», *JuS*, 1955, 426 ss.

Ubertazzi, Luigi Carlo – «Introduzione al diritto europeo della proprietà intellettuale», *in* AAVV, *Direito da Sociedade da Informação*, vol. VI, Coimbra, Coimbra Editora, 2006, pp. 29 ss.

Ullrich, Hans – «The European Patent and Its Courts: An Uncertain Prospect and an Unfinished Agenda», *International Review of Intellectual Property and Competition Law*, 2015, pp. 1 ss.

Ulmer, Eugen (org.) – *Das Recht des unlauteren Wettberwerbs in den Mitgliedstaaten der Europäischen Wirtschaftsgemeinschaft*, Munique/Colónia, C.H. Beck/Carl Heymanns, vol. I, *Vergleichende Darstellung mit Vorschlägen zur Rechtsangleichung*, por Eugen Ulmer, com a colaboração de Friedrich-Karl Beier, 1965 ; vol. II/1, *Belgien, Luxemburg*, por Gerhard Schricker e Detlef Wunderlich, 1967 ; vol. II/2, *Niederlande*, por Ludwig Baeumer e W. C. van Maven, 1967; vol. III, *Deutschland*, por Dietrich Reimer, 1968 ; vol. IV, *Frankreich*, por Rudolf Krasser, com a colaboração de Guy Sallerin e Ulrich Schatz, 1967 ; vol. V, *Italien*, por Gerhard Schricker, 1965 ; vol. VI, *Vereignigtes Königreich von Grossbritanien und Nordirland*, por Hartwig Graf von Westerholt und Gysenberg, 1981 ; vol. VII, *Griechenland*, por Elisa Alexandridou, 1994 ; vol VIII, *Portugal*, por José de Oliveira Ascensão, 2005. – *Die Immaterialgüterrechte im internationalen Privatrecht. Rechtsvergleichende Untersuchung mit Vorschlägen für die Vereinheitlichung in der Europäischen Wirtschaftsgemeinschaft*, Colónia/Berlim/Bona/Munique, Carl Heymanns Verlag KG, 1975. «Gewerbliche Schutzrechte und Urheberrecht im internationalen Privatrecht», *RabelsZ*, 1977, pp. 479 ss. *Intellectual Property Rights and the Conflict of Laws*, Luxemburgo, Kluwer, 1978. *Urheber- und Verlagsrecht*, 3.ª ed., Berlim, etc., Springer, 1980. – «General Questions – The International Conventions», *in IECL*, vol. XIV, *Copyright*, Tubinga/Leiden/Boston, Mohr Siebeck/Martinus Nijhoff, 2007, capítulo 1.

United Nations Commission on International Trade Law – *UNCITRAL Legislative Guide on Secured Transactions. Supplement on Security Rights in Intellectual Property*, Nova Iorque, 2011.

Vaccà, Cesare (organizador) – *Nomi di dominio, marchi e copyright. Proprietà intellettuale ed industriale in Internet*, Milão, Giuffrè, 2005.

Valladão, Haroldo – *Direito Internacional Privado*, Rio de Janeiro, Freitas Bastos, vol. I, 5.ª ed., 1980; vol. II, 3.ª ed., 1983.

Vanhees, Hendrik (org.) – *International Encyclopaedia of Laws. Intellectual Property*, Alphen aan den Rijn, Kluwer Law International (folhas móveis ; em curso de publicação), 1997.

Vanzetti, Adriano, e Vicenzo di Cataldo – *Manuale di Diritto Industriale*, 3.ª ed., Milão, Giuffrè, 2000.

Varadarajan, Deepa – «The Trade Secret-Contract Interface», *Iowa Law Review*, 2018, pp. 1543 ss.

Venturini, Gian Carlo – «Beni immateriali (diritto internazionale privato)», *EDD*, vol. V, Milão, Giufrrè, 1959, pp. 270 ss.

Véron, Pierre – «Arbitration of Intellectual Property Disputes in France», *International Business Lawyer*, março 1995, pp. 132 ss. ; «Trente ans d'application de la Convention de Bruxelles à l'action en contrefaçon de brevet d'invention», *Clunet*, 2001, pp. 805 ss. – «Innovations apportées dans le contentieux de la propriété industrielle par le règlement 44/2001 du 22 décembre 2000, *Revue du Droit de la propriété intellectuelle*, março de 2001, n.º 121, pp. 4 ss. – «Doctrine of Equivalents: France v. The Rest of the World», *Patent World*, novembro de 2001, pp. 1 ss. – e Margerie Véron – «The Internet: A Fourth Procedural Dimension for Infringement Litigation», *in* Dietrich Beier, Laurence Brüning-Petit e Christopher Heath (orgs.), *Festschrift für Jochen Pagenberg*, Colónia, etc., Carl Heymanns Verlag, 2006, pp. 363 ss. – e Stanislas Roux-Vaillard – «Les dommages-intérêts pour contrefaçon de brevet en droit américain», *Revue Lamy Droit de l'immatériel*, 2006, pp. 67 ss.

Vicente, Dário Moura – *Da arbitragem comercial internacional. Direito aplicável ao mérito da causa*, Coimbra, Coimbra Editora, 1990. – *Da responsabilidade pré-contratual em Direito Internacional Privado*, Coimbra, Almedina, 2001. – *Direito Internacional Privado. Ensaios*, Coimbra, Almedina, vol. I, 2002; vol. II, 2005. – *Problemática internacional da sociedade da informação*, Coimbra, Almedina, 2005. – «Sources and General Principles of Portuguese Private International Law: An Outline», *YPIL*, 2007, pp. 257 ss. – «Nomes de domínio e marcas», *in* AAVV, *Direito Industrial*, vol. V, Coimbra, Almedina,

2008, pp. 563 ss. – «Direito de Autor e medidas tecnológicas de proteção», *in* AAVV, *Direito da Sociedade da Informação*, vol. VII, Coimbra, Coimbra Editora, 2008, pp. 499 ss. – «A Diretiva sobre a mediação em matéria civil e comercial e a sua transposição para a ordem jurídica portuguesa», *RIAC*, 2009, pp. 125 ss. – *La propriété intellectuelle en droit international privé*, Leiden/Boston, Martinus Nijhoff Publishers, 2009. – «Liberdades comunitárias e Direito Internacional Privado», *in Direito Internacional Privado. Ensaios*, vol. III, Coimbra, 2010, pp. 7 ss. – «Segredo comercial e acesso à informação administrativa» *in* AAVV, *Estudos em homenagem ao Prof. Doutor Sérvulo Correia*, Lisboa, Faculdade de Direito de Lisboa/Coimbra Editora, 2010, vol. III, pp. 289 ss. – «O equilíbrio de interesses no Direito de Autor», *in* AAVV, *Direito da Sociedade da Informação*, vol. IX (2010), pp. 249 ss. – «Direito de autor e comércio eletrónico: aspetos internacionais», *in* José Manuel Sobrino Heredia (diretor)/ Joaquín Alcaide Fernández (coordenador)/ José Manuel Pureza (coordenador), *Innovación y conocimiento. IV Jornadas Iberoamericanas de Estudios Internacionales*, Madrid/ Barcelona/Buenos Aires, Marcial Pons, 2010, pp. 201 ss. – «Contratos internacionais da propriedade intelectual», *in* Carlos Ferreira de Almeida, Luís Couto Gonçalves e Cláudia Trabuco (orgs.), *Contratos de Direito de Autor e de Direito Industrial*, Coimbra, Almedina, 2011, pp. 25 ss. – «Cópia privada e compensação equitativa: reflexões sobre o acórdão *Padawan* do Tribunal de Justiça da União Europeia», *Cadernos de Direito Privado*, n.º 36 (outubro/dezembro 2011), pp. 22 ss. – «O Direito de Autor no Contexto Internacional», *in Direito da Sociedade da Informação*, vol. X (2011), pp. 33 ss. – «Unkörperliche Güter im Romanischen Rechtskreis», *in* Stefan Leible, Matthias Lehmann e Herbert Zech (orgs.), *Unkörperliche Güter im Zivilrecht*, Tubinga, Mohr Siebeck, 2011, pp. 75 ss. – «Principios Sobre Conflictos de Leyes en Materia de Propiedad Intelectual», *Cuadernos de Derecho Transnacional*, Madrid, vol. 3, n.º 1 (2011), pp. 5 ss. – «Concorrência desleal: diversidade de leis e Direito Internacional Privado», *in Direito Industrial*, vol. VIII, Coimbra, Almedina, 2012, pp. 181 ss. – «O regime especial de resolução de conflitos em matéria de patentes (Lei n.º 62/2011)», *ROA*, 2012, pp. 971 ss. – «Portugal», *in* Reto Hilty/Sylvie Nérisson (orgs.), *Balancing Copyright – A Survey of National Approaches*, Berlim/Heidelberga, Springer Verlag, 2012, pp. 737 ss. – «Droit international privé et immatériel au Portugal», *Travaux de l'Association Henri Capitant*, tomo LXIV (2014), *L'immatériel*, pp. 1053 ss. – «Patente unitária, regime linguístico e jurisdição competente», *in* Dário Moura Vicente e outros (orgs.), *Estudos de Direito Intelectual em Homenagem ao Prof. Doutor José de Oliveira Ascensão. 50 anos de vida universitária*, Coimbra, Almedina, 2015, pp. 733 ss. – «Arbitrability of Intellectual Property Disputes: a Comparative Survey», *Arbitration International*, 2015, pp. 151 ss. – «O tribunal competente no contexto digital: desenvolvimentos recentes», *RDI*, 2016, pp. 171 ss. – «The Principle of Territoriality in Intellectual Property Revisited», *NIPR*, 2016, pp. 724 ss. – «Intellectual property: applicable law», *in* Jürgen Basedow/Franco Ferrari/Pedro de Miguel Asensio/Giesela Rühl (organizadores), *Encyclopedia of Private International Law*, Cheltenham, Edward Elgar, 2017, vol. 2, pp. 961 ss. – «Proteção do *know-how*, segredo de negócios e Direito Intelectual», *RDI*, 2018/II, pp. 91 ss. – *Direito Comparado*, vol. I, *Introdução e parte geral*, 4.ª ed., Coimbra, Almedina, 2018. – *Propriedade intelectual: Estudos vários*, Lisboa, AAFDL, 2018. – «O novo regime da arbitragem em matéria de patentes», *RDI*, 2019/I, pp. 37 ss.

Vida, A. – «Les contrats de licence en droit international privé», *RCDIP*, 1964, 209 ss.

Vieira, José Alberto – *A proteção dos programas de computador pelo Direito de Autor*, Lisboa, Lex, 2005. – «A competência de tribunal arbitral necessário para apreciar a exceção de invalidade de patente registada. Anotação ao acórdão da Relação de Lisboa de 13 de janeiro de 2015», *RDI*, 2015, pp. 195 ss. – «Comentário breve ao acórdão nº 251/2017 do Tribunal Constitucional», *RDI*, 2018, pp. 257 ss.

Vischer, Frank – «The conflict-of-laws rules on unfair competition. Report», *Annuaire de l'Institut de Droit International*, vol. 60, parte I (1983), pp. 117 ss. – «Das internationale Privatrecht des Immaterialgüterrechts nach dem schweizerischen IPR-Gesetzesentwurf», *GRUR Int.*, 1987, pp. 671 ss. – «Das "Droit moral de l'auteur" aus rechtsvergleichendem und kollisionsrechtlicher Sicht», *in* Reiner Frank (org.), *Recht und Kunst. Symposium aus Anlass des 80. Geburtstages von Wolfram Müller-Freienfels*, Heidelberga, C. F. Müller Verlag, 1996, pp. 85 ss.

Visscher, Fernand de – «European Unified Court: Another More Realistic and More Equitable Approach Should be Examined», *GRUR Int.*, 2012, pp. 214 ss.

Vivant, Michel – «Droit d'auteur et copyright : quelles relations ?», *in* Georges Chatillon (org.), *Le droit international de l'internet*, Bruxelas, Bruylant, 2002, pp. 445 ss.

Vrellis, Spyridon – «Conflit ou coordination de valeurs en droit international privé. À la recherche de la justice», *Rec. cours*, t. 328 (2007), pp. 177 ss.

Wachowicz, Marcos – *Propriedade intelectual do software e revolução da tecnologia da informação*, Curitiba, Juruá, 2006.

Wadlow, Christopher – *Enforcement of Intellectual Property in European and International Law. The New Private International Law of Intellectual Property in the United Kingdom and the European Community*, Londres, Sweet & Maxwell, 1998. *The Law of Passing-Off. Unfair Competition by Misrepresentation*, 3.ª ed., Londres, Sweet & Maxwell, 2004. «Bugs, spies and paparazzi: jurisdiction over actions for breach of confidence in private international law», *EIPR*, 2008, pp. 269 ss. – «Trade Secrets and the Rome II Regulation on the Law Applicable to Non-Contractual Obligations», *EIPR*, 2008, pp. 309 ss. – «United Kingdom», *in* Toshiyuki Kono (org.), *Intellectual Property and Private International Law: Comparative Perspectives*, Oxford/Portland, Hart Publishing, 2012, pp. 1061 ss.

Wagner, Gerhard – «Die neue Rom II-Verordnung», *IPRax*, 2008, pp. 1 ss.

Walter, Michel M. (org.) – *Europäisches Urheberrecht. Kommentar*, Viena/Nova Iorque, Springer Verlag, 2001. – *Updating and Consolidation of the Acquis. The Future of European Copyright*, s.l., 2002 (disponível em http://europa.eu.int).

Wandtke, Artur-Axel, e Winfried Bullinge (orgs.) – *Gesetz zur Regelung des Urheberrechts in der Informationsgesellschaft. Ergänzungsband zum Praxiskommentar zum Urheberrecht*, Munique, C.H. Beck, 2003.

Welser, Marcus von – «Neue Eingriffsnormen im internationalen Urhebervertragsrecht», *IPRax*, 2002, pp. 364 ss. – «Zum Urheberkollisionsrecht bei grenzüberschreitenden Sendung», *IPRax*, 2003, pp. 440 ss.

Wengler, Wilhelm – «Die Anknüpfung des zwingenden Schuldrechts im internationalen Privatrecht. Eine rechtsvergleichende Studie», *ZvglRW*, 1941, pp. 168 ss. – «Die Qualifikation der materiellen Rechtssätze im Internationalen Privatrecht», *in* E. von Caemmerer e outros (orgs.), *Festschrift für Martin Wolff*, Tubinga, Mohr Siebeck, s.d. (1954), pp. 337 ss. – «Réflexions sur la technique des qualifications en droit international privé», *RCDIP*, 1954, pp. 661 ss. – «Die Gesetze über unlauteren Wettbewerb und das internationale Privatrecht», *RabelsZ*, 1954, pp. 401 ss. – «Laws Concerning Unfair Competition and the Conflict of Laws», *AJCL*, 1955, pp. 167 ss. – «La situation des droits», *RCDIP*, 1957, pp. 185 ss. e 409 ss. – «La responsabilità per fatto illecito nel diritto internazionale privato. Ricerca di una nuova sistematica», *in Annuario di diritto internazionale* 1966, pp. 1 ss. (tradução portuguesa por Fernando Azevedo Moreira, sob o título *A responsabilidade por facto ilícito em Direito Internacional Privado. Tentativa de uma nova construção*, Coimbra, Centro de Direito Comparado da Faculdade de Direito de Coimbra, 1974). – *Internationales Privatrecht*, 2 vols., Berlim/Nova Iorque, De Gruyter, 1981. – «The Law Applicable to Preliminary (Incidental) Questions», *IECL*, vol. III, *Private International Law*, cap. 7. – «L'évolution moderne du droit international privé et la prévisibilité du droit applicable», *RCDIP*, 1990, pp. 657 ss.

Wennakoski, Anna – «Trade Secrets under Review: A Comparative Analysis of the Protection of Trade Secrets in the EU and in the US», *EIPR*, 2016, pp. 154 ss.

Werra, Jacques de – «Arbitrating International Intellectual Property Disputes: Time to Think Beyond the Issue of (Non-) Arbitrability», *International Business Law Journal*, 2012, pp. 299 ss.

Wichard, Johannes Christian – «The Joint Recommendation Concerning Protection of Marks, and Other Industrial Property Rights in Signs, on the Internet», *in* Josef Drexl e Annette Kur (orgs.), *Intellectual Property and Private International Law. Heading for the Future*, Oxford/Portland, Hart Publishing, 2005, pp. 257 ss.

Wienand, Stefanie – «IPR und UN-Kaufrecht bei grenzüberschreitenden Verträgen im Internet unter besonderer Berücksichtigung des Herunterladens von Software», *JurPC – Internet-Zeitschrift für Rechtsinformatik* (disponível em http://www.jura.uni-sb.de/jurpc).

Wijnen, O. L. O. De Witt – «La sentence et son exécution», *in* AAVV, *Colloque mondial sur l'arbitrage des litiges de propriété intellectuelle*, Genebra, Organização Mundial da Propriedade Intelectual, 1994, pp. 213 ss.

Willems, Jan – «The EPLA Project and the Forthcoming Community Patent System – A Model for IP in General?», *in* Josef Drexl e Annette Kur (orgs.) – *Intellectual Property and Private International Law. Heading for the Future*, Oxford/Portland, Hart Publishing, 2005, pp. 87 ss.

Wilderspin, Michael – «La compétence juridictionnelle en matière de litiges concernant la violation des droits de propriété intellectuelle. Les arrêts de la Cour de justice dans les affaires C-4/03, *GAT c. LUK* et C-539/03, *Roche Nederland c. Primus et Goldberg*», *RCDIP*, 2006, pp. 777 ss. – «Overriding mandatory provisions», *in* Jürgen Basedow/ Franco Ferrari/Pedro de Miguel Asensio/Giesela Rühl (orgs.), *Encyclopedia of Private International Law*, Cheltenham/Northampton, Edward Elgar, 2017, vol. 2, pp. 1330 ss.

Wilf, Steven – «Trade Secrets, Property, and Social Relations», *Connecticut Law Review*, 2002, pp. 787 ss.

Yeh, Brian T. – *Protection of Trade Secrets: Overview of Current Law and Legislation*, disponível em http://www.crs.gov.

Zimmerman, Stephanie – «Secret's Out: The Ineffectiveness of Current Trade Secret Law Structure and Protection for Global Health», *Penn State International Law Review*, 2011, pp. 777 ss.

Zweigert, Konrad – «Nichterfüllung auf Grund ausländischer Leistungsverbote», *RabelsZ*, 1942, pp. 283 ss. – e Hein Kötz - *Einführung in die Rechtsvergleichung auf dem Gebiete des Privatrechts*, Tubinga, J.C.B. Mohr (Paul Siebeck), 3.ª ed., 1996.

JURISPRUDÊNCIA

I - Alemanha

1. Bundesgerichtshof, sentença de 30 de junho de 1961, caso *Kindersaugflaschen*, *GRUR Int.*, 1962, pp. 243 ss. [§ 17.º/II/a)]
2. Bundesgerichtshof, sentença de 20 de dezembro de 1963, caso *Stahlexport*, *BGHZ* 40, pp. 391 ss.; *GRUR*, 1964, pp. 316 ss. [§ 17.º/II/a) e c)]
3. Bundesgerichtshof, sentença de 29 de fevereiro de 1968, caso *Voran*, *BGHZ* 49, pp. 331 ss. [§ 15.º/II/b)]
4. Bundesgerichtshof, sentença de 23 de outubro de 1970, caso *Tampax*, *GRUR*, 1971, pp. 153 ss. [§ 17.º/II/a)]
5. Bundesgerichtshof, sentença de 16 de abril de 1975, caso *August Vierzehn*, *BGHZ* 64, pp. 183 ss. [§ 15.º/I/i)]
6. Bundesgerichtshof, sentença de 29 de abril de 1986, caso *Formstein*, *GRUR*, 1986, pp. 804 ss. [§ 7.º/I/c)]
7. Bundesgerichtshof, sentença de 15 de novembro de 1990, caso *Gran Canaria*, *IPRax*, 1992, pp. 45 ss. [§ 17.º/II/a)]
8. Bundesgerichtshof, sentença de 4 de junho de 1992, caso *G.D.S. c. E.S.*, *BGHZ* 118, pp. 312 ss. [§ 23.º/II/a)]
9. Bundesgerichtshof, sentença de 17 de junho de 1992, caso *ALF*, *GRUR Int.*, 1992, pp. 697 ss. [§ 15.º/I/b)]
10. Bundesgerichtshof, sentença de 16 de junho de 1994, caso *Joseph Beuys*, *BGHZ* 126, pp. 252 ss. [§ 15.º/I/b)]
11. Bundesgerichtshof, sentença de 2 de outubro de 1997, caso *Spielbankaffaire*, *BGHZ* 136, pp. 381 ss.; *NJW*, 1998, pp. 1395 ss.; *GRUR Int.*, 1999, pp. 152 ss. [§§ 15.º/I/b) e e) e 16.º/I/h)]

12. Bundesgerichtshof, sentença de 9 de outubro de 1997, caso *Analgin, GRUR*, 1998, pp. 412 ss. [15.º/II/c)]
13. Bundesgerichtshof, sentença de 25 de fevereiro de 1999, caso *Kopienversanddienst, NJW*, 1999, pp. 1953 e ss. [§ 10.º/III/b)]
14. Bundesgerichtshof, sentença de 29 de abril de 1999, caso *Laras Tochter, BGHZ* 141, pp. 267 ss. [§ 15.º/I/b)]
15. Bundesgerichtshof, sentença de 2 de maio de 2002, caso *FROMMIA, GRUR Int.*, 2003, pp. 71 ss. [16.º/I/h)]
16. Bundesgerichtshof, sentença de 2 de maio de 2002, caso *Faxkarte, GRUR*, 2002, pp. 1046 ss. [§ 10.º/III/b)]
17. Oberlandesgericht Hamburg, sentença de 2 de maio de 2002, caso *Hotel Maritime, MMR*, 2002, pp. 822 ss. [§§ 1.º/III/b) e 15.º/II/f)]
18. Bundesgerichtshof, sentença de 7 de novembro de 2002, caso *Sender Felsberg, GRUR Int.*, 2003, pp. 470 ss.; *IPRax*, 2003, pp. 452 ss. [§ 15.º/I/d)]
19. Landgericht Hamburg, sentença de 5 de setembro de 2003, caso *Thumbnails, GRUR-RR*, 2004, pp. 313 ss. [§ 15.º/I/d)]
20. Bundesgerichtshof, sentença de 13 de outubro de 2004, caso *Hotel Maritime, GRUR Int.*, 2005, pp. 433 ss. [§§ 1.º/III/b), 15.º/II/f) e 20.º/II/b)]
21. Oberlandesgericht Hamburg, sentença de 27 de janeiro de 2005, caso *The Home Depot/Bauhaus The Home Store, GRUR-RR*, 2005, pp. 251 ss. [§ 17.º/I/f)]
22. Oberlandesgericht München, sentença de 21 de setembro de 2006, *IPRax*, 2007, pp. 531 ss. [§ 15.º/I/d)]

II – Áustria

23. Oberster Gerichtshof, sentença de 29 de maio de 2001, caso *BOSS-Zigarretten, GRUR Int.*, 2002, pp. 344 ss. [§ 20.º/II/b)]

III – Canadá

24. *Society of Composers, Authors and Music Publishers of Canada v. Canadian Association of Internet Providers*, Supreme Court of Canada, [2004] SCR 427 [§ 15.º/I/d)]

IV – Estados Unidos da América

25. *ALS Scan, Incorporated, v. Digital Service Consultants*, United States Court of Appeals for the Fourth Circuit, 293 F.3d 707 (2002) [§ 20.º/II/b)]
26. *Barcelona.com v. Excelentissimo Ayuntamiento de Barcelona*, United States Court of Appeals for the 4th Circuit, 330 F.3d 617 (2003) [§ 15.º/III/c)]

27. *Best Lock v. Ilco Unican*, United States Court of Appeals for the Federal Circuit, 94 F.3d 1563 (1996) [§ 7.º/III]
28. *Creative Technology, Ltd., v. Aztech System PTE, Ltd.*, United States Court of Appeals for the Ninth Circuit, 61 F. 3d 696 (1995) [§ 15.º/I/a)]
29. *Dalmatia Import Group, Inc. v. FoodMatch Inc. et al.*, United States District Court for the Eastern District of Pennsylvania (2017) [§ 8.º/III]
30. *De Fontbrune v. Wofsy et al.*, United States District Court Northern District of California San Jose Division (2019), disponível em https://www.courthousenews.com/wp-content/uploads/2019/09/Picasso-ruling.pdf [§§ 1.º/III/e), e 23.º/I, a)]
31. *Diamond v. Diehr*, Supreme Court of the United States, 450 U.S. 175 (1981) [§ 7.º/I/b)]
32. *Dunlop Holdings Ltd. v. Ram Golf Corporation*, United States Court of Appeals for the 7th Circuit, 524 F.2d 33 (1975) [§ 7.º/I/a)]
33. *Eldred v. Ashcroft*, Supreme Court of the United States, 537 U.S. 186 (2003) [§ 5.º/I/e) e II/a]
34. *Empresa Cubana del Tabaco v. Culbro*, United States Court of Appeals for the 2nd Circuit, 399 F.3d 462 (2005) [§ 15.º/II/i)]
35. *Exxon Shipping Co. et al. v. Baker et al.*, Supreme Court of the United States, 554 U.S. __ (2008) [§ 23.º/II/a)]
36. *Feist Publications, Inc. v. Rural Telephone Service Co.*, Supreme Court of the United States, 499 U.S. 340 (1991) [§ 5.º/I/b)]
37. *Graver Tank & MFG Co., Inc.. et al. v. Linde Air Products Co.*, Supreme Court of the United States, 339 U.S. 605 (1950) [§ 7.º/I/c)]
38. *Grupo Gigante SA de CV v. Dallo & Co.*, U.S. Court of Appeals for the 9th Circuit, *GRUR Int.*, 2005, pp. 748 ss. [§§ 13.º/I e 15.º/II/b)]
39. *International News Service v. Associated Press*, Supreme Court of the United States, 248 U.S. 215 (1918) [§ 12.º/III/b)]
40. *Itar-Tass Russian News Agency v. Russian Kurier, Inc.*, United States Court of Appeals for the 2nd Circuit, 153 F.3d 82 (1998); *GRURInt.* 1999, pp. 639 ss. [§ 15.º/I/e)]
41. *Jan K. Voda., M.D., v. Cordis Corporation*, United States Court of Appeals for the Federal Circuit, *GRUR Int.*, 2007, pp. 442 ss. (2007) [§ 20.º/I/b) e III/c)]
42. *K-Mart Corp. v. Cartier, Inc.*, Supreme Court of the United States, 108 S.Ct. 1811 (1988) [§ 6.º/I/f)]
43. *Lever Brothers Co. v. United States*, United States Court of Appeals for the District of Columbia Circuit, 981 F. 2d. 1330 (1993) [§ 6.º/I/f)]
44. *Matthew Bender & Co. v. West Publishing Co.*, United States Court of Appeals for the 2nd Circuit, 158 F.3d 674 (1998) [§ 12.º/III/b)]
45. *Mazer v. Stein*, Supreme Court of the United States, 347 U.S. 201 (1954) [§ 5.º/II/a)]
46. *McBee v. Delica Co.*, United States Court of Appeals for the 1st Circuit, 417 F.3d 107 (2005) [§ 20.º/II/b)]

47. *Microsoft Corp. v. AT&T Corp.*, Supreme Court of the United States, 127 S. Ct. 1746 (2007) [§ 15.º/II/a)]
48. *NTP, Inc., v. Research in Motion, Ltd.*, United States Court of Appeals for the Federal Circuit, 418 F.3d 1282 (2005) [§ 15.º/II/g)]
49. *Panavision International vs. Dennis Toeppen*, United States Court of Appeals for the Ninth Circuit, 141 F.3d 1316 (1998) [§ 20.º/II/b)]
50. *Playboy Enterprises, Inc., v. Chuckleberry Publishing, Inc., et al.*, United States District Court, S.D. New York, 939 F. Supp. 1032 (1996) [§ 17.º/I/j)]
51. *SARL Louis Feraud International, S.A. Pierre Balmain, v. Viewfinder, Inc.*, United States Court of Appeals for the Second Circuit, 489 F.3d 1474 (2007) [§ 23.º/II/a)]
52. *Sony Corp. of America v. Universal City Studios, Inc.*, Supreme Court of the United States, 464 U.S. 417 (1984) [§ 5.º/II/a)]
53. *Subafilms, Ltd., The Hearst Corp. v. MGM-Pathe Communications Co.*, United States Court of Appeals for the 9th Circuit, 24 F.3d 1088 (1994) [§ 15.º/I/a)]
54. *Warner-Jenkinson c. Hilton Davis,* Supreme Court of the United States, 520 U.S. 17 (1997) [§ 7.º/I/c)]
55. *Zacchini v. Scripps-Howard Broadcasting Co.*, Supreme Court of the United States, 433 U.S. 562 (1977) [§ 15.º/II/h)]
56. *Zippo Manufacturing Company v. Zippo Dot Com, Inc.*, United States District Court, W. D. Pennsylvania, 952 F. Supp. 1119 (1997) [§ 20.º/II/b)]

V – França

57. Cour de Cassation, acórdão de 24 de junho de 1878, caso *Forgo c. Administration des Domaines, Clunet*, 1879, pp. 285 ss. [§ 15.º/I/h)]
58. Cour de Cassation, acórdão de 22 de dezembro de 1959, caso *Société Fox-Europa c. Société Le Chant du Monde, RCDIP*, 1960, pp. 361 ss. [§§ 15.º/I/e) e 17.º/I/b)]
59. Cour de Cassation, Chambre Civile, acórdão de 28 de maio de 1963, caso *Société Les Films Richebé c. Société Roy Export et Charlie Chaplin, RCDIP*, 1964, pp. 513 ss. [§ 16.º/I/g)]
60. Cour d'Appel de Paris, acórdão de 1 de fevereiro de 1989, caso *Anne Bragance c. Olivier Orban et Michel de Grèce, RIDA*, 1989, n.º 142, pp. 301 ss.; *Clunet*, 1989, pp. 1005 ss. [§ 15.º/I/l)]
61. Cour d'Appel de Paris, acórdão de 6 de julho de 1989, caso *Huston c. La Cinq, IIC*, 1991, pp. 121 ss.; *RIDA*, 1990, n.º 143, pp. 329 ss. [§§ 1.º/III/a) e 15.º/I/e) e l)]
62. Cour de Cassation, 1.ª Câmara Civil, acórdão de 28 de maio de 1991, caso *Huston c. Turner Entertainment et autres («John Huston II»), RCDIP*, 1991, pp. 752 ss.; *GRUR Int.*, 1992, p. 304 ss. [§§ 1.º/III e 15.º/I/k)]

63. Tribunal de Grande Instance de Rennes, sentença de 22 de junho de 1992, caso *Société SAAB et autre c. Société Diesel Technic de l'Ouest, RCDIP*, 1999, pp. 76 ss. [§ 15.º/I/e)]
64. Tribunal de Grande Instance de Paris, sentença de 9 de dezembro de 1992, caso *Société Frances Scott Fitzgerald Smith Trust c. Société Editions l'Age d'Homme et autres, RIDA*, 1993, n.º 158, pp. 279 ss. [§ 10.º/I/d)]
65. Cour d'Appel de Versailles, acórdão de 19 de dezembro de 1994, *Turner Entertainment c. Héritiers Huston et autres, RIDA*, 1995, n.º 164, pp. 389 ss. [§§ 1.º/III e 15.º/I/k)]
66. Cour d'Appel de Paris, acórdão de 9 de fevereiro de 1995, caso *Société Gare o Loup c. Société Jenny Ben Diffuse Faucon et autres, RIDA*, 1995, n.º 166, pp. 310 ss. [§ 15.º/I/e)]
67. Cour d'Appel de Rennes, acórdão de 17 de janeiro de 1996, caso *Société SAAB et autre c. Société Diesel Technic de l'Ouest, RCDIP*, 1999, pp. 76 ss. [§ 15.º/I/e)]
68. Cour de Cassation, 1.ª Câmara Civil, acórdão de 14 de janeiro de 1997, caso *Société Gordon and Breach Science Publishers et autres c. Association The American Institute of Physics et autres, RCDIP*, 1997, pp. 504 ss. [§ 17.º/II/a)]
69. Cour de Cassation, 1.ª Câmara Civil, acórdão de 16 de julho de 1997, caso *Epoux Wegmann c. Société Elsevier science Ltd, Clunet*, 1998, pp. 136 ss. [§ 20.º/II/c)]
70. Cour de Cassation, acórdão de 7 de abril de 1998, caso *Société SAAB et autre c. Société Diesel Technic de l'Ouest, RCDIP*, 1999, pp. 76 ss. [§ 15.º/I/e)]
71. Tribunal de Grande Instance du Mans, sentença de 29 de junho de 1999, disponível em http://www.juriscom.net [§ 12.º/IV/b)]
72. Cour d'Appel de Paris, acórdão de 18 de outubro de 2000, disponível em http://www.legalis.net [§ 12.º/IV/b)]
73. Cour de Cassation, 1.ª Câmara Civil, acórdão de 5 de março de 2002, caso *Sisro c. Ampersand Software B.V. et autres, RCDIP*, 2003, pp. 440 ss. [§ 15.º/I/b)]
74. Cour d'Appel de Paris, acórdão de 2 de abril de 2003, caso *Antonio Martinelli et Roberto Meazza c. Éditions Gallimard et Sté. APA, RIDA*, 2003, pp. 413 ss. [§ 16.º/I/c)]
75. Cour de Cassation, 1.ª Câmara Civil, acórdão de 9 de dezembro de 2003, caso *Société Universal Music et autre c. Syndicat National des Artistes Musiciens de France, RCDIP*, 2004, pp. 595 ss. [§ 15.º/I/m)]
76. Cour de Cassation, 1.ª Câmara Civil, acórdão de 9 de dezembro de 2003, caso *Société Castellblanch c. Société Champagne Louis Roederer, RCDIP*, 2004, pp. 632 ss. [§ 20.º/II/b)]
77. Cour d'Appel de Paris, acórdão de 17 de junho de 2004, caso *Le Parmentier c. Association internationale des concours de beauté pour les pays francophones, Clunet*, 2005, pp. 1165 ss. [§ 27.º/II/c)]
78. Cour de Cassation, Câmara Comercial, acórdão de 11 de janeiro de 2005, caso *Société Hugo Boss c. Société Reemstma Cigarettenfabriken Gmbh*, disponível em http://www.juriscom.net [§ 20.º/II/b)]

79. Cour d'Appel de Paris, acórdão de 26 de abril de 2006, caso *Fernand S., Normalu c. Acet,* disponível em http://www.legalis.net [§ 20.º/II/b)]
80. Cour de Cassation, 1.ª Câmara Civil, acórdão de 30 de janeiro de 2007, caso *Jean L. c. sté. Universal City studios Inc., sté. Les Presses Solar, sté. United International Pictures, sté. MCA Inc., Comm. Com. Electr.*, 2008, p. 9 [§ 15.º/I/b)]
81. Cour de Cassation, Câmara Comercial, acórdão de 20 de março de 2007, caso *Soc. HSM Schuhmarketing c. Soc. Gep Industries, RCDIP,* 2008, pp. 323 ss. [§ 22.º]
82. Cour de Cassation, Câmara Comercial, acórdão de 10 de julho de 2007, caso *Buttress BV et autre c. L'Oréal Produits de Luxe France, RCDIP,* 2008, pp. 323 ss. [§ 20.º/ /II/b)]
83. Tribunal de Grande Instance de Paris, providência de 18 de abril de 2008, caso *Elite Model Management et autre c. Patrice D., World Scouting Model,* disponível em http://www.legalis.net [§ 12.º/IV/b)]
84. Tribunal de Grande Instance de Paris, *ordonnance du juge* de 16 de maio de 2008, caso *L'Oréal et autres c. eBay et autres,* disponível em http://www.legalis.net [§ 20.º/ II/b)]
85. Tribunal de Grande Instance de Paris, *ordonnance du juge* de 16 de maio de 2008, caso *Rueducommerce c. Carrefour Belgium,* disponível em http://www.legalis.net [§ 20.º/II/b)]
86. Tribunal de Grande Instance de Paris, sentença de 20 de maio de 2008, caso *Société des Auteurs des Arts Visuels et de l'Image Fixe – SAIF c. S.A.R.L. Google France et Société Google Inc.*, disponível em http://www.juriscom.net [§ 15.º/I/d)]
87. Cour d'appel de Paris, acórdão de 28 de fevereiro de 2008, caso *Société Liv Hidravlika D.O.O v. S.A. Diebolt, Revue de l'arbitrage,* 2009, pp. 169 ss. [§ 25.º/II/c)]
88. Cour de Cassation, Câmara Comercial, acórdão de 13 de julho de 2010, n.º 06-20230, caso *Google,* disponível em https://www.legifrance.gouv.fr [§ 20.º/III/b)]
89. Cour d'appel de Paris, acórdão de 26 de janeiro de 2011, caso *Société des Auteurs des Arts Visuels et de l'Image Fixe – SAIF c. S.A.R.L. Google France et Société Google Inc.*, disponível em http://www.jurisnet.com [§ 15.º/I/d)]
90. Cour de Cassation, Câmara Comercial, acórdão de 3 de maio de 2012, n.º 11-10505, caso *e-Bay,* disponível em https://www.legifrance.gouv.fr [§ 20.º/III/b)]
91. Cour de Cassation, Primeira Câmara Civil, acórdão de 10 de abril de 2013, recurso n.º 11-12508 [§ 15.º/I/e)]

VI – Índia

92. High Court of Judicature at Madras, sentença de 6 de agosto de 2007, caso *Novartis et al. vs. Union of India et al.*, disponível em http://www.lawyerscollective.org [§ 2.º/IV]

VII – Itália

93. Corte di Cassazione, sentença de 3 de abril de 2003, caso *Omeprazol (Aktiebolaget Hassle c. Effechem S.r.l.), GRUR Int.*, 2004, pp. 876 ss. [§ 15.º/II/g)]
94. Corte di Cassazione, sentença de 19 de janeiro de 2007, caso *Parrott c. Fimez S.p.A.*, *LNGCC*, 2007, pp. 981 ss. [§ 23.º/II/a)]

VIII – Países Baixos

95. Hoge Raad, sentença de 24 de novembro de 1989, caso *Interlas c. Lincoln*, *NJ*, 1992, pp. 1597 ss. [§ 20.º/V]
96. Gerechtshof 'sGravenhage, sentença de 3 de fevereiro de 1994, caso *Applied Research Systems N.V. c. Organon et al.*, *GRUR Int.*, 1995, pp. 253 ss. [§ 20.º/V]
97. Gerechtshof 'sGravenhage, sentença de 23 de abril de 1998, caso *Expandable Grafts Partnership* e outros c. *Boston Scientific B.V.* e outros, *NIPR*, 1998, pp. 389 ss. [§ 20.º/III]

IX – Portugal

98. Supremo Tribunal de Justiça, acórdão de 25 de novembro de 1955, *BMJ*, vol. 52, pp. 663 ss. [§ 15.º/II/b)]
99. Supremo Tribunal de Justiça, acórdão de 21 de março de 1961, *BMJ*, vol. 105, pp. 651 ss. [§ 15.º/II/c)]
100. Supremo Tribunal de Justiça, acórdão de 11 de dezembro de 1979, *BMJ*, vol. 292, pp. 391 ss.; *RLJ*, ano 113.º (1980/81), pp. 282 ss. [§ 15.º/II/c)]
101. Supremo Tribunal de Justiça, acórdão de 22 de julho de 1986, *BMJ*, vol. 359, pp. 751 ss. [§ 6.º/I/a)]
102. 16.º Juízo Cível de Lisboa, acórdão de 24 de junho de 1994, *BPI*, n.º 5/95, p. 1874 [§ 15.º/II/b)]
103. 5.º Juízo Cível da Comarca de Lisboa, sentença de 30 de maio de 1996, *Vida Judiciária*, n.º 39 (2000), pp. 29 ss. [§ 5.º/I/b)]
104. Supremo Tribunal de Justiça, acórdão de 11 de novembro de 1997, *CJSTJ*, vol. V, t. III, pp. 127 ss. [§ 15.º/II/c)]
105. Supremo Tribunal de Justiça, acórdão de 18 de novembro de 1997, disponível em http://www.dgsi.pt [§ 8.º/I]
106. Tribunal da Relação de Lisboa, acórdão de 21 de janeiro de 1999, *Vida Judiciária*, n.º 40 (2000), pp. 21 ss. [§ 5.º/I/b)]
107. Supremo Tribunal de Justiça, acórdão de 7 de julho de 1999, *Vida Judiciária*, n.º 42 (2001), pp. 21 ss. [§ 5.º/I/b)]

108. Supremo Tribunal de Justiça, acórdão de 16 de outubro de 2001, *CJSTJ*, 2002, t. I, pp. 11 ss. [§ 17.º/I/e)]
109. Supremo Tribunal de Justiça, acórdão de 21 de janeiro de 2003, *CJSTJ*, 2003, t. I, pp. 34 ss. [§ 12.º/IV/c)]
110. Tribunal Constitucional, acórdão n.º 616/2003, de 16 de dezembro de 2003, *D.R.*, I série-A, n.º 62, de 13 de março de 2004, pp. 1352 ss. [§ 5.º/I/i)]
111. Supremo Tribunal de Justiça, acórdão de 3 de novembro de 2005, disponível em http://www.dgsi.pt [§ 11.º/VIII/c)]
112. Tribunal da Relação de Lisboa, acórdão de 15 de janeiro de 2007, disponível em http://www.dgsi.pt [§ 15.º/II/c)]
113. Supremo Tribunal de Justiça, acórdão de 10 de janeiro de 2008, disponível em http://www.dgsi.pt [§ 15.º/I/e)]
114. Supremo Tribunal de Justiça, acórdão de 7 de dezembro de 2016, disponível em http://www.dgsi.pt [§ 25.º/II/b)]
115. Tribunal Constitucional, acórdão n.º 251/2017, de 24 de maio de 2017, disponível em http://tribunalconstitucional.pt [§ 25.º/II/b)]

X – Reino Unido

116. *Annesley*, High Court of Justice, Chancery Division, [1926] Ch. 692 [§ 15.º/I/h)]
117. *Astrazeneca AB v. Hezal Ag & Ors*, England and Wales Court of Appeal (Civil Division), [2013] EWCA Civ 454 [§ 20.º/VII]
118. *Campbell Connelly & Co. Ltd. v. Noble*, High Court of Justice, Chancery Division, [1963] 1 All E.R. 237 [§ 16.º/I/h)]
119. *Donaldson v. Beckett*, House of Lords [1774] 1 Eng. Rep. 837 [§ 5.º/II/a)]
120. *Eli Lilly c. Actavis*, Supreme Court of the United Kingdom, [2017] UKSC 48 [§ 7.º/I/c)]
121. *Erven Warnink Besloten Venootschap v. J. Townend & Sons Ltd.*, House of Lords, [1979] A.C. 731 [§ 8.º/II/b)]
122. *G. A. Cramp & Sons Ltd. v. Frank Smythson Ltd.*, House of Lords, [1944] A.C. 329 [§ 5.º/I/b)]
123. *Improver Corp. v. Remington Consumer Products Ltd.* («*Epilady*»), Court of Appeal, [1990] F.S.R. 181 [§ 7.º/I/c)]
124. *Kirin-Amgen Inc. and others v. Hoechst Marion Roussel Ltd. and others*, [2005] 1 All E.R. 667 [§ 7.º/I/c)]
125. *Lucasfilm Limited and others v. Ainsworth*, United Kingdom Supreme Court, [2011] UKSC 39 [§ 20.º/I/a)]
126. *Mogul Steamship Company, Limited, v. McGregor, Gow & Co et al.*, House of Lords, [1892] A.C. 25 [§ 8.º/II/b)]
127. *Pearce v. Ove Arup Partnership*, [1998] I.L.Pr. 10 [§ 20.º/I/b)]

128. *Peer International Corporation v. Termidor Music Publishers Limited*, Court of Appeal, [2004] R.P.C. 23 [§ 16.º/I/j)]
129. *University of London Press, Limited v. University Tutorial Press, Limited*, High Court of Justice, Chancery Division, [1916] 2 Ch. 601 [§ 5.º/I/b)]

XI – Suíça

130. Bundesgericht, sentença de 2 de outubro de 1984, caso *Schweizerische Interpreten-Gesellschaft gegen X und Z, BGE* 110, II, pp. 411 ss. [§ 5.º/I/k)]
131. Bundesgericht, sentença de 21 de fevereiro de 2003, caso *X. AG gegen Y. SpA, BGE* 129, III, pp. 295 ss. [§ 20.º/I/a)]
132. Bundesgericht, sentença de 4 de abril de 2007, caso *Eurojobs Personaldienstleistungen, S.A. gegen Eurojob A.G.*, disponível em http://www.decisions.ch [§ 20.º/III/c)]

XII – União Europeia

133. Tribunal de Justiça das Comunidades Europeias, acórdão de 8 de junho de 1971, caso *Deutsche Grammophon Gesellschaft mbH c. Metro-SB-Grossmärkte GmbH & Co. K.G., CJTJ*, 1971, pp. 487 ss. [§ 10.º/V/a)]
134. Tribunal de Justiça das Comunidades Europeias, acórdão de 3 de julho de 1974, caso *Van Zuylen Frères c. Hag A.G. («Hag-I»), CJTJ*, 1974, pp. 377 ss. [§ 11.º/IX/b)]
135. Tribunal de Justiça das Comunidades Europeias, acórdão de 31 de outubro de 1974, caso *Centrafarm BV e Adriaan de Peijper c. Sterling Drug Inc.*, 1974, pp. 475 ss. [§ 11.º/IX/b)]
136. Tribunal de Justiça das Comunidades Europeias, acórdão de 31 de outubro de 1974, caso *Centrafarm BV e Adriaan de Peijper c. Winthrop BV, CJTJ*, 1974, pp. 499 ss. [§ 11.º/IX/b)]
137. Tribunal de Justiça das Comunidades Europeias, acórdão de 22 de junho de 1976, caso *Société Terrapin (Overseas) Ltd. c. Société Terranova Industrie CA Kapferer & Co., CJTJ*, 1976, pp. 419 ss. [§ 11.º/IX/b)]
138. Tribunal de Justiça das Comunidades Europeias, acórdão de 30 de novembro de 1976, caso *Bier c. Mines de Potasse d'Alsace, CJTJ*, 1976, pp. 1735 ss. [§§ 20.º/II/b) e 22.º/II]
139. Tribunal de Justiça das Comunidades Europeias, acórdão de 23 de maio de 1978, caso *Hoffmann-La Roche & Co. AG c. Centrafarm Vertriebsgesellschaft Pharmazeutischer Erzeugnisse mbH, CJTJ*, 1978, pp. 391 ss. [§ 11.º/IX/b)]
140. Tribunal de Justiça das Comunidades Europeias, acórdão de 21 de maio de 1980, caso *Denilauler c. Couchet Frères, CJTJ*, 1980, pp. 1553 ss. [§ 23.º/II/b)]

141. Tribunal de Justiça das Comunidades Europeias, acórdão de 22 de março de 1983, caso *Peters c. ZNAV*, *CJTJ*, 1983, pp. 987 ss. [§ 21.º/II]
142. Tribunal de Justiça das Comunidades Europeias, acórdão de 15 de novembro de 1983, caso *Duijnstee c. Goderbauer*, *CJTJ*, 1983, pp. 3663 ss. [§§ 20.º/I/b) e 21.º/I/a)]
143. Tribunal de Justiça das Comunidades Europeias, acórdão de 9 de julho de 1985, caso *Pharmon BV c. Hoechst AG*, *CJTJ*, 1985, pp. 2281 ss. [§ 11.º/IX/b)]
144. Tribunal de Justiça das Comunidades Europeias, acórdão de de 27 de setembro de 1988, caso *A. Ahlström Osakeyhtiö et autres c. Commission des Communautés européennes*, *CJTJ*, 1988, pp. 5193 ss. [§ 17.º/II/a)]
145. Tribunal de Justiça das Comunidades Europeias, acórdão de de 27 de setembro de 1988, caso *Kalfelis c. Schröder*, *CJTJ*, 1988, pp. 5565 ss. [§§ 20.º/II/c) e 22.º/II]
146. Tribunal de Justiça das Comunidades Europeias, acórdão de 13 de julho de 1989, caso *François Lucazeau et autres c. SACEM*, *CJTJ*, 1989, pp. 2811 ss. [§ 16.º/II/d)]
147. Tribunal de Justiça das Comunidades Europeias, acórdão de 17 de outubro de 1990, caso *SA CNL-SUCAL NV c. HAG GF AG («Hag-II»)*, *CJTJ*, 1990-I, pp. 3711 ss. [§ 11.º/IX/b)]
148. Tribunal de Justiça das Comunidades Europeias, acórdão de 10 de novembro de 1992, caso *Exportur SA c. LOR SA e Confiserie du Tech SA*, *CJTJ*, 1992-I, pp. 5529 ss. [§ 15.º/II/c)]
149. Tribunal de Justiça das Comunidades Europeias, acórdão de 20 de outubro de 1993, caso *Phil Collins c. Imtrat Handelsgesellschaft mbH e outros*, *CJTJ*, 1993-I, pp. 5145 ss. [§ 10.º/V/a)]
150. Tribunal de Justiça das Comunidades Europeias, acórdão de 22 de junho de 1994, caso *IHT Internationale Heiztechnik GmbH e Uwe Danzinger c. Ideal-Standard GmbH e Wabco Standard GmbH*, *CJTJ*, 1994-I, pp. 2789 ss. [§ 11.º/IX/b)]
151. Tribunal de Justiça das Comunidades Europeias, acórdão de 6 de dezembro de 1994, caso *Tatry*, *CJTJ*, 1994-I, pp. 5439 ss. [§ 20.º/IV]
152. Tribunal de Justiça das Comunidades Europeias, acórdão de 7 de março de 1995, caso *Fiona Shevill e outros c. Presse Alliance*, *CJTJ*, 1995-I, pp. 415 ss. [§ 20.º/II/c)]
153. Tribunal de Justiça das Comunidades Europeias, acórdão de 16 de julho de 1998, caso *Silhouette International Schmied GmbH & Co. KG contra Hartlauer Handelsgesellschaft mbH*, *CJTJ*, 1998–I, pp. 4799 ss. [§ 6.º/I/g)]
154. Tribunal de Justiça das Comunidades Europeias, acórdão de 17 de novembro de 1998, caso *Van Uden Maritime BV contra Kommanditgesellschaft in Firma Deco-Line e o.*, *CJTJ*, 1998-I, pp. 7091 ss. [§ 20.º/V].
155. Tribunal de Justiça das Comunidades Europeias, acórdão de 23 de novembro de 1999, caso *República Portuguesa c. Conselho da União Europeia*, *CJTJ*, 1999-I, pp. 8395 ss. [§ 10.º/III/b)]

156. Tribunal de Justiça das Comunidades Europeias, acórdão de 23 de novembro de 1999, caso *Arblade*, *CJTJ*, 1999-I, pp. 8453 ss. [§ 16.º/I/j)]
157. Tribunal de Justiça das Comunidades Europeias, acórdão de 28 de março de 2000, caso *Dieter Krombach c. André Bamberski*, *CJTJ*, 2000-I, pp. 1935 ss. [§ 23.º/I]
158. Tribunal de Justiça das Comunidades Europeias, acórdão de 11 de maio de 2000, caso *Régie nationale des usines Renault SA c. Maxicar SpA e Orazio Formento*, *CJTJ*, 2000-I, pp. 2973 ss. [§ 23.º/II/a]
159. Tribunal de Justiça das Comunidades Europeias, acórdão de 9 de novembro de 2000, caso *Ingmar GB Ltd. c. Eaton Leonard Technologies Inc.*, *CJTJ*, 2000-I, pp. 9305 ss. [§ 16.º/I/*j*)]
160. Tribunal de Justiça das Comunidades Europeias, acórdão de 14 de dezembro de 2000, caso *Parfums Christian Dior S.A. c. Tuk Consultancy B.V.* e *Assco Grüste GmbH* e *Rob van Dijk c. Wilhelm Layher GmbH & Co. K.G.* e *Layer B.V.*, *CJTJ*, 2000-I, pp. 11307 ss. [§ 10.º/III/b)]
161. Tribunal de Justiça das Comunidades Europeias, acórdão de 13 de setembro de 2001, caso *Schieving-Nijstad vof e.a. c. Robert Groenevald*, *CJTJ*, 2001-I, pp. 5851 ss. [§ 10.º/III/b)]
162. Tribunal de Justiça das Comunidades Europeias, acórdão de 17 de setembro de 2002, caso *Fonderie Officine Meccaniche Tacconi SpA c. Heinrich Wagner Sinto Maschinenfabrik GmbH*, *CJTJ*, 2002-I, pp. 10087 ss. [§ 21.º/II]
163. Tribunal de Justiça das Comunidades Europeias, acórdão de 1 de outubro de 2002, caso *Verein für Konsumenteninformation c. Karl Heinz Henkel*, *CJTJ*, 2002-I, pp. 8111 ss. [§ 20.º/II/a)]
164. Tribunal de Justiça das Comunidades Europeias, acórdão de 12 de dezembro de 2002, caso *Ralf Sieckmann c. Deutsches Patent- und Markenamt*, proc. C-273/00, ECLI:EU:C:2002:748 [§ 6.º/I/c)]
165. Tribunal de Justiça das Comunidades Europeias, acórdão de 14 de julho de 2005, caso *Lagardère Ative Broadcast c. Société pour la perception de la rémunération équitable (SPRE)* e *Gesellschaft zur Verwertung von Leistungsschutzrechten (GVL)*, *CJTJ*, 2005-I, pp. 7199 ss. [§ 15.º/I/m)]
166. Tribunal de Justiça das Comunidades Europeias, acórdão de 13 de julho de 2006, caso *Gesellschaft für Antriebstechnik mbH & Co. KG c. Lamellen und Kupplungsbau Beteiligungs KG*, *CJTJ*, 2006-I, pp. 6509 ss.; *IPRax*, 2007, pp. 36 ss. [§ 20.º/IV/b)]
167. Tribunal de Justiça das Comunidades Europeias, acórdão de 13 de julho de 2006, caso *Roche Nederland BV e outros c. Frederick Primus e Milton Goldenberg*, *CJTJ*, 2006-I, pp. 6535 ss.; *IPRax*, 2007, pp. 38 ss. [§ 20.º/III/c)]
168. Tribunal de Justiça das Comunidades Europeias, acórdão de 11 de setembro de 2007, caso *Merck Genéricos – Produtos Farmacêuticos Lda. c. Merck & Co. Inc. e Merck Sharp & Dohme Lda.*, *CJTJ*, 2007-I, pp. 7001 ss.; *CJSTJ*, 2007, t. III, pp. 5 ss. [§ 11.º/VIII/c)]

169. Tribunal de Primeira Instância das Comunidades Europeias, acórdão de 17 de setembro de 2007, caso *Microsoft c. Comissão das Comunidades Europeias*, *JOUE*, proc. C-269, de 10 de novembro de 2007, pp. 45 s. [§ 10.º/V/a)]
170. Tribunal de Justiça da União Europeia, acórdão de 23 de abril de 2009, caso *Falco Privatstiftung, Thomas Rabitsch c. Gisela Weller-Lindhorst*, proc. C-533/07, ECLI:EU:C:2009:257 [§ 21.º/II]
171. Tribunal de Justiça da União Europeia, acórdão de 7 de dezembro de 2010, casos *Pammer c. Reederei Karl Schlüter GmbH & Co KG*, proc. C-585/08, e *Hotel Alpenhof GesmbH c. Oliver Heller*, proc. C-144/09, ECLI:EU:C:2010:740 [§§ 16.º/I, d), e 21.º//III/a)]
172. Tribunal de Justiça da União Europeia, acórdão de 25 de outubro de 2011, caso *e-Date Advertising c. Martinez*, proc. C-509/09, ECLI:EU:C:2011:685 [§§ 17.º/I, d), e 20.º/II/b)]
173. Tribunal de Justiça da União Europeia, acórdão de 1 de dezembro de 2011, caso *Eva-Maria Painer contra Standard VerlagsGmbH e outros*, proc. C-145/10, ECLI:EU:C:2011:798 [§ 20.º/IV/b)]
174. Tribunal de Justiça da União Europeia, acórdão de 19 de abril de 2012, *Wintersteiger AG c. Products 4U Sondermaschinenbau GmbH*, proc. C-523/10, ECLI:EU:C:2012:220 [§ 20.º/III/a)]
175. Tribunal de Justiça da União Europeia, acórdão de 12 de julho de 2012, caso *Solvay SA c. Honeywell Fluorine Products Europe BV e outros*, proc. C-616/10, ECLI:EU:C:2012:445 [§ 20.º/IV/b)]
176. Tribunal de Justiça da União Europeia, acórdão de 18 de outubro de 2012, caso *Football Dataco Ltd. e outros c. Sportradar GmbH e outro*, proc. C-173/11, ECLI:EU:C:2012:642 [§ 15.º/III/b)]
177. Tribunal de Justiça da União Europeia (Grande Secção), acórdão de 16 de abril de 2013, caso *Reino de Espanha e República Italiana contra Conselho da União Europeia*, procs. apensos C-274/11 e C-295/11, ECLI:EU:C:2013:240 [§ 11.º/IX/e)]
178. Tribunal de Justiça da União Europeia, acórdão de 3 de outubro de 2013, caso *Pinckney c. Mediatech*, proc. C-170/12, ECLI:EU:C:2013:635 [§§ 1.º/III/d) e 20.º//II/b) e c)]
179. Tribunal de Justiça da União Europeia, acórdão de 5 de junho de 2014, caso *Coty Germany GmbH c. First Note Perfumes N*, proc. C-360/12, ECLI:EU:C:2014:1318 [§ 22.º/I]
180. Tribunal de Justiça da União Europeia, acórdão de 22 de janeiro de 2015, caso *Pez Hejduk c. Energie Agentur GmbH*, proc. C-441/13, ECLI:EU:C:2015:28 [§ 20.º/II/b) e c)]
181. Tribunal de Justiça da União Europeia, acórdão de 5 de maio de 2015, caso *Reino de Espanha contra Parlamento Europeu e Conselho da União Europeia*, proc. C-146/13, ECLI:EU:C:2015:298 [§ 11.º/IX/e)]

182. Tribunal de Justiça da União Europeia, acórdão de 27 de setembro de 2017, caso *Nintendo Co. Ltd. c. BigBen Interactive GmbH e BigBen Interactive SA*, procs. apensos C-24/16 e C-25/16, ECLI:EU:C:2017:724 [§ 17.º/I/f)]
183. Tribunal de Justiça da União Europeia, acórdão de 5 de setembro de 2019, caso *AMS Neve Ltd. e outros c. Heritage Audio SL e outro*, proc. C-172/18, ECLI:EU:C:2019:674 [§ 20.º/II/b)]
184. Tribunal de Justiça da União Europeia, acórdão de 12 de setembro de 2019, caso *Cofemel*, proc. C-683/17, ECLI:EU:C:2019:721 [§ 10.º/V/d)]

XIII – Centro de Arbitragem e Mediação da Organização Mundial da Propriedade Intelectual

185. Decisão de 22 de maio de 2000, caso n.º D2000-0235, *Jeanette Winterson v. Mark Hogarth*, disponível em http://www.wipo.int [§ 27.º/II/c)]
186. Decisão de 29 de maio de 2000, caso n.º D2000-0210, *Julia Fiona Roberts v. Russell Boyd*, disponível em http://www.wipo.int [§ 27.º/II/c)]
187. Decisão de 26 de março de 2001, caso n.º D2001-0122, *Louis de Bernieres v. Old Barn Studios Limited*, disponível em http://www.wipo.int [§ 27.º/II/c)]
188. Decisão de 27 de Novembro de 2002, caso n.º D2002-0754, *Her Majesty the Queen v. Virtual Countries, Inc.*, disponível em http://www.wipo.int [§ 27.º/II/c)]
189. Decisão de 4 de março de 2003, caso n.º D2002-1180, *Sibyl Avery Jackson v. Jan Teluch*, disponível em http://www.wipo.int [§ 27.º/II/c)]
190. Decisão de 14 de abril de 2003, caso n.º D2003-1129, *Puerto Rico Tourism Company v. Virtual Countries, Inc.*, disponível em http://www.wipo.int [§ 27.º/II/c)]
191. Decisão de 1 de outubro de 2004, caso n.º D2004-0676, *Bundesrepublik Deutschland (Federal Republic of Germany) v. RJG Engineering, Inc.*, disponível em http://www.wipo.int [§ 27.º/II/c)]
192. Decisão de 19 de dezembro de 2005, caso n.º D2005-0969, *Antonio de Felipe v. Registerfly.com*, disponível em http://www.wipo.int [§ 27.º/II/c)]
193. Decisão de 18 de janeiro de 2008, caso n.º D2007-1461, *1066 Housing Association Ltd. v. Mr. D. Morgan*, disponível em http://www.wipo.int [§ 27.º/II/c)]

XIV – Centro Internacional para a Resolução de Diferendos Relativos a Investimentos

194. *Philip Morris Brand Sàrl (Switzerland), Philip Morris Products S.A. (Switzerland) and Abal Hermanos S.A. (Uruguay) v. Oriental Republic of Uruguay*, caso ICSID n.º ARB/10/7, decidido por sentença de 8 de julho de 2016, disponível em https://www.italaw.com [§ 25.º/II/f)].

195. *Eli Lilly and Company v. The Government of Canada*, caso ICSID n.º UNCT/14/2, decidido por sentença de 16 de março de 2017, disponível em https://www.italaw.com [§ 25.º/II/f)].
196. *Bridgestone Licensing Services, Inc. and Bridgestone Americas, Inc. v. Republic of Panama*, caso ICSID n.º ARB/16/34, disponível em https://www.italaw.com [§ 25.º/II/f)].

XV – Tribunal Permanente de Arbitragem

197. *Philip Morris Asia Limited (Hong Kong) v. The Commonwealth of Australia*, caso PCA n.º 2012-12, decidido por sentença de 17 de dezembro de 2015, disponível em https://www.italaw.com [§ 25.º/II/f)].

PRINCIPAIS ABREVIATURAS UTILIZADAS

A.C.	Law Reports, Appeals Cases
AAFDL	Associação Académica da Faculdade de Direito de Lisboa
AEDIPr.	Anuario Español de Derecho Internacional Privado
AfP	Archiv für Presserecht. Zeitschrift für Medien- und Kommunikationsrecht
AIDA	Annali italiani del diritto d'autore, della cultura e dello spettacolo
AJCL	The American Journal of Comparative Law
AIPPI	AIPPI
AJP/PJA	Aktuelle Juristische Praxis/Pratique Juridique Actuelle
All E.R.	All England Law Reports
B. C. Intell. Prop. & Tech. F.	Intellectual Property and Technology Forum at Boston College Law School
BFDUC	Boletim da Faculdade de Direito da Universidade de Coimbra
BGE	Entscheidungen des Schweizerischen Bundesgerichtes
BGHZ	Entscheidungen des Bundesgerichtshofes in Zivilsachen
BIE	Bijblad Industriëlle Eigendom
BMJ	Boletim do Ministério da Justiça
BPI	Boletim da Propriedade Industrial
Brook. J. Int'l L.	Brooklin Journal of International Law
CDADC	Código do Direito de Autor e dos Direitos Conexos
Ch.	Law Reports, Chancery Division
Chi-Kent L.Rev.	Chicago-Kent Law Review

cit./cits.	citado/citados
CJ	Coletânea de Jurisprudência
CJSTJ	Coletânea de Jurisprudência – Acórdãos do Supremo Tribunal de Justiça
CJTJ	Coletânea de Jurisprudência do Tribunal de Justiça e do Tribunal de Primeira Instância
CLIP	Conflict of Laws in Intellectual Property
Clunet	Journal de Droit International
CNUDCI	Comissão das Nações Unidas para o Direito do Comércio Internacional
Columbia L. R.	Columbia Law Review
Comm. Com. Electr.	Communication Commerce Électronique
CPI	Código da Propriedade Industrial
CR	Computer und Recht
CRi	Computer und Recht International/Computer Law Review International
D.	Recueil Dalloz-Sirey
D.A.R.	Diário da Assembleia da República
DIP	Direito Internacional Privado
Dir.	O Direito
DMCA	Digital Millenium Copyright Act
D.R.	Diário da República
Duke L. & Tech. Rev.	Duke Law & Technology Review
ECLI	European Case Law Identifier/Identificador Europeu da Jurisprudência
EDD	Enciclopedia del Diritto
EGBGB	Einführungsgesetz zum Bürgerlichen Gesetzbuche
EIPR	European Intellectual Property Review
EJCL	European Journal of Comparative Law
E.L.Rev.	European Law Review
Eng. Rep.	English Reports
EWS	Europäisches Wirtschafts- und Steuerrecht
F.2d	Federal Reporter Second Series
F.3d	Federal Reporter Third Series
F. Supp.	Federal Supplement Reporter
F.S.R.	Fleet Street Reports

Geo.L. J.	Georgetown Law Journal
GRUR	Gewerblicher Rechtsschutz und Urheberrecht
GRUR Int.	Gewerblicher Rechtsschutz und Urheberrecht Internationaler Teil
GRUR-RR	Gewerblicher Rechtsschutz und Urheberrecht Rechtsprechungs-Report
ICANN	Internet Corporation for Assigned Names and Numbers
ICLQ	International and Comparative Law Quarterly
ICSID	International Centre for the Settlement of Investment Disputes
IECL	International Encyclopedia of Comparative Law
IHMI	Instituto de Harmonização do Mercado Interno
IIC	International Review of Industrial Property and Copyright Law
ILA	International Law Association
I.L.Pr.	International Litigation Procedure
IPRax	Praxis des Internationalen Privat- und Verfahrensrechts
J. Copyr. Soc.	Journal of the Copyright Society of the United States of America
J. Int'l Econ. L.	Journal of International Economic Law
J. Int'l L. & Econ.	Journal of International Law and Economics
J. Online L.	Journal of Online Law
JCP	Juris-Classeur Périodique
J. Int'l. Arb.	Journal of International Arbitration
JIPITEC	Journal of Intellectual Property, Information Technology and E-Commerce Law
JIPLP	Journal of Intellectual Property Law & Practice
J. L. & Econ.	Journal of Law and Economics
JOCE	Jornal Oficial das Comunidades Europeias
JOUE	Jornal Oficial da União Europeia
JUS	Juristische Schulung
JZ	Juristenzeitung
LNGCC	La Nuova Giurisprudenza Civile Commentata
Louisiana L.R.	Louisiana Law Review
Mich. L.R.	Michigan Law Review
Mich. J. Int'l L.	Michigan Journal of International Law

MMR	Multimedia und Recht
NIPR Privaatrecht	Nederlands Internationaal
NJ	Nederlandse Jurisprudentie
NJW	Neue Juristische Wochenschrift
OAPI	Organização Africana da Propriedade Intelectual
OMPI	Organização Mundial da Propriedade Intelectual
Polic.	policopiado
RabelsZ	Rabels Zeitschrift für ausländisches und internationales Privatrecht
RCDIP	Revue Critique de Droit International Privé
RCEA	Revista de la Corte Española de Arbitraje
RDC	Revista de Direito Civil
RDES	Revista de Direito e Estudos Sociais
RDI	Revista de Direito Intelectual
RDIPP	Rivista di Diritto Internazionale Privato e Processuale
Rec. cours	Recueil des cours de l'Academie de La Haye de Droit International
REDI	Revista Española de Derecho Internacional
Rev. arb.	Revue de l'arbitrage
RFDUL	Revista da Faculdade de Direito de Lisboa
RIAC	Revista Internacional de Arbitragem e Conciliação
RIDA	Revue Internationale du Droit d'Auteur
RIPIA	Revue Internationale de la Propriété Industrielle et Artistique
RIW	Recht der Internationalen Wirtschaft
RLJ	Revista de Legislação e Jurisprudência
ROA	Revista da Ordem dos Advogados
R.P.C.	Reports of Patent, Design, and Trade Mark Cases
RTDC	Revue Trimmestrielle de Droit Commercial
SCR	Canada Supreme Court Reports
SI	Scientia Iuridica
Stan. Tech. L. Rev.	Stanford Technology Law Review
TCE	Tratado que Institui a Comunidade Europeia

TCFDIP	Travaux du Comité Français de Droit International Privé
TFUE	Tratado Sobre o Funcionamento daUnião Europeia
TJUE	Tribunal de Justiça da União Europeia
TRIPS	Agreement on Trade-Related Aspects of Intellectual Property Rights
Tul. J. Int'l & Comp. L.	Tulane Journal of International and Comparative Law
Tul. L. R.	Tulane Law Review
TUP	Tribunal Unificado de Patentes
UDRP	Uniform Domain Name Dispute Resolution Policy
UFITA	Archiv für Urheber- Film- Funk- und Theaterrecht
UKSC	United Kingdom Supreme Court
UNIDROIT	Instituto Internacional Para a Unificação do Direito Privado
U.S.	United States Supreme Court Reports
Va.J.L. & Tech.	Virginia Journal of Law and Technology
Vand. J. Trans'l L.	Vanderbilt Journal of Transnational Law
Yale L.J.	The Yale Law Journal
YPIL	Yearbook of Private International Law
ZEuP	Zeitschrift für Europäisches Privatrecht
ZGE	Zeitschrift für Geistiges Eigentum
ZUM	Zeitschrift für Urheber- und Medienrecht
ZvglRW	Zeitschrift für Vergleichende Rechtswissenschaft

ÍNDICE GERAL